Hommelhoff/Lutter/Teichmann
Corporate Governance im grenzüberschreitenden Konzern

ZGR-Sonderheft 20

ZEITSCHRIFT FÜR UNTERNEHMENS- UND GESELLSCHAFTSRECHT

Begründet von

Marcus Lutter und Herbert Wiedemann

Herausgegeben von

Alfred Bergmann, Holger Fleischer, Wulf Goette, Heribert Hirte, Peter Hommelhoff, Gerd Krieger, Hanno Merkt, Christoph Teichmann, Jochen Vetter, Marc-Philippe Weller, Hartmut Wicke

Sonderheft 20

DE GRUYTER

Peter Hommelhoff/Marcus Lutter/Christoph Teichmann

Corporate Governance im grenzüberschreitenden Konzern

DE GRUYTER

Zitiervorschlag: *Hommelhoff* in Hommelhoff/Lutter/Teichmann (Hrsg.), Konzerngovernance, S.

ISBN 978-3-11-047249-3
e-ISBN (PDF) 978-3-11-047309-4
e-ISBN (EPUB) 978-3-11-047270-7

Library of Congress Cataloging-in-Publication Data
A CIP catalog record for this book has been applied for at the Library of Congress.

Bibliografische Information der Deutschen Nationalbibliothek
Die Deutsche Nationalbibliothek verzeichnet diese Publikation in der Deutschen Nationalbibliografie; detaillierte bibliografische Daten sind im Internet über http://dnb.dnb.de abrufbar.

Druck und Bindung: CPI books GmbH, Leck
♾ Gedruckt auf säurefreiem Papier

Printed in Germany

www.degruyter.com

Vorwort

Die Diskussion um die grenzüberschreitende Konzernführung in Europa hat mit dem gesellschaftsrechtlichen Aktionsplan der Europäischen Kommission von 2012 neue Fahrt aufgenommen. Dort findet sich erstmals ein Hinweis auf das „Gruppeninteresse", das im Konzern an die Stelle der Einzelinteressen der verbundenen Gesellschaften tritt. Die Rechtspolitik ändert damit ihren Blickwinkel. Der Konzern wird nicht mehr nur als Gefahr für Gläubiger und Minderheitsgesellschafter gesehen; er wird nun auch als legitime Organisationsform wahrgenommen, die gerade im grenzüberschreitenden Verkehr eines rechtssicheren Rahmens bedarf.

Die internationale Arbeitsgruppe „Forum Europaeum on Company Groups" hat diesen Ansatz aufgegriffen und Thesen zur Vereinfachung der Führung von grenzüberschreitenden Unternehmensgruppen in Europa vorgelegt (ZGR 2015, 507–515 sowie ECFR 2015, 299–306). Die Thesen basieren auf rechtssystematischen und rechtsvergleichenden Vorarbeiten, die in diesem Sammelband vorgestellt werden. Die Thesen wurden außerdem in 2015 und 2016 auf Tagungen in Bonn und Würzburg zur Diskussion gestellt; die Beiträge der Tagungen finden sich gleichfalls im vorliegenden Sammelband.

Die Herausgeber danken allen Autorinnen und Autoren für ihre fundierten Beiträge, die den aktuellen Stand der konzernrechtlichen Diskussion in zahlreichen europäischen Rechtsordnungen reflektieren und daraus Schlussfolgerungen für die europäische Rechtspolitik entwickeln. Der Dank der Herausgeber gilt in gleicher Weise den wissenschaftlichen Mitarbeitern *Lukas Beck* und *Thomas Schüßler*, die mehrere auf Englisch verfasste Beiträge ins Deutsche übertragen haben. Weiterhin sei allen Mitarbeitern des Würzburger Lehrstuhls für Bürgerliches Recht, Deutsches und Europäisches Handels- und Gesellschaftsrecht für die gründliche Endkorrektur der Druckfahnen gedankt. Herrn *Thomas Schüßler* gebührt darüber hinaus ganz besonderer Dank für die unermüdliche und umsichtige Gesamtkoordinierung des Veröffentlichungsprojektes.

Heidelberg, Bonn und Würzburg, im November 2016
Peter Hommelhoff
Marcus Lutter
Christoph Teichmann

Inhalt

I. Einführung

II. Die Rechtsentwicklung im Recht ausgewählter EU-Mitgliedstaaten

III. Der Vorschlag des Forum Europaeum on Company Groups (FECG) und seine Grundlagen

IV. Würdigung des FECG-Vorschlags aus der Sicht von Wissenschaft und Praxis

I. Einführung

Grenzüberschreitende Konzernführung: Status Quo und rechtspolitische Agenda

Christoph Teichmann

Inhaltsübersicht

I. Vorgeschichte

Konzernrecht war lange Zeit ein typisch deutsches Thema, für das man sich im Ausland nur wenig zu begeistern vermochte. Verglichen mit der unüberschaubaren Fülle an konzernrechtlicher Literatur in deutscher Sprache stößt das Rechtsgebiet in anderen Rechtsordnungen auf nur wenig Interesse. Auf europäischer Ebene schließlich ist der Versuch, in

Anlehnung an das deutsche Recht eine Konzernrechtsrichtlinie zu erlassen, Ende der achtziger Jahre des vergangenen Jahrhunderts bereits im Ansatz gescheitert.[1] Außerhalb Deutschlands ließ sich kaum jemand davon überzeugen, dass es einer derartigen Regelung tatsächlich bedürfe.

Letzten Endes vermag der deutsche Weg einer systematischen Aufarbeitung des Konzerns als einer Teilmaterie des Gesellschaftsrechts mit eigenen Wertungen und Systemgedanken international wenig Überzeugungskraft zu entfalten und dürfte daher als Grundlage einer europäischen Rahmenregelung ungeeignet sein. Die Exportfähigkeit des deutschen Ansatzes leidet zusätzlich darunter, dass er lediglich ein auf Aktiengesellschaften zugeschnittenes System anbietet, obwohl die überwiegende Zahl aller Konzerngesellschaften auch hierzulande in der Rechtsform der GmbH geführt wird.[2] Deren konzernrechtliche Behandlung obliegt dem Richterrecht,[3] womit sich Deutschland in bester Gesellschaft seiner europäischen Nachbarn wiederfindet, die dies schon immer für den besseren Weg hielten, um dem Konzernphänomen gerecht zu werden.[4]

So blieb es nach dem Scheitern der europäischen Konzernrechtsrichtlinie lange Jahre der Wissenschaft überlassen, für eine Annäherung der Positionen zu sorgen.[5] Diese hielt das Bewusstsein dafür wach, dass die grenzüberschreitende Unternehmensgruppe eine überaus weit verbreitete Organisationsform ist und nach wie vor der Aufmerksamkeit des europäischen Gesetzgebers bedarf. Auch die verschiedenen von der Europäischen Kommission in der Vergangenheit eingesetzten gesell-

1 Hierzu statt vieler mit jew. w. Nachw.: *Edwards*, EC Company Law, 1999/2003, S. 391 f.; *Grundmann*, Europäisches Gesellschaftsrecht, 2. Aufl., 2011, S. 594 ff. (Rn. 1004 ff.); *Habersack/Verse*, Europäisches Gesellschaftsrecht, 4. Aufl., 2011, S. 70 ff. (§ 4 Rn. 15 ff.); *Kalss/Klampfl*, Europäisches Gesellschaftsrecht, 2015, S. 181 ff. (Rn. 453 ff.)*Lutter/Bayer/J. Schmidt*, Europäisches Unternehmens- und Kapitalmarktrecht, 5. Aufl., 2015, S. 143 ff. (§ 9 Rn. 5 ff.); *Teichmann* in: Gebauer/Teichmann (Hrsg.), EnzEur Band 6, Europäisches Privat- und Unternehmensrecht, 2016, S. 561 ff. (§ 6 Rn. 191 ff.); *Werlauff*, EU-Company Law, 2nd edition, 2003, S. 89.

2 Vgl. hierzu bereits *Teichmann*, AG 2013, 184, 190.

3 Zusammengefasst bei *Altmeppen* in: Bayer/Habersack (Hrsg.), Aktienrecht im Wandel, Band II, 2007, S. 1047 ff. (Kap. 23 Rn. 31 ff.).

4 Siehe nur aus der jüngeren Zeit die Untersuchung von *Tholen*, Europäisches Konzernrecht, 2014, mit einer eingehenden vergleichenden Analyse der englischen Rechtslage.

5 Grundlegend *Forum Europaeum Konzernrecht*, ZGR 1998, 672 ff. (in englischer Sprache in EBOR 2000, 165 ff.).

schaftsrechtlichen Expertengruppen haben diesen Aspekt immer wieder hervorgehoben.[6] Die derzeit regelmäßig tagende „Informal Company Law Expert Group" wird sich aller Voraussicht nach ebenso in diesem Sinne äußern.[7]

II. Europäische Initiative zum „Gruppeninteresse"

1. Aktionsplan 2012 der Europäischen Kommission

Nach jahrzehntelangem Schweigen stellt die Europäische Kommission nunmehr in ihrem auf das Gesellschaftsrecht bezogenen Aktionsplan von 2012 eine Initiative für eine „bessere Anerkennung des Begriffs Gruppeninteresse" in Aussicht.[8] Die deutsche Formulierung trifft den Sachverhalt nicht ganz. Denn es geht nicht darum, einen Begriff anzuerkennen, sondern einem Grundgedanken zum Durchbruch zu verhelfen. Die englische Originalfassung spricht daher vom „concept of ‚group interest'", das europaweit anerkannt werden solle. Es geht dabei um die Einsicht, dass in einer Unternehmensgruppe nicht das fiktive Eigeninteresse jeder einzelnen Gesellschaft zum rechtlichen Maßstab der Pflichtenstellung von Mutter- und Tochtergeschäftsführern gemacht werden sollte, sondern die gemeinsame Ausrichtung auf ein Gruppeninteresse. Worin dieses „Gruppeninteresse" besteht, ist zwar schwer zu beantworten. Unstreitig dürfte aber sein, dass die dem Gesellschaftsrecht vieler Länder innewohnende Annahme, jede Gesellschaft habe ein isoliertes Eigeninteresse, im Konzern völlig an der Realität vorbeigeht.

6 So die sog. „High Level Expert Group" von 2002 (Bericht der hochrangigen Gruppe von Experten auf dem Gebiet des Gesellschaftsrechts über moderne gesellschaftsrechtliche Rahmenbedingungen in Europa, 2002, S. 102 ff.) und die sog. „Reflection Group" von 2011 (Report of the Reflection Group on the Future of EU Company Law, 2011, S. 59 ff.).

7 Ein Bericht der Expertengruppe zur Anerkennung des Gruppeninteresses ist in Vorbereitung und wird nach Fertigstellung auf der Website der Europäischen Kommission unter http://ec.europa.eu/justice/civil/company-law/index_en.htm abrufbar sein.

8 Aktionsplan Europäisches Gesellschaftsrecht und Corporate Governance, COM (2012) 740/2, S. 17.

2. *Neuorientierung der Konzerndiskussion*

Mit der Initiative zum Gruppeninteresse steht beileibe keine Renaissance der früh gescheiterten Konzernrechtsrichtlinie ins Haus. Der Begriff „Gruppeninteresse", so schillernd er sein mag, markiert vielmehr einen Wechsel der Perspektive: Er will der Geschäftsführung innerhalb der Unternehmensgruppe eine rechtliche Legitimation verleihen. Die Initiative zur Anerkennung des Gruppeninteresses nähert sich dem Gegenstand einer konzernrechtlichen Regelung mithin aus der entgegengesetzten Richtung als bisherige Ansätze. Ausgangspunkt der Überlegungen ist nicht mehr die konzerntypische Gefährdung von Minderheitsgesellschaftern und Gläubigern, wie sie traditionell im Mittelpunkt der deutschen Betrachtung steht.[9] Die Blickrichtung, von der aus das Problem betrachtet wird, ist vielmehr diejenige der Konzernleitung: Es geht um die Frage, wie eine Konzernmutter legitimerweise vorgehen darf und kann, wenn sie die Konzerngesellschaften aus verschiedenen Staaten sinnvoll aufeinander beziehen und ordnen will, ohne damit auf Ebene der Tochtergesellschaften eine Pflichtverletzung zu begehen. Aus eben dieser Perspektive stellte der dänische Rechtswissenschaftler *Erik Werlauff* unlängst fest: „The time has come to adopt a directive on substantive group law as an option for the parent company."[10]

Eine solche Diskussion des Gruppeninteresses setzt implizit voraus, dass es Regeln zum Schutz von Minderheitsgesellschaftern und Gläubigern bereits gibt – nämlich auf der mitgliedstaatlichen Ebene – und dass diese Regeln bei einer fehlenden Anerkennung des Gruppeninteresses die beteiligten Geschäftsleiter immer dann mit Haftung bedrohen, wenn sie eine Konzerngesellschaft in den Dienst des großen Ganzen stellen wollen.[11] Indirekt dient eine Anerkennung des Gruppeninteresses damit auch den Geschäftsleitern der Tochtergesellschaften, die sich zwischen Skylla und Charybdis wiederfinden, wenn sie einerseits konzernweiten Direktiven folgen und andererseits auf Basis ihrer nationalen Rechtsordnung ein fiktives Eigeninteresse der Tochtergesellschaft schützen sollen.

9 Vgl. Textausgabe des Aktiengesetzes mit Gesetzesbegründung (hrsg. von *Kropff*), 1965, S. 373.

10 *Werlauff*, ECL, Feb. 2012, Editorial.

11 Näher *Teichmann*, AG 2013, 184, 191 ff.; für Osteuropa eingehend *Winner* (Hrsg.), Haftungsrisiken für die Konzernmutter in Mittel- und Osteuropa, Wien, 2013.

3. *Integration der Einzelinteressen in das Gruppeninteresse*

Die rechtspolitische Anerkennung des Gruppeninteresses als einer legitimen unternehmerischen Zwecksetzung ist nicht gleichzusetzen mit einem „Vorrang des Konzerninteresses", wie er in der deutschen Diskussion zu Beginn des zwanzigsten Jahrhunderts postuliert wurde.[12] Denn es trifft nicht den Kern der Thematik, wenn argumentiert wird, die einzelne Konzerngesellschaft müsse sich für das große Ganze gewissermaßen aufopfern.[13] Es geht aus heutiger und aus europäischer Sicht vor allem um die Erkenntnis, dass eine Konzerngesellschaft als solche überhaupt kein abstrakt definierbares „Eigeninteresse" mehr hat, das sich unabhängig von der Tatsache ihrer Einbindung in den Konzern beschreiben ließe.

Die leider viel zu seltenen Berichte aus der Unternehmenspraxis verdeutlichen immer wieder die Entstehung eines amalgamierten Gesamtinteresses in der Unternehmensgruppe. Am Rande seines Referates auf der Würzburger Tagung, dessen Schriftfassung sich in diesem Band findet,[14] erläuterte *Franzmann* die praktischen Abläufe im BASF-Konzern: Wenn die Lieferung eines bestimmten Rohstoffes auf dem Weg zu einer Konzerngesellschaft in Land A sei, in der Zwischenzeit aber ein Engpass in einer Konzerngesellschaft in Land B auftrete, werde die Lieferung dorthin umgeleitet. Die Frage, ob dies dem Eigeninteresse der Konzerngesellschaft entspricht, für welche die Lieferung ursprünglich bestimmt war, ist müßig und rein fiktiv; denn keine der beteiligten Gesellschaften würde jemals einen Gedanken darauf verschwenden, ein eigenständiges und von der Konzernzugehörigkeit unabhängiges Interesse zu verfolgen. Sie alle erfüllen ihre je eigene Funktion im Konzern und dies ist auch von außen für jedermann unschwer erkennbar.

12 Zu den historischen Wurzeln der Diskussion instruktiv *Altmeppen* in: Bayer/Habersack (Hrsg.), Aktienrecht im Wandel, Band II, 2007, S. 1036 ff. (Kap. 23 Rn. 12 ff.).

13 Vgl. die Nachweise aus der damaligen Diskussion bei *Altmeppen* in: Bayer/Habersack (Hrsg.), Aktienrecht im Wandel, Band II, 2007, S. 1036 (Kap. 23 Rn. 12).

14 Siehe unten S. 391 ff. Als weiterer Praxisbericht in der Literatur verdient die Veröffentlichung von *Chiappetta/Tombari*, ECFR, 2012, 261 ff. Erwähnung. Dabei ist anzumerken, dass es sich jeweils um Großunternehmen handelt. Auch KMU bilden Konzerne, sobald sie die erste Tochtergesellschaft im Ausland gründen (zu diesen näher *Teichmann*, ECFR 2015, 202 ff.).

4. *Grundsätze ordnungsgemäßer Konzernleitung*

Die Erkenntnis, dass es ein isoliertes Eigeninteresse einer Konzerngesellschaft typischerweise nicht gibt, führt zu dem Schluss, dass es bei der Anerkennung des Gruppeninteresses im Kern darum geht, Grundsätze einer ordnungsgemäßen Konzernleitung zu definieren. Denn der Wechsel der Begrifflichkeit – vom Eigeninteresse der einzelnen Gesellschaft zum Gruppeninteresse des Konzerns – entspringt bei Lichte besehen der Einsicht, dass eine jede Konzerngesellschaft typischerweise in eine konzernweite Geschäftspolitik eingebunden ist. Die Diskussion über das Gruppeninteresse unterstellt weiterhin, dass eine solche konzernweite Geschäftspolitik völlig legitim und sinnvoll ist. Von dieser Warte aus betrachtet, ist es in keinster Weise überraschend, dass sich das Gruppeninteresse abstrakt nur schwerer definieren lässt.[15] Gruppenweite Konzernpolitik entspringt der Ausübung von unternehmerischer Freiheit und entzieht sich damit einer ex-ante Festlegung durch juristische Kategorien.

Die dem Konzern zugestandene unternehmerische Freiheit schlägt andererseits in jüngster Zeit immer häufiger in eine unternehmerische und rechtliche Verantwortung um. Gerade das europäische Recht findet laufend neue Gründe, um eine Muttergesellschaft für Rechtsverstöße oder finanzielle Schwierigkeiten ihrer Tochtergesellschaften verantwortlich zu machen und für deren Unterstützung in die Pflicht zu nehmen. Das gilt für das europäische Kartellrecht[16] ebenso wie für das Recht der Finanzinstitute[17] und setzt sich fort in dem Druck der Öffentlichkeit, bestimmte ethische Leitlinien in allen Konzerngesellschaften durchzusetzen. In Anknüpfung daran befasst sich der in diesem Sammelband abgedruckte Beitrag von *Habersack* eingehend mit der Compliance-Verantwortung der Geschäftsleiter einer Konzernobergesellschaft,[18] vor deren Hintergrund eine europäische Regelung zur grenzüberschreitenden Konzernführung zu sehen ist.

15 Hierzu m. w. N. *Hoffmann-Becking*, FS Hommelhoff, 2012, S. 433 ff.
16 Grundlegend EuGH (Akzo Nobel), Rs. C-97/08.
17 Hierzu *Weber-Rey/Gissing*, AG 2014, 884 ff.
18 Siehe unten S. 269 ff.

III. Entwicklungen auf nationaler Ebene

1. Die französische Rozenblum-Rechtsprechung

Die französische Entscheidungsreihe, die bei der sog. *Rozenblum*-Entscheidung ihren Ausgang nahm, ist nicht ohne Grund zum Leitstern der europäischen Konzernrechtsdiskussion geworden. Denn sie umschreibt mit intuitiver Überzeugungskraft die konstitutiven Elemente einer ordnungsgemäßen Konzernleitung: Es bedarf einer kohärenten Konzernpolitik für eine strukturell verfestigte Unternehmensgruppe, von der jede Einzelgesellschaft zumindest auf mittlere Sicht nicht nur Nachteile sondern auch Vorteile hat, und bei der nachteilige Einflussnahmen jedenfalls nicht zur Existenzgefährdung der einzelnen Konzerngesellschaft führen dürfen.

Die *Rozenblum*-Formel ist teilweise gelobt, nicht selten aber auch kritisiert worden.[19] Diese Diskussion will dieser Sammelband gleichfalls abbilden mit einer aktuellen Darstellung zur französischen Rechtsentwicklung nach Rozenblum von *Conac*[20] und weiteren Beiträgen, in denen die Eignung dieser Formel als transnationales Lösungskonzept kritisch beleuchtet wird – namentlich von *Böckli* aus der schweizerischen Sicht[21] und von *Schubel* unter Auswertung der osteuropäischen Erfahrungen[22].

2. Die Entwicklung in ausgewählten Einzelstaaten der Europäischen Union

Für die Diskussion einer europäischen Lösung sind weiterhin die Erfahrungen von Bedeutung, die zahlreiche Mitgliedstaaten in jüngerer Zeit mit gesetzlichen Regeln zum Konzernrecht oder maßgeblichen Gerichtsentscheidungen zu konzernrechtlichen Problemlagen gesammelt haben. Die rechtsvergleichende Befassung mit konzernrechtlichen Fra-

19 Wohlwollend *Lutter*, FS Kellermann, 1991, 257 ff.; *Forum Europaeum Konzernrecht*, ZGR 1998, 672, 711; tendenziell auch *Hopt*, ZHR 171 (2007), 199, 222 ff.; kritisch dagegen *Blaurock*, FS Sandrock, 2000, 79, 85 ff.; *Lübking*, Einheitliches Konzernrecht, 2000, S. 293 f.; *Habersack*, NZG 2004, 1, 7 f.; *Müller*, in: Spindler/Stilz, AktG, Vor § 311 Rn. 18.

20 Siehe unten S. 89 ff.

21 Siehe unten S. 363 ff.

22 Siehe unten S. 197 ff.

gen hat nach stürmischer Aktivität in den neunziger Jahren[23] des vergangenen Jahrhunderts zwischenzeitlich eine gewisse Flaute erlebt. Dass heute in vielen Mitgliedstaaten ein frischer konzernrechtlicher Wind weht, verdient daher unsere Aufmerksamkeit: *Čech* berichtet über die verschiedenen gesetzgeberischen Anläufe zur Bewältigung der Konzernthematik in der tschechischen Republik,[24] *Scognamiglio* über die jüngste gesetzliche Regelung zur Gruppenführung in Italien.[25] Im Vereinigten Königreich (*Beck*),[26] in Skandinavien (*Friis Hansen*),[27] in den Niederlanden (*Lennarts*)[28] und in Polen (*Oplustil*)[29] bleibt das Konzernphänomen weiterhin maßgeblich der Bewältigung durch die Gerichte überlassen. Die hier versammelten Beiträge verdeutlichen den reichhaltigen Erfahrungsschatz, den die Gerichte der Einzelstaaten zusammengetragen haben; in vielen Fällen wird dabei in mehr oder minder starker Ausprägung das übergreifende Konzerninteresse bei Bestimmung der konkreten Handlungspflichten durchaus in Rechnung gestellt. Auf einer rechtsvergleichenden Umschau beruht auch der Beitrag von *Schubel* zur Binnenorganisation in der zweiten Kapitalgesellschaftsform.[30]

IV. Rechtspolitische Impulse aus Experten- und Wirtschaftskreisen

Nichts könnte die Renaissance der europäischen Konzernrechtsdiskussion besser belegen als die zahlreichen Arbeitsgruppen, die sich in nationaler und internationaler Zusammensetzung gebildet haben, um zur Frage eines europäischen Konzernrechtsrahmens Stellung zu beziehen.

23 Siehe nur Lutter (Hrsg.), Konzernrecht im Ausland, 1994, und Mestmäcker/Behrens (Hrsg.), Das Gesellschaftsrecht der Konzerne im internationalen Vergleich, 1991.
24 Siehe unten S. 67 ff.
25 Siehe unten S. 175 ff.
26 Siehe unten S. 19 ff.
27 Siehe unten S. 103 ff.
28 Siehe unten S. 121 ff.
29 Siehe unten S. 149 ff.
30 Siehe unten S. 489 ff.

1. *Informal Company Law Expert Group*

Die von der Europäischen Kommission berufene sog. Informal Company Law Expert Group – in Abgrenzung zur formellen Expertengruppe, die aus Repräsentanten der Mitgliedstaaten besteht – hat sich in mehreren Sitzungen eingehend mit der Frage befasst, welchen Inhalt eine europäische Initiative zur Anerkennung des Gruppeninteresses haben könnte und welche Aspekte dabei zu berücksichtigen sind.[31] Der in Kürze zur Veröffentlichung anstehende Bericht der Expertengruppe nimmt insbesondere die oben angesprochenen Compliance-Themen zum Ausgangspunkt, die einer Muttergesellschaft überhaupt keine andere Wahl lassen als sich aktiv in die Geschäftsführung ihrer Tochtergesellschaften einzumischen.

Damit erweist sich die Suche nach einem gesellschaftsrechtlichen Rahmen für die grenzüberschreitende Unternehmensgruppe als unionsrechtliches Gebot der Kohärenz: Man kann nicht auf der einen Seite eine grenzüberschreitende und konzernweite Verantwortung postulieren und auf der anderen Seite die gesellschaftsrechtlichen Instrumente verweigern, die für die Implementierung einer ausgewogenen und grenzüberschreitend stimmigen Konzernpolitik nötig sind. Angesichts der modernen Compliance-Haftungsandrohung ist es keine Option mehr, die Konzernführung der Tätigkeit oder Untätigkeit der mitgliedstaatlichen Gesetzgeber zu überlassen, zumal diese an der Zersplitterung des Rechtszustandes nichts ändern können. Wer eine aktive *grenzüberschreitende* Konzernführung einfordert, muss hierfür auch die nötigen unionsrechtlichen Instrumentarien zur Verfügung stellen.

2. *Club des Juristes (Industrie- und Handelskammer Paris)*

Der französische „*Club des Juristes*" ist ein bei der Industrie- und Handelskammer von Paris angesiedelter Kreis von Experten aus Wissenschaft und Praxis. Dass er sich mit dem Konzernrecht befasst hat, verdankt sich einem Anstoß aus der Praxis. Ein transnational tätiges französisches Unternehmen war in Italien strafrechtlich verfolgt worden, weil es ein Cash Pooling durchgeführt hatte, das nach französischen Vorstellungen zulässig gewesen wäre. Nicht ohne Grund betont der Arbeitskreis daher,

31 Informationen hierzu unter http://ec.europa.eu/justice/civil/company-law/index_en.htm.

dass die Führung von grenzüberschreitenden Unternehmensgruppen einer rechtssicheren Rahmenregelung bedürfe.[32]

Der Arbeitskreis hält es für sinnvoll und legitim, bei der Führung einer Unternehmensgruppe die einzelnen geschäftlichen Entscheidungen in eine konzernweit angelegte Geschäftsstrategie einzubetten.[33] Leider sei aber aus Sicht der Praxis keineswegs gewährleistet, dass dieser Ausgangspunkt im Recht der einzelnen EU-Mitgliedstaaten hinreichend und in gleicher Weise anerkannt sei. Die aktuelle rechtliche Zersplitterung in diesem Bereich stelle die grenzüberschreitende Unternehmenstätigkeit vor erhebliche Schwierigkeiten. Die Europäische Union solle daher darauf hinwirken, dass in allen Mitgliedstaaten das Gruppeninteresse als legitimer Maßstab für konzerninterne Transaktionen anerkannt werde.[34]

3. Arbeitsgruppe des „Institut Luxembourgeois des Administrateurs"

Der kleine Mitgliedstaat Luxemburg ist überproportional häufig ein Standort für Tochtergesellschaften von europäischen Konzernen, deren Machtzentrale außerhalb des eigenen Landes liegt. Das „*Institut Luxembourgeois des Administrateurs*" widmet sich den Anliegen der Geschäftsleiter dieser Tochtergesellschaften und betont die Notwendigkeit, die Geschäftsführer der Tochtergesellschaften durch geeignete Verfahrensregeln in die Gruppenführung einzubinden und ihnen die Berücksichtigung des Gruppeninteresses zu gestatten.[35]

Bemerkenswert ist der darin zu findende Hinweis, dass die Tochtergeschäftsführer häufig im Schnittfeld eines Interessenkonfliktes stehen, den sie aus eigener Kraft nicht zu bewältigen vermögen. Die potenziellen Konflikte zwischen dem Mutter- oder Gruppeninteresse einerseits und den Interessen der Tochtergesellschaft andererseits müssen auf Ebene der Unternehmensgruppe angegangen und gelöst werden und können nicht allein den Tochtergeschäftsführern anheimgestellt werden. Ob eine einvernehmliche Auflösung gelingt, hängt in der Praxis wesentlich von der gelebten Kultur der Unternehmensgruppe ab.

32 Bericht abrufbar auf Englisch unter http://www.leclubdesjuristes.com/wp-content/uploads/2015/06/CDJ_Rapports_Group-interest_UK_June-2015_web.pdf.

33 Abschlussbericht (o. Fn. 32), S. 11.

34 Abschlussbericht (o. Fn. 32), S. 13.

35 Der Bericht „Group interest and subsidiary governance in Luxembourg" liegt dem *Verfasser* vor, ist im Internet aber bislang nicht verfügbar.

Diese Einblicke der Geschäftsleiter in ihre täglichen Entscheidungskonflikte verweisen auf die Notwendigkeit von gruppeninternen Verfahrensregeln, die eine Auflösung von Interessenkonflikten ermöglichen. Dazu gehören beispielsweise die Regelung von Informationsströmen, die den Tochtergeschäftsführern eine informierte Entscheidung ermöglichen, sowie klare Strukturen hinsichtlich der jeweiligen Kompetenzen und Verantwortlichkeiten innerhalb der Gruppe. Eine europäisch veranlasste Anerkennung des Gruppeninteresses halten die Mitglieder der Arbeitsgruppe gegenüber einer nationalen Regelung für deutlich vorzugswürdiger, weil dadurch ein „level playing field" in Europa hergestellt würde und nicht allein die luxemburgischen Tochtergesellschaften eines Konzerns einem grenzüberschreitenden Gruppeninteresse unterworfen wären.

4. European Model Company Act (EMCA)

Über den „*European Model Company Act (EMCA)*" hat ein internationaler Arbeitskreis von Wissenschaftlern und Praktikern in zahlreichen Sitzungen mehr als acht Jahre lang beraten. Das Ergebnis wurde im September 2015 auf der ECFR-Konferenz in Wien der Öffentlichkeit vorgestellt.[36] Der EMCA ist ein vollständiges Modellgesetz zum Recht der Kapitalgesellschaften, das der wissenschaftlichen und rechtspolitischen Diskussion in Europa neue Impulse verleihen soll. Aus eben diesem Grund enthält der EMCA auch ein Kapitel zur Gruppenführung.[37]

Die Muttergesellschaft soll demnach berechtigt sein, einer Tochtergesellschaft Weisungen zu erteilen.[38] Deren Geschäftsführer müssen die Weisungen aber nur befolgen, wenn sie entweder im Interesse der Tochtergesellschaft oder im wohl begründeten Gruppeninteresse liegen.[39] Der Regelungsansatz des EMCA entspricht damit der oben erläuterten Grundtendenz der aktuellen Diskussion. Er bietet Rahmenregeln, die zwar den Schutz Dritter nicht ignorieren,[40] dabei aber auch und

36 Vgl. hierzu die Konferenzbeiträge von *Perakis, de Wulf, Hommelhoff, Antunes/Fuentes Naharro, Teichmann, Conac, Patakyová/Gramlicková, Gilson* und *Klausner* in ECFR 2016, 198 ff.

37 Einführend hierzu *Conac*, ECFR 2016, 301 ff.

38 Näher *Conac*, ECFR 2016, 301, 309 ff.

39 Zur Anerkennung des Gruppeninteresses nach dem EMCA-Vorschlag: *Conac*, ECFR 2016, 301, 311 ff.

40 Dem Schutze der Minderheitsaktionäre dienen insbesondere Informations- und Austrittsrechte (näher *Conac*, ECFR 2016, 301, 314 ff.). Dem Schutz der

vor allem die Anforderungen einer geordneten Konzernführung in den Blick nehmen. Die Muttergesellschaft ist zwar nicht rechtlich verpflichtet den Konzern aktiv zu führen; wenn sie dies aber tun möchte, erhält sie hierzu die nötigen rechtlichen Instrumente.[41] Ebenso wie der FECG-Vorschlag (dazu unten 6.) unterscheidet der EMCA unter Berücksichtigung des unterschiedlichen Schutzbedürfnisses danach, ob eine Tochtergesellschaft zu 100 % gehalten wird oder nicht.[42]

5. *European Company Law Experts*

Kurz vor Erscheinen dieses Sammelbandes hat eine weitere Expertengruppe ein Arbeitspapier zum Stand und der weiteren Entwicklung des Konzernrechts in Europa vorgelegt. Die European Company Law Experts[43] analysieren eingehend die jüngeren Entwicklungen in der rechtswissenschaftlichen Diskussion und im Recht einzelner EU-Mitgliedstaaten. Die Arbeitsgruppe sieht keinen Bedarf für eine umfassende Regelung des Konzernrechts auf europäischer Ebene und sieht den maßgeblichen Ansatz für konzernbezogene Regelung im Bereich der „Related Party Transactions“.

Vorgeschlagen wird eine europäische Regelung, die sich nicht nur – wie der Reformentwurf der Aktionärsrechterichtlinie – auf börsennotierte Aktiengesellschaften erstreckt, sondern auch nicht börsennotierte Aktiengesellschaften erfasst. Dabei soll es konzernverbundenen Gesellschaften gestattet sein, das Interesse anderer Gesellschaften derselben Unternehmensgruppe oder auch der gesamten Gruppe in Rechnung zu stellen. Für Transaktionen innerhalb der Gruppe sollen geeignete rechtliche Vorkehrungen zum Schutz der Gesellschafter und Gläubiger der Tochtergesellschaft bestehen.

Gläubiger dienen mittelbar die Grenzen des Weisungsrechts in der Gruppe (*Conac*, ECFR 2016, 301, 309 ff.) und eine an das englische „wrongul trading“ angelehnte Haftung der Muttergesellschaft (*Conac*, ECFR 2016, 301, 319 ff.).

41 Vgl. *Conac*, ECFR 2016, 301, 305.

42 *Conac*, ECFR 2016, 301, 305.

43 https://europeancompanylawexperts.wordpress.com/.

6. Forum Europaeum on Company Groups (FECG)

Das „*Forum Europaeum on Company Groups (FECG)*" hat sich Ende 2009 zusammengefunden, um an die Arbeiten des „Forum Europaeum Konzernrecht" aus den neunziger Jahren des vergangenen Jahrhunderts[44] anzuknüpfen und diese weiterzuführen. Regelmäßige Mitglieder des FECG sind *Pierre-Henri Conac* (Luxemburg), *Jean-Nicolas Druey* (St. Gallen), *Peter Forstmoser* (Zürich), *Mathias Habersack* (München), *Søren Friis Hansen* (Kopenhagen), *Peter Hommelhoff* (Heidelberg), *Susanne Kalss* (Wien), *Gerd Krieger* (Düsseldorf), *Loes Lennarts* (Groningen), *Marcus Lutter* (Bonn), *Christoph Teichmann* (Würzburg), *Axel von Werder* (Berlin) und *Eddy Wymeersch* (Gent).

Das FECG legt den Schwerpunkt seiner Überlegungen auf Fragen der ordnungsgemäßen Konzernführung. Daraus entstand ein Thesenpapier, das Impulse für den europäischen Rechtsetzungsprozess aussenden soll. Das FECG-Papier folgt der funktionalen Unterscheidung zwischen einer kleinen „Servicegesellschaft", die im Konzern nur Hilfsfunktionen wahrnimmt, und der größeren „Regulären Tochtergesellschaft" mit unternehmerischer Eigenständigkeit. Für letztere wird in Anlehnung an die *Rozenblum*-Konzeption ein qualifiziertes Schutzsystem vorgeschlagen, das eine ausgewogen abgestimmte Gruppenpolitik voraussetzt, auf deren Basis die Tochtergesellschaft einen unternehmerischen Freiraum erhält, und durch welche die Einzelinteressen der Gruppengesellschaften zu einem längerfristigen Ausgleich gebracht werden. Dieser Ansatz stellt nicht allein die Interessen der Gesellschafter, sondern auch diejenigen der übrigen „stakeholder" in Rechnung, wie *von Werder* in seinem Beitrag verdeutlicht.[45]

Das FECG-Papier wurde in zwei Etappen zunächst in Bonn im Dezember 2015 (Servicegesellschaft) und anschließend in Würzburg im März 2016 (Reguläre Tochtergesellschaft) zur Diskussion gestellt. Die Referate der Tagungen, zu deren Verlauf kurze Tagungsberichte angefertigt wurden,[46] bilden zusammen mit den internen Arbeitspapieren, die einzelne Mitglieder der FECG erstellt haben, den Grundstock des vorliegenden Sammelbandes. Die hierbei gesammelten Erkenntnisse münden in den abschließenden Ausblick.[47]

44 Siehe den Abschlussbericht in ZGR 1998, 672 ff.

45 Siehe unten S. 291 ff.

46 Siehe unten S. 345 ff. für Bonn sowie S. 351 ff. für Würzburg.

47 S. 513 ff.

V. Fazit

Die Diskussion des Konzernrechts steht in Europa an einem wichtigen Wendepunkt. Nachdem das Thema jahrzehntelang im Schatten der rechtspolitischen Aufmerksamkeit stand, findet es derzeit in Rechtspolitik, Rechtspraxis und Rechtswissenschaft wieder erhöhte Aufmerksamkeit. Dieser Wandel ist nicht zuletzt jüngeren Tendenzen geschuldet, die Muttergesellschaften von Unternehmensgruppen grenzüberschreitend für das Wohlverhalten und das Wohlergehen ihrer Tochtergesellschaften in die Pflicht zu nehmen. Diese Entwicklung hat eine schmerzhafte Lücke im europäischen Gesellschaftsrecht offenbar werden lassen: Einer Muttergesellschaft, die ihrer Verantwortung konstruktiv durch die Gestaltung einer kohärenten grenzüberschreitenden Gruppenpolitik gerecht werden will, bietet das europäische Recht keinerlei gesellschaftsrechtliche Instrumente, um ihren Leitlinien grenzüberschreitend zur Wirksamkeit zu verhelfen. Ebensowenig verfügen die Tochtergeschäftsführer über klare Maßstäbe, inwieweit sie sich dem Druck der Konzernführung zur Beachtung einer konzernweiten Geschäftspolitik beugen dürfen oder sich ihm gegebenenfalls widersetzen müssen. Das nationale Recht einzelner EU-Mitgliedstaaten und die Vorarbeiten zahlreicher Expertengruppen bieten vielfältiges Anschauungsmaterial, wie mit diesem Konflikt umgegangen werden kann. Die Zusammenstellung dieses Erfahrungsschatzes im vorliegenden Sammelband soll daher auch der rechtspolitischen Diskussion auf europäischer Ebene Impulse verleihen und ihr neue Anregungen bieten.

II. Die Rechtsentwicklung im Recht ausgewählter EU-Mitgliedstaaten

Leitung und Haftung im Recht der Unternehmensgruppe im Vereinigten Königreich

Lukas Beck

Inhaltsübersicht

I. Die Wahrnehmung von Konzernen im Vereinigten Königreich

Konzerne als Organisationsformen sind weltweit verbreitet. Auch das Vereinigte Königreich bildet hier keine Ausnahme. Dort wie im Rest Europas sind es Konzerne, die das tägliche Wirtschaftsleben bestimmen. Bezeichnet werden sie als *corporate groups* oder nur *groups*. Dennoch fehlt es, wie in vielen anderen Staaten auch, an einem umfassenden Konzernrecht *(group law)*, das die Unternehmen bei ihren tagtäglich anfallenden Aufgaben begleiten würde. Umfassende wissenschaftliche Begleitung existiert ebenfalls kaum. Gerade für den an Rechtsvergleichung interessierten Betrachter und vor allem für die internationale Konzernpraxis, die vom Ausland ausgeht, fehlt es überhaupt an aktuellen Darstellungen der Problematiken und noch mehr an einer Systematisierung. Existierende lobenswerte Berichte sind älteren Datums.[1] Gerade durch den Companies Act 2006 (CA 2006) ist das britische Gesellschaftsrecht grundlegend reformiert worden. Das erfordert es, die Behandlung von Konzernen vor dem Hintergrund dieser Reform erneut zu betrachten.

Dargestellt wird nachfolgend zunächst nach einer Würdigung der allgemeinen Vorschriften zur gruppenrechtlichen Erfassung (dazu II.) die Behandlung von Unternehmenszusammenschlüssen auf tatsächlicher Basis (dazu III.). Hier bestimmen die Haftung (dazu IV.) und die Kon-

1 S. *Prentice,* in: Lutter, Konzernrecht im Ausland, 1994, S. 93; *Bloß,* Die Unternehmensgruppe im englischen und deutschen Recht der Kapitalgesellschaften, 1999; eingehend zu Detailfragen auch *Peter,* EBLR 1999, 440, 450 ff. In rechtsvergleichender Perspektive s. auch *Gillooly (Hrsg.),* The Law Relating to Corporate Groups, 1993. Lesenswert weiterhin aus jüngerer Zeit die Untersuchung von *Tholen,* Europäisches Konzernrecht, 2014, mit eingehenden Ausführungen zum englischen Konzernrecht unter den Aspekten Minderheiten- und Gläubigerschutz (ebda. S. 78 ff.).

zernleitung (V.) die Untersuchung. Berücksichtigung finden ausgewählte Aspekte der Gruppenstruktur (VI.). Zuletzt wird die Neuregelung zum *control contract* darauf hin überprüft, wieweit das englische Recht sich an das (deutsche) Phänomen „Vertragskonzern" herantastet (VII.) Schließlich wird Resümee gezogen (VIII.). Da – im Zeichen der Vorschläge des FECG – die Gruppenleitung und die Haftung im Vordergrund stehen, bleiben Fragen der Gruppenbildung außer Betracht. Ebenso außer Betracht bleiben Institute des allgemeinen Gläubigerschutzes oder Minderheitenschutzes, die keine gruppenrechtliche Schattierung aufweisen.

II. Allgemeine gruppenrechtliche Bestimmungen im Companies Act 2006

Eingangs ist zu bemerken, dass der Begriff der *group* vom CA 2006 selbst nicht allgemeinverbindlich erklärt wird. Er wird lediglich im Sonderkonzernrecht der Versicherungs- und Bankenkonzerne *(insurance and banking groups)* definiert. Sec. 1165 para. 5 sentence 2 CA 2006 bestimmt nämlich: „Group here means a parent undertaking and its subsidiary undertakings." Die Gruppe (der Konzern) ist also die Gesamtheit eines Mutterunternehmens und aller Tochterunternehmen. Da Enkelunternehmen den Tochterunternehmen gleichgestellt werden (s. unten II.1.d) und III.3.), sind sie ebenfalls einbezogen. Trotz der Definition in diesem Sonderrechtsgebiet, muss man die Definition aber praktisch als allgemeine Definition ansehen: Die Konzernrechtsdiskussion geht von dem Konzern (der Gruppe) als ebendieser Gesamtheit aus.

Wenn auch die *group* nicht definiert wird, wartet der CA 2006 doch mit eigenen Begriffsbestimmungen für ein allgemeines Konzernverständnis auf. Nachdem sich die Bestimmungen im Companies Act finden und immer wieder den Begriff der *company* aufgreifen, muss angenommen werden, dass sich die Vorschriften der sec. 1150 und 1160 nur auf solche Konzernkonstruktionen beziehen, an denen *companies* beteiligt sind. Das gilt umso mehr, als sec. 1161 para. 1 CA 2006 als weiteren Oberbegriff den des *undertaking* (Unternehmen) einführt und darunter nach lit. (a) *body corporates* und *partnerships* fasst. Solche Begriffsbestimmungen für *companies* waren zuvor auch in sec. 736 CA 1985 enthalten. Mit der

Reform hat sich der Fokus weg von der Anteilsbeteiligung als maßgeblichem Kriterium hin zur Ausübung von Stimmrechten verschoben.[2]

1. *Klassifikationen von Gesellschaften*

a) *Tochtergesellschaft (subsidiary)*

In *Part 38 Companies: Interpretation* werden die sec. 1159 und 1160 unter der Überschrift *„Meaning of 'subsidiary' and related expressions"* zusammengefasst. Sec. 1159 para. 1 CA 2006 definiert dann, wann ein Unternehmen ein *subsidiary,* also eine Tochtergesellschaft ist:

> A company is a "subsidiary" of another company, its "holding" company", if that other company –
> (a) holds a majority of the voting rights in it, or
> (b) is a member of it and has the right to appoint or remove a majority of its board of directors or
> (c) is a member of it and controls alone, pursuant to an agreement with other members, a majority of the voting rights in it,
> or if it is a subsidiary of a company that is itself a subsidiary of that other company.

Die Einordnung eines Unternehmens als *subsidiary* entfaltet Bedeutung etwa für verschiedene Bestimmungen zur *member's approval* bestimmter Geschäfte (sec. 188, 190, 192, 197, 198, 200, 201, 203 CA 2006).

(1) Stimmrechte (voting rights)

Eine *company* kann *subsidiary* nach lit. (a) sein, weil ein anderes Unternehmen die Mehrheit der Stimmrechte hält. Auffällig ist, dass lit. (a) überhaupt keine Beteiligung des anderen Unternehmens an diesem Unternehmen verlangt. Es genügt somit die Stimmrechtsmehrheit ohne Anteilsbesitz.

Nähere Bestimmungen zur Vorschrift finden sich in Schedule 6 Nr. 2 CA 2006. Dort wird für sec. 1159 para. 1 sentence 1 lit. (a) erklärt:

> In section 1159(1)(a) and (c) the references to the voting rights in a company are to the rights conferred on shareholders in respect of their shares or, in the case of a company not having a share capital, on members, to vote at general meetings of the company on all, or substantially all, matters.

2 *Dine/Koutsias,* Company Law, 6. Aufl. 2007, Rn. 2–5.

Tatsächlich geht also auch sec. 1159 para. 1 sentence 1 lit. (a) CA 2006 davon aus, dass sich die Stimmrechte aus dem Anteilsbesitz ergeben. Die Stimmrechte müssen also auf Basis der Beteiligung bestehen. Die Vorschrift will darüber hinaus aber auch solche Unternehmen erfassen, bei denen keine Kapitalanteile existieren. Auch diese Unternehmen können *subsidiaries* sein.

(2) Geschäftsleiterbestimmung und –abberufung (right to appoint or remove directors)

Die Begründung der *subsidiary*-Eigenschaft nach lit. (b) verlangt ausdrücklich Anteilsbesitz. Ein Mehrheitsbesitz wird hier allerdings nicht verlangt. Es muss deshalb jeder Anteilsbesitz genügen. Hinzukommen muss für diese Variante aber, dass das andere Unternehmen das Recht hat, die Mehrheit der Geschäftsleiter *(directors)* im designierten Tochterunternehmen zu bestimmen oder abzuberufen. Nähere Bestimmungen der Modalitäten dazu finden sich in Schedule 6 Nr. 3 CA 2006.

(3) Stimmbindungsverträge (agreement to control the voting rights)

Der Status als *subsidiary* nach lit. (c) verlangt wiederum eine Beteiligung des anderen Unternehmens. Hinzukommen muss, dass dieses Unternehmen alleine oder durch einen Stimmbindungsvertrag mit anderen Anteilseignern die Mehrheit der Stimmrechte kontrolliert (hält). In Anbetracht der Variante des lit. (a) wird die Bedeutung dieses Tatbestands darin liegen, gerade die Stimmbindungsverträge zu erfassen. Denn wenn das eine Unternehmen bereits alleine eine Stimmrechtsmehrheit hält, wird das andere bereits nach lit. (a) als *subsidiary* angesehen.

(4) Enkelgesellschaften (subsidiary of a company that is itself a subsidiary)

Sec. 1159 para. 1 sentence 2 CA 2006 kommt schließlich auf Enkelunternehmen zu sprechen. Ohne weitere Voraussetzungen wird ein *subsidiary* eines Unternehmens, das seinerseits *subsidiary* eines weiteren Unternehmens ist, auch als *subsidiary* dieses weiteren Unternehmens angesehen. Ein Enkelunternehmen wird damit einem Tochterunternehmen in jeder Beziehung gleichgestellt und befindet sich in der Betrachtung der *group* somit auf der gleichen Ebene wie sein eigenes Mutterunternehmen.

b) *Muttergesellschaft (holding)*

Gleichzeitig definiert sec. 1159 para. 1 CA 2006 die *holding company*, also das Mutterunternehmen: Es wird allerdings nicht autonom bestimmt, sondern ist schlicht das Gegenstück zu dem Unternehmen, das ein *subsidiary* ist.

c) *Hundertprozentige Tochtergesellschaften (wholly-owned subsidiary)*

Eine eigenständige Behandlung erfährt das für die Behandlung von Konzernen stets von besonderem Interesse hundertprozentige Tochterunternehmen (wholly-owned subsidiary). Sec. 1159 para. 2 CA 2006 bestimmt:

> A company is a "wholly-owned subsidiary" of another company if it has no members except that other and that other's wholly-owned subsidiaries or persons acting on behalf of that other or its wholly-owned subsidiaries.

Der Tatbestand stellt auf die Anteilsinhaberschaft ab. Es wird verlangt, dass die *holding* selbst oder durch ihre übrigen *wholly-owned subsidiaries* oder Personen, die ihr oder den übrigen *wholly-owned subsidiaries* nahestehen, sämtliche Anteile am *subsidiary* hält. Minderheitsgesellschafter dürfen nicht vorhanden sein. Dieses Abstellen auf die Inhaberschaft der Gesellschaftsanteile ergibt sich notwendigerweise daraus, dass nach britischem Verständnis die Geschäftsleiter nach dem Interesse der Gesellschaft handeln müssen, das sich aus dem Interesse der Gesellschafter ergibt (s. dazu unten V.2). Wenn eine Sonderbehandlung für bestimmte Tochterunternehmen vorgesehen ist – und das legt ja schon die Definition eines Sonderfalls wie des *wholly-owned subsidiarys* nahe – muss sie sich also an den Strukturen und Funktionsweisen dieses *subsidiarys* orientieren.

d) *Ermächtigung zur Veränderung (power to amend)*

Bemerkenswert ist schließlich, dass sec. 1160 para. 1 den *Secretary of State* ermächtigt, die Bedeutung der Begriffe des *subsidiarys*, der *holding* und des *wholly-owned subsidiarys* zu verändern. Damit ist vor allem Raum dafür gegeben, die Begründung einer Konzernverbindung auf andere bzw. zusätzliche als die dem Gesetz bereits bekannten Tatbestände zu stützen.

2. *Klassifikation von Unternehmen*

a) *Tochterunternehmen und Mutterunternehmen (subsidiary undertakings and parent undertakings)*

Nach den allgemeinen Bestimmungen betreffend *companies* als *subsidiaries* wartet der CA 2006 in sec. 1162 mit Sonderbestimmungen betreffend *Parent and subsidiary undertakings* (Mutterunternehmen und Tochterunternehmen) auf.[3] *Undertakings* sind dabei, wie erwähnt (s. oben II.), *body corporates* und *partnerships*. Der persönliche Anwendungsbereich der sec. 1162 ist damit weiter als der der sec. 1159 Die *company* ist ein *body corporate*. Sec. 1162 para. 2 CA 2006 bestimmt ein Unternehmen als Mutterunternehmen im Verhältnis zu einem Tochterunternehmen:

> (2) An undertaking is a parent undertaking in relation to another undertaking, a subsidiary undertaking, if—
> (a) it holds a majority of the voting rights in the undertaking, or
> (b) it is a member of the undertaking and has the right to appoint or remove a majority of its board of directors, or
> (c) it has the right to exercise a dominant influence over the undertaking—
> (i) by virtue of provisions contained in the undertaking's articles, or
> (ii) by virtue of a control contract, or
> (d) it is a member of the undertaking and controls alone, pursuant to an agreement with other shareholders or members, a majority of the voting rights in the undertaking.

Dabei weisen die Varianten der lit. (a), (b) und (d) keine Unterschiede zu denen auf, die aus sec. 1159 para. 1 sentence 1 lit. (a), (b) und (c) bekannt sind (dazu oben II.1. und 2.). Lediglich die Bestimmung der sec. 1162 para. 2 lit. (c) weicht davon ab, indem sie den beherrschenden Einfluss *(dominant influence)* als neue Figur einführt und verlangt, dass dieser entweder auf die Satzung *(undertaking's articles, (i))* oder das neue Instrument des *control contracts (ii)* gestützt wird. Sowohl Vertrag als auch Satzung müssen dabei ein Recht zur Ausübung dieses Einflusses gewähren *(right to exercise a dominant influence)*. Das zeigt, dass durch die Satzung oder den *control contract* ein solches Einflussnahmerecht geschaffen werden kann.

Nähere Aussagen zum beherrschenden Einfluss *(dominant influence)* trifft schließlich schedule 7 sec. 4 para. 1 CA 2006:

3 Zu Sonderbestimmungen betreffend den Versicherungskonzern (*insurance group*) und den Bankkonzern *(banking group)* s. sec. 1164 CA 2006.

> For the purposes of section 1162(2)(c) an undertaking shall not be regarded as having the right to exercise a dominant influence over another undertaking unless it has a right to give directions with respect to the operating and financial policies of that other undertaking which its directors are obliged to comply with whether or not they are for the benefit of that other undertaking.

Beherrschender Einfluss liegt damit vor, wenn dem Mutterunternehmen ein Recht zusteht, Anweisungen an die *directors* des anderen Unternehmens zu geben, die die Geschäfts- und Finanzpolitik *(operating and financial policies)* dieses Unternehmens betreffen und die *directors* dieser Anweisung folgen müssen, gleich ob sie für ihr Unternehmen vorteilhaft sind oder nicht.

b) Weitere Mutterunternehmen (parent undertakings)

Ergänzend sind in sec. 1162 para. 4 CA 2006 weitere Tatbestände vorgesehen, nach denen ein Unternehmen als Mutterunternehmen *(parent undertaking)* anzusehen ist:

> An undertaking is also a parent undertaking in relation to another undertaking, a subsidiary undertaking, if—
> (a) it has the power to exercise, or actually exercises, dominant influence or control over it, or
> (b) it and the subsidiary undertaking are managed on a unified basis.

In lit. (a) wird wieder auf den beherrschenden Einfluss abgestellt. Während in para. 2 lit. (c) das *Recht* zur Ausübung beherrschenden Einflusses *(right to exercise a dominant influence)* verlangt wird, genügt hier nach Alt. 1 die *Möglichkeit* der Ausübung *(power to exercise).* Erst recht genügt nach Alt. 2 die tatsächliche Ausübung *(actually exercises)* des beherrschenden Einflusses. Gleichgestellt wird in beiden Alternativen die Ausübung von Kontrolle *(control).*

Nach lit. (b) wird die Mutterunternehmenseigenschaft auch dadurch begründet, dass zwar keine Möglichkeit der Ausübung oder tatsächliche Ausübung von beherrschendem Einfluss oder Kontrolle besteht, aber das Unternehmen und das Tochterunternehmen einheitlich geleitet werden *(managed on a unified basis).*

Der CA 2006 greift damit die unterschiedlichen Ansätze von konzernrechtlicher Begründung auf: Kontrolle, beherrschender Einfluss, einheitliche Leitung. Diese unterschiedlichen Ansätze der Mitgliedstaaten werden etwa vom europäischen Bilanzrecht in Art. 2 Nr. 9 und 10 und Art. 22 Abs. 2 EU-BilanzRL genutzt, um das Vorliegen von Konzernen für den Konzernabschluss zu beschreiben.

c) Enkelunternehmen

Eine Bestimmung zu Enkelunternehmen findet sich in sec. 1162 para. 5 CA 2006 und entspricht dem, was für die company festgelegt wird (s. dazu oben II.1.a)(4)):

> A parent undertaking shall be treated as the parent undertaking of undertakings in relation to which any of its subsidiary undertakings are, or are to be treated as, parent undertakings; and references to its subsidiary undertakings shall be construed accordingly.

Damit wird, wie bei der *company,* das Enkelunternehmen dem Tochterunternehmen *(subsidiary undertaking)* gleichgestellt.

d) Mittelbare Beteiligungen

Die Zurechnung von Anteilen, die nur mittelbar gehalten werden, erfolgt durch Art. 1162 para. 3 CA 2006:

> For the purposes of subsection (2) an undertaking shall be treated as a member of another undertaking—
> (a) if any of its subsidiary undertakings is a member of that undertaking, or
> (b) if any shares in that other undertaking are held by a person acting on behalf of the undertaking or any of its subsidiary undertakings.

Nach lit. (a) genügt es zur Begründung der Mutterunternehmenseigenschaft, dass ein Tochterunternehmen des künftigen Mutterunternehmens die Anteile am designierten Tochterunternehmen hält. Lit. (b) hat den Fall vor Augen, dass die Beteiligung durch nahestehende Personen des designierten Mutterunternehmens oder eines anderen Tochterunternehmens die Anteile hält.

e) Keine Regelung zu hundertprozentigen Tochterunternehmen (wholly-owned subsidiary undertaking) und keine Ermächtigung zur Änderung (power to amend)

Auffällig ist, dass eine Bestimmung zum hundertprozentigen Tochterunternehmen *(wholly-owned subsidiary undertaking)* fehlt. Sonderbestimmungen des CA 2006, die hundertprozentige Töchter betreffen, finden also nur Anwendung, wenn diese Tochterunternehmen *companies* sind (s. dazu oben II.1.c)).

Ebenso ist für den Bereich der Unternehmen *(undertakings)* keine Regelung vorhanden, die dem *Secretary of State* eine Modifikation der Inhalt erlaubt (s. für die *companies* oben II.1.d)).

3. Bedeutung der verschiedenen Klassifikationen

Diese umfassende gesetzliche Behandlung von gruppenverbundenen Unternehmen deutet darauf hin, dass der Gesetzgeber des CA 2006 ein Bewusstsein für die rechtliche Behandlung von Unternehmensgruppen hatte und dieses auch in das Gesetz hat einfließen lassen. Zu Luftsprüngen besteht tatsächlich aber kein Anlass: Die Bestimmungen werden lediglich vereinzelt in Vorschriften des CA 2006 wieder aufgegriffen.

Ob ein Unternehmen ein *subsidiary undertaking* ist, spielt etwa für sec. 215 (Payments for loss of office) und die zugehörige Vorschrift der sec. 216 (Amounts taken to be payments for loss of office) und für die Buchführungspflicht der sec. 386 (Duty to keep accounting records) und die nachfolgenden Vorschriften, sowie die Konzernrechnungslegung (sec. 404 ff.) eine Rolle. Die Bestimmung des einfachen *subsidiarys* wird hingegen in der Vertragspraxis aufgegriffen, wo Klauseln in Verträgen die ganze Unternehmensgruppe betreffen sollen (wobei hierzu auch die weitere Bestimmung des *subsidiary undertakings* genutzt werden könnte).[4] Das Steuerrecht nutzt die Begriffsbestimmung im Rahmen der VAT-Besteuerung (*value added tax,* Mehrwertsteuer) für Unternehmensgruppen.

Damit ergibt sich zwar stellenweise eine gesetzliche Behandlung von Unternehmensgruppen. Ein umfassendes System, das klare Bestimmungen zur Leitung oder Haftung der Unternehmensgruppe aufstellt, wird aber nicht geschaffen. Auch in der neueren Rechtsprechung, die sich mit Gruppensachverhalten befasst (s. dazu unten IV., V., VI.) greift nicht auf die gesetzlich verfassten Begriffe zurück, um festzustellen, dass eine Unternehmensgruppe gegeben ist.

Aufklärung darüber, warum überhaupt ein Dualismus der Systeme des *subsidiary* und des *subsidiary undertaking* besteht, versucht die neuere Rechtsprechung zu geben:

> "There are many situations in which company law takes account of groups of companies [...]. They include financial reporting, the control of transactions between a company and its directors, or of the purchase of a company's own shares. It is plainly important and necessary to define what is meant by a "subsidiary" for these and other purposes. There is a special definition for accounting purposes in section 1162 and schedule 7 of the 2006 Act, previously in section 258 and schedule 10 A of the 1985 Act (inserted by the Companies Act 1989). The definition for general purposes is in section 1159

4 So etwa der Sachverhalt in Farstadt Supply A/S v Enrico Ltd [2011] UKSC 16, 1.

and schedule 6 of the 2006 Act, previously in sections 736 and 736A of the 1985 Act as amended by the Companies Act 1989".[5]

Die Entscheidung geht somit von einer allgemeinen Bestimmung und einer spezielleren bilanzrechtlichen Bestimmung aus. Dass die speziellere bilanzrechtliche Bestimmung eingeführt worden ist, führt sie darauf zurück, dass die Umsetzung der europarechtlichen Vorgaben dies erforderlich machten.[6] Auf die engere allgemeine Bestimmung wollte man in diesem Zusammenhang hingegen wohl nicht verzichten.

III. Der britische faktische Konzern (factual group)

Der britische faktische Konzern entbehrt einer klaren gesetzlichen Verfassung. Die allgemeinen Bestimmungen zum Konzernrecht der *company* (s. dazu oben II.1.) und zum Konzernrecht der Unternehmen (*undertakings*; s. dazu oben II.2.) werden vom CA 2006 nicht genutzt, um eine allgemeine Konzernstruktur dergestalt zu schaffen, dass die Befugnisse und Verpflichtungen der beteiligten Unternehmen festgelegt werden. Die Basis jeder Behandlung der in einer Gruppe verbundenen Unternehmen *(affiliated undertakings)*[7] muss deshalb das einfache britische Gesellschaftsrecht sein. Das bedeutet allerdings keinesfalls, dass die Rechtsprobleme in Gruppensachverhalten tatsächlich ohne nähere Würdigung nach den geschriebenen oder von der Rechtsprechung entwickelten Regelungen dieses einfachen Gesellschaftsrechts gelöst würden. Vielmehr zeigt sich in der Rechtspraxis – d. h. in den Entscheidungen der britischen Gerichte – ein Bewusstsein dafür, dass ein Unternehmen einer Unternehmensgruppe angehört und sich deshalb der Maßstab der Entscheidungen, die in diesem Unternehmen getroffen wird, ein anderer ist als der in einem unverbundenen Unternehmen. Wie zu zeigen sein wird, gilt das für die Behandlung der Tochtergesellschaften ebenso wie für die Betrachtung der Muttergesellschaften: Die britische

5 Farstadt Supply A/S v Enrico Ltd [2011] UKSC 16, 16.

6 Farstadt Supply A/S v Enrico Ltd [2011] UKSC 16, 23.

7 Begriff nach Art. 2 Nr. 12 der EU-Bilanzrichtlinie (Richtlinie 2013/34/EU des Europäischen Parlaments und des Rates vom 26. Juni 2013 über den Jahresabschluss, den konsolidierten Abschluss und damit verbundene Berichte von Unternehmen bestimmter Rechtsformen und zur Änderung der Richtlinie 2006/43/EG des Europäischen Parlaments und des Rates und zur Aufhebung der Richtlinien 78/660/EWG und 83/349/EWG des Rates.

Rechtspraxis ist sich des Umstandes bewusst, dass die Tochterunternehmen dazu neigen können, ihre Entscheidungen an der Gruppe auszurichten und dass die Mutterunternehmen ebendiese Ausrichtung herbeiführen. Diesem Bewusstsein wird in den nachfolgend analysierten einzelnen Entscheidungen praktische Wirkung verschafft: Die Gerichtsentscheidungen tragen den Umständen des veränderten Entscheidungsmaßstabs in der Unternehmensgruppe Rechnung und verschaffen dem einfachen britischen Gesellschaftsrecht somit eine gruppenrechtliche Färbung. Das erscheint gerade deshalb interessant, weil eine solche Aufforderung sich nicht in den geschriebenen Gesetzen findet. Dogmatisch betrachtet handelt es sich somit um das Ausloten des Regelungsgehaltes und der Grenzen bestimmter Vorschriften in der spezifischen Fallgestaltung, die durch die Interessenlage in der Unternehmensgruppe bedingt wird.

IV. Haftung in der Unternehmensgruppe

1. Rechtliche Selbstständigkeit und Haftungstrennung

a) Grundlegendes

Dreh- und Angelpunkt der Betrachtung ist die rechtliche Selbstständigkeit der Unternehmen. Zwar zeichnet sich auch im Vereinigten Königreich der Ansatz der ökonomischen Betrachtung des Konzerns als einheitliches Unternehmen ab:

> "This case might be called the "Three in one." Three companies in one. Alternatively, the "One in three." One group of three companies. For the moment I will speak of it as "the firm.""[8]

Diesem Ansatz ist aber nicht gefolgt worden. Vielmehr blieb es grundsätzlichen bei der unabhängigen Betrachtung der konzernangehörigen Unternehmen. Das Institut der rechtlichen Selbstständigkeit, das zur Haftungstrennung zwischen der Gesellschaft und den Gesellschaftern führt, ist in der britischen Rechtsprechung in der Sache *Salomon v Salomon & Co Ltd* im Jahr 1986 grundlegend anerkannt worden:[9]

8 DHN Food Distributors v Tower Hamlets LBC [1976] 1 W.L.R. 852, 857.
9 Kritisch zur Praxis der Anwendung auf Konzernsachverhalte *Dignam/Lowry*, Company Law , 7. Aufl. 2012, Rn. 3.55. Zur davon ausgehenden Rechtsent-

"We start, then, with the assumption that the respondents have a corporate existence with power to sue and be sued, to incur debts and be wound up, and to act as agents or as trustees, and I suppose, therefore, to hold property. Both the Courts below have, however, held that the appellant is liable to indemnify the company against all its debts and liabilities.[10] [...] I am at a loss to see how in either view taken in the Courts below the conclusion follows from the premises, or in what way the company became an agent or trustee for the appellant, except in the sense in which every company may loosely and inaccurately be said to be an agent for earning profits for its members, or a trustee of its profits for the members amongst whom they are to be divided. There was certainly no express trust for the appellant; and an implied or constructive trust can only be raised by virtue of some equity.[11] [...] By an "alias" is usually understood a second name for one individual; but here, as one of your Lordships has already observed, we have, ex hypothesi, a duly formed legal persona, with corporate attributes and capable of incurring legal liabilities.[12] [...] If, as was said in the Court of Appeal, the company was formed for an unlawful purpose, or in order to achieve an object not permitted by the provisions of the Act, the appropriate remedy (if any) would seem to be to set aside the certificate of incorporation, or to treat the company as a nullity, or, if the appellant has committed a fraud or misdemeanour (which I do not think he has), he may be proceeded against civilly or criminally; [...]".[13]

Grundsätzlich ist somit von einer eigenen Zuständigkeit und Verantwortlichkeit der wirksam gegründeten *company* für ihre eigenen Verpflichtungen auszugehen. Eine Haftung der Anteilseigner für die Verbindlichkeiten besteht – auch und gerade in der Insolvenz nicht:[14]

"If one of the subsidiary companies [...] declines into insolvency to the dismay of its creditors, the parent company and other subsidiary companies prosper to the joy of the shareholders without any liability for the debts of the insolvent subsidiary."[15]

wicklung in Neuseeland siehe Lee v Lee's Air Farming Ltd [1961] NZLR 325 (PC) und Lewis Holdings Ltd v Steel & Tube Holdings Ltd [2014] NZHC 331.

10 Salomon v Salomon & Co Ltd [1897] A.C. 22, 55 = House of Lords, Lawreport 1897, 22, 55.

11 Salomon v Salomon & Co Ltd [1897] A.C. 22, 56 = House of Lords, Lawreport 1897, 22, 56.

12 Salomon v Salomon & Co Ltd [1897] A.C. 22, 56 = House of Lords, Lawreports 1897, 22, 56.

13 Salomon v Salomon & Co Ltd [1897] A.C. 22, 56 f. = House of Lords, Lawreports 1897, 22, 56 f.

14 Zur Kritik an dieser Handhabung s. *Sealy/Worthington,* Sealy & Worthington's Company Law, 10. Aufl. 2013, S. 808.

15 Re Southard & Co Ltd [1979], 1 W.L.R. 1198, 1208.

Die dadurch begründete Haftungstrennung zwischen Gesellschaft und Gesellschafter ist klassischerweise gerade eines der Anliegen der Zusammenfassung mehrerer Unternehmen zu einem Konzern.[16] Auch das Errichten einer solchen Struktur zur Haftungskanalisierung wird vom britischen Recht nicht untersagt, sondern gerade erlaubt, wie aus der Entscheidung *Adams v Cape Industries Plc* des *Court of Appeal* ersichtlich ist:

> "[W] we do not accept as a matter of law that the court is entitled to lift the corporate veil as against a defendant company which is the member of a corporate group merely because the corporate structure has been used so as to ensure that the legal liability (if any) in respect of particular future activities of the group (and correspondingly the risk of enforcement of that liability) will fall on another member of the group rather than the defendant company. Whether or not this is desirable, the right to use a corporate structure in this manner is inherent in our corporate law. Mr. Morison urged on us that the purpose of the operation was in substance that Cape would have the practical benefit of the group's asbestos trade in the United States of America without the risks of tortious liability. This may be so. However, in our judgment, Cape was in law entitled to organise the group's affairs in that manner and (save in the case of A.M.C. to which special considerations apply) to expect that the court would apply the principle of Salomon v. A. Salomon & Co. Ltd. [1897] A.C. 22 in the ordinary way."[17]

b) Hemmnisse für die Gruppenleitung

Die Trennung der beiden Unternehmen birgt für das Mutterunternehmen und für die gesamte Konzernorganisation nicht nur Vorteile. Wie die Entscheidungen *Barings Plc (In Liquidation) v Coopers & Lybrand (No 4)* und *Shaker v Al-Bedrawi* zeigen, kann ein Mutterunternehmen nämlich nicht die Ansprüche ihres Tochterunternehmens gegen andere Personen geltend machen.[18]

16 S. aus dem britischen Schrifttum *Dine,* The Governance of Corporate Groups, 2000, S. 43.

17 Adams v Cape Industries Plc [1990] Ch. 433, 544; s. außerdem die Entscheidung Ord v Belhaven Pubs Ltd [1998] 2 BCLC 447, 456 des Court of Appeal.

18 Barings Plc (In Liquidation) v Coopers & Lybrand (No.4) [2002] P.N.L.R. 16, 321; Shaker v Al-Bedrawi [2003] Ch. 350.

2. *Durchgriffshaftung*

a) *Grundlagen*

Wie bereits in *Salomon v Salomon* vom *House of Lords* angedeutet, können Situationen gegeben sein, in denen die Selbstständigkeit der Gesellschaft nicht berücksichtigt werden kann.[19] Das sind Fälle des Haftungsdurchgriffs auf den Gesellschafter; im Vereinigten Königreich ist die Figur als "*piercing the corporate veil*" bekannt.[20] Die Figur ist in einer jüngsten Entscheidung des *UK Supreme Court* wieder thematisiert worden. In *Prest v Petrodel Resources Ltd* hat das Gericht festgehalten:

> "As to that, it has also long been recognised that there may be circumstances in which it will be legitimate for the court to "pierce the corporate veil" of a company, as it has come to be called, thereby identify the company with those in control of it and, in its discretion, then to depart from the separate identity principle established in Salomon's case. In such a case, the court may then be prepared to grant remedies against the company which, apart from any such veil piercing, might otherwise appear to be available only against those controlling it; or to grant remedies against the controllers which might otherwise appear to be available only against the company.[21] Thus it noted, [...], the unanimous (albeit obiter) view of the House of Lords in Woolfson v Strathclyde Regional Council 1978 SC (HL) 90, 96, that "it is appropriate to pierce the corporate veil *only* where special circumstances exist indicating that it is a mere façade concealing the true facts"[...].[22] [...] The decision [VTB [2012], 2 Lloyds's Rep 313] showed that what is required is nothing less than proof of impropriety directed at the misuse of the corporate structure for the purpose of concealing wrongdoing."[23]

Der Haftungsdurchgriff kommt damit in Betracht, wenn die gesellschaftsrechtliche Struktur missbraucht wird: Das ist der Missbrauch der Eigenständigkeit der Gesellschaft. Wie der *UK Supreme Court* klarmacht,

19 Salomon v Salomon & Co Ltd [1897] A.C. 22, 56 f. = House of Lords, Lawreports 1897, 22, 56 f.

20 Ausf. zur Entwicklung *Dine,* The Governance of Corporate Groups, 2000, S. 44 ff.

21 Prest v Petrodel Resources Ltd [2013], 2 A.C. 415, 452 f. Rn. 122 = UK Supreme Court, Lawreports 2013, 415, 452 f. Rn. 122.

22 Prest v Petrodel Resources Ltd [2013], 2 A.C. 415, 453 Rn. 123 = UK Supreme Court, Lawreports 2013, 415, 453 Rn. 123.

23 Prest v Petrodel Resources Ltd [2013], 2 A.C. 415, 455 Rn. 126 = UK Supreme Court, Lawreports 2013, 415, 455 Rn. 126.

liegt ein solcher Missbrauch aber nicht allein im Einsatz der Haftungsbeschränkung.[24]

Bedenklich, aber ohne Folgen geblieben, sind ältere Entscheidungen, in denen das angedeutet wurde, wie *Littlewoods Mail Order Stores Ltd v Inland Revenue Commissioners:*[25]

> "The courts can and often do draw aside the veil. They can, and often do, pull off the mask. They look to see what really lies behind. The legislature has shown the way with group accounts and the rest. And the courts should follow suit. I think that we should look at the Fork Manufacturing Co. Ltd. and see it as it really is – the wholly-owned subsidiary of Littlewoods. It is the creature, the puppet, of Littlewoods, in point of *fact:* and it should be so regarded in point of law."[26]

In *Print Factory (London) 1991 Ltd v Millam* wurde das Augenmerk stark auf das Bestehen einer Kontrolle *(control)* gelegt:

> "It is, with respect, correct to say that a subsidiary's lack of independence does not demonstrate that the holding company owns the business. But that observation, when adopted as crucial to the decision in this case, does not give weight to the fact that the ET found, drawing on its experience, that the arrangements in the present case were not typical, to the extent that the business was that of McCorquodale. And the same has to be said of the observations that as a matter of law Fencourt was independent from McCorquodale; and that that concludes the matter in the absence of proof that Fencourt's presence was a sham. The legal structure is of course important, but it cannot be conclusive in deciding the issue of whether, within that legal structure, control of the business has been transferred as a matter of fact."[27]

Da das Bestehen der Kontrolle aber in dem der Entscheidung zugrundeliegenden Fall verworfen worden war, blieb eine weitere Würdigung der Bedeutung von Kontrolle aus. Es ist deshalb nicht anzunehmen, dass die Übernahme von Kontrolle in einer Gesellschaft eine Haftung begründet.

Insgesamt begründet damit die Zusammenfassung mehrerer Unternehmen zu einem Konzern noch keine Verantwortlichkeit des Mutterunternehmens. Für die Gruppenleitung ist das von großem Wert. Ein

24 Prest v Petrodel Resources Ltd [2013], 2 A.C. 415, 454 Rn. 124 = UK Supreme Court, Lawreports 2013, 415, 454 Rn. 124; s. auch schon oben IV.1.

25 S. zur Bewertung *Farrar/Hannigan,* Farrar's Company Law, 4. Aufl. 1998, S. 531.

26 Littlewoods Mail Order Stores Ltd v Inland Revenue Commissioners [1969], 1 W.L.R. 1241, 1254.

27 Print Factory (London) 1991 Ltd v Millam [2008] B.C.C. 169, 173.

umfassender Gläubigerschutz wird damit auf der anderen Seite natürlich nicht gewährleistet.

In der Entscheidung *VTB Capital plc v Nutritek International Corp* bestätigte der *Supreme Court,* dass die Nutzung von Gruppenstrukturen zur Haftungsabschirmung rechtlich nicht zu missbilligen ist und aus der Haftungskanalisierung nicht bereits ein Grund für eine Haftungsdurchbrechung folgt.[28] Allerdings fanden sich in der betreffenden Entscheidung und in den Stellungnahmen der Richterbank auch einzelne kritische Überlegungen dazu, ob das Prinzip des *piercing the corporate veil* überhaupt ein tragfähiges Rechtsprinzip für die Haftungsbegründung ist:

> "The notion that there is no principled basis upon which it can be said that one can pierce the veil of incorporation receives some support from the fact that the precise nature, basis and meaning of the principle are all somewhat obscure, as are the precise nature of circumstances in which the principle can apply."[29]

Lord Clarke sah in der Entscheidung ebenfalls einen Anlass dazu, sich künftig über den genauen Zuschnitt der Figur des *piericing the corporate veil* Gedanken zu machen:

> "I agree with Lord Neuberger that this is not a case in which it would be appropriate to pierce the corporate veil on the facts. I would however wish to reserve for future decision the question what is the true scope of the circumstances in which it is permissible to pierce the corporate veil."[30]

Lord Wilson bekannte sich schließlich dazu, dass er vom Prinzip der Haftungstrennung eher nicht Abstand nehmen wolle:

> "In that this court welcomes blue sky thinking, I do not criticise Mr Lazarus for his over-arching attempt to persuade it that English law recognises no principle that the corporate veil may ever be lifted. In my view, however, and notwithstanding the difficulty of being able to define within one sentence the circumstances in which the law will – perhaps – lift the corporate veil, such was a highly ambitious submission. But this is not the place at which to embark on an attempted subjection of it to critical examination."[31]

28 VTB Capital plc v Nutritek International Corp [2013] UKSC 5 Tz. 148; zum Sachverhalt s. Tz. 1 ff.

29 VTB Capital plc v Nutritek International Corp [2013] UKSC 5 Tz. 123; s. außerdem schon Tz. 121 f. der Entscheidung.

30 VTB Capital plc v Nutritek International Corp [2013] UKSC 5 Tz. 238.

31 VTB Capital plc v Nutritek International Corp [2013] UKSC 5 Tz. 158.

b) Ebenfalls: Ein-Personen-Tochtergesellschaft (wholly-owned subsidiary)

Das *House of Lords* hatte sich in der Entscheidung *Woolfson v Strathclyde RC* mit der Bedeutung der Haftungstrennung für die Ein-Personen-Tochtergesellschaft *(wholly-owned subsidiary)* befasst und dazu auf *D.H.N Food Distributors v Tower Hamlets LBC*[32] Bezug genommen:

> "The position there [in D.H.N] was that compensation for disturbance was claimed by a group of three limited companies associated in a wholesale grocery business. The parent company, D.H.N., carried on the business in the premises which were the subject of compulsory purchase. These premises were owned by Bronze, which had originally been the wholly-owned subsidiary of a bank which had advanced money for the purchase of the premises, but which had later become the wholly-owned subsidiary of D.H.N. Bronze and the same directors as D.H.N. and the premises were its only asset. It carried on no activities whatever. The third company, also a wholly-owned subsidiary of D.H.N., owned as its only asset the vehicles used in the grocery business, and it too carried on no operations. The compulsory acquisition resulted in the extinction of the grocery business, since no suitable alternative premises could be found. It was held by the Court of Appeal (Lord Denning M.R., Goff and Shaw LL.J.) that the group was entitled to compensation for disturbance as owners of the business. The grounds for the decision were (1) that since D.H.N. was in a position to control its subsidiaries in every respect, it was proper to pierce the corporate veil and treat the group as a single economic entity for the purpose of awarding compensation for disturbance; (2) that if the companies were to be treated as separate entities, there was by necessary implication from the circumstances an agreement between D.H.N. and Bronze under which the former had an irrevocable licence to occupy the premises for as long as it wished, and that this gave D.H.N. a sufficient interest in the land to found a claim to compensation for disturbance; and (3) (per Goff and Shaw LL.J.) that in the circumstances Bronze held the legal title to the premises in trust for D.H.N., which also sufficed to entitle D.H.N. to compensation for disturbance.[33] [...] Here, on the other hand, the company that carried on the business, Campbell, has no sort of control whatever over the owners of the land, Solfred and Woolfson. Woolfson holds two-thirds only of the shares in Solfred, and Solfred has no interest in Campbell. Woolfson cannot be treated as beneficially entitled to the whole shareholding in Campbell, since it is not found that the one share in Campbell held by his wife is held as his nominee. In my opinion there is no basis consonant with principle upon which on the facts of this case the corporate veil can be pierced to the effect of holding

32 DHN Food Distributors v Tower Hamlets LBC [1976] 1 W.L.R. 852.

33 Woolfson v Strathclyde RC [1978] S.L.T. 159.

> Woolfson to be the true owner of Campbell's business or of the assets of Solfred".[34]

Das Gericht macht damit deutlich, dass es nicht allein darum geht, dass ein Unternehmen alle Anteile an einem anderen Unternehmen hält. Vielmehr muss die Kontrollausübung maßgeblich sein. Dafür genügt aber nicht die Kontrolle der Konzerngeschäfte an sich; hinzukommen muss stets der Missbrauch der rechtlichen Selbstständigkeit (s. oben IV.2.a).[35]

c) Ausnahme: Deliktische Verantwortlichkeit

Eine Verantwortlichkeit des Mutterunternehmens kann aber bei deliktischer Verletzung von Personen durch das Tochterunternehmen in Betracht kommen *(personal injury)*.[36] Anders liegt es aber wiederum – d. h. keine Verantwortlichkeit ist gegeben – bei deliktischen Verletzungen im wirtschaftlichen Bereich *(commercial torts)*.[37]

3. Haftung als shadow director

Eine Haftung der Konzernmutter kann ebenfalls unter der Figur des *shadow directors* in Betracht kommen. Der *shadow director* wird von sec. 251 para. 1 CA 2006 definiert:

> In the Companies Acts "shadow director", in relation to a company, means a person in accordance with whose directions or instructions the directors of the company are accustomed to act.

Shadow director ist damit derjenige, dessen Anweisungen die „echten" *directors* einer Gesellschaft üblicherweise folgen. Der Einfluss, den diese

34 Woolfson v Strathclyde RC [1978] S.L.T. 159.

35 In DHN Food Distributors v Tower Hamlets LBC [1976] 1 W.L.R. 852, 858 wurde das verneint: „Being in control of all three companies, they could have arranged for Bronze to convey the land to D.H.N. No stamp duty would be payable because it would be exempt under section 42 of the Finance Act 1930. And D.H.N., being the owners, could also claim compensation for disturbance. So at any time up to October 30, 1970, this group of three companies could have put themselves in an unassailable position to claim not only the value of the land but also compensation for disturbance. But that was not done."

36 S. die Fallstudie bei *Dignam/Lowry*, Company Law, 7. Aufl. 2012, Rn. 3.37 ff.

37 S. wiederum *Dignam/Lowry*, Company Law, 7. Aufl. 2012, Rn. 3.42.

Person hat, muss auf einer sicheren Basis verfestigt sein.[38] Wie sich aus para. 3 ergibt, kann auch – unter Berücksichtigung von Ausnahmefällen – ein Unternehmen, also die Muttergesellschaft, *shadow director* eines anderen Unternehmens sein. Das ergibt sich im Umkehrschluss aus der Vorschrift, wenn diese Ausnahmen formuliert, unter denen eine Behandlung als *shadow director* gerade *nicht* in Betracht kommt.

> "A body corporate is not to be regarded as a shadow director of any of its subsidiary companies for the purposes of— […]"[39]

Dass die Befolgung „üblicherweise" geschehen muss („accustomed to act") lässt darauf schließen, das seine gewisse Verstetigung eingetreten sein muss. Wenn auch die genaue Intensität schwierig abstrakt zu bestimmen ist, wird man wohl annehmen müssen, dass ein lediglich vereinzeltes Anweisen dem nicht genügt und damit das Mutterunternehmen nicht als *shadow director* erscheinen lässt.

4. *Haftung wegen disguised distributions (verdeckte Gewinnausschüttungen)*

Eine Haftung für die *directors* des Tochterunternehmens kann wegen sog. *disguised distributions* – verdeckten Auszahlungen – in Betracht kommen. Maßgeblich dafür ist die Entscheidung *Aveling Barford Ltd v Perion Ltd,* die allerdings keinen Konzernsachverhalt im Blick hatte.[40] Nichtsdestotrotz finden ihre Prinzipien dort Anwendung.[41] Zu berücksichtigen ist, dass die Entscheidung vor dem Hintergrund einer im auszahlenden Unternehmen später eintretenden Insolvenz spielte. Das spricht dafür, die Überlegungen der Entscheidung auch nur als vorgelagerten Insolvenzschutz zu sehen, ansonsten den Zahlungen im Konzern aber keinen Riegel vorzuschieben.

38 Kuwait Asia Bank EC v National Mutual Life Nominees Ltd [1991] 1 A.C. 187, 188, 196 (alle directors müssen sich entsprechend verhalten); *Mayson/French/Ryan,* Mayson, French & Ryan on Company Law, 29. Aufl. 2012/2013 unter Berufung auf Ultraframe (UK) Ltd v Fielding (No. 2) [2006] F.S.R. 17 (Mehrheit der directors genügt).

39 *Dignam/Lowry,* Company Law, 7. Aufl. 2012, Rn. 3.9; Tholen, Europäisches Konzernrecht, 2014, S. 123 und S. 124 zur Handhabung in der Rechtsprechung.

40 Aveling Barford Ltd v Perion Ltd [1989] B.C.L.C. 626.

41 S. ausf. *Dignam/Lowry,* Company Law, 7. Aufl. 2012, Rn. 7.18.

V. Gruppenleitung

1. Weisungsrechte der Gesellschafter (instruction rights)

a) Gesetzesstand und Satzungsgestaltungen

Nach dem britischen Gesetz sind für die Anteilseigner keine Weisungsrechte *(instruction rights)* gegenüber den *directors* vorgesehen. Ob die Rechtsprechung solche anerkannt hat, wird unterschiedlich beurteilt.[42] Allerdings sehen die *Model Articles* und auch praktisch die Satzungen *(articles of association)* der meisten britischen Unternehmen solche Weisungsrechte vor.[43] Die Zulässigkeit solcher Vorschriften wird nunmehr auch durch sec. 1162 para. 2 lit. (c) (i) CA 2006 gestützt, der die Verankerung eines Weisungsrechts in der Satzung erlaubt (s. oben II.2.a)). Die Ausübung solcher Rechte erfolgt in einer Gesellschafterversammlung *(shareholder meeting)*. Die Möglichkeiten, eine Gesellschafterversammlung einzuberufen, werden von den sec. 303 bis 305 CA 2006 bestimmt. Sec. 303 para. 1 CA 2006 stellt dabei den Grundsatz auf:

> The members of a company may require the directors to call a general meeting of the company.

Den Gesellschaftern steht also jederzeit die Möglichkeit offen, von den Geschäftsleitern die Einberufung einer Versammlung zu verlangen. Die Verpflichtung der Geschäftsleiter zur Befolgung ergibt sich aus para. 2:

> The directors are required to call a general meeting once the company has received requests to do so from –
>
> (a) members representing at least 5 % of such of the paid-up capital of the company as carries the right of voting at general meetings of the company (excluding any paid-up capital held as treasury shares); or
>
> (b) in the case of a company not having a share capital, members who represent at least 5 % of the total voting rights of all the members having a right to vote at general meetings.

Für den Standardfall der Gesellschaft mit Kapitalanteilen genügt also nach lit. (a) eine Beteiligung von 5%, um die Einberufung einer Gesellschafterversammlung zu bewirken. Der Mehrheitsgesellschafter kann davon rege Gebrauch machen. Inhaltliche Bestimmungen existieren nicht: Es muss zwar nach sec. 303 para 4 CA 2006 inhaltlich zum Ein-

42 S. ausf. *Davies/Worthington,* Gower and Davies' Principles of Modern Company Law, 9. Aufl. 2012, Rn. 14–16.

43 *Kershaw,* Company Law in Context, 2. Aufl. 2012, S. 194.

berufungsgrund Stellung genommen werden. Die Einberufung ist aber nicht auf bestimmte Gründe festgelegt.

Kommen die Geschäftsleiter ihrer Einberufungspflicht nicht nach, können die Gesellschafter selbst nach sec. 305 CA 2006 eine Versammlung einberufen. Allerdings haben die Geschäftsleiter für die Einberufung eine Reaktionsfrist von 21 Tagen (sec. 304 para. 1 lit. (a) CA 2006), innerhalb derer sie die Versammlung für einen Zeitpunkt innerhalb der nächsten 28 Tage nach Bekanntmachung der Einberufung abhalten müssen. Damit wird den Geschäftsleitern ein großer zeitlicher Spielraum gegeben. Berücksichtigt man, dass die Aktionärsrechterichtlinie in Art. 5 Abs. 1 vorsieht, dass eine Hauptversammlung spätestens 21 Tage vor ihrem Stattfinden angekündigt werden muss, ergibt sich im Anwendungsbereich der Richtlinie ein Korridor zwischen diesem 21. Tag und dem eben angesprochenen 28. Tag, um die Hauptversammlung tatsächlich durchzuführen. Für eine ernsthafte Einflussnahme der Gesellschafter auf die täglichen Geschäfte ist dieses Instrument deshalb zu unflexibel. Eine rechtlich verbindliche Einflussnahme der Gesellschafter auf die *directors* ist deshalb nach britischem Recht zwar möglich, aber für die Konzernleitung nicht effizient nutzbar. Es muss dort deshalb bei einer Konzernleitung durch informelle und damit unverbindliche Einflussnahmen bleiben. Diese Art der Einflussnahme kann aber den Vorrang der Konzerninteressen nicht gewährleisten. Denn außerhalb einer Weisung muss es dabei bleiben, dass die *directors* ihr Handeln am Interesse ihrer einzelnen *company* ausrichten (s. dazu unten 2.).

Eine Überlagerung kann nur dort möglich sein, wo eine Weisung durch die Gesellschafter selbst erfolgt. Die Weisung muss dann aber auch die entsprechende Richtschnur für das Handeln der *directors* sein. Wird ihnen eine verbindliche Weisung von den Gesellschaftern, die über die Geschicke der Gesellschaft bestimmen können sollen (s. unten 2.c)), erteilt, müssen sie diese auch befolgen können, ohne damit eine Pflichtverletzung zu begehen.

b) Weisungsrecht nach der offiziellen Mustersatzung

Zum Companies Act 2006 existiert eine offizielle Mustersatzung (model articles) zur Gründung einer Private Company Limited by Shares – hierzulande bekannt als „Limited“. Diese Mustersatzung enthält in sec. 4 eine Bestimmung zur „Shareholders‘ reserve power“. Die Bestimmung lautet:

> (1) The shareholders may, by special resolution, direct the directors to take, or refrain from taking, specified action.
> (2) No such special resolution invalidates anything which the directors have done before the passing of the resolution.

Sec. 4 para. 1 räumt damit den Gesellschaftern ein Weisungsrecht gegenüber den *directors* ein. Die Regelung muss im Zusammenhang mit sec. 3 der Mustersatzung gesehen werden. Dort wird die „Director's general authority" erfasst:

> Subject to the articles, the directors are responsible for the management of the company's business, for which purpose they may exercise all the powers of the company.

Die generelle Zuständigkeit für die Angelegenheiten der Gesellschaft liegt danach also bei den *directors*. Wenn man nun sec. 4 para. 2 der Mustersatzung betrachtet, sieht man, dass die Gesellschafter eine einmal vorgenommene Handlung der *directors* nicht im Nachhinein ungültig werden lassen können. In sec. 4 wird also kein Vetorecht der Gesellschafter normiert. Die Befugnis, die den Gesellschaftern nach sec. 4 para. 1 eingeräumt wird, muss also noch nicht vorgenommene Handlung betreffen. Hier ist auch im Wortlaut der Bestimmung nichts dafür erkennbar, dass es sich bei diesen Handlungen um solche handeln muss, die auch schon bevorstehen. Den Gesellschaftern steht vielmehr ein allgemeines Weisungsrecht nach dieser Mustersatzung zu.

Daraus lassen sich zweierlei Folgerungen ziehen: Zum einen ist diese offizielle Mustersatzung der Beweis dafür, dass es nach dem britischen Recht erlaubt ist, den Gesellschaftern überhaupt Weisungsrechte gegenüber den *directors* einzuräumen. Eine solche Bestimmung in einer Mustersatzung hätte keinen Sinn, wenn sie von vornherein unwirksam wäre. Zum zweiten wird man annehmen müssen, dass ein Großteil der britischen Gesellschaften mit einem solchen Weisungsrecht in der Satzung lebt.[44] Zwar wird eine Mustersatzung gerade bei bedeutenden Gründungen nicht unbesehen übernommen. Ihre Bestimmungen haben aber ganz praktisch doch Bedeutung für die Gestaltung, die am Ende gewählt wird.

44 S. auch *Teichmann,* NJW 2014, 3561, 3564 dort Fn. 31.

2. *Verfolgung des company's interest durch die directors*

a) *Grundsatz: Interesse der company*

In der Entscheidung *Smith v Fawcett* hatte der *Court of Appeal* grundlegend festgehalten, dass die *directors* ihre Befugnisse zum Besten (nach ihrer Einschätzung) ihrer Gesellschaft ausüben müssen:

> "They must exercise their discretion bona fide in what they consider – not what a court may consider – is in the interests of the company, and not for any collateral purpose."[45]

Das folgt der treffenden Überlegung, dass die *directors* ihre Befugnisse ja gerade von dieser Gesellschaft erhalten haben.[46] Bei der Ausübung unterliegen sie allerdings einem Einschätzungsspielraum, wie eine andere Entscheidung zeigt:

> "The proper test, I think, in the absence of actual separate consideration, must be whether an intelligent and honest man in the position of a director of the company concerned, could, in the whole of the existing circumstances, have reasonably believed that the transactions were for the benefit of the company."[47]

b) *Einfluss des Konzerninteresses auf das Einzelinteresse*

aa) *Grundlagen*

Eine Berücksichtigung des Gruppeninteresses in einem Tochterunternehmen ist grundsätzlich nicht möglich.[48] Das ist in der Entscheidung *Pergamon Press, Ltd v Maxwell* zwar nicht ausdrücklich geregelt worden. Dort wird allerdings festgehalten:

> "That, furthermore, since M's power was a fiduciary power of a discretionary nature vested in him as president of the subsidiary, he was bound to exercise it in good faith in the interests of the subsidiary as a whole, […]".[49]

Damit macht das Gericht zum einen deutlich, dass Leitlinie des Handelns nicht die *group* oder die *parent company* ist, sondern das *subsidiary*. Zum anderen wird deutlich gemacht, dass die Belange des gesamten Toch-

45 Smith v Fawcett [1942] Ch. 304, 306.
46 *Loose/Griffiths/Impey,* The Company Director, 11. Aufl. 2011, Rn. 6.40.
47 Charterbridge Corp v Lloyds Bank Ltd [1970] Ch. 62, 74.
48 *Pettet,* Company Law, 2001, S. 41; *Hannigan,* Company Law, 2. Aufl. 2009 Rn. 3–57 auch m.w.N. aus der Rechtsprechung.
49 Pergamon Press, Ltd v Maxwell [1970] 1 W.L.R. 1167, 1168.

terunternehmens maßgeblich sein müssen und nicht nur einzelner Gesellschafter.

bb) Gleichsetzung von Mutter- und Tochterinteresse

Eine Berücksichtigung des Gruppeninteresses auf Ebene des Tochterunternehmens ist dort für dessen *directors* möglich, wo das Konzerninteresse auf das Einzelinteresse des Tochterunternehmens durchschlägt. Das kann aber nur der Fall sein, wenn das Eigeninteresse des Tochterunternehmens vom Konzerninteresse vollumfassend abhängig ist. Es muss sich dabei um Ausnahmefälle handeln. Deutlich wurde das in *Nicholas v Soundcraft Electronics Ltd & Anor:*[50] Dort erkannte das Gericht keine Pflichtverletzung der *directors* des Tochterunternehmens, weil es Forderungen gegen das Mutterunternehmen nicht geltend gemacht hatte. Durch die Geltendmachung wäre aber zu befürchten gewesen, dass das Mutterunternehmen, das bereits in finanziellen Schwierigkeiten war, in die Liquidation eintreten würde. Aus Sicht der *directors* des Tochterunternehmens konnte es daher sinnvoll sein, die Forderungen nicht geltend zu machen.

cc) Doppelmandate

In *Creasey v Breachwood Motors Ltd* wurde der Fall behandelt, in dem Eigentum und das Unternehmen von einer Gesellschaft auf eine andere transferiert wurden. Die Besonderheit lag darin, dass die handelnden Personen *directors* beider Gesellschaften waren. Das ist ein Szenario der sog. Doppelmandate. Der Vorwurf an die *directors* lag darin, dass sie ihre Pflichten gegenüber der übertragenden Gesellschaft nicht gewahrt hätten:

> "Nothing I have seen in the evidence could justify their conduct in deliberately shifting Welwyn's assets and business into Motors in total disregard of their duties as directors and shareholders […]."[51]

Zwar stand die Entscheidung im speziellen insolvenzrechtlichen Zusammenhang. Allerdings waren in der zitierten Passage schon die Pflichten gegenüber der das Eigentum und das Unternehmen besitzenden Gesellschaft haftungsträchtig. Diese bestehen aber auch außerhalb von

50 Nicholas v Soundcraft Electronics Ltd [1993] WL 963545.
51 Creasey v Breachwood Motors Ltd [1992] B.C.C. 638, 648.

Insolvenzszenarien. Bei Doppelmandaten bleibt der *director* somit jeder seiner Gesellschaften verpflichtet.

c) Berücksichtigung des Gruppeninteresses aufgrund der Satzung?

aa) Verankerung einer Konzernfunktion in der Satzung

Was die *directors* bei der Verfolgung des Gesellschaftsinteresses in ihre Überlegungen einbeziehen dürfen, gibt ihnen die Satzung vor:

> "They must have regard to those considerations, and those considerations only, which the articles on their true construction permit them to take into consideration, and in construing the relevant provisions in the articles it is to be borne in mind that one of the normal rights of a shareholder is the right to deal freely with his property and to transfer it to whomsoever he pleases."[52]

Die *directors* müssen sich also an die Vorgaben der Satzung halten. Dabei müssen sie berücksichtigen, dass die Gesellschafter über ihr Eigentum – und damit die Gesellschaft und mittelbar deren Eigentum – frei verfügen dürfen. Interessant erscheint hier schon, dass das Gericht anerkennt, dass die Gesellschafter ihr Eigentum frei an jedermann übertragen dürfen. Daraus ergibt sich auch, dass sich das Gesellschaftsinteresse aus dem gemeinsamen Interesse der Gesellschafter ergibt. Vieles deutet also darauf hin, dass sich auf dieser Grundlage eine Legitimation der Berücksichtigung des Gruppeninteresses bei den Entscheidungen der *directors* schaffen lässt: Die Gesellschaft scheint sich durch ihre eigene Satzung in die Dienste der Gruppe stellen zu können. Die Gesellschaft müsste dazu in ihrer Satzung eine „dienende Funktion" festlegen. Unterstützt wird diese Überlegung dadurch, dass die Gesellschafter frei in ihrer Entscheidung sind, wozu sie ihre Gesellschaft einsetzen. Das müsste es ihnen auch ermöglichen, sie in die Dienste eines Konzerns zu stellen. Dem steht auch nicht die Regelung des sec. 232 CA 2006 entgegen. Diese soll verhindern, dass die *directors* durch die Satzung von einer Verantwortlichkeit (auch wegen Pflichtverletzung) gegenüber ihrer Gesellschaft freigestellt werden. Allerdings bestimmt ja gerade die Satzungsregelung zur dienenden Konzernfunktion erst den Rahmen für das Handeln der *directors*. Eine solche Satzungsbestimmung muss zulässig sein.[53] Die Entscheidung dazu treffen die Gesellschafter allerdings nicht mit der grundsätzlich

52 Smith v Fawcett [1942] Ch. 304, 306.

53 Ebenso unter Geltung des CA 1985 *Bloß,* Die Unternehmensgruppe im englischen und deutschen Recht der Kapitalgesellschaften, 1999, S. 70 m.w.N.

satzungsändernden Mehrheit.[54] Vielmehr muss die Entscheidung wegen der Bedeutung für alle Gesellschafter auch von diesen mitgetragen werden. Das verlangt Einstimmigkeit.[55]

bb) Einschränkung: Gläubigerbenachteiligung?

Zu berücksichtigen ist, dass Handeln von *directors* dort nicht zulässig ist, wo Gläubiger benachteiligt werden.[56] Das ist in *Creasey v Breachwood Motors Ltd* erwähnt worden:

> "Nothing I have seen in the evidence could justify their conduct in deliberately shifting Welwyn's assets and business into Motors in total disregard of their duties as directors and shareholders, not least the duties created by Parliament as a protection to *all* creditors of a company."[57]

Das Gericht spricht hier von allgemeinen Pflichten, die die *directors* gegenüber allen Gläubigern treffen. Damit kann keine spezifische, mithin: einklagbare, Pflicht gemeint sein. Vielmehr muss es um einen allgemeinen Verhaltensstandard gehen. Deutlicher wird das Diktum im spezifischen insolvenzrechtlichen Zusammenhang der Entscheidung:

> "Welwyn was not put into liquidation. As a subsisting company it was entitled to retain its business and assets, so that they might be available to pay a dividend however small to such of Welwyn's creditors as Motors decided not to pay. Mr Ford and Mr Seaman decided instead to remove the business and assets of Welwyn to Motors, and, realising that the business could not be carried on satisfactorily unless Welwyn's trade creditors were paid, paid all their then actual creditors, but left Mr Creasey facing a defendant without assets. They did so in full knowledge of Mr Creasey's claim."[58]

54 S. dazu *Davies/Worthington,* Gower and Davies' Principles of Modern Company Law, 9. Aufl. 2012, Rn. 3–29 f.

55 Allen v Gold Reefs of West Africa Ltd [1900], 1 Ch. 656, 666 f.: „Again, we charge the company with bad faith in passing this resolution for an alteration of the articles which was intended to operate as against a single shareholder. The majority of shareholders in a company cannot appropriate to themselves the advantages of having the shares of a single shareholder or of a minority of the shareholders tied up for their own benefit and at their own discretion. Here, but for this alteration, Zuccani's paid-up shares might have been sold, and with the proceeds his partly paid shares might have been fully paid up. If he had been alive to vote on that resolution, it would not have been passed."

56 S. zu weiteren möglichen Einflüssen des Stakeholder-Ansatzes (sec. 172 CA 2006) *Wen,* Shareholder Primacy and Corporate Governance, 2013, S. 91 ff.

57 Creasey v Breachwood Motors Ltd [1992] B.C.C. 638, 648.

58 Creasey v Breachwood Motors Ltd [1992] B.C.C. 638, 648.

Der Vorwurf ist also nicht die Gläubigerbenachteiligung an sich. Vielmehr steht hier eine spezielle Gläubigerbenachteiligung im Vorfeld der Insolvenz im Raum. Nur im spezifischen Insolvenzzusammenhang muss ein *director* also die Gläubigerinteressen berücksichtigen. Außerhalb dieses Szenarios bleibt es dabei, dass er berücksichtigt, was er aus der Satzung der Gesellschaft ableiten kann. Nimmt man an, dass die Verfolgung von Gruppeninteressen dort festgelegt werden kann – wofür die Entscheidung *Smith v Fawcett* spricht (s. oben V.5.c)aa)) – muss der director sich danach richten dürfen.

cc) Leitlinie bei fehlender Satzungsverankerung

Werden keine Satzungsregelungen getroffen, muss es dabei bleiben, dass die directors das Konzerninteresse nicht berücksichtigen dürfen. Das hat die *Chancery Division* im Fall *Charterbridge Corp v Lloyds Bank Ltd* entschieden:

> "As I have already found, the directors of Castleford looked to the benefit of the group as a whole and did not give separate consideration to the benefit of Castleford. Mr. Goulding contended that in the absence of separate consideration, they must, ipso facto, be treated as not having acted with a view to the benefit of Castleford. That is, I think, an unduly stringent test and would lead to really absurd results, i. e., unless the directors of a company addressed their minds specifically to the interest of the company in connection with each particular transaction, that transaction would be ultra vires and void, notwithstanding that the transaction might be beneficial to the company. Mr. Bagnall for the bank contended that it is sufficient that the directors of Castleford looked to the benefit of the group as a whole. Equally I reject that contention. Each company in the group is a separate legal entity and the directors of a particular company are not entitled to sacrifice the interest of that company."[59]

Erlaubt wird durch diese Einordnung aber, Maßnahmen zu ergreifen, von denen sowohl die ganze Gruppe als auch das einzelne Tochterunternehmen profitiert. Das darf aber den Blick nicht verstellen: Es geht dabei nicht um eine unmittelbare Befolgung des Gruppeninteresses. Vielmehr wird diesem nur gleichzeitig mit dem Eigeninteresse des Tochterunternehmens Genüge getan; es geht also um so gesehen kongruente Maßnahmen. Maßgeblich für die Rechtmäßigkeit bleibt aber allein das Tochterinteresse – nicht das (nicht in das Tochterinteresse) inkorporierte Gruppeninteresse (s. schon oben V.2.b)).

59 Charterbridge Corp v Lloyds Bank Ltd [1970] Ch. 62, 74.

d) Wirksamkeit von Geschäften außerhalb des Konzerninteresses

Wird ein Geschäft von den *directors* vorgenommen, das außerhalb der *corporate capacity* liegt, etwa weil das Konzerninteresse nicht von der Satzung gedeckt ist, kann von den Beteiligten die Unwirksamkeit des Geschäfts geltend gemacht werden.[60] Es kommt hier aber eine Heilung in Betracht. Diese kann sich daraus ergeben, dass die Gesellschafter von vornherein mit dem von den *directors* vorgenommenen Geschäft einverstanden waren oder es im Nachhinein ratifizieren.[61] Dafür ist Einstimmigkeit der Gesellschafter erforderlich.[62] Im bloß mehrheitlich beherrschten Konzernunternehmen kann auf diesem Weg also keine Konzernleitung legitimiert werden.

e) Ergebnis: Risiko nicht gebilligter Geschäfte und von Geschäften im Konzerninteresse

Die Vornahme von Geschäften, die im Konzerninteresse liegen, aber nicht von der Satzung oder dem einstimmigen Willen der Gesellschafter gedeckt sind, fällt damit in das Risiko des handelnden *directors* des Tochterunternehmens. Die Konzernleitung wird damit auf seinem Rücken ausgetragen. Besondere Schutzvorschriften sind ihm gerade nicht gegeben. Kann er nicht darlegen, dass er im besten Interesse seines Unternehmens gehandelt hat und versagen ihm hinterher die Gesellschafter die Billigung, hat er gegenüber seiner Gesellschaft eine Pflichtverletzung begangen.

3. Gruppenleitungspflicht der Muttergesellschaft

Auf Ebene des Mutterunternehmens werden die Verpflichtungen im Hinblick auf die Tochterunternehmen von der Entscheidung *Lindgren v L&P Estates Co* illustriert. Dort wurde zwar festgehalten:

> "The duty of a director of a company is to promote its interests and to enhance the value of its assets. The property of a holding company consists of the equity of subsidiary companies. The duty of a director of a holding company is to promote the interests of the subsidiary companies representing

60 S. dazu ausf. *Ciro,* Journal of International Banking Law and Regulation, 2005, 590, 598.

61 Rolled Steel Products (Holdings) Ltd v British Steel Corp [1986], Ch. 246, 296.

62 Rolled Steel Products (Holdings) Ltd v British Steel Corp [1986], Ch. 246, 296.

that equity. Where a transaction is procured by directors of a holding company which has the effect of devaluing the interests and assets of the subsidiary company, they are as directors in breach of duty vis-à-vis the holding company."[63]

Diese Darstellung zeigt deutlich, dass eine Gruppenleitungspflicht der *directors* des herrschenden Unternehmens dafür besteht, deren Vermögenswerte – also auch die Beteiligung an den Tochterunternehmen – sorgfältig zu verwalten. In der Wissenschaft wird das zum Teil unter Hinweis darauf kritisiert, dass das Tochterunternehmen doch eigene Geschäftsleiter habe, die seine Interessen durchsetzen sollten.[64]

4. *Deliktsrechtliche Leitungsobliegenheit mit Außenwirkung*

Der Entscheidung *Chandler v Cape Ltd* lag dem *Court of Appeal* vereinfacht folgender Fall zugrunde: Ein Angestellter einer hundertprozentigen Tochtergesellschaft (der *Cape Products*) erlitt aufgrund seiner Tätigkeit eine Asbestose. Er nahm die Muttergesellschaft *(Cape)* wegen Schadensersatz in Anspruch. Das Gericht ordnete den Fall im Einklang mit der Vorinstanz nicht unter die Figur des *piercing the corporate veil* ein (s. dazu oben IV.2.).[65] Vielmehr befasste es sich mit der Frage, ob eine unmittelbare Pflicht des Mutterunternehmens gegenüber den Arbeitnehmern der Tochtergesellschaft bestünde:

> "The question is simply whether what the parent company did amounted to taking on a direct duty to the subsidiary's employees".[66]

Das Gericht befasst sich dann nur kurz damit, dass kein aktives Fehlverhalten der beklagten *Cape* vom Kläger bewiesen worden sei. Es finde das aber auch „nicht überraschend („not […] surprising")[67]:

63 Lindgren v L&P Estates Co [1968] Ch. 572, 584.

64 So *Farrar/Hannigan,* Farrar's Company Law, 4. Aufl. 1998, S. 532, wohl unter Berufung auf Lindgren v L&P Estates Co [1968] Ch. 572, 595: „To hold that Lindgren, a director of C.C.P., was bound to protect the interests of one of its subsidiaries which had an independent board is to stretch the principle altogether beyond reason."

65 Chandler v Cape plc [2012] EWCA Civ 525, 69.

66 Chandler v Cape plc [2012] EWCA Civ 525, 70.

67 Chandler v Cape plc [2012] EWCA Civ 525, 72.

> "[...] as what is complained of is not the taking of particular step but an *omission* to take steps or to give advice".[68]

Das Gericht befasst sich also damit, ob der Muttergesellschaft ein Unterlassen vorgeworfen werden könne. Dazu führt es weiter aus, dass die *Cape* auf ihre Tochtergesellschaft Einfluss genommen hat und auch eine Anweisung bestanden hat, Erkrankungen wie die des Klägers an die Muttergesellschaft zu melden.[69] Es stellt außerdem fest, dass die Einrichtung der Asbest-Verarbeitung in der Tochtergesellschaft veraltet war und die Muttergesellschaft Forschungen zu den Risiken der Asbest-Verarbeitung betrieben hat.[70] Die Missstände in der Tochtergesellschaften ordnete das Gericht als systematisches Versagen ein („systemic failure")[71] und entschied, dass die Muttergesellschaft davon auch Kenntnis hatte.[72] Deshalb wusste die Muttergesellschaft auch von den Gesundheitsrisiken.[73]

Blickt man auf die entscheidende Passage, in der das Gericht nach dieser Gesamtschau auf die Begründung einer Pflicht zu sprechen kommt, die *Cape* unterlassen haben könnte, wird man enttäuscht:

> "Given Cape's state of knowledge about the Cowley Works, and its superior knowledge about the nature and management of asbestos risks, I have no doubt that in this case it is appropriate to find that Cape assumed a duty of care either to advise Cape Products on what steps it had to take in the light of knowledge then available to provide those employees with a safe system of work or to ensure that those steps were taken. The scope of the duty can be defined in either way. Whichever way it is formulated, the injury to Mr Chandler was the result".[74]

Das Gericht halt es also für *angemessen* (appropriate), von einer Pflicht der *Cape* auszugehen, weil diese über überlegenes Wissen gegenüber ihrer Tochtergesellschaft führte. Anzumerken ist an dieser Stelle schon, dass diese Pflicht aber nach der Aussage des Gerichts nur im Verhältnis der *Cape* zu ihrer Tochtergesellschaft besteht. Von den Arbeitnehmern wird hier noch nichts erwähnt.

68 Chandler v Cape plc [2012] EWCA Civ 525, 72.
69 Chandler v Cape plc [2012] EWCA Civ 525, 73.
70 Chandler v Cape plc [2012] EWCA Civ 525, 75.
71 Chandler v Cape plc [2012] EWCA Civ 525, 74, 77.
72 Chandler v Cape plc [2012] EWCA Civ 525, 77.
73 Chandler v Cape plc [2012] EWCA Civ 525, 77.
74 Chandler v Cape plc [2012] EWCA Civ 525, 78.

Mit dieser befasst sich das Gericht im nächsten Schritt:

> "As the judge held, working on past performance and viewing the matter realistically, Cape could, and did on other matters, give Cape Products instructions as to how it was to operate with which, so far as we know, it duly complied.[75] In these circumstances, there was, in my judgment, a direct duty of care owed by Cape to the employees of Cape Products. There was an omission to advise on precautionary measures even though it was it was doing research and that research had not established (nor could it establish) that the asbestosis and related diseases were not caused by asbestos dust".[76]

Das Gericht zieht hier die Umstände, dass die Muttergesellschaft über überlegenes Wissen verfügte und früher schon Anweisungen an die Tochter ausgegeben hatte, als Begründung dafür heran, dass eine unmittelbare Sorgfaltspflicht (deren Ausübung unterlassen wurde) der Muttergesellschaft gegenüber den Arbeitnehmern der Tochtergesellschaft bestand.

Zuletzt bemüht sich der *Court of Appeal,* seine Entscheidung nicht nur als Einzelfall darzustellen, sondern darin ein allgemeinen Grundsatz zu etablieren:

> "In summary, this case demonstrates that in appropriate circumstances the law may impose on a parent company responsibility for the health and safety of its subsidiary's employees. Those circumstances include a situation where, as in the present case, (1) the businesses of the parent and subsidiary are in a relevant respect the same; (2) the parent has, or ought to have, superior knowledge on some relevant aspect of health and safety in the particular industry; (3) the subsidiary's system of work is unsafe as the parent company knew, or ought to have known; and (4) the parent knew or ought to have foreseen that the subsidiary or its employees would rely on its using that superior knowledge for the employees' protection. For the purposes of (4) it is not necessary to show that the parent is in the practice of intervening in the health and safety policies of the subsidiary. The court will look at the relationship between the companies more widely. The court may find that element (4) is established where the evidence shows that the parent has a practice of intervening in the trading operations of the subsidiary, for example production and funding issues".[77]

Eine Haftung der Muttergesellschaft kommt danach in Betracht, wenn:

1. Das Unternehmen der Muttergesellschaft und der Tochtergesellschaft maßgeblich dasselbe sind,

75 Chandler v Cape plc [2012] EWCA Civ 525, 78.
76 Chandler v Cape plc [2012] EWCA Civ 525, 79.
77 Chandler v Cape plc [2012] EWCA Civ 525, 80.

2. die Muttergesellschaft überlegenes Wissen über Gesundheit und Sicherheit im betreffenden Industriezweig hat oder haben müsste,
3. das Arbeitssystem der Tochtergesellschaft unsicher ist und die Muttergesellschaft das weiß oder wissen müsste und
4. die Muttergesellschaft weiß oder erkennen müsste, dass die Tochtergesellschaft oder deren Arbeitnehmer darauf vertrauen, dass die Muttergesellschaft ihr überlegenes Wissen zum Schutz der Arbeitnehmer nutzen würde.

Interessant ist dabei schon, dass das Gericht diese allgemeine Formel im eigenen Fall nicht geprüft hat. Sicher bedürfen die verschiedenen einzelnen Merkmale vertiefter Diskussion. In der ersten Voraussetzung, dass das Unternehmen der Muttergesellschaft und der Tochtergesellschaft maßgeblich dasselbe sein müssen, lässt sich jedenfalls eine Wertung erkennen, die auch beim *piercing the corporate veil* (dazu oben IV.2.) und bei der Haftung als *shadow director* (dazu oben IV.3.) eine Rolle spielt. Auch wenn es hier nicht um das *piercing the corporate veil* im Engeren Sinne gehen mag, will das Gericht letztlich doch die Figur der juristischen Person der Tochtergesellschaft vollständig ausschließen, wenn es sich mit dem Verhältnis der Muttergesellschaft zu den Arbeitnehmern einer eigenen juristischen Person – der Tochtergesellschaft – befasst.

Die übrigen Voraussetzungen zeigen sich in der Anwendung schwierig, da sie allesamt Wertungsentscheidungen beinhalten. Denn hier muss man sich fragen, was die Muttergesellschaft denn an Wissen *haben müsste*. Das macht die Formel des *Court of Appeal* praktisch schwer handhabbar. Denn die Frage nach dem notwendigen Wissen wird stets erst im Nachhinein von dem Gericht beantwortet werden, das einen konkreten Haftungsfall zu beurteilen hat.

Nun mag die praktische Umsetzbarkeit „nur" ein Folgeproblem sein. Wie wenig tragfähig die Entscheidung aber für eine weitere Entwicklung des englischen Gruppenrechts ist, zeigt ihre dogmatische Begründung. Zwar werden die Umstände eines überlegenen Wissens der Muttergesellschaft und vorheriger Einflussnahme als Begründung herangezogen, auch künftig Einfluss nehmen zu müssen und dieses überlegene Wissen einzusetzen. Wieso aber die bisherige Konzernleitung geeignet sein soll, eine derartige Pflicht zu begründen, bleibt vollkommen im Dunklen. Das Gericht betritt Neuland, wenn es aus dem Umstand ausgeübter Gruppenleitung auf die Existenz von Gruppenleitungpflichten schließt. Ganz von der Hand zu weisen sind solche Überlegungen indes nicht: Denn wenn die Geschäftsleiter des Mutterunternehmens verpflichtet sind, die

Beteiligungen an den Tochtergesellschaften sorgfältig zu verwalten (s. dazu oben V.3.), mag man es als unsorgfältig betrachten, wenn das nicht *de lege artis* geschieht und wenn eine einmal ausgeübte Verwaltung dann nicht weitergeführt wird. Diese Verpflichtung der Geschäftsleitung genügt aber nicht, das Ergebnis des Gerichts zu tragen. Denn eine solche Verpflichtung besteht nur für die Geschäftsleiter des Mutterunternehmens *gegenüber ihrem Mutterunternehmen* (s. dazu wiederum oben V.3.). Diese ergibt sich aus der gesellschaftsrechtlichen Stellung der Geschäftsleiter und deren Beziehung zu deren eigener Gesellschaft. Ansatzpunkte dafür, dass eine Verpflichtung nach außen – sei es gegenüber dem Tochterunternehmen oder dessen Arbeitnehmern – besteht, lassen sich nach der gesellschaftsrechtlichen Grundkonzeption nicht ausmachen. Woher dann eine Pflicht der Muttergesellschaft kommen soll, erschließt sich auch nicht. Es hat vielmehr den Anschein, dass tatsächlich der Wunsch der Vater des Gedanken war und die wahre Grundlage der Entscheidung sich darin findet, dass das Gericht eben eine Entschädigung des Arbeitnehmers für *angemessen* (appropriate)[78] hält.

Teilt man die Entscheidung des *Court of Appeal,* hat das weitreichende Folgen auf die Gruppenleitungsverpflichtungen. Begründet wird damit nämlich eine gruppenweite Sorgfaltspflicht für die Gesundheit der Arbeitnehmer in allen gruppenangehörigen Gesellschaften. Da diese Sorgfaltspflicht daran anknüpft, dass die Muttergesellschaft bestimmte Kenntnisse haben muss oder haben *müsste,* muss sich die Muttergesellschaft zur Haftungsvermeidung darum bemühen, umfassende Kenntnis von den Vorgängen in der Tochtergesellschaft (betreffend die Arbeitsabläufe) zu haben und etwaige Missstände abzuschalten. Wenn die Entscheidung Karriere macht, ist zu erwarten, dass sie auch auf andere Bereiche als die der Arbeitssicherheit übertragen wird. Daraus ließen sich uferlos weitreichende Überwachungsobliegenheiten der Muttergesellschaft begründen – allein auf Grund und auf Basis von Wertungsentscheidung.

5. *Kontrolle gruppeninterner Transaktionen*

a) *Übertragung bedeutender Gesellschaftsgüter*

In den sec. 190, 191 CA 2006 regelt das britische Recht ein Sonderregime für die Übertragung wesentlicher bzw. bedeutender Gesellschaftsgüter

78 Chandler v Cape plc [2012] EWCA Civ 525, 78.

(substantial property transactions). Diese bedürfen der Zustimmung der Gesellschafter. Bereits die Verankerung eines solchen Erfordernisses erscheint höchst interessant, da es den Handlungsspielraum der *directors* stark einschränkt.[79] Eine Ausnahme von diesem Konzept ist in sec. 192 CA 2006 für Konzernsachverhalte vorgesehen. Gruppeninterne Transaktionen werden danach bevorzugt.[80] Diese Ausnahme gilt schon nach der Überschrift der Vorschrift für die Gesellschafter der handelnden Gesellschaft und andere konzernangehörige Gesellschaften *(exception for transactions with members or other group companies)*. Der Normtext gibt detaillierte Auskunft:

> Approval is not required under section 190 (requirement of members' approval for substantial property transactions)—
> (a) for a transaction between a company and a person in his character as a member of that company, or
> (b) for a transaction between—
> (i) a holding company and its wholly-owned subsidiary, or
> (ii) two wholly-owned subsidiaries of the same holding company.

Nach lit. (a) werden alle Geschäfte einer Gesellschaft mit ihren Gesellschaftern vom Zustimmungserfordernis freigestellt. Eine bestimmte Beteiligungsquote muss dafür nicht gegeben sein. Das erlaubt es, sämtliche Geschäfte mit der beteiligten Konzernmuttergesellschaft von der Zustimmung freizustellen. Das sind im Konzern „aufsteigende Geschäfte". Letztlich erscheint das aber auch konsequent, wenn man berücksichtigt, dass eine Muttergesellschaft aufgrund ihrer Anteilsinhaberschaft die Zustimmung zu einem solchen Geschäft ohnehin erwirken könnte.

Die Variante des lit. (b) (i) behandelt den umgekehrten Fall (absteigende Geschäfte): Dort werden solche Geschäfte freigestellt, die Werte von der Muttergesellschaft an die Tochtergesellschaft übertragen. Hier fällt auf, dass nur solche Geschäfte freigestellt werden, die mit einer hundertprozentigen Tochtergesellschaft geschlossen werden *(wholly-owned subsidiary)*. Das bewirkt einen Schutz auf Ebene der Muttergesellschaft davor, dass Konzernwerte, die bei der Muttergesellschaft liegen, auf Gesellschaften verlagert werden, die nicht hundertprozentig zum Kon-

79 Der CA 2006 kennt in Part 10 Chapter 4 weitere Beteiligungserfordernisse der Gesellschafter und davon wiederum Ausnahmen für wholly-owned subsidiaries: sec. 197, 198, 200, 201, 203, 217, 218, 219, 366.

80 S. hingegen zur finanziellen Unterstützung eines Tochterunternehmens für das Mutterunternehmen MT Realisations Ltd (In Liquidation) v Digital Equipment Co Ltd [2003] B.C.C. 415.

zern gehören. In eine Tochtergesellschaft mit Minderheitsgesellschaftern können Werte somit nur verlagert werden, wenn die Muttergesellschaft zustimmt (durch ihre Gesellschafterversammlung).

In lit. (b) (ii) werden schließlich die horizontalen Konzerngeschäfte freigestellt. Auch hier sind nur Geschäfte zwischen hundertprozentigen Tochtergesellschaften *(wholly-owned subsidiaries)* erfasst. Diese müssen zur selben Muttergesellschaft gehören. Auch hier wird dadurch verhindert, dass Konzernwerte an außenstehende Gesellschafter gereicht werden. Allerdings wird hier gleichzeitig ein Minderheitenschutz auf horizontaler Ebene bei Geschäften zwischen Tochtergesellschaften erreicht: Daraus folgt für alle Tochtergesellschaften mit Minderheitsgesellschaftern, dass deren Gesellschafter solchen Transaktionen zustimmen müssen.

Mit den Regelungen wird insgesamt für die *substantial property transactions* dem Konzerninteresse großer Vorschub geleistet. Während in unkonzernierten Gesellschaften die *shareholder* solchen Geschäften zustimmen müssen, wird im Konzern mit hundertprozentigen Tochtergesellschaften *(wholly-owned subsidiaries)* die Übertragung vor keine großen Hürden gestellt.

b) Leistungen ohne entsprechende Gegenleistung auf Weisung des Mutterunternehmens

Der *Privy Council* hatte jüngst einen Fall zu beurteilen, in dem ein Tochterunternehmen drei Transaktionen mit seiner Holding ausführte.[81] Das Tochterunternehmen (IAMF) verkaufte seinem Mutterunternehmen (Conticorp) Teile seiner Kreditportfolios und seiner Anteile. Gleichzeitig wurde ein Vertrag geschlossen, nach dem das Mutterunternehmen statt der vereinbarten Zahlung dem Tochterunternehmen einmal Hinterlegungsscheine (global depository receipts) betreffend Anteile an einem anderen Tochterunternehmen und ein anderes Mal unmittelbar Anteile an diesem Tochterunternehmen leisten sollte. Die Anteile an diesem Tochterunternehmen wurden als wertlos eingestuft.[82]

Die zentrale Wegweisung stellte der *Privy Council* wie folgt heraus:

> "IAMF's current case has always been and is, in essence, that all three transactions were agreed in disregard of IAMF's interests, and for the benefit of Conticorp and Conticorp-related companies, whose debts were being in effect largely forgiven, and through them for the benefit of the respondents.

81 Central Bank of Ecuador and others v Conticorp SA and others [2015] UKPC 11.

82 Central Bank of Ecuador and others v Conticorp SA and others [2015] UKPC 11 Tz. 15, 16, 3.

> The primary basis in law on which the case is advanced is, as stated, that Mr Taylor [as a nominee director] of IAMF was in breach of fiduciary duty in agreeing the three transactions, in that he simply followed instructions given him by the respondents through Ansbacher without further thought, and that the respondents dishonestly procured or assisted in that breach. Further or alternatively, IAMF asserts that the respondents were and are liable in deceit and/or conspiracy. But, in submissions before the Board, IAMF focused its case on the allegations of dishonest procurement or assistance, no doubt for good reason, and the Board will do the same".[83]

Im Fokus steht also die Pflichtverletzung (*fiduciary duty*) durch den *director* Mr Taylor. Klagen wegen eines Haftungsdurchgriffs auf das Mutterunternehmen (*piercing the corporate veil*) waren nicht Gegenstand der Entscheidung, da sie zuvor durch die Kläger aufgegeben worden waren.[84] Das Gericht prüfte hier, ob Mr Taylor die Pflichten eingehalten hatte, denen er nach sec. 55 des für die Entscheidung maßgeblichen *International Business Companies Act* unterlag. Es stellte dabei aber fest:

> "So far as appears, Mr Taylor did nothing presently material except comply with instructions [...], and [...] he lacked any information or resources to be able to do anything more [...]"[85]

Der *director* hatte also nichts anderes getan, als die Weisungen zu befolgen, die ihm erteilt wurden. Allerdings war ihm auch gar nichts anderes möglich, da es ihm an den Informationen und Ressourcen dazu fehlte. Damit hatte er seine Pflichten verletzt.

Das Gericht befasst sich außerdem mit der Verantwortlichkeit der Personen auf Seiten des Mutterunternehmens, die Mr Taylor zu seinem Verhalten angewiesen haben. Für deren Verhalten stellt es auf den subjektiven Maßstab der handelnden Personen beim Mutterunternehmen ab:

> "[The Board] has come to the conclusion that all three transactions were, as and when entered into, not transactions which persons in the respondents' position could in the light of what they knew honestly have considered to be in IAMF's interests. The likely explanation of what happened is, in the Board's view, that no separate consideration was ever given to the interests of IAMF, when the transactions were devised and instructed. IAMF, despite the

83 Central Bank of Ecuador and others v Conticorp SA and others [2015] UKPC 11 Tz. 21.

84 Central Bank of Ecuador and others v Conticorp SA and others [2015] UKPC 11 Tz. 50.

85 Central Bank of Ecuador and others v Conticorp SA and others [2015] UKPC 11 Tz. 45.

> protestations that it was an independent fund taking its own decisions, was simply regarded as a tool which could be used at Conticorp's behest and for its purposes. However, it also follows that no consideration was given to the depositors whose investments depended on IAMF's assets. But it is on the interests of IAMF as the entity with its responsibilities towards such depositors that attention should have been, but the Board concludes cannot honestly have been, focused. It follows that the respondents are jointly and severally responsible for dishonestly procuring and assisting Mr Taylor's breaches of fiduciary duty in entering into each of the three transactions".[86]

Die Analyse dieser Entscheidung muss mehrere gruppenrechtlich relevante Punkte beleuchten: Grundsätzlich steht konzerninternen Transaktionen auf Weisung der Muttergesellschaft – mit Ausnahme solcher, wie sie oben unter 9.a) dargestellt werden – nichts entgegen. Zunächst mag es schon fast trivial klingen, dass dafür auch innerhalb der Gruppe eine angemessene Gegenleistung zu verlangen ist. Die Folgen, die das *Privy Council* aber ableitet, wenn eine solche angemessene Gegenleistung nicht erfolgt, sind umso bemerkenswerter: Für eine vorwerfbare Fehlbewertung der Gegenleistung gesteht es nämlich einen eigenen Anspruch unmittelbar gegen die handelnden Personen beim Mutterunternehmen zu. Diese handelnden Personen waren Anteilseigner und Geschäftsleiter zugleich *(shareholders and officers)*. Eine Fehlbewertung erkennt es dort, wo das Eigeninteresse des Tochterunternehmens wegen dessen Verantwortlichkeit gegenüber seinen Gläubigern vollkommen außer Betracht bleibt. Daraus lässt sich der Rückschluss ziehen, dass eine Weisung zur gruppeninternen Transaktion stets das Eigeninteresse des Tochterunternehmens daran berücksichtigen muss, seine Gläubiger befriedigen zu können. Letztlich wird durch diese Grenze der Weisungen ein Schutz der Gläubiger des Tochterunternehmens beim Mutterunternehmen geschaffen.

Der andere gruppenrechtlich relevante Aspekt erfasst die Verpflichtung des *directors* des Tochterunternehmens. Da das Gericht bei diesem eine Pflichtverletzung darin erkannte, dass er stets unkritisch die Weisungen des Mutterunternehmens befolgte, lässt sich folgern, dass ein uneingeschränktes Folgerecht grundsätzlich nicht besteht. Vielmehr unterliegt er immer noch der Verpflichtung gegenüber seiner eigenen Gesellschaft, die angewiesene Maßnahme darauf zu überprüfen, ob sie im Interesse seines eigenen Unternehmens liegt. Eine Ausnahme wird man

86 Central Bank of Ecuador and others v Conticorp SA and others [2015] UKPC 11 Tz. 165.

aber dort anerkennen müssen, wo er rechtlich verpflichtet ist, eine Weisung der Gesellschafter zu befolgen (s. oben V.1.).

VI. Gruppenstruktur

1. Ein Blick auf den Minderheitenschutz: Austrittsrechte (exit rights/appraisal rights)

Als konzernrelevantes Element des Minderheitenschutzes kennt das britische Recht Austrittsrechte *(exit rights/appraisal rights)*. Europarechtlich werden solche Austrittsrechte nunmehr von Art. 5 der Übernahmerichtlinie für börsennotierte Gesellschaften vorausgesetzt.[87] Die britischen Regelungen gehen aber darüber hinaus und sehen eine frühere Grenze vor: Bereits bei 30% Anteilsbesitz eines anderen Gesellschafters wird den übrigen Anteilseignern ein Ausstieg ermöglicht.[88]

Bei den Austrittsrechten handelt es sich im Grunde nicht um konzernspezifische Regelungen. Vielmehr entstammen diese, wie viele andere in der *group* anwendbare Regelungen dem allgemeinen britischen Gesellschaftsrecht. Zum weiteren Minderheitenschutz stehen den Gesellschaftern zusätzliche Instrumente zur Verfügung;[89] unter diesen ist das Institut des *unfair prejudice* (sec. 994 CA 2006) besonders hervorzuheben, das es dem einzelnen Gesellschafter ermöglicht, eine ungerechte Behandlung durch die Gesellschaft zu rügen.[90]

Eine gruppenrechtlich relevante Fallgestaltung im Bereich des *unfair prejudice* ist in der Entscheidung *Re Macro (Ipswich) Ltd* herausgebildet worden.[91] Dort wurde *unfair prejudice* bejaht, weil der Mehrheitsgesellschafter und *director* sich weigerte, ein unabhängiges Mitglied in das *board*

87 Richtlinie 2004/25/EG des Europäischen Parlaments und des Rates vom 21. April 2004 betreffend Übernahmeangebote.

88 S. ausf. *Davies/Worthington,* Gower and Davies' Principles of Modern Company Law, 9. Aufl. 2012, Rn. 19–7, 28–41.

89 Zu diesen eingehend *Kershaw,* Company Law in Context, 2. Aufl. 2012, S. 646 ff. und außerdem *Davies/Worthington,* Gower and Davies' Principles of Modern Company Law, 9. Aufl. 2012, Rn. 9–18.

90 Eingehend hierzu *Tholen*, Europäisches Konzernrecht, 2014, S. 98 ff. Zur Anwendung der Vorgängervorschrift des sec. 459 CA 1985 im Konzern s. *Bloß,* Die Unternehmensgruppe im englischen und deutschen Recht der Kapitalgesellschaften, 1999, S. 96 m.w.N.

91 Re Macro (Ipswich) Ltd [1994] 2 BCLC 354, 407.

aufzunehmen, um die Interessen der Minderheitsgesellschafter zu vertreten, weil bei ihm selbst stetig ein Interessenkonflikt zu befürchten sein könnte.[92]

2. *Verbot wechselseitiger Beteiligungen (prohibition on subsidiary being a member of its holding company)*

In sec. 136 CA 2006 ist ein Verbot wechselseitiger Beteiligungen für Tochtergesellschaften vorgesehen:

> (1) Except as provided by this Chapter—
> (a) a body corporate cannot be a member of a company that is its holding company, and
> (b) any allotment or transfer of shares in a company to its subsidiary is void.
> (2) The exceptions are provided for in—
> section 138 (subsidiary acting as personal representative or trustee), and
> section 141 (subsidiary acting as authorised dealer in securities).

Der Tochtergesellschaft, die ein *body corporate* ist, kann an ihrer Muttergesellschaft (*holding company* gem. sec. 1159 para. 1 CA 2006) grundsätzlich nicht beteiligt sein. Die Ausnahmen sind nur punktuell und werden vom Gesetz strikt vorgegeben. Die Vorgängerregelung fand sich in sec. 23 CA 1985 und gewährleistete im Grundsatz den gleichen Gehalt.

Vom Verbot der wechselseitigen Beteiligungen nicht erfasst ist aber die Beteiligung eines Tochterunternehmens an einem anderen Tochterunternehmen. Vom Wortlaut der Norm sind sie nicht erfasst; das *Privy Council* hat eine solche Beteiligung jüngst nicht beanstandet.[93]

Aus den Überlegungen zum deutschen Konzernrecht ist bekannt, dass die besondere Gefahr der wechselseitigen Beteiligung vor allem darin liegt, dass die Kapitalaufbringung und Kapitalerhaltung und allgemein die korrekte Darstellung und Zuordnung des Kapitals verwischt werden.[94] Im englischen Recht mag wegen des weitgehenden Verzichts auf ein Mindeststammkapitalerfordernis die Gefahr zum Teil geringer sein. Tatsächlich besteht sie aber auch dort, wenn bei den Unternehmen für die Beteiligung Kapitalerhöhungen durchgeführt werden und auf diesem

92 S. hierzu auch *Wimmer-Leonhardt*, Konzernhaftungsrecht, 2004, S. 610 f.

93 S. Central Bank of Ecuador and others v Conticorp SA and others [2015] UKPC 11 Tz. 2.

94 Vgl. Begr. RegE AktG bei *Kropff*, AktG, 1965, S. 34.

Weg die Mittel, die ursprünglich aus dem einen Unternehmen stammen, in dieses zurückfließen. In diesem Fall wird der Vermögenswert in jedem Unternehmen verzeichnet, ist aber tatsächlich nur einmal vorhanden. Auch wurde im deutschen Recht befürchtet, dass durch die wechselseitigen Beteiligungen (in der AG) die Verwaltung der Gesellschaften den Anteilseignern entzogen werden, weil die Hauptversammlungsrechte in der einen Gesellschaft jeweils durch die Geschäftsleitung der anderen ausgeübt würde.[95] Es kommt so zu einer Verselbstständigung der Verwaltungen.[96]

Hier ist zu berücksichtigen, dass im englischen Recht nach dem Gesetz keine Weisungsrechte der Gesellschafterversammlung gegenüber der Geschäftsleitung (s. oben V.1.a)) bestehen, sodass insoweit die Gefahrenlage der der wechselseitigen Beteiligung deutscher Aktiengesellschaften vergleichbar ist. Da das englische Recht aber Satzungsbestimmungen erlaubt – und über die offizielle Mustersatzung auch in die Praxis transportiert – die ein Weisungsrecht der Gesellschafter vorsehen (s. oben V.1.b)), kann sich die Gefahr sogar noch verstärken: Denn sobald die wechselseitige Beteiligung eine Mehrheit erreicht, kann die Geschäftsleitung der anderen Gesellschaft Weisungen erteilen, die an den übrigen Minderheitsgesellschaftern und deren Interessen vorbeigehen.

Für die Beteiligung einer Tochtergesellschaft an einer anderen Tochtergesellschaft stellt sich die Problematik indes nicht. Denn solange letztere noch dem maßgeblichen Einfluss der Holding unterliegt, ist nicht zu befürchten, dass die Verwaltung der anderen Tochtergesellschaft (die auch der Leitung der Holding folgt), eine eigene Leitung durchsetzen können wird. Die Holding wird hier schon Sorge dafür tragen, dass entweder keine ausreichende Beteiligung erworben wird oder sie nutzt ihren Einfluss, um die Geschäftsleitung dieser Tochtergesellschaft entsprechend zum gruppentreuen Verhalten heranzuziehen. Die Gefahr, dass die wahren Vermögensverhältnisse in der dargestellten Art verwischt werden, besteht aber auch bei der wechselseitigen Beteiligung von Tochterunternehmen untereinander.

95 Begr. RegE AktG bei *Kropff,* AktG, 1965, S. 35.

96 Treffend *Emmerich,* in: Emmerich/Habersack, Komm. KonzernR, 8. Aufl. 2016, § 19 Rn. 6.

VII. Control Contract – Ein bisschen britisches Vertragskonzernrecht?

Es ist allgemeiner Konsens, dass das englische Recht ein Vertragskonzernrecht ähnlich dem der deutschen Vorschriften in den §§ 291 ff. AktG nicht kennt. Allerdings hat das europäische Bilanzrecht Beherrschungsverträge, wie sie im deutschen Recht bekannt sind, anerkannt. Aufgrund der europarechtlichen Vorgaben (nunmehr Art. 22 Abs. 1 lit. c) EU-BilanzRL) ergibt sich für das nationale Bilanzrecht, dass diese Verträge als eine der Grundlagen für die Pflicht zur Aufstellung konsolidierter Abschlüsse herangezogen werden können. Es verwundert daher nicht, dass im britischen Recht über die Möglichkeit des Abschlusses von Beherrschungsverträgen diskutiert wird.[97]

Die Frage ist umso aktueller, als Art. 22 Abs. 1 lit. c) EU-BilanzRL die Maßgeblichkeit solcher Verträge unter den Vorbehalt stellt, dass sie nach dem nationalen Recht des Mitgliedstaates zulässig sind, das auf das in Frage stehende Konzernunternehmen angewendet wird. Dieser Vorbehalt ist so zu verstehen, dass man sich fragen muss, ob das mitgliedstaatliche Recht (in Abwesenheit spezieller Normen) den Abschluss von Beherrschungsverträgen erlaubt.[98] Spezielle Regelungen für den Abschluss solcher Verträge sieht das englische Recht nicht vor, sodass sich der Maßstab für eine solche Prüfung deshalb im einfachen Gesellschaftsrecht und der danach bestimmten Pflichtenstruktur finden lassen müsste.

Nichts anderes gilt nunmehr durch die Neuregelung des CA 2006. Mit der Gesetzesreform ist das Institut des *control contracts* in der Anlage *schedule* 7 zum CA 2006 platziert worden. Auch im eigentlichen Gesetzestext wird der *control contract* erwähnt: in sec. 1162 para. 2 lit. c) (ii) CA 2006 wird er als eine der Möglichkeiten der Begründung der Mutterunternehmenseigenschaft *(parent undertaking)* erwähnt: CA 2006 bestimmt ein Unternehmen als Mutterunternehmen im Verhältnis zu einem Tochterunternehmen:

> (2) An undertaking is a parent undertaking in relation to another undertaking, a subsidiary undertaking, if—
>
> [...]
>
> (c) it has the right to exercise a dominant influence over the undertaking—
>
> [...]
>
> (ii) by virtue of a control contract, or

97 Streitdarstellung und Ablehnung bei *Bloß,* Die Unternehmensgruppe im englischen und deutschen Recht der Kapitalgesellschaften, 1999, S. 64 ff., 66.

98 S. oben Fn. 97.

Aus der Vorgabe in sec. 1162 para. 2 lit. (c) CA 2006, dass der *control contract* ein Recht zur Einflussnahme zur Verfügung stellt, könnte man nunmehr folgern, dass das englische Recht anerkennen will, dass solche Verträge geschlossen werden können – der *control contract* würde im englischen Recht legitimiert. Näheren Aufschluss verschafft aber ein Blick in schedule 7 sec. 4 para. 2 CA 2006, wo bestimmt wird, wie das Einflussnahmerecht (schedule 7 sec. 4 para 1 CA 2006) ausgestaltet sein muss, das der *control contract* vermitteln soll:

> [...] such a right which—
> (a) is of a kind authorised by the articles of the undertaking in relation to which the right is exercisable, and
> (b) is permitted by the law under which that undertaking is established.

Die letzte Bemerkung des Gesetzgebers – die Regelung in (b) – ist entscheidend. Das Recht, das durch den *control contract* zur Einflussnahme bereitgestellt werden soll, muss durch diejenige Rechtsordnung erlaubt sein, die für das betroffene Unternehmen gilt. Damit ist ein Bezug auf das nationale Gesellschaftsrecht gemeint. Die Vorschrift erklärt, dass ein *control contract* nur abgeschlossen werden kann, wenn das nationale Recht ihn erlaubt – und enthält damit dieselbe legislatorische Aussage wie Art. 22 Abs. 1 lit. c) EU-BilanzRL. Eine solche anderweitige Erlaubnis enthält das englische Recht nicht.[99] Damit dreht man sich hier aber nicht im Kreis, wenn man auf der Suche nach der Erlaubnis nur diesen Hinweis findet, dass man im Recht nach der Erlaubnis suchen solle. Die Regelung in schedule 7 sec. 4 para. 2 lit. (b) CA 2006 ist nämlich im Kontext der Europäischen Bilanzrechtsharmonisierung zu sehen: Es geht nicht darum, Vorgaben allein für das nationale Recht zu treffen, sondern dessen Verzahnung mit dem Recht anderer Staaten zu gewährleisten. Da andere Staaten einen solchen *contract* kennen, kann das englische Recht darauf Bezug nehmen und respektiert seine rechtliche Wirksamkeit dort, wo der andere Mitgliedstaat den Vertrag vorsieht. Eine eigene Anerkennung des *control contracts* im englischen Recht zur Führung englischer Tochterunternehmen erfolgt damit nicht.

99 So auch früher schon *Prentice,* in: Wymeersch (Hrsg.), Groups of Companies in the EEC: A Survey Report to the European Commission on the Law relating to Corporate Groups in various Member States, 1993, S. 298 Fn. 66.

VIII. Resümee

(1) Im englischen Recht finden sich zwei unterschiedliche Ansätze zur Gruppendefinition. Beide messen sich an der Beziehung des Mutterunternehmens zum Tochterunternehmen. Neben dem einfachen Begriffspaar der *holding* und seiner *subsidiaries* findet sich die Paarung der *parent company* mit dem *subsidiary undertaking.* Die Analyse des Gesetzes zeigt dabei, dass das erste Begriffspaar mehr der gesellschaftsrechtlichen Betrachtung dient, wenn es etwa verwendet wird, um zu prüfen, wann Geschäfte der *member's approval,* also der Ratifikation durch die Gesellschafter bedürfen. Das zweite Begriffspaar dient hingegen den Zwecken des Bilanzrechts, wenn es die Rechnungslegung der auf diese Weise verbundenen Unternehmen in den Blick nimmt.

(2) Das englische Recht nimmt grundsätzlich die Perspektive eines Schutzrechts ein. Aspekte, die eine Gruppenorganisation ordnen oder vorantreiben, sind zwar vorhanden, stellen sich aber eher als Reflex dar. Sie ergeben sich nur dort, wo für bestimmte gruppeninterne Verhaltensweisen ein niedriges Schutzniveau angeordnet wird. Nimmt man das betriebswirtschaftliche Verlangen als Grundlage, die Gruppe möglichst frei und ohne Hürden zu leiten, ist in solchen niedrigen Schutzanforderungen sicherlich ein Vorschub für die Gruppenorganisation zu erkennen. Dieser tatsächliche Umstand bedeutet aber nicht, dass das englische Recht auch dieses Ziel verfolgt. Für die Gesamtbewertung muss hier vielmehr der Umstand eingestellt werden, dass das englische Konzernrecht grundsätzlich auf Basis des einfachen Gesellschaftsrechts entwickelt wird. Dessen Ansatz in den angesprochenen Instituten ist es aber, bestimmte Personen zu schützen – etwa dort, wo eine Verantwortlichkeit des *directors* oder des Mutterunternehmens vorgesehen ist. Diese Perspektive setzt sich in der Behandlung des Gruppensachverhalts durch jene Rechtsinstitute fort, wird aber nicht gruppendimensional modifiziert.

Ein erster Ansatz eines Gruppenorganisationsrechts findet sich dort, wo bestimmte gruppeninterne Zahlungen privilegiert werden. Denn dadurch werden nicht an diese Transaktionen nur niedrige Voraussetzungen gestellt. Vielmehr werden diese Transaktionen ausdrücklich privilegiert, wodurch die Gruppenorganisation deutlich erleichtert wird.

(3) Die maßgebliche Form der Gruppenorganisation ist die der faktischen Unternehmensgruppe *(factual group).* Ansätze für ein Vertragskonzernrecht lassen sich im englischen Recht nicht ausmachen. Das partielle Bewusstsein für die Existenz dieser Art von Unternehmensverbindungen wird durch das Bilanzrecht bedingt, aber nicht vom

englischen Gesellschaftsrecht im engeren Sinne aufgegriffen, um dadurch die Konzernorganisation zu stärken.

(4) Für die Haftung innerhalb der Gruppe haben sich im englischen Recht drei Ansätze etabliert:

(a) Im Rahmen der (neuerdings in Zweifel gezogenen) Figur des Haftungsdurchgriffs *(piercing the corporate veil)* kann die Muttergesellschaft als Gesellschafterin ihrer Tochterunternehmen in Anspruch genommen werden. Ein Haftungsdurchgriff kommt dabei aber nicht allein aufgrund des Umstandes in Betracht, dass der Aufbau einer Unternehmensgruppe zur Haftungskanalisierung verwendet wird. Seit Langem ist im englischen Recht anerkannt, dass eine solche Vorgehensweise legitim ist und gerade vom Recht ermöglicht wird.

(b) Außer der Haftung des Mutterunternehmens kommt eine Haftung der Personen in Betracht, die beim Mutterunternehmen gehandelt haben. Während die Geschäftsleiter des herrschenden Unternehmens einerseits einer Pflicht gegenüber dem herrschenden Unternehmen unterliegen, dessen Vermögen – und damit die Beteiligungen an den Tochterunternehmen – sorgfältig zu verwalten (Gruppenleitungspflicht), hat die Rechtsprechung neuerdings auch anerkannt, dass die handelnden Personen als Anteilseigner und zugleich Geschäftsleiter dem Tochterunternehmen unmittelbar verantwortlich sein können; Maßstab ist hierbei ihre subjektive Einschätzung, ob sie zum Nachteil des Tochterunternehmens handeln.

(c) In derselben neueren Rechtsprechung kam es zur Befassung mit der Haftung des Geschäftsleiters des Tochterunternehmens, die auch zentral im Interesse des *FECG* steht. Maßstab muss für diesen stets das Eigeninteresse des Tochterunternehmens sein; diesem Maßstab wird er jedenfalls nicht gerecht, wenn er Anweisungen des Mutterunternehmens lediglich ausführt und nicht überprüft. Der Umstand, dass der Geschäftsleiter des Tochterunternehmens die Instanz der Rechtmäßigkeitskontrolle von Gruppenleitungsentscheidungen ist, lädt bei diesem ein enormes Haftungsrisiko ab. Diesen Umstand adressiert das *FECG*. Außerdem bedingt eine solche Handhabung über die nur wenig griffige Figur des „Eigeninteresses des Tochterunternehmens" große Rechtsunsicherheit. Denn letztlich liegt es innerhalb der Entscheidungsgewalt eines einzelnen Gerichts, einen spezifischen Einzelfall als noch zulässig bzw. als nicht mehr zulässig einzuordnen. Eine sichere Konzernleitung – und damit einhergehend ein verlässlicher Rahmen zur Haftungsbestimmung für den Geschäftsleiter auf Tochterebene benötigt klarere Strukturen.

(5) Als gruppenrechtspolitisch höchst bedenklich zu bewerten ist ein neuerer Ansatz des *Court of Appeal,* der die Leitung der Gruppe betrifft. Das Gericht unterstellt eine Obliegenheit des Mutterunternehmens, zu kontrollieren, dass in den Tochtergesellschaften notwendige Maßnahmen der Arbeitssicherheit eingehalten werden und sieht bei Unterlassen der notwendigen Schritte durch das Mutterunternehmen dessen Außenhaftung gegenüber dem Tochterunternehmen vor. Nach der hier vertretenen Auffassung fehlt es diesem Ansatz aber an der nötigen Kontur für eine praktische Handhabung und zudem an ausreichender dogmatischer Grundlage.

(6) Eine Berücksichtigung des Gruppeninteresses ist auf Ebene der Tochtergesellschaften grundsätzlich nicht möglich. Maßstab für das Handeln des *directors* des Tochterunternehmens ist dessen Eigeninteresse Etwas anderes gilt nur dort, wo das Eigeninteresse der Tochtergesellschaft das Gruppeninteresse umfasst. Der *director* der Tochter haftet somit dann nicht, wenn die Befolgung von Gruppeninteressen auch im Interesse des Tochterunternehmens liegt. Nach der hier vertretenen Auffassung ermöglicht es eine einstimmig gefasste Satzungsbestimmung aber, das Tochterunternehmen vollständig den Gruppeninteressen unterzuordnen, sodass diese auch von den *directors* des Tochterunternehmens berücksichtigt werden können. Eine Ausnahme ist nur zugunsten des Gläubigerschutzes im Vorfeld der Insolvenz zu machen.

(7) Die Satzung erlaubt zudem auch die Verankerung eines Weisungsrechts der Gesellschafter gegenüber den *directors*. Anzunehmen ist deshalb, dass bei Fehlen einer solchen Verankerung Weisungen grundsätzlich nicht rechtsverbindlich erteilt werden können. Auf der anderen Seite muss der *director* des Tochterunternehmens von der Überprüfung der Anweisung (und der daraus folgenden Haftung) grundsätzlich entbunden sein, wenn ein Weisungsrecht besteht. In die Praxis findet das satzungsmäßige Weisungsrecht Einzug dadurch, dass es in der offiziellen Mustersatzung zum *Companies Act* verankert ist.

Neues tschechisches Recht für faktische Konzerne – vom deutschen Konzernrecht zu Rozenblum oder ein dritter Weg?

Petr Čech

Inhaltsübersicht

I. Allgemeiner Hintergrund der neuen tschechischen Regelung

Seit 1. Januar 2014 ist das neue tschechische Zivilrecht in Kraft. Es ist hauptsächlich in zwei Regelwerken zu finden: im neuen Bürgerlichen Gesetzbuch (Nr. 89/2012 Gesetzessammlung, „občanský zákoník") und im Gesetz über Handelsgesellschaften und Genossenschaften (Gesetz über Handelskorporationen, manchmal auch als Gesetz über Handelskörperschaften übersetzt, Nr. 90/2012 Gesetzessammlung, „**z**ákon o **o**bchodních **k**orporacích", „**ZOK**"). Im letztgenannten Gesetz ist das neue tschechische Gesellschaftsrecht verankert, also auch Regeln für Unternehmensgruppen, einschließlich faktischer Konzerne.

Das neue Zivilrecht hat die beiden bisherigen zivilrechtlichen Kodizes ersetzt, nämlich das alte Bürgerliche Gesetzbuch (Nr. 40/1964 Gesetzessammlung) sowie das Handelsgesetzbuch (Nr. 513/1991 Gesetzessammlung), in dem sich das alte Gesellschaftsrecht samt Konzernrecht gefunden hat. Der Hauptgrund für solch eine weitreichende Reform des Zivilrechts lag im allgemeinen bürgerlichen Recht. Das alte Bürgerliche Gesetzbuch wurde im Jahre 1964 verabschiedet, wurzelte also im System des sozialistischen Rechts. Nach der Wende wurde es zwar durch mehrere zum Teil tiefgreifende Novellierungen an die neuen politischen und wirtschaftlichen Umstände angepasst. Trotzdem hat sich die Überzeugung durchgesetzt, ein modernes, den neuen Verhältnissen gewachsenes Zivilrecht ließe sich auf der Grundlage des alten sozialistischen Regelwerks nicht aufbauen, selbst wenn man noch so viele Novellierungen vornähme. Den Abschied vom Handelsgesetzbuch, das erst 1991 verabschiedet wurde und mit sozialistischem Recht daher nichts gemeinsam hatte, verstand man eher als notwendiges Opfer der inneren Einheit und Kohärenz des neuen Zivilrechts. Aber auch als willkommene Gelegenheit, sich von einigen Konzepten des alten Gesellschaftsrechts zu trennen und sie durch „modernere" zu ersetzen. Die Verfasser des Entwurfs des Gesetzes über Handelskorporationen haben sich gern der „race to the bottom" Zauberformel und des Standorts Tschechiens bedient, um sie als (häufig einzige) Rechtfertigung für manch einen gravierenden Eingriff in die bisherigen Strukturen des Gesellschaftsrechts einzusetzen. Darunter auch in das alte Konzernrecht.

Die Regeln für Unternehmensgruppen im alten tschechischen Recht orientierten sich im erheblichen Maße am Vorbild des deutschen Konzernrechts. Zum Inhalt des Handelsgesetzbuches wurden sie durch eine Novellierung, die im Jahre 2000 als Gesetz Nr. 370/2000 Gesetzessammlung verabschiedet wurde und am 1. Januar 2001 in Kraft getreten ist. Der damalige Gesetzgeber hat sowohl Bestimmungen über den faktischen als auch über den Vertragskonzern übernommen, samt des Abhängigkeitsberichts und der Sonderprüfung durch vom Gericht bestellte Prüfer. Lediglich die Regeln über den qualifizierten faktischen Konzern fanden in Tschechien keine Anwendung. Im Gesetzestext wurden sie nicht verankert und weder in der Rechtslehre, noch in der Rechtsprechung haben sie sich durchsetzen können. Insgesamt wurde das beschriebene Regelungsgefüge des Konzernrechts in Tschechien aber eher als uneffektiv wahrgenommen. Vertragskonzerne gab es in der Praxis so gut wie keine und die Ansprüche der beherrschten Gesellschaften in faktischen Konzernen gegenüber den herrschenden Personen wurden kaum geltend gemacht. Legitimiert dazu war allein die Tochtergesellschaft und der fehlte es an Anreizen, gegen die eigene Mutter vorzugehen. Die Minderheitsgesellschafter haben sich in der Praxis praktisch nur des Instruments der Sonderprüfung bedient. Dem ist zu verdanken, dass es zum gesamten Konzernrecht lediglich einige höchstrichterliche Entscheidungen gibt, die sich mit Fragen des vorgeschriebenen Inhalts des Abhängigkeitsberichts sowie dessen Prüfung befassen.

Die neue Regelung hat sich daher von diesem Modell verabschiedet. Auf der Suche nach neuen Lösungen haben sich die Verfasser des Gesetzesentwurfs im übrigen Europa umgeschaut. Dabei sind sie auf das alternative Konzept der französischen Rozenblum Formel angestoßen. Ohne dass eine Diskussion in den fachlichen Kreisen, geschweige denn in der breiten Öffentlichkeit stattgefunden hat, wurde als Grundlage dieses Konzept gewählt. Die Gesetzesbegründung hat sich zu ihm ausdrücklich bekannt.[1] Seine Übernahme erfolgte aber keineswegs vollständig oder gar wortgetreu. Man hat sich eher für eine „kritische Auswertung" entschieden. Das ursprüngliche Modell wurde ausgebessert, ergänzt und angereichert, um den nationalen Erfahrungen und Bedürfnissen besser zu entsprechen. Die Quellen solcher Ergänzungen lagen häufig gerade im alten, sich also am deutschen Vorbild orientierenden Recht. Die Gesetzesbegründung beruft sich aber auch auf die Schlussfolgerungen des Winter-Berichts und die Empfehlungen des Forums Europaeums Konzernrecht. Im Ergebnis hat sich die Regelung von der Rozenblum Doktrin ziemlich entfernt. Dazu kommt eine gewisse „path dependence" (Abhängigkeit vom Pfad, in diesem Fall vom „deutschen" Pfad), welche sich bei der Auslegung des neuen Rechts bemerkbar macht. Zunächst in der Rechtslehre, mit der Zeit aber bestimmt auch in der Rechtsprechung. So finden sich wichtige Elemente der alten Regelung in der Auslegung des neuen Rechts wieder.

Der Vollständigkeit halber sei noch hinzugefügt, dass sich im Streit um die Ausrichtung des neuen tschechischen Konzernrechts auch der Gesetzgeber noch zu Wort melden kann. Im Justizministerium wird seit November 2014 über eine Novellierung des Gesetzes über Handelskorporationen, welche auch einige Ausbesserungen des neuen Konzernrechts zum Gegenstand haben könnte, diskutiert und an dieser gearbeitet. Über Inhalt und Schicksal des Entwurfs wird öffentlich nur

1 Vgl. *Havel, B.* et al.: Zákon o obchodních korporacích s aktualizovanou důvodovou zprávou a rejstříkem (*Gesetz über Handelskorporationen mit aktualisierter Gesetzesbegründung und Register*), Sagit, 2012, S. 62, 63.

spekuliert, in diesem Beitrag ist er daher nicht berücksichtigt. Das Inkrafttreten einer solchen Novellierung vor Anfang des Jahres 2018 (wenn überhaupt) ist so gut wie ausgeschlossen und die erwogenen Änderungen sollen die Grundausrichtung der neuen Regelung nicht beeinflussen, sondern lediglich einige der kleineren Mängel des bisherigen Gesetzestextes beheben.

II. Grundausrichtung der neuen Regelung

Der Hauptzweck der neuen Regelung besteht darin, auf der einen Seite zu bestimmen und zu präzisieren, welche rechtlichen Konsequenzen die Ausübung eines entscheidenden Einflusses auf eine Gesellschaft außerhalb eines Konzerns mit sich bringt. Dabei ist ohne Bedeutung, ob der Einfluss von der nicht konzernierten Muttergesellschaft, oder einer anderen Person ausgeht, welche auch völlig außerhalb einer Unternehmensgruppierung steht. Umso weniger ist relevant, ob solcher Einfluss einmalig, wiederholt oder sogar systematisch ausgeübt wird. Alle vorstellbaren Formen und Quellen eines entscheidenden Einflusses auf eine Handelskorporation werden umfasst. Andererseits (und hier kommt die Rozenblum Doktrin zum Ausdruck) erkennt das neue Recht das Gruppeninteresse im Konzern an und knüpft daran (unter festgelegten Voraussetzungen) ein gewisses Konzernprivileg an. Es besteht in der Sonderbehandlung der rechtlichen Folgen der Ausübung eines Einflusses, welcher von der Konzernmutter ausgeht und das Konzerninteresse verfolgt.

III. (Einfache) Einflussausübung

1. Begriff

Wie bereits angedeutet, erschöpft sich einer der Schwerpunkte der neuen Regelung zunächst in der Definition einer (einfachen) Einflussausübung und in der Festlegung derer rechtlichen Folgen. Der Haupttatbestand befindet sich im § 71 Abs. 1 ZOK. Durch die Einflussausübung wird gleichzeitig das Begriffspaar der sog. „*einflussreichen*" einerseits und der „*beeinflussten*" Person andererseits definiert. Die Definition ist relativ einfach, wenn man bedenkt, welche Konsequenzen mit der Erfüllung ihrer Merkmale verbunden sind. Es heißt: „*Jeder, der durch seinen Einfluss in einer Handelskorporation (‚einflussreiche Person') das Verhalten der Handelskorporation zu ihrem Nachteil maßgeblich beeinflusst (‚beeinflusste Person') ...*". So zumindest die offizielle Übersetzung des Gesetzestextes ins Deutsche.[2] Das Original ist insofern etwas präziser, als es statt der Worte „*maßgeblich beeinflusst*" folgenden Ausdruck benutzt: „*auf entscheidende Weise bedeutend beeinflusst*". Er wird so ausgelegt, dass aus der Summe möglicher Einflüsse auf die Handelskorporation nur derjenige rechtlich relevant ist, welcher „entscheidend" war, d.h. sich gegen alle anderen durchgesetzt hat. Gleichzeitig muss er aber an sich bedeutend sein. Ein Zünglein an der Waage macht sich allein dadurch noch nicht zur einflussreichen Person. So mag zwar z.B. ein kleiner Gesellschafter (2%), dessen Stimme in der Hauptversammlung am Ende entscheidet, ob sich zwischen den zwei übrigen genauso großen (49%) der eine oder andere durchsetzt, ausschlaggebend sein und somit am Ende entscheidend. Allerdings ist sein Einfluss an sich nicht bedeutend, scheitert also an diesem Merkmal der Tatbestandshypothese.

Zum Teil irreführend (dafür aber richtig übersetzt) ist die Bezeichnung „einfluss***reiche***" Person. Aus der Definition ergibt sich, dass zur solchen Person sich nur diejenige macht, welche ihren Einfluss auf die beeinflusste Handelskorporation auch wirklich ausübt. Ein Potential dazu (ein „Reichtum an Einfluss") reicht allein nicht aus.

Wichtig ist auch, dass der ausgeübte Einfluss sich zum Nachteil der beeinflussten Handelskorporation auswirken muss. Eine Einflussausübung zugunsten der Korporation wird von der Regel nicht erfasst. Wird mehrmals Einfluss ausgeübt, mal zugunsten der Korporation, mal zu ihrem Nachteil, werden die einzelnen Vorgänge rechtlich getrennt beurteilt. Die sich aus den verschiedenen Einflussnahmen ergebenden Vor- und Nachteile werden gegeneinander nicht aufgerechnet, auch wenn sie zeitlich zusammenhängen. Von den Günstigen wird abgesehen. In Betracht zu ziehen sind nur die Schädlichen.

Praktisch wird das Phänomen der Einflussausübung hauptsächlich als Instrument, bzw. Ausdruck einer Beherrschung (siehe unten unter IV.), bzw. einheitlichen Leitung im Konzern (siehe unten unter V.) verstanden. Zur einflussreichen wird daher vorwiegend die herrschende bzw. leitende Person, wenn sie Einfluss auf die abhängige bzw. geleitete Person ausübt. Gleichzeitig wird der Regelung aber auch die Bedeutung eines selbständigen Tatbestands beigemessen, welcher auch außerhalb der

2 Online abrufbar unter http://obcanskyzakonik.justice.cz/index.php/home/zakony-a-stanoviska/preklady/deutsch.

Strukturen von Beherrschung oder einheitlicher Leitung zur Anwendung kommt. Zur einflussreichen kann sich somit auch eine andere als die herrschende oder leitende Person machen. Zu denken ist an Fälle eines einmaligen Einflusses auf eine Handelskorporation, die sonst keiner Beherrschung, geschweige denn einheitlichen Leitung unterliegt. Oder aber an (wenn auch wohl eher seltene) Situationen, in denen die beeinflusste Person beherrscht wird, die herrschende aber den Einfluss einer anderen auf die beherrschte zulässt, bzw. sich einem solchen selbst unterwirft.

Die Gründe für den entscheidenden und bedeutenden Einfluss der einflussreichen Person auf eine Handelskorporation müssen nicht nur im Bereich des Gesellschaftsrechts liegen. Solcher Einfluss kann auch eine schuldrechtliche Basis haben. Einflussreich kann z. B. ein wichtiger Handelspartner, bzw. Gläubiger der beeinflussten Handelskorporation werden. Ist z. B. die Korporation von Lieferungen eines Lieferanten abhängig, deren Ausfall sie in den Ruin treiben könnte, verfügt der Lieferant sehr wohl über Potential eines bedeutenden und entscheidenden Einflusses auf die belieferte Korporation. Diesen Einfluss übt er jedoch nicht schon dann aus, indem er den Liefervertrag rechtmäßig kündigt (z. B. wegen eines Zahlungsverzuges der belieferten Gesellschaft), auch wenn die Kündigung gravierende Folgen für die Gesellschaft haben und ihr einen erheblichen Schaden zufügen soll. Eine Einflussausübung im Sinne von § 71 Abs. 1 ZOK wird erst angenommen, wenn der Lieferant seine schuldrechtlich begründete „Machtstellung" ausnutzt, um Maßnahmen der Leitung, bzw. Geschäftsführung in der belieferten Gesellschaft durchzusetzen. Zum Beispiel indem er der Letzteren unter Androhung der (wenn auch rechtmäßigen) Vertragskündigung für sie ungünstige Sparmaßnahmen oder den Abkauf einer Unternehmenssparte aufzwingt. Gelingt es dem Lieferant, sich mit seinen Anforderungen bei der belieferten Gesellschaft durchzusetzen, macht er sich zur einflussreichen Person im Sinne des § 71 Abs. 1 ZOK mit allen Folgen, welche das neue Recht an solche Einflussausübung anknüpft.

Als besonders gefährlich dürfte sich die neue Regelung für die Banken erweisen. Sie eröffnen sich in den Kreditverträgen häufig eine schuldrechtliche Basis für solchen Einfluss auf die Schuldnergesellschaft. Würden sie von der Möglichkeit zuungunsten der kreditnehmenden Korporation Gebrauch machen, wäre ihnen die Stellung einer einflussreichen Person kaum abzuerkennen. Auch in der Rechtslehre wird mit herrschender Meinung bejaht, dass ein bedeutender Gläubiger sich allein durch seine Gläubigerstellung zur einflussreichen Person machen kann.[3] Die Quellen eines Einflusses auf die Handelskorporation können daneben auch rein faktischer Natur sein. In der Rechtslehre wird z. B. das Beispiel einer Geschäftsführerin angegeben, die sich in einen Mann mit starker Persönlichkeit und dominanter Neigung verliebt, welcher anfängt, sich in die Belange der Gesellschaft mittels seiner Geliebten einzumischen.[4] Der Einfluss dürfte sogar auf einer unerlaubten Handlung beruhen. So z. B. im Falle eines Erpressers.[5]

2. *Rechtsfolgen*

Die Folgen einer Einflussausübung bestehen zunächst in der Innenhaftung. Nach § 71 Abs. 1 ZOK hat die einflussreiche Person der beeinflussten Person den dieser durch den Einfluss entstandenen Schaden zu ersetzen, es sei denn, die einflussreiche Person weist nach, dass sie bei der Ausübung des Einflusses in gutem Glauben vernünftigerweise erwarten konnte, informiert und im nachvollziehbaren Interesse der beeinflussten Person zu handeln. Mit anderen Worten – das Gesetz verbietet die Einflussausübung nicht an sich, auch wenn sie sich zuungunsten der beeinflussten Person auswirkt. Rechtswidrig wird die Einflussausübung erst dann, wenn die einflussreiche Person dabei in gutem Glauben vernünftigerweise nicht erwarten kann, informiert und im nachvollziehbaren Interesse der beeinflussten Person zu handeln. Die Formulierung ist praktisch identisch mit der Bestimmung des § 51 Abs. 1 ZOK, die die Pflicht zur Sorgfalt des ordentlichen Kaufmanns näher umschreibt, welcher die Mitglieder aller gewählten Organe einer Handelskorporation unterliegen. Nach § 51 Abs. 1 ZOK kommt dieser Pflicht nach, wer bei unternehmerischen Entscheidungen in gutem Glauben vernünftiger-

3 Vgl. *Černá, S.*: Ovlivnění jako klíčový pojem českého koncernového práva (*Einflussausübung als Schlüsselbegriff des tschechischen Konzernrechts*), Rekodifikace a praxe, 1/2014, S. 14–17, S. 14, 15, *S. Černá* in Černá, S., Štenglová, I., Pelikánová, I.: Právo obchodních korporací (*Recht der Handelskorporationen*), Wolters Kluwer, Praha, 2015, S. 216, *B. Havel* in Štenglová, I., Havel, B., Cileček, F., Kuhn, P., Šuk, P.: Zákon o obchodních korporacích. Komentář (*Gesetz über Handelskorporationen. Kommentar*), C. H. Beck, Praha, 2013, S. 174, oder *Čech, P., Šuk, P.*: Právo obchodních společností v praxi a pro praxi (nejen soudní) (*Recht der Handelsgesellschaften in der Praxis und für die Praxis (nicht nur gerichtliche)*), Polygon, Praha, 2016, S. 194, 195.

4 Vgl. *S. Černá*, Op. zit. sub 3 oben, S. 14.

5 Ebenda, S. 15, vgl. auch *S. Černá* in Op. zit. sub 3 oben, S. 216.

weise annehmen konnte, informiert und im nachvollziehbaren Interesse der Handelskorporation zu handeln. In dieser Bestimmung wird die Verankerung einer Business Judgement Regel im neuen tschechischen Recht gesehen. Die fast wörtliche Wiedergabe des Wortlauts im § 71 Abs. 1 ZOK soll darauf hindeuten, dass die einflussreiche Person bei der Ausübung ihres Einflusses auf die beeinflusste Gesellschaft der gleichen Sorgfalt des ordentlichen Kaufmanns (einschließlich der Business Judgement Regel) unterliegt, als wäre sie selber Geschäftsführer oder Vorstandsmitglied der letzteren. Allein das spricht für eine klare Interessenausrichtung einer solchen Einflussausübung. Sie darf sich lediglich am Interesse der beeinflussten Gesellschaft orientieren. Beim Vorziehen anderer Interessen wäre die Pflicht automatisch verletzt, die Einflussausübung stets rechtswidrig und die einflussreiche Person würde sich schadensersatzpflichtig machen.

Gegen die Übernahme der Business Judgement Formel in § 71 Abs. 1 ZOK wird in der mündlichen Diskussion mitunter zutreffend eingewendet, die einflussreiche Person müsse an dieser Regelung (gemessen an ihrer ständigen Auslegung) stets scheitern, da bei ihr häufig ein Interessenkonflikt vorliege, sie also fast immer in den Angelegenheiten der beeinflussten Person „befangen" agiere und daher kaum „im guten Glauben vernünftigerweise" erwarten könne, im nachvollziehbaren Interesse der letzteren zu handeln. Die Rechtsprechung wird sich mit dieser Voraussetzung der Business Judgement Regel auseinandersetzten müssen. Es ist nicht ausgeschlossen, dass ihr bei der einflussreichen Person weniger Bedeutung beigemessen wird, da sonst die Regelung praktisch nie zur Anwendung käme. Das würde den Sinn und Zweck der Formulierung des § 71 Abs. 1 ZOK unterlaufen, denn die einflussreiche Person wäre von dem sicheren Hafen der Business Judgement Regel praktisch immer ausgeschlossen. Die Auslegung wird der Tatsache Rechnung tragen müssen, dass die einflussreiche Person sich logischerweise in einer anderen (fast immer befangenen) Stellung befindet als ein Mitglied des Organs der beeinflussten Gesellschaft.

Die Regelung der einfachen Einflussausübung geht vom Grundgedanken des vollen Einzelausgleichs eines jeden Schadens aus. Aus § 71 Abs. 2 ZOK ergibt sich, dass der Schaden der beeinflussten Person spätestens bis zum Abschluss der Rechnungsperiode zu ersetzen ist, in der er ihr zugefügt wurde, oder in einer längeren angemessenen Frist, über die sich beide Parteien geeinigt haben. Sonst macht sich die einflussreiche Person auch den (übrigen/außenstehenden) Gesellschaftern schadensersatzpflichtig.

Um die Wahrscheinlichkeit zu steigern, dass die Schadensersatzansprüche der beeinflussten gegenüber der einflussreichen Person auch geltend gemacht werden, hat sich der Gesetzgeber des bewährten Instruments einer Gesellschafterklage (actio pro socio) bedient. Unterlässt die geschädigte beeinflusste Gesellschaft die Verfolgung ihrer Ansprüche gegen die (auch nur ehemalige) einflussreiche Person, kann sich der Initiative in ihrem Namen ein Minderheitsgesellschafter annehmen. In einer GmbH wird das Recht jedem Gesellschafter gewährt, ungeachtet dessen, wie groß oder klein sein Anteil am Grundkapital sein mag. In einer AG steht es lediglich einem Aktionär zu, welcher allein oder gemeinsam mit anderen Aktionären über einen Anteil am Grundkapital in Höhe von 5% (wenn das Grundkapital der Gesellschaft 100 Mio CZK, also umgerechnet etwa 3,7 Mio Euro, oder weniger beträgt), 3% (bei Grundkapital über 100 Mio CZK, aber weniger als 500 Mio CZK, also umgerechnet 18,5 Mio Euro), bzw. 1% (wenn das Grundkapital 500 Mio CZK beträgt oder übersteigt) verfügt (§ 365 Abs. 1 bis 3 ZOK).

Nicht zu unterschätzen bei der Verfolgung der Ansprüche der beeinflussten gegenüber der einflussreichen Person im Wege der Gesellschafterklage ist die umgekehrte Beweislast hinsichtlich der Pflichtverletzung. Diese hat nämlich die Beklagte zu tragen. Im § 4 Abs. 1 ZOK wird generell bestimmt, dass immer dann, wenn das Gesetz dem Gesellschafter einer Handelskorporation die Möglichkeit einräumt, für diese ein Recht zu begehren, die verpflichtete (die beklagte) Person die Beweislast dafür trägt, dass sie die rechtswidrige Handlung nicht begangen hat, es sei denn, das Gericht entscheidet, dass dies von ihr gerechterweise nicht verlangt werden kann. Die Regel trägt der Tatsache Rechnung, dass der klagende Minderheitsgesellschafter sonst kaum in der Lage wäre, die klassische Beweislast zu tragen, da er von den Vorgängen im Verkehr der beeinflussten mit der einflussreichen Person häufig nur ungenügend Kenntnis hat.

Die Einflussausübung begründet aber auch eine Außenhaftung. Nach § 71 Abs. 3 ZOK haftet die einflussreiche Person gegenüber den Gläubigern der beeinflussten Person für die Erfüllung derjenigen Schulden, die ihnen die beeinflusste Person infolge der Ausübung des Einflusses nicht oder nur teilweise erfüllen kann. Diese Regel wirft nicht wenige Fragen auf, die in den folgenden Jahren durch die Rechtslehre und Rechtsprechung zu lösen sind. Vorläufig scheint allerdings die Ansicht zu überwiegen, dass der Umfang dieser Außenhaftung unabhängig ist von der Höhe des der beeinflussten Person zugefügten Schadens, aber auch von der Tatsache, ob und wann dieser Schaden der beeinflussten Person eventuell ersetzt wurde. Andererseits wird vorwiegend die Meinung vertreten, dass diese Haftung nach außen sich nur dann durchsetzt, wenn der beeinflussten Person überhaupt ein Schaden entsteht. Denn lediglich wenn sich die Einflussausübung zuungunsten der beeinflussten Person auswirkt, ist diese Einflussausübung gemäß § 71 Abs. 1 ZOK rechtswidrig und daher haftungsbegründend, was auch in Bezug auf § 71 Abs. 3 ZOK gelten muss.[6]

IV. Beherrschung

1. Begriff

Durch Beherrschung bestimmt das Gesetz eine „herrschende" einerseits und „abhängige" Person andererseits. So zumindest die offizielle Übersetzung des Gesetzestextes ins Deutsche.[7] Im tschechischen Original kommt eher das Wort „beherrschte" Person vor. Die Grundbestimmung der Beherrschung befindet sich im § 74 Abs. 1 ZOK: „*Herrschende Person ist diejenige Person, die in der Handelskorporation direkt oder indirekt einen entscheidenden Einfluss ausüben kann. Abhängige Person ist die von der herrschenden Person beherrschte Person.*" Die Beherrschung definiert sich so bereits durch das Potenzial eines entscheidenden Einflusses. Auf seine tatsächliche Ausübung kommt es bei der Beherrschung nicht an. Allein die Möglichkeit einer solchen Ausübung reicht aus, um die Rechtsfolgen der Beherrschung zu begründen. Macht die herrschende Person von dieser Möglichkeit Gebrauch und übt sie ihren Einfluss auf die abhängige Korporation aus, macht sie sich zudem zur einflussreichen und es kommen zusätzlich die Bestimmungen des § 71 ZOK über die Einflussausübung zur Anwendung (siehe oben unter III).

Neben der beschriebenen Generalklausel bedient sich das Gesetz einer Reihe von (meist widerlegbaren) Vermutungen, welche die Stellung der herrschenden Person annehmen und so den Beweis der Beherrschung für einen Außenstehenden erleichtern. So werden z. B. laut § 74 Abs. 3 ZOK die leitende Person im Konzern sowie der Mehrheitsgesellschafter stets für herrschende Personen gehalten. Der Mehrheitsgesellschafter kann dies allerdings widerlegen, indem er nachweist,

6 Vgl. *Čech, P.*, *Šuk, P.*, Op. zit. sub 3 oben, S. 201–203, oder *B. Havel* in Op. zit. sub 3 oben, S. 174.

7 Siehe sub 2 oben.

dass bei einer anderen Person eine Vermutung nach § 75 ZOK auf ihre Beherrschung hindeutet und er dadurch trotz seiner Mehrheitsgesellschafterstellung die Gesellschaft nicht beherrscht. Er könnte z.B. beweisen, dass diese andere Person die meisten Mitglieder des vertretungsbefugten Organs der Handelskorporation oder Personen in einer ähnlichen Stellung oder Mitglieder des Aufsichtsorgans der Handelskorporation bestellen oder abberufen kann, oder diese Bestellung oder Abberufung durchsetzen kann (§ 75 Abs. 1 ZOK). Wie auch im alten Recht, wird die herrschende Stellung insbesondere (widerlegbar) vermutet, wenn jemand über einen Anteil in Höhe von mindestens 40 % aller Stimmen verfügt (§ 75 Abs. 2 ZOK). Neu dagegen ist die Bestimmung, nach der (ebenfalls widerlegbar) vermutet wird, dass herrschende Person auch diejenige ist, die selbst oder gemeinsam mit einvernehmlich handelnden Personen einen Anteil von mindestens 30 % aller Stimmen besitzt, wenn dieser Anteil in den letzten drei aufeinander folgenden Sitzungen des obersten Organs mehr als die Hälfte der Stimmrechte der anwesenden Personen dargestellt hat (§ 75 Abs. 4 ZOK).

2. *Rechtsfolgen*

Die Folgen einer Beherrschung bestehen zunächst in der Pflicht der abhängigen Gesellschaft zur Aufstellung eines Berichts über ihre Beziehungen zu verbundenen Unternehmen (§§ 82–88 ZOK). Laut § 82 Abs. 1 ZOK ist das vertretungsbefugte Organ der abhängigen Person verpflichtet, innerhalb von drei Monaten nach Ende der Rechnungsperiode einen schriftlichen Bericht über Beziehungen zwischen der herrschenden und der abhängigen Person sowie zwischen der abhängigen und den anderen von derselben herrschenden Person abhängigen Personen für die abgelaufene Rechnungsperiode aufzustellen. Eine vergleichbare Pflicht fand sich bereits im alten Recht, in der neuen Regelung ist sie allerdings um neue Anforderungen an den Inhalt des Berichts angereichert worden. So ist in dem Bericht laut § 82 Abs. 2 ZOK unter anderem über Folgendes zu berichten: Struktur der Beziehungen zwischen den verbundenen Personen, Aufgabe der abhängigen Person in dieser Struktur, Art und Mittel der Beherrschung, Auflistung aller in der letzten Rechnungsperiode aus Anlass oder im Interesse der herrschenden Person oder einer von ihr abhängigen Personen getätigten Handlungen, wenn diese Handlungen Vermögen betrafen, welches 10 % des aus dem letzten Jahresabschluss ermittelten Eigenkapitals der abhängigen Person übersteigt, Auflistung aller zwischen der abhängigen Person und der herrschenden Person oder zwischen den abhängigen Personen untereinander bestehenden Verträge, sowie die Beurteilung, ob der abhängigen Person ein Schaden entstanden ist und wie er ersetzt wurde.

In der Regelung des Berichts finden sich Elemente des deutschen Abhängigkeitsberichts wieder. Einen deutschen Leser mag dennoch überraschen, wie nach tschechischem Recht mit dem Bericht umgegangen wird. Nach dem Prüfen durch den Aufsichtsrat ist er zunächst der Hauptversammlung vorzulegen und dann in die Urkundensammlung beim Handelsregister einzureichen, wo er jedem zugänglich ist. Beide Pflichten ergaben sich so bereits aus dem alten Recht; das neue hat an ihnen insofern nichts verändert. Die freie Zugänglichkeit des Berichts eröffnet logischerweise die Frage, wie konkret der Bericht sein muss, insbesondere was die detaillierten Angaben über die Bedingungen der gruppeninternen Beziehungen angeht. Diese Frage ist in der tschechischen Lehre seit Jahren umstritten. Einen wichtigen Beitrag zu ihrer Klärung hat vor wenigen Jahren das Oberste Gericht geleistet. Seine Schlussfolgerungen beziehen sich zwar noch auf das alte Recht. Da sich aber die neue Regelung von der alten in diesem Punkt nicht unterscheidet, besteht Einigkeit darüber, dass sie ebenfalls auf das neue ohne weiteres anwendbar sind. In seiner Entscheidung vom 17. Dezember 2014 hat das Oberste Gericht einerseits betont, dass der Sinn und Zweck des Berichts es erfordert, die Angaben über die einzelnen Beziehungen zu den verbundenen Unternehmen möglichst detailliert zu machen, wenn sie zur Beurteilung der Höhe eines möglichen Schadens der abhängigen Gesellschaft notwendig sind.[8] So sollen grundsätzlich auch Angaben über den Gegenstand der Leistung, den Vertragspreis, seine Fälligkeit, Sicherheiten usw. im Bericht nicht fehlen. Andererseits hat das Oberste Gericht aber auf die Öffentlichkeit des Berichts Bezug genommen und im Hinblick darauf ermöglicht, dass die Aufsteller bestimmte Angaben im Bericht nicht erwähnen. Dies dürfen sie unter gleichen Umständen tun, unter denen der Vorstand einer AG den Aktionären auf einer Hauptversammlung Auskunft verweigern kann. Im neuen Recht ist dies dem Vorstand laut § 359 ZOK dann gewährt, wenn die Erteilung der Auskunft der Gesellschaft oder einer von der Gesellschaft abhängigen Personen Schaden zufügen könnte oder wenn es sich um eine interne oder geheim zu haltende Information nach einer Sondervorschrift handelt.

8 Aktenzeichen 29 Cdo 3701/2012, online abrufbar unter www.nsoud.cz.

Gesellschaftern mit einer qualifizierten Beteiligung an der abhängigen Gesellschaft wird, wie dies bereits im alten Recht der Fall war, der Weg zu einer Sonderprüfung des Berichts eröffnet. Sind sie der Auffassung, dass der Bericht nicht ordnungsgemäß erstellt wurde, können sie beim Gericht beantragen, dass zur Überprüfung des Berichts ein Sachverständiger bestellt wird (§ 85 Abs. 1 ZOK). In einer GmbH bedarf die qualifizierte Beteiligung eines Anteils am Grundkapital oder Stimmrechten von mindestens 10% (§ 187 Abs. 1 ZOK). In der AG steht dieses Recht jedem Aktionär zu, welcher allein oder gemeinsam mit anderen Aktionären über einen Anteil am Grundkapital in Höhe von 5% (wenn das Grundkapital der Gesellschaft 100 Mio CZK, also umgerechnet etwa 3,7 Mio Euro, oder weniger beträgt), 3% (bei Grundkapital über 100 Mio CZK, aber weniger als 500 Mio CZK, also umgerechnet 18,5 Mio Euro), bzw. 1% (wenn das Grundkapital 500 Mio CZK beträgt oder übersteigt) verfügt (§ 365 Abs. 1 bis 3 ZOK).

Die außenstehenden Gesellschafter der abhängigen Person, diesmal ohne Rücksicht auf die Höhe ihrer Beteiligung, rüstet das neue Recht darüber hinaus mit einem Andienungsrecht aus (§§ 89–91 ZOK). Für den Fall, dass die herrschende Person ihren Einfluss auf die abhängige Person in der Weise nutzt, dass es infolgedessen zu einer erheblichen Verschlechterung der Stellung der Gesellschafter der abhängigen Person oder zu einer anderen erheblichen Beeinträchtigung ihrer berechtigten Interessen kommt, und es daher nicht möglich ist, von ihnen gerechterweise zu verlangen, dass sie in der abhängigen Person verbleiben, ist jeder Gesellschafter, der weder herrschende Person noch eine von der herrschenden Person beherrschte Person ist, nach § 89 Abs. 1 ZOK berechtigt, zu verlangen, dass die herrschende Person von ihm seinen Anteil zu einem angemessenen Preis kauft. Den Preis bestimmt ein vom Gericht bestellter Sachverständiger nach dem Wert, den der Betrieb der abhängigen Person als „*going concern*" zu jener Zeit hatte, bevor es zur Verschlechterung der Stellung der Gesellschafter oder zu einer anderen erheblichen Beeinträchtigung ihrer berechtigten Interessen gekommen ist (§ 91 Abs. 1 ZOK). Interessant ist dabei die Verteilung der Beweislast. Darüber, dass es zu einer erheblichen Verschlechterung der Stellung der Gesellschafter oder zu einer anderen wesentlichen Beeinträchtigung ihrer berechtigten Interessen gekommen ist, hat grundsätzlich der klagende Gesellschafter die Beweislast zu tragen (§ 90 Abs. 1 ZOK). Das Gericht kann aber entscheiden, dass dies vom Kläger gerechterweise nicht verlangt werden kann, und kann schon diese Beweislast auf die herrschende Person übertragen. Ob es zu der erheblichen Verschlechterung oder Beeinträchtigung infolge der Ausübung des Einflusses der herrschenden Person in der abhängigen Person gekommen ist oder ob diese andere Gründe gehabt hat, soll grundsätzlich die Beklagte beweisen (§ 90 Abs. 2 ZOK). Gerät die abhängige Person infolge des Einflusses der herrschenden Person in Insolvenz, so wird unwiderlegbar vermutet, dass die Stellung ihrer Gesellschafter sich stets erheblich verschlechtert hat (§ 90 Abs. 3 ZOK).

V. Konzern

1. Begriff

Eine Sonderregelung bezieht sich auf Konzerne. Sie besteht aus wichtigen Ausnahmen von den allgemeinen Regeln. Die Sonderbehandlung (Konzernprivileg) ist an zwei Bedingungen geknüpft. Erstens muss es sich um einen Konzern handeln (materielle Voraussetzung). Zweitens ist eine formelle Bekanntgabe des Konzerns (formelle Voraussetzung) notwendig.

Was einen Konzern im materiellen Sinne ausmacht, ist eine „*einheitliche Leitung*". Die Konzernmutter, von welcher eine solche Leitung ausgeht, bezeichnet das Gesetz als „leitende" Person; die Konzerntochter, die ihr unterstellt ist, als „geleitete" (§ 79 Abs. 1 ZOK). Unter einheitlicher Leitung versteht § 79 Abs. 2 ZOK den Einfluss der leitenden Person auf die Tätigkeit der geleiteten Person, mit dem zum Zwecke der langfristigen Durchsetzung der Konzerninteressen im Rahmen der einheitlichen Konzernpolitik die Koordinierung und konzeptionelle Leitung wenigstens eines der bedeutenden Bestandteile oder Tätigkeiten im Rahmen der unternehmerischen Tätigkeit des Konzerns verfolgt werden. In dieser Formulierung spiegeln sich die Ansätze der Rozenblum-Formel wieder. Es kommt bei einem Konzern auf die systematische Durchsetzung einer auf Dauer angelegten einheitlichen Konzernpolitik an, welche sich am ausgearbeiteten Konzerninteresse orientiert und dieses verfolgt. Dabei ist es nicht notwendig, dass der einheitlichen Leitung die gesamte Geschäftsführung unterworfen wird. Es genügt, zu ihrem Gegenstand lediglich einen der Schlüsselbereiche der Geschäftsführung zu machen, wie z. B. die Finanzen, wie es in der tschechischen Praxis auch häufig der Fall ist. In der Gesetzesbegründung wird erwähnt, dass die Zugehörigkeit der geleiteten Person zum Konzern von ihrer Hauptversammlung gebilligt werden sollte.[9] Im Gesetzestext findet sich solche Anforderung nicht. In der Rechtslehre wird dennoch empfohlen, dass sogar die einheitliche Konzernpolitik von den Hauptversammlungen aller betroffenen Konzernmitglieder gebilligt wird. Allein als wichtiger Beweis für die Existenz des Konzerns im materiellen Sinne.[10]

Zur formellen Voraussetzung des Konzernprivilegs erklärt das Gesetz eine sog. Konzerndeklaration. Gemäß § 79 Abs. 3 ZOK haben die Mitglieder des Konzerns die Existenz des Konzerns unverzüglich auf ihren Internetseiten zu veröffentlichen, anderenfalls kann nicht nach § 72 ZOK (siehe unten) verfahren werden. In der Lehre und Praxis herrscht Unklarheit über viele Fragen, die im Zusammenhang mit dieser Pflicht gestellt werden. So z. B., ob die Pflicht alle Mitglieder des Konzerns trifft (bzw. was die Konsequenzen, wenn einige ihr nicht nachkommen, für diejenigen, die sie rechtzeitig erfüllt haben, sind), was den Mindestinhalt dieser Deklaration ausmacht oder in welcher Sprache sie zu verfassen ist, ob sich das betroffene Mitglied im Ausland befindet und ob es von dort aus auch seine Internetseite betreibt. Aus der Formulierung allein geht hervor, dass die Deklaration jeweils mindestens von zwei Konzernmitgliedern zu veröffentlichen ist, und zwar der leitenden und der geleiteten Person, bzw. allen anderen, die sich auf die Vorteile des Konzernprivilegs zu berufen gedenken. Aus dem Sinn und Zweck der Regel ergibt sich dann, dass die Deklaration mindestens so viele Angaben beinhalten soll, dass man aus ihr auf die Erfüllung materieller Voraussetzungen eines Konzerns schließen kann. Will sich die Gruppe glaubwürdig zur Existenz eines Konzerns bekennen, sollte sie auch in der Lage sein, ihn zu beschreiben, samt der Auflistung aller Mitglieder und der Vorstellung der Grundrisse der Konzernpolitik. In der Rechtslehre wird sogar vertreten, aus dem Sinn und Zweck der Regel ließe sich eine Pflicht zur laufenden Aktualisierung der Deklaration ableiten.[11]

Für die Gewährung des Konzernprivilegs sind jedenfalls beide Voraussetzungen gleichermaßen unentbehrlich. Die (wenn auch perfekt verfasste) Konzerndeklaration würde an sich nichts taugen, wenn in der Gruppe keine einheitliche Leitung festzustellen wäre und umgekehrt.

9 Vgl. Op. zit. sub 1 oben, S. 64.

10 Vgl. *Černá, S.*: O koncernu, koncernovém řízení a vyrovnání újmy (*Über Konzern, Konzernleitung und Nachteilsausgleich*), Obchodněprávní revue, 2/2014, S. 33–41, S. 34.

11 Ebenda, S. 34.

2. *Rechtsfolgen*

Die Rechtsfolgen eines Konzerns gleichen zunächst denen, welche das Gesetz mit gängiger Beherrschung verbindet. Schließlich ist jede leitende Person auch stets herrschende (§ 74 Abs. 3 ZOK, siehe auch oben unter IV.1.). Von den Rechtsfolgen einer Beherrschung kennt das Gesetz für die leitende oder geleitete Person keine Ausnahme; das Konzernprivileg wirkt sich in dieser Richtung nicht aus. So wird die Konzerntochter auch von der Pflicht zum jährlichen Abhängigkeitsbericht und dessen Veröffentlichung nicht befreit. Die außenstehenden Gesellschafter der Konzerntochter können von ihrem Andienungsrecht Gebrauch machen, sobald sich die Lage der Konzerntochter infolge der einheitlichen Leitung derart verschlechtert, wie § 89 ZOK es erfordert. Im Detail siehe oben unter IV.2.

Ganz anders steht die Lage bei den Rechtsfolgen einer Einflussausübung. In dieser Hinsicht macht sich schon eine der entscheidendsten Auswirkungen des Konzernprivilegs bemerkbar. Obgleich die leitende Person ohne die Einflussausübung auf die geleitete nicht auskommt und sich somit stets auch zur einflussreichen macht, wird die einheitliche Leitung im Konzern vom Regime des § 71 ZOK ausgenommen und einer Sonderregelung im § 72 ZOK unterworfen. Diese besagt, dass die Bestimmungen des § 71 Abs. 1 bis 3 ZOK keine Anwendung finden (es setzen sich also weder die Innen-, noch die Außenhaftung durch), wenn die leitende Person nachweist, dass der der geleiteten (beeinflussten) Person durch die Einflussausübung zugefügte Schaden im Interesse der leitenden Person oder einer anderen Person entstanden ist, mit der sie einen Konzern bildet, und dass der Schaden im Rahmen dieses Konzerns ausgeglichen wurde oder wird.

Die Formulierung ist insofern unpräzise, als sie lediglich vom Interesse der geleiteten Person oder eines anderen Konzernmitglieds handelt. In Wirklichkeit darf weder das eine, noch das andere dem Interesse der geleiteten Person übergeordnet sein, auch nicht im Konzern. Aus dem Sinn und Zweck der Regelung, aber auch aus der Verbindung zum Konzernbegriff in § 79 Abs. 1 und 2 ZOK wird abgeleitet, dass die Sonderregelung nur dann greift, wenn der für die geleitete Person ungünstige Einfluss im Konzerninteresse ausgeübt worden ist.[12] Also gerade in dem Interesse, das den Konzern im materiellen Sinne ausmacht und durch die einheitliche Konzernpolitik verfolgt wird. Dabei wird einge-

12 Ebenda, S. 34, vgl. auch *Čech, P.*, *Šuk, P.*, Op. zit. sub 3 oben, S. 227–229.

wendet, dass dieses Interesse grundsätzlich weder mit dem Interesse der Konzernmutter, noch eines anderen Konzernmitglieds identisch sei. Mit anderen Worten also – einer der zentralen Ausdrücke des Konzernprivilegs im neuen tschechischen Recht ist die Anerkennung des Konzerninteresses und die gesetzliche Einräumung der Möglichkeit, es über die Interessen der einzelnen Konzernmitglieder zu stellen, einschließlich der geleiteten Tochter. Während die einfache Einflussausübung sich lediglich am Interesse der beeinflussten Person orientieren muss, sich die einflussreiche Person also sonst schadensersatzpflichtig macht (§ 71 Abs. 1 ZOK – siehe oben unter III.2.), darf die Konzernmutter im Konzerninteresse agieren, auch wenn dies dem Einzelinteresse der geleiteten Person wiederspricht.

Eine Schlüsselbedeutung kommt dabei der zweiten Voraussetzung für die konzernprivilegierte Sonderregelung des § 72 ZOK zu, nämlich dem konzerninternen Ausgleich des entstandenen Schadens. Nach § 72 Abs. 2 ZOK ist dieser Ausgleich dann gewährt, wenn er innerhalb einer angemessenen Frist und im Rahmen des Konzerns in Form einer angemessenen Gegenleistung oder durch andere nachweisbare Vorteile, die sich aus der Mitgliedschaft im Konzern ergeben, ausgeglichen wurde oder wird. Je bedeutender die Rolle dieser Bestimmung im System des neuen Rechts ist, desto trauriger mag es erscheinen, wie wenig Klarheit über deren Auslegung herrscht. Klar ist zunächst, dass der konzerninterne Ausgleich nicht direkt von der Konzernmutter stammen muss, sondern auch von anderen Konzernmitgliedern getragen werden darf. Das allein wäre aber eher unbedeutend, da auch bei dem allgemeinen Einzelausgleich der einflussreichen Person nach § 71 Abs. 1 ZOK eine Solutionssubstitution nicht verboten und daher durchaus zulässig ist. Wichtiger ist die (auch unstrittige) Tatsache, dass für den konzerninternen Ausgleich keine konkreten Fristen festgelegt sind. Während die einflussreiche Person den durch ihren Einfluss entstandenen Schaden bis zum Ende der Rechnungsperiode zu ersetzen hat (§ 71 Abs. 2 ZOK), wird für den konzerninternen Ausgleich eine „angemessene Frist" vorgeschrieben, die – nach h. M. – (bei größeren Schäden) auch länger dauern kann.[13]

13 Vgl. *Černá, S.*, Op. zit. sub 10 oben, S. 39, 40, *B. Havel* in Op. zit. sub 3 oben, S. 177, *Čech, P., Šuk, P.*, Op. zit. sub 3 oben, S. 230, oder *T. Doležil* in Lasák, J., Čáp, Z., Doležil, T. a kol.: Zákon o obchodních korporacích. Komentář, I. díl (*Gesetz über Handelskorporationen, Kommentar, Band I*), Wolters Kluwer, Praha, 2014, S. 601.

Von zentraler Bedeutung ist aber die Möglichkeit, Nachteile innerhalb eines Konzerns lediglich durch „andere nachweisbare Vorteile“ auszugleichen, welche der geleiteten Person aus der Zugehörigkeit zum Konzern fließen. Und gerade auf diese Möglichkeit bezieht sich der dogmatische Streit, dessen Ausgang schließlich über die Nähe des neuen tschechischen Konzernrechts zum Rozenblum-Konzept oder seine Entfernung hiervon entscheiden wird. Manche Autoren verlangen nämlich (ganz im Sinne der früheren Regelung, welche auf dem Grundsatz des vollen Einzelausgleichs beruhte, auch im qualifizierten faktischen Konzern), dass der konzerninterne Ausgleich nach § 72 Abs. 2 ZOK zwar in Form solcher nachweisbaren Vorteile erfolgen dürfe, dass aber diese Vorteile stets genau zu bewerten und dem zugefügten Schaden gegenüber zu stellen seien, so dass der Ausgleich zur Höhe eines jeden Schadens insgesamt adäquat sei.[14] Dagegen wird eingewendet, dass bei solcher Auslegung im tschechischen Recht vom Rozenblum-Konzept nur wenig geblieben wäre. Dabei lässt die Formulierung genug Raum für eine alternative Auslegung, die sehr viel mehr von diesem Konzept beibehält. Ich zähle zu den Kritikern der oben angedeuteten Auslegung und den Befürwortern des Rozenblum-Konzepts. Dabei gehe ich von dem Gedanken aus, dass der Gesetzgeber sich für dieses Modell klar entschieden hat. Die Rechtslehre sollte dieses Vorhaben im Wege der Auslegung möglichst vollenden. Die Auslegung des § 72 Abs. 2 ZOK sollte eher auf ein Gesamtgleichgewicht der Vor- und Nachteile bei der geleiteten Person hinauslaufen, bzw. dafür Sorge tragen, dass die geleitete Person nicht insgesamt grob benachteiligt und mit den Nachteilen überfordert wird.[15] Welche von diesen Auffassungen am Ende die Oberhand gewinnt, ist vorerst abzuwarten.

Die Unsicherheit in dieser zentralen Frage ist für alle Konzernbeteiligten besonders schwerwiegend. Die Erfüllung der Voraussetzung des konzerninternen Ausgleichs ist der Schlüssel zum Konzernprivileg, also

14 Vgl. *Černá, S.* (Leiterin des Lehrstuhls für Handelsrecht an der Juristischen Fakultät der Prager Karlsuniversität und führende tschechische Expertin im Bereich des Konzernrechts), Op. zit. sub 10 oben, S. 38–40, *S. Černá* in Op. zit. sub 3 oben, S. 226–228, *B. Havel* (der Hauptverfasser des Entwurfs des Gesetzes über Handelskorporationen) in Op. zit. sub 3 oben, S. 177, 178, aber (wenn auch vorerst vorsichtig und vorläufig) auch *P. Šuk* (Richter am Obersten Gericht; Vorsitzender des Senats 29, der sich für Gesellschaftsrecht spezialisiert) in Čech, P., Šuk, P., Op. zit. sub 3 oben, S. 230.

15 Vgl. *P. Čech* in Čech, P., Šuk, P., Op. zit. sub 3 oben, S. 230, 231, ähnlich aber auch *T. Doležil* in Op. zit. sub 13 oben, S. 602.

zur Befreiung von den Folgen der einfachen Einflussausübung. Scheitert die leitende Person an dieser Voraussetzung, gibt es für sie keine Ausnahme von der Regelung des § 71 ZOK. Im Bereich der Innenhaftung setzt sich (ex tunc) der volle Einzelausgleich eines jeden von ihr zugefügten Schadens durch und die Regelung der Außenhaftung im § 71 Abs. 3 ZOK findet auf sie volle Anwendung. Einer ähnlichen Gefahr sehen sich die Mitglieder der geschäftsführenden Organe der geleiteten Person ausgesetzt. Sind die Voraussetzungen des § 72 ZOK (potenziell) erfüllt, befreit sie § 81 Abs. 2 ZOK von der Haftung für die Befolgung der Weisungen der leitenden Person, welche zwar dem Interesse der geleiteten Person zuwiderlaufen und sich zu ihren Ungunsten auswirken, dafür aber das Konzerninteresse verfolgen. Stellt sich also im Nachhinein heraus, die Mitglieder der geschäftsführenden Organe der Konzerntochter hätten sich in der Annahme der Erfüllung der Voraussetzungen von § 72 Abs. 1 und 2 ZOK geirrt, machen sie sich ex tunc haftbar für alle Schäden, welche der Tochter durch die einheitliche Leitung entstanden sind. Denn ohne die Erfüllung dieser Voraussetzung sind die Organmitglieder vom Schutzschild des Konzernprivilegs nicht gedeckt und hätten die schädlichen Weisungen der Konzernmutter nicht befolgen dürfen. Solche Weisungen sind dann so zu betrachten, als hätten sie von einer gängigen einflussreichen Person gestammt und wären daher rechtlich völlig irrelevant gewesen.

Für eine weitere Grenze des Konzernprivilegs sorgt § 72 odst. 3 ZOK, teilweise wieder im Einklang mit der Rozenblum-Formel. Kommt es infolge der Handlungen der leitenden Person gegenüber der geleiteten Person zur Insolvenz der letzteren, sind die Bestimmungen der §§ 72 Abs. 1 und 2 ZOK ebenfalls nicht anwendbar. Im Endeffekt würde in einem solchen Falle die Ausnahme von der Regelung der einfachen Einflussausübung nicht greifen und die Regelung als solche würde sich komplett durchsetzen. Die einheitliche Leitung der leitenden Person wäre im Nachhinein an den gesetzlichen Anforderungen an die einfache Einflussausübung zu messen, samt der vorgeschriebenen Interessenausrichtung. Würde die leitende Person daran scheitern, würde sie sich ex tunc haftbar (sowohl im Innen- als auch im Außenverhältnis) machen wie jede andere einflussreiche Person.

Zum Konzernprivileg gehört schließlich noch das Weisungsrecht, das der leitenden Person im § 81 Abs. 1 ZOK gesetzlich gewährt wird. Es bezieht sich ausdrücklich auf Weisungen, welche im Interesse der leitenden Person oder einer anderen liegen, mit der die leitende einen Konzern bildet. Diese Formulierung muss (wie auch oben bei § 72 Abs. 2

ZOK) so interpretiert werden, dass die Weisungen sich allein am Konzerninteresse zu orientieren haben, nicht etwa am Einzelinteresse einzelner Konzernmitglieder. Unklar ist, ob diesem Recht der Konzernmutter auch eine Folgepflicht der Konzerntochter entspricht. In der Rechtslehre wird eine solche teils bejaht, teils verneint. Die bejahende Auffassung beruft sich unter anderem auf Art. 9 Abs. 2 im Kapitel 16 des European Model Company Acts[16], die verneinende auf die Lage im französischem Recht[17]. Die Praxis misst diesem Streit allerdings keine reale Bedeutung bei. Die Konzernmütter scheinen in der Wirklichkeit kein Problem zu haben, ihren Willen bei den Organen der Konzerntöchter durchzusetzen, unabhängig davon, wie sich dieser Streit am Ende entscheidet.

VI. Kurze Bewertung

Wie bereits anfänglich angemerkt, ist die neue tschechische Regelung zwar von der französischen Rozenblum-Formel ausgegangen. Der Gesetzgeber hat sich auf sie ausdrücklich berufen, sich im Endeffekt aber von ihr entfernt. Es sei nur auf die Worte von Prof. S. Černá, der führenden tschechischen Expertin im Bereich des Konzernrechts, hinzuweisen, welche im Lehrbuch des Gesellschaftsrechts an der juristischen Fakultät der Prager Karlsuniversität[18] das neue Model insgesamt folgendermaßen wertet: „... *von einer markanten Nähe zum französischen Konzernkonzept kann nur schwer die Rede sein* ...“ Oder, wie Prof. P. Böckli auf einer Tagung der European Company Law Experts in Genoa am 26. Mai 2016 bemerkte, nachdem ich der Expertengruppe die neue Regelung vorgestellt hatte, man habe im neuen tschechischen Recht ein wenig vom „Rozen“, aber kein bisschen vom „-blum“ übernommen. Diese beiden Äußerungen mögen jedoch nur zutreffen, wenn sich eine strenge (am bisherigen Konzept des adäquaten Einzelausgleichs orientierte) Auslegung der zentralen Frage des konzerninternen Ausgleichs durchsetzt. Dies bleibt vorerst offen. Es besteht noch die Hoffnung auf einen anderen Ausgang des Streits und somit auch auf die gesamte rechtsgeografische Ausrichtung des neuen Rechts. Da seine Formulierungen ihrem Worte nach nicht besonders scharf sind und viel Raum für die Rechtsfortbildung

16 *Čech, P., Šuk, P.*, Op. zit. sub 3 oben, S. 228.
17 *Černá, S.*, Op. zit. sub 10 oben, S. 35, 36.
18 *S. Černá* in Op. zit. sub 3 oben, S. 211.

öffnen, wird sich erst im Wege dieser Rechtsfortbildung entscheiden, wie viel „Rozen", oder gar „-blum" im neuen tschechischen Recht am Ende übrig bleibt, geschweige denn vorwiegt.

Das französische Recht zur Anerkennung des Gruppeninteresses seit der *Rozenblum*-Entscheidung

*Pierre-Henri Conac**

Inhaltsübersicht

I. Einführung

Ähnlich dem deutschen Straftatbestand der Untreue[1] sieht auch das französische Gesellschaftsrecht Sanktionen für missbräuchliche Eigengeschäfte vor. Hierzu zählen etwa Vorschriften über Geschäfte mit nahestehenden Personen (*related party transactions*)[2] oder das durch die Rechtsprechung entwickelte Konzept für den Missbrauch von Mehr-

* Professor für Handels- und Gesellschaftsrecht an der Universität Luxemburg

1 § 266 Abs. 1 StGB.

2 Siehe *Conac*, Related Party Transactions in French Company Law, Revue Trimestrielle de Droit Financier (RTDF), n°3/2014, 26.

heitsanteilen.[3] Das Hauptinstrument gegen missbräuchliche Eigengeschäfte ist in Frankreich jedoch der Straftatbestand des Missbrauchs von Gesellschaftsvermögen (*abus de biens sociaux*).[4] Er erfasst unter anderem Vorstandsvorsitzende, Geschäftsführer oder geschäftsführende Direktoren einer Aktiengesellschaft oder Gesellschaft mit beschränkter Haftung (SARL), die „Mittel oder die Kreditwürdigkeit der Gesellschaft wider Treu und Glauben auf eine Art und Weise, bei der sie wissen, dass sie den Interessen der Gesellschaft widerspricht, für eigennützige Zwecke oder um eine andere Gesellschaft oder ein anderes Unternehmen, an dem sie direkt oder indirekt beteiligt sind, zu begünstigen, benutzen."[5] Die Strafe für den Einzelnen beläuft sich derzeit auf eine Haftstrafe von bis zu fünf Jahren oder eine Geldstrafe von bis zu 375.000 Euro.

Diese Strafvorschrift wurde 1935 eingeführt, zu einer Zeit also, in der Gesellschaftsgruppen als solche nicht im Aktiengesetz geregelt waren. Dies führte zu einem ernsthaften Problem, da Geschäfte mit nahestehenden Personen in Gesellschaftsgruppen üblich sind und aus legitimen Gründen, wie zum Beispiel dem Interesse der Gesellschaftsgruppe als Ganze, mitunter unausgewogen sein können. Da die Vorschrift über den Missbrauch von Gesellschaftsvermögen nicht zwischen unabhängigen Gesellschaften und Tochtergesellschaften unterscheidet, sahen sich Vorstand und Geschäftsführer von gruppenangehörigen Gesellschaften einem hohen Risiko von Klagen wegen Missbrauchs von Gesellschaftsvermögen in gruppenspezifischen Angelegenheiten ausgesetzt. Dieses Risiko ist umso höher, als ein Minderheitsgesellschafter im Namen der Gesellschaft (*action sociale ut singuli*) durch das Stellen einer Strafanzeige beim Untersuchungsrichter des erstinstanzlichen Strafgerichts (*Tribunal correctionnel*) eine strafrechtliche Verfolgung verbunden mit zivilrechtlichen Ansprüchen (*plainte avec constitution de partie civile*, ähnlich dem deutschen Adhäsionsverfahren) anstoßen kann. Dies wurde von den Gerichten bereits 1906 erstmals entschieden und hat sich seitdem nicht geändert.[6] Das beschriebene Rechtsmittel ist für Minderheitsgesellschafter äußerst attraktiv, da der Untersuchungsrichter Zugang zu Do-

3 Siehe *Conac*, The Shareholders' duty not to abuse rights, in: Hanne Birkmose (Hrsg.), Shareholders' duties in Europe, Kluwer Law International, 2016.

4 Artikel L. 242–6 Code de commerce.

5 Ebda.

6 Cass. Crim., 8. Dezember 1906, *Laurent Atthalin*, Sirey 1907.1.377 m. Anm. *Demogue*, 1907.1.207.

kumenten erhalten kann, und dies bei keinen oder nur geringen Kosten für den Minderheitsgesellschafter.

Im Gegensatz zum deutschen Aktiengesetz enthielt das französische Gesetz über Handelsgesellschaften von 1966 keine Vorschriften für die Gesellschaftsgruppe. Insofern war diese Thematik den Gerichten zur Entscheidung überlassen. Tatsächlich ist dieses Gebiet eines der wenigen, welches nicht vom Gesetz über Handelsgesellschaften geregelt wurde. Deshalb waren die Gerichte eingeladen, die Angelegenheit selbst zu regeln. Ausgehend von einer Reihe von Instanzgerichtsentscheidungen spätestens seit 1974,[7] urteilte die Strafkammer des französischen Obersten Gerichts 1985 in der *Rozenblum*-Entscheidung, dass der Geschäftsführer einer Tochtergesellschaft, der eine Entscheidung trifft, welche die Tochtergesellschaft beeinträchtigt, das Gruppeninteresse unter gewissen Voraussetzungen berücksichtigen darf.[8] Das französische Oberste Gericht erkannte damit das Gruppeninteresse an und entwickelte zugleich eine Ausnahme zur gesetzlichen Definition des Missbrauchs von Gesellschaftsvermögen.

Seit 1985 wurden die Bedingungen zur Erfüllung des *Rozenblum*-Tests nicht verändert, wenngleich die Prüfungsdichte mehrmals reduziert wurde (II). Aus diesem Grund ist die derzeitige Situation recht befriedigend für Gesellschaften, die sich auf den *Rozenblum*-Rechtfertigungsgrund berufen können. In jüngster Zeit wurden jedoch einige Gesetzesentwürfe vorgestellt, welche den flexiblen Richterrechtsansatz umkehren und eine Haftung der Muttergesellschaft begründen würden (III).

II. Die Kriterien für die Anerkennung des Gruppeninteresses

Das Fallrecht hat die 1985 begründeten Bedingungen für die Anerkennung des Gruppeninteresses aufrechterhalten, obwohl französische Gerichte einige von ihnen nicht konsequent anwenden (A). Die weitverbreitete Anwendung und Akzeptanz der *Rozenblum*-Doktrin führt dazu,

7 Trib. Corr. Paris, 16. Mai 1974, *Soc. Saint-Frères*, D. 1975, 37 = Rev. soc. 1975, 657 m. Anm. *Oppetit* = JCP éd. E. 1075, II-11816, 381.

8 Cass. Crim., 4. Februar 1985, *Rozenblum et Allouche*, D. 1985, 478 m. Anm. *Ohl* = JCP 1986, II-20585, m. Anm. *Jeandidier* = Rev. soc. 1985, 648, m. Anm. *Bouloc*.

dass jährlich nur einige wenige Fälle vor dem französischen Obersten Gericht verhandelt werden (B).

1. Die Bedingungen für die Anerkennung des Gruppeninteresses

a) Die Bedingungen für die Anerkennung des Gruppeninteresses sind unverändert

In der *Rozenblum* Entscheidung wurde das kumulative Vorliegen von vier Voraussetzungen gefordert, damit Geschäftsführer vom „sicheren Hafen" profitieren können. Das Gericht kam zu folgendem Schluss: „Die finanzielle Unterstützung, die ein faktischer oder legaler Geschäftsführer einer anderen Gesellschaft innerhalb derselben Gruppe, an der die Geschäftsführer direkt oder indirekt ein Interesse haben, gewährt, muss von einem gemeinsamen wirtschaftlichen, sozialen oder finanziellen Interesse bestimmt sein, welches unter Bezugnahme der Strategie der Gruppe als Ganzes zu würdigen ist und soll weder ohne einen Ausgleich bleiben oder die Ausgewogenheit der gegenseitigen Verpflichtungen zwischen den betroffenen Gesellschaften verletzen, noch die Möglichkeiten der Gesellschaft überschreiten, die den Nachteil tragen."

Zunächst ist eine echte Gruppe erforderlich, die sich durch Kapitalverflechtungen zwischen den Gesellschaften kennzeichnet. Dies bringt mit sich, dass Beteiligungen, die eine Privatperson hält, nicht als Gründung eines Konzerns angesehen werden können. Dies war der eigentliche Fall von Herrn *Rozenblum*, der Beteiligungen an verschiedenen Unternehmen mit nicht zusammenhängenden Geschäftsfeldern hielt: An- und Verkauf von Immobilien, Möbel, ein Schuhladen, eine Reiseagentur, Friseur und Druckdienstleistungen. Deswegen konnte Herr *Rozenblum* nicht vom jenem Fall, der seinen Namen trägt, profitieren. Französische Gerichte unterscheiden nicht zwischen 100%-igen und nicht 100%-igen Tochtergesellschaften. Beide können vom *Rozenblum*-Rechtfertigungsgrund profitieren, auch wenn die meisten Fälle 100%-ige Tochtergesellschaften und Klagen von Gläubigern zum Gegenstand haben. Ferner beziehen sich französische Gerichte nicht auf die vom Forum Europaeum on Company Groups (FECG) vorgeschlagene Unterscheidung zwischen regulären Tochtergesellschaften und Servicegesellschaften.[9]

Zweitens ist eine enge Einbindung der Gesellschaften in die Gruppe erforderlich. Dies setzt voraus, dass es ein Gruppeninteresse gibt, das dem Gesellschaftsinteresse einer unabhängigen Gesellschaft ähnelt. Das Gruppeninteresse kann wirtschaftlicher, sozialer oder finanzieller Natur sein. Es muss ein kohärentes Gruppeninteresse geben. Nicht erforderlich ist, dass die Aktivitäten der Gruppe im selben Tätigkeitsbereich liegen. Sie können in verschiedenen Geschäftsfeldern tätig sein, solange es irgendeine Form der Abstimmung gibt. So wurde beispielsweise 2013 entschieden, dass es sich bei einer Gruppe von Gesellschaften aus dem Baugewerbe und dem Fischfang nicht um eine Gruppe handele. Die Berufung auf den *Rozenblum*-Schutz wurde jedoch nicht deshalb verweigert, weil diese Aktivitäten nicht zusammenhingen, sondern weil es keine kohärente Gruppenpolitik zwischen diesen beiden Geschäftstätigkeiten gab und weil die Bauunternehmung schlichtweg die Verluste einfahrende Fischereiunternehmung zu unterstützen pflegte, welche absolut unprofitabel war und in ein Insolvenzverfahren überführt werden sollte.[10] Es ist nicht von Bedeutung, ob die Gruppe aus wirtschaftlicher Perspektive vertikal oder horizontal integriert ist. Das Vorhandensein einer allgemeinen Politik, welche vom Vorstand oder der Hauptversammlung der Muttergesellschaft verabschiedet wurde, ist ein starkes Indiz. Erforderlich als solche ist sie hingegen nicht.

Drittens muss der die finanzielle Unterstützung, welche eine Gesellschaft der anderen gewährt, ein wirtschaftliches Äquivalent haben und darf nicht die Ausgewogenheit der gegenseitigen Verpflichtungen zwischen den betroffenen Gesellschaften verletzen. Anders als beim eher strengen Ansatz des deutschen Rechts ist jedoch kein exakter Ausgleich am Ende des Jahres erforderlich. Der Ausgleich kann vielmehr auch in der Zukunft liegen und muss nicht einmal finanzieller Natur sein.

Viertens darf die von der Gesellschaft gewährte Unterstützung nicht deren Möglichkeiten übersteigen. Mit anderen Worten darf sie also nicht dem Risiko der Insolvenz ausgesetzt werden.

9 Forum Europaeum on Company Groups, Eckpunkte für einen Rechtsrahmen zur erleichterten Führung von grenzüberschreitenden Unternehmensgruppen in Europa, ZGR 2015, 507 und in diesem Band.

10 Cass. Crim., 16. Januar 2013, n° 11–88.852, Rev. soc. 2013, 710 m. Anm. *Boursier*.

b) Die Anwendung dieser Voraussetzungen erfolgt restriktiv

Die Voraussetzungen der ursprünglichen *Rozenblum*-Entscheidung wurden durch die Gerichte weiter präzisiert. Dies führte zu einem Ausschluss gewisser Typen von Gesellschaftsgruppen aus der *Rozenblum*-Rechtsprechung. Die wichtigste Entwicklung stellt jedoch die liberale Anwendung jener Voraussetzungen dar, welche erfüllt sein müssen, um von der *Rozenblum*-Rechtsprechung zu profitieren. Somit ist es für Gesellschaftsgruppen heute leichter, Schutz durch die Gerichte zu erhalten.

Französische Gerichte haben den Anwendungsbereich der *Rozenblum*-Rechtsprechung auf solche Fälle beschränkt, in denen sie davon ausgehen, dass es eine echte Gruppe mit einem echten Gruppeninteresse gibt. So wird beispielsweise die Berufung auf *Rozenblum* verwehrt, wenn die Gruppe allein aus steuerlichen Gründen aus zwei Gesellschaften besteht: ein Immobilienunternehmen in Form einer Personengesellschaft (*Société civile immobilière*), und einer operativ tätigen Gesellschaft in Form einer Kapitalgesellchaft (*Société à responsabilité limitée*). In solch einem Fall ist die Geschäftstätigkeit lediglich künstlich auf zwei Gesellschaften verteilt, um die Steuerlast zu senken. Ebenso kam die Strafkammer nicht zum Vorliegen einer echten Gruppe im Falle eines *Leverage Buy Outs* (LBO), da die Holdinggesellschaft keinerlei echte Aktivität entfaltete und nur zum Zwecke der Übernahme der Zielgesellschaft gegründet worden war.[11] Nach dem Gericht gibt es hier kein gemeinsames Gruppeninteresse, da die Zielgesellschaft ihren eigenen Kauf zugunsten der Holdinggesellschaft finanziert. Es gibt also eine klare Zurückhaltung der Strafkammer bezüglich der Anerkennung des Vorliegens einer Gruppe, wenn der Anschein einer künstlichen Konstruktion erweckt wird.

Auch wenn sie den Anwendungsbereich von *Rozenblum* einschränkten, so waren französische Gerichte doch sehr liberal in der Interpretation der vom Obersten Gericht gestellten Voraussetzungen.

Die Voraussetzung der kohärenten Gruppenpolitik wird nicht konsequent durchgesetzt. Entscheidungen des Obersten Gerichts unterstellen die kohärente Gruppenpolitik oder erwähnen sie schlicht, ohne sie herauszuarbeiten. Auch die Voraussetzung, dass die finanzielle Unterstützung der einen Gesellschaft an die andere ein wirtschaftliches Äquivalent haben muss und die Ausgeglichenheit der gegenseitigen Verpflichtungen zwischen den betroffenen Gesellschaften nicht verletzen

11 Cass. Crim., 23. Mai 2002, n° 01–85.746.

darf, wird in der Praxis vernachlässigt. Gerichte unterstellen für gewöhnlich, dass die Tochtergesellschaft ein wirtschaftliches Äquivalent allein dadurch erhalten wird, dass sie Teil der Gruppe ist. Diese Voraussetzung wird in den Entscheidungen nicht ernsthaft diskutiert.

Die letzte Voraussetzung bezieht sich auf die Tatsache, dass die Unterstützung durch die Gesellschaft deren Möglichkeiten nicht übersteigen und sie nicht dem Risiko der Insolvenz aussetzten darf.

Dies ist die praxisrelevanteste Voraussetzung. In fast allen Entscheidungen des französischen Obersten Gerichts meldete die Gesellschaft Insolvenz an und die Geschäftsführer berufen sich auf *Rozenblum*, um sich selbst zu schützen. Dies zeigt, dass die meisten gruppeninternen Transaktionen nicht vor Gericht landen, solange die Gesellschaften noch zahlungsfähig sind, weil sie durch die *Rozenblum*-Rechtsprechung geschützt werden.

Auf den sicheren Hafen, den *Rozenblum* gewährt, berufen sich die Geschäftsführer fast ausschließlich dann, wenn die Gesellschaft, und in der Regel auch die gesamte Gruppe, insolvent ist. Die Diskussion neigt daher dazu, sich in Entscheidungen auf diese Voraussetzung zu konzentrieren. Gerichte tendieren dann dazu, sich auf den Betrag, welchen die Gesellschaft einem anderen Mitglied der Gruppe, wobei es sich typischerweise um die Muttergesellschaft handelt, die auf der Suche nach Liquidität ist, geliehen hat, und auf den Zeitpunkt der gruppeninternen Transaktion zu fokussieren. Je höher dieser Betrag und je näher er an der Insolvenz ist, umso wahrscheinlicher ist es, dass der Schutz verwehrt wird.

2. *Die begrenzte Anzahl von Entscheidungen, welche Rozenblum anwenden*

Jedes Jahr gibt es lediglich einige Entscheidungen des französischen Obersten Gerichts, welche *Rozenblum* anwenden.

Hierfür gibt es zwei Gründe.

Der erste Grund ist paradoxerweise der große Erfolg der *Rozenblum*-Rechtsprechung. Potentielle Kläger und Untersuchungsrichter (*juge d'instruction*) wissen, dass die Gerichte in Bezug auf gruppeninterne Transaktionen eher liberal sind, und vermeiden es daher, Klage zu erheben. Dies ist ein Zeichen dafür, dass die *Rozenblum*-Rechtsprechung sowohl weitreichend bekannt, als auch verstanden und akzeptiert ist. Es bedeutet nicht, dass alle gruppeninternen Transaktionen akzeptabel sind, aber dass solche, welche üblich sind, nicht von Minderheitsgesellschaftern oder Ermittlungsrichtern angegangen werden.

Zweitens sind die meisten Fälle, in denen die Gesellschaft zahlungsunfähig ist, Gegenstand von Klagen wegen Missbrauchs von Gesellschaftsvermögen. In solchen Fällen ist jedoch meistens die gesamte Gruppe insolvent. Typischerweise verursacht die Insolvenz der Mutter gleichzeitig auch die Insolvenz der Tochtergesellschaft, die dieser ein Darlehen gewährte. In den meisten Gesellschaftsgruppen würde die Mutter die Tochtergesellschaft nicht zahlungsunfähig werden lassen, da dies einen ernsthaften Imageschaden zur Folge hätte. Gruppen gehen üblicherweise gemeinsam unter. Deswegen haben die Gläubiger der Tochtergesellschaft nur wenig Interesse daran, gegen die Muttergesellschaft einen strafrechtlichen Prozess anzustreben und zivilrechtlich Schadensersatz zu fordern, da diese wahrscheinlich ebenfalls zahlungsunfähig ist. Auch dies reduziert die Anzahl der Fälle, welche vor Gericht landen, erheblich.

Exemplarisch haben einige Entscheidungen des französischen Obersten Gerichts den Schutz von *Rozenblum* gewährt, (1°) während die meisten anderen dies verwehrten (2°).

a) Entscheidungen, welche den Schutz von Rozenblum gewährten

In einer Entscheidung aus 2013 bestätigte der französische Oberste Gerichtshof die Entscheidung des Berufungsgerichts in Poitiers, welche den Geschäftsführern einer als Gesellschaft mit beschränkter Haftung (SARL) organisierten Tochtergesellschaft Schutz durch die *Rozenblum*-Doktrin gewährten.[12]

In diesem Fall forderte eine Muttergesellschaft, welche erhebliche wirtschaftliche und finanzielle Schwierigkeiten durchlitt, ihre Tochtergesellschaft auf, ihr ein Darlehen über all ihr verfügbares Geld zu gewähren und einen Beratungsvertrag abzuschließen. Ziel dieser Transaktionen war der Versuch, die Gruppe durch die Bündelung aller Gelder zu retten. Leider meldete die Tochtergesellschaft, in welcher es Minderheitsgesellschafter gab, einige Monate später Konkurs an. Der Insolvenzverwalter der Tochtergesellschaft erhebt Klage mit der Begründung, der Vorstand der Muttergesellschaft und der Vorstand der Holdinggesellschaft über der Muttergesellschaft als Gehilfe (*complice*) hätten sich des Missbrauchs von Gesellschaftsvermögen strafbar gemacht. Das Beru-

12 Cass. Crim, 27 November 2013, n°12–84.804.

fungsgericht in Poitiers erachtete die Transaktionen jedoch als von der *Rozenblum*-Rechtsprechung geschützt, da die Tochtergesellschaft die meisten ihrer Umsätze durch die Muttergesellschaft erzielte. Daher lag es eindeutig im Interesse der Tochtergesellschaft, die Mutter als ihren Hauptkunden zu unterstützen. Zudem war das Gericht der Ansicht, dass der wahre Grund der Insolvenz der Tochtergesellschaft der Mangel an Kunden und nicht die Überweisung des Geldes an die Muttergesellschaft war. Schließlich schien die Situation der Mutter zu der Zeit, als das Darlehen gewährt wurde, nicht aussichtslos und sie scheint ihre Tochtergesellschaft auch um wenige weitere Monate überlebt zu haben. Das Oberste Gericht war der Ansicht, dass das Berufungsgericht genügend Gründe zu der Annahme hatte, dass unter Berücksichtigung der *Rozenblum*-Rechtsprechung kein Missbrauch von Gesellschaftsvermögen vorlag.

b) Entscheidungen, in welcher der Schutz durch Rozenblum nicht gewährt wurde

In einem anderen Fall aus 2014 wurde der Schutz durch *Rozenblum* verwehrt.[13]

In diesem Fall einigte sich eine Gruppe von Theatergesellschaften, welche sich GCOA nannte, die Tochtergesellschaften einer anderen Gruppe von Theatergesellschaften, welche sich *Combret* nannte, zu kaufen. Ziel war es, eine einheitliche Gruppe von Theatergesellschaften zu schaffen, welche sich über ganz Frankreich erstreckte. Als Teil des Geschäfts sollte GCOA die Tochtergesellschaften von *Combret* im Süden Frankreichs (Südgruppe) und diejenigen im Norden Frankreichs (Nordgruppe) erwerben. Der Verkauf der Südgruppe war erfolgt, GCOA hatte jedoch nicht genug Geld, um den Kaufpreis für die Nordgruppe zu zahlen. Um den Kauf der Nordgruppe zu finanzieren wies GCOA die Tochtergesellschaften der Südgruppe an, ein Darlehen zur Ermöglichung der Bezahlung der Combret Gruppe zu gewähren. Das Darlehen war mit 6% Zinsen vergütet. Unglücklicherweise verbessert sich die Situation der GCOA Gruppe nicht und sie meldet Insolvenz an. Dies scheint auch die Insolvenz der Tochtergesellschaften aus dem Süden Frankreichs ausgelöst zu haben. In der Folge wurden der Generaldirektor und einer der Geschäftsführer der südfranzösischen Tochtergesellschaften strafrechtlich wegen Missbrauchs von Gesellschaftsvermögen verfolgt. Aus

13 Cass. Crim., 19. März 2014, n°12–83.188.

prozessualen Gründen entgingen sie jedoch der Strafverfolgung. Allerdings wurde anschließend eine Zivilklage wegen Missbrauchs von Gesellschaftsvermögen erhoben. Die Beklagten beriefen sich auf den *Rozenblum*-Fall. Das Berufungsgericht in Versailles wies dies jedoch zurück, was vom Obersten Gericht gebilligt wurde.

Der erste Grund war dabei verfahrensrechtlicher Art. Das Berufungsgericht war der Ansicht, dass es keine echte Gruppe gab, da die Übertragung der Aktienanteile der südfranzösischen Tochtergesellschaften nicht zu der Zeit stattfand, zu der das Darlehen gewährt wurde. Somit war die erste Voraussetzung für das Vorliegen einer Gruppe nicht erfüllt. Der zweite und wohl wichtigere Grund war jedoch, dass sich das Darlehen auf 71 % bzw. 61 % des verfügbaren Kapitals der südfranzösischen Tochtergesellschaften belief. Ein Darlehen solcher Größenordnung zu gewähren wurde als deren Interesse zuwiderlaufend erachtet, da es riskant war und zu einer Zeit gewährt wurde, zu der die Tochtergesellschaften das Geld für die Renovierung ihrer Theater, die starker Konkurrenz ausgesetzt waren, benötigten.

Auch wenn die Formierung einer Gruppe, welche ganz Frankreich abdeckt, sicherlich mit einer einheitlichen Gruppenstrategie einhergeht, sind französische Gerichte solchen Transaktionen gegenüber feindselig gestimmt, welche den Ankauf von Aktien zum Ziel haben und bei denen die Tochtergesellschaften im Wesentlichen ihren eigenen Kauf finanzieren. Es gibt weitere Beispiele, in denen der Schutz durch *Rozenblum* trotz des Vorliegens einer Gruppenpolitik aufgrund übermäßiger Finanzierungstechnik verwehrt wurde.[14]

Deswegen ist in der Praxis und abgesehen von der Situation der Finanzierungstechnik die wichtigste zu erfüllende Voraussetzung jene, dass die Transaktion kein Insolvenzrisiko für die Tochtergesellschaft (oder die Mutter) zu der Zeit, zu der sie vollzogen wird, mit sich bringt.

Die aktuelle Entwicklung der französischen Rechtsprechung seit *Rozenblum* ist eher positiv zu bewerten. Die Gesellschaften profitieren von einem Hohen Maß an Flexibilität in Frankreich. Genau genommen werden Minderheitsgesellschafter vielleicht nicht ausreichend geschützt, da die Definition des „Missbrauchs von Mehrheitsverhältnissen" zu restriktiv ist. Jüngere Gesetzesentwürfe tendieren jedoch in die entgegengesetzte Richtung und wären ziemlich widersprüchlich zur *Rozenblum* Entscheidung.

14 Cass. Crim., 16. Januar 2013, n° 11–85.974, Rev. Soc. 2013, 710 m. Anm. *Boursier*.

III. Legislative Entwicklungen zur Unternehmensgruppe

Zwei aktuelle parlamentarische Gesetzesvorhaben gehen in die Richtung der Haftung der Muttergesellschaft für die Leitung ihrer Tochtergesellschaften. Der erste Vorschlag schlägt die Einführung eines „Vertragskonzerns" wie in Deutschland vor (1.), während das zweite Vorhaben die Mutter für unerlaubte Handlungen der Tochtergesellschaft haftbar machen würde (2.).

1. Der Vorschlag zur Einführung des deutschen Vertragskonzernrechts

Sozialistische Abgeordnete der französischen Nationalversammlung führten im Februar 2014 einen Gesetzesvorschlag mit dem Ziel, „kleine und mittelständische Unternehmen und Unternehmen mit Zwischengröße zu schützen."[15] Grund hierfür ist, dass französische KMU an ihrem Wachstum durch den unzureichenden Schutz der Minderheitsgesellschafter gehindert werden und dass französische KMU oft von großen Konzernen übernommen werden, welche deren Konkurrenz fürchten. Sie werden dann Mehrheitsaktionär und ziehen die wertvollen Vermögenswerte zum Nachteil der Minderheitsaktionäre aus der Gesellschaft ab. Laut dem Gesetzesentwurf weigern sich die Gründer von Start-up Unternehmen ihr Kapital zu öffnen und verlieren so die Möglichkeit der Finanzierung durch Aktienkapital.

Die Idee der sozialistischen Abgebordneten ist es, den Schutz von Minderheitsgesellschaftern in nicht börsennotierten Gesellschaften zu stärken und somit den Gründern von Start-ups und beherrschenden Gesellschaftern von KMU einen Anreiz zu bieten, ihr Kapital gegenüber großen Gruppen zu öffnen um Zugang zur Finanzierung durch Akti enkapital im großen Stil zu erlangen. Aufgrund des großen Erfolgs des deutschen Modells war der deutsche Vertragskonzern Vorbild dieses Gesetzesentwurfs.

In allen nicht börsennotierten Gesellschaften mit beschränkter Haftung soll der Mehrheitsaktionär, der der Tochtergesellschaft eine Entscheidung auferlegt, welche ihrem eigenen Interesse widerspricht, den hierdurch erlittenen Schaden bis zum Ende des Geschäftsjahres ausglei-

15 Proposition de loi visant à protéger les petites et moyennes entreprises et les entreprises de taille intermédiaire, Assemblée Nationale, n°1819, Enregistré à la Présidence de l'Assemblée nationale le 25 février 2014.

chen. Der Geschäftsbericht der Tochtergesellschaft soll erwähnen, dass die Gesellschaft abhängig ist.

Wenn dieser Ausgleich nicht erfolgt, ist der Mehrheitsgesellschafter dazu verpflichtet, innerhalb von 30 Tagen nach Ende des Geschäftsjahres die Aktien der Minderheitsgesellschafter zu kaufen. Den Preis hierfür legt ein vom Gericht oder einer Partei benannter Experte fest.

Der Entwurf stieß auf starken Gegenwind von Unternehmensverbänden und wurde nicht an ein Legislativorgan weitergeleitet. Es wäre seltsam, wenn der Gesetzgeber einen Entwurf annähme, der den *Rozenblum*-Ansatz im Wesentlichen umkehrt. Aufgrund erfolgreicher Lobbyarbeit ist der Entwurf hinfällig. Einer der von dem Vorschlag erhobenen Einwände ist allerdings eine nähere Betrachtung wert. Es ist zutreffend, dass der Schutz von Minderheitsgesellschaftern in Frankreich nicht zufriedenstellend ist. Die Voraussetzungen für den Missbrauch von Mehrheitsanteilen sind zu restriktiv. Zudem sollten auch Minderheitsgesellschafter in geschlossenen Kapitalgesellschaften berechtigt sein, ihre Aktien im Falle des Missbrauchs zu veräußern.

Ein anderer, für die Unternehmen ziemlich gefährlicher Entwurf, hat es jedoch in die Legislative geschafft.

2. *Pflicht der Muttergesellschaft zur Überwachung der Tochtergesellschaft*

Dieselbe Gruppe sozialistischer Abgeordneter in der Nationalversammlung stellte im Februar 2015 einen Gesetzesentwurf zur Pflicht der Muttergesellschaft zur Überwachung der Tochtergesellschaften vor.[16]

Dieser Entwurf wurde durch den Einsturz eines Gebäudes in Bangladesch, bei welchem 150 Menschen getötet und 2400 verletzt wurden, ausgelöst. Große französische Unternehmen, welche mindestens 5000 Arbeitnehmer in Frankreich oder 10 000 Arbeitnehmer weltweit haben, sollen einen Wachsamkeitsplan aufstellen, um über vernünftige Maßnahmen zur Erkennung und Verhinderung von Verletzungen von Menschenrechten, grundlegenden Freiheiten, schwerwiegenden Umwelt- oder Gesundheits- und sanitären Schäden zu verfügen, welche aus ihrer Aktivität, der Aktivität ihrer Tochtergesellschaften oder der Lieferanten, auf welche sie einen maßgeblichen Einfluss ausüben, resultieren.

16 Proposition de loi relative au devoir de vigilance des sociétés mères et des entreprises donneuses d'ordre, Assemblée Nationale, n°2578, enregistré à la Présidence de l'Assemblée nationale le 11 février 2015.

Dieser Plan ist zu veröffentlichen. Wird ein solcher Plan nicht aufgestellt, ist die Muttergesellschaftlich zivilrechtlich haftbar für diese Schäden.

Das Gesetz wurde durch die UN-Leitprinzipien für Wirtschaft und Menschenrechte von 2011 und die OECD-Leitsätze für multinationale Unternehmen inspiriert. Ein inoffizielles Ziel des Entwurfs ist es, die Gesellschaften dazu zu bewegen, ihre Fabriken zurück nach Frankreich zu verlegen, da die Überwachung der Tochtergesellschaftern dadurch erleichtert wird, dass sie in der Nähe angesiedelt sind.

Der Entwurf wurde mit einigen kleineren Änderungen in der Nationalversammlung angenommen und im Senat wesentlich modifiziert. Er wird vermutlich 2016 verabschiedet werden. Dieses Gesetz würde den Prinzipien aus *Rozenblum* insofern widersprechen, als dass es das Risiko der Haftung der Muttergesellschaft für Schäden, welche ausländische Tochtergesellschaften erleiden, signifikant erhöhen würde.

IV. Zusammenfassung

Die auf die *Rozenblum*-Entscheidung folgende Rechtsprechung ist mittlerweile weitreichend akzeptiert und beständig. Im Wesentlichen konzentrieren sich die Gerichte bei der Beurteilung, ob eine Transaktion akzeptabel ist, auf das Insolvenzrisiko, welches die Transaktion mit sich bringt, da es oft die Tochtergesellschaft ist, welche einen Nachteil erleiden soll. Diese begrüßenswerte Situation, geschaffen durch die Rechtsprechung, könnte sich jedoch nachteilig entwickeln, wenn der Gesetzesentwurf von 2015 über die zivilrechtliche Haftung der Muttergesellschaft für Fehler im Überwachungsplan verabschiedet wird. Die Gerichte und der Gesetzgeber würden widersprüchliche Positionen einnehmen.

Dies soll jedoch nicht heißen, dass die Situation in Frankreich einer Veränderung verschlossen bleiben soll. Der Vorschlag des FECG, zwischen regulären Tochtergesellschaften und Servicegesellschaften zu unterscheiden, könnte in Frankreich als ein Fortschritt zur aktuellen Situation eingeführt werden. Zudem hat die französische Expertengruppe *Club des Juristes* 2015 auf europäischer Ebene vorgeschlagen, einen vereinfachten *Rozenblum*-Test für 100%ige Tochtergesellschaften einzuführen. Dieser Vorschlag könnte auf nationaler Ebene leicht übernommen werden. Jegliche Gesetzesreform zum Recht der Unternehmensgruppen, welche auf dem *Rozenblum*-Ansatz beruht, wird jedoch vermutlich bis zur nächsten Legislativperiode warten müssen.

Konzernrecht in Skandinavien[1]

Søren Friis Hansen

Inhaltsübersicht

1 Dieser Aritkel beruht auf meinem Beitrag „Introduction to Nordic Group Law", S. 201–211, in Holger Fleischer, Jesper Lau Hansen und Wolf-Georg Ringe (Hrsg.), German and Nordic Perspectives on Company Law and Capital Markets Law, Mohr Siebeck, 2015.

I. Historische Entwicklung

1. Das skandinavische Gesellschaftsrecht im 20. Jahrhundert

Ziel dieses Beitrags ist es, die gesellschaftsrechtlichen Vorschriften zum Konzern in den skandinavischen Ländern darzustellen. In den skandinavischen Ländern gibt es kein kodifiziertes Konzernrecht, das mit den deutschen Vorschriften des Aktiengesetzes von 1965 vergleichbar wäre. In Skandinavien entwickelten sich die Vorschriften über Unternehmensgruppen zu Beginn unter den Einflüssen des nationalen Steuerrechts. Das schwedische Aktienrecht von 1944 enthielt erstmals konzernrechtliche Regelungen, welche erheblich durch das deutsche Aktiengesetz von 1937 geprägt waren. Das skandinavische Recht hatte großen Einfluss auf die Entwicklung des skandinavischen Gesellschaftsrechts, was letztlich zu einer gemeinsamen Reform des skandinavischen Gesellschaftsrechts in den 1970er Jahren führte. Während es seit 2004 eine Reihe großer Gesellschaftsrechtsreformen in den skandinavischen Staaten gab, haben sich die gesellschaftsrechtlichen Vorschriften über Konzerne gegenüber den Vorschriften aus den Gesetzen der 1970er Jahre kaum verändert. Somit basieren die heutigen konzernrechtlichen Vorschriften in den skandinavischen Ländern auf jenen Grundlagen, die dem deutschen Aktiengesetz von 1937 entstammen.

In den skandinavischen Aktiengesetzen der „ersten Generation", welche um das Jahr 1900 in Dänemark, Norwegen und Schweden eingeführt wurden, fanden sich keine Vorschriften über die Gesellschaftsgruppe. In Dänemark wurde das erste dänische Gesetz über Aktiengesellschaften („Aktieselskaber") erst im Jahre 1917 vom Parlament verabschiedet.[2] 1930 trat ein überarbeitetes Gesetz an seine Stelle. Diese frühen Gesetze enthielten keinerlei Vorschriften über Konzerne. Folglich fand sich hierin auch keine Definition des Begriffs „Konzern". So verhielt es sich auch mit dem norwegischen Aktiengesetz von 1910 sowie dem schwedischen von 1895.

2 „Lov om Aktieselskaber", datiert auf den 29. September 1917.

2. *Anerkennung des Konzerns im Steuerrecht*

Was die Entwicklung des Gesellschaftsrechts in Bezug auf Gesellschaftsgruppen betrifft, so war in den nordischen Staaten das Steuerrecht stets ein treibendes Element.[3] Ein Beispiel für diesen Einfluss ist die Entwicklung der rechtlichen Terminologie in Bezug auf Konzerne. Die Begriffe „Muttergesellschaft" und „Tochtergesellschaft" (dänisch *„Moderselskab"* und *„Datterselskab"*) wurden in der dänischen Gesetzgebung zum ersten Mal im Steuergesetzbuch von 1922 definiert.[4] Dieses Gesetz führte eine Befreiung von der Körperschaftssteuer für solche Muttergesellschaften ein, die mehr als 50% der Aktien ihrer Tochtergesellschaft hielten.

Für steuerliche Zwecke wurde eine Konsolidierung auf Ebene der Gruppe in Dänemark bereits vor dem Zweiten Weltkrieg anerkannt. Die Möglichkeit der Konsolidierung wurde eingeführt, obwohl es keine spezielle Rechtsgrundlage in Form eines geschriebenen Gesetzes gab. Die dänischen Steuerbehörden stimmten der steuerlichen Konsolidierung zu, wenn die Gesellschaften, die der Konsolidierung unterlagen, als ein einziges Unternehmen angesehen wurden. Bedingung für die Konsolidierung war es, dass die beteiligten Gesellschaften als ein einziges Unternehmen in *wirtschaftlicher, geschäftlicher und verwaltungstechnischer* Hinsicht angesehen wurden.[5] Diese Bedingungen galten als erfüllt, wenn die Muttergesellschaft alle Aktien der Tochtergesellschaften hielt. Ebenso galten sie als erfüllt, wenn die Mutter und ihre Tochtergesellschaften im selben Geschäftsfeld tätig waren und die Unternehmensleitung der Mutter kontrollierenden Einfluss auf die Tochter ausübte. Letzteres erforderte das Recht der Mutter, die Mehrheit der Geschäftsleiter in der Tochtergesellschaft ernennen zu können.

Die ersten dänischen Vorschriften über Konzernkonsolidierung zu steuerlichen Zwecken wurden von *Thøger Nielsen* (Universität Kopenhagen) als ein fortschrittliches Beispiel der Anwendung der *„wirtschaftlichen Betrachtungsweise"* beschrieben.[6] Sie waren den deutschen Vor-

3 Siehe zum Einfluss des Steuerrechts auf das Gesellschaftsrecht in Dänemark *Søren Friis Hansen*, Europæisk koncernret, 1996, S. 340–356.

4 Gesetz Nr. 149 vom 10. April 1922, § 37(4).

5 Siehe *Jørgen Andersen*, Vejledning I Aktieselskabsbeskatning mm., 1. Teil, Band 1, 1966, S. 328–334.

6 Siehe *Thøger Nielsen*, ‚Beregningsgrundlag og ligningsgrundlag", Tidsskrift for Rettsvitenskap, 1963, S. 379–381.

schriften über die Organschaft vergleichbar[7], dabei jedoch weniger komplex. Die Steuerbehörden versuchten während der 1930er Jahre, der Konzernkonsolidierung ein Ende zu setzen. Der dänische Oberste Gerichtshof wehrte diesen Versuch jedoch in der Entscheidung UfR 1936.715H ab.

Die frühen dänischen Vorschriften über Konzernkonsolidierung müssen insofern als liberal eingestuft werden, als selbst eine Tochtergesellschaft, die aus steuerlichen Gründen außerhalb Dänemarks ansässig war, in die freiwillige Steuerkonsolidierung eingeschlossen werden konnte. Dieser Grundsatz wurde vom dänischen Obersten Gerichtshof vor dem Ersten Weltkrieg in der Entscheidung UfR 1914.379H bestätigt. In dieser Entscheidung hielt der Oberste Gerichtshof eine Finanzkonsolidierung aufrecht, welche aus einer dänischen *aktieselskab* (Aktiengesellschaft) und einer deutschen Gesellschaft mit beschränkter Haftung (GmbH) mit Sitz in Hamburg bestand. Der Oberste Gerichtshof sah die GmbH als eine „bloße Zweigniederlassung" der dänischen Gesellschaft an.

Das dänische Gesetz über die Körperschaftssteuer von 1960 („selskabsskatteloven" oder „SEL") führte eine solide Rechtsgrundlage für eine freiwillige Konsolidierung einer Mutter und ihrer 100%igen Töchter für steuerliche Zwecke ein (SEL § 31).[8] Die dänischen Körperschaftssteuervorschriften bezüglich der Konzernkonsolidierung wurden bis 2005 nicht wesentlich verändert. Zu diesem Zeitpunkt verabschiedete das dänische Parlament eine umfassende Reform der Vorschriften über Konzernbesteuerung. Als Folge dieser Reform dürfen Aktiengesellschaften mit Sitz außerhalb Dänemarks nur dann in der Konsolidierung aus steuerlichen Zwecken berücksichtigt werden, wenn alle Gesellschaften des Konzerns auf einer weltweiten Ebene in der Konsolidierung berücksichtigt werden.

Der geläufige Begriff für „Gesellschaftsgruppe" in Skandinavien ist *„koncern"*.[9] Diese skandinavische Terminologie ist nachweislich vom deutschen Begriff „Konzern" inspiriert, der etwa zur Wende des 20. Jahrhunderts eingeführt wurde. Der erste skandinavische Gesetzgebungsakt, der speziell niedergelegte gesellschaftsrechtliche Vorschriften über Gesellschaftsgruppen enthielt, war das schwedische Gesetz über

7 Siehe *Thøger Nielsen*, Indkomstbeskatning II, Juristforbundets Forlag, 1972, S. 209 f.

8 Gesetz Nr. 255 vom 11. Juni 1960, § 31.

9 *Auf Norwegisch spricht man diesen Begriff „konsern" aus.*

Aktiengesellschaften von 1944 (Lag om aktiebolag, bezeichnet als Aktiengesetz von 1944, oder abgekürzt „ABL 1944"). Die schwedischen Vorschriften über Gesellschaftsgruppen von 1944 waren eindeutig von den konzernrechtlichen Vorschriften des deutschen Aktiengesetzes von 1937 geprägt.[10]

Eine Gesellschaft wurde dann als *moderbolag* (Muttergesellschaft) eingestuft, wenn sie die Mehrheit der Stimmrechte, die den Aktien der *dotterbolag* (Tochtergesellschaft) zugewiesen waren, hielt. Der Hauptfokus der schwedischen Vorschriften über Gesellschaftsgruppen von 1944 lag auf der Pflicht der Muttergesellschaft, einen Konzernabschluss zu erstellen.

In Dänemark wurde 1942 ein Entwurf für ein neues Aktiengesetz ausgearbeitet, der auf dem Entwurf des schwedischen Gesetzes von 1944 beruhte, welcher 1941 als SOU 1941:09 veröffentlicht worden war. Dieser Entwurf wurde wegen des Zweiten Weltkrieges aufgegeben. Der Begriff *„koncern"* wurde später in das Kreditwesengesetz von 1956 eingeführt.[11] Jedoch wurde er in gesellschaftsrechtlichem Kontext bis zu einer Ministerialverordnung über börsennotierte Unternehmen von 1972 nicht verwendet.[12]

3. *Erste gesellschaftsrechtliche Regelungen mit Konzernbezug*

In den frühen skandinavischen Aktiengesetzen waren materiell-rechtliche Vorschriften über Konzerne noch nicht wirklich ausgereift. Das schwedische Gesetz von 1944 führte eine Beschränkung von Dividendenzahlungen einer Muttergesellschaft ein. Die Hauptversammlung der Muttergesellschaft konnte eine Dividendenzahlung an ihre Aktionäre nur dann beschließen, wenn diese Zahlung einen angemessenen Betrag im Hinblick auf die finanzielle Situation der Mutter und des Konzerns nicht überschritt. In diesem Sinne wurde unterstellt, dass die Gruppe ein einziges Unternehmen darstellt. Diese Einschränkung der Dividendenzahlungen der Muttergesellschaft, welche als Generalklausel bezeichnet

10 Die Definition eines „koncern" war folglich an die Definition des deutschen Aktiengesetzes von 1937 angelehnt. Der schwedische Referentenentwurf bezieht sich direkt auf § 15 Abs. 2 des AktG von 1937. Zu diesem Einfluss siehe *Statens Offantliga utredningar*, SOU 1941:09, S. 367.

11 Siehe Gesetz Nr. 134 vom 25. Mai 1956, § 12 (1).

12 Verordnung Nr. 487 vom 11. November 1972, § 13(1).

wird, wurde in Dänemark im Zuge der gesellschaftsrechtlichen Harmonisierung während der 1960er Jahre übernommen.[13] Es gibt sie noch heute.[14]

In Dänemark wurde 1952 als Ergänzung des Companies Acts von 1930 eine Norm über Gesellschafterdarlehen eingeführt (als § 45a). Im Allgemeinen war es einer Gesellschaft nicht erlaubt, Darlehen an ihre Gesellschafter auszuzahlen, vorausgesetzt der Gesellschafter war eine natürliche Person. Darlehen einer Tochtergesellschaft an ihre Muttergesellschaft waren jedoch ausdrücklich von dieser Vorschrift ausgenommen.[15] Eine Mutter konnte folglich Darlehen von ihren Tochtergesellschaften erhalten. Diese Ausnahme des generellen Verbots wurde erlassen, weil Darlehen der Tochter an die Mutter zur üblichen Praxis zählten.[16]

4. *Die zweite Generation skandinavischer Gesellschaftsrechtsgesetze*

Während der 1960er Jahre bildete jeder skandinavische Staat einen Ausschuss, dessen Aufgabe es war, einen Reformentwurf für das Aktienrecht zu erarbeiten. Jeder dieser nationalen Ausschüsse entwarf einen Vorschlag für eine neue Generation seines Aktiengesetzes, welcher eng mit den ähnlichen Vorschlägen der anderen skandinavischen Länder abgestimmt war.[17]

Diese Gesetze der zweiten Generation wurden in den 1970er Jahren sukzessive eingeführt. Das neue dänische Gesetz wurde 1973 verab-

13 Siehe § 110 (2) des dänischen Aktiengesetzes von 1973, und Betænkning Nr. 540 (1969), S. 155. Die Vorschrift wurde in Norwegen nicht übernommen, da man das Gefühl hatte, sie würde den Eindruck erwecken, die Muttergesellschaft sei für die Schulden der Tochtergesellschaft verantwortlich, siehe *Aarbakke et.al*, Aksjeloven og allmennaksjelovens, 3. Aufl. 2012, S. 587 f.

14 § 179 (2) Dänisches Gesetz von 2009.

15 Siehe *H.B. Krenchel*, Håndbog i dansk aktieret, 2. Aufl. 1954, S. 198.

16 Siehe für eine Beschreibung dieser Vorgehensweise *C.L. David*, Ugeskrift for Retsvæsen, 1948, S. 105–108.

17 Siehe zur nordischen Zusammenarbeit bei der Vorbereitung der Aktiengesetze *J. Skåre*, Tidsskrift for rettsvetenskap, 1988, S. 606 ff, und *Søren Friis Hansen*, „Nordisk samarbejde på selskabsrettens område“, in Rätten (om)kring Øresund, Boel Flodgren & Ruth Nielsen (Hrsg.), Jurist- og Økonomforbundets Forlag, 2000, S. 67–85.

Siehe den dänischen Bericht von 1964, Betænkning Nr. 362 (1964), S. 6–7, und den Bericht von 1969, Betænkning nr. 540 (1969).

schiedet.[18] In Schweden wurde das neue Gesetz 1975 erlassen, das norwegische Gesetz wurde 1976 vom Parlament verabschiedet.[19] Während der Vorbereitung der gemeinsamen skandinavischen Entwürfe der 1970er Jahre gab es keinerlei Versuche, das Konzernrecht zu kodifizieren. Obwohl es zwischen diesen Gesetzen kleinere Unterschiede gab, bestand in den wesentlichen Grundprinzipien Einigkeit. Die Vorschriften über Gesellschaftsgruppen in dieser zweiten Gesetzesgeneration basierten folglich auf jenen konzernrechtlichen Vorschriften, die bereits durch das schwedische Aktiengesetz von 1944 eingeführt worden waren. Die Hauptregelung über Gesellschaftsgruppen in der zweiten Generation der skandinavischen Aktiengesetze war immer noch die Verpflichtung der Muttergesellschaft zur konsolidierten Rechnungslegung.

Dänemark trat am 1. Januar 1973 der EWG bei. Mit diesem Datum endete das skandinavische Vorhaben, die nationalen Vorschriften über Gesellschaftsgruppen zu harmonisieren oder zumindest zu koordinieren. Aufgrund der Ersten Gesellschaftsrechtlichen Richtlinie von 1968 (Richtlinie 68/151/EEC) entschied sich Dänemark 1973, als Folge der Mitgliedschaft in der EWG, ein eigenes Gesetz bezüglich Gesellschaften mit beschränkter Haftung (*„anpartsselskab“*, abgekürzt „ApS“) zu erlassen.[20]

5. *Jüngste skandinavische Reformen*

In den 1980er und 1990er Jahren gab es auf dem Gebiet des Gesellschaftsrechts keine skandinavische Zusammenarbeit oder Harmonisierung. Zwischen 1996 und 2015 gab es eine Hand voll großer Reformen in Bezug auf die Aktiengesetze der skandinavischen Länder. Norwegen reformierte sein Aktiengesetz im Jahr 1997[21] und führte zur gleichen Zeit die Gesellschaft mit beschränkter Haftung (*Aksjeselskap*) ein.[22] In Schweden wurde 2005 ein neues Aktiengesetz erlassen.[23] Zu dieser Zeit wurde auch die GmbH (*privata aktiebolag*) eingeführt. Der große Antrieb hinter diesen skandinavischen Reformen war die Entwicklung des Eu-

18 Gesetz Nr. 370 vom 13. Juni 1973.
19 Aksjeloven, Gesetz Nr. 59 vom 4. Juni 1976.
20 Gesetz Nr. 371 vom 13. Juni 1973. Siehe *Bernhard Gomard*, Aktieselskaber og anpartsselskaber efter lovene af 13. Juni 1973, 1974, S. 11.
21 Allmennaksjeloven, Gesetz Nr. 45 vom 13. Juni 1997.
22 Aksjeloven, Gesetz Nr. 44 vom 13. Juni 1997.
23 Aktiebolagslagen (2005:551).

ropäischen Gesellschaftsrechts. Von vorrangiger Bedeutung ist in dieser Hinsicht natürlich die Trilogie der Fälle Centros (C-212/97), Überseering (C-208/00) und Inspire Art (C-167/01). Leider fanden jedoch die jüngsten Gesellschaftsrechtsreformen in Dänemark, Norwegen und Schweden ohne jegliche Zusammenarbeit oder Harmonisierung auf skandinavischer Ebene statt.

In letzter Zeit hat die Rechtsprechung des Europäischen Gerichtshofs (EuGH) in Bezug auf die Niederlassungsfreiheit von Gesellschaften (nun Art. 49 AEUV und der entsprechende Art. 31 des EWR-Abkommens) besondere Aufmerksamkeit der Gesetzgeber in Skandinavien erregt. 2011 und 2012 wurden die norwegischen Gesetze reformiert; hierbei wurde das erforderliche Stammkapital bei Gesellschaften mit beschränkter Haftung von 100.000 norwegischen Kronen auf 30.000 norwegische Kronen reduziert. In Schweden wurde das Mindeststammkapital für Gesellschaften mit beschränkter Haftung auf 50.000 schwedische Kronen verringert. Ab dem 1. Januar 2014 wurde das Mindeststammkapital der ordentlichen dänischen anpartsselskab von 80.000 dänischen Kronen auf 50.000 dänische Kronen reduziert.

Zuletzt hat die deutsche Unternehmergesellschaft den dänischen Gesetzgeber inspiriert. Seit dem 1. Januar 2014 kann eine Variante der dänischen GmbH gebildet werden, die sich *„Iværksætterselskab"* (‚IVS') nennt. Das Stammkapital der Iværksætterselskab muss in der Satzung festgesetzt werden. Es muss auf einen Betrag zwischen 1 und 49.999 dänische Kronen oder einen entsprechenden Betrag in EUR lauten. Die dänische Iværksætterselskab ist nahezu eine Kopie der deutschen Unternehmergesellschaft.[24] Wegen des geringen Stammkapitals ist die Ivaerksaetterselskab ideal, um als Holdinggesellschaft einer Gruppe genutzt zu werden.[25]

Bezüglich der Vorschriften über Gesellschaftsgruppen gab es in den skandinavischen Ländern seit der Harmonisierung der Aktiengesetze in den 1970er Jahren, welche konzernrechtliche Vorschriften eingeführt hat, keine größeren Änderungen mehr. Die größte Entwicklung auf dem

24 Der Hintergrund der dänischen Version der Unternehmergeselschaft (IVS) wird von *Troels Michael Lilja*, ‚Iværksætterselskabet; ny anpartsselskabsvariant', Nordisk Tidsskrift for Selskabsret 2013:1–2, S. 80–89 beschrieben. Siehe auch *Troels Michael Lilja*, Iværksætterselskaber, Karnov Group, 2015, und *Hauke Lorenzen*, Der Kapital- und Vermögensschutz in der zweiten Kapitalgesellschaftsform, ein dänisch-deutscher Rechtsvergleich, Nomos Verlag, 2016, S. 403–422.

25 Siehe *Troels Michael Lilja*, Iværksætterselskaber, Karnov Group, 2015, S. 285–292.

Gebiet des Gesellschaftsrechts seit 1973 war die Definition der „Mutter", welche in Art. 1 (1) der RL 83/349/EEC (jetzt Art. 22 (1) der RL 2013/34/EU) enthalten war. Diese Definition wurde als Basis der Definition einer Muttergesellschaft in den skandinavischen Aktiengesetzen zugrunde gelegt.

Die heutigen skandinavischen Vorschriften über Konzerne basieren deshalb auf den gemeinsamen Regelungen und Prinzipien, welche in Skandinavien ursprünglich durch das schwedische Gesetz von 1944 eingeführt wurden. Von diesem Gesetz aus haben die konzernrechtlichen Vorschriften ihren Weg in die abgestimmten skandinavischen Aktiengesetze gefunden, welche während der 1960er Jahre vorbereitet wurden und in den 1970er Jahren in Kraft getreten sind. Umgekehrt bedeutet dies, dass die heutigen gesellschaftsrechtlichen Vorschriften über Konzerne in Skandinavien indirekt auf jenen gruppenrechtlichen Vorschriften und Grundsätzen basieren, welche im deutschen Aktiengesetz von 1937 niederlegt wurden, ergänzt um einige wenige Vorschriften über Gesellschaftsgruppen, welche in den EU Gesellschaftsrechtsrichtlinien zu finden sind.

6. *Konzernrecht im skandinavischen Schrifttum*

Während Vorschriften über die Gesellschaftsgruppe nicht im Fokus der skandinavischen Gesetzgeber lagen, wurden die Probleme des Konzernrechts in der skandinavischen Literatur ausführlich diskutiert. Die erste umfassende Studie über Konzernrecht in Skandinavien führte *Borgström* 1970 durch.[26] In der zweiten Hälfte der 1990er Jahre wurde eine „Welle" gruppenrechtlicher Literatur in Dänemark veröffentlicht. 1996 veröffentlichte der Verfasser seine Dissertation über Europäisches Konzernrecht.[27] Hierauf wiederum folgte ein Buch von *Werlauff* über Konzernrecht.[28] 1997 veröffentlichte *Paul Krüger Andersen* eine Habilitation zum Thema *Dansk koncernret* (Dänisches Konzernrecht),[29] gefolgt von einem Buch von *Gomard*.[30] 1996 wurde die Konzernrechtsthematik auf dem skandinavischen Juristentag diskutiert. Diese Tagungen wurden seit 1972 im Abstand von drei Jahren abgehalten.

26 *Carl Borgström*, Koncernrättsliga problem, 1970.
27 *Søren Friis Hansen*, Europæisk koncernret, DJØEF Publishing, 1996.
28 *Erik Werlauff*, Koncernretten, GadJura 1996.
29 *Paul Krüger Andersen*, Dansk koncernret, DJØEF Publishing, 1997.
30 *Bernhard Gomard*, Samarbejde og ansvar i selskaber og koncerner, GadJura, 1997.

Das Thema einer der Sitzungen des Treffens im Jahr 1996, welches in Stockholm abgehalten wurde, war die Frage, ob es einer Kodifizierung des Konzernrechts bedarf.[31] Zuletzt diskutierte *Engsig Sørensen* das Thema Konzernrecht.[32]

Diese „Welle" skandinavischer Literatur über Gesellschaftsgruppen hat jedoch zu keinerlei Gesetzgebung im Hinblick auf eine Kodifikation des Konzernrechts in irgendeinem der skandinavischen Länder geführt.

II. Schutz der Minderheitsgesellschafter

1. Die „Generalklausel"

Die skandinavischen Vorschriften über den Schutz von Minderheitsgesellschaftern basieren auf der sogenannten „Generalklausel", welche in den gemeinsamen Aktiengesetzen der 1970er Jahre eingeführt wurde. Die dänische Fassung der Generalklausel für Minderheitenschutz ist heute § 108 des Aktiengesetzes von 2009.[33] Diese Regelung setzt Grenzen für Entscheidungen, die in einer Hauptversammlung einer Gesellschaft mit Minderheitsaktionären durch die Mehrheit getroffen werden können. Die Norm, die den entsprechenden Vorschriften in Schweden und Norwegen ähnelt, hat in der englischen Übersetzung, welche von der dänischen Wirtschaftsbehörde veröffentlicht wurde, folgenden Wortlaut:[34]

> “The general meeting may not pass a resolution if it is clear that that resolution is likely to give certain shareholders or others an undue advantage over other shareholders or the limited liability company”

31 Förhandlingarna vid det 34:e nordiska juristmötet, Stockholm, August 1996, Teil 1, Kirsti Rissanen och Jyrki Jauhainen, ‚Kodifiering av koncernrätten – reglarna om minoritetsdelägares och borgennärers ställning i dotterbolag', S. 43–73. Über die Debatte wird auf S. 73–82 berichtet. Utgivna av den svenske styrelsen, 1997.

32 Siehe *Karsten Engsig Sørensen*, Selskabsstrukturer, Jurist og Økonomforbundets forlag, 2015.

33 Die Formulierung ist beinahe identisch mit derjenigen in der schwedischen (7 kap 47 § of the 2005 Act) und der norwegischen Fassung (§ 5–21 des Gesetzes von 1997).

34 Übersetzt von Erhvervsstyrelsen, www.erhvervsstyrelsen.dk.

Eine identische Regelung gilt für Entscheidungen, die von der Geschäftsführung getroffen werden (§ 127 des dänischen Gesetzes von 2009). Diese Regel bildet den Kern des Minderheitenschutzes im skandinavischen Recht. Da die Treuepflicht unter Aktionären im skandinavischen Gesellschaftsrecht nicht gut entwickelt ist, bildet diese Regel auch den Kern des Schutzes der Minderheitsgesellschafter in einer Tochtergesellschaft.[35] In den skandinavischen Ländern gibt es einen überschaubaren Fundus an Rechtsprechung, die sich mit den Vorschriften über den Schutz der Minderheitsgesellschafter befasst.

Im Allgemeinen gibt es im skandinavischen Gesellschaftsrecht keine Bestimmung, dass Geschäfte zwischen einer Muttergesellschaft und ihren Tochtergesellschaften zu marktüblichen Konditionen („at arm's length") durchgeführt werden sollen. Die Generalklausel erlaubt Geschäfte innerhalb der Gruppe, die zu einem Vorteil für die Muttergesellschaft führen, solange dieser Vorteil nicht als unangemessen angesehen wird. Die Generalklausel gibt der Mutter einen gewissen Freiraum hinsichtlich der Führung einer jeden Tochtergesellschaft.

Ein Beispiel aus dem dänischen Recht ist die Entscheidung UfR 2006.1448H des Dänischen Obersten Gerichts.[36] In dieser Rechtssache entschied die Hauptversammlung einer Muttergesellschaft, die die Anteile an einer Tochtergesellschaft hielt, dass der Geschäftsführer der Tochtergesellschaft den Hauptgeschäftszweig der Gesellschaft an eine andere Gesellschaft, in welcher der Geschäftsführer ebenfalls Geschäftsführer war, verkaufen könne. Der Geschäftsbetrieb wurde zu einem Drittel seines Marktwertes verkauft. Der Oberste Gerichtshof entschied, dass die Entscheidung, den Geschäftszweig zu verkaufen, dem Käufer einen unangemessenen Vorteil gegenüber dem Minderheitsgesellschafter der Muttergesellschaft gewährte.

Die einzige spezielle Vorschrift in Skandinavien über Transaktionen innerhalb der Gruppe ist § 3–9 des Aktiengesetzes von 1997. Dies ist die einzige geschriebene skandinavische Norm, die sich mit der Geschäftsführung in der Gesellschaftsgruppe befasst. Gemäß § 3–9 müssen Transaktionen innerhalb der Gruppe einem Fremdvergleich standhalten. *Liv Stølen* schließt aus dieser Vorschrift, dass die norwegischen

35 Siehe *Hauke Lorenzen*, Der Kapital- und Vermögensschutz in der zweiten Kapitalgesellschaftsform, ein dänisch-deutscher Rechtsvergleich, Nomos Verlag, 2016, S. 87–91.

36 Zu diesem Fall siehe *Søren Friis Hansen & Jens Valdemar Krenchel*, Dansk selskabsret 2, 4. Aufl. 2014, S. 493–495.

Normen über gruppeninterne Geschäfte als eine Variante der Rozenblum-Doktrin eingestuft werden können.[37] Eine einheitliche Konzernpolitik ist nach norwegischem Recht jedoch nicht erforderlich. Die Regelung in § 3–9 hat allerdings, soweit dies festgestellt werden kann, in der Praxis nur eine geringe Rolle gespielt. In Kommentaren über norwegisches Gesellschaftsrecht findet sich kein Zitat einer Gerichtsentscheidung, die sich unmittelbar mit den Regelungen des § 3–9 beschäftigt.[38]

2. *Leitung der Tochtergesellschaft im Gruppeninteresse*

Grundsätzlich ist die Geschäftsführung einer skandinavischen Aktiengesellschaft dazu verpflichtet, die Gesellschaft allein im Hinblick auf die Interessen der Gesellschaft selbst sowie ihrer Aktionäre zu führen.[39] Dies gilt auch dann, wenn die Gesellschaft Tochter in einem Konzern ist. Die skandinavischen Aktiengesetze enthalten keine geschriebene Rechtsgrundlage für die Führung einer Tochtergesellschaft in einer Weise, die die Interessen der Gruppe über die Interessen der Tochter stellt. Es existiert außerdem keine Rechtsgrundlage für die Geschäftsführung der Mutter, rechtlich bindende Anweisungen an die Geschäftsführung der Tochter zu erteilen.

De facto ist in der Praxis allerdings ein Recht der Muttergesellschaft, die Tochtergesellschaft im Hinblick auf das Gruppeninteresse zu führen, anerkannt,[40] solange der Einfluss der Mutter im Rahmen der durch die Generalklausel gezogenen Grenzen ausgeübt wird (oben 2.1).[41] Die Akzeptanz einer *de facto* Gruppenführung gründet auf der Erwartung, dass jegliche Nachteile, die die Tochtergesellschaft hierdurch erleidet, durch die aus der Zugehörigkeit zur Gruppe resultierenden Vorteile ausgegli-

37 *Liv Stølen*, ‚Koncernledelse – Gjelder det en Rozenblum-doktrine in norsk rett?', Nordisk tidsskrift for selskabsret 2004:4, S. 402–419.

38 Siehe *Aarbakke et al.*, Aksjeloven og allmennaksjeloven, 3. Aufl. 2012, S. 215–220.

39 Für eine Definition des *Gruppeninteresses* im dänischen Recht siehe *Lars Bunch and Jan Schans Christensen*, Ugeskrift for Retsvæsen 2011B, S. 1–6. Die vergleichbare Regelung im schwedischen Gesetz von 2005 ist 7. kap. 47 §. Die vergleichbare Norm im norwegischen Gesetz ist § 5–21.

40 Siehe *Bernhard Gomard*, Samarbejde og ansvar i selskaber og koncerner, 1997, S 57 und S. 178.

41 Siehe *Søren Friis Hansen*, Europæisk koncernret, 1995, S. 312–315, und *Paul Krüger Andersen*, Studier i dansk koncernret, 1997, S. 500–542.

chen werden sollten.[42] Zu betonen ist jedoch, dass es hierzu wenig gesicherte Rechtsprechung in den nordischen Ländern gibt und es somit schwer fällt, eine fundierte Schlussfolgerung bezüglich der Grenzen der Leitungsmacht der Muttergesellschaft zu ziehen.

III. Das skandinavische Leitungssystem

1. Ein Drittes Modell

In Bezug auf die Führung einer Gruppe bedarf es einer kurzen Beschreibung des Leitungssystems einer skandinavischen Aktiengesellschaft. Traditionell lassen sich zwei Gesamtmodelle von Leitungssystem unterscheiden. Im angelsächsischen Modell ist die Geschäftsführung um ein einziges Organ aufgebaut, dessen Mitglieder in zwei Gruppen unterteilt werden können, geschäftsführende und nicht geschäftsführende Direktoren. Im deutschen Modell gibt es mit Aufsichtsrat und Vorstand zwei verschiedene Organe. Das skandinavische Managementsystem basiert auf der Einrichtung zweier getrennter Führungsorgane. Jede Aktiengesellschaft ist gesetzlich dazu verpflichtet, ein Geschäftsführungsorgan mit mindestens einem Vorstandsmitglied[43] und ein Aufsichtsorgan, das aus mindestens drei Mitgliedern besteht, zu bilden.[44] Das skandinavische Leitungsmodell hat also insofern gewisse Ähnlichkeit mit dem deutschen zweistufigen Modell der Leitungsstruktur einer Aktiengesellschaft, als zwei Organe für alle skandinavischen Aktiengesellschaften erforderlich sind.[45]

Jedoch unterscheidet sich das skandinavische System in zwei wesentlichen Punkten vom deutschen zweistufigen Modell. Der geschäftsführende Direktor einer skandinavischen Aktiengesellschaft kann

42 Siehe *Erik Werlauff*, Selskabsret, 2. Aufl. 1994, S. 814, *Paul Krüger Andersen*, Studier i dansk koncernret, 1997, S. 542.

43 Die Begriffe sind DK: ‚*direktør*', N: ‚*daglig leder*', S: ‚*verkställande direktör*'.

44 Die Begriffe für das Aufsichtsorgan sind: DK: ‚*bestyrelse*', N: ‚*styre*', S: ‚*styrelsen*'.

45 Für eine Beschreibung der geschichtlichen Entwicklung des dänischen Leitungssystems für Aktiengesellschaften siehe *Søren Friis Hansen*, „Ledelsesstrukturen i danske SE-selskaber", in Bent Iversen (Hrsg.), Juridiske emner ved Syddansk Universitet, Jurist- og Økonomforbundets Forlag, 2003, S. 73–95. Siehe auch *Jesper Lau Hansen und Carsten Lønfeldt* in Per Lekvall (Hrsg.), The Nordic Corporate Governance Model, SNS Forlag, Stockholm, 2014, S. 124–128.

zugleich auch Mitglied im Aufsichtsrat sein, solange die Mehrheit der Aufsichtsratsmitglieder keine Direktoren der Gesellschaft sind.[46]

In einer skandinavischen Aktiengesellschaft obliegt die alltägliche Geschäftsführung dem Geschäftsführungs- und dem Aufsichtsorgan in gemeinsamer Verantwortung. Der bedeutendste Unterschied zum deutschen Zwei-Stufen-Modell ist die Tatsache, dass der Aufsichtsrat einer skandinavischen Aktiengesellschaft das Recht besitzt, den Vorstandsmitgliedern der Gesellschaft rechtlich bindende Weisungen im Hinblick auf die Leitung der Gesellschaft zu erteilen.[47] Folglich hat der Geschäftsführer einer skandinavischen Aktiengesellschaft nicht jene Weisungsfreiheit, die dem deutschen Vorstand zu eigen ist.

Das skandinavische Leitungsmodell für Aktiengesellschaften ist auf einen dänischen Regierungsentwurf, der erstmals 1923 veröffentlicht wurde, zurückzuführen.[48] Dieser Entwurf wurde im dänischen Gesetz von 1930 angenommen und in schwedischen und norwegischen Gesetzen mit nur geringfügigen Änderungen übernommen. Er bildet die Basis der gemeinsamen skandinavischen Aktiengesetze der 1907er Jahre.

In allen skandinavischen Ländern kann ein einziger Geschäftsführer eine GmbH leiten. Ausgenommen hiervon sind allein solche Gesellschaften, die der zwingenden Arbeitnehmermitbestimmung unterliegen.

Die skandinavischen Länder haben damit im Hinblick auf das Leitungssystem für Aktiengesellschaften ein „drittes Modell" eingeführt, welches als eine Art Kombination des angelsächsischen monistischen Systems und des deutschen dualistischen Systems verstanden werden kann. Zwei unterschiedliche Leitungsorgane sind obligatorisch. Aufgrund des Rechts des skandinavischen Aufsichtsorgans, rechtlich bindende Weisungen an die Direktoren zu erteilen, hat Dänemark sein Leitungssystem für dänische Aktiengesellschaften als einstufiges System mit Bezug auf die Vorschriften über das Leitungssystem in der SE (SE Regulation, Art. 39–42) qualifiziert.[49] Dänemark hat sich dafür ent-

46 § 111 (1), point 1 des dänischen Gesetzes von 2009.

47 § 117 (1), Satz 2 des dänischen Gesetzes von 2009, § 6–14 erster Gedankenstrich im norwegischen Gesetz von 1997, Act, 8 kap. 29 § im schwedischen Gesetz von 2005.

48 Siehe *Søren Friis Hansen*, „Ledelsesstrukturen i danske SE-selskaber", in Bent Iversen (Hrsg.), Juridiske emner ved Syddansk Universitet, Jurist- og Økonomforbundets Forlag, 2003, S. 85–89.

49 Siehe *Jan Schans Christensen & Sanne Dahl Laursen*, Det europæiske selskab, Thomson, 2007, S. 585–596.

schieden, einer SE, die ihren registrierten Sitz in Dänemark hat, die Möglichkeit zu geben, ein genuin dualistisches System zu wählen.[50]

Mit dem dänischen Aktiengesetz von 2009 erhielten auch reguläre dänische Aktiengesellschaften die Möglichkeit, ein genuin dualistisches System einzuführen.[51] Hiervon haben lediglich eine Hand voll Gesellschaften Gebrauch gemacht.[52] Das Aufsichtsorgan im dänischen dualistischen Modell nennt sich *„tilsynsråd"*, was eine wörtliche Übersetzung des deutschen Begriffs „Aufsichtsrat" darstellt.

2. *Die skandinavischen Corporate Governance Codices*

Der Mangel an kodifizierten Normen zum Konzernrecht spiegelt sich in den skandinavischen Corporate Governance Codices wider, die nur einige sehr wenige Vorschriften zur Gruppe enthalten. Im dänischen Kodex (*‚Anbefalinger for god selskabsledelse'*)[53] gibt es eine einzige Empfehlung (Article 3.2.1) zu Konzernen, welche mit der Unabhängigkeit der Geschäftsführungsmitglieder der Gesellschaft zusammenhängt. Im schwedischen Kodex (‚Svensk kod för bolagsstyrning')[54] gibt es ebenfalls nur eine Vorschrift (Artikel II 5) zur Gesellschaftsgruppe, die sich mit der Abschlussprüfung der Muttergesellschaft befasst. Der norwegische Kodex (*‚Eierstyring og selskapsledelse'*)[55] enthält eine Empfehlung (Artikel 4 (4)) zu Gruppen. Es wird empfohlen, dass alle gruppeninternen Transaktionen sowie Transaktionen zwischen der Gesellschaft und den Mitgliedern der Geschäftsführung der Gesellschaft und ihrer Muttergesellschaft einer unabhängigen Bewertung unterzogen werden, es sei denn, die Hauptversammlung der Tochtergesellschaft muss die Transaktion genehmigen.

50 Siehe *Søren Friis Hansen*, ‚Denmark', in Oplustil & Teichmann (Hrsg.), The European Company – all over Europe, 2004, S. 72–76.

51 § 111 (2) des dänischen Companies Acts von 2009. Siehe *Søren Friis Hansen*, ‚Ledelsesstrukturen i danske aktieselskaber efter 2009-reformen af aktie- og anpartsselskabsloven', in Hans Viggo Godsk Pedersen (Hrsg.), Juridiske emner ved Syddansk Universitet, 2009, S. 123–137.

52 Bis Februar 2012 hatten nur 24 dänische Gesellschaften eine ‚tilsynsråd' gegründet. Siehe *Lars Bunch*, ‚Erfaringerne med selskabsloven samt revisionen heraf' in Neville & Engsig Sørensen (Hrsg.), Selskaber – Aktuelle emner, Jurist og Økonomforbundets forlag, 2013, S. 24–25

53 www.corporategovernance.dk (zuletzt aktualisiert Mai 2013).

54 www.bolagsstyrning.se (zuletzt aktualisiert Februar 2010).

55 www.nues.no (zuletzt aktualisiert Dezember 2012).

IV. Haftungsbeschränkung und Durchgriffshaftung

Alle skandinavischen Gesetze über Kapitalgesellschaften basieren auf dem kodifizierten Prinzip der beschränkten Haftung für die Gesellschafter (Siehe z.B. § 1 (2) des dänischen Gesetzes von 2009).

V. Zusammenfassung

Dieser Beitrag hat den geschichtlichen Hintergrund der skandinavischen gesellschaftsrechtlichen Vorschriften über Konzerne beschrieben. Es wurde gezeigt, dass der rechtliche Vorfahre der skandinavischen konzernrechtlichen Normen im schwedischen Gesetz von 1944 gefunden werden kann, und dass die Regelungen über Gruppen in diesem Gesetz unmittelbare Nachkommen der im deutschen Aktiengesetz von 1937 enthaltenen Regeln sind.

Während es eine Reihe jüngerer Gesellschaftsrechtsreformen in Skandinavien gab, wurden die Vorschriften über Konzerne seit den gemeinsamen Aktiengesetzen der 1970er Jahre nicht mehr wesentlich verändert. Die skandinavischen Gesetze enthalten daher eine Definition des Konzernbegriffs, die eindeutig von der Definition in der Richtlinie 2013/34/EU inspiriert ist. Die Gesetze in Skandinavien enthalten außerdem eine begrenzte Anzahl an Normen, die sich mit speziellen konzernrechtlichen Problemen beschäftigen. Eine skandinavische gruppenrechtliche Sondervorschrift ist die Beschränkung der Dividendenzahlungen der Muttergesellschaft, die die Mutter dazu anhält, die finanzielle Situation des Konzerns im Ganzen zu berücksichtigen, wenn sie festlegt, ob eine Dividendenzahlung an ihre eigenen Gesellschafter angemessen ist.

Während die Aktiengesetze der skandinavischen Länder eine begrenzte Reihe von Normen über Konzerne enthalten, sind die Kernvorschriften des materiellen Konzernrechts nicht niedergeschrieben. Der Schutz außenstehender Minderheitsgesellschafter wird durch die Anwendung der allgemeinen Vorschriften über Gläubiger- und Minderheitenschutz gewährleistet. Das Recht der Muttergesellschaft, die Tochtergesellschaft im Interesse der Gruppe zu leiten, wird de facto innerhalb der Grenzen der allgemeinen Minderheitenschutzvorschriften anerkannt. Die Geschäftsführung der Muttergesellschaft hat somit das Recht, in Entscheidungen, die das Management der Tochtergesellschaft getroffen hat, einzugreifen. Eine solche Einflussnahme darf auch in einen

Nachteil für die Tochtergesellschaft münden, solange der Vorteil der Mutter gegenüber der Tochter nicht als unangemessen zu qualifizieren ist. Bei der Beurteilung der Frage, ob ein Nachteil als unangemessen einzustufen ist, darf die Mutter solche generellen Vorteile berücksichtigen, die der Tochtergesellschaft aus der Mitgliedschaft zur Gruppe zufließen. Das norwegische Gesetz von 1997 führte die Bedingung ein, dass Transaktionen innerhalb der Gruppe „at arm's length" ausgetragen werden, also einem Fremdvergleich standhalten müssen. Diese Vorschrift scheint allerdings in der Rechtsprechung nur eine äußerst geringe Rolle gespielt zu haben. Die skandinavischen Corporate Governance Codices enthalten nur sehr wenige Vorschriften über Konzerne.

Die Rechtsprechung zu Gesellschaftsgruppen in den skandinavischen Ländern ist sehr begrenzt. Jedoch kann konstatiert werden, dass eine Entscheidung der Muttergesellschaft, die in die Geschäftsführung der Tochtergesellschaft eingreift und zu einem unangemessenen Vorteil der Mutter führen oder die Existenz der Tochtergesellschaft gefährden würde, nicht zulässig wäre.

Rechtliche Aspekte der Gruppenführung in den Niederlanden

Loes Lennarts

Inhaltsübersicht

I. Einführung

Ein systematisch kodifiziertes Konzernrecht, wie es im deutschen AktG 1965 zu finden ist, existiert in den Niederlanden nicht. Als Ergebnis der Umsetzung der Vierten und Siebten gesellschaftsrechtlichen Richtlinie der EU wurden die Definitionen des „Konzerns“ und des „Tochterunternehmens“ in die Art. 24b und 24a des Zweiten Buchs des Niederländischen Zivilgesetzbuches (*Burgerlijk Wetboek*, im Folgenden: BW) eingefügt.[1] Diese Vorschriften sind hauptsächlich für die Zwecke des Bilanzrechts (konsolidierte Abschlüsse) und des Rechts der Kapitalerhaltung in der niederländischen Aktiengesellschaft relevant (*naamloze vennootschap*, im Folgenden: NV). Auf das Verständnis dieser Begriffe wird hier nicht weiter eingegangen. Denn für die vorliegend interessierenden

1 Nachfolgend in dieser Weise zitiert: Art. 2:24b BW.

Fragen entfalten sie keine Bedeutung. Zu untersuchen ist die Frage, inwiefern das niederländische Recht die folgenden Aspekte vorsieht:

- die Möglichkeit des Mutterunternehmens, den Geschäftsleitern der Tochterunternehmen bindende Weisungen zu erteilen;
- dass die Geschäftsleiter des Tochterunternehmens das Konzerninteresse in die Leitung ihrer Gesellschaft einbeziehen dürfen/müssen;
- dass ein konzernzugehöriges Unternehmen Sicherheiten für die Verbindlichkeiten eines anderen konzernangehörigen Unternehmens leistet;
- die Pflicht des Mutterunternehmens, den Konzern zu leiten (Konzernleitungspflicht).

Alle diese Themen sind seit vielen Jahren Gegenstand der rechtswissenschaftlichen Diskussion in den Niederlanden. Die von der Rechtsprechung entschiedenen Fälle spielen hier eine große Rolle. Bedauerlicherweise existieren nur wenige Entscheidungen des höchsten niederländischen Gerichts, des *Hoge Raad.*

II. Befugnis des herrschenden Unternehmens, bindende Weisungen auszugeben?

Das niederländische Gesellschaftsrecht erlaubt es, eine Bestimmung in die Satzung aufzunehmen, die es einem Gesellschaftsorgan erlaubt, bindende Weisungen an die Geschäftsleitung auszugeben. Die für die NV maßgeblichen Vorschriften unterscheiden sich hier von denen für die *besloten vennootschap* (im folgenden: BV), da zum 1. Oktober 2012 neue Regelungen zur BV eingeführt worden sind.[2]
Für die NV regelt Art. 2:129 Abs. 3 BW:

> „Die Satzung kann bestimmen, dass das Geschäftsführungsorgan Vorgaben eines Gesellschaftsorgans betreffend die Leitlinien der Geschäftspolitik, die in den von der Satzung bestimmten Bereichen Anwendung finden, befolgen muss."

Art. 2:239 Abs. 4 BW stellt für die BV folgende Regelung auf:

> „Die Satzung kann bestimmen, dass das Geschäftsführungsorgan Vorgaben eines anderen Gesellschaftsorgans befolgen muss. Das Geschäftsführungs-

2 Gesetz zur Flexibilisierung des Rechts der BV (Wet vereenvoudiging en flexibilisering bv-recht), Staatsblad 2012, 299.

> organ muss diese Vorgaben befolgen, es sei denn, sie verletzten das Interesse der Gesellschaft und des von ihr getragenen Unternehmens."

Der Hauptunterschied dieser beiden Regelungen liegt darin, dass Art. 2:239 Abs. 4 BW keine Beschränkung mehr auf allgemeine Vorgaben enthält: Die Vorschrift erlaubt auch die Erteilung spezifischer Weisungen. Viele niederländische Autoren haben darauf hingewiesen, dass das Recht, Weisungen zu erteilen, nur von geringem Nutzen ist, wenn es auf allgemeine Vorgaben beschränkt wäre. Deshalb vertreten einige die Auffassung, dass der Unterschied zwischen allgemeinen und spezifischen Weisungen nicht relevant sei. Sie sind der Auffassung, dass die Hauptversammlung der NV der Geschäftsleitung auch bindende spezifische Weisungen erteilen könne.[3]

Hier ist jedenfalls zu betonen, dass es nicht so sehr um die Frage geht, ob das herrschende Unternehmen bindende Weisungen erteilen darf, sondern um die Frage, bis zu welchem Maße solche Weisungen befolgt werden müssen.[4] Die Antwort auf diese Frage hängt vom *Inhalt* der Weisung ab, nicht dagegen von ihrer Natur (allgemein oder spezifisch). Aus Art. 2:239 Abs. 4 BW ergibt sich, dass Vorgaben – gleich ob sie allgemein gehalten oder spezifisch sind – nicht befolgt werden dürfen, wenn sie in unverhältnismäßiger Weise das Interesse der Gesellschaft und ihres Unternehmens beeinträchtigen. Auch wenn Art. 2:129 Abs. 4 BW eine solche Beschränkung für die Rechtmäßigkeit einer Weisung nicht kennt, entspricht es der ganz allgemeinen Auffassung, dass diese Grenze gleichermaßen auf solche Weisungen Anwendung findet, die, der Geschäftsleitung einer NV erteilt werden.

Das bedeutet, dass es letztlich im Einzelfall eine Sache des Gerichts ist, zu entscheiden, ob bestimmte Weisungen eines herrschenden Unternehmens von den Geschäftsleitern des Tochterunternehmens berücksichtigt werden müssen. Wo die Grenzen verlaufen, wird unten im 3. Abschnitt erläutert.

Unabhängig von dem Umstand, dass Weisungen nur bindend sind, wenn sie das Eigeninteresse des Tochterunternehmens nicht verletzten,

3 So etwa *Asser-Maeijer-Van Solinge & Nieuwe Weme*, II-2*, De rechtspersoon, Deventer: Kluwer, 2009, Nr. 413 und *F.P.J. van den Ingh*, De bevelsstructuur in de vennootschap, L. Timmerman et al., Concernverhoudingen, Serie vanwege het Van der Heijden Instituut, deel 69, Deventer: Kluwer, 2002, S. 15–16.

4 *F.P.J. van den Ingh*, De bevelsstructuur in de vennootschap, L. Timmerman et al., Concernverhoudingen, Serie vanwege het Van der Heijden Instituut, deel 69, Deventer: Kluwer, 2002, S. 19.

gibt es zwei weitere Gründe, warum Art. 2:129/239 Abs. 4 BW nur von eingeschränkter Bedeutung für die Gruppenführung in der Praxis sind. Der erste dieser Gründe ist, dass diese Vorschriften es erfordern, dass ein *Organ* der Gesellschaft die Weisungen ausgibt. Das bedeutet, dass hierfür die Maßgaben eines *Beschlusses* dieses Organs eingehalten werden müssen. In der Praxis haben Weisungen nicht immer diese Form. Der zweite Grund liegt darin, dass im niederländischen Gesellschaftsrecht (Art. 2:134 und 2:244 BW) die Generalversammlung jederzeit Mitglieder der Geschäftsleitung entlassen kann. Geschäftsleiter, die in zulässiger,[5] aber ungerechtfertigter Weise entlassen worden sind, können nicht darauf klagen nach den Maßgaben des Arbeitsrechts, wieder in ihr Amt versetzt zu werden.[6]

Somit hat ein herrschendes Unternehmen die faktische Möglichkeit, die Geschäftsleitung des beherrschten Unternehmens anzuweisen, nach seinen Vorstellungen zu agieren – ohne dass das in der Satzung verankert ist – aufgrund seiner Möglichkeit, die Geschäftsleiter des Tochterunternehmens zu entlassen. Der *Hoge Raad* hat diese Möglichkeit in *Sobi v. Hurks II*[7] in einem Prozess anerkannt, den Gläubiger des Tochterunternehmens gegen das herrschende Unternehmen angestrengt hatten, weil dieses das Tochterunternehmen nicht vor der Insolvenzverschleppung bewahrt hatte. Das herrschende Unternehmen brachte zu seiner Verteidigung vor, dass es das Auftreten einer Insolvenzverschleppung nicht habe abwenden können, weil es nicht die Möglichkeit gehabt habe, der Geschäftsleitung des Tochterunternehmens bindende Weisungen zu erteilen. Diese Argumentation wurde vom *Hoge Raad* verworfen, indem er die Möglichkeiten betonte, die *de facto* für das herrschende Unternehmen bestehen, um die Geschäftsleiter des Tochterunternehmens dazu zu bringen, im Einklang mit seinen Weisungen zu handeln – wenn

5 Solange also keine Nichtigkeitsgründe für die Entlassung vorliegen (wie etwa Mängel in dem Prozess der Entscheidungsfindung für die Entlassung).

6 Siehe Art. 2:134/244 Abs. 3 BW. Ein entlassener Geschäftsleiter kann allerdings einen Prozess anstrengen um Entschädigung für die ungerechtfertigte Entlassung zu fordern (siehe Art. 7:682 Abs. 3 BW). Der *Hoge Raad* hat jedoch entschieden, dass in der Weigerung, die Politik zu befolgen, die von der Generalversammlung gewünscht wird, ein ausreichender Grund für eine Entlassung liegen kann (*Hoge Raad* 4.12.1992, Nederlandse Jurisprudentie (NJ) 1993, 271, *Meijers/Mast Holding*). Die Weigerung, eine Politik zu befolgen, die das Eigeninteresse des Tochterunternehmens verletzt, kann auf der anderen Seite dazu führen, dass dem Geschäftsleiter Schadensersatz wegen einer ungerechtfertigten Entlassung zugestanden wird.

7 *Hoge Raad* 21 December 2001, NJ 2005, 96.

nötig, indem unwillige Geschäftsleiter entlassen und durch solche Geschäftsleiter ersetzt würden, die bereit wären, die Anweisungen zu befolgen.[8] Der Klage der Gläubiger gegen die Muttergesellschaft wurde daher stattgegeben.

III. Die Zulässigkeit des Gruppeninteresses als Leitlinie für die Geschäftsleiter des Tochterunternehmens

Art. 2:129/239 Abs. 5 BW regelt, dass Geschäftsleiter die Gesellschaft im Interesse der Gesellschaft führen müssen, das auch das Interesse des Unternehmens beinhaltet, das von der Gesellschaft getragen wird.[9]

Es ist allgemeine Ansicht in der niederländischen Rechtswissenschaft und Rechtsprechung, dass das Gesellschaftsinteresse eines Tochterunternehmens vom Gruppeninteresse des Konzerns „eingefärbt" wird, aber dass es nicht mit dem Gruppeninteresse gleichzusetzen ist.[10]

In diesem Zusammenhang ist die Entscheidung des *Hoge Raad* in der Sache *Juno*[11] von Bedeutung – dem einzigen Fall, in dem der *Hoge Raad* bislang das Zusammenspiel von Gruppeninteresse und Gesellschaftsinteresse des Tochterunternehmens angesprochen hat. Hier wurde wegen schwerwiegender Managementfehler von der Finanzverwaltung gegen die Geschäftsleiter eines Tochterunternehmens geklagt, die unter Druck des herrschenden Unternehmens und der Bank zugestimmt hatten, den Konzern in überlebensfähige (die gerettet werden sollten) und nicht überlebensfähige Gesellschaften (die nicht gerettet werden sollten) aufzuteilen (in den Niederlanden wird eine solche Restrukturierungsmaßnahme als „sterfhuisconstructie" – zu Deutsch „Sterbehauskonstruktion" – bezeichnet), wobei das im Streit befindliche Tochterunternehmen zu den Letzteren gehörte. Das Berufungsgericht war der Auffassung, dass hier kein Managementfehler vorläge, da die Geschäftsleiter in einer Gruppe wie Juno alles tun dürften, um dem Verlangen der Bank gerecht zu werden und die lebensfähigen Teile des Geschäfts so gut wie möglich

8 Der *Hoge Raad* hatte früher schon in der *Ogem II*-Entscheidung (*Hoge Raad* 10. 1. 1990, NJ 1990, 466) die *de facto*-Macht eines Mutterunternehmens betont, seinen Willen der Geschäftsleitung (board of directors) des beherrschten Unternehmens aufzuzwingen.

9 Art. 2:140 und 2:250 BW regeln dasselbe für Mitglieder des Aufsichtsrates.

10 *Asser-Maeijer-Van Solinge & Nieuwe Weme*, II-2*, De rechtspersoon, Deventer: Kluwer, nr. 829.

11 *Hoge Raad* 26. 10. 2001, NJ 2002, 94.

von den nicht lebensfähigen Teilen zu trennen, um, so viele lebensfähige Teile wie möglich zu retten. Der *Hoge Raad* korrigierte diesen Teil der Entscheidung des Berufungsgerichts, indem er herausstellte, dass dieses offensichtlich nur das Gruppeninteresse einbezogen und dabei vernachlässigt hatte, dass Managementfehler in Bezug auf jede Konzerngesellschaft einzeln festgestellt werden müssen. Hier könne das Gruppeninteresse eine Rolle spielen, aber es könne die Entscheidung nicht derart beeinflussen, dass es Vorrang vor den übrigen Interessen in den verschiedenen Konzerngesellschaften genieße.

Diese Aussage ist so zu verstehen, dass das Gruppeninteresse sich nicht *a priori* durchzusetzen vermag. In einer Situation, wie sie im *Juno*-Fall vorlag, muss die Geschäftsleitung des Tochterunternehmens die verschiedenen im Spiel befindlichen Interessen miteinander abwägen. Das Berufungsgericht kürzte hier seine Prüfung ab, indem es entschied, dass kein Managementfehler vorlag, ohne darüber nachzudenken, ob die Geschäftsleitung der Tochter tatsächlich die Interessen gegeneinander abgewogen hatte.

Der Geschäftsleiter eines Tochterunternehmens muss die Auswirkungen abschätzen, die eine vom herrschenden Unternehmen gewünschte Politik auf das Tochterunternehmen haben kann. Wenn diese Auswirkungen den Fortbestand der Gesellschaft bedrohen, sollte der Geschäftsleiter den Interessen des Tochterunternehmens Vorrang vor denen der Gruppe einräumen. Dies illustriert die Entscheidung des *Präsidenten des Bezirksgerichts Den Haag* (im einstweiligen Rechtsschutzverfahren) in dem Verfahren *Wittke v. NEM.*[12] Hier drohte einem Geschäftsleiter eines Tochterunternehmens die Entlassung, weil er sich weigerte, einer Forderung des herrschenden Unternehmens und des Aufsichtsrats, der in der Mehrheit mit Repräsentanten des Mutterunternehmens besetzt war, zu entsprechen, Liquidität auf eine notleidende Schwestergesellschaft zu übertragen und eine Garantie für vertragliche Verpflichtungen dieser Schwestergesellschaft einem Dritten gegenüber zu übernehmen. Der Geschäftsleiter entschloss sich, seine Entlassung nicht abzuwarten, sondern zum Angriff überzugehen: Er verlangte im einstweiligen Rechtsschutzverfahren der Tochtergesellschaft zu untersagen:

12 Präsident des Bezirksgerichts Den Haag, 7. 8. 2002, JOR 2002/173.

– ihn zu entlassen oder zu suspendieren und
– an der Ausgabe von Darlehen oder der Bestellung von Sicherheiten zugunsten anderer gruppenangehöriger Gesellschaften mitzuwirken, wenn nicht ausreichende Sicherheit für die Rückzahlung gewährt würde.

Der Geschäftsleiter stützte sich darauf, dass die Muttergesellschaft und der Aufsichtsrat gegen das Interesse des Tochterunternehmens verstießen, indem sie wiederholt vom Tochterunternehmen verlangten, gruppenangehörigen Gesellschaften große Summen Geld zu leihen oder Garantien für hohe Schulden zu übernehmen, ohne dem Tochterunternehmen selbst ausreichende Sicherheit zu gewähren. Dadurch würde letztlich der Fortbestand des Tochterunternehmens gefährdet werden. Der *Präsident des Gerichts* entschied, dass die Weigerung des Geschäftsleiters, die Weisungen des herrschenden Unternehmens zu befolgen, berechtigt sei und verfügte die von ihm begehrten Maßnahmen.

Dieser Fall zeigt, dass ein Geschäftsleiter, der darlegen kann, dass der Fortbestand der Gesellschaft durch eine Befolgung des Gruppeninteresses gefährdet würde, die Muttergesellschaft davon abhalten kann, dem Tochterunternehmen ihren Willen aufzuzwingen, indem er rechtliche Schritte einleitet. Aber was wäre, wenn die negativen Auswirkungen der gewünschten Geschäftsmaßnahme auf das Tochterunternehmen weniger offensichtlich wären? Ein Beispiel hierfür ist der berühmte Fall *Corus*[13], der in den Niederlanden umfassend diskutiert wurde, auch wenn er nicht bis vor den *Hoge Raad* gebracht wurde (er endete vor der *Unternehmenskammer* des Amsterdamer Berufungsgerichts). *Corus PLC,* die englische Muttergesellschaft der *Corus NL,* benötigte Geld, um einige verlustreiche Geschäfte in Großbritannien neu zu organisieren. Deshalb schlug sie vor, eine profitabele Aluminium-Sparte, die der *Corus NL* gehörte, zu verkaufen. In diesem Fall waren es nicht die Geschäftsleiter, sondern der Aufsichtsrat des Tochterunternehmens, der rebellierte, indem er sich weigerte, die Transaktion zu genehmigen.[14] Der avisierte Verkauf der Aluminium-Sparte bedrohte aber nicht den Fortbestand der *Corus NL.* Dennoch entschied die *Unternehmenskammer,* dass sich ein Tochterunternehmen weigern darf, die Weisungen des herrschenden Unternehmens zu befolgen, wenn vollkommen unabsehbar ist, ob der

13 Unternehmenskammer Amsterdam Revisionsgericht, 13.3. 2003, JOR 2003/85.

14 *Corus Netherlands* war eine sog. „Strukturgesellschaft", was u. a. bedeutet, dass die Zustimmung des Aufsichtsrats für bedeutende Geschäfte erforderlich ist.

durch den Verkauf einer wertvollen Sparte entstehende Nachteil in der Zukunft ausgeglichen würde. Es müsse, so das Gericht, berücksichtigt werden, dass – auch wenn der Verkauf der Aluminium-Sparte von *Corus Netherlands* an *Pechiney* hauptsächlich wegen der Gruppenstrategie erwogen werde – klargeworden sei, dass der Fortgang der Transaktion teilweise genutzt werden werde, um die Corus Gruppe zu refinanzieren, was nicht unabhängig von den Verlusten gesehen werden könne, die im Zusammenhang mit den Geschäften der Gruppe im Vereinigten Königreich angefallen seien. Deshalb sei es mehr als nur akzeptabel, wenn nicht nur die Geschäftsleitung, sondern auch der Aufsichtsrat von *Corus Netherlands* uneingeschränkt informiert werden wolle, ob die Refinanzierung den gewünschten Effekt habe und ob und in welcher Weise Maßnahmen ergriffen worden seien um sicherzustellen, dass die Interessen von *Corus Netherlands* nicht in einer unverhältnismäßigen Weise verletzt werden würden und dass seine Interessen gleichberechtigt in die Überlegungen eingestellt worden seien.

IV. Konzernfinanzierung[15]

In den Niederlanden ist die Frage intensiv diskutiert worden, bis zu welchem Maße eine gruppenangehörige Gesellschaft Sicherheiten für die Schulden anderer gruppenangehöriger Gesellschaften stellen darf. Eine weitverbreitete Form der (persönlichen) Sicherheitenstellung liegt darin, dass die Konzernunternehmen eine gesamtschuldnerische Haftung für die Verbindlichkeiten der übrigen Konzernunternehmen übernehmen. Sicherheiten können außerdem in Form von Garantien, Einlagen oder Hypotheken auf Grundeigentum einer Gesellschaft bestellt werden.

Im *Amstelland*-Fall[16], verlangte ein Mutterunternehmen von seinen Töchtern, die gesamtschuldnerische Haftung für Schulden zu übernehmen, die aus einer Darlehensvereinbarung mit einer Bank zum Wohle der Unternehmensgruppe entstehen sollten.

Der Geschäftsleiter eines Tochterunternehmens weigerte sich, den Weisungen der Mutter zu gehorchen. Das Gericht entschied, dass diese Verweigerung unberechtigt war, da die Existenz der Tochter durch die Weisung nicht gefährdet war. Das Gericht entschied weiter, dass die

15 Eingehende Diskussion der Thematik bei *Bartman/Dorresteijn/Olaerts,* Van het concern, Deventer: Kluwer, 2016, S. 217–239.

16 Präsident des Bezirksgerichts Arnhem, 28. 12. 1987, Kort Geding (KG) 1988, 37.

Übernahme von gesamtschuldnerischer Haftung auf wechselseitiger Basis nicht den Zweck der Gesellschaft verletzt, auch wenn die Satzung hinsichtlich des Zwecks der Gesellschaft nicht bestimmt, dass dieser auch in der Bestellung von Sicherheiten für Dritte liegt.

In den meisten Fällen enthält die Satzung von gruppenabhängigen Unternehmen ausdrücklich eine Bestimmung, dass der Zweck die Bestellung von Sicherheiten für gruppenangehörige Unternehmen umfasst. Es wird allerdings angenommen, dass eine solche Bestimmung die Bestellung von Sicherheiten nicht vor einem Angriff schützen kann, der auf Art. 2:7 BW gestützt wird (Überschreiten des Gesellschaftszwecks). Vorliegend wird davon ausgegangen, dass ein Vorgehen, das das Unternehmensinteresse verletzt, immer den Unternehmenszweck überschreitet – unabhängig davon wie der Zweck in der Satzung definiert wird.[17] Hier stellt sich wieder die Frage, unter welchen Umständen ein Gericht davon ausgehen kann, dass das Unternehmensinteresse verletzt worden ist. Maßnahmen, die zu einer unangemessenen Vernachlässigung des Unternehmensinteresses führen – etwa weil sie in vorhersehbarer Weise die weitere Existenz der gruppenangehörigen Gesellschaft gefährden – stehen im Widerspruch zum Zweck der Gesellschaft, wie er von Art. 2:7 BW in Bezug genommen wird.[18] Die Gesellschaft (oder ihr Insolvenzverwalter) kann die Nichtigkeit einer Maßnahme, die den Gesellschaftszweck überschreitet, gegenüber Dritten geltend machen, wenn diese wussten oder ohne weiteres hätten wissen müssen, dass die Gesellschaft entgegen ihrem Zweck handelt. Praktisch betrachtet ist die Möglichkeit eines erfolgreichen Angriffs einer Maßnahme betreffend die Gruppenfinanzierung eher fernliegend. In diesem Bereich finden nur wenige Rechtsstreitigkeiten statt.

Streitigkeiten über die Wirksamkeit einer Maßnahme der Gruppenfinanzierung tauchen regelmäßig dort auf, wo das Insolvenzverfahren über eines oder mehrere gruppenangehörige Unternehmen eröffnet ist. In diesem Fall wird der Insolvenzverwalter manchmal versuchen, Maßnahmen, die im Zusammenhang mit der Gruppenfinanzierung vorgenommen worden sind, auf der Basis der Bestimmung der Art. 42

17 Diese Auffassung teilen auch *Van Schilfgaarde/Winter*, Van de BV en de NV, Deventer: Kluwer, 2013, S. 210. Für die Gegenansicht, die davon ausgeht, dass eine solche Bestimmung in der Satzung Vorrang hat, siehe *Asser-Maeijer-Van Solinge & Nieuwe Weme* 2-II*, nr. 830.

18 *Van Schilfgaarde/Winter*, Van de BV en de NV, Deventer: Kluwer, 2013, S. 211.

und 43 des Niederländischen Insolvenzgesetzes (sog. *actio pauliana*)[19] zur Insolvenzanfechtung anzugreifen. Der Erfolg der Anfechtung eines Geschäfts ist an die folgenden Voraussetzungen geknüpft:

- das Geschäft war eine freiwillige Maßnahme („freiwillig" bedeutet hier, dass der Schuldner keiner *rechtlichen* Verpflichtung unterlag, die Maßnahme auszuführen);
- das Geschäft war nachteilig für die Allgemeinheit der Gläubiger;
- beide Parteien des Geschäfts wussten oder hätten zu dem Zeitpunkt, zu dem das Geschäft abgeschlossen wurde, wissen müssen, dass es für die Interessen der Gläubiger nachteilig wäre.

Nach einer jüngeren Entscheidung des *Hoge Raad*[20], haben die Parteien diese Kenntnis, wenn zu der Zeit, zu der die Maßnahme vorgenommen wird, die Eröffnung des Insolvenzverfahrens und eine Unterdeckung während des Insolvenzverfahrens sowohl für den Geschäftsleiter als auch für die andere Seite mit einem vernünftigen Maß an Wahrscheinlichkeit vorhersehbar waren. Art. 43 des Niederländischen Insolvenzgesetzes verschafft dem Insolvenzverwalter eine Beweiserleichterung, indem eine Vermutung der Kenntnis der Nachteiligkeit für die Gläubiger auf beiden Seiten des Geschäfts in verschiedenen Fällen aufgestellt wird. Hierzu gehört der Fall, in dem die Verpflichtung des Schuldners die Gegenleistung des anderen Teils in unverhältnismäßiger Weise überschreitet. Die Vermutung findet Anwendung, wenn das Geschäft innerhalb des Zeitraums von einem Jahr vor der Insolvenzeröffnung stattfand.

In der Konzernfinanzierung ist umstritten, ob die Voraussetzung der Nachteiligkeit aus der Sicht eines Einzelnen – also nur aus der Sicht des insolventen Gruppenunternehmens – oder auf einer konsolidierten Basis zu prüfen ist, indem geprüft wird ob die Gruppe als ganze von dem Geschäft profitiert hat. Im Fall *Heineken/de Ploeg*, hat das Berufungsgericht Arnhem sich für einen konsolidierten Ansatz entschieden:

Betrachte man die Art und Weise, auf die die Gruppe refinanziert worden sei, sei es nicht zutreffend – wie es die Insolvenzverwalter getan hätten – die Lage von *De Ploeg* getrennt zu untersuchen und sich selbst mit der Beobachtung zu begnügen, dass *De Ploeg* nicht oder nur kaum von der Darlehensvereinbarung profitiert hätte. In den Fällen der Konzernfi-

19 Eine umfassende Diskussion der niederländischen Actio Pauliana auf Englisch findet sich bei: *R.D. Vriesendorp* und *F.P. van Koppen*, Transactional Avoidance in the Netherlands, International Insolvency Review 2000, S. 47–64.

20 *Hoge Raad* 22. Dezember 2009, NJ 2010, 273 (*Van Dooren q.q./ABN AMRO III*).

nanzierung, die ja im Interesse der gesamten Gruppe zur Verfügung gestellt werde, wodurch das Gruppeninteresse sich gegenüber dem Einzelinteresse der Gruppenmitglieder durchzusetzen vermöge, sei es gängige Praxis, dass alle Gruppenmitglieder sich einer gesamtschuldnerischen Haftung unterwürfen und andere Formen der Sicherheitsleistung verlangt würden. Das erschiene auch aus der Perspektive der Gläubiger der verschiedenen Gruppenunternehmen vernünftig, solange nicht das Einzelinteresse der beteiligten Gesellschaften dadurch vernachlässigt werde, dass die Existenzfähigkeit der Gesellschaft bedroht werde, etwa weil die finanzielle Situation anderer Mitglieder der Gruppe Anlass gebe, ernstlich eine Insolvenz befürchten zu müssen. In einem solchen Fall sei es wahrscheinlich, dass sich eine Benachteiligung der Gläubiger der betroffenen Gesellschaft ergebe. Indes, sei es im vorliegenden Fall die vorrangige Auffassung des Gerichts, dass die Insolvenzverwalter dies beweisen müssten. Berücksichtige man den Umstand, dass *De Ploeg* nicht von der Darlehensvereinbarung profitiert habe, sei das Gericht der Auffassung, dass es in Fällen der Konzernfinanzierung nicht immer möglich sei, zu begründen, welche Gruppenmitglieder von der Vereinbarung profitiert hätten, aber dass es vielmehr entscheidend sei, dass die Gruppe als Ganzes von der Vereinbarung profitiert habe. Die Insolvenzverwalter hätten es nicht geschafft, Letzteres zu begründen.

Dieser konsolidierte Ansatz der Nachteiligkeit ist nach hier vertretener Auffassung unzutreffend:[21] Es ist offensichtlich, dass die ungesicherten Gläubiger von *De Ploeg* durch das Geschäft benachteiligt wurden, da sie die Vorrangstellung der Bank in der Insolvenz von *De Ploeg* akzeptieren mussten, ohne im Gegenzug dafür etwas zu erlangen (*De Ploeg* nutzte den zur Verfügung gestellten Kredit nie). Die Benachteiligung von Gläubigern eines einzelnen Gruppenmitglieds kann nicht unter Berufung auf den Umstand ignoriert werden, dass die Gruppe als Ganzes von dem Geschäft profitiert hat. Die *actio pauliana* erfordert, dass das Element der Nachteiligkeit getrennt für jedes Rechtssubjekt untersucht wird, das Teil der Gruppe ist.

21 Wie hier *Winter* in seiner Entscheidungsanmerkung in Tijdschrift voor Insolventierecht 1996, S. 109. Ebenso: *R.J. Abendroth*, Herfinanciering van noodlijdende ondernemingen, in: De financiering van de onderneming, Serie vanwege het Van der Heijden Instituut, Deel 88, Deventer: Kluwer, 2006, S. 58, m.w.N. zur Kritik an dieser Entscheidung.

Selbst wenn es dem Insolvenzverwalter möglich sein kann, zu begründen, dass die Gläubiger einer bestimmten gruppenangehörigen Gesellschaft benachteiligt wurden, lässt dies eine beachtliche Hürde bestehen: den Beweis der Kenntnis der Nachteiligkeit beider Parteien des Geschäfts. Es wird sehr schwierig darzulegen sein, dass die Bank wusste oder hätte wissen müssen, dass die Eröffnung des Insolvenzverfahrens und eine Unterdeckung während des Insolvenzverfahrens mit einem vernünftigen Maß an Wahrscheinlichkeit vorhersehbar waren. Der Insolvenzverwalter könnte sich hier auf die Vermutung der Kenntnis berufen, die auf der Unverhältnismäßigkeit der gegenseitigen Verpflichtungen gründet, wenn das insolvente Gruppenunternehmen eine Sicherheit für die Verpflichtungen aller Gruppenmitglieder bestellt hat. Anlässlich einer solchen Gelegenheit entschied das Bezirksgericht Amsterdam in der Sache *Borsje & Buisman*[22], dass man sich im Falle einer echten Gruppenbeziehung auf diese Vermutung nicht berufen könne, weil in einem solchen Fall die Frage der Unverhältnismäßigkeit am Gesamtinteresse der Gruppe gemessen werden müsse. Diese Entscheidung spiegelt ebenfalls den konsolidierten Ansatz wieder, der von der vorherrschenden Auffassung in der Wissenschaft abgelehnt wird. Eine Entscheidung des *Hoge Raad* zu diesem Aspekt fehlt.

Ein anderer Punkt, der der Diskussion bedarf, ist die Frage, ob Geschäftsleiter innerhalb des Unternehmensinteresses handeln, wenn sie es gestatten, dass sämtliche Liquidität, die die Gesellschaft nicht unmittelbar benötigt, abgezogen wird, wodurch das Tochterunternehmen vollständig abhängig vom Mutterunternehmen wird (*zero balance-system*). Ein niederländischer Autor hat diese Praxis damit verglichen, auf nasser Rennstrecke einen Rennwagen zu fahren, der mit *Slicks* (Reifen ohne Profil) bereift ist und ist der Auffassung, dass die Geschäftsleiter in diesem Fall wegen fehlerhafter Geschäftsführung haftbar sind, wenn die Gesellschaft „verunfallt".[23]

22 Bezirksgericht Amsterdam, 3. August 1994, nicht veröffentlicht.

23 *J.W. Winter*, Concernfinanciering en faillissement, in: Beschouwingen over concernfinanciering, uitgave vanwege het Instituut voor Ondernemingsrecht, Deel 18, Deventer: Kluwer, 1993, p. 3. *Winter* ist außerdem der Auffassung, dass die Unterwerfung unter die gesamtschuldnerische Haftung für alle Verbindlichkeiten der Gruppe, die die Finanzkraft des sicherheitsgebenden Tochterunternehmens weit übersteigt und die unwiderrufliche Ermächtigung der Rechtsberater des herrschenden Unternehmens, Geld vom Konto des Tochterunternehmens zu transferieren, als fehlerhafte Geschäftsführung einzustufen sind.

Ein letzter Diskussionspunkt in diesem Bereich ist die neue Bestimmung zur Ausschüttung von Dividenden, die für die BV am 1. Oktober 2012 eingeführt worden ist. Das Neue in dieser Bestimmung in Art. 2:216 BW ist, dass die Geschäftsleitung der BV jeder Ausschüttung einer Dividende zustimmen muss. Vor der Zustimmung muss die Geschäftsleitung prüfen, ob die BV in der Lage sein wird, ihre Verbindlichkeiten zu bedienen, wenn diese fällig werden, nachdem die Ausschüttung erfolgt ist. Wird die Zustimmung (nach der Überprüfung) nicht erteilt, führt das zur Unwirksamkeit der Ausschüttung, was bedeutet, dass die Anteilseigner sämtliche erhaltenen Dividenden zurückzahlen müssen. Erlauben die Geschäftsleiter eine Ausschüttung, obwohl die Überprüfung scheitert, führt das zur persönlichen Haftung der Geschäftsleiter für den Fehlbetrag bis zu der Höhe, wie sie durch die Ausschüttung verursacht worden ist, siehe Art. 2:216 Unterabsatz 3 BW.[24] Art. 2:216 BW Unterabsatz 2 regelt:

> „Ein Beschluss zur Ausschüttung von Dividenden ist bis zur Zustimmung der Geschäftsleitung schwebend unwirksam. Die Geschäftsleitung verweigert ihre Zustimmung *nur* (Hervorhebung durch die Autorin), wenn sie weiß oder vernünftigerweise annehmen muss, dass die Gesellschaft nach der Ausschüttung nicht in der Lage sein wird, ihre Verbindlichkeit zu begleichen, sobald diese fällig werden."

Das Wort „nur" wurde eingefügt, nachdem Befürchtungen geäußert wurden, dass die Geschäftsleiter ihre neu erworbenen Befugnisse missbrauchen könnten, um die Zustimmung ohne Prüfung zu verweigern. Mit der Einführung dieser Einschränkung scheint der niederländische Gesetzgeber einen Wertungswiderspruch zu Art. 2:239 Abs. 5 BW verursacht zu haben. Die Vorschrift bestimmt, dass die Geschäftsleitung bei der Ausübung seiner Ausgaben im Unternehmensinteresse handeln muss. In Bezug nehmen lässt sich hier ebenfalls Art. 2:239 Abs. 4 BW, der die Geschäftsleiter verpflichtet, Anweisungen zurückzuweisen, wenn diese das Unternehmensinteresse verletzen. In welcher Lage ist dann die Geschäftsleitung eines Tochterunternehmens, die – aus guten Gründen –

24 Anteilseigner, die eine Ausschüttung erhalten haben und wussten, dass die Gesellschaft nicht in der Lage sein würde, ihre Verbindlichkeiten zu begleichen, wenn diese fällig werden, können für den Betrag in die Haftung genommen werden, den sie als Ausschüttung erhalten haben. Wenn der Insolvenzverwalter die Wahl hat, gegen die Geschäftsleiter oder die Anteilseigner vorzugehen, wird er sich an den halten, dem er am tiefsten in die Tasche greifen kann. Wenn sich der Insolvenzverwalter dafür entscheidet, die Geschäftsleiter in Anspruch zu nehmen, können diese die Anteilseigner in Regress nehmen.

die Auffassung vertritt, dass eine Ausschüttung nicht im Unternehmensinteresse liegt, weil die Zukunft finster aussieht und es deshalb notwendig ist, Rücklagen zu bilden? Aus den Diskussionen im Gesetzgebungsverfahren scheint zu folgen, dass in einem solchen Fall – unterstellt, dass die Entscheidung über Ausschüttungen bei der Versammlung der Anteilseigner liegt – die Geschäftsleitung keine Befugnis hat, die Ausschüttung aufzuhalten, selbst wenn sie überzeugt ist, dass die Ausschüttung dem Gesellschaftsinteresse (langfristig) nicht entspricht. Wenn es zu einer Ausschüttung an das Mutterunternehmen kommt, ist die einzige – beschränkte – Aufgabe der Geschäftsleitung, zu prüfen, ob die Gläubiger nach der Ausschüttung noch befriedigt werden können. Hier ist zu erwähnen, dass Art. 2:216 BW nur Anwendung auf formelle Ausschüttungen findet, nicht aber auf solche Geschäfte zwischen der Gesellschaft und einem Anteilseigner, die wirtschaftlich betrachtet zu einer Ausschüttung führen (verdeckte Ausschüttungen, beispielsweise als Ergebnis gruppeninterner Transaktionen).

Das Erfordernis der Zustimmung der Geschäftsleitung ist die am stärksten diskutierte Neuerung des neuen niederländischen Gesetzes zu Privatgesellschaften. Wegen Einwänden, die – unter anderem – vom größten niederländischen Industrieverband (VNO-NCW) vorgebracht wurden, wurde das Erfordernis aus dem Gesetzesentwurf gestrichen. Für die Zwecke des vorliegenden Beitrags muss erwähnt werden, dass es einer der zentralen Einwände war, dass diese Voraussetzung den Geschäftsleitern der Tochterunternehmen das Leben sehr schwer machen würde. Obgleich das Justizministerium für dieses Argument (und andere) der Wirtschaft empfänglich war, sah das Parlament das anders: Es stimmte für eine Änderung zur Wiedereinführung der Prüfung durch die Geschäftsleitung in den Gesetzesentwurf.

Um Missverständnissen vorzubeugen: Auch bereits vor dem 1. Oktober 2012 konnten Geschäftsleiter von Tochterunternehmen in Haftung genommen werden, wenn sie an Ausschüttungen an das Mutterunternehmen beteiligt waren, die die Gläubiger ihrer Gesellschaft benachteiligten. Diese Haftung konnte auf das Deliktsrecht gestützt werden (Art. 6:162 BW) oder – wenn die Ausschüttung einen zentralen Grund für die Insolvenzverursachung darstellte – auf Art. 2:138/248 BW. Im letzteren Fall sind die beteiligten Geschäftsleiter als Gesamtschuldner für den gesamten Fehlbetrag haftbar. Es ist deshalb anzunehmen, dass die hauptsächliche Änderung durch den neuen Art. 2:216 BW darin liegt, dass die Verantwortlichkeit der Geschäftsleitung des Tochterunternehmens gegenüber den Gläubigern der Gesellschaft starker formalisiert wurde.

V. Pflicht zur Gruppenleitung (Konzernleitungspflicht)

1. Einführung

Bis hierher lag der Fokus des vorliegenden Beitrags hauptsächlich auf den Geschäftsleitern des Tochterunternehmens. Nunmehr sollen Pflichten der Geschäftsleitung und des Aufsichtsrats des Mutterunternehmens im Mittelpunkt stehen.

In der *Ogem II*-Entscheidung von 1990[25] erkannte der *Hoge Raad* an, dass ein Mutterunternehmen einer Pflicht unterliegen kann, die Gruppe zu leiten. Im konkreten Fall hatte die *Unternehmenskammer* des Amsterdamer Berufungsgerichts eine Untersuchung der Angelegenheiten der insolventen *Ogem*-Muttergesellschaft angeordnet.[26] Auf Basis des Untersuchungsberichts entschied die *Unternehmenskammer*, dass es ein Fehlverhalten gegeben habe, da die Geschäftsleiter der Muttergesellschaft es versäumt hatten einzuschreiten, als die Geschäftsleitung ihres Tochterunternehmens Omega sich geweigert hatten, Informationen über die Finanzsituation des Tochterunternehmens herauszugeben. Der *Hoge Raad* sah keinen Grund, die Entscheidung der *Unternehmenskammer* aufzuheben: In ihrer Entscheidung habe die *Unternehmenskammer* offensichtlich und richtigerweise angenommen, dass die Leitungsaufgabe der Geschäftsleitung der *Ogem*-Muttergesellschaft in ihrer Rolle als oberstes Leitungsorgan innerhalb der Gruppe sich auch auf Unternehmen erstrecke, die Teil der Gruppe seien, so wie das Unternehmen, das von *Omega* betrieben werde.

Ogem war eine börsennotierte Gesellschaft. Seit 1990 – als Corporate Governance in den Niederlanden noch in den Kinderschuhen steckte – hat sich indes viel für börsennotierte Gesellschaften geändert. Eine

25 *Hoge Raad* 10. Januar 1990, NJ 1990, 466.
26 Die Vorschriften zur Untersuchung finden sich in Art. 2:344–359 DCC. Für eine Erläuterung dieses Verfahrens siehe *M.J. Jitta*, Procedural Aspects of the Right of Inquiry, in: The Companies and Business Court form a Comparative Law Perspective, Uitgave vanwege het Instituut voor Ondernemingsrecht, Deel 41, Deventer: Kluwer, 2004, S. 1–42. Einige Änderungen der Bestimmungen sind zum 1. Januar 2013 in Kraft getreten.

bemerkenswerte Entwicklung war die Einführung von Corporate-Governance-Kodizes nach Skandalen wie der *Enron*-Affäre in den USA. Corporate-Governance-Kodizes betonen stark die Bedeutung eines adäquaten Risikomanagements. Der niederländische Corporate–Governance-Kodex[27] bildet dabei keine Ausnahme. Der Grundsatz II.1 des Kodex legt fest, dass die Geschäftsleitung verantwortlich ist für das Risikomanagement betreffend Risiken im Zusammenhang mit der Geschäftstätigkeit der Gesellschaft sowie für die Finanzierung der Gesellschaft. Aus den Bestimmungen zur best practice in II.1.3 und II.1.4 ergibt sich, dass hiervon auch Risiken aus dem geschäftlichen Alltag erfasst werden, wovon auch die Nichteinhaltung von gesetzlichen Bestimmungen und Satzungsvorgaben auf allen Ebenen der Unternehmensgruppe erfasst werden.[28] Auch wenn der Kodex auf dem Prinzip *comply or explain* aufbaut und somit nicht in der gleichen Weise wie ein Gesetz verbindlich ist, kann nicht ausgeschlossen werden, dass sich Gerichte in ihren Entscheidungen zu Haftungsfällen auf Bestimmungen des Kodex beziehen.[29] Ein völliges Versagen dabei, ein angemessenes System eines funktionierenden Risikomanagements innerhalb der Unternehmensgruppe zu installieren kann zur Haftung führen. Haftungsrisiken können auch in dem Fall bestehen, in dem ein funktionierendes System besteht, aber die Muttergesellschaft auf die Signale, die sie von diesem System erhält, nicht angemessen reagiert. Ein Versagen bei der Befolgung von Kodex-Vorschriften bezüglich des Risikomanagements kann zudem Zweifel an der Korrektheit der Geschäftspolitik und der Führung der Gesellschaft schüren, wodurch Anteilseigner in die Lage versetzt werden, Untersuchungen anzustrengen. Bartman und Dorresteijn bemerken hierzu, dass die durch die Corporate-Governance-Bestimmungen erfolgende stärkere Betonung der Kontrolle der finanziellen Risiken und der alltäglichen Geschäftsrisiken auf allen Ebenen durch die Holding-Gesellschaft den Trend zur Zentralisation innerhalb der Unternehmensgruppen stärken werde (wohl auch für nicht-börsennotierte Unternehmen). Sie nehmen an, dass dies die Pflicht der Holding zur

27 Das Gesetz ist auf Englisch abrufbar unter: http://commissiecorporategovernance.nl/information-in-english

28 *Bartman/Dorresteijn/Olaerts*, Van het concern, Deventer: Kluwer, 2016, S. 9.

29 Man mag daran zweifeln dürfen, ob die Nichtbeachtung von Kodex-Vorschriften die Grundlage für Klagen von Gläubigern oder Arbeitnehmern sein kann, da diese Vorschriften eher wohl zu dem Zweck geschaffen wurden, Investoren zu schützen. Auf der anderen Seite liegt dem niederländischen Recht – immer noch – eine Stakeholderperspektive zugrunde.

Gruppenführung stärker verdeutlichen wird. Weiterhin kann eine größere Einsicht in die finanziellen Angelegenheiten der gruppenangehörigen Gesellschaften zu einem korrespondierenden größeren Risiko eines Haftungsdurchgriffs führen. Schließlich kann die Pflicht der Mitglieder der Geschäftsleitung einer börsennotierten Holding, eine Kontroll-inhaberschaftserklärung *(in control statement)* abzugeben, eine Rolle spielen, wenn es um den Versuch geht, eine Durchgriffshaftung zu begründen. Bartman, Dorresteijn und Olaerts folgern deshalb, dass Corporate Governance die Unternehmensgruppe für Haftungsdurchgriffe anfälliger macht.[30]

Konturen einer Pflicht der Muttergesellschaft, ihre Tochterunternehmen zu überwachen, können ebenfalls in der Rechtsprechung zu Art. 2:138/248 BW ausgemacht werden. Auf Basis dieser Vorschriften kann der Insolvenzverwalter einer insolventen NV oder BV deren Muttergesellschaft verklagen wenn a) diese als *de jure* oder als *shadow director* der Tochtergesellschaft agiert hat und b) schwerwiegende Geschäftsführungsfehler einen maßgeblichen Grund der Insolvenzverursachung darstellen. Die Beweislast des Insolvenzverwalters, die ernsthaften Geschäftsführungsfehler und die Verursachung zu beweisen, wird erleichtert, wenn a) der Jahresabschluss nicht entsprechend der Vorgaben veröffentlicht worden ist, die sich in Art. 2:394 BW finden oder b) die Buchführung nicht den Standards des Art. 2:10 BW entspricht. Diese Umstände bedingen eine unwiderlegbare Vermutung des Vorliegens schwerwiegender Geschäftsführungsfehler und eine widerlegbare Vermutung, dass hierin ein maßgeblicher Grund der Insolvenz liegt. Im Fall *Faas v. Luchtman q.q.*[31] hat das Berufungsgericht Den Bosch entschieden, dass eine insolvente Holding-Gesellschaft es versäumt hatte, eine ordentliche Buchführung zu betreiben. Dies stützte sich auf die Feststellung, dass die Bücher eines ihrer Tochterunternehmen nicht dem Standard entsprachen, was die unwiderlegbare Vermutung schwerwiegender Geschäftsführungsfehler auslöste. Gegen die Klage des Insolvenzverwalters hatte der Geschäftsleiter der Holding vorgebracht, dass die Buchführungspflicht der Holding nur in Beziehung zu ihren eigenen Gläubigern und Schuldnern und bezüglich derjenigen Verpflichtungen bestehe, die sich für die Holding aus Garantien gegenüber Dritten zugunsten der Tochterunternehmen ergäben. Das Berufungsgericht wies dieses Argument zurück:

30 *Bartman/Dorresteijn/Olaerts*, a.a.O., S. 271.
31 Bezirksgericht Den Bosch, 13 July 2004, JOR 2004/292.

> Das Vermögen der *VGHR* (der Holding, Anmerkung der Autorin) habe nahezu ausschließlich aus Anteilsbesitz bestanden. Nehme man die Stellung der VGHR als oberste Holding in den Blick, sei es für diese notwendig gewesen um eine zentrale Leitung auszuüben, dass die *VGHR* sich rasch einen ausreichenden Überblick über die finanzielle Situation der *VGI* (des Tochterunternehmens, Anmerkung der Autorin) verschaffen konnte. Das Nettovermögen und der Geschäftsgewinn einer Holding – wie der *VGHR* – ergäben sich aus der Summe dieser Positionen bei ihren Anteilsbesitzen. Wenn ein rascher und ausreichend verlässlicher Einblick in die finanzielle Situation der *VGI* nicht aus ihren Büchern erlangt werden könne, gelte dasselbe somit auch für die *VGHR*.[32]

In derselben Entscheidung wies das Gericht auch das Argument des Geschäftsleiters zurück, dass seine zentrale Leitung darauf beschränkt werden könne, die Geschäftsleiter der Tochterunternehmen zu bestimmen und abzuberufen und die Geschäfte der gruppenangehörigen Gesellschaften zu überwachen. Das Gericht äußerte dazu, dass in dem Fall, in dem es das Gruppeninteresse erfordere, die oberste Holding einer Pflicht unterliege, den Geschäftsleitern der Tochterunternehmen Richtlinien und Anweisungen auszugeben. Diese Auffassung fügt sich stimmig zusammen mit der Entscheidung des *Hoge Raad* im *Ogem*-Fall, auf den sich das Gericht auch bezieht.

2. *Überwachungspflicht aus dem Deliktsrecht*

Unabhängig davon, dass sich eine Pflicht der Holding zur Gruppenleitung aus den Bestimmungen des Niederländischen Corporate-Governance-Kodex und aus der Rechtsprechung zu Art. 2:138/248 BW ableiten lässt, sind Konturen einer solchen Pflicht auch in Fällen erkennbar geworden, in denen entweder der Insolvenzverwalter oder unbefriedigte Gläubiger eines Tochterunternehmens versuchten, die Muttergesellschaft für die Verbindlichkeiten der Tochtergesellschaft auf Basis der allgemeinen deliktsrechtlichen Vorschrift in Art. 6:162 BW in Anspruch zu nehmen. Die Bestimmung dieser Kernvorschrift des Deliktsrechts im niederländischen Zivilgesetzbuch lautet wie folgt:

> 1. Wer durch eine unrechtmäßige Handlung in zurechenbarer Weise einem anderen einen Schaden zufügt, ist zum Ersatz dieses Schadens verpflichtet.

32 Jüngst entschied das Bezirksgericht Zentral-Niederlande im *Landis*-Fall ebenso (19. Juni 2013, JOR 2013/237). Hier ist anzumerken, dass *Landis* Tochterunternehmen außerhalb der Niederlande unterhielt.

2. Unbeschadet einer Rechtfertigung sind die folgenden Handlungen als unrechtmäßig anzusehen: die Verletzung eines Rechts, ein Tun oder Unterlassen, durch das eine gesetzliche Bestimmung oder ein ungeschriebener Rechtssatz der guten Sitten verletzt wird.

3. Eine unrechtmäßige Handlung ist jemandem zurechenbar, wenn sie auf sein Verschulden zurückzuführen ist oder aus einem Umstand folgt, für den er nach dem Gesetz oder den gesellschaftlichen Vorstellungen verantwortlich ist.

Um jemanden auf Basis des Deliktsrechts in Anspruch zu nehmen, muss der Anspruchsteller beweisen, dass diese Person 1) eine unrechtmäßige Handlung vorgenommen hat, 2) ihr diese Handlung zurechenbar ist, 3) dass dem Anspruchsteller ein Schaden entstanden ist und 4), dass der Schaden kausal zurückzuführen ist auf die unrechtmäßige Handlung.

Es existieren drei Kategorien unrechtmäßiger Handlungen:

- Die Verletzung eines fremden Rechts (bspw. das Eigentum).
- Ein Tun oder Unterlassen, das eine gesetzliche Pflicht verletzt.
- Ein Tun oder Unterlassen, das eine nicht-gesetzliche Sorgfaltspflicht verletzt.

Der Großteil der Fälle, die von Gerichten entschieden werden – inklusive derer betreffend die Haftung der Muttergesellschaft – fallen in die letzte Kategorie. Wie gleich gezeigt werden wird, hat der *Hoge Raad* entschieden, dass unter bestimmten Umständen die Muttergesellschaft den Gläubigern ihrer Tochterunternehmen eine Sorgfaltspflicht schuldet.[33] Das Deliktsrecht kann als die zentrale Grundlage der Haftung der Anteilseigner gegenüber Dritten in den Niederlanden eingestuft werden.[34] In manchen der Fälle, die vom *Hoge Raad* entschieden worden sind, wird vorgebracht, dass die Muttergesellschaft eine Sorgfaltspflicht verletzt habe, die von den Geschäftsleitern eines Tochterunternehmens befolgt werden muss. In diesen Fällen wird die Muttergesellschaft dafür verantwortlich gemacht, untätig geblieben zu sein, obwohl sie hätte handeln müssen. Hieraus scheint zu folgen, dass die Muttergesellschaft die Leitung

33 Eine Untersuchung der Rechtsprechung bis 1995 auf Englisch findet sich bei *Levinus Timmerman*, The Law on Corporate Groups in the Netherlands, in: I Gruppi di Società, Giuffre Editore, Milano, 1996, S. 348–351 und bei *Hans A. de Savornin Lohman*, Duties and Liability of Directors and Shareholders under Netherlands Law – Piercing the Corporate Veil, Kluwer Law International, London-The Hague- Boston, 1996, S. 128–136. Die niederländische Rechtsprechung bis 2007 wird behandelt bei *Karen Vandekerckhove*, Piercing the Corporate Veil, Kluwer Law International, 2007.

34 *Karen Vandekerckhove*, a. a. O. (Fn. 33), S. 34.

der Tochterunternehmen nicht einfach deren Geschäftsleitern überlassen kann, sondern einer eigenen Pflicht unterliegt, die Leitung der Tochterunternehmen zu überwachen.

a) Mutterunternehmen gestattet dem Tochterunternehmen, neue Verbindlichkeiten nach dem „Moment der Wahrheit" aufzunehmen

Die erste der beiden Untätigkeitsfallgestaltungen (Untätigkeit beim Überwachen) liegt darin, dass die Muttergesellschaft es dem Tochterunternehmen gestattet, neue Verbindlichkeiten nach dem Zeitpunkt aufzunehmen, nach dem das Mutterunternehmen erkannt haben sollte, dass das Tochterunternehmen nicht in der Lage sein wird, seine Verbindlichkeiten zu erfüllen und den Ansprüchen der Gläubiger keine Befriedigung wird leisten können. Nach niederländischem Recht kann der Gläubiger in diesem Fall – zuerst einmal – Ersatz von den Geschäftsleitern des Tochterunternehmens verlangen, da diesen vorzuwerfen sein wird, dass sie eine Sorgfaltspflicht gegenüber dem Gläubiger verletzt haben, wenn sie eine Verpflichtung zu Lasten der Gesellschaft eingegangen sind, obwohl sie wussten oder hätten erkennen müssen, dass die Gesellschaft nicht in der Lage ist zu leisten und keine Befriedigung gewähren kann.[35]

Im Fall *Albada Jelgersma II*[36] entschied sich der Gläubiger, nicht die Geschäftsleiter des Tochterunternehmens zu verklagen, sondern stattdessen die Muttergesellschaft. Diese Muttergesellschaft, *Albada Jelgersma*, hatte kurz zuvor das Tochterunternehmen *Wijnalda Kuntz* übernommen, einen Lebensmittelgroßhandel. Obgleich man bei *Albada Jelgersma* im Dezember 1980 erkannte, dass *Wijnalda Kuntz* nicht länger in der Lage sein würde, seine Verbindlichkeiten zu bedienen, hielt *Albada Jelgersma* einen Milchlieferanten nicht davon ab, neue Lieferungen an *Wijnalda Kuntz* zu leisten. Als *Wijnalda Kuntz* in die Insolvenz fiel, stützte der Lieferant eine Klage auf Art. 6:162 BW. Das Berufungsgericht erkannte, dass *Albada Jelgersma* intensiv in die Leitung des Tochterunternehmens verwickelt war, vor allem im Bereich des Einkaufs, und dass die Muttergesellschaft im Dezember 1980 wusste, dass das Tochterunternehmen keine Befriedigung für Verbindlichkeiten ab diesem Zeitpunkt würde leisten können. Angesichts dessen wurde *Albada Jelgersma* vom Gericht vorgeworfen, eine Sorgfaltspflicht gegenüber dem Milchlieferanten verletzt zu haben und sie wurde für die Bezahlung der Lieferungen an

35 *Hoge Raad,* 6. Oktober 1989, NJ 1990, 286 (*Beklamel*).
36 *Hoge Raad,* 19. Februar 1988, NJ 1988, 487 (*Albada Jelgersma II*).

Wijnalda Kuntz nach Dezember 1980 haftbar gemacht. *Albada Jelgersma* hätte ihre Tochtergesellschaft davon abhalten müssen, neue Einkäufe zu tätigen oder hätte für die Lieferungen selbst zahlen müssen. Der *Hoge Raad* bestätigte die Entscheidung des Berufungsgerichtgerichts.

b) Mutterunternehmen gestattet dem Tochterunternehmen, bestimmte Zahlungen nach dem „Moment der Wahrheit" zu tätigen

Der zweite Fall zum Untätigbleiben gestaltete sich wie folgt: Die Muttergesellschaft gestattete ihrem Tochterunternehmen, bestimmte Gläubiger anderen gegenüber zu bevorzugen, indem das Tochterunternehmen diese zu einem Zeitpunkt voll befriedigte, zu dem nicht genügend Geld zur Verfügung stand, um alle Verbindlichkeiten zu bedienen. In *Coral/Stalt*[37], entschied der *Hoge Raad*, dass in diesen Fällen die Muttergesellschaft haftet, wenn sie das Tochterunternehmen angewiesen oder ihm erlaubt hat, gruppeninterne Verbindlichkeiten zu begleichen, wenn zur selben Zeit die Verbindlichkeit eines gruppenexternen Gläubigers nicht voll bedient wird. Wie bereits in Bezug auf den Fall angedeutet, der oben unter a. diskutiert wurde, scheint eine Voraussetzung für die Haftung der Muttergesellschaft für das Gestatten bestimmter gruppeninterner Zahlungen zu sein, dass die Muttergesellschaft intensiv in die Angelegenheiten der Tochtergesellschaft verwickelt war. Außerdem muss die Muttergesellschaft das *seriöse Risiko* erkannt haben, dass andere Gläubiger durch die gruppeninterne Zahlung benachteiligt würden. Mehrere Autoren schlagen vor, dass die Haftung der Geschäftsleiter und des kontrollierenden Anteilsinhabers für (das Erlauben) bestimmte(r) Zahlungen nicht auf die Fälle beschränkt ist, in denen verbundene Unternehmen gegenüber gruppenexternen Gläubigern bevorzugt worden sind. Dann haften die Geschäftsleiter (und kontrollierende Anteilsinhaber) jedoch nur dann, wenn festgestellt wird, dass sie die *tatsächliche* Benachteiligung der anderen Gläubiger hätten vorhersehen müssen.[38] Instanzgerichte haben Geschäftsleiter dafür in die Haftung genommen, dass sie nicht *alle* Gläubiger der Gesellschaft ab dem Moment gleichbehandelt haben, ab dem sie hätten erkennen müssen, dass die Gesellschaft nicht in der Lage ist, alle ihre Gläubiger zu befriedigen. Der *Hoge Raad* hat jedoch bislang noch nicht entschieden, dass die Deliktshaftung von Geschäfts-

37 *Hoge Raad*, 12 June 1998, NJ 1998, 727 (*Coral/Stalt*).
38 S. *B.F. Assink/W.J. Slagter*, Compendium Ondernemingsrecht (Band 1), Deventer: Kluwer, 2013, S. 463.

leitern und kontrollierenden Anteilsinhabern für die Vornahme bzw. die Gestattung bestimmter Zahlungen sich auf den Fall erstreckt, wenn einer oder mehrere Gläubiger, *die nicht mit der Gesellschaft verbunden sind, welche die Zahlung getätigt hat,* gegenüber anderen Gläubigern bevorzugt worden sind.

Hier stellt sich eine grundlegende Frage: Wann unterliegt das Mutterunternehmen einer Pflicht (gegenüber den Gläubigern der Tochtergesellschaft), sein Tochterunternehmen zu überwachen? Aus *Albada Jelgersma II* (oben besprochen unter a.) scheint zu folgen, dass eine Muttergesellschaft die ihr verlustmachendes Tochterunternehmen nicht von weiteren Geschäften abhält, nur haftbar gemacht werden kann, wenn sie selbst intensiv in die Angelegenheiten des Tochterunternehmens verwickelt war. Eine spätere Entscheidung des *Hoge Raad* deutet hingegen einen differenzierenderen Ansatz an: In *Sobi v. Hurks II*[39] wurde die Muttergesellschaft in Haftung genommen, weil sie ihrem Tochterunternehmen HBA gestattete, Verbindlichkeiten nach einem bestimmten Zeitpunkt (dem „Moment der Wahrheit") einzugehen. Die *Hurks*-Gruppe war im Baugeschäft tätig. In der Gruppe war ein zentrales Finanzmanagement-System installiert worden und es bestand eine Darlehensvereinbarung mit der Bank, in der alle Gruppenmitglieder Vertragsparteien waren. *HBA* haftete gesamtschuldnerisch für alle Verbindlichkeiten gegenüber der Bank und sie hatte der Bank alle ihre gegenwärtigen und künftigen Vermögenswerte zur Sicherheit gestellt. *HBAs* Satzung bestimmte, dass bedeutende Entscheidungen ihrer Geschäftsleitung der Zustimmung der Muttergesellschaft bedürften. Außerdem sah der Anstellungsvertrag des Geschäftsleiters von *HBA* vor, dass der Geschäftsleiter den Weisungen der Muttergesellschaft Folge zu leisten hat. Dennoch brachte der Anwalt von *Hurks* vor, dass das Tochterunternehmen auf einer eigenständigen Basis handele und dass die Muttergesellschaft nicht in die Angelegenheiten des Tochterunternehmens hätte eingreifen können, da das niederländische Gesellschaftsrecht kein Recht der Hauptversammlung kennt, verbindliche Weisungen an die Gesellschaft auszugeben. Dieser Einwand wurde vom *Hoge Raad* zurückgewiesen. Dieser betonte die *de facto* bestehende Möglichkeit des Mutterunternehmens, die Geschäftsleitung des Tochterunternehmens dazu zu bringen, seinen Anweisungen zu folgen – nötigenfalls, indem es widerspenstigen Geschäftsleitern mit der Abberufung drohte. Der *Hoge Raad* urteilte außerdem, dass die spezielle Struktur der Unternehmensgruppe

39 *Hoge Raad*, 21. September 2001, NJ 2005, 96 (*Sobi v. Hurks II*).

und die Art, in der diese Struktur in der Praxis umgesetzt wird, darauf hindeuten können, dass die Muttergesellschaft einer Pflicht unterliegt, ihr Tochterunternehmen aktiv zu überwachen. Hier ist anzumerken, dass finanzielle Absprachen wie die, die in der *Hurks*-Gruppe existierten, in den meisten Gruppen bestehen und dass Bestimmungen, die die Zustimmung der Hauptversammlung und/oder das Recht der Hauptversammlung, Anweisungen zu geben, ganz üblich sind. Das scheint zu der Folgerung zu führen, dass Muttergesellschaften regelmäßig einer Pflicht unterliegen, ihre Tochterunternehmen zu überwachen, selbst wenn sie nicht intensiv in das Tagesgeschäft der Tochterunternehmen verwickelt sind. An die Pflicht zur Überwachung ist eine Pflicht zum Einschreiten gekoppelt, wenn dies notwendig ist, um das Interesse der Gläubiger des Tochterunternehmens zu schützen. Diese Pflicht kann nicht unter Berufung darauf umgangen werden, dass nach dem niederländischen Recht eine Muttergesellschaft keine rechtlichen Befugnisse hat, das Tochterunternehmen dazu zu zwingen, seinen Anweisungen zu folgen.

Aus der niederländischen Rechtsprechung wird immer deutlicher, dass sich eine Muttergesellschaft von Tochterunternehmen, die sich dem Insolvenzstadium annähern nicht einfach zurücklehnen und untätig bleiben kann. Aus der Entscheidung *Sobi v. Hurks II* scheint zu folgen, dass vorhergehende intensive Verwicklung in das Tagesgeschäft des Tochterunternehmens nicht notwendigerweise eine Voraussetzung der Pflicht zur Überwachung bzw. zum Einschreiten ist. Der *Hoge Raad* scheint zu akzeptieren, dass spezielle Gruppenstrukturen und die Art, in welcher diese Strukturen in der Praxis umgesetzt werden dazu führen können, dass die Muttergesellschaft einer Pflicht unterliegt, ihre Tochterunternehmen aktiv zu überwachen. Deshalb lässt es sich nicht bestreiten, dass in vielen Fällen Mutterunternehmen ihrer Pflicht zur Überwachung – und wenn notwendig – zum Eingreifen in die Angelegenheiten der Tochterunternehmen nachkommen müssen, wenn sie einen Schaden für die Gläubiger der Tochterunternehmen erkennen, selbst wenn die Mutterunternehmen nicht intensiv in die Angelegenheiten der Tochterunternehmen verwickelt waren.

Es wird angenommen, dass die Pflicht zur Überwachung und – wenn nötig – zum Eingreifen nicht auf die Fälle beschränkt ist, in denen die Gläubiger des Tochterunternehmens vor rein wirtschaftlichen Schäden geschützt werden müssen. Unter bestimmten Umständen kann eine Muttergesellschaft auch wegen Versäumens der Überwachung und des Einschreitens in die Haftung genommen werden, um physischen Schaden von – etwa – Arbeitnehmern abzuwenden. Für diese Überlegung kann der englische Fall *Chandler v. Cape PLC*[40] herangezogen werden. Mr. Chandler hatte eine Asbestose entwickelt, nachdem er 18 Monate bei einem Tochterunternehmen der *Cape PLC* angestellt war. Dieses Tochterunternehmen wurde abgewickelt und hatte keine Versicherung gegen Asbestrisiken abgeschlossen. Mr. Chandler verklagte deshalb *Cape PLC* auf Schadensersatz und stützte sich darauf, dass diese eine Pflicht verletzt habe, die sie ihm gegenüber schuldete. Das Revisionsgericht sprach ihm den Schadensersatz zu. In der Entscheidung erklärte Richter Arden LJ (mit dem die anderen Richter übereinstimmten):

> „78. Blickt man auf *Capes* Stand der Kenntnis über die *Cowley Works* und ihre überlegene Kenntnis der Natur und der Behandlung von Asbestrisiken, habe ich keine Zweifel, dass es in diesem Fall angemessen ist, dass *Cape* eine Sorgfaltspflicht trifft, entweder *Cape Products* anzuweisen, welche verfügbaren Maßnahmen sie im Lichte dieser Kenntnis ergreifen muss, um deren Arbeitnehmern ein sicheres Arbeitssystem zur Verfügung zu stellen, oder sicherzustellen, dass solche Schritte ergriffen werden. Der Zuschnitt der Pflicht lässt sich auf beide Arten bestimmen. Gleich, welcher Weg gewählt wird, ist die Verletzung von Mr. Chandler das Ergebnis. Wie der Richter befunden hat, konnte *Cape* – und tat es in anderen Fällen – anhand der gefestigten Abläufe und bei einer realistischen Betrachtung des Falls *Cape Products* Weisungen erteilen, wie diese zu arbeiten hatte, denen diese, soweit wir wissen, ordentlich folgte.
>
> 79. Unter diesen Umständen bestand, nach meinem Urteil, eine unmittelbare Sorgfaltspflicht der *Cape*, die diese den Arbeitnehmern der *Cape Products* schuldete. Es gab ein Unterlassen, auf Sicherheitsmaßnahmen hinzuweisen, obwohl sie Forschung vorantrieb, die nicht bewiesen hatte (noch hätte beweisen können), dass die Asbestose und verwandte Krankheiten nicht von Asbeststaub verursacht wurden. […]
>
> 80. Zusammenfassend zeigt dieser Fall, dass in bestimmten Umständen das Recht der Muttergesellschaft eine Verantwortlichkeit auferlegt für die Gesundheit und die Sicherheit der Arbeitnehmer ihres Tochterunternehmens. Diese Umstände umfassen eine Situation in der, wie im vorliegenden Fall (1) das Geschäft der Muttergesellschaft und der Tochtergesellschaft maßgeblich dasselbe sind; (2) die Muttergesellschaft überlegene Kenntnis betreffend die Gesundheit und die Sicherheit im betreffenden Industriezweig hat oder haben müsste; (3) das Arbeitssystem des Tochterunternehmens unsicher ist, wovon das Mutterunternehmen weiß oder wissen müsste; und (4) das Mutterunternehmen weiß oder wissen müsste, dass das Tochterunternehmen oder dessen Arbeitnehmern sich darauf verlassen würden, dass das Mutterunternehmen seine überlegene Kenntnis zum Schutz der Arbeitnehmer nutzen würde. Das Gericht mag erkennen, dass Voraussetzung (4) dort gegeben ist, wo die Beweislage zeigt, dass das Mutterunternehmen ein

40 [2012] EWCA Civ 525.

Eingreifen in die Geschäfte des Tochterunternehmens praktiziert, etwa im Bereich der Produktion und Finanzierung".

Es ist anzunehmen, dass ein niederländisches Gericht zur selben Folgerung in diesem Fall gekommen wäre. Eine offene Frage bleibt, ob die Grenzen dieser Entscheidung weiter gezogen werden können, indem ebenso eine Sorgfaltspflicht der Muttergesellschaft angenommen wird, die zuvor nicht unmittelbar in das Risikomanagement betreffend der Risiken einbezogen war, die sich dann konkret verwirklicht haben. Ob eine Holding-Gesellschaft die Auferlegung einer Sorgfaltspflicht umgehen könnte, indem sie *keine* Forschung betreibt und *keine* Anweisung zur Behandlung bedeutender Risiken erteilt, ist eine offene Frage.

VI. Zusammenfassung und abschließende Würdigung

(1) Das niederländische Recht kennt kein kodifiziertes gesellschaftsrechtliches Konzernrecht. In Umsetzung der europäischen Bilanzrechtsvorgaben haben die Begriffe des „Konzerns" und des „Tochterunternehmens" Einzug in die Gesetze genommen. Die Vorschriften haben neben dem Bilanzrecht auch Bedeutung für die Kapitalerhaltung. Fragen der Konzernleitung und Haftung in der Unternehmensgruppe werden hingegen der Rechtswissenschaft und Rechtsprechung überlassen. Die Haupterkenntnisquelle bilden zentrale Entscheidungen des höchsten niederländischen Gerichts, des *Hoge Raad*.

(2) Im Wege der Satzungsgestaltung kann einem Gesellschaftsorgan die Möglichkeit gegeben werde, Weisungen an die Geschäftsleitung auszugeben. Nach allgemeiner Auffassung dürfen solche Weisungen aber nur befolgt werden, wenn sie das Eigeninteresse der Gesellschaft und ihres Unternehmens nicht in unverhältnismäßiger Weise beeinträchtigen. Dieses Weisungsrecht ist in der Praxis nur von geringer Bedeutung, da es eines Beschlusses des weisungsgebenden Organs bedarf. Der in der Praxis vorherrschende Weg führt über informelle Einflussnahmen. Diesen wird Autorität dadurch verliehen, dass die Gesellschafterversammlung jederzeit die Möglichkeit hat, Mitglieder der Geschäftsleitung zu entlassen.

(3) Es ist allgemeine Auffassung, dass das Interesse der Tochtergesellschaft, das deren Geschäftsleiter zu berücksichtigen haben, vom Gruppeninteresse des Konzerns „eingefärbt" wird, aber dass es nicht mit dem

Gruppeninteresse gleichgesetzt werden kann. Die Rechtsprechung hat hier festgehalten, dass das Gruppeninteresse in Entscheidungen der Geschäftsleitung berücksichtigt werden könne, es die Entscheidung aber nicht derart beeinflussen könne, dass das Gruppeninteresse unumstößlich Vorrang vor den übrigen Interessen in der Konzerngesellschaft genieße. Kontrollierende Instanz ist damit die Geschäftsleitung des Tochterunternehmens. Deren Prüfungsprogramm bleibt das Interesse der Tochtergesellschaft, mit dem das Gruppeninteresse abgeglichen werden muss. Deutlich wird dabei vor allem, dass existenzgefährdende Weisungen als äußerste Grenze nicht befolgt werden dürfen. Eine weitere anerkannte Grenze verläuft dort, wo für das Tochterunternehmen vollkommen unabsehbar ist, ob eine Maßnahme, die im Gruppeninteresse angewiesen wird, ausreichend sicherstellt, dass die Interessen der Gesellschaft nicht in einer unverhältnismäßigen Weise verletzt werden.

(4) Intensive Diskussion hat die Thematik erfahren, inwieweit gruppenintern Sicherheiten bestellt werden dürfen. In der Rechtsprechung ist dabei die wechselseitige Übernahme gesamtschuldnerischer Haftung zur Besicherung von Bankdarlehen anerkannt worden; Geschäftsleiter handeln bei einem solchen Vorgehen nicht unsorgfältig. Die Möglichkeit, eine weitergehende Bestimmung zur Absicherung gruppenangehöriger Gesellschaften in der Satzung einer Gesellschaft zu verankern, wird in der Wissenschaft vielfach als unwirksam angesehen. Außerdem bietet das Insolvenzrecht die Möglichkeit, im Einzelfall Maßnahmen der Gruppenfinanzierung anzufechten mittels der Actio Pauliana. In der Rechtsprechung wird dieses Institut (unzutreffender Weise) zuweilen gruppendimensional modifiziert, indem die Einschätzung der Nachteiligkeit nicht nur aus der Sicht des insolventen Unternehmens, sondern unter Einbezug der gesamten Gruppe geprüft wird. Zuletzt existiert eine Kontrolle der Dividendenausschüttung durch die Geschäftsleiter. Genehmigen diese eine Ausschüttung unberechtigterweise, haften sie dafür persönlich. Laut dem Gesetzestext besteht die einzige – beschränkte – Aufgabe der Geschäftsleitung darin zu prüfen, ob die Gläubiger nach der Ausschüttung noch befriedigt werden können. Damit ergibt sich ein Widerspruch zu den Vorschriften, dass die Geschäftsleitung bei der Ausübung ihrer Ausgaben im Unternehmensinteresse handeln muss und dass die Geschäftsleiter Anweisungen zurückweisen müssen, wenn diese das Unternehmensinteresse verletzen.

(5) Mittlerweile anerkannt ist eine Pflicht des Mutterunternehmens, seine Gruppe zu leiten. Diese Pflicht trifft die dortige Geschäftsleitung. Die Geschäftsleitung der Obergesellschaft wird nach der Rechtsprechung als das oberste Leitungsorgan innerhalb der Gruppe eingestuft. Für börsennotierte Gesellschaften findet sich diese Verpflichtung im Corporate-Governance-Kodex näher ausgestaltet. Konturen einer Pflicht der Muttergesellschaft, ihre Tochterunternehmen zu überwachen, können ebenfalls in der insolvenzrechtlichen Rechtsprechung ausgemacht werden. Dort wird angenommen, dass die Buchführungspflicht der Holding auch Schutzwirkung gegenüber den Gläubigern der Tochterunternehmen entfaltet, wenn die Tätigkeit der Holding sich nahezu darin erschöpft, Beteiligungen an den Tochtergesellschaften zu verwalten. Auch wird in der Rechtsprechung klargestellt, dass die Muttergesellschaft eine Pflicht zur aktiven Einflussnahme trifft und sie sich nicht auf das Ausgeben allgemeiner Weisungen beschränken kann.

(6) Konzernleitungspflichten werden außerdem vermehrt aus dem allgemeinen Deliktsrecht hergeleitet. Es wird angenommen, dass sich dort eine Pflicht zur Überwachung und – wenn nötig – zum Eingreifen ergibt, um Gläubiger des Tochterunternehmens vor wirtschaftlichen Schäden zu schützen. Unter bestimmten Umständen kann eine Muttergesellschaft darüber hinaus auch wegen Versäumens der Überwachung und des Einschreitens in die Haftung genommen werden, um darüber hinaus physischen Schaden von – etwa – Arbeitnehmern abzuwenden.

Das Konzernrecht in Polen im Lichte der neuesten Rechtsprechung

Krzysztof Oplustil

Inhaltsübersicht

I. Einführung

Das polnische Gesellschaftsrecht, dessen Hauptquelle seit 2000 das Gesetzbuch der Handelsgesellschaften (*Kodeks Spolek Handlowych* – abgekürzt: KSH) darstellt, enthält nur eine fragmentarische konzernrechtliche Regelung, die sich auf die Definition der Beherrschung (Art. 4 § 1 Ziffer 4 KSH) sowie einige daran anknüpfende Informations- und Offenlegungspflichten (Art. 6 und 7 KSH) beschränkt[1]. Von geringer praktischer Bedeutung und in der polnischen Lehre heftig kritisiert ist die misslungene unklare Regelung der Konzernverträge in Art. 7 KSH[2]. Der im Jahre 2010 unternommene Versuch, das Recht der faktischen Unternehmensgruppe mindestens ansatzweise durch die Bestimmung der Voraussetzungen, deren Erfüllung die Berufung auf das Gruppeninteresse rechtfertigt, zu regeln, ist letztendlich gescheitert[3]. Die Unternehmensgruppen, die auch in Polen ein gängiges wirtschaftliches Phänomen darstellen, sind vom polnischen Gesetzgeber als eine rechtliche Organisationsform nicht anerkannt. Die Aufgabe, Antworten auf komplizierte konzernrechtliche Fragen zu finden, wurde deswegen vom Gesetzgeber der Praxis, der Rechtsprechung und, nicht zuletzt, der Wissenschaft überlassen. Es geht vor allem um das Herausarbeiten der Lösungen, die das praktische Funktionieren der Unternehmensgruppen und deren Leitung erleichtern, indem sie einerseits einer herrschenden Gesellschaft die Durchsetzung einer gruppenweiten Strategie ermöglichen und andererseits das Haftungsrisiko, das insbesondere für die Manager abhängiger Gruppengesellschaften mit dem Befolgen der Leitungsmaßnahmen der Konzernspitze einhergehen kann, minimieren. Die Entwicklung dieses konzernrechtlichen *Enabling Law* wird vor allem durch die Rechtsprechung, die den Bedürfnissen der Praxis entgegenkommt,

1 Vgl. dazu *Oplustil/Włudyka*, in: FS Hommelhoff, 2012, S. 863 f. Allgemein zum polnischen Gesellschaftsrecht s. etwa *Oplustil*, in: *Liebscher/Zoll* (Hrsg.), Einführung ins polnische Recht, 2005, S. 390 ff. Zur Geschichte der polnischen Konzernrechtsregelung eingehend *J. Schubel*, Gestaltungsfreiheit und Gestaltungsgrenzen im polnischen Vertragskonzernrecht, 2010, S. 20 ff.

2 Vgl. nur *Opalski* in: W.J. Katner (Hrsg.), System Prawa Prywatnego, Bd. 9, Prawo zobowiązań – umowy nienazwane, 2010, S. 938 ff.; *Oplustil/Włudyka*, aaO., S. 865 ff. Im Ansatz anders *J. Schubel*, aaO., S. 179, die in Art. 7 KSH einen obligatorischen Regelungsauftrag für die Parteien eines Unternehmensvertrags erblickt.

3 Mehr dazu in der deutschen Sprache *Oplustil/Włudyka*, aaO. S. 870 ff. und, in der polnischen Sprache, *Hommelhoff/J. Schubel*, Beilage zu *Monitor Prawniczy* (MoP) 2011/24, S. 11.

vorangetrieben. Bevor die Erkenntnisse dieser neusten Rechtsprechung dargestellt und einer kritischen Würdigung unterzogen werden (unter III), sind das gesetzliche Kompetenzgefüge und die Haftungsregeln in der polnischen GmbH und AG zu skizzieren.

II. Organisation und Haftung in der GmbH und AG

1. Reichweite der Autonomie des Vorstandes in den beiden Gesellschaftstypen

Die Aufgaben und Kompetenzen des geschäftsführenden Organs, das sowohl in der GmbH als auch in der AG „Vorstand" heißt, sind in den beiden Kapitalgesellschafstypen weitgehend identisch geregelt (Artt. 201 § 1, 368 § 1 KSH). Der Grundsatz der Vorstandsautonomie ist allerdings nur in der AG ausdrücklich vorgesehen. Gemäß einer im Jahre 2003, d.h. drei Jahre nach dem Inkrafttreten des KSH hinzugefügten Vorschrift dürfen weder die Hauptversammlung noch der Aufsichtsrat dem Vorstand bindende Anweisungen hinsichtlich der Geschäftsführung erteilen (Art. 375^1 KSH)[4]. Im GmbH-Recht fehlt es an einer entsprechenden Regelung, deswegen sind die Geschäftsführer nach der im Schrifttum überwiegenden, obwohl nicht unumstrittenen Auffassung an die in Gesellschafterbeschlüssen enthaltenen Weisungen gebunden[5].

Trotz der gesetzlichen Proklamation der Vorstandsautonomie in der AG ist die praktische Bedeutung dieser Regelung gering. Die Vorstandmitglieder in beiden Kapitalgesellschaftstypen können grundsätzlich jederzeit und ohne wichtigen Grund nicht nur vom Aufsichtsrat, sondern auch direkt durch einen Beschluss der Hauptversammlung bzw. der Gesellschafter abberufen werden (Art. 203 § 1 KSH für die GmbH, Art. 368 § 4 S. 2, Art. 370 § 1 KSH für die AG). In den polnischen Aktiengesellschaften, in denen das Eigentum in der Regel stark kon-

4 *Ratio* dieser Regelung ist die Stärkung der Vorstandsautonomie in der AG u. a. im Verhältnis zu einem strategischen Aktionär, vgl. *Opalski*, in: *Opalski* (Hrsg.) Kodeks spółek handlowych. Tom IIIA. Spółka akcyjna. Komentarz, Art. 301–392, 2016, Kommentar zum Art. 375^1 KSH, RN. 6 und die dort zitierte polnische Literatur.

5 Dafür sprechen sowohl der geschlossene Charakter einer GmbH als auch die Regelung, wonach die GmbH-Vorstandsmitglieder den ihnen in Gesellschafterbeschlüssen auferlegten Beschränkungen unterliegen (Art. 207 KSH). Vgl. *Opalski/Wiśniewski*, PPH 2005/1, S. 52, 56 ff. Anders *Kwaśnicki/Szwaja*, PPH 2004/8, S. 32.

zentriert ist[6], müssen die Manager, die die Erwartungen und Wünsche des herrschenden Aktionärs im Hinblick auf die Leitung der Gesellschaft nicht erfüllen, mit einer raschen Abberufung rechnen. In der Praxis übt der herrschende Aktionär oder Gesellschafter einen entscheidenden Einfluss nicht nur auf die strategische Geschäftsführung, sondern oft auch auf konkrete Leitungsmaßnahmen des Vorstandes aus. Die Vorstandsmitglieder dürfen jedoch keine rechtswidrigen Anweisungen der Anteilseigner ausführen – und zwar insbesondere jene, die sich über die rechtliche Selbständigkeit der Gesellschaft völlig hinwegsetzten und die Zufügung eines Vermögensschadens für die Gesellschaft zur Folge hätten[7]. Nach der im Schrifttum überwiegenden, obwohl nicht unumstrittenen Ansicht ist auch die Einmann-Kapitalgesellschaft als ein eigenständiges Rechtssubjekt anzusehen, das seine eigene, vor den schädigenden Eingriffen des alleinigen Gesellschafters zu schützende Interessensphäre hat[8]. Die Ausführung von Anweisungen, die zur Ausplünderung des Gesellschaftsvermögens führen oder einen existenzgefährdenden Charakter haben, ist zweifelsohne verboten. Fraglich bleibt dagegen die Rechtsmäßigkeit der Konzernleitungsmaßnahmen, mit denen, separat betrachtet, das Risiko der Nachteils- oder Schadenszufügung für eine abhängige Gesellschaft einhergeht. Zu nennen sind hier beispielsweise Anweisungen der Konzernspitze, die auf die Ausnutzung von Geschäftschancen durch eine andere Gruppengesellschaft oder auf deren Rettung hinauslaufen.

2. *Verständnis des Gesellschafsinteresses in Rechtsprechung und Lehre*

Die Vorstandsmitglieder sind zwar zur loyalen und sorgfältigen Geschäftsführung gegenüber der Gesellschaft als einer eigenständigen juristischen Person verpflichtet und sollen dabei ihr Interesse stets vor

6 Vgl. die empirischen Daten präsentiert von: *Radwan/Regucki,* in: *Ch. Van der Elst* (Hg.) Executive Directors' Remuneration in Comparative Corporate Perspective, 2015, S. 313 und *Regucki,* TPP 2012/3, S. 69, 79 ff.

7 *Oplustil,* in: *Winner/Cierpial-Magnor* (Hrsg.) Rechtsprobleme im Konzern, 2012, S. 73; *Opalski,* Prawo zgrupowań spółek, 2012, S. 220 ff.; *Szumański,* PPH 2010/5, S. 9, 10 ff.

8 Vgl. *Szumański,* aaO.; *Błaszczyk,* MoP 2011/19, S. 1029, 1035. A.A. *Romanowski,* PPH 2008/7, S. 4, 11, der das Interesse einer 100% abhängigen Gesellschaft mit dem Interesse des alleinigen Gesellschafters identifiziert.

Augen haben. Nach der in der neusten Rechtsprechung und Lehre überwiegenden Auffassung darf das Gesellschaftsinteresse jedoch nicht vollständig abstrakt und autonom, d. h. in Abkoppelung von den Interessen der dahinterstehenden Anteilseigner definiert werden. Eine Kapitalgesellschaft wird zwar als ein rechtlich selbständiger Interessenträger anerkannt. Bei der Bestimmung, was im Interesse der Gesellschaft liegt, müssen aber stets die Interessen ihrer Gesellschafter (Aktionäre), die im wirtschaftlichen Sinne „Eigentümer" der Gesellschaft sind, berücksichtigt werden. Das Gesellschaftsinteresse wird in Rechtsprechung und Lehre als eine „Resultante" oder ein „gemeinsamer Nenner" der Interessen aller Gesellschaftergruppen (vor allem der Groß- und Kleingesellschafter) verstanden, der unter Berücksichtigung des im Gesellschaftsvertrag bzw. in der Satzung deklarierten, den Gesellschaftern gemeinsamen Ziels zu bestimmen ist[9]. Das Interesse der Gesellschaft darf zwar mit dem Interesse des Hauptgesellschafters (sei es eine natürliche Person, sei es ein anderes Unternehmen oder der Staat) nicht identifiziert werden. Es umfasst auch berechtigte Interessen der Minderheitsgesellschafter und anderer Außenseiter (etwa Arbeitnehmer, Gläubiger oder Zulieferer), soweit sie mit den Interessen der Gesellschafter langfristig übereinstimmen. Da den Mehrheitsaktionär, im Hinblick auf das Ausmaß seiner Kapitalbeteiligung, das größte wirtschaftliche Risiko der Tätigkeit der Gesellschaft trifft, „wiegt" sein Interesse aber am schwersten bei der Bestimmung, was im Interesse der Gesellschaft liegt. Der vom polnischen Obersten Gericht akzeptierte Gedanke vom Kompromisscharakter des Gesellschaftsinteresses wurde in der Lehre aufgegriffen und auf die Konzern-Ebene überführt[10]. Der richtig verstandene Begriff des Gesellschaftsinteresses kann als ein Einfallstor für die Berücksichtigung des Konzerninteresses und die Legitimierung der Konzernmacht betrachtet werden. Ihre Grenzen werden durch das Gebot, den berechtigten Interessen der Minderheitsgesellschafter und anderer Außenseiter Rechnung zu tragen, und zugleich das Verbot, diese Interessen unverhältnismäßig zu gefährden, bestimmt. Dabei ist zu berücksichtigen, dass die

9 So das Oberste Gericht im Urteil v. 5. 11. 2009 (I CSK 158/09), veröff. in: OSNC 2010/4, Pos. 63. Vgl. auch das OG-Urteil v. 22. 10. 2009 (III CZP 63/09), veröff. in: OSNC 2010/4, Pos. 55. Zum Begriff des Gesellschaftsinteresse im polnischen Schrifttum vgl. *Opalski*, PPH 2008/11, S. 17; *Oplustil*, Instrumenty nadzoru korporacyjnego (corporate governance) w spółce akcyjnej, 2010, S. 171.

10 *Opalski,* Prawo zgrupowań spółek, 2012, S. 220 ff.; *Oplustil*, in: *Winner/Cierpial-Magnor* (Hrsg.) Rechtsprobleme im Konzern, 2012, S. 72 ff.; *Błaszczyk*, MoP 2011/19, S. 1029, 1034 ff.

Beteiligung an einer Unternehmensgruppe nicht nur potenzielle Gefahren, sondern vor allem Nutzen und Vorteile für eine abhängige Gesellschaft bringt.

3. Zivilrechtliche Haftung der Vorstandsmitglieder

Die Vorstandsmitglieder tragen für die rechts- und satzungsmäßige Ausführung ihrer Aufgaben eine zivil- und strafrechtliche Haftung. Allerdings spielt die im KSH geregelte Organhaftung für den der Gesellschaft im Rahmen der Geschäftsführung zugefügten Schaden (Art. 293 bzw. 483 KSH) eine geringe Rolle in der Praxis. Obwohl diese auf der Verschuldungsvermutung beruhende Haftung *prima facie* einen strikten Charakter hat, ist ihre praktische Durchsetzung schwierig. Nach der in der Rechtsprechung (noch) überwiegenden einschränkenden Auslegung der gesetzlichen Voraussetzungen der Organhaftung reiche ein schadenszufügendes Tun oder Unterlassen eines Vorstandsmitglieds, das gegen den objektiven Sorgfaltsmaßstab der Geschäftsführung verstößt, nicht aus, um diese Haftung zu begründen. Der Kläger, d. h. die Gesellschaft müsse auch die eng verstandene Rechtswidrigkeit beweisen, d. h. einen Verstoß gegen eine konkrete Rechtsvorschrift oder eine statutarische Bestimmung[11]. Darüber hinaus bedarf die Erhebung der Schadensersatzklage durch die Gesellschaft eines Zustimmungsbeschlusses der Gesellschafter bzw. der Hauptversammlung (Art. 228 Pkt 2, Art. 393 Pkt 2 KSH). Die Fassung solch'eines Beschlusses ist natürlich eher unwahrscheinlich, wenn eine konkrete Leitungsmaßnahme vom Hauptgesellschafter (-aktionär) veranlasst wurde und der Verwirklichung seines Interesses diente. Jeder Gesellschafter (Aktionär) kann zwar eine *actio pro socio*, also eine Klage für den Ersatz des der Gesellschaft von den Managern zugefügten Schadens anstrengen (Art. 295, 486 KSH). Da das Gesetz keine Erleichterung hinsichtlich der Beweislast und Prozessführungskosten vorsieht, ist dieses Rechtsinstitut als Maßnahme zum Schutz der Interessen einer abhängigen Konzerngesellschaft und ihrer Kleingesellschafter allerdings praktisch unbrauchbar[12].

11 So das poln. OG etwa in den Urteilen: v. 9. 02. 2006 r. (V CSK 128/05), veröff. in: Mon. Praw. 2006/5, S. 226; v. 24. 09. 2008 r. (II CSK 118/08), veröff. in: OSNC 2009/9, Pos. 131. Kritisch dazu *Opalski/Oplustil*, PPH 2013/3, S. 11 ff.

12 Vgl. *Gliniecki*, PPH 2014/5, S. 26 ff.; *Oplustil,* Instrumenty, aaO., S. 742 ff.

Eine wichtige Rolle in der GmbH-Praxis spielt dagegen die Regelung, die eine Art der Insolvenzverschleppungshaftung der Vorstandsmitglieder vorsieht (Art. 299 KSH). Danach haftet jedes Vorstandsmitglied den Gesellschaftsgläubigern direkt für die Verbindlichkeiten der GmbH, falls die Zwangsvollstreckung gegen die letztere erfolglos ist, es sei denn, dass der verklagte Manager zu beweisen vermag, dass ein Insolvenzantrag rechtzeitig gestellt bzw. ein Restrukturierungsverfahren eröffnet wurde oder dass er die verspätete Antragstellung nicht verschuldet hat, oder dass der klagende Gläubiger trotz der verspäteten Antragstellung keinen Schaden erlitten hat (vgl. Art. 299 § 2 KSH). Obwohl die Natur dieser Haftung in der Rechtsprechung und Lehre umstritten bleibt, ist ihre praktische Bedeutung sehr groß, wovon eine hohe Zahl der Judikate und der wissenschaftlichen Abhandlungen zeugt[13]. Allerdings scheidet diese Regelung als Grundlage für die Durchgriffshaftung in Konzernverhältnissen aus. Nach der in der Judikatur und im Schrifttum einheitlich vertretenen Auffassung kann diese Haftung nur natürliche Personen betreffen, die als Vorstandsmitglieder einer GmbH formell bestellt wurden[14]. Die Haftung eines herrschenden Unternehmens oder seiner Geschäftsführer als *shadow directors*, die „vom hinteren Stuhl" die abhängige Gesellschaft durchgreifend im Interesse des ganzen Konzerns und unter Missachtung ihres eigenen Interesses leiten, kann darauf nicht gestützt werden.

4. *Strafrechtliche Haftung der Vorstandsmitglieder*

Im Gegensatz zur geringen praktischen Bedeutung der zivilrechtlichen Managerhaftung (mit Ausnahme der eben skizzierten, in Art. 299 KSH vorgesehenen Außenhaftung der GmbH-Vorstandsmitglieder) spielte die strafrechtliche Haftung der Geschäftsführer bis vor kurzem eine bedeutende, wenngleich nicht unbedingt positive Rolle in der polnischen Wirtschaftspraxis. In der ersten Reihe ist auf die inzwischen aufgehobene Regelung des Art. 585 KSH hinzuweisen, die die strafrechtliche Haftung der Organträger für die „Handlungen zum Schaden der Ge-

13 S. dazu in der deutschen Sprache: *J. Schubel,* aaO., S. 273; *Korn,* in: *Teichmann/ Oplustil* (Hrsg.), Grenzüberschreitende Unternehmensmobilität, 2016, S. 57, 67 ff.; in der polnischen Sprache s. statt vieler die Monographie von *Osajda,* Niewypłacalność spółki z o.o. Odpowiedzialność członków zarządu wobec jej wierzycieli, 2014.

14 Vgl. *Osajda,* aaO., S. 295 ff.; *J. Schubel,* aaO., S. 276 f. sowie die dort zitierte Judikatur und Lehre.

sellschaft" sowie der Anstifter und Gehilfen vorsah (bis zu fünf Jahre Haft oder Geldstrafe). Diese Vorschrift kriminalisierte Handlungen schon im Vorfeld der Beeinträchtigung des Schutzgutes und zwar unabhängig davon, ob es zur Verwirklichung der Gefahr, d.h. zum Eintritt des Schadens im Gesellschaftsvermögen, gekommen ist. Das Verbrechen wurde von Amts wegen geahndet. Die Vorschrift kam zwar in der Praxis kaum zum Zuge, ihre abschreckende Wirkung war jedoch nicht zu unterschätzen. Wegen der Unbestimmtheit der Merkmale des Straftatbestandes, die in der Wirtschaftspraxis zur Unsicherheit führte, wurde die Vorschrift sowohl im Schrifttum, als auch von den Rechtspraktikern zutreffend kritisiert und letztendlich 2011 aufgehoben[15]. Ihre Funktion hat eine ins Strafgesetzbuch hinzugefügte Vorschrift übernommen, die die „Herbeiführung einer direkten Gefahr der Zufügung vom beträchtlichen Vermögensschaden[16]" von einem Geschäftsführer durch den Missbrauch seiner Befugnisse oder die Nichterfüllung der ihm obliegenden Pflicht pönalisiert (Art. 296 § 1a poln. StGB). Die neue Vorschrift kriminalisiert (mit Gefängnisstrafe von 3 Monate bis zu 5 Jahren) zwar ebenfalls das das Rechtsgut gefährdende Verhalten im Vorfeld der Schädigung, ist aber präziser als ihr Vorgänger. Für die Praxis ist auch wichtig, dass der in ihr vorgesehene Strafbestand grundsätzlich nicht von Amts wegen, sondern auf Antrag des Beschädigten geahndet wird[17]. Von Bedeutung für die Managerhaftung in Konzernverhältnissen ist auch der in Art. 296 § 1 poln. StGB vorgesehene allgemeine Straftatbestand der Untreue. Die Vorschrift entspricht grundsätzlich der Regelung des § 266 dt. StGB und pönalisiert die Zufügung eines beträchtlichen Vermögensschadens einer anderen Person infolge des Missbrauchs der Geschäftsführungsbefugnisse oder der Nichterfüllung einer Pflicht durch einen Geschäftsführer, der aufgrund des Gesetzes, des behördlichen

15 Vgl. die Zusammenfassung der Diskussion: *Raglewski*, in: *Siemiątkowski/Potrzeszcz* (Hrsg.), KSH. Komentarz, Tom 4, 2011, S. 323 ff.; *Oplustil/Włudyka*, in: Państwo prawa i prawo karne. Księga jubileuszowa Profesora Andrzeja Zolla (FS A. Zoll), 2012, S. 832 ff.

16 Der beträchtliche Vermögensschaden ist in Art. 115 § 5 und 7 StGB als ein Schaden definiert, dessen Wert im Zeitpunkt der Verübung der Straftat das Zweihundertfache des minimalen Monatsgehalts (zur Zeit 1850 PLN, ca. 420 Euro) übersteigt.

17 Es sei denn, der Geschädigte ist der Fiskus (Art. 296 § 4a StGB). Ist der Fiskus ein Gesellschafter (Aktionär) einer Gesellschaft, für deren Vermögen eine direkte Gefahr der Zufügung eines wesentlichen Schadens herbeigeführt wurde, so erfolgt die Ahndung von Amts wegen. Vgl. zutreffend kritisch dazu *Raglewski*, aaO., S. 354.

Auftrags oder des Vertrages zur Führung der Geschäfte oder Wirtschaftstätigkeit dieser Person verpflichtet ist.

In den Anwendungsbereich der genannten strafrechtlichen Vorschriften fallen auch Organträger einer GmbH oder AG, die der von ihnen geleiteten Gesellschaft vorsätzlich einen erheblichen Vermögensschaden zufügen oder eine direkte Gefahr eines solchen herbeiführen. Fraglich ist, ob die Merkmale dieses Tatbestandes auch in dem Fall erfüllt sind, wenn Geschäftsführer einer konzerneingebundenen Gesellschaft die Leistungsmaßnahmen im Interesse der ganzen Unternehmensgruppe vornehmen, wodurch der ersteren ein Nachteil oder gar ein Schaden (als *damnum emergens* oder *lucrum cessans*) zugefügt wird[18]. Mit dieser Frage haben sich die polnischen Gerichte in der Sache der Manager der Stettiner Werft befasst (s. unten III.1).

III. Die Rechtsprechung zur konzernrechtlichen Problematik

Die Darstellung der neusten Rechtsprechung konzentriert sich auf zwei Aspekte: erstens, die Haftung der Vorstandsmitglieder für die im Konzerninteresse vorgenommenen Handlungen und zweitens, die sog. Gruppenkodizes, die ein in der Praxis entwickeltes und in der instanzgerichtlichen Rechtsprechung akzeptiertes Instrument zur Steigerung der Effizienz der Gruppenführung und zugleich zur Minimalisierung der damit verbundenen Rechtsrisiken darstellen.

1. Strafrechtliche Haftung der Manager: Entscheidungen der Instanzgerichte in der Rs. der Stettiner Werft

Die Pleite der Stettiner Werft Porta Holding AG (poln. *Stocznia Szczecińska Porta Holding S.A.*) im Jahre 2002 wurde durch ein Bündel von negativen Faktoren verursacht. Dazu gehörten: globale Flaute in der Werftindustrie, chronischer Kapitalmangel, einige falsche unternehmerische Entscheidungen und, nicht zuletzt, Handlungen und Unterlassungen der damals regierenden postkommunistischen Politiker, die die Kontrolle über das Unternehmen zurück zu erlangen versuchten. Die Stettiner Werft, einst ein Staatsunternehmen, wurde Anfang der 90er Jahre des 20. Jahrhunderts im Wege des Management Buy-Out privati-

18 Vgl. dazu *Oplustil/Włudyka,* aaO, (Fn. 15), S. 845 ff.

siert. Die Manager und zugleich die Aktionäre der Holdinggesellschaft versuchten der Rezession in der Werftbranche durch Bildung einer horizontalen Holdingstruktur und Differenzierung der wirtschaftlichen Tätigkeit entgegenzuwirken. Die Mutter-AG hat auch eine Reihe von gruppeninternen Transaktionen veranlasst, die Risiko- und Kapitalverschiebungen unter den Konzerngesellschaften zur Folge hatten. Als die Rettungsversuche scheiterten und das Konkursverfahren im Jahre 2002 über die Holding eröffnet wurde, wurden dem Manager der herrschenden Gesellschaft u. a. wegen der gruppeninternen Geschäfte strafrechtliche Vorwürfe gemacht. Die Vorwürfe liefen auf Unwirtschaftlichkeit und Untreue hinaus und stützten sich auf den oben erwähnen Art. 296 § 1 poln. StGB. Nach der Staatsanwaltschaft hätten sieben Manager der Holdinggesellschaft die ihnen obliegende Pflicht, die Geschäfte der Holdinggesellschaft als solche einer eigenständigen juristischen Person zu führen, dadurch nicht erfüllt, dass ihre Handlungen dem vom polnischen Handelsrecht nicht anerkannten Gruppeninteresse gedient hätten. Sowohl die Anklage, als auch die Appellation der Staatsanwaltschaft wurden vom Kreisgericht[19] und dann vom Appellationsgericht Szczecin[20] im Jahre 2009 abgewiesen. Im Jahre 2010 wies das Oberste Gericht die Kassation der Staatsanwaltschaft als offensichtlich unbegründet ab[21].

In den umfangreichen Urteilsbegründungen haben sich die beiden Instanzgerichte auf die Aussagen und Erkenntnisse der ökonomischen und juristischen Literatur zur Konzernorganisation und -leitung berufen. In der Begründung des Appellationsurteils wurde der im Rozenblum-Urteil des *Cour de Cassation* angenommene Ansatz zwar nur kursorisch, aber doch approbierend erwähnt. Nach dem Gericht könne die Rozenblum-Doktrin auch im Lichte des polnischen Rechts für geltend anerkannt werden. Das Appellationsgericht teilte die Ansicht des Gerichts erster Instanz, wonach „aus dem Wesen der Holding hervorgeht, dass sich die Geschäftsführer der Holdinggesellschaften durch das Interesse der ganzen Gruppe leiten lassen können und zwar auch dann, wenn dies in der kurzfristigen Zeitperspektive für eine abhängige Gesellschaft ungünstig wäre; die letztere soll sich doch an die von der herrschenden

19 Urteil des Kreisgerichts Szczecin v. 2. 04. 2008 (III K 288/03), nicht veröffentlicht.

20 Urteil des Appellationsgerichts Szczecin v. 6. 05. 2009 (II AKa 142/08), nicht veröffentlicht.

21 Beschluss des Obersten Gericht v. 5. 10. 2010 (V KK 22/10), nicht veröffentlicht.

Gesellschaft angefertigte Strategie anpassen und sie verwirklichen". Es sei auch möglich und an sich noch nicht rechtswidrig, dass eine abhängige Gesellschaft als Folge der Erfüllung der wirtschaftlichen Anweisungen des herrschenden Unternehmens Verluste erlitte. Die Tatsache, dass das polnische Handelsrecht die Verhältnisse im Rahmen einer Holding nicht ausdrücklich regele, schließe nicht aus, dass dieses wirtschaftliche Phänomen auch auf dem Boden des Rechts anerkannt werde. Die Behauptung des Staatsanwaltes, die Geschäftsführer sollten sich nur durch das separat zu verstehende Interesse einer von ihnen geführten Gesellschaft leiten lassen, sei „fern von der Wirtschaftsrealität sowie von der im ökonomischen und juristischen Schrifttum herrschenden Auffassung". Zugleich hat aber das Gericht betont, dass dem Verhältnis zwischen der Holdinggesellschaft und der von ihr abhängigen Gesellschaften „das Vertrauen und die Loyalität" zugrunde liegen müssten. Die Muttergesellschaft sei verpflichtet, die Interessen der Tochter und das „Minimum der sich aus ihrer rechtlichen Selbständigkeit ergebenden ökonomischen Autonomie zu respektieren sowie sich um ihre rechtliche Existenz und sogar um ihre weitere wirtschaftliche Entwicklung zu kümmern". Bei der Ausübung des herrschenden Einflusses sollte die Muttergesellschaft darauf achten, dass der abhängigen Gesellschaft kein Vermögensschaden zugefügt und dass sie infolge der Anweisungen nicht insolvent werde. Im konkreten Fall sind die beiden Gerichte zum Schluss gekommen, dass das Verhalten der Angeklagten gegen die ökonomischen und rechtlichen Regeln der Wirtschaftstätigkeit nicht verstoße. Wegen der mangelnden Rechtswidrigkeit ihres Verhaltens wurden alle Manager in den beiden Instanzen freigesprochen.

Die Entscheidungen und ihre Begründung wurden in der Lehre und in der Praxis begrüßt[22]. Die Gerichte haben das Gruppeninteresse anerkannt und seine Verfolgung durch Manager einer Konzerngesellschaft für legitim gehalten. Selbst wenn die Ausführung einer im Gruppeninteresse erteilten Anweisung für eine konzerneingebundene Gesellschaft nachteilig wäre, begründet dies nicht deren Rechtswidrigkeit und führt nicht zur Haftung der Manager weder der abhängigen noch der herrschenden Gesellschaft. Erst eine systematische Missachtung der rechtlichen Autonomie einer Konzerngesellschaft, ihre wirtschaftliche „Ausbeutung" oder die Zufügung eines Vermögensschadens, der in einem Missverhältnis zum Nutzen steht, der der ganzen Gruppe daraus

22 Vgl. das Interview mit *Sołtysiński*, Czy regulować stosunki w holdingu, „Rzeczpospolita" v. 8. 10. 2008; *Oplustil/Włudyka*, aaO, (Fn. 15), S. 846 f.

entsteht, können als rechtswidrig betrachtet werden. Die Gerichte haben zwar keine Voraussetzungen festgesetzt, die eine Unternehmensgruppe erfüllen muss, damit die Manager sich auf das Gruppeninteresse berufen könnten. Es ist aber davon auszugehen, dass die Gruppe eine gewisse organisatorische Verfestigung haben und eine kohärente, auf Dauer angelegte Geschäftspolitik verfolgen muss, die auf einen Ausgleich von Vor- und Nachteilen unter den Konzerngesellschaften hinausläuft. Die Voraussetzungen der Rozenblum-Doktrin stimmen durchaus überein mit dem vom Appellationsgericht Szczecin formulierten Erfordernis, dass das Verhältnis unter den Gruppengesellschaften auf dem Vertrauen und der Loyalität bauen muss.

2. *Sog. Gruppenkodizes in Praxis und Rechtsprechung*

a) *Der Gruppenkodex als Instrument der organisatorischen Verfestigung der Gruppe*

Wie am Anfang erwähnt, hat die fragmentarische, misslungene Regelung der Konzernverträge (Art. 7 KSH) so gut wie keine praktische Bedeutung. Vor allem schrecken die gesetzlich vorgeschriebene Registerpublizität der Unternehmensverträge und die unklare Haftungslage[23] die Praxis vom Abschluss solch'eines Vertrags ab. Die Rechtsberater der großen, insbesondere vom Staat beherrschten Unternehmensgruppen haben ein anderes Instrument zur organisatorischen Verfestigung der Gruppe und zur Ausrichtung ihrer Mitglieder auf Verwirklichung des Konzerninteresses erfunden: die „Kodizes zur Regelung der Corporate Governance in der Gruppe" (poln. *kodeksy ładu korporacyjnego w zgrupowaniu*), auch kurz „Gruppen-Kodizes" genannt. Dabei handelt es sich um gruppeninterne Regelwerke, die unterschiedliche Aspekte der Organisation und des Funktionierens eines Konzerns regeln, wie etwa: die Bereiche der Tätigkeit und Aufgaben der einzelnen Gruppenmitglieder, ihre Informations- und Berichtserstattungspflichten, Aufteilung in Sparten (Segmenten), Organisation der Aufsicht und des Risikomana-

23 Im Schrifttum ist umstritten, ob der Abschluss eines Unternehmensvertrags (insb. des Beherrschungsvertrags) eine spezifische Konzernhaftung der herrschenden Gesellschaft für die Verbindlichkeiten der Untergesellschaft begründet. S. dazu ausführlich *J. Schubel*, Gestaltungsfreiheit, aaO., S. 164 ff. und in der polnischen Sprache: *Targosz*, Rejent 2003/1, 105, 128; *Opalski*, in: W.J. Katner (Hrsg.), System, aaO., S. 937.

gements sowie Grundsätze der Finanz-, Investitions- und Personalpolitik in der Gruppe. Ein wesentlicher Bestandteil der Kodizes ist eine „Gruppeninteresse-Klausel", die die einzelnen Konzerngesellschaften an die Verfolgung der gemeinsamen Strategie und des Interesses der ganzen Gruppe bindet. Der Inhalt eines Kodex wird auf der Ebene der Muttergesellschaft ausgearbeitet und dann den Haupt- bzw. Gesellschafterversammlungen der abhängigen Gesellschaften zur Annahme vorgelegt. Die Zustimmungsbeschlüsse werden grundsätzlich mit der absoluten Mehrheit gefasst, es sei denn, dass die Gruppeninteresse-Klausel zugleich in die Satzung der abhängigen Gesellschaft eingeführt wird. In solch einem Fall ist die Vornahme eines satzungsändernden Beschlusses mit der qualifizierten 3/4-Mehrheit der abgegebenen Stimmen erforderlich (Art. 415 § 1 KSH). Die Kodizes haben ein klares Ziel: Die Organisation der Gruppe „strukturell zu verfestigen" und die Zulässigkeit der Weisungserteilung im Konzerninteresse zu legitimieren. Formell betrachtet ist ein Gruppenkodex ein internes Dokument der Unternehmensgruppe und kein Unternehmensvertrag im Sinne von Art. 7 KSH. Deswegen ist keine Anmeldung über die Annahme des Kodex durch eine abhängige Gesellschaft, geschweige denn seine Hinterlegung beim Unternehmerregister, erforderlich. Die opponierenden Minderheitsaktionäre sind auf die Anfechtung des oben erwähnten Zustimmungsbeschlusses angewiesen.

Die unterschiedlichen Gruppen-Kodizes waren Gegenstand der richterlichen Prüfung durch Instanzgerichte in drei Verfahren, die infolge der Anfechtung der Zustimmungsbeschlüsse der Hauptversammlungen von abhängigen Gesellschaften durch deren Minderheitsaktionäre eingeleitet wurden. In allen Fällen wurden die Anfechtungsklagen in beiden Instanzen abgewiesen und damit die Zulässigkeit der Anwendung der Gruppenkodizes bestätigt.

b) Urteile des Kreisgerichts und Appellationsgerichts Katowice in den Rs. V ACa 702/12 und V ACa 252/13

Im ersten Fall hat ein Minderheitsaktionär einen Hauptversammlungsbeschluss angefochten, in dem die AG, ein abhängiges Mitglied einer vom Staat kontrollierten Unternehmensgruppe im stark regulierten Energiesektor, einen Gruppe-Kodex „zur Anwendung genommen hat". Der Kodex sah u. a. vor, dass der Vorstand der Konzernmutter „die strategische Leitung" der Töchter übernimmt und deren Vorständen nur die „laufende Geschäftsführung" überlassen wird. Nach dem Kläger stünde das im Widerspruch zur Regelung des Art. 375^1 KSH, wonach der Vorstand der AG bei der Geschäftsführung autonom ist und die übrigen Gesellschaftsorgane ihm keine bindenden Anweisungen erteilen dürfen (s. oben, unter II.1.). Darüber hinaus enthielt der Kodex eine Konzerninteresse-Klausel, wonach die Tätigkeit jeder Gruppengesellschaft auf die Verwirklichung der Strategie und des Interesses der Gruppe ausgerichtet sein soll. Das Gruppeninteresse wurde als „die Gemeinschaft der strategischen Ziele von Gruppegesellschaften“ definiert. Zugleich präzisierte der Kodex die Voraussetzungen, unter denen die Berufung auf das Gruppeninteresses zulässig sein sollte. Außer den zwingenden Rechtsvorschriften und den Satzungsbestimmungen sollen die Manager auch die berechtigten Interessen der Minderheitsaktionäre und Gläubiger der Gruppengesellschaften beachten. Insbesondere gebietet der Kodex die Beachtung des Grundsatzes der Loyalität gegenüber den Außenseitern, wonach es verboten sein soll, jedwede Handlungen vorzunehmen, die auf Schädigung von Interessen eines Gläubigers oder Minderheitsgesellschafters auf eine sittenwidrige Art und Weise ausgerichtet wären. Der Kodex sah auch die Bestellung von gruppeninternen Ausschüssen vor, die die Entscheidungen der Töchtervorstände auf ihre Vereinbarkeit mit der Gruppen-Strategie zu begutachten hatten, und verpflichtete die letzteren, der Muttergesellschaft alle für das Funktionieren der abhängigen Gesellschaft in der Gruppe oder für die Gruppe selbst relevanten Information mitzuteilen. Nach Auffassung des Klägers wären die zitierten Kodizes-Regeln mit dem polnischen Gesellschaftsrecht, das die Berufung auf das Gruppeninteresse nicht ausdrücklich zulässt, sondern den Vorstand der AG zur autonomen Geschäftsführung allein im Interesse der Gesellschaft für zuständig erklärt (Art. 368 § 1 KSH), unvereinbar. Darüber hob der Kläger in der Anfechtungsklage hervor, dass der im Gruppenkodex vorgesehene direkte Zugang der Muttergesellschaft zu den Informationen über die Tochter-AG gegen den in Art. 20 KSH enthaltenen Grundsatz der Gleichbehandlung der Aktionäre verstoße, weil er die Muttergesellschaft privilegiere. Die Klage wurde durch das Kreisgericht (poln. *sąd okręgowy*) Katowice, das sich mit ihr in der ersten Instanz befasste, in einem Urteil vom 29. 6. 2012[24] abgewiesen. Das Gericht stellte weder die Rechts- bzw. Sittenwidrigkeit des Zustimmungsbeschlusses noch dessen Verstoß gegen das Gesellschaftsinteresse fest. Nach dem Gericht sei jede Handlung im „gemeinsamen Interesse der Gruppe, die

24 Das Urteil wurde nicht veröffentlicht, seine Begründung wurde im Urteil des Appellationsgerichts zusammengefasst.

gegen das Interesse der abhängigen Gesellschaft und geltende Rechtsvorschriften nicht verstößt, sowohl wirtschaftlich begründet, als auch rechtlich zulässig". Da das Gruppeninteresse durch das Interesse der abhängigen Gesellschaft mitbestimmt werde, sei davon auszugehen, dass die Verwirklichung des ersteren sowohl für die letztere, als auch für ihre Minderheitsaktionäre grundsätzlich günstig sei. Das Gericht wies auch den Vorwurf des Verstoßes gegen das Verbot der Erteilung von bindenden Anweisungen an den Vorstand einer AG zurück. Der Kodex selbst enthalte keine solchen Anweisung. Er ermögliche zwar die Erteilung von Instruktionen durch die Muttergesellschaft, die der Verwirklichung der Strategie der ganzen Gruppe dienen sollten. Allerdings seien die Manager der Tochtergesellschaft verpflichtet, solche Instruktionen vor deren Ausführung auf ihre Vereinbarkeit mit dem gelten Recht und mit dem Kodex zu prüfen, was deren Prüfung auch auf die Vereinbarkeit mit dem Interesse der konkreten Gesellschaft sowie mit dem im Kodex verankerten Grundsatz der Loyalität gegenüber den Stakeholdern voraussetze. Den Gruppenausschüssen, deren Bestellung der Kodex vorsehe, stünden nur Begutachtungsbefugnisse zu. Sie seien zur Erteilung von bindenden Instruktionen nicht berechtigt. Hinsichtlich der im Kodex verankerten Informationspflichten der Töchter stellte das Gericht fest, dass diese im Rahmen dessen lägen, was im Lichte von Art. 428 § 6 KSH zulässig sei. Die genannte Vorschrift erlaubt dem Vorstand einer AG, unter gesetzlich bestimmten Voraussetzungen, einem bestimmten Aktionär die von ihm verlangten Informationen außerhalb der Hauptversammlung schriftlich mitzuteilen.

Gegen die Entscheidung reichte der Kläger Appellation an das Appellationsgericht (ebenfalls in Katowice) ein. Die Appellation wurde am 3.12.2012 als unbegründet abgewiesen[25]. Wie das Gericht in der Begrundung feststellte, gehe aus der Tatsache, dass die Bildung von faktischen Unternehmensgruppen zulässig sei, die Zulässigkeit der strategischen Unterordnung von abhängigen Gruppengesellschaften unter die strategischen Ziele und Interessen der ganzen Gruppe hervor. Das Gericht wiederholte, dass das Konzerninteresse eine Resultante der Interessen aller daran beteiligten Gesellschaften darstelle und dass die Beteiligung in der Gruppe sowohl für die Gesellschaft, als auch für ihre

25 Urteil des Appellationsgericht Katowice v. 3.12.2012 (V Aca 702/12) veröffentlicht in der elektronischen Sammlung der Urteile der polnischen Appellationsgerichte: http://orzeczenia.katowice.sa.gov.pl/content/$N/151500000002503_V_ACa_000702_2012_Uz_2012-12-03_001

Außenseiter grundsätzlich mit langfristigen Vorteilen verbunden sei. Der Vorrang des Gruppeinteresses habe allerdings keinen absoluten Charakter, denn der Kodex lasse die Berufung darauf nur unter der Bedingung zu, dass dessen Verfolgung nicht gegen zwingende Vorschriften oder gegen den im Kodex definierten Loyalitätsgrundsatz verstoße. Der Kodex entbinde die Vorstände der gruppenangehörigen Gesellschaften weder von der Geschäftsführungspflicht noch von der Pflicht, sich um ihre Interessen zu kümmern. Letztendlich sei der Vorstand einer abhängigen Gesellschaft dafür verantwortlich, die von der Mutter erteilten Anweisungen vor ihrer Ausführung auf die Vereinbarkeit mit den im Kodex formulierten Bedingungen zu prüfen und, im Fall eines Verstoßes, ihre Befolgung abzulehnen. Tue er das nicht, so stünden den Geschädigten die im Recht vorgesehenen Mittel, wie etwa Schadensersatzansprüche, die im allgemeinen Gesellschafts- und Zivilrecht vorgesehen sind, zu.

Dieselben Instanzgerichte haben auch einen anderen Streit unter denselben Parteien ausgetragen. Der Kläger hat diesmal einen Beschluss der Hauptversammlung der abhängigen Gesellschaft angefochten, der die Grundsätze der Vergütung deren Vorstandsvorsitzenden festlegte. Danach sollte er eine jährliche Prämie bis zu 50% seines jährlichen Festgehaltes erhalten, deren genaue Höhe von der „Befolgung der in der Gruppe angenommenen Corporate Governance-Grundsätze und der Förderung der Zusammenarbeit in der Gruppe“ abhingen. Darüber hinaus konnte ihm noch eine zusätzliche jährliche variable Prämie ausgezahlt werden, deren Höhe von der Entscheidung eines „Ausführungsausschusses in der Gruppe“ abhängig sein sollte. Nach dem Kläger verstoße dieser Beschluss gegen das Interesse der abhängigen Gesellschaft sowie deren Minderheitsaktionäre und sei damit sitten- und treuwidrig. Die variable Vergütung sollte den Vorstandsvorsitzenden zur Verfolgung des Gruppeninteresses aufmuntern und zwar auch dann, wenn dieses mit dem Interesse der von ihm geleiteten Gesellschaft in Konflikt stünde. Die Zuständigkeit des Ausführungsausschusses als eines gruppeninternen quasi-Organs, die genaue Höhe der jährlichen Prämien festzusetzen, beschränke die Rechte der Minderheitsaktionäre, darunter auch des Klägers, über die Vergütung des Managers mitzuentscheiden. Das Kreisgericht Katowice gab dem Kläger Recht und hob den Beschluss der Hauptversammlung auf. Infolge der Appellation der verklagten Gesellschaft wurde diese Entscheidung durch das Gericht zweiter Instanz in seinem Urteil v. 23.7.2013[26] ge-

26 Urteil des Appellationsgericht Katowice v. 25.07.2013 (V ACa 252/13) veröffentlicht in der elektronischen Sammlung der Urteile der polnischen Appel-

ändert und die Bestandskraft des Beschlusses wurde aufrechterhalten. In der Begründung hob das Appellationsgericht hervor, dass das Interesse der abhängigen Gesellschaft das Gruppeninteresse mitbestimme und die Verfolgung des letzteren zugleich dem Interesse der gruppeneingebundenen Gesellschaften diene, deswegen sei eine generelle Behauptung, das Gesellschaftsinteresse und das Gruppeinteresse stünden im Konflikt, schlicht unzutreffend. Das Appellationsgericht hielt auch den zweiten Vorwurf für unbegründet, weil dem Ausführungsausschuss nur Begutachtungskompetenzen zustehen sollten und zur Letztentscheidung über die Höhe der Vergütung des Vorstandsvorsitzenden der abhängigen Gesellschaft deren Hauptversammlung zuständig bliebe.

c) Urteil des Kreisgerichts und Appellationsgerichts Warschau in der Rs. I ACa 315/13

Das gerichtliche Verfahren in dieser Rechtssache leitete ein Anlegerverein, der ein Minderheitsaktionär in einer abhängigen Gesellschaft war. Der Anteil des Klägers betrug 0,0000146 % des Grundkapitals der AG, der des herrschenden Aktionärs (der Konzernmutter) fast 95 % dieses Grundkapitals. Der Kläger focht einen satzungsändernden Beschluss der Hauptversammlung dieser Gesellschaft an, der die Einführung einer Gruppeninteresseklausel (Konzernklausel) in ihre Satzung vorsah. Nach der durch den angefochtenen Beschluss hinzugefügten Bestimmung bestehe das Ziel der AG in der „Führung der Tätigkeit, die auf die Förderung der das Gruppeninteresse determinierenden Mission sowie der Strategie der Gruppe ausgerichtet ist". Eine neue Satzungsbestimmung verpflichtete auch den Vorstand der Tochter, den Gruppenkodex zu beachten. Wie der Kläger behauptete, führten die genannten Bestimmungen zur Nachrangigkeit des Gesellschaftsinteresses im Verhältnis zum Gruppeninteresse, was mit dem geltenden Recht nicht zu vereinbaren sei und sowohl das Interesse der abhängigen Gesellschaft als einer autonomen juristischen Person als auch die Interessen ihrer Minderheitsaktionäre beeinträchtige. Das Kreisgericht Warschau wies diese Vorwürfe im Urteil v. 20. 9. 2012[27] zurück und zwar mit ähnlichen Argumenten wie die Gerichte in Katowice in den oben skizzierten Urteilen. Nach dem Warschauer Gericht lasse sich nicht abstrakt und generell feststellen, dass

lationsgerichte: http://orzeczenia.katowice.sa.gov.pl/content/$N/151500000002503_V_ACa_000252_2013_Uz_2013-07-25_001

27 Das Urteil wurde nicht veröffentlicht, seine Begründung wurde im Urteil des Appellationsgerichts zusammengefasst.

die Beteiligung an einer Unternehmensgruppe und das Handeln im Gruppeinteresse zwingend zur Schädigung der Interessen der abhängigen Gesellschaft oder der Minderheitsaktionäre führten. Die statutarische Verankerung des Gruppeninteresses stehe nicht im Widerspruch zur rechtlichen Autonomie der Konzerngesellschaften. Dabei wies das Gericht auf die Bestimmung des Gruppenkodex hin, die die Verfolgung des Gruppeninteresses und die Zusammenarbeit der Gesellschaften im Rahmen der Gruppe von der Ausbalancierung ihrer Interessen und Berücksichtigung der Stakeholder-Interessen abhängig machte. Deswegen sei eine *a priori*-Annahme, dass die Einführung der Gruppeninteresseklausel in die Satzung der abhängigen Gesellschaft, was die künftige Berufung auf das Konzerninteresse legitimieren sollte, für diese Gesellschaft und ihre Minderheitsaktionäre ungünstig oder schädigend sei, unbegründet. Wie das Gericht dies unzweideutig formulierte: „die Behauptungen des Klägers lassen sich nur als seine Angstprojektionen verstehen".

Das Appellationsgericht bestätigte die erstinstanzliche Entscheidung[28]. Nach dem Gericht ergebe es sich aus dem Wesen der Unternehmensgruppe, dass jede daran beteiligte Gesellschaft auch das Gruppeninteresse berücksichtigten könnte und sogar sollte. Dies bedeute allerdings nicht, dass das eigene Interesse der abhängigen Gesellschaft vollständig und total vor dem von der Muttergesellschaft zu definierenden Gruppeninteresse zurückgestellt werden dürfe. Das Verhältnis zwischen diesen Interessen dürfe nicht auf der vollständigen Unterordnung, sondern vielmehr auf der Ausbalancierung und dem Gleichgewicht beruhen. Die Risiken, die mit der Beteiligung einer abhängigen Gesellschaft in einer konzernierten Unternehmensgruppe für die Minderheitsaktionäre und andere Außenseiter dieser Gesellschaft verbunden seien, dürften zwar nicht verneint werden. Es bestünde vor allem das Risiko, dass die Muttergesellschaft ausschließlich ihr eigenes Interesse unter vollständiger Außerachtlassung der Interessen von abhängigen Gesellschaften zu realisieren versuchen werde. Zugleich aber teilte das Appellationsgericht die Auffassung des Gerichts erster Instanz, dass die Vorwürfe des Klägers bezüglich der potentiellen Schädigung der Stakeholder-Interesse infolge der Konzernierung „einen überaus abstrakten

28 Urteil des Appellationsgericht Warschau v. 18.09.2013 (I ACa 315/13) veröffentlicht in der elektronischen Sammlung der Urteile der polnischen Appellationsgerichte: http://orzeczenia.waw.sa.gov.pl/details/$N/154500000000503_I_ACa_000315_2013_Uz_2013-09-18_001

und generellen Charakter“ auswiesen und „durch keine faktischen Umstände des Sachverhalts bestätigt“ seien. Erst konkrete Leitungsmaßnahmen und Anweisungen der Muttergesellschaft könnten und sollten aus dem Gesichtspunkt der Interessen der abhängigen Gesellschaft und deren Minderheitsaktionäre bewertet werden. Das Gericht wies auch den Vorwurf des Verstoßes des angefochtenen Beschlusses gegen den in Art. 20 KSH formulierten Grundsatz der Gleichbehandlung der Aktionäre in denselben Umständen zurück. Dieser Grundsatz dürfe nicht dahin verstanden werden, dass die Minderheitsaktionäre denselben Einfluss auf die Gesellschaft wie der herrschende Gesellschafter ausüben sollten. Die Aktiengesellschaft unterliege dem Proportionalitätsgrundsatz, wonach die Kontrollrechte der Aktionäre im Verhältnis zu ihrer Kapitalbeteiligung blieben (sog. Grundsatz der Regierung der Kapitalmehrheit, poln. *zasada rządów większości kapitałowej*). Das Gleichbehandlungsprinzip habe deswegen keinen absoluten Charakter und müsse dem Proportionalitätsgrundsatz ausweichen. Ein Kleinaktionär dürfe nicht dieselben Kontrollrechte hinsichtlich der strategischen Ausrichtung der abhängigen Gesellschaft wie der herrschende Aktionär, d.h. das Mutterunternehmen, beanspruchen. Dem Schutz der Interessen der Kleinaktionäre dienten solche Rechtsinstitute wie das Sell Out-Recht (Art. 418^1 KSH) oder die in Art. 486–490 KSH vorgesehenen Schadensersatzansprüche der Gesellschaft, die unter bestimmten Voraussetzungen auch im Wege der *actio pro socio* durch jeden Aktionär geltend gemacht werden könnten (Art. 483 KSH).

d) Bewertung der Rechtsprechung zu den Gruppenkodizes

Die besprochenen Urteile zeugen davon, dass die in der Praxis entwickelten Gruppenkodizes als Instrument der organisatorischen Verfestigung der Unternehmensgruppe und der Legitimierung des Gruppeninteresses in der instanzgerichtlichen Rechtsprechung akzeptiert wurden. Somit kamen die Gerichte den Bedürfnissen der Praxis entgegen und versuchten die ihnen zugetraute Aufgabe, die konzernrechtlichen Probleme, angesichts des Scheiterns der gesetzgeberischen Pläne, im Wege eines *case-by-case*-Ansatzes zu lösen. Nicht ohne Bedeutung für die referierten Gerichtsentscheidungen war zwar wahrscheinlich der Umstand, dass die durch die Kodizes strukturierten Unternehmensgruppen der staatlichen Kontrolle unterliegen. Auf der anderen Seite aber mag die rein gesellschaftsrechtliche Begründung dieser Judikate die Annahme rechtfertigen, dass die Schlussfolgerungen, zu denen die Instanzgerichte gekommen sind, auch für „private" Konzerne gelten würden. Der Ansatz der Gerichte scheint das moderne Konzept eines treupflichtgesteuerten Konzernrechts für faktische Unternehmensgruppen verwirklichen zu versuchen[29]. Diese liberale Rechtsprechungslinie, die in einer höchstrichterlichen Entscheidung (noch) nicht bestätigt wurde, ist grundsätzlich zu begrüßen. Die Gruppenkodizes können als eine Maßnahme zur Rezeption der Rozenblum-Doktrin in Polen verstanden werden. Ihre Annahme durch Hauptversammlungen der Gruppengesellschaften soll der Gruppe ein organisatorisches Fundament verschaffen. Dadurch erhält die Gruppe eine „verfestigte Struktur", in deren Rahmen eine „kohärente Gruppenpolitik" geführt werden kann. In der zitierten Rechtsprechung wurde zutreffend die Notwendigkeit der Führung einer ausbalancierten Geschäftspolitik, die auf den gruppeninternen Ausgleich der Vor- und Nachteilen und die Beachtung der berechtigten Interessen von Außenseitern ausgerichtet ist, hervorgehoben. Die loyale Berücksichtigung dieser Interessen durch Vorstände sowohl der herrschenden, als auch der abhängigen Gesellschaft wird auch in den Kodizes als Voraussetzung für die Verfolgung des Gruppeninteresses angesehen, was für deren Akzeptanz durch Gerichte zweifelsohne von Bedeutung war.

Die Anwendung der Kodizes wirft jedoch eine wichtige Frage auf, mit der sich die Gerichte nicht beschäftigt haben: Wie ist das Verhältnis der Kodizes zu den zwar nur fragmentarisch, aber immerhin doch gesetzlich geregelten Unternehmensverträgen? Funktional betrachtet erfüllen die Kodizes eine ähnliche Aufgabe wie ein Beherrschungsvertrag, d.h. die Legitimierung der strategischen Ausrichtung der abhängigen Gesellschaften auf das an der Konzernspitze zu definierende Gruppeninteresse. Es kann deswegen fraglich sein, ob die herrschende Gesellschaft, die, statt mit ihren abhängigen Gesellschaften einen Beherrschungsvertrag abzuschließen, den letzteren einen Gruppenkodex zur Annahme durch ihre Hauptversammlungen vorlegt, die Regelung des Art. 7 KSH nicht umgeht. Wie bereits erwähnt, stellt der Gruppenkodex ein gruppeninternes Regelwerk dar, das nirgendwo hinterlegt oder publik gemacht werden muss. Diese Frage ist allerdings zu verneinen. Erstens ist die gesetzliche Regelung des Vertragskonzerns so fragmentarisch und misslungen, dass es schlicht an einem tauglichen „Umgehungsobjekt" fehlt. Weder enthält Art. 7 KSH konkrete Maßnahmen zum Schutz der Außenseiter im Vertragskonzern noch beauftragt er die Vertragsparteien,

29 Zu den Treupflichten in der polnischen Unternehmensgruppe ausführlich: *Opalski*, Prawo zgrupowań, aaO., S. 274; *J. Schubel*, aaO., S. 221 ff.

selbst solche Maßnahmen im Unternehmensvertrag zu regeln. Die Vorschrift verlangt nur, einen Auszug aus dem Vertrag über die Haftung der Muttergesellschaft für Verbindlichkeiten der Tochtergesellschaft oder eine Anmerkung, dass der Vertrag diese Haftung nicht regelt bzw. ausschließt, im Unternehmensregister zu hinterlegen[30]. Diese eingeschränkte Registerpublizität reicht nicht aus, um Art. 7 KSH als eine konzernrechtliche Schutzregelung zu betrachten. Zweitens muss ein wesentlicher konzeptioneller Unterschied zwischen dem Beherrschungsvertrag und dem Gruppenkodex festgestellt werden. Wenn der erstere die Unterordnung des Interesses der abhängigen Gesellschaft dem ausschließlich von der Konzernobergesellschaft zu definierenden und sich mit dem Interesse der letzteren weitgehen deckenden Konzerninteresse voraussetzt, beruht der Gruppenkodex auf dem Konzept der treupflichtgesteuerten Ausbalancierung der Interessen von Gruppengesellschaften und der Respektierung von berechtigten Interessen ihrer Stakeholder. Wie aus der dargestellten Rechtssprechungslinie hervorgeht, sind die Vorstände der abhängigen Gesellschaften letztendlich berechtigt und verpflichtet, die ihnen von der Muttergesellschaft erteilten Instruktionen auf ihre Vereinbarkeit mit den Vorgaben des Kodex und das heißt: mit dem langfristigen Interesse der von ihnen geleiteten Gesellschaft und ihrer Außenseiter, zu prüfen und gegebenenfalls die Ausführung einer sie schädigenden Anweisung zu verweigern. Wichtig ist, dass die Geschäftsführer konzerneingebundener Gesellschaften berechtigt sind, das Gruppeninteresse im Rahmen des ihnen zustehenden unternehmerischen Entscheidungsermessens zu berücksichtigen, wobei seine genauen Grenzen (noch) nicht geklärt sind. Gewiss dürfen sie einer „systematischen Ausbeutung“ oder Existenzgefährdung nicht zustimmen; eine Nachteils- oder gar Schadenszufügung, die sich jedoch im Rahmen der langfristigen Geschäftspolitik der Gruppe begründen lässt, soll sich wohl noch im Rahmen des Zulässigen halten.

Trotz der generellen Akzeptanz der skizzierten Rechtsprechungslinie verdienen einige Aussagen der Gerichte kritischer Würdigung und zwar diejenigen, die die Gefahren und Risiken, die sich aus der durch einen Gruppenkodex legitimierten Konzernierung für die Stakeholder

30 Nach der im Schrifttum überwiegenden, zutreffenden Auffassung begründe Art. 7 KSH keine rechtliche Grundlage für eine spezielle Konzernhaftung der Muttergesellschaft. Diese Haftung gebe es nur, wenn sie Konzernvertrag ausdrücklich vorgesehen ist. Vgl. die Darstellung der Diskussion von *J. Schubel*, aaO., S. 165 ff.

abhängiger Gesellschaft ergeben, zu vernachlässigen scheinen. Man kann zweifeln, ob die Manager abhängiger Gesellschaften in der Praxis ihrer oben erwähnten Aufgabe gerecht werden. Weigern sie sich, eine die Tochter schädigende Anweisung der Muttergesellschaft auszuführen, so müssen sie damit rechnen, dass sie nicht nur ihre von der Verfolgung der Gruppenstrategie abhängige Jahresprämie verlieren, sondern möglicherweise auch abberufen werden. Führen sie eine solche Anweisung aus, so ist die Wahrscheinlichkeit, dass sie zur zivilrechtlichen Haftung für den durch die Tochter erlittenen Schaden gezogen werden, eher gering, weil, wie oben dargelegt, die Anstrengung einer Schadensersatzklage durch die Gesellschaft des Zustimmungsbeschlusses der Hauptversammlung bedarf. Auch die Verfolgung der strafrechtlichen Haftung der Manager wegen der „Herbeiführung einer direkten Gefahr der Zufügung eines beträchtlichen Vermögensschadens" für die Gesellschaft bedarf des Antrags der geschädigten Gesellschaft (Art. 296 § 1a und 4a poln. StGB)[31]. Kurz gesagt: die Vorstände abhängiger Gesellschaften haben mehr Anreize, die schädigenden Anweisungen der Mutter zu folgen, als diese sorgfältig zu prüfen und ihre Ausführung ggf. abzulehnen. Ebenfalls wird der generelle Ansatz der Gerichte, erst konkrete Anweisungen und Leitungsmaßnahmen könnten, auf Veranlassung der Stakeholder einer abhängigen Gesellschaft, der gerichtlichen Kontrolle unterzogen werden, der konzernrechtlichen Realität nicht gerecht. In einer straff geführten Unternehmensgruppe können sich die einzelnen Leitungsmaßnahmen der Konzernspitze nicht separieren lassen. Die Anweisungen werden auch oft auf dem informellen Wege erteilt und nicht dokumentiert, geschweige denn publik gemacht, so dass die Minderheitsaktionäre von ihnen kein Wissen erlangen, um sie gerichtlich anzugreifen und ihre Ausführung etwa durch eine einstweilige Verfügung anzuhalten. Mit erheblichen Beweisschwierigkeiten ist auch eine ex post-Reaktion der Stakeholder auf die Schadenszufügung, d.h. die Durchsetzung einer Schadensersatzklage zugunsten der Gesellschaft, verbunden. Ein Kläger wird nur selten imstande sein, das Kausalverhältnis zwischen dem Einfluss der Konzernspitze und des Schadens oder gar der Insolvenz der Gesellschaft zu beweisen.

31 Die Veranlassung des Schadens im fremden Vermögens infolge der Untreue (Art. 296 § 1 StGB) wird aber von Amts wegen geahndet.

IV. Postulate de lege ferenda

Um die geschilderten Gefahren zu minimieren, bedarf es einer gesetzgeberischen Intervention, deren Ziel es sein sollte, den Schutz der Stakeholder im Fall der Annahme eines Gruppenkodex zu verstärken. Die Schutzmaßnahmen, auf die der polnische Gesetzgeber zugreifen könnte, werden schon seit langem sowohl im polnischen, als auch im internationalen Schrifttum diskutiert. Zu nennen ist erstens das Austrittsrecht der opponierenden Minderheitsaktionäre als Voraussetzung für die konzernweite Annahme des Gruppenkodex oder die Einführung einer Gruppeninteresse-Klausel in die Satzung der abhängigen Gesellschaft. Den Minderheitsaktionären, welche die mit einer so weitgehenden Konzernierung verbunden Gefahren und Risiken nicht hinnehmen wollen, soll die Chance gegeben werden, die Gesellschaft gegen ein faires Entgelt, das dem Marktwert ihrer Aktien bzw. Anteile entspricht, zu verlassen. Nur am Rande ist zu bemerken, dass das geltende Recht die Wirksamkeit des Hauptversammlungsbeschlusses über eine „wesentliche Änderung" des Unternehmensgegenstandes vom Abkauf der Aktien der austrittswilligen Aktionären abhängig macht, die eine solche Änderung ablehnen (Art. 416 § 4 KSH). Diese Regelung kann in einer systemkonformen Analogie im Fall des Zustimmungsbeschlusses zur Annahme des Gruppen-Kodex oder zur Hinzufügung der Konzerninteresseklausel angewandt werden. Wenn das Austrittsrecht bereits im Fall der Änderung des Unternehmensgegenstandes den Kleinaktionären zusteht, dann sollten sie umso mehr im Fall der Änderung des Gesellschaftsziels, d. h. ihrer Ausrichtung auf das Gruppeninteresse, davon Gebrauch zu machen berechtigt sein.

Die zweite hier zu postulierende Maßnahme war teilweise schon im Entwurf der konzernrechtlichen Regelung aus dem Jahre 2010 vorgesehen. Es handelt sich um den jährlichen Bericht der abhängigen Gesellschaft über ihre Verhältnisse zur Konzernspitze und zu anderen Konzerngesellschaften. Im Bericht sollen insbesondere sämtliche Geschäfte und Maßnahmen aufgelistet werden, welche die abhängige Gesellschaft auf Veranlassung der herrschenden vorgenommen hat. Der Bericht soll bekannt gemacht, etwa als Anlage zum Jahresbericht, und im Unternehmensregister hinterlegt werden. Seine Prüfung von einem Abschlussprüfer scheint dagegen nicht notwendig zu sein. Wie die deutschen Erfahrungen beweisen, entfaltet der „Abhängigkeitsbericht" schon wegen seiner bloßen Existenz steuernde Wirkungen in der Konzernpraxis[32]. Die Manager einer abhängigen Gesellschaft müssten sich dann über ihre Verhältnisse zu den übrigen Konzerngliedern, insbesondere zur herrschenden Gesellschaft, Gedanken machen. Der Bericht wäre auch eine Erleichterung und Hilfe bei der Prüfung, ob die anderen wichtigen Voraussetzungen des Rozenblum-Konzepts erfüllt sind, d. h. ob die kohärente, auf der gegenseitigen Loyalität der Gruppenmitglieder aufbauende Konzernpolitik tatsächlich gelebt wird und ob sich die Vor- und Nachteile, die für eine abhängige Gesellschaft aus der Zugehörigkeit zu der Gruppe entstehen, im Gleichgewicht halten. Zu erwägen ist auch die Einführung anderer gesetzlicher Schutzmaßnahmen, die die Rechte der Stakeholder in der Unternehmensgruppe stärken würden, wie das Recht der Minderheitsaktionäre, eine gruppenweite Sonderprüfung zu verlangen, oder die Publizitätspflichten der Gruppengesellschaften, etwa in Gestalt der Registrierung einer Anmerkung über die Annahme des Gruppenkodex. Eine gewisse Publizitätswirkung ist aber bereits mit der Fassung des Zustimmungsbeschlusses durch die Hauptversammlung der abhängigen Gesellschaft verbunden. Der Gesetzgeber sollte auch dafür die qualifizierte Mehrheit, die zumindest der für die Satzungsänderung vorgesehenen 3/4-Stimmenmehrheit (Art. 415 § 1 KSH) entsprechen soll, vorschreiben[33].

V. Zusammenfassung und Ausblick

Trotz des Scheiterns des 2010 durch die Kodifikationskommission vorbereiteten Entwurfs zur Regelung der faktischen Gesellschaftsgruppen scheint das gesellschaftsrechtliche Umfeld für die Betätigung solcher Gruppen in Polen günstig zu sein. Dies ist vor allem der Rechtsprechung zu verdanken, die die Gesellschaftsgruppe als moderne Organisationsform der Wirtschaft erkannte und ihrer Bedürfnissen durch funktionale Auslegung des allgemeinen Gesellschaftsrechts entgegenkam. Die Praxis erfand den Gruppenkodex als Instrument der organisatorischen Gruppenverfestigung und Ausrichtung abhängiger Gesellschaften auf die Verwirklichung der Strategie der Gruppe und das Konzerninteresse. Funktional betrachtet spielt der Gruppenkodex eine ähnliche Rolle wie

32 Vgl. *Hommelhoff/J. Schubel*, aaO., S. 18–19.

33 Die Einführung der Gruppeninteresse-Klausel in die Satzung einer abhängigen Gesellschaft bedarf der Satzungsänderung und damit des mit 3/4-Stimmenmehrheit zu fassenden Beschlusses.

der Unternehmensvertrag. Die Annahme des Kodex durch Hauptversammlungen abhängiger Gesellschaften führt allerdings nicht dazu, dass die faktische Unternehmensgruppe zu einem Vertragskonzern im deutschen Sinne wird. Obwohl die strategische Unterordnung der Gesellschaften unter das Gruppeninteresse im Kodex legitimiert wird, gebietet er zugleich die Respektierung und Ausbalancierung von autonomen langfristigen Interessen dieser Gesellschaften sowie berechtigten Interessen der Außenseiter. Damit fügt sich der Ansatz, den die Kodizes zu verwirklichen anstreben, in das Rozenblum-Konzept ein. Die aus dem Gesichtspunkt der Konzernpraxis förderliche Rechtsprechung scheint allerdings an ihre Grenzen gelangt zu sein. Es fehlt an einer gerichtlichen Entscheidung, die sich mit der (straf- oder zivilrechtlichen) Haftung der Manager einer abhängigen Gesellschaft für einen Nachteil oder gar einen Schaden, den die Gesellschaft infolge der Ausführung von dem Konzerninteresse dienenden Leitungsmaßnahmen erlitten hat, beschäftigt. In einer solchen Entscheidung sollten die Kriterien und Voraussetzungen, die eine kohärente und ausgewogene Konzernpolitik aufweisen muss, damit die Berufung auf sie eine haftungsbefreiende Wirkung haben könnte, benannt werden. Es wäre auch angebracht, dass der in den Kodizes nur deklarierte „Grundsatz der gegenseitigen Loyalität und des Vertrauens" der Gruppengesellschaften in Rechtsprechung und Lehre konkretisiert wird. Im Hinblick auf die geschilderten praktischen Schwierigkeiten, die mit der Durchsetzung solcher Haftung durch Minderheitsaktionäre verbunden sind, wundert es nicht, dass sich die Gerichte mit solchen Fragen bisher nicht beschäftigt haben. Es ist jetzt der Gesetzgeber aufgefordert, auf die neuste Entwicklung in der Konzernpraxis durch Einführung von rechtlichen Instrumenten zur Stärkung des Schutzes von Außenseitern in konzerneingebundenen Gesellschaften zu reagieren.

Aus einem rechtsvergleichenden Blickwinkel ist ein vielleicht für den deutschen Leser interessanter Unterschied in der Entwicklung der konzernrechtlichen Regelung in Deutschland und Polen zu verzeichnen. Im deutschen Recht war der Schutz der Außenseiter von Anfang an das besondere Anliegen des Rechts der verbundenen Unternehmen. Erst in der neueren deutschen Literatur wird immer wieder betont, dass die Anerkennung des Konzerninteresses als eigenständige Rechtskategorie eine Voraussetzung für die Stärkung der Organisationsfunktion des Konzernrecht (Stichwort: Konzernrecht als *Enabling Law*) und damit für die Erleichterung des Funktionierens der (insbesondere grenzüberschreitenden) Unternehmensgruppen in der Praxis ist[34]. Von diesem Standpunkt her werden auch Postulate an den europäischen Normgeber bezüglich der Einführung einer konzernspezifischen *Business Judgment Rule* formuliert[35]. Wie das Beispiel Polens belehrt, ist aber auch eine von Rechtsprechung und Praxis vorangetriebene *bottom-up*-Entwicklung des konzernrechtlichen Rahmens möglich, die auf der funktionalen Auslegung des allgemeinen Gesellschaftsrechts und der Anerkennung des Gruppeninteresses beruht. Obwohl diese Entwicklung grundsätzlich zu begrüßen ist, muss auch festgestellt werden, dass sie der wichtigen (und aus dem Gesichtspunkt des deutschen Rechts wohl primären) Funktion der Konzernregelung, d. h. der Schutzfunktion im Bezug auf Außenseiterinteressen, nicht ausreichend Rechnung trägt. Der Schutz der Außenseiter soll auch ein wichtiges Anliegen der Konzernregelung bleiben. Diese Funktion des Konzernrechts darf auch beim Entwerfen und Formulieren der Vorschläge für eine europäische Regelung des Konzernrechts nicht vergessen werden[36].

34 *Teichmann*, AG 2013, 184, 188 ff. Siehe auch *Hoffmann-Becking,* in: FS Hommelhoff, S. 433 ff., der die Bindung an das Konzerninteresse aufgrund des deutschen Konzernrechts strikt ablehnt.

35 *Teichmann,* aaO., 195 f.

36 Vgl. die neusten Vorschläge des *Forum Europaeum on Company Groups*, ZGR 2015, 507 und insbesondere die dort vorgeschlagenen Bericht- und Offenlegungspflichten in einer faktischen Unternehmensgruppe sowie das Postulat, den außenstehenden Gesellschaftern einer sog. regulären Tochtergesellschaft das Recht zum Austritt zu gewähren.

Gesellschaftsgruppen in Italien

Giuliana Scognamiglio

Inhaltsübersicht

I. Das Recht der Gesellschaftsgruppe unter dem italienischen Zivilgesetzbuch von 1942

Ein allgemeines Recht der Gesellschaftsgruppe wurde in Italien **erst 2003** im Rahmen einer generellen Gesellschaftsrechtsreform eingeführt. Es findet sich im italienischen *Codice Civile* (im Folgenden: I.C.C.) in den Artikeln 2497 ff.

Zuvor hatte Italien Gesellschaftsgruppen (d. h. Tochtergesellschaften unter der Leitung einer Mutter- oder Holdinggesellschaft) nur in folgenden Bereichen geregelt:

(a) konsolidierte Konzernrechnungslegung (Verordnung Nr. 127/1991, zur Umsetzung der RL 83/349);

(b) die Insolvenz einer oder mehrerer Gesellschaften in einer Gruppe, von denen eine den Antrag für ein besonderes Insolvenzverfahren gestellt hat.[1] Dieses Verfahren hat die Restrukturierung des Unternehmens zum Ziel, ist nur für große Gesellschaften mit mindestens 200 Arbeitnehmern und einem gewissen Maß an Verschuldung verfügbar und muss unter Aufsicht der italienischen Regierung (Ministerium für wirtschaftliche Entwicklung) durchgeführt werden;
(c) Gesellschaftsgruppen in speziellen Wirtschaftssektoren, für die besondere Gesetze gelten (Bankrecht, Versicherungsrecht, Recht der Finanzvermittler).

Die Gesellschaftsgruppe wurde in der ursprünglichen Fassung des italienischen Zivilgesetzbuchs von 1942 weder definiert noch überhaupt erwähnt. Dabei gab es in der Realität bereits Gesellschaftsgruppen, was den Verfassern des Zivilgesetzbuchs auch alles andere als unbekannt war. Der Bericht des Justizministeriums, der mit dem endgültigen Gesetzesentwurf einherging, spricht davon, dass das Phänomen der Gesellschaftsgruppe in der modernen kapitalistischen Wirtschaft weit verbreitet sei. Ebenfalls wird dort erwähnt, dass das Gesellschaftsrecht die Gründung und Leitung solcher Gruppen nicht verhindern solle, außer wenn dies zu gegenseitigen Beteiligungen und wechselseitigen Kapitalflüssen bei Gruppengesellschaften führe, die deren Kapital verwässern und somit die Gläubiger der Gesellschaft benachteiligen.

Eine Definition von „Kontrolle“, welche die Verbindung zwischen Mutter- und Tochtergesellschaft(-en) darstellt, fand (und findet) sich in Artikel 2359 I.C.C. Nach dieser Vorschrift wird eine Gesellschaft von einer anderen kontrolliert, wenn: (a) letztere – direkt oder indirekt – über die Mehrheit an Stimmrechten in der Hauptversammlung der ersteren verfügt (legale oder *de iure* Kontrolle) oder – direkt oder indirekt – über eine Anzahl an Stimmrechten verfügt, welche der kontrollierenden Gesellschaft die Möglichkeit gibt, herrschenden Einfluss auf die Geschäftsführung der anderen Gesellschaft auszuüben (materielle oder faktische Kontrolle); (b) das kontrollierende Unternehmen in der Lage ist, aufgrund „besonderer vertraglicher Beziehungen“ zwischen den beiden Gesellschaften beherrschenden Einfluss auf die kontrollierte Gesellschaft auszuüben.

1 Namentlich die „amministrazione straordinaria delle grandi imprese in stato di insolvenza“ (außerordentliche Verwaltung großer Unternehmen in Insolvenz – Verordnung n. 270/1999, Art. 80 ff. und Gesetz 18). Siehe weiter unten im Text unter 8.

Das Konzept vertraglich begründeter Kontrolle ist nach wie vor umstritten. Zwischen dem Erlass von Artikel 2359 I.C.C. in seiner Originalfassung 1942 und der Gesellschaftsrechtsreform 2003 waren Wissenschaft und Rechtsprechung überwiegend der Meinung, dass diese Kontrolle auf der unterschiedlichen Wirtschaftskraft von herrschendem und kontrolliertem Unternehmen beruht.[2] Die wirtschaftliche Schwäche des Letzteren wird zugleich als Ursache und Folge von geschäftlichen (z.B. Vertriebs-) Verträgen mit Ersterem gesehen, von welchen die wirtschaftliche Überlebensfähigkeit des kontrollierten Unternehmens abhängt und deren Kündigung somit seine Überlebenschancen im Wettbewerb beeinträchtigen würde, wenn es mit anderen Gesellschaften auf der gleichen Stufe der Produktions- oder Vertriebskette konkurrierte.

Andere teilen diese Einschätzung nicht. Nach einer anderen Ansicht, die ich auch teile, ist die wirtschaftliche Überlegenheit eines Unternehmens über ein anderes eine Frage von Marktmacht und folglich ein rein faktischer Umstand, welcher beispielsweise im Kartellrecht oder sogar im Vertragsrecht als bedeutend erachtet werden kann.[3] Aus gesellschaftsrechtlicher Perspektive hingegen kann vertragliche Kontrolle nur dann vorliegen, wenn ein Unternehmen die Geschäftsführung eines anderen aufgrund vertraglicher Vereinbarungen ständig beeinflussen und orientieren kann, die es ihm beispielsweise erlauben, eine bestimmte Anzahl der Mitglieder des Geschäftsleitungsorgans festzulegen.[4]

2 Siehe u.A. *F. Ferrara jr.*, *F. Corsi*, Gli imprenditori e le società, 14. Ausgabe, Giuffrè, Milano, 2009, 827; *A. Pavone La Rosa*, Divagazioni in tema di „controllo“ e „gruppo“ nelle aggregazioni societarie, Contratto e impresa, 1997, 508 ff.; Corte di Cassazione, 27.09.2001, Nr. 12094 Tribunale Roma, 13.06.2016, abrufbar unter www.giurisprudenzadelleimprese.it

3 Nach aktuellen Entwicklungen im Vertragsrecht (siehe Art. 9 Gesetz n. 192/1998), kann das wirtschaftliche Ungleichgewicht zwischen stärkerem und schwächerem Unternehmen zu einem sog. Missbrauch von wirtschaftlicher Abhängigkeit führen. Dies ist der Fall, wenn eine Gesellschaft in der Lage ist, einem anderen mit ihr in Geschäftsbeziehungen stehenden Unternehmen unverhältnismäßige Rechte und Pflichten aufzuerlegen. Rechtsfolge dieses Missbrauchs ist die Nichtigkeit des zugrundeliegenden Vertrags. Nach der herrschenden Ansicht darf allein das schwächere Unternehmen die Nichtigkeit solcher Vereinbarungen oder Verträge gerichtlich geltend machen. Siehe *Ph. Fabbio*, Abuso di dipendenza economica, 2012, Diritto-online, Treccani, abrufbar unter www.treccani.it/enciclopedia/abuso-di-dipendenza-economica_(Diritto-on-line)/.

4 Siehe u.A. *G. Scognamiglio*, Autonomia e coordinamento nella disciplina dei gruppi di società, *Giappichelli*, Torino, 1996, 106 ff.; *F. Galgano*, I gruppi di società, UTET, Torino, 2001, 26, mit weiteren Nachweisen.

Andererseits gilt als unumstritten, dass diese Art von vertraglicher Beziehung keinerlei Gemeinsamkeiten hat mit dem „Beherrschungsvertrag“ (§ 291 des deutschen Aktiengesetzes) und dem Vertragskonzern, wie er im deutschen Recht bekannt ist und von dort in weitere Rechtsordnungen (z. B. Portugal, Ungarn und, außerhalb Europas, Brasilien) übernommen wurde.

Der Unterschied zwischen dem italienischen Modell der „vertraglichen Kontrolle“ und dem deutschen Modell des „Beherrschungsvertrags“ liegt darin, dass das herrschende Unternehmen dem Geschäftsleitungsorgan der Tochtergesellschaft aufgrund des Beherrschungsvertrags Weisungen erteilen kann und dieses die Weisungen auch befolgen muss, sofern sie nicht in Widerspruch zum Interesse der Gruppe als Ganzes (nicht dem der Tochtergesellschaft selbst) stehen. Das Recht des herrschenden Unternehmens, dem Geschäftsleitungsorgan verbindliche Weisungen zu erteilen, die auch einen Schaden für die Tochtergesellschaft selbst und ihre Stakeholder (namentlich Minderheits- und außenstehende Aktionäre sowie Gläubiger) zur Folge haben können, wird durch einige spezielle minderheiten- und gläubigerschützende Maßnahmen ausgeglichen. Hierzu zählen etwa das Abfindungsrecht und die Verlustübernahmepflicht des herrschenden Unternehmens.

Nach der herrschenden Meinung in Italien steht dieses Modell der vertraglichen Kontrolle, das die Tochtergesellschaft der Muttergesellschaft unterwirft und ihre Struktur und Organisation verändert,[5] nicht im Einklang mit der Pflicht des Geschäftsleiters zur unabhängigen Bewertung der Interessen der Gesellschaft.[6] Weder bei vertraglicher noch bei faktischer Kontrolle ist der Geschäftsleiter der kontrollierten Gesellschaft also verpflichtet, irgendwelche Weisungen des kontrollierenden Unternehmens zu befolgen; andererseits darf er die Weisungen oder Anordnungen des herrschenden Unternehmens auch nicht ignorieren: er muss, genauer gesagt, jede Weisung bewerten und überprüfen, ob sie für die kontrollierte Gesellschaft günstig oder zumindest nicht inkompatibel

5 Deshalb wird der Beherrschungsvertrag gerade von deutschen Rechtswissenschaftlern regelmäßig als sog. Organisationsvertrag eingestuft.

6 Siehe u. A. *F. Galgano*, *G. Sbisá*, Direzione e coordinamento di società, 2. Ausgabe, Commentario del codice civile e codici collegati Scialoja-Branca-Galgano, Zanichelli, Bologna, 2014, sub Art. 2497, 124 ff.; *R. Santagata*, Autonomia privata e formazione dei gruppi nelle società di capitali, Il nuovo diritto delle società, Liber amicorum G.F. Campobasso, III, UTET, Torino, 2007, 799 ff., G.F. CAMPOBASSO, Diritto commerciale, 2, Diritto delle società, 9. Ausgabe, 2015, 287.

oder inkohärent mit ihren wirtschaftlichen Zielen und nicht nachteilig für ihre Gesellschafter und Gläubiger ist. In der italienischen Rechtswissenschaft spricht man von einem „schwachen „Beherrschungsvertrag", oder (noch komplizierter) von einem „hierarchischen Koordinierungsvertrag",[7] um den Unterscheid zum deutschen Modell zu betonen, das eine starke Form vertraglicher Kontrolle ermöglicht. Abgesehen von dogmatischen Bedenken, die auf der Unabhängigkeit der Geschäftsführung und der rechtlichen Selbstständigkeit der Gruppengesellschaften beruhen, wird dieses Modell als zu starr angesehen. Der Rechtsrahmen für Gesellschaftsgruppen sollte so flexibel wie möglich sein, da die Realität der Gruppengesellschaften sehr vielfältig und eine starke Zentralisierung nicht immer gewünscht ist: in den meisten Fällen wird den Geschäftsleitern der kontrollierten Unternehmen ein gewisser Handlungsspielraum überlassen und das Streben nach eigenem Profit in jeder der Gruppengesellschaften gefördert.

In den 1960er und 1970er Jahren fingen italienische Rechtswissenschaftler an, sich dem Schutz der Minderheitsgesellschafter und Gläubiger der kontrollierten Gesellschaften zu widmen. Zu dieser Zeit gab es im italienischen Gesellschaftsrecht neben den generellen Vorschriften für Interessenskonflikte und Geschäftsführungsfragen in einzelnen, unabhängigen Unternehmen keine gesonderten Regelungen für Gesellschaftsgruppen. Dies rief Kritik hervor.[8] Die Anwendung der allgemeinen gesellschaftsrechtlichen Vorschriften über Geschäftsleiterpflichten und deren Haftung bei Interessenskonflikten auf die Gesellschaftsgruppe hätte die Leitung der Gruppe durch die Muttergesellschaft gefährdet[9];

7 Siehe *U. Tombardi*, Diritto dei gruppi di imprese, Giuffrè, Milano, 2010, 181 f.

8 Vgl. u. A. *F. d'Alessandro*, Il dilemma del conflitto d'interessi nei gruppi di società, Scritti di Floriano d'Alessandro, II, Giuffrè, Milano, 1997, 689 ff.; *A. Mignoli*, Interesse di gruppo e società a sovranità limitata, Contratto e impresa, 1986, 729 ff.

9 Die vorher gültigen Vorschriften über Interessenskonflikte von Vorstandsmitgliedern (Art. 2391 I.C.C 1942) enthielten die Pflicht des Geschäftsleiters, sich der Abstimmung über solche Beschlussfassungen zu enthalten, bei denen er einem Interessenskonflikt unterliegt. Die Verletzung dieser Pflicht hatte strafrechtliche Konsequenzen (Art. 2631 I.C.C 1942) und führte zudem zu einer zivilrechtlichen Haftung des Geschäftsleiters für alle Schäden, die durch die Beschlussfassung, für die seine Stimme entscheidend war, verursacht wurden. Da das Interesse der Gruppe oder der Muttergesellschaft als widersprüchlich zum Interesse der kontrollierten Gesellschaft erachtet wurde, wurde der von der Mutter ernannte Geschäftsleiter als Überbringer eines Interessenkonflikts mit dem Interesse der Gesellschaft erachtet; nach diesem Verständnis konnte die oben

ihre Nichtanwendung hätte Minderheitsaktionäre und Gläubiger der Tochtergesellschaften ohne jeden Schutz gestellt.

Die tiefgreifende Reform des italienischen Gesellschaftsrechts von 2003 löste dieses Dilemma, indem sie ein gesondertes Recht für Gesellschaftsgruppen (d. h. ein Recht, das Gesellschaften ermöglicht, von anderen geleitet und koordiniert zu werden) einführte.

Im Übrigen sollte betont werden, dass die Frage, ob Gesellschaftsgruppen denselben Vorschriften wie unabhängige Gesellschaften unterliegen sollten, in der internationalen Diskussion noch immer ungeklärt ist. In manchen Rechtsordnungen wurden oder werden tatsächlich spezielle Vorschriften für die Führung und Organisation von Gesellschaftsgruppen auf den Weg gebracht; in anderen hingegen werden solche für nicht erforderlich erachtet und man ist der Ansicht, dass das allgemeine Gesellschaftsrecht auch für die Bewältigung von Interessens- und Geschäftsführungskonflikten in der Gesellschaftsgruppe vollkommen ausreichend sei[10].

II. Das Recht der Gesellschaftsgruppe nach der Gesellschaftsrechtsreform von 2003

1. Keine Definition der Gesellschaftsgruppe: Leitung und Koordinierung im Mittelpunkt der Regelung

Wie bereits erwähnt, führte die tiefgreifende Reform des italienischen Rechts über Gesellschaften und Genossenschaften von 2003, welche am 1. Januar 2004 in Kraft trat, einige allgemeine Vorschriften über die Gesellschaftsgruppe in den Artikeln 2497 bis 2497-septies des I.C.C. ein. Diese Vorschriften beziehen sich auf die „Leitung und Koordinierung

erwähnte Vorschrift es schwierig (und für die beteiligten Personen auch gefährlich) machen, einen Beschluss des Vorstands (board of directors) der kontrollierten Gesellschaft anzunehmen, da die meisten (wenn nicht alle) der Geschäftsleiter von der Muttergesellschaft ernannt wurden oder gar selbst Geschäftsleiter der Muttergesellschaft sind.

10 Siehe *K. Hopt*, Groups of Companies. A Comparative Study on the Economics, Law and Regulation of Corporate Groups, 2015, ECGI, Law working paper no. 286/2015, Februar 2015, abrufbar unter http://ssrn.com/abstract=2560935 Book Antiqua; *P.H. Conac*, Director's Duties in Groups of Companies – Legalizing the Interest of the Group at the European Level, ECFR, 2013, 194 ff., 199.

von Gesellschaften"[11], ohne den Begriff der Gruppe ausdrücklich zu erwähnen (in italienischen Gesetzen gibt es immer noch keine allgemeine Definition der „Gesellschaftsgruppe"). Nichtsdestotrotz gibt es keinen Zweifel daran, dass diese Vorschriften die Bildung einer Gruppe von zwei oder mehr Gesellschaften unter einer gemeinsamen Muttergesellschaft betreffen.

„Leitung und Koordinierung" einer Zahl von Gesellschaften wird als besondere unternehmerische Betätigung der Muttergesellschaft begriffen, die diese in ihrer Satzung erwähnen sollte, um ihren Geschäftsbereich abzustecken. Ist dies die einzige Geschäftstätigkeit der Muttergesellschaft, nennen wir diese in der Regel eine „reine Holding". Es ist noch immer höchst umstritten, ob die Leitungs- und Koordinierungsaktivität von einer natürlichen Person ausgeübt werden darf und ob in diesem Fall die Bestimmungen in Artikel 2497 I.C.C Anwendung finden, obwohl ihr Wortlaut von Gesellschaften oder juristischen Personen spricht, die Leitungs- und Koordinierungsaktivitäten gegenüber kontrollierten Gesellschaften ausüben. Das oberste und die unteren Gerichte sind in ständiger Rechtsprechung der Ansicht, dass eine Einzelperson wie eine Gesellschaft als Holding-Unternehmer handeln könne und dabei den

11 Es sei darauf hingewiesen, dass das Konzept von „Leitung und Koordinierung von Gesellschaften" im italienischen Gesellschaftsrecht bereits existierte. Es wurde beispielsweise genutzt, um gemäß Art. 60 ff. der Verordnung Nr. 385/1993 (Bankgesetz) die Definition von Bank- und Finanzgruppen festzulegen. Der zugrundeliegende Gedanke ist, dass eine bloße Verbindung zwischen einer kontrollierenden Gesellschaft und ihrer Tochtergesellschaft (kontrollierte Gesellschaft) nicht ausreichend sei, um eine Gruppe zu bilden. Daneben benötige es auch eine Gruppenpolitik und ein gruppenkoordiniertes Streben nach besonderen wirtschaftlichen Zielen, welche sich von denen unterscheiden, die eigenständig von jeder Gesellschaft der Gruppe verfolgt werden. Diese Organisationsmodell wurde auch von den Gerichten anerkannt: siehe hierzu die Leitentscheidung vom italienischen Obersten Gericht von 1990 (Corte di Cassazione, 26.02.1990, Nr. 1439, in re Caltagirone). Nichtsdestotrotz fragten sich viele Autoren immer noch, ob (i) dieses Organisationsmodell im Einklang mit den Vorgaben des Gesellschaftsrechts bezüglich der ausschließlichen Zuständigkeit des Vorstands zur Geschäftsführung und der Unabhängigkeit der Geschäftsführung einer jeden Gesellschaft stünde, und (ii) ob die einheitliche Führung einer Vielzahl von Gesellschaften zur Verfolgung eines Gruppeninteresses, das sich von dem der einzelnen Gesellschaft unterscheidet, förderlich sein könne. In diesen Fragen herrschte große Unsicherheit; dies ist der Grund, warum ein Einschreiten des Gesetzgebers für wichtig oder zumindest wünschenswert erachtet wurde. Siehe *G. Scognamiglio*, (Fn. 4), 219 ff.

relevanten Vorschriften unterliege.[12] Das Oberste Gericht (Corte di Cassazione) hat bislang keine Gelegenheit gehabt, sich zu dieser Frage nach der Gesellschaftsreform von 2003 ausdrücklich zu äußern – doch ist eine Entscheidung in der Sache in den nächsten Monaten erwartet.

Andererseits ist ausdrücklich vorgesehen (Art. 19, Para. 6, der Verordnung Nr. 78/2009, umgesetzt in Gesetz Nr. 102/2009), dass die Vorschriften über Leitung und Koordinierung von Gesellschaften keine Anwendung auf den Staat finden, wenn dieser Mehrheitsbeteiligungen an Gesellschaften hält. Nach Ansicht einiger Autoren muss diese Vorschrift als Haftungsbefreiung für solche Schäden, die aus einem Missbrauch der Leitungs- und Koordinierungstätigkeit durch den Staat resultieren, verstanden werden.[13] Diese Ansicht ist jedoch nicht überzeugend, da sie eine besondere und ungleiche Behandlung des Staates als Mehrheitsgesellschafter mit sich bringt, die nur schwer zu rechtfertigen ist.

Meiner Meinung nach[14] ist die oben erwähnte Vorschrift so zu interpretieren, dass die Regelung über ausgleichende Vorteile in einer Gesellschaftsgruppe (d. h. die Vorschrift, nach der nachteilige Weisungen an eine Tochtergesellschaft erlaubt sind, wenn der Nachteil mit einem entsprechenden Vorteil ausgeglichen wird) nicht auf den Staat als Mehrheitsgesellschafter einer Gesellschaftsgruppe anwendbar ist. Mit anderen Worten lösen nachteilige Weisungen an staatlich kontrollierte Gesellschaften stets eine Haftung des Staates für die entstanden Schäden aus, da in diesem Fall die aus der Gruppenzugehörigkeit resultierenden Vorteile keine Berücksichtigung finden dürfen.

Das Verhältnis von „Leitung und Koordinierung" und „Kontrolle" wird in Artikel 2497-sexies I.C.C. im Sinne einer widerlegbaren Vermutung beschrieben: es wird widerlegbar vermutet, dass eine kontrollierte Gesellschaft unter der Leitung und Koordinierung einer Gesellschaft oder einer anderen kontrollierenden juristischen Person steht.

12 Siehe u. A. Corte di Cassazione, sezione unite civili, 29. 11. 2006, Nr. 25275; sezione I civile, 13. 03. 2003, Nr. 3724; Tribunale Venezia, 11. 10. 2012, Società, 2003, 1, 84; Tribunale Milano, 11. 04 .2011, Fallimento, 2011, 10, 1229, Tribunale Napoli, 8. 01. 2007, Fallimento, 2007, 4, 407, Tribunale Vicenza, 23. 11. 2006, Fallimento, 2007, 4, 415.

13 Siehe (sehr kritisch dazu) *V. Cariello*, Brevi note critiche sul privilegio dell'esonero dello Stato dall'applicazione dell'art. 2497, comma 1, C.C., Rivista di diritto civile, 2010, I, 343 ff.

14 *G. Scognamiglio*, „Clausole generali", principi di diritto privato, 2011, 517, 550 ff. (auch Orizzonti del diritto commerciale, Rivista-online, Nr. 1/2013, abrufbar unter www.rivistaodc.eu)

Die Leitung und Koordinierung durch die Muttergesellschaft ist in der Regel nicht vertraglich mit den Tochtergesellschaften vereinbart: tatsächlich ist eine vertragliche Vereinbarung auch nicht erforderlich, wenn die Mutter Mehrheitsgesellschafter (oder gar Alleingesellschafter) der Tochtergesellschaft ist. Wie bereits festgestellt, muss ein Gesellschafter üblicherweise mindestens 51 % des stimmberechtigten Kapitals halten, um die formelle – *de iure* – Kontrolle über eine Gesellschaft zu haben; ein weit geringerer Prozentsatz kann jedoch ausreichend sein, wenn die allgemeine Anwesenheitsrate in der Hauptversammlung gering ist.

Es gibt allerdings auch „Gruppen ohne Kontrolle", also horizontale Gesellschaftsgruppen. In diesem Fall werden Leitung und Koordinierung auf der Basis eines Vertrags zwischen den Gruppengesellschaften ausgeübt.

Die horizontale Gruppe stellt eine Organisationsform dar, welche hauptsächlich dann genutzt wird, wenn die beteiligten juristischen Personen Genossenschaften sind. Diese können keine „kontrollierte Gesellschaft" sein, da dort das Prinzip „one head, one vote" gilt. Nach Art. 2545-septies I.C.C. ist der Vertrag, durch den eine Gruppe von Genossenschaften eingerichtet wird, eine Vereinbarung, in der zwei oder mehrere Genossenschaften die Leitung und Koordinierung ihrer Geschäftstätigkeiten festlegen. Der Vertrag muss folgenden Angaben enthalten: die Dauer der Zusammenarbeit; die Genossenschaft, der die Leitung übertragen wird; die Bedingungen für den Beitritt zum Vertrag und für den Rücktritt hiervon und das Prinzip der Ausgewogenheit in der Verteilung des Nutzens, der aus der gemeinsamen Tätigkeit entsteht sowie die Kompensationskriterien im Falle eines Ungleichgewichts.

Abgesehen von der horizontalen Gruppe und zwar im Fall der Gruppe mit zwei oder mehr Gesellschaften, welche von einer bestimmten Person kontrolliert werden, ist immer noch umstritten, ob es möglich und rechtsmäßig ist, daß der Leitung und Koordinierung der Gruppengesellschaften ein Vertrag zugrunde liegt. Meiner Meinung nach bedarf es hier keines Vertrags, da das Modell der Leitung und Koordinierung von mehreren kontrollierten Gesellschaften durch eine Muttergesellschaft vom Gesetz (Art. 2497 ff. I.C.C) anerkannt worden ist,[15]

15 Mit anderen Worten: der Vertrag zwischen der Mutter- und den Tochtergesellschaften darf nur solche Vorschriften enthalten, die der gesetzlichen Regelung der einheitlichen Leitung entsprechen. Die Privatautonomie darf das Konzerninteresse nur insoweit berücksichtigen, als dieses auch vom Gesetzgeber wahrgenommen wird.

und die Stabilität des Fortbestehens und der Organisation der Gruppe durch den herrschenden Einfluss der Mutter auf die Tochtergesellschaften (d. h. durch das Verhältnis der Kontrolle) sichergestellt ist.

Andererseits ist es gerade in mittleren und großen Unternehmen sowie in Bank- und Finzanzgruppen üblich, dass die Beziehungen zwischen der Muttergesellschaft und den Tochtergesellschaften durch eine spezielle Vereinbarung („regolamento di gruppo“) geregelt werden, die bei der Stärkung und Stabilisierung der Gruppenführung von großer Hilfe sein kann.[16] Außerdem eine empirische Analyse zeigt, dass eine Vielzahl von unterschiedlichen Dienst- und Austauschverträgen zwischen Gruppengesellschaften geschlossen werden: tatsächlich sind die Austauschverträge zwischen den Gesellschaften darauf ausgerichtet, die finanziellen Ressourcen so zur Verfügung zu stellen, dass sie den von der Muttergesellschaft mittels der Leitung und Koordinierung der Gruppengesellschaften verfolgten Zielen nutzen.

2. Die Gesellschaftsgruppe als besondere Form der Unternehmensorganisation und die (Grenzen der) Anerkennung des Gruppeninteresses

Wie oben festgestellt, erkennt Art. 2497 I.C.C. die Gesellschaftsgruppe als besondere Form eines Unternehmens mit mehreren Gesellschaften an: mit anderen Worten erlaubt unser Rechtssystem nun die Leitung und Koordinierung (oder wie wir sagen: externe Leitung) von Gesellschaften durch eine Muttergesellschaft. Das Recht der Mutter, Weisungen an das Leitungsorgan der Tochtergesellschaft im Gruppeninteresse zu erteilen und die korrespondierende Pflicht der Tochtergesellschaft, diese Weisungen zu berücksichtigen, solange sie nicht schädlich für die Gesellschaft sind, sind also anerkannt.

Leitung und Koordinierung einer Gesellschaftsgruppe müssen unter den gleichen Prinzipien der Fairness, Sorgfältigkeit und Ehrlichkeit erfolgen, welche auch bei der Führung einer unabhängigen Gesellschaft beachtet werden müssen. Wird diese Pflicht verletzt, haftet die (Mutter-) Gesellschaft den Minderheitsgesellschaftern und Gläubigern der angewiesenen Gesellschaft persönlich für alle Schäden, die aus einer „schlechten“ (d. h. unfairen und schädlichen) Weisung resultieren.

16 Siehe *P. Montalenti*, Direzione e coordinamento nei gruppi societari principi e problemi, Rivista delle società, 2007, 317 ff., 330; *F. Guerrera*, Autoregolamentazione e organizzazione del gruppo di società, Rivista del diritto commerciale, 2012, II, 589 ff.

Im Einzelnen haftet die Mutter, wenn: (a) der Wert der Aktien der angewiesenen Gesellschaft aufgrund unredlichen Verhaltens und Fehlgebrauchs der Leitungs- und Koordinierungsmacht durch die Mutter gesunken ist; (b) der Nettobetrag der Vermögenswerte der Gesellschaft nicht mehr ausreicht, um alle Gläubiger zu bezahlen, weil die Pflicht, die Unversehrtheit des Gesellschaftsvermögens zugunsten der Gläubiger zu wahren, verletzt wurde.

Jeder Gesellschafter (unabhängig von der Größe seines Anteils) und jeder Gläubiger der Tochtergesellschaft kann die Mutter direkt verklagen; rechtliche Schritte gegen die Mutter sind allerdings unzulässig, wenn die Tochtergesellschaft den Gesellschafter schadlos hält oder den Kreditgeber befriedigt.[17]

Wenn die Tochtergesellschaft Konkurs angemeldet hat, wird die Klage durch den Insolvenzverwalter für alle Gläubiger der Gesellschaft erhoben. Ob auch die Gesellschafter der Tochtergesellschaft bei deren Insolvenz die Muttergesellschaft verklagen können, ist höchst umstritten.[18]

Die Geschäftsleiter der kontrollierenden Gesellschaft sowie jeder, der am Fehlgebrauch oder dem Missbrauch der Leitungs- und Koordinierungsmacht teilgenommen und daraus einen Vorteil erlangt hat, haften gesamtschuldnerisch mit der Muttergesellschaft. Diese sog. zusätzliche Haftung ist allerdings durch die Höhe des jeweils erlangten Vorteils begrenzt.

Die Muttergesellschaft haftet der Tochtergesellschaft (also ihren Minderheitsgesellschaftern und Gläubigern) nicht, wenn der aus der unfairen Weisung resultierende Schaden durch besondere Vorteile, die

17 Art. 2497, Sect. 3, I.C.C. Die Auslegung dieser Vorschrift ist immer noch umstritten. In Bezug auf die Klage eines Gläubigers könnte sie dahingehend zu verstehen sein, dass ein Gläubiger der Tochtergesellschaft die Muttergesellschaft solange auf Schadensersatz verklagen kann, bis der Kredit von der Tochtergesellschaft selbst nicht bezahlt wurde. Bezüglich der Klage des Gesellschafters ist die Vorschrift mehrdeutig. Nach einer Ansicht enthält sie eine implizite Ermächtigung der Muttergesellschaft, den für die Schadlosstellung des Gesellschafters erforderlichen Betrag an die Tochtergesellschaft zu überweisen, um so einer Klage gegen sich vorzubeugen. Siehe G. *Scognamiglio*, Danno sociale e azione individuale nella disciplina della responsabilità da direzione e coordinamento, Il nuovo diritto delle società, Liber amicorum G.F. Campobasso, 3, Utet, Milano, 2007, 945 ff., 960.

18 Siehe G. *Scognamiglio*, Direzione e coordinamento di società, sub art. 2497, Commentario del codice civile, herausgegeben von E. Gabrielli, UTET, Torino/Milano, 2015, 1156 ff.

sich aus anderen Gruppenanweisungen ergeben, ausgeglichen wird, die Tochtergesellschaft mithin insgesamt keinen Schaden aus der Leitung und Koordinierung durch die Mutter erfährt. Mit anderen Worten, während im Falle einer Verletzung von jeweiligen gesetzlich anerkannten Rechte ist der Autor der Verhaltens sofort verantwortlich den Geschädigten gegenüber nach den allgemeinen Regeln der zivilrechtlichen Haftung, genießt die Muttergesellschaft eine Art Privileg, gerichtet auf die Erleichterung der Gruppenleitung, das darin besteht, dass die Schädigung der Tochtergesellschaft und ihrer Aktionäre und Gläubiger rechtlich unerheblich bleibt, solange der Nachteil mit einem gleichwertigen Nutzen kompensiert wird. Die Beweislast für diesen kompensierenden Vorteil trägt die Beklagte, mithin die Muttergesellschaft. Diese wird den Beweis nur dann führen können, wenn sie in einer Art von Buchführung alle nachteiligen Weisungen und entsprechende Vorteile sorgfältig festgehalten hat.

Die Vorschrift über die sog. ausgleichenden Vorteile zielt darauf ab, die unternehmerische Freiheit der Muttergesellschaft zu stärken, indem es ihr ermöglicht wird, Geschäftsentscheidungen zu treffen, die für die Gruppe angemessen oder gar erforderlich, für eine oder mehrere Tochtergesellschaften allerdings nachteilig sind.

Die Vorschrift sieht sich aufgrund ihrer Mehrdeutigkeit einiger Kritik ausgesetzt.[19] In der Tat ist nicht klar, ob der sich aus der einheitlichen Leitung ergebende Vorteil den Nachteil dann auszugleichen vermag, nur wenn er quantitativ dem konkreten Schaden entspricht oder auch wenn eine Gesamtbetrachtung auf Ebene der Gruppe zu einem positiven Saldo führt.[20] Auch ist unklar, ob der Nachteilsausgleich am Ende des Geschäftsjahres erfolgen muss oder ob hierfür eine längere Zeitspanne zur Verfügung steht. Allgemein anerkannt ist jedoch, dass die alleinige Tatsache der Gruppenzugehörigkeit und die daraus resultierenden generellen Vorteile nicht als angemessener Ausgleich für konkrete Nachteilszufügungen verstanden werden können.[21]

Der Grundsatz scheint jedoch klar zu sein. Eine Gesellschaft darf tatsächlich „von außen" (von einer Muttergesellschaft) geleitet werden

19 Siehe *G. Scognamiglio* (Fn. 14), 535 ff.

20 Im Allgemeinen über das Problem vgl. *F. Denozza*, Rules vs. Standards nella disciplina dei gruppi: l'inefficienza delle compensazioni „virtuali", Giurisprudenza commerciale, 2000, 1, 327 ff.

21 Vgl. Corte di Cassazione, sezione V penale, 23.06.2003, Nr. 38110; Corte di Cassazione, sezione I civile, 28.04.2004, Nr. 16707; Tribunale Roma, 5.02.2008, Giurisprudenza italiana, 2009, 1, 109.

und ihre Tätigkeit darf mit denen anderer, von der selben Mutter kontrollierten Gesellschaften abgestimmt werden, solange diese Leitung von außen dieser Gesellschaft keinen generellen Nachteil zufügt. Der Nachteil, der aus einer konkreten Weisung resultiert, ist dann von Bedeutung, wenn er nicht durch einen entsprechenden, aus der Gruppenpolitik folgenden Vorteil ausgeglichen wird. Wird er nicht ausgeglichen, haftet die Muttergesellschaft persönlich gegenüber allen Gesellschaftern und unbefriedigten Gläubigern der Tochtergesellschaft.

Art. 2497 I.C.C. gilt für alle Tochtergesellschaften einer Gruppe: keine Unterscheidung in Bezug auf Größe und spezielle Funktion der Tochtergesellschaft getroffen werden kann. Ich beziehe mich hier auf den Vorschlag des Forum Europaeum on Company Groups (FECG), ein besonderes Rechtssystem für sog. Servicegesellschaften einzuführen, das sich von den bisherigen Regelungen für gruppenangehörige Gesellschaften unterscheidet.[22] Unter einer Servicegesellschaft wird eine Gesellschaft verstanden, die sich ausschließlich auf Hilfsleistungen innerhalb der Gruppe beschränkt (z. B. Vermögensverwaltung oder Erbringung von Dienstleistungen für andere Gesellschaften der Gruppe), keinen der EU-Grenzwerte für mittelgroße Unternehmen überschreitet und deren Anteile vollständig von einer oder mehreren Gruppengesellschaften gehalten werden. Dieses besondere System besteht darin, dass die Servicegesellschaft anders als die sog. reguläre Tochtergesellschaft alle Mutterweisungen mit Ausnahme derjenigen befolgen muss, die sie außerstande setzen, ihre Verbindlichkeiten gegenüber gruppenfremden Dritten zu erfüllen, welche in den auf die Weisung folgenden 12 Monate fällig werden. Dies gilt allerdings nicht, wenn eine dynamische Garantie für alle jeweils innerhalb 12 Monaten nach der Weisung fällig werdenden Tochterverbindlichkeiten durch die Mutter-, eine andere Gruppengesellschaft oder einen Dritten übernommen wurde.[23]

Das italienische Recht sieht keine unterschiedliche Behandlung für kleinere Tochtergesellschaften mit bloßer Hilfsfunktion in der Gruppe vor. Stattdessen wurde eine unterschiedliche Behandlung von 100%-igen Tochtergesellschaften und Tochtergesellschaften mit zwei oder mehr Anteilseignern diskutiert. Insbesondere wurde thematisiert, ob das Modell einer Einpersonengesellschaft so genutzt werden könne, dass es eine Verfolgung des Gruppeninteresses ohne Nachteilsausgleich ermöglicht. Die überwiegende Ansicht ist, dass der aus der Gruppenpolitik

22 Vgl. den Text der FECG-Thesen in diesem Band, S. 259 ff.
23 Siehe FECG, ZGR 2015, 507, 512 ff.

resultierende Nachteil für eine 100%-ige Tochtergesellschaft nicht von der Mutter auszugleichen sei, solange das Gesellschaftsvermögen nicht untergraben wird und die Gesellschaftsgläubiger nicht gefährdet werden, die Tochtergesellschaft sie also ordnungsgemäß befriedigen kann.[24] Hinzugefügt werden sollte, dass die Verantwortlichkeit für von der Mutter verursachte Schäden am Gesellschaftsvermögen einer 100%-igen Tochtergesellschaft bis zum Verkauf der Anteile an Dritte führen kann. Hier kann man jedoch vernünftigerweise davon ausgehen, dass ein Käufer, der einen Wertverlust der Anteile aufgrund des schädlichen Einflusses bemerkt, eher die Vertragskonditionen und den Kaufpreis zum Ausgleich des Wertverlusts verhandeln wird, als die Muttergesellschaft zu verklagen.

Ich möchte darauf hinweisen, daß die Vorschrift des Art. 2497 I.C.C gemeinhin **sowohl als Haftungs- als auch als Organisationsrecht** verstanden wird. Hiernach haftet die Mutter gegenüber Minderheitsgesellschaftern und Gläubigern der Tochtergesellschaften, wenn die Grundsätze einer ordnungsgemäßen Gesellschafts- und Unternehmensführung verletzt wurden. Was versteht man jedoch unter diesen Grundsätzen? Hier einige Beispiele:

– die Berücksichtigung der rechtlichen Selbstständigkeit der juristischen Personen in der Gruppe;
– das Absehen von nachteiligen Weisungen, außer ein angemessener Ausgleich ist sichergestellt;
– das Absehen von Weisungen, die zur Insolvenz der Tochtergesellschaft führen können;
– die Förderung und Überwachung von gruppeninternen Informationsflüssen sowohl von oben nach unten als auch umgekehrt;
– das Vorantreiben der Erklärung zum Bestehen einer Gruppe unter einheitlicher Leitung und Koordinierung im Handelsregister durch das Leitungsorgan der Tochtergesellschaft;[25]

24 Siehe schon in der älteren Literatur G. *Ferri*, Le società, Trattato di diritto civile italiano, herausgegeben von F. Vassalli, 3. Ausgabe, UTET, Torino, 1987, 1017 f.

25 Da die Gesellschaftsgruppe keine neue juristische Person mit eigenständiger Rechtspersönlichkeit ist, ist ihr Entstehen nicht in das Register einzutragen. Es wird allerdings erwartet, dass das Leitungsorgan der Tochtergesellschaft erklärt, dass die Gesellschaft unter der Leitung und Koordinierung einer anderen juristischen Person steht. Siehe hierzu näher unter 7.

- die Verpflichtung zur Transparenz und zur Angabe von Gründen für die erteilte Gruppenweisungen, um dem Leitungsorgan der Tochtergesellschaft die Entscheidung zu ermöglichen, ob die Weisung befolgt werden soll oder nicht und um diese Entscheidung rechtfertigen zu können;
- und so weiter.

Diese sind einige der Vorschriften, die beitragen, den Bereich des „Organisationsrechts für Gesellschaftsgruppen" festzulegen. Dies stimmt mit der Annahme überein, dass eine Gesellschaftsgruppe nichts anderes ist als eine besondere Organisationsform für große, mittlere und sogar kleine Unternehmen.

Das Recht der Gesellschaftsgruppe zielt zum einen darauf ab, die Leitungsmacht der Muttergesellschaft den Gruppengesellschaften gegenüber anzuerkennen und zu legalisieren. Zum anderen sollen Minderheitsgesellschafter und Gläubiger der einzelnen kontrollierten Gesellschaft gegen Missbrauch dieser Leitungsmacht durch die Mutter geschützt werden. Weit weniger Aufmerksamkeit wird in unserem Recht dem Schutz der Minderheitsgesellschafter und Gläubiger der Muttergesellschaft zuteil. Unter diesem Gesichtspunkt besteht eine Regelungslücke unter der aktuellen Rechtslage, die durch Auslegung oder ein erneutes gesetzgeberisches Einschreiten gefüllt werden sollte.[26]

III. Gruppeninterne Finanzierung

Wenn die Muttergesellschaft der Tochtergesellschaft in Zeiten von Finanzierungsproblemen ein Darlehen gewährt, steht die Wirksamkeit der Rückzahlung an die Mutter unter der Bedingung, dass die übrigen Gläubiger bereits befriedigt wurden und die Rückerstattung ist *ipso iure* unwirksam, wenn sie im letzten Jahr vor Stellung des Insolvenzantrags durch die Tochtergesellschaft erfolgte.[27] Diese Vorschrift, die an die

26 Siehe *M.S. Spolidoro*, La tutela dei soci di minoranza e dei creditori della holding nella nuova disciplina delle società di capitali, Scritti in onore di V. Buonocore, vol. III, tomo III, Milan, 2005, 3924 ff. Dieses Problem ist auch in anderen Rechtsordnungen, insbesondere in Deutschland bekannt und umstritten: siehe u. A. *M. Lutter*, Das unvollendete Recht der Gesellschaftsgruppe, in: Bitter/Lutter et. al. (Hrsg.), Festschrift für K. Schmidt zum 70. Geburtstag, 1065 ff.

27 Art. 2497-quinquies I.C.C.

Regelung für Gesellschafterdarlehen in einer GmbH (Art. 2467 I.C.C.) angelehnt ist, soll das Phänomen der Unterkapitalisierung bekämpfen, welches außenstehende Kreditgeber benachteiligen kann. In Bezug auf Gesellschaftsgruppen soll die nachrangige Behandlung von Darlehen zwischen den Gruppengesellschaften als Abschreckung für skrupellose Manöver dienen, mit welchen die Mutter die Annehmlichkeit nutzt, Finanzmittel zwischen den Gesellschaften hin- und herschieben zu können, und hierbei die Interessen der außenstehenden Gläubiger nicht angemessen berücksichtigt.

Die nachrangige Behandlung des Rückzahlungsanspruchs der Muttergesellschaft tritt nicht – wie dies in anderen Rechtsordnungen der Fall ist – von selbst ein, sondern hängt davon ab, dass die finanzielle Unterstützung durch die Muttergesellschaft zu einer Zeit erfolgte, als die Tochtergesellschaft sich in ernsthaften finanziellen Schwierigkeiten oder in einer finanziellen Situation befand, in der ein Kapitalzuschuss sinnvoller als die Gewährung eines Darlehens gewesen wäre.

Höchst umstritten ist weiterhin die Frage, ob die Vorschrift auch im Falle eines Darlehens von der Tochter- an die Muttergesellschaft (bottom-up-Finanzierung) Anwendung finde.

Die herrschende Ansicht verneint dies.[28] Hierfür spricht der Wortlaut von Art. 2497-quinquies I.C.C., welcher sich nur auf den Fall der top-down-Finanzierung zu beziehen scheint. Dies lässt sich allerdings nur schwer vertreten wenn man annimmt[29], dass der Fall der Darlehensgewährung einer Tochtergesellschaft auf dritter Stufe an eine Tochtergesellschaft auf zweiter Stufe, welche ihrerseits die Muttergesellschaft jener Tochtergesellschaft ist, auch vom Anwendungsbereich des Art. 2497-quinquies umfasst ist.

28 Vgl. u. A. *M. Maugeri*, I finanziamenti anomali endogruppo, Banca borsa e titoli di credito, 2014, I, 726, 730 ff.; kritisch dazu *L. Benedetti*, La disciplina dei finanziamenti „up-stream" della società eterodiretta alla capogruppo in difficoltà finanziaria, Rivista delle società, 2014, 747 ff.

29 Siehe *G. Balp*, I finanziamenti infragruppo: direzione e coordinamento e postergazione, Rivista di diritto civile, 2012, 329 ff., 336.

IV. Related party transactions

Art. 2391-bis I.C.C. enthält spezielle Bestimmungen für Geschäfte mit Parteien, zu denen eine wechselseitige Beziehung besteht (related party transactions), die direkt oder indirekt (d. h. über die Tochtergesellschaften) von börsennotierten Gesellschaften oder Gesellschaften, die anderweitig am Risikokapitalmarkt teilnehmen, ausgeführt werden.

Hiernach trifft das jeweilige Verwaltungsorgan in Übereinstimmung mit den allgemeinen Kriterien der italienischen Börsenaufsichtsbehörde (Commissione Nazionale per le Società e la Borsa – CONSOB) Bestimmungen, die die inhaltliche und verfahrensmäßige Transparenz und Redlichkeit der oben erwähnten Geschäfte sicherstellen. 2010 verfasste die CONSOB eine Regelung über related party transactions (RPT-Regelung), wonach als *related party* jede Gesellschaft gilt, die die Gesellschaft direkt oder indirekt kontrolliert, von ihr kontrolliert wird oder mit ihr unter einheitlicher Kontrolle steht; eine *related party* ist ebenfalls jede natürliche Person oder Gesellschaft, die die Gesellschaft gemeinsam mit einer anderen kontrolliert.

Art. 7 der RPT-Regelung schreibt vor, dass related party transactions vom zuständigen Gesellschaftsorgan nur beschlossen werden dürfen, wenn eine vernünftige, nicht bindende Einschätzung eines Gremiums (related party transactions-Komitee), das ausschließlich aus nicht geschäftsführenden und nicht beteiligten Geschäftsleitern zusammengesetzt ist, die mehrheitlich die Unabhängigkeitsvoraussetzungen erfüllen, im Vorfeld vorliegt. Diese Einschätzung soll das Interesse der Gesellschaft an der Durchführung des Geschäfts und die Zweckmäßigkeit und inhaltliche Richtigkeit der Geschäftsbedingungen beurteilen. Für größere Geschäfte (d. h. solche, deren Wert die in Anhang 3 der Regelung in Bezug auf unterschiedliche Arten von Geschäften festgelegten Schwellenwerte übersteigen), ist für die Gültigkeit der Entscheidung des Geschäftsleitungsorgans erforderlich, dass die Einschätzung des Komitees positiv ist und all seine Mitglieder als unabhängig gekennzeichnet sind (Art. 8 der RPT-Regelung).

Wenn das Verhältnis zwischen den Gesellschaften nicht nur auf Kontrolle beruht, sondern die Gesellschaften zur selben Gruppe unter der Leitung und Koordinierung der selben Muttergesellschaft gehören, stellt die in Art. 7 und 8 genannte Einschätzung die Gründe und die Zweckmäßigkeit des Geschäfts für die Gesellschaft dar. Hierbei werden die allgemeinen Folgen der Leitung und Koordinierung berücksichtigt und die konkreten Nachteile mit den aus anderen Geschäften resultierenden Vorteilen abgewogen.

Mit anderen Worten dürfen die Redlichkeit eines Geschäfts zwischen Gesellschaften derselben Gruppe und die Richtigkeit von dessen Geschäftsbedingungen im Hinblick auf die Leitungs- und Koordinierungstätigkeit der Muttergesellschaft bewertet werden: die Grundsätze von Art. 2497, Section 1, I.C.C finden Anwendung, d. h. die Abwägung von Vor- und Nachteilen der Leitung und Koordinierung und der Gruppenpolitik sollten berücksichtigt werden.

V. Verkaufsrecht des Minderheitsgesellschafters

Abgesehen von dem oben erwähnten Recht des Minderheitsgesellschafters, von Schäden freigestellt zu werden, hat dieser auch das Recht, seine Anteile (oder Teile daran) zu verkaufen, wenn eine der folgenden Situationen eintritt:[30]

- wenn die Muttergesellschaft ihren Zweck oder ihren Geschäftsgegenstand ändert und eine Tätigkeit verfolgt, welche die wirtschaftlichen und finanziellen Bedingungen der Tochtergesellschaft erheblich und unmittelbar verändert;
- wenn der Gesellschafter die Muttergesellschaft auf Schadensersatz verklagt und diesen Prozess gewonnen hat; in diesem Fall kann das Verkaufsrecht nur für die Gesamtheit der Anteile ausgeübt werden;
- wenn aufgrund des Beginns oder des Endes der Leitung und Koordinierung der Gruppe eine grundlegende Änderung (und zwar Verschlimmerung)[31] des Investitionsrisikos eintritt und der Gesellschafter keine Möglichkeit hatte, seinen Anteil im Rahmen eines Übernahmeangebots zu verkaufen (wenn also kein öffentliches Kaufangebot gemacht wurde).

Die wirtschaftlichen Kosten der Desinvestition des Gesellschafters werden auf die Gesellschafter der Tochtergesellschaft, wenn sie die Anteile des ausscheidenden Gesellschafters proportional erwerben möchten, oder letztlich auf die Gesellschaft selbst zurückfallen, die, wenn sie nicht über ausreichend liquide Mittel verfügt, ihr Kapital reduzieren muss.

30 Art. 2497-quater I.C.C.

31 Vgl. Tribunale Milano, 21.07.2015, Nr. 8902, Giurisprudenza Commerciale, 2016, II, 647 ff.

Dies ist natürlich insofern ein Problem, als die Gesellschaft wirtschaftlichen Verlusten ausgesetzt sein kann, ohne für die in der Sphäre der kontrollierenden Gesellschaft liegenden Ereignisse verantwortlich zu sein.

Ein weiteres Problem stellt die Festlegung des an den austretenden Gesellschafter zu zahlenden Aktienkurses dar. In diesem Zusammenhang müssen wir uns auf die Vorschriften beziehen, welche für den Austritt eines Gesellschafters aus der Gesellschaft gelten. Diese Vorschriften und Kritierien sollten jedoch mit der Notwendigkeit, den Einfluss des Beginns oder Endes der Gruppenleitung und –koordinierung auf die Bewertung der Anteile zu berücksichtigen, abgewogen werden.

VI. Prüfungsrechte

Nach italienischem Gesellschaftsrecht haben Minderheitsgesellschafter der Tochtergesellschaft keine besonderen Prüfungsrechte.

Nach einer Vorschrift des allgemeinen Gesellschaftsrechts (Art. 2409 I.C.C.) können Gesellschafter, die 10% des Gesellschaftskapitals (5% bei börsennotierten Unternehmen) vertreten, beim Landgericht einen Antrag auf Benennung eines Experten beantragen, der verdächtige Geschäfte und mögliche Rechtsverstöße von Geschäftsleitern untersucht, die entweder für die Gesellschaft oder für ihre Tochtergesellschaften schädigend sein könnten. Da diese Vorschrift ausdrücklich Schäden der Gesellschaft und ihrer Tochtergesellschaften verhindern soll, sollte die Untersuchungsgewalt des Experten auch auf die Tochtergesellschaften ausgedehnt werden.

VII. Offenlegungspflichten der Gesellschaftsgruppe

Die Transparenz der gruppeninternen Verbindungen und die Information über das Vorliegen einer Gruppe überhaupt wird international als eine der Hauptaufgaben eines modernen Rechts der Gesellschaftsgruppen angesehen.

Es wurde beobachtet, dass die Undurchsichtigkeit der gruppeninternen Verträge und das Fehlen von Informationen über die Gruppenstruktur die Durchführung unredlicher und potentiell für die Minderheitsgesellschafter und Gläubiger der kontrollierten Gesellschaften schädlicher Geschäfte fördern. Deshalb wird diesem Punkt in der aktuellen Rechtsprechung verstärkt Aufmerksamkeit gewidmet.

So schreibt das italienische Recht etwa vor, dass der Kauf einer Beteiligung, der über einer festgelegten Schwelle liegt, dem beteiligten Unternehmen und der Börsenaufsicht innerhalb eines bestimmten Zeitraums angezeigt werden muss. Solch eine Vorschrift soll es unter anderem ermöglichen, die Bildung von Gesellschaftsgruppen kontrollieren zu können. Sie findet jedoch nur Anwendung, wenn die Zielgesellschaft an einem der regulierten Finanzmärkte gelistet ist.

Zweitens müssen die Jahresabschlüsse von Gesellschaften, die einen Anteil an anderen Gesellschaften halten, die Anteile an kontrollierten und verbundenen Unternehmen[32], die Forderungen, welche gegenüber kontrollierten und verbunden Unternehmen bestehen und die Schulden gegenüber kontrollierten und verbundenen Unternehmen gesondert aufführen (Art. 2424 I.C.C.). Außerdem müssen die Geschäftsleiter in ihrem jährlichen Geschäftsbericht den Geschäftsgang und das Geschäftsergebnis in den einzelnen Geschäftsbereichen, in welchen die Gesellschaft direkt oder indirekt über ihre Tochtergesellschaften tätig war, darstellen und die wirtschaftlichen Beziehungen zu kontrollierten, kontrollierenden und verbunden Unternehmen herausarbeiten (Art. 2428 I.C.C).

Drittens muss das Geschäftsleitungsorgan einer Holdinggesellschaft einen konsolidierten Jahresabschluss erstellen (Verordnung Nr. 127/1991, Art. 25 ff), welcher in dem Handelsregister, in dem die Holdinggesellschaft registriert ist, veröffentlicht werden muss und allen potentiell interessierten Parteien (Gläubiger, Investoren und andere stakeholder) einen möglichst realitätsgetreuen Einblick in die wirtschaftliche und finanzielle Situation der gesamten Gruppe gewähren soll.

Zu guter Letzt sollten wir die Offenlegungspflichten erwähnen, die in Bezug auf die Existenz einer Gesellschaftsgruppe bestehen. Eine der wichtigsten Neuerungen der Gesellschaftsrechtsreform von 2003–2004 besteht in der Pflicht des Geschäftsleitungsorgans der kontrollierten Gesellschaft, die Leitung und Koordinierung durch eine andere Gesellschaft im Handelsregister offenzulegen (Art. 2497-bis I.C.C). Letztere, also die Muttergesellschaft, unterliegt dieser Pflicht nicht; meiner Ansicht

32 „Verbundene Unternehmen" meint hier Gesellschaften, die an einer anderen Gesellschaft wesentlich (aber nicht herrschend) beteiligt sind. Dies wird vermutet, wenn Erstere 1/5 oder, wenn das betroffene Unternehmen an der Börse gelistet ist, 1/10 der Stimmrechte in der Gesellschafterversammlung hält.

nach muss sie allerdings in ihrer Satzung, genauer gesagt in der Klausel über den Geschäftsgegenstand, erwähnen, dass sie die Leitung und Koordinierung einer Gesellschaftsgruppe ausübt.

VIII. Gesellschaftsgruppen und Insolvenzrecht

Wie bereits erwähnt, sieht das italienische Recht bislang keine gesonderte Vorschrift für die Insolvenz einer oder mehrerer Gesellschaften in einer Gesellschaftsgruppe vor, außer der prozessualen Verbindung zahlungsunfähiger Gesellschaften derselben Gruppe, welche dann erfolgt, wenn eine von ihnen die erforderliche Größe hat, um zu einem besonderen Restrukturierungsverfahren – die außerordentliche Verwaltung großer Unternehmen in Insolvenz[33] – zugelassen zu werden, welches durch das Ministerium für wirtschaftliche Entwicklung durchgeführt wird.

Wir überlegen mittlerweile[34], die prozessuale Zusammenlegung als generelles Verfahren für zahlungsunfähige Gesellschaften einer Gruppe einzuführen, sowohl für Liquidations- als auch für Restrukturierungsverfahren. Dies soll die Führung der Gruppe und den Erfolg eines Restrukturierungsverfahrens erleichtern, besonders in solchen Fällen, in denen tiefgreifende wirtschaftliche Beziehungen zwischen den Gruppengesellschaften bestehen. Die prozessuale Zusammenlegung sollte jedoch nicht obligatorisch sein.

Die Offenlegung der Beziehungen zur Mutter- und zu anderen Gruppengesellschaften sollte verpflichtend sein, wenn eine Gesellschaft entweder Insolvenz anmeldet oder ein Restrukturierungsverfahren durchführen möchte.

Durchgriffshaftung und materielle Konsolidierung sind in unserem Rechtssystem keine Mechanismen, um Gläubiger von Gesellschaftsgruppen zu schützen. In Fällen, in denen geurteilt wurde, dass zwei oder mehrere Gesellschaften wie ein einziges Unternehmen gehandelt ha-

33 Siehe oben Fn. 1.

34 Im Jahr 2015 ernannte unser Justizminister eine Expertenkommission (an der ich selbst die Ehre hatte, teilzunehmen), mit dem Auftrag den Entwurf einer umfassenden Reform des Insolvenzrechts vorzubereiten. Den Entwurf (abrufbar unter www.dirittobancario.it/.../schema_di_disegno_di_legge_delega_commissione_rordorf) wurde dann von der Regierung angenommen und dem Parlament vorgelegt (siehe Camera dei deputati, A.C. 3671-bis, abrufbar unter www.camer.it/leg17/125?idDocumento=3671-bis). Art. 3 dieses Entwurfs enthält eine Regulierung der Insolvenz der Gesellschaftsgruppen.

ben, wurde das Konzept der „société de fait" (ähnlich der deutschen Scheingesellschaft) und die folgende Ausweitung der Insolvenz auf jede ihrer Mitglieder[35] von der Rechtsprechung entwickelt.

35 Nach Art. 147 des italienischen Insolvenzrechts (Königlicher Erlass Nr. 267 von 1942, mehrmals geändert) werden die Mitglieder einer Partnerschaft – entweder natürliche oder juristische Personen – in Folge der Insolvenz der Gesellschaft automatisch ebenfalls insolvent, auch wenn sie dies selbst eigentlich nicht sind. In der Rechtsprechung des italienischen Kassationsgerichts wird diese Regel auf das Phänomen der Gruppierung mehrerer Unternehmen unter der gemeinsamen Leitung von einem anderen Unternehmer oder einer Einzelperson oder sogar von einer nicht personifizierten Gruppe von Personen angewendet: siehe vor kurzem Corte di cassazione, sezione I civile, 13. 06. 2016 Nr. 12120; 21. 01. 2016, Nr. 1095.

Die gesetzgeberische Umsetzung des Rozenblum-Konzepts – dargestellt am Beispiel ostmitteleuropäischer Rechtsordnungen*

Christian Schubel

Inhaltsübersicht

* Großen Dank schuldet der Verfasser Frau *Dr. Lucie Josková* (Prag) für ihre Unterstützung bei der Einarbeitung in das neue tschechische Konzernrecht, etliche weiterführende Hinweise und Hilfe bei der Erstellung der Anmerkungen zum tschechischen Recht. Dank gebührt auch Herrn *Leszek Dziuba*, LL.M., (Budapest) für die Unterstützung bei den Anmerkungen zum ungarischen Recht.

I. Einführung

In ihrem gesellschaftsrechtlichen Aktionsplan vom 12.12.2012 hat die Europäische Kommission angekündigt, eine Initiative für „eine bessere Anerkennung des Begriffs Gruppeninteresse" vorzulegen.[1] Hinter diesem Vorstoß steht ein Anliegen, das ein Jahrzehnt früher an vergleichbarer Stelle dahingehend umschrieben worden war, die Mitgliedstaaten sollten verpflichtet werden, eine Rahmenbestimmung für Gruppen einzuführen, wonach die Leitung eines Konzernunternehmens eine abgestimmte Konzernpolitik festlegen und umsetzen dürfe, sofern die Interessen seiner Gläubiger wirkungsvoll geschützt und die Vor- und Nachteile im Lauf der Zeit gerecht auf die Aktionäre des Unternehmens verteilt würden.[2]

1 Kommission, Aktionsplan: Europäisches Gesellschaftsrecht und Corporate Governance – ein moderner Rechtsrahmen für engagiertere Aktionäre und besser überlebensfähige Unternehmen, KOM (2012) 740 endg., 17, 20. Zu dieser Initiative *Conac*, ECFR 2013, 194 ff.; *Drygala,* AG 2013, 198 ff.; *Ekkenga*, AG 2013, 181 ff.; *Hommelhoff,* KSzW 2014, 63 ff.; *Hopt*, ZGR 2013, 165, 210 ff.; *Kalss*, EuZW 2013, 361 f.; *Mülbert*, ZHR 179 (2015), 645, 657 ff.; *Müller-Graff*, ZHR 177 (2013), 563, insb. 569; *C. Schubel*, FS Müller-Graff, 2015, S. 305 ff.; *Teichmann*, AG 2013, 184, 188 ff.; *Weller/Bauer*, ZEuP 2015, 7, 26 f.; *v. Werder*, Der Konzern 2015, 362 ff.

2 Kommission, Modernisierung des Gesellschaftsrechts und Verbesserung der Corporate Governance in der Europäischen Union – Aktionsplan, KOM (2003) 284 endg. (21.5.2003), 23.

Während man 2003 aus der Perspektive der Konzernmutter blickte, wird nun stärker die Stellung des Geschäftsführers bzw. Vorstandes der Tochtergesellschaft thematisiert: Dieser Personenkreis agiere bisher unter großer Rechtsunsicherheit, werde von Schadensersatz- und Strafrisiken bedroht.[3] In der Sache geht es aber weiterhin um das Interesse vieler Muttergesellschaften internationaler Unternehmensgruppen, ihre in verschiedenen Mitgliedstaaten tätigen Tochtergesellschaften nach übereinstimmenden Standards leiten zu können.

Allgemein wird anerkannt, dass eine Ausrichtung der Tochtergesellschaft auf das Gruppeninteresse spezielle Regelungen zum Schutz der Gläubiger und – soweit vorhanden – der Minderheitsgesellschafter erforderlich macht und dass auch die Interessen sonstiger Stakeholder berührt sein können.[4] Auf der Suche nach entsprechenden Lösungen wird häufig auf das aus dem französischen Recht stammende Rozenblum-Konzept geblickt,[5] das bereits vor mehr als 15 Jahren vom Forum Europaeum Konzernrecht für eine Harmonisierung wichtiger Kernbereiche empfohlen worden ist.[6] Eine derartige Harmonisierungsmaßnahme ist zwar bisher ausgeblieben, doch haben die Überlegungen des Forums, insb. auch bezüglich des Rozenblum-Konzepts, in den mittelosteuropäischen EU-Beitrittsstaaten bei der Modernisierung des Gesellschaftsrechts Beachtung gefunden. Da auch der Vorschlag des Forums Europaeum on Company Groups für die Ausgestaltung des Schutzsystems bei sog. regulären Tochtergesellschaften die Rozenblum-Grundsätze nutzen möchte,[7] erscheint es sinnvoll, für die aktuellen Diskussionen die Erfahrungen zu erschließen, welche in diesen Ländern mit einer gesetzgeberischen Umsetzung des Konzepts gesammelt worden sind.

Hierfür ist zunächst ist der Inhalt des Rozenblum-Konzepts in Erinnerung zu rufen (unten II.1), dann die Kritik an dem entsprechenden Vorschlag des Forums Europaeum Konzernrecht darzustellen (unten II.2) und auf dieser Grundlage zentrale Probleme herauszuarbeiten, die bei

3 *Hopt*, EuZW 2012, 481, 482; vgl. auch den Report of the Reflection Group on the Future of EU Company Law, 2011, 60.

4 Hierzu vor allem *Drygala,* AG 2013, 198, 204 f.; *Hommelhoff,* KSzW 2014, 63, 64 f.; *ders.*, FS Stilz, 2014, S. 287, 291 f.

5 Vgl. *Conac,* ECFR 2013, 194, insb. 218 ff.; *Hommelhoff,* KSzW 2014, 63, 65 f.; *ders.*, FS Stilz, S. 287, 294; *Mülbert,* ZHR 179 (2015), 645, 657 ff.; *Teichmann,* AG 2013, 184, 195 f.; auch *Drygala,* AG 2013, 198, 203 f.; *Hopt,* ZGR 2013, 165, 211.

6 *Forum Europaeum Konzernrecht,* ZGR 1998, 672 ff.

7 *Forum Europaeum on Company Groups,* ZGR 2015, 507, 513.

einer kodifikatorischen Umsetzung des Konzepts eine Rolle spielen könnten (unten II.3). Sobald auf diese Weise ein erstes (noch grobes) Untersuchungsraster gewonnen worden ist, sind die einschlägigen Vorschriften der ungarischen und tschechischen Gesetze sowie eines polnischen Entwurfes vorzustellen (unten III bis V). In Kenntnis dieser Regelungen und der mit ihnen verbundenen Umsetzungsprobleme kann dann in eine detaillierte Analyse eingetreten werden (unten VI).

II. Das Rozenblum-Konzept und die mit seiner kodifikatorischen Umsetzung verbundenen Fragen

1. Vorschlag des Forums Europaeum Konzernrecht

Identifiziert wird das Rozenblum-Konzept zumeist anhand dreier Aspekte, deren Erfüllung die Voraussetzung bilden soll, „damit einer Gruppengesellschaft Nachteile zugefügt oder auch nur angesonnen werden dürfen, ohne in Widerspruch zum geltenden Recht zu geraten."[8] In erster Linie geht es mithin um die Legitimierung einer Nachteilszufügung, doch soll sich die Bestimmung der Voraussetzungen darüber hinaus auch als positive Umschreibung ordentlicher und ordnungsgemäßer Konzerngeschäftsführung begreifen lassen.[9] Konkret verlangt der Vorschlag des Forums *erstens* eine ausgewogene und verfestigte Struktur der Unternehmensgruppe, *zweitens* die Einbindung der Gesellschaft in eine kohärente und auf Dauer angelegte Gruppenpolitik und *drittens* sollen die Vorteile und Lasten, welche für die einzelne Gesellschaft mit der Gruppenzugehörigkeit verbunden sind, sich in etwa die Waage halten müssen; eine Zufügung von Nachteilen muss also durch Vorteile kompensiert werden. Im rechtswissenschaftlichen Schrifttum wird die Formulierung bzw. Untergliederung der einzelnen Voraussetzungen nicht immer völlig deckungsgleich vorgenommen: Mitunter zieht man beispielsweise die ersten beiden Punkte zusammen und stellt zusätzlich ein Verbot existenzvernichtender Nachteilszufügung („Exzess-Verbot") heraus.[10] Dies ist offenbar auch darauf zurückzuführen, dass die einen

8 *Forum Europaeum Konzernrecht,* ZGR 1998, 672, 705.

9 So *Lutter*, in: Symposium: Ein Konzernrecht für Europa, 1999, S. 23.

10 Vgl. etwa *Lutter,* FS Kellermann, 1991, S. 262 f.; ähnlich *Teichmann,* AG 2013, 184, 193; ferner *Maul,* NZG 1998, 965, 966. *Falcke,* Konzernrecht in Frankreich, 1996, S. 47, unterteilt in zwei Elemente.

nur auf das eigentliche Rozenblum-Urteil[11] schauen und andere die Anschlussrechtsprechung einbeziehen. Wesentliche inhaltliche Unterschiede sind mit der abweichenden Akzentuierung aber zunächst nicht verbunden, weshalb nachfolgend von der Darstellung des Forums ausgegangen werden soll.

a) Ausgewogene und verfestigte Gruppenstruktur

Zwar wird dieses Merkmal in der Rozenblum-Entscheidung nicht explizit erwähnt, doch soll seine Einbeziehung sich aus der früheren Rechtsprechung zweifelsfrei ergeben.[12] Der Vorschlag des Forums stellt die Bedeutung der Struktur jedenfalls klar heraus: Das Gruppeninteresse könne eine Benachteiligung einzelner Gesellschaften nur dann legitimieren, wenn es sich in einer verfestigten Struktur der Gesamtgruppe niedergeschlagen habe, „die schon als solche auf wechselseitigen Ausgleich unter den Gruppengesellschaften sowie zwischen ihnen und der Gesamtgruppe hin angelegt ist".[13] Näher ausgefüllt wird diese Formel zum einen mit dem Hinweis, die wirtschaftlichen Aktivitäten der einzelnen Gruppengesellschaften müssten wechselseitig aufeinander bezogen, in gewisser Weise also arbeitsteilig organisiert sein, weshalb die Legitimierung reiner Konglomerate problematisch, wenn auch nicht ausgeschlossen sei.[14] Zum anderen stünden streng hierarchische Leitungsstrukturen, innerhalb derer den Gruppengesellschaften keinerlei Eigenständigkeit verbliebe, sondern diese als bloße Betriebsabteilungen „verknechtet" würden, nicht mehr auf den Boden des Konzepts. Aus all dem ergibt sich, dass die Existenz einheitlicher Leitung i.S.v. § 18 AktG allein nicht ausreicht, um das Vorhandensein einer ausgewogenen und verfestigten Gruppenstruktur zu belegen.[15]

11 Zur Entscheidung der Cour de Cassation vom 4. 2. 1985 im „Rozenblum"-Fall siehe nur *Ebenroth/ Reiner,* BB-Beilage Nr. 13 (zu BB 1992 Heft 22), 1, 15 f.; *Falcke,* aaO (Fn. 10), S. 44 f.; *Lutter,* FS Kellermann, S. 262 f.

12 *Falcke,* aaO (Fn. 10), S. 49.

13 *Forum Europaeum Konzernrecht,* ZGR 1998, 672, 706.

14 Hierzu und zum Folgenden *Forum Europaeum Konzernrecht,* ZGR 1998, 672, 706; vgl. auch *Falcke,* aaO (Fn. 10), S. 50 f. Präzisierend *Hommelhoff,* KSzW 2014, 63, 65: Privilegierungswürdig sei auch ein Konglomerat, das auf unterschiedlichen Unternehmensfeldern durch den Verbund seiner Finanzströme für einen verbundsinternen Risikoausgleich und abgestimmte Investitionsentscheidungen sorge.

15 *Falcke,* aaO (Fn. 10), S. 48; wohl abweichend *Ebenroth/Reiner,* BB-Beilage Nr. 13 (zu BB 1992 Heft 22), 1, 15.

b) Kohärente und auf Dauer angelegte Gruppenpolitik

Das Element einer kohärenten Gruppenpolitik baut der Sache nach auf der Gruppenstruktur auf.[16] Die Legitimierung einer Nachteilszufügung setzt voraus, dass diese nicht relativ willkürlich und zufällig erfolgt, sondern sich letztlich auf eine Gruppenstrategie zurückführen lässt, von der die wirtschaftlichen Aktivitäten der einzelnen Gesellschaften erfasst, koordiniert und fortentwickelt werden. Wie schon die Struktur, so hat auch die Gruppenpolitik inhaltlichen Anforderungen zu genügen und zwar muss sie darauf ausgerichtet sein, die Eigeninteressen der Gruppengesellschaften untereinander und die Interessen der Gesamtgruppe angemessen auszugleichen. Hierfür sollen die Erwerbschancen der Gesamtgruppe ausgewogen auf die einzelnen Gruppengesellschaften verteilt und keine Gesellschaft dauerhaft von den Gruppenerfolgen ausgeschlossen werden, weshalb auch alle Gruppengesellschaften in eine angemessene Investitions- und Finanzpolitik einzubeziehen sind. Die mit einer Nachteilszufügung verbundenen Vermögensverschiebungen müssen also motiviert sein durch ein gemeinsames wirtschaftliches, soziales oder finanzielles Interesse der gruppenangehörigen Gesellschaften, das wiederum seinen Ausdruck in einer – für die gesamte Gruppe entwickelten – Politik zu finden hat.[17]

Auch mit Blick auf die Gruppenpolitik wird die Frage der (Un-) Zulässigkeit stark zentralistisch bzw. hierarchisch geführter Gruppen diskutiert. Klar ist, dass eine Gruppenpolitik, die sich ausschließlich an persönlichen Interessen des Mehrheitsgesellschafters orientiert, nicht diese Voraussetzung erfüllt.[18] Darüber hinaus wird teilweise der Schluss gezogen, da jeder einzelnen Gruppengesellschaft eine gewisse Eigenständigkeit verbleiben müsse, werde zentralistisch geführten Unternehmensgruppen eine Legitimation versagt.[19] Andere betonen dagegen, dass die französische Judikatur den Eindruck erwecke, es sollten eng geführte Konzerne privilegiert werden „und nicht die isolierte Maßnahme im dezentral geführten Konzern oder gar im reinen Abhängigkeitsverhält-

16 Zum Folgenden *Forum Europaeum Konzernrecht,* ZGR 1998, 672, 707; *Falcke,* aaO (Fn. 10), S. 51 ff.

17 *Ebenroth/Reiner,* BB-Beilage Nr. 13 (zu BB 1992 Heft 22), 1, 16; *Maul,* NZG 1998, 965, 966.

18 Dazu *Maul,* NZG 1998, 965, 966.

19 So *Blaurock,* FS Sandrock, 2000, S. 79, 86; *Falcke,* aaO (Fn. 10), S. 50 f., ist der Ansicht, hier seien zumindest zusätzliche Mechanismen nötig.

nis".[20] Für die praktische Umsetzung des Konzepts ist zudem von besonderem Interesse, in welcher Form und unter Einbeziehung welcher Akteure die Gruppenpolitik festzulegen ist. Im Vorschlag des Forums heißt es hierzu nur, Rechtsprechung und Schrifttum in Frankreich hätten zur Frage, von wem und auf welchen Wegen die kohärente Gruppenpolitik zu entwickeln und festzulegen sei, noch keinen gefestigten Standpunkt gefunden.[21] Im Schrifttum wird dagegen die Bedeutung verfahrensmäßiger Garantien hervorgehoben: Die Gruppenplanung könne eine Legitimationskraft erst auf der Basis einer gewissen organisatorischen Absicherung erlangen. Sie müsse daher zwischen den Gruppengesellschaften bzw. deren Organen ausdrücklich festgelegt werden.[22]

c) Gruppeninternes Gleichgewicht der Vorteile und Lasten

Die Legitimierung einer Nachteilszufügung setzt schließlich voraus, dass aus Sicht der betroffenen Gesellschaft die mit der Gruppenzugehörigkeit verbundenen Lasten in einem angemessenen Ausmaß durch Vorteile kompensiert werden. Für diesen Nachteilsausgleich gelten allerdings großzügige Regeln: So sollen einerseits zum Kreis der ausgleichsfähigen Vorteile zwar noch nicht die bloße Gruppenzugehörigkeit oder die Einbindung der betroffenen Gesellschaft in eine Gruppenpolitik gehören, betont wird aber, die Gruppenzugehörigkeit könne zusammen mit anderen Vorteilen, wie „gesteigerten (nachweisbaren) Absatzchancen oder einem deshalb (konkret nachweisbar) verbesserten Kreditstanding der Gruppengesellschaft" durchaus Bedeutung gewinnen.[23] Andererseits stellt das Rozenblum-Konzept für den Nachteilsausgleich keine strikten Fristen, deren Versäumung die nachteiligen Konzernmaßnahmen rechtswidrig machen würde, auf.[24] Der Vorschlag des Forums spricht insoweit von einem Ausgleich innerhalb einer „überschaubaren" Zeit.[25] Einer der wichtigsten Unterschiede des Rozenblum-Konzepts im Vergleich zum System der §§ 311 ff. AktG besteht mithin darin, dass es

20 *Lutter,* FS Kellermann, S. 265; vgl. auch *Ebenroth/Reiner,* BB-Beilage Nr. 13 (zu BB 1992 Heft 22), 1, 15.

21 *Forum Europaeum Konzernrecht,* ZGR 1998, 672, 707.

22 *Falcke,* aaO (Fn. 10), S. 53 f.; *Maul,* NZG 1998, 965, 966.

23 *Forum Europaeum Konzernrecht,* ZGR 1998, 672, 715.

24 *Falcke,* aaO (Fn. 10), S. 58.

25 *Forum Europaeum Konzernrecht,* ZGR 1998, 672, 769. An anderer Stelle, aaO, 708, heißt es insoweit erläuternd „und sei es erst nach Jahren".

herrschende Unternehmen nicht zu einem isolierten Ausgleich einzelner Nachteile verpflichtet.[26] Stattdessen eröffnet dieses Konzept der Zufügung von Nachteilen bzw. einer Verteilung von Lasten einen weiten Rahmen, innerhalb dessen es auch erlaubt sein soll, einzelne Gesellschaften punktuell stärker als andere zu belasten.[27] Viele Einzelheiten sind insoweit ungeklärt, definitiv unzulässig soll es allerdings sein, die Existenz einer Gruppengesellschaft zu gefährden, insbesondere durch den Entzug überlebensnotwendiger Liquidität.[28]

d) Rechtsfolgen

Die Rechtsfolgen der eigentlichen Rozenblum-Rechtsprechung betreffen in erster Linie die straf-, darüber hinaus aber auch die zivilrechtliche Haftung einzelner Organmitglieder.[29] Andere wichtige Fragen, wie die nach einer möglichen Haftung der Muttergesellschaft, lässt diese Rechtsprechung dagegen unbeantwortet.[30] Zentrale Rechtsfolge des Forum-Vorschlags ist die Befugnis der Geschäftsführung einer Gruppengesellschaft, Nachteile akzeptieren zu dürfen. Werden die drei beschriebenen Voraussetzungen eingehalten, so sollen die Geschäftsführer vernünftigerweise annehmen dürfen, dass die mit einer – im Gruppeninteresse liegenden – Maßnahme verbundenen Nachteile, wie z.B. ein Entzug von Geschäftschancen, in überschaubarer Zeit durch Vorteile ausgeglichen werden.[31] Ließen sie sich unter diesen Umständen auf eine solche Maßnahme ein, so handelten sie in Übereinstimmung mit den Grundsätzen ordnungsgemäßer Konzerngeschäftsführung.[32] Schon die Frage, ob dieser Handlungsoption des Geschäftsführers ein Weisungsrecht der Muttergesellschaft entsprechen sollte, hat das Forum ausdrücklich offen gelassen. Vorgeschlagen wurde, diese Entscheidung den mitgliedsstaatlichen Rechtsordnungen zu überlassen.[33] Auch die Empfehlung der Reflection Group und die neuen Überlegungen der

26 *Forum Europaeum Konzernrecht,* ZGR 1998, 672, 708.
27 So explizit *Falcke,* aaO (Fn. 10), S. 59.
28 *Forum Europaeum Konzernrecht,* ZGR 1998, 672, 769; vgl. auch *Ebenroth/ Reiner,* BB-Beilage Nr. 13/1992, 1, 16; *Falcke,* aaO (Fn. 10), S. 56.
29 Hierzu *Maul,* NZG 1998, 965, 966.
30 *Lutter,* FS Kellermann, S. 265; vgl. auch *Wolf,* Konzernhaftung in Frankreich und England, 1995, S. 61 ff.
31 *Forum Europaeum Konzernrecht,* ZGR 1998, 672, 769.
32 *Forum Europaeum Konzernrecht,* ZGR 1998, 672, 714.
33 *Forum Europaeum Konzernrecht,* ZGR 1998, 672, 714.

Kommission zielen bisher nicht auf die Einführung eines verbindlichen Leitungsrechts der Muttergesellschaft. [34]

e) Schutzbestimmungen

Das Schutzkonzept des Forum-Vorschlags ist ganz zentral durch den Gedanken bestimmt gewesen, dass über die Teilhabe der abhängigen Tochtergesellschaften am Gesamterfolg der Gruppe letztlich auch die Außenstehenden geschützt würden.[35] Angeregt werden daher nur einige flankierende Regelungen, welche die Einhaltung der Voraussetzungen einer Nachteilszufügung sicherstellen sollen. So soll deren Befolgung fortlaufend dokumentiert werden, ferner müssten die Geschäftsleiter der nächsten Hauptversammlung über die Inanspruchnahme des „Privilegs" berichten.[36] Zudem wurde vom Forum die Einführung einer gruppenweiten Sonderprüfung vorgeschlagen, die durch das zuständige Gericht auf Antrag einer qualifizierten Gesellschafterminderheit in der abhängigen Gruppengesellschaft anordnet werden könne.[37]

Mit Blick auf die zentrale Bedeutung der Voraussetzungen für die Funktionsfähigkeit der Gesamtregelung stellt sich die Frage nach der Sanktionierung von Verstößen gegen die Voraussetzungen. Auch insoweit hat sich das Forum bewusst zurückgehalten. Im Vorschlag heißt es, hier sei vieles denkbar, es käme auf eine Verzahnung mit dem mitgliedsstaatlichen Recht an.[38] So sollen denn die Mitgliedstaaten verpflichtet werden, für geeignete Sanktionen und Regeln zum Minderheitenschutz für den Fall zu sorgen, dass die Voraussetzungen einer Nachteilszufügung nicht eingehalten werden.[39]

34 Vgl. *Drygala,* AG 2013, 203; *Ekkenga,* AG 2013, 181, 183; *Hommelhoff,* KSzW 2014, 63, 64.
35 Vgl. *Hommelhoff,* KSzW 2014, 63, 65.
36 *Forum Europaeum Konzernrecht,* ZGR 1998, 672, 769.
37 Zur Sonderprüfung siehe *Forum Europaeum Konzernrecht,* ZGR 1998, 672, 715 ff.
38 *Forum Europaeum Konzernrecht,* ZGR 1998, 672, 709, 711.
39 *Forum Europaeum Konzernrecht,* ZGR 1998, 672, 769.

2. *Kritik*

Der Vorschlag des Forums Europaeum Konzernrecht für eine – am Rozenblum-Konzept orientierte – Regelung der ordnungsgemäßen Konzerngeschäftsführung ist im deutschen rechtswissenschaftlichen Schrifttum überwiegend kritisch aufgenommen worden.[40] Die Kritik konzentriert sich dabei auf einige wenige Aspekte grundsätzlicher Natur. Zum einen wird vorgebracht, die Voraussetzungen einer Nachteilszufügung seien zu unscharf und nicht wirklich justiziabel.[41] Zum anderen findet sich die Warnung, dass ein Verzicht auf das Einzelausgleichssystem der §§ 311 ff. AktG zu einer erheblichen Verwässerung des Außenseiterschutzes führen würde[42] oder aber die Einrichtung eines Erfassungs- und Kontrollsystem erfordere, das möglicherweise noch komplizierter sein müsste, als das der §§ 311 ff. AktG.[43]

Soweit darüber hinaus noch auf die mit dem Vorschlag verbundenen Einzelfragen geblickt wird, richtet sich die Kritik zunächst gegen die Ausgestaltung der zweiten und der dritten Voraussetzung einer Nachteilszufügung: Das Abstellen auf eine Gruppenpolitik beschränke die Organisationsfreiheit, weil die Gesellschaften auch bei kurzfristigen Änderungen der wirtschaftlichen Bedingungen an die festgelegte Politik gebunden würden, und privilegiere Großunternehmen, die häufig schon über eine annähernd bestimmte Strategie verfügten.[44] Angesichts der insoweit immer verbleibenden Interpretationsräume würden mit dem Abstellen auf diesen Aspekt letztlich die Gerichte zu Wächtern der Konzernpolitik gemacht.[45] Nicht akzeptabel sei es zudem, wenn bei der Bestimmung einer angemessenen Verteilung von Vor- und Nachteilen

40 Siehe hierzu auch den Überblick bei *Hopt,* ZHR 171(2007), 199, 223 ff.

41 Vgl. *Falcke,* aaO (Fn. 10), S. 60; *Habersack,* NZG 2004, 1, 8; *Koppensteiner,* Kölner Komm. z. AktG, 3. Aufl., 2004, Vorb. § 291 Rdn. 135; *Kropff,* Münchener Komm. z. AktG, 2. Aufl. 2000, Vor § 311 Rdn. 38; *Lübking,* Konzernrecht für Europa, 2000, S. 263; *H.-F.Müller,* in: Spindler/Stilz, Aktiengesetz, 2. Aufl., 2010, Vorbem. z.d. §§ 311 bis 318, Rdn. 18; *Wackerbarth,* Grenzen der Leitungsmacht in der internationalen Unternehmensgruppe, 2001, S. 341.

42 Siehe *Habersack,* NZG 2004, 1, 8; *ders./Verse,* Europäisches Gesellschaftsrecht, 4. Aufl., 2011, S. 85; *Lübking,* aaO (Fn. 41), S. 263, 265; *H.-F.Müller,* aaO (Fn. 41), Vorbem. z. d. §§ 311 bis 318, Rdn. 18.

43 *Blaurock,* FS Sandrock, S. 85 f.

44 Vgl. *Lübking,* aaO (Fn. 41), S. 263; *Wackerbarth,* aaO (Fn. 41), S. 341 f.

45 *Falcke,* aaO (Fn. 10), S. 60; ähnlich *Kropff,* aaO (Fn. 41), Vor § 311 Rdn. 38; *Wackerbarth,* aaO (Fn. 41), S. 341 f.

auch allgemeine Konzernvorteile bzw. Synergieeffekte de facto zu Lasten der Tochtergesellschaft in Ansatz gebracht werden sollten: Derartige Vorteile könnten meist nicht konkret auf die Gruppeneingliederung zurückgeführt werden oder würden von der Gesellschaft selbst mitgeschaffen.[46] Kritisiert wird aber auch, dass der Vorschlag des Forums für die praktische Umsetzung in erster Linie auf die Geschäftsleitung der Tochtergesellschaft abstellt: Den Geschäftsführern einer solchen Gesellschaft sei regelmäßig der Einblick in die Konzernstruktur und die Konzernführung versperrt, sie könnten mithin die Voraussetzungen der Rechtmäßigkeit ihres Verhaltens nicht zuverlässig beurteilen.[47]

3. Zentrale Problemkreise

Wenn die kritische Auseinandersetzung des rechtswissenschaftlichen Schrifttums mit dem Vorschlag des Forums Europaeum Konzernrecht bisher überwiegend auf allgemeine und mitunter sehr pauschale Bemerkungen beschränkt geblieben ist,[48] so hat dies seine Ursache gewiss auch darin, dass im Vorschlag die Voraussetzungen einer Nachteilszufügung eher nur generell umschrieben worden sind; zudem sollte die Klärung wichtiger Folgefragen den mitgliedsstaatlichen Gesetzgebern überantwortet werden. Die Beschäftigung mit konkreten gesetzlichen Regelungen verspricht daher in zwei Richtungen einen zusätzlichen Erkenntnisgewinn: Zum einen geht es um die nähere Konturierung von Aspekten, die bereits im Vorschlag erscheinen, zum anderen um die Lösung von offen gelassenen und Folgefragen.

Zum ersten Bereich gehört vor allem die nähere Bestimmung der Voraussetzungen für eine Nachteilszufügung. Diesbezüglich ist auch vom Forum selbst ein Konkretisierungsbedarf eingeräumt und auf die Rechtsprechung und das rechtswissenschaftliche Schrifttum verwiesen worden.[49] Zu Recht wurde jedoch in der Diskussion betont, die betroffenen Personen, also in erster Linie die Geschäftsleiter der Tochter müssten ex ante einschätzen können, „ob sie sich auf gesicherten Boden,

46 *Blaurock,* FS Sandrock, S. 87.
47 *Schwarz,* Europäisches Gesellschaftsrecht, 2000, S. 555, Fußn. 1410.
48 Dies bedauernd *Druey,* FS Hommelhoff, 2012, S. 135, 154, Anm. 51.
49 Vgl. *Hopt,* ZHR 171(2007), 199, 223; ferner *Forum Europaeum Konzernrecht,* ZGR 1998, 672, 715.

in Grauzonen oder schlicht im Bereich des Unerlaubten befinden."[50] Bei einer Gesamtbetrachtung lässt sich zudem sagen, dass das Rozenblum-Konzept strengere Tatbestandsvoraussetzungen als der Ansatz des deutschen Rechts aufstellt, um dann bei den Rechtsfolgen großzügiger sein zu können,[51] bzw. dass von diesem Konzept eine Garantie für das Gleichgewicht in der Gruppe stärker in der Kontrolle struktureller Vorgaben gesucht werde.[52] All dies spricht dafür, der näheren Ausgestaltung der Voraussetzungen gesteigerte Aufmerksamkeit zukommen zu lassen.

Ein anderer Problemkreis betrifft die Rechtsfolgen. Hier scheint es zunächst vor allem um die Frage zu gehen, ob die gesamte Regelung nur die Handlungsoptionen der Tochtergesellschafts-Geschäftsleitung erweitern oder auch ein Weisungsrecht des herrschenden Unternehmens schaffen sollte. Dahinter steht aber wohl ein sehr grundsätzliches Problem, denn hier geht es letztlich um die Art und Weise der Implementierung des Modells in die mitgliedsstaatlichen Gesellschaftsrechtsordnungen: Zumindest auf den ersten Blick scheint eine bloße Erweiterung der Geschäftsleiter-Befugnisse den Charme eines „minimalinvasiven" Eingriffs aufzuweisen, selbst wenn auch hier die genaue Analyse viele Folgefragen aufzeigen könnte. Die Einführung eines Weisungsrechts der Obergesellschaft würde sich dagegen auf breiter Front über die Regeln des allgemeinen Gesellschaftsrechts hinwegsetzen, wofür regelmäßig entsprechende gesetzliche Regelungen erforderlich sein dürften und außerdem die Schaffung spezieller Vorschriften zum Schutz der Außenseiter.[53] Mit dem Schutz der Minderheitsgesellschafter und Gläubiger der Tochtergesellschaft ist dann auch ein dritter großer Fragenkreis angesprochen, der vom Vorschlag des Forums Europaeum Konzernrecht weitgehend offengelassen worden war.

50 *Windbichler,* FS Ulmer, 2003, S. 683, 690.
51 So *Drygala,* AG 2013, 198, 204.
52 *Falcke,* aaO (Fn. 10), S. 59.
53 Vgl. nur *Drygala,* AG 2013, 198, 203; *Hommelhoff,* KSzW 2014, 63, 64 f.

III. Die tatsächliche Unternehmensgruppe des ungarischen Rechts

1. Überblick über die Gesamtstruktur der konzernrechtlichen Regelungen

Mit dem (dritten) Gesetz über die Wirtschaftsgesellschaften (GWiG)[54] erhielt Ungarn im Jahr 2006 erstmals eine umfassende Regelung des Konzernrechts, nachdem bereits die Vorläuferregelungen aus den Jahren 1988 und 1997 einzelne konzernrechtliche Vorschriften enthalten hatten.[55] Normiert wurden vom neuen Gesetz drei Teilbereiche: Zunächst regeln die §§ 52 bis 54 den Erwerb einer qualifizierten Mehrheit (mindestens 75% der Stimmen) an einer ungarischen GmbH (*korlátolt felelősségű társaság = Kft*) oder einer geschlossenen Aktiengesellschaft (*zártkörűen működő részvénytársaság = Zrt*), wobei die Haftung des Erwerbers für eine dauerhaft nachteilige Geschäftspolitik herausragt (§ 54 Abs. 2 GWiG).[56] Es folgen die Vorschriften über die „anerkannte Unternehmensgruppe" in den §§ 55 bis 63 GWiG, die dem Vertragskonzernrecht zuzuordnen sind. Schließlich beschäftigt sich § 64 GWiG mit der „tatsächlichen Unternehmensgruppe".

Für das Verständnis der letzteren Regelung, um die es im Folgenden gehen soll, ist die Erkenntnis wichtig, dass es sich hierbei nicht um *das* ungarische Recht der faktischen Konzerne handelt,[57] welches man hinsichtlich seines Anwendungsbereiches etwa mit den §§ 311 ff. des deutschen AktG vergleichen könnte, sondern um eine spezielle Vorschrift, mit der in gewisser Weise die vertragskonzernrechtlichen Be-

54 Eine deutsche Übersetzung des Gesetzes Nr. IV/2006 über die Wirtschaftsgesellschaften (GWiG) von *Küpper* findet sich in JOR 2006, 230 ff.

55 Ausführlich wird das ungarische Konzernrecht behandelt von *Baumann*, Das Konzernrecht Ungarns nach dem Inkrafttreten des Gesetzes Nr. IV aus dem Jahr 2006 über die Wirtschaftsgesellschaften, 2011, passim; siehe dort (S. 77 ff.) auch zu den Regelungen von 1988 und 1997. Einen Überblick über das ungarische Konzernrecht geben zudem *J. Schubel*, Gestaltungsfreiheit und Gestaltungsgrenzen im polnischen Vertragskonzernrecht, 2010, S. 412 ff.; *Vecsey*, in: Winner (Hrsg.), Haftungsrisiken für die Konzernmutter in Mittel- und Osteuropa, 2013, S. 699, 732 ff.

56 Zu dieser Haftung *Baumann*, aaO (Fn. 55), S. 187 ff.; *Dziuba*, in: C.Schubel/ Kirste uam. (Hrsg.), Jahrbuch für Vergleichende Staats- und Rechtswissenschaften 2013, 2014, S. 69 ff.

57 So aber *Vecsey*, aaO (Fn. 55), S. 737.

stimmungen abgerundet werden sollten.[58] Mit den Regelungen über die tatsächliche Unternehmensgruppe wollte der ungarische Gesetzgeber herrschenden Gesellschaften einen „einfacheren und billigeren" Weg[59] eröffnen, Leitungsrechte auszuüben, die an sich den Abschluss eines Beherrschungsvertrages voraussetzen. Dieser besondere konzeptionelle Ansatz der Vorschrift hat u. a. zur Folge, dass es im ungarischen Recht eigentlich nicht nur einen Versuch gab, „Rozenblum" umzusetzen, sondern sogar zwei: einmal im Vertragskonzernrecht[60] und ein zweites Mal im Rahmen von § 64 GWiG, wobei die letztere Regelung in vielen Punkten nicht eigenständig konzipiert und ausgestaltet worden ist, vielmehr in gewisser Weise nur einen „Schatten" der vertragskonzernrechtlichen Vorschriften darstellt.[61]

2. *Voraussetzungen der Privilegierung*

a) *Wenigstens dreijährige Dauer der Zusammenarbeit*

Erstens setzt die Entstehung einer tatsächlichen Unternehmensgruppe gemäß § 64 Abs. 1 GWiG voraus, dass die herrschende und die kontrollierte(n) Gesellschaft(en) dauerhaft, zumindest aber bereits seit drei

58 Dies machen schon die Erläuterungen im Konzeptionspapier des Kodifikationsausschusses [A gazdasági társaságokról és a bírósági cégeljárásról szóló törvények koncepciója], Februar 2004, S. 36 ff., deutlich. Zurückhaltend hieß es dann zwar in der Regierungsvorlage im Oktober 2004, dass die Aufnahme einer Regelung über tatsächliche Unternehmensgruppen in das Gesetz nicht so dringend sei, weil man zunächst praktische Erfahrungen mit den anerkannten Unternehmensgruppen sammeln sollte; vgl. Regierungsvorlage über das Konzept des Gesetzes betreffend die Wirtschaftsgesellschaften sowie das Firmenverfahren, Justizministerium, IM/CIV/2004/GAZD/1626, S. 84. Der Begründung des Gesetzesentwurfes ließ sich aber schließlich diese zögerliche Einstellung nicht mehr entnehmen; vgl. Gesetzesentwurf Nr. T/18196 über die Wirtschaftsgesellschaften, November 2005, S. 173.

59 Vgl. Gesetzesentwurf Nr. T/18196, aaO (Fn. 58), S. 173; *Gadó*, in: Sárközy (Hrsg.), Társasági törvény, cégtörvény 2006–2009 (Gesetz über die Wirtschaftsgesellschaften, Firmengesetz 2006–2009), 2009, S. 149.

60 Der Einfluss des Rozenblum-Konzepts auf das ungarische Vertragskonzernrecht ist bereits in Konzeptionspapier, aaO (Fn. 58), S. 38, herausgestellt worden.

61 Eine weitere Konsequenz dieses Regelungsansatzes bestand darin, dass eine Anwendung von § 64 GWiG auf Unternehmensgruppen mit ausländischen Muttergesellschaften ausgeschlossen gewesen ist, vgl. *Baumann*, Konzernrecht, aaO (Fn. 55), S. 439 f.

Jahren, ohne Unterbrechung zusammenarbeiten. Nur eine solche dauerhafte und keine einmalige oder kurzzeitige Zusammenarbeit könne es rechtfertigen, der herrschenden Gesellschaft weitreichende Eingriffsrechte einzuräumen.[62] Vergleicht man die Regelung des § 64 Abs. 1 GWiG mit dem Rozenblum-Konzept, so tritt das Merkmal einer wenigstens dreijährigen Zusammenarbeit in gewisser Weise an die Stelle des Aspekts einer ausgewogenen und verfestigten Gruppenstruktur.[63] Näher erläutert wird diese Änderung weder in der Gesetzesbegründung, noch im ungarischen Schrifttum. Zwar scheinen sich die beiden Merkmale nicht beziehungslos gegenüberzustehen: Die Einrichtung einer verfestigten Gruppenstruktur wird fast immer einige Zeit benötigen, wie umgekehrt eine mehrjährige intensive Zusammenarbeit regelmäßig zu verfestigten Strukturen führen dürfte. Dennoch lässt sich eine Akzentverschiebung – weg von den Anforderungen an die Gruppenstruktur, hin zu einer (scheinbar einfacheren) rein zeitlichen Betrachtung – konstatieren. Möglicherweise ist dieser Wechsel aber auch nur indirekt (quasi über einen Umweg) herbeigeführt worden: Schon bei der am Rozenblum-Konzept orientierten Regelung des ungarischen Vertragskonzernrechts wird nicht ausdrücklich auf eine ausgewogene und verfestigte Struktur abgestellt (vgl. § 56 GWiG), was sich auch damit erklären lässt, dass bereits der Abschluss eines derartigen Vertrages für einen festen Rahmen sorgt. Die Vorschrift des § 64 GWiG orientiert sich nun wiederum am Vertragskonzernrecht und insoweit erschien es offenbar naheliegend, das Erfordernis einer vertraglichen Vereinbarung durch das Merkmal einer Zusammenarbeit wie auf der Grundlage eines Vertrages zu ersetzen, deren Ernsthaftigkeit sich natürlich in einer gewissen Dauerhaftigkeit manifestieren muss.

b) Verfolgung einer einheitlichen Geschäftskonzeption

Zweitens verlangt § 64 Abs. 1 GWiG, dass die Zusammenarbeit der herrschenden und der kontrollierten Gesellschaft(en) auf der Grundlage einer einheitlichen Geschäftskonzeption erfolgt. Auf den ersten Blick scheint dieser Punkt mit der zweiten Voraussetzung des Rozenblum-Konzepts, der kohärenten und auf Dauer angelegten Gruppenpolitik,[64] in der Sache deckungsgleich zu sein. Die Erläuterungen des rechtswis-

62 Hierzu *Baumann*, aaO (Fn. 55), S. 441 f.
63 Vgl. oben unter II.1.a.
64 Vgl. unter II.1.b.

senschaftlichen Schrifttums erwecken dann aber den Eindruck einer weitgehenden inhaltlichen Entleerung dieses Aspekts: Ausreichend soll demnach sein, wenn die Unternehmen am Markt als eine wirtschaftliche Einheit auftreten. Die einheitliche Geschäftskonzeption müsse nicht schriftlich oder in einer anderen Form erarbeitet bzw. festgehalten worden sein, stattdessen genüge es, wenn aus dem tatsächlichen Marktverhalten der beteiligten Unternehmen konkludent hervorgehe, dass sie einheitliche Geschäftsziele verfolgten.[65] Erneut empfiehlt sich ein Seitenblick auf das ungarische Vertragskonzernrecht. Hier hat der Konzernvertrag gemäß § 56 Abs. 3 lit. b GWiG Angaben „über die Art und Weise der im Interesse einer durch die zur Unternehmensgruppe gehörenden Wirtschaftsgesellschaften zu realisieren beabsichtigten, einheitlichen Geschäftskonzeption notwendigen Zusammenarbeit und deren wesentliche inhaltliche Elemente" zu enthalten.[66] Derartige vertragliche Regelungen über die Zusammenarbeit fehlen in der tatsächlichen Unternehmensgruppe, was aber die Bedeutung der Konzeption, auch als Maßstab zur Beurteilung der Rechtmäßigkeit einzelner Handlungen der Geschäftsführungen, noch erhöhen dürfte.[67]

c) Ausgewogene und berechenbare Verteilung von Vor- und Nachteilen

Drittens muss das tatsächliche Verhalten der an der Unternehmensgruppe beteiligten Gesellschaften eine berechenbare und ausgeglichene Verteilung der sich aus der Gruppentätigkeit ergebenen Vor- und Nachteile gewährleisten (§ 64 Abs. 1 GWiG a.E.). Soweit das Schrifttum diese Regelung erläutert, wird betont, aus dieser Anforderung ergebe sich, dass die bei den einzelnen Gruppengesellschaften verursachten Nachteile längerfristig durch die aus der Tätigkeit der Unternehmensgruppe resultierenden Vorteile ausgeglichen werden müssten.[68] Dies scheint völlig auf der Linie der dritten Voraussetzung des Rozenblum-Konzepts zu

65 Siehe insb. *Kisfaludi*, in: A gazdasági társaságok nagy kézikönyve (Großes Handbuch der Wirtschaftsgesellschaften), 2008, Rdn. 9131; ferner *Bodor*, in: Vezekényi (Hrsg.), Részvénytársaság (Aktiengesellschaft), 2008, S. 364; *Török*, Konszernjog (Konzernrecht), 2009, S. 286 ff.; *Vecsey*, aaO (Fn. 55), S. 737.

66 Siehe zu dieser Regelung *Baumann*, aaO (Fn. 55), S. 309 f.; *J. Schubel*, aaO (Fn. 55), S. 421 ff.

67 Dies betonend *J. Schubel*, Gestaltungsfreiheit, aaO (Fn. 55), S. 435.

68 *Baumann*, Konzernrecht, (Fn. 55), S. 442 f. unter Verweis auf *Kisfaludi*, aaO (Fn. 65), Rn. 9133; vgl. auch *Bodor*, aaO (Fn. 64), S. 364 f. *Török*, aaO (Fn. 64), S. 289 f., rügt die fehlende Klarheit der Regelung.

liegen.[69] In eine etwas andere Richtung dürfte aber der – ebenfalls anzutreffende – (Quer-)Verweis auf die Regelung des § 56 Abs. 3 lit. c GWiG für die Vertragskonzerne[70] führen, geht es dort doch um die Vereinbarung von „Bestimmungen zur Sicherung der berechenbaren und ausgeglichen Aufteilung der zum Schutz der Rechte der Gesellschafter (Aktionäre) und Gläubiger der kontrollierten Gesellschaft (Gesellschaften) notwendigen Vor- und Nachteile" im Konzernvertrag; exemplarische Erwähnung finden u.a. eine Verlustausgleichspflicht der herrschenden Gesellschaft sowie Dividendenergänzungs- und Abfindungsansprüche der Aktionäre. Verlangt wird mithin nicht ein bestimmtes tatsächliches Verhalten, sondern spezielle vertragliche Regelungen, die es hier gerade nicht gibt, zudem scheint die Perspektive verändert: Während es bei § 64 Abs. 1 GWiG um die kontrollierte Gesellschaft geht, hat § 56 Abs. 3 lit. c GWiG eher deren (Minderheits-) Gesellschafter und Gläubiger im Blick. Schließlich wird im ungarischen Schrifttum bei der Ausfüllung der dritten Voraussetzung noch auf § 54 Abs. 2 GWiG geschaut: Eine ausgewogene und berechenbare Verteilung der sich aus der Gruppentätigkeit ergebenen Vor- und Nachteile liege jedenfalls dann nicht vor, wenn das Verhalten des herrschenden Unternehmens als eine dauerhaft nachteilige Geschäftspolitik in Sinne dieser Norm anzusehen sei. Konkretere positive Aussagen können auf der Grundlage dieser negativen Abgrenzung allerdings nicht getroffen werden.[71]

3. *Rechtsfolgen*

Wie bei den Tatbestandsvoraussetzungen lässt sich die Regelung des § 64 GWiG auch bei den Rechtsfolgen nur im Kontext mit den vertragskonzernrechtlichen Regelungen deuten: In § 64 Abs. 1 GWiG wird ausdrücklich auf § 60 GWiG verwiesen. Generell ergibt sich hieraus, dass in einer tatsächlichen Unternehmensgruppe die herrschende Gesellschaft gegenüber der kontrollierten Gesellschaft berechtigt sein soll, auch ohne Abschluss eines Beherrschungsvertrags nach den vertragskonzernrecht-

69 Vgl. unter II.1.c.
70 Vgl. *Baumann*, aaO (Fn. 55), S. 443.
71 Siehe *Török*, aaO (Fn. 65), S. 289; ferner (bereits zum neuen UBGB) *Pázmándi*, Gazdaság és Jog, 2013, Nr. 7–8, S. 25, 29; in diese Richtung auch *Sárközy*, Gazdaság és Jog, 2007, Nr. 6–7, S. 3, 8.

lichen Bestimmungen Einfluss auszuüben.[72] Auf den ersten Blick scheint diese Aussage zwar etwas lapidar, aber immerhin hinreichend klar zu sein. Bei genauer Betrachtung zeigt sich jedoch schnell, dass der Verweis auf das Vertragskonzernrecht im Grunde genommen paradox ist: Im ungarischen Vertragskonzernrecht wird nämlich ein Regelungsauftragsmodell verfolgt, nach dem sich die einer herrschenden Gesellschaft zustehenden (Eingriffs-)Rechte jeweils aus dem einzelnen Beherrschungsvertrag ergeben.[73] Einen solchen Vertrag gibt es bei der tatsächlichen Unternehmensgruppe aber nicht. Soweit im Schrifttum dieses Problem erkannt wird, will man es dadurch lösen, dass die herrschende Gesellschaft frei entscheiden können soll, von welchen nach § 60 GWiG zulässigen Eingriffsrechten sie Gebrauch machen möchte.[74] Wäre dieser Ansatz zutreffend, so würde die Obergesellschaft einer tatsächlichen Gruppe tendenziell über mehr Rechte verfügen als die Obergesellschaft in einer anerkannten Gruppe, weil der Konzernvertrag in der Sache nur weniger und nicht mehr Rechte einräumen könnte. Aus dieser Perspektive betrachtet wäre er eigentlich kein Be-, sondern ein Entherrschungsvertrag.

Bei der Bewertung dieser Regelung ist außerdem zu beachten, dass die Vorschriften des ungarischen Vertragskonzernrechts (insb. die §§ 56 Abs. 3 lit. b, 60 Abs. 1 und 2 GWiG) insoweit über die Bestimmungen des deutschen § 308 AktG hinausgehen, als sie nach Ansicht des Schrifttums nicht nur die Einführung eines Weisungsrechts gegenüber dem Vorstand der kontrollierten Gesellschaft erlauben, sondern ebenso eine Verlagerung von Personal- und anderen Kompetenzen von den Organen dieser Gesellschaft auf die der herrschenden Gesellschaft.[75] Vertreten wird nun, dass es in einer tatsächlichen Unternehmensgruppe ohne jede vertragliche Regelung, also quasi automatisch, zu einer Verschiebung von Gesellschafterversammlungskompetenzen von der Tochtergesellschaft hin zur Muttergesellschaft komme.[76] Wie sich ein derartiger Vorgang in seinen praktischen Konsequenzen bewältigen ließe, bleibt allerdings unerörtert. Höchst unklar ist auch die Anwendung von § 60 Abs. 4 S. 1 GWiG bei einer tatsächlichen Unternehmensgruppe. Nach dieser Vorschrift sind die

72 Vgl. *Baumann*, aaO (Fn. 55), S. 433; *Kisfaludi*, aaO (Fn. 65), Rn. 9155.

73 Hierzu insb. *J.Schubel*, aaO (Fn. 55), S. 420 ff.; ferner *Darázs*, Jogtudományi Közlöny 2009, Nr. 3, S. 117, 122 f.; *Kisfaludi*, aaO (Fn. 65), Rn. 9155.

74 Vgl. *Baumann*, aaO (Fn. 55), S. 446 f., der hier dem ungarischen Schrifttum – verwiesen wird auf *Kisfaludi*, aaO (Fn. 64), Rn. 9155 – folgt.

75 *Baumann*, aaO (Fn. 55), S. 330 ff., spricht diesbezüglich von einem „Beschlussersetzungsrecht“.

76 So explizit *Vecsey*, aaO (Fn. 55), S. 736.

Geschäftsführer bzw. Vorstände einer kontrollierten Gesellschaft verpflichtet, die Geschäfte ihrer Gesellschaft – „den Festlegungen des Beherrschungsvertrages" entsprechend – auf der Grundlage eines Vorranges der Interessen der gesamten Unternehmensgruppe zu versehen. Die Interessen der kontrollierten Gesellschaft sollen offenbar nicht nur punktuell vom Gruppeninteresse durchbrochen bzw. überlagert werden, sondern völlig zurücktreten. Bereits in ihrem unmittelbaren Anwendungsbereich wirft diese Regelung gewichtige Fragen auf,[77] für deren Beantwortung aber immerhin noch der Konzernvertrag sorgen kann, auf den die gesetzliche Regelung ausdrücklich Bezug nimmt. Eine solche Vereinbarung existiert aber in der faktischen Unternehmensgruppe nicht und da die Konzernspitze frei entscheiden können soll, inwieweit sie von den – nach den §§ 56 Abs. 3 lit. b und 60 Abs. 1 und 2 GWiG zulässigen – Eingriffsrechten Gebrauch machen will, hängt die Verpflichtung der Geschäftsleitung einer kontrollierten Gesellschaft auf die (ausschließliche) Verfolgung von Gruppeninteressen völlig in der Luft.[78]

Noch gewichtiger für die praktische Anwendung der Gesamtregelung dürfte ein weiterer Problemkreis sein, der hier nur skizziert, nicht aber ausdiskutiert werden kann: Im Mittelpunkt steht dabei die Frage, ab wann die Rechtsfolgen eintreten, mit welchem Zeitpunkt also die Obergesellschaft berechtigt sein soll, die weitreichenden Gruppenleitungsrechte auszuüben. Erneut wirken die gesetzlichen Bestimmungen paradox: Einerseits stellt es eine Tatbestandsvoraussetzung dar, dass die Zusammenarbeit in der Unternehmensgruppe schon seit mindestens drei Jahren andauert,[79] andererseits scheint es der Norm um eine (mindestens dreijährige) Zusammenarbeit zu gehen, bei der bereits eine einheitliche Geschäftskonzeption umgesetzt und die Vor- und Nachteile zwischen den Unternehmen längerfristig aufgeteilt werden. Da vom GWiG die verschiedenen Gesellschaftsrechtsformen insgesamt vergleichsweise konzernresistent ausgestaltet worden sind,[80] würde sich eine solche Zusammenarbeit gesetzeskonform gewiss nur auf der Grundlage einer speziellen Ermächtigung realisieren lassen.[81] Gleichwohl wird diese Problematik im ungarischen Schrifttum – soweit ersichtlich – nicht diskutiert. Eine in gewisser Weise vermittelnde Lösung ist von *Baumann*

77 Vgl. *J. Schubel*, aaO (Fn. 55), S. 424 f.
78 Siehe hierzu auch *Baumann*, aaO (Fn. 55), S. 447 f.
79 Vgl. oben unter III.2.a.
80 Eingehend *Baumann*, aaO (Fn. 55), S. 49 ff., insb. S. 75 f.
81 Vgl. auch bereits die Problematisierung bei *J. Schubel*, aaO (Fn. 55), S. 434 f.

erarbeitet worden.[82] Hiernach soll die herrschende Gesellschaft die Gruppe bereits vor Ablauf der drei Jahre gemäß dem Rozenblum-Konzept führen dürfen, wofür sie sich allerdings nur ihrer normalen mitgliedschaftlichen Rechte bedienen können soll. Im Kern läuft diese Lösung darauf hinaus, eine besondere Übergangsphase zu etablieren, um Friktionen mit dem allgemeinen Gesellschaftsrecht zu vermeiden. Vor dem Hintergrund der an sich recht strikten Kapitalschutzvorschriften des GWiG wäre allerdings die Durchführung einzelner nachteiliger Maßnahmen nur gegen einen raschen Ausgleich erlaubt,[83] während das Rozenblum-Konzept in diesem Punkt erheblich großzügiger ist. Jenseits aller Detailfragen, die hier nicht näher erörtert werden können, macht diese Problematik letztlich deutlich, wie schwer es ist, aus einer von der Rechtsprechung entwickelten Lösung, mit deren Hilfe in der Vergangenheit liegende Vorgänge beurteilt werden, eine zukunftsgerichtete gesetzliche Regelung zu entwickeln. Diese Überlegung führt hin zur Frage, wie sich die Errichtung einer tatsächlichen Unternehmensgruppe konkret zu vollziehen hat.

4. *Entstehung und Beendigung einer tatsächlichen Unternehmensgruppe*

Die Entstehung einer tatsächlichen Unternehmensgruppe ist im GWiG nahezu vollständig ungeregelt geblieben, was erneut eine wesentliche Diskrepanz zum Recht der anerkannten Unternehmensgruppe darstellt. Diese Diskrepanz ist aber durchaus gewollt, soll doch die tatsächliche Unternehmensgruppe einen einfacheren und billigeren Weg bieten, in den Genuss der Vorteile einer anerkannten Unternehmensgruppe zu kommen.[84] Dennoch überrascht, dass der ungarische Gesetzgeber, der nicht nur die Errichtung, sondern auch die Beendigung einer anerkannten Unternehmensgruppe strikt an – mit qualifizierter Mehrheit zu fassende – Gesellschafterbeschlüsse bindet, die entsprechenden Maßnahmen bezüglich einer tatsächlichen Gruppe offenbar dem Bereich der Geschäftsführungsmaßnahmen zugeordnet hat. Das Gesetz regelt nicht einmal die Frage, ob die herrschende Gesellschaft bzw. deren Ge-

82 Eingehend *Baumann*, aaO (Fn. 55), S. 461 ff., 470.

83 Dies soll nach Ansicht einzelner Autoren sogar in der anerkannten Unternehmensgruppe, also im Vertragskonzernrecht gelten, vgl. *Gadó*, Gazdaság és Jog, 2006, Nr. 6–7, S. 11, 16.

84 Vgl. oben unter III.1.

schäftsleitung der kontrollierten Gesellschaft zumindest mitteilen muss, dass sie die Errichtung einer tatsächlichen Unternehmensgruppe beabsichtigt. Der ungarische Gesetzgeber hat möglicherweise auf eine entsprechende Vorschrift verzichtet, weil nach § 64 GWiG eine *dauerhafte* Zusammenarbeit erforderlich ist, die gewiss nicht „hinter dem Rücken" der kontrollierten Gesellschaft erfolgen kann. Da aber die Schaffung einer tatsächlichen Unternehmensgruppe weitreichende Rechtsfolgen nach sich zieht (wobei unklar ist, wann diese genau eintreten), erscheint es konsequent, wenn im ungarischen Schrifttum eine derartige Mitteilungspflicht der herrschenden Gesellschaft bejaht wird.[85] Undiskutiert bleiben dabei aber die Folgeprobleme, wie z. B. die Frage, ob eine tatsächliche Unternehmensgruppe auch ohne eine solche Mitteilung zustande kommen kann.[86]

Mehr Aufmerksamkeit hat die Frage gefunden, auf welchen Wegen definitiv festgestellt werden kann, ob bei einer konkreten Unternehmensgruppe die Voraussetzungen des § 64 Abs. 1 GWiG erfüllt worden sind. Einerseits sollen hierfür in bestimmten Konstellationen die Register- bzw. Firmengerichte zuständig sein, wobei im Schrifttum nachdrücklich bezweifelt wird, dass die Registergerichte zur Erfüllung dieser Aufgabe tatsächlich in der Lage sind.[87] Andererseits heißt es in § 64 Abs. 3 GWiG, ein (ordentliches) Gericht könne auf Antrag des herrschenden Gesellschafters sowie einer anderen Person, die ein rechtliches Interesse glaubhaft mache, feststellen, dass die Zusammenarbeit zwischen dem herrschenden Gesellschafter und der kontrollierten Gesellschaft den Anforderungen gemäß § 64 Abs. 1 GWiG entsprochen habe. Auch insoweit sind allerdings etliche Folgefragen ungeregelt geblieben.[88]

Da einschlägige gesetzliche Bestimmungen völlig fehlen, lässt sich kaum etwas zur Beendigung einer tatsächlichen Unternehmensgruppe sagen. Nach § 64 Abs. 4 GWiG kann die herrschende Gesellschaft auf der Grundlage eines – die Erfüllung der Voraussetzungen gemäß § 64 Abs. 1 GWiG feststellenden – Gerichtsurteils die Eintragung als anerkannte

85 So explizit *Gadó*, aaO (Fn. 59), S. 150, dessen Ansicht aber vereinzelt geblieben ist.

86 Vgl. *J. Schubel*, Gestaltungsfreiheit, aaO (Fn. 55), S. 435: rechtliche Grundlage, Charakter und Wirkung dieser Information werden nicht erörtert; zudem *Baumann*, aaO (Fn. 55), S. 441.

87 Siehe *Baumann*, aaO (Fn. 55), S. 451 f.; *Vecsey*, aaO (Fn. 55), S. 737 f. jeweils mwN, ferner *Sárközy*, Gazdaság és Jog, 2007, Nr. 6–7, S. 3, 6, 8.

88 Hierzu insb. *Baumann*, aaO (Fn. 55), S. 452 ff.; siehe zudem *Vecsey*, aaO (Fn. 55), S. 737 f.

Unternehmensgruppe beantragen, allerdings nur innerhalb von 90 Tagen nach dem Eintritt der Rechtskraft der Entscheidung. Aus dieser Befristung wird geschlussfolgert, dass die herrschende Gesellschaft ihre besondere Leitungsmacht nur so lange ausüben darf, wie auch die gesetzlichen Voraussetzungen erfüllt sind: Die Konzernspitze müsse daher fortwährend für ein angemessenes Gleichgewicht der Vor- und Nachteile sorgen.[89] Auch diese (Nicht-)Regelung berührt natürlich die Frage nach dem Schutz der Minderheitsgesellschafter und Gläubiger.

5. Schutzregelungen

Erneut ist der Blick zunächst auf die Vorschriften des Vertragskonzernrechts zu richten: Insoweit wird das ungarische Recht durch eine Besonderheit geprägt, und zwar verpflichtet § 55 Abs. 2 Satz 2 GWiG die Vertragsparteien des Beherrschungsvertrages, im Vertrag Regelungen zum Schutz der Gesellschafter und Gläubiger der kontrollierten Gesellschaften zu treffen. Der vom Gesetz erteilte Regelungsauftrag erstreckt sich mithin nicht nur auf die Ausgestaltung der Leitungsrechte, die der herrschenden Gesellschaft zur Verfügung stehen sollen, sondern ebenso auf die sog. kompensatorischen Maßnahmen zum Schutz der Außenseiter.[90] Unterstrichen wird dieser Regelungsauftrag noch einmal von § 56 Abs. 3 GWiG, der Vorgaben für den (Mindest-)Inhalt eines Beherrschungsvertrages macht. Hier verlangt lit. c „Bestimmungen zur Sicherung der berechenbaren und ausgeglichenen Aufteilung der zum Schutz der Rechte der Gesellschafter (Aktionäre) und Gläubiger der kontrollierten Gesellschaft (Gesellschaften) notwendigen Vor- und Nachteile“: In diesem Zusammenhang finden dann u. a. eine Verlustausgleichspflicht der herrschenden Gesellschaft, Dividendenergänzungs- und Abfindungsansprüche der Aktionäre sowie die Verpflichtung der herrschenden Gesellschaft, sich bei einer Insolvenz der kontrollierten Gesellschaft an deren Reorganisation zu beteiligen, Erwähnung. Dies sind aber lediglich Gestaltungsvorschläge des Gesetzgebers und keine zwingenden Vorgaben.[91] Flankiert wird der Regelungsauftrag an die

89 *Baumann*, aaO (Fn. 55), S. 448 f.

90 Zu den konzeptionellen Überlegungen, die dieser Regelung zugrunde liegen siehe *J. Schubel*, aaO (Fn. 55), insb. 420 f.

91 Vgl. Gesetzesentwurf über die Wirtschaftsgesellschaften, aaO (Fn. 58), S. 172; *Bodor*, aaO (Fn. 65), S. 353; *Darázs*, aaO (Fn. 73), insb. S. 126 f.; *Gadó*, aaO

Parteien des Konzernvertrages von einigen gesetzlichen Schutzvorschriften.[92] Diese Vorschriften betreffen aber entweder den Abschluss des Beherrschungsvertrages[93] oder sie zielen darauf ab, die Einhaltung der vertraglichen Schutzregelungen abzusichern.[94]

In der tatsächlichen Unternehmensgruppe laufen all diese Mechanismen leer: Die speziellen Schutzvorschriften der §§ 57 und 58 GWiG, die am Abschluss eines Beherrschungsvertrages ansetzen, sollen kraft ausdrücklicher gesetzlicher Regelung nicht einmal dann Anwendung finden, wenn die tatsächliche Unternehmensgruppe später in eine anerkannte Unternehmensgruppe umgewandelt wird (§ 64 Abs. 4 S. 2 GWiG). Das Gesetz erteilt zudem keinen Auftrag, Schutzvorkehrungen privatautonom zu treffen, weshalb auch die – den Regelungsauftrag flankierenden – gesetzlichen Schutzbestimmungen jedenfalls nicht unmittelbar eingreifen. Überlegenswert könnte es sein, einzelne dieser Vorschriften, insb. die Berichts- und Auskunftspflichten der Geschäftsleitungen analog auf die tatsächliche Unternehmensgruppe anzuwenden, doch wird dies im ungarischen Schrifttum – soweit ersichtlich – nicht diskutiert. Nach *Baumann* sollen die Außenseiter darauf angewiesen sein, Klage auf das Nichtbestehen einer tatsächlichen Unternehmensgruppe wegen einer Nichterfüllung deren Voraussetzungen zu erheben.[95] Gelinge es der herrschenden Gesellschaft dann nicht, die Erfüllung der in § 64 Abs. 1 GWiG geregelten Voraussetzungen zu beweisen, so verliere sie das Privileg zur Ausübung von Konzernleitungsmacht.[96] Steht fest,

(Fn. 59), S. 138 f.; *Kisfaludi*, aaO (Fn. 65), Rn. 9047 f.; *Sárközy*, Gazdaság és Jog, 2007, Nr. 6–7, S. 3, 7 f.; *Zumbok*, in: Nochta/Zóka/Zumbok (Hrsg.), A gazdasági társaságokról szóló törvény magyarázata (Kommentar zum Gesetz über die Wirtschaftsgesellschaften), S. 153.

92 Hierzu *Baumann*, aaO (Fn. 55), S. 448 f.

93 Recht der Gläubiger, Sicherungsleistung verlangen zu können (§ 57 Abs. 4 GWiG); Andienungsrecht der Gesellschafter bzw. Aktionäre (§ 57 Abs. 5 GWiG).

94 Siehe insb.: Berichtspflicht der Geschäftsleitung der kontrollierten Gesellschaft (§ 61 Abs. 1 GWiG); Auskunftspflicht der Geschäftsleitung der herrschenden Gesellschaft gegenüber einer Gesellschafterminderheit bzw. eines Gläubigerquorums der kontrollierten Gesellschaft (§ 61 Abs. 2 GWiG); Recht einer Gesellschafterminderheit der kontrollierten Gesellschaft und deren Geschäftsleitung, eine Einberufung der Gesellschafterversammlung der herrschenden Gesellschaft verlangen zu können (§ 62 Abs. 2); Recht der Gesellschafterminderheit und der Gläubiger der kontrollierten Gesellschaft, die Durchführung einer Sonderprüfung verlangen zu können.

95 Vgl. *Baumann*, aaO (Fn. 55), S. 453 f.

96 So *Baumann*, aaO (Fn. 55), S. 450.

dass die herrschende Gesellschaft gegen die Anforderungen des § 64 Abs. 1 GWiG verstoßen hat, soll diese gemäß § 64 Abs. 2 S. 2 GWiG nach den für den Fall einer dauerhaft nachteiligen Geschäftspolitik vorgesehenen Regeln haften.[97]

6. *Bewertung und Schicksal der Regelung*

Die gesamte Ausrichtung und auch fast alle Einzelbestimmungen der ungarischen Umsetzung von „Rozenblum“ in § 64 GWiG wurden durch die besondere Stellung dieser Norm im Gesamtsystem der konzernrechtlichen Regelung bestimmt: Hier geht es nicht um allgemeine gesetzliche Regelungen für alle faktischen Unternehmensgruppen, sondern um spezielle Vorschriften für „Vertragskonzerne ohne Vertrag“, wobei in dieser paradoxen Umschreibung schon das Grundproblem des gesamten Instituts anklingt.

Bezüglich der Bestimmung der Privilegierungsvoraussetzungen weist die ungarische Regelung mehrere Abweichungen vom ursprünglichen Rozenblum-Konzept auf: Das Merkmal einer ausgewogenen und verfestigten Gruppenstruktur ist vom Gesetzgeber überhaupt nicht übernommen worden.[98] Der Aspekt einer „kohärenten und auf Dauer angelegten Gruppenpolitik“ klingt zwar erkennbar in der „Verfolgung einer einheitlichen Geschäftskonzeption“ an, doch wird diese Vorschrift im Gesetz nicht näher ausgefüllt und von den Erläuterungen des Schrifttums inhaltlich bis zur Unkenntlichkeit entleert. Ein gruppeninternes Gleichgewicht der Vorteile und Nachteile ist erforderlich, näher geregelt wird dieser Punkt allerdings nicht. Innovativ erscheint die Einführung eines zusätzlichen zeitlichen Aspekts und zwar verlangt das Gesetz (in gewisser Weise statt der Erfüllung struktureller Vorgaben) eine wenigstens dreijährige Dauer der Zusammenarbeit. Diese Vorschrift wirft aber das Problem einer besonderen Übergangs- bzw. Eingangsphase auf, die im Gesetz völlig ungeregelt geblieben ist.

97 Nach Ansicht von *Baumann*, aaO (Fn. 55), wird durch den Verweis von § 64 Abs. 2 S. 2 GWiG auf § 54 Abs. 2 GWiG der Anwendungsbereich der Haftungsregelungen wesentlich erweitert.

98 Abweichend *Baumann*, aaO (Fn. 55), der meint, in der einheitlichen Geschäftskonzeption auch das Element der strukturellen Verfestigung erkennen zu können.

Bei den Rechtsfolgen überrascht, welch weitreichende Eingriffsrechte der herrschenden Gesellschaft zur Verfügung stehen sollen, zumal auf diese Weise letztlich dem Vertragskonzernrecht des GWiG viel an Attraktivität genommen worden ist. Allerdings sind insoweit diverse Details ungeregelt geblieben. Vor diesem Hintergrund erscheinen die Vorkehrungen zum Schutz von Minderheitsgesellschaftern und Gläubigern der kontrollierten Gesellschaft völlig unangemessen. In der Sache bleibt hier nicht viel mehr als eine „Obliegenheit zur Selbstkontrolle" bzw. die Hoffnung, die herrschende Gesellschaft werde zur Vermeidung einer Haftung permanent die Einhaltung der Privilegierungsvoraussetzungen, insb. den angemessenen Ausgleich der Nachteile der kontrollierten Gesellschaft überprüfen.[99] Die großen Defizite beim Schutz der Minderheitsgesellschafter und Gläubiger sind auch darauf zurückzuführen, dass die Entstehung und die Beendigung einer tatsächlichen Unternehmensgruppe ungeregelt geblieben sind. Nach all dem kann nicht überraschen, dass die Regelung des § 64 GWiG im Schrifttum deutliche Kritik erfahren hat.[100]

Diese kritische Sicht ist offenbar vom ungarischen Gesetzgeber geteilt worden. Im neuen ungarischen BGB, das am 15. März 2014 das GWiG von 2006 abgelöst hat, findet sich keine Vorschrift mehr, deren Kernregelung mit der des § 64 GWiG vergleichbar wäre.[101] In gewisser Weise ist an die Stelle dieser Norm nun § 3:62 UBGB getreten. § 3:62 Abs. 1 UBGB ermächtigt die Gerichte, unter der Voraussetzung, dass „die Bedingungen des Abschlusses eines Beherrschungsvertrages wenigstens drei Jahre lang ununterbrochen bestanden haben", und auf Antrag „einer rechtlich beteiligten Person" die herrschende Gesellschaft und die kontrollierte(n) Gesellschaft(en) zum Abschluss eines Konzernvertrages und zur registergerichtlichen Registrierung zu verpflichten. Mit der Einführung eines derartigen Zwangskonzernvertrages dürfte der ungarische

99 Hierzu *Baumann*, aaO (Fn. 55), S. 470 f.

100 Vgl. etwa *Baumann*, aaO (Fn. 55), S. 461: „Insgesamt ist daher festzustellen, dass den Regelungen zur tatsächlichen Unternehmensgruppe eine Konzeption zugrunde liegt, welche weder theoretisch zu Ende gedacht wurde, noch praktisch gut zu handhaben sein wird." Vgl. auch *Török*, aaO (Fn. 65), S. 289 f., der insb. die große Unbestimmtheit der Regelung für bedenklich hält.

101 Für einen ersten Überblick über die konzernrechtlichen Regelungen des neuen UBGB vgl. *Dziuba,* Die neuesten Entwicklungen im ungarischen Konzern- und Umwandlungsrecht, in: Teichmann/Oplustil (Hrsg.), Grenzüberschreitende Unternehmensmobilität: Viertes Jahrbuch des Krakauer Forums der Rechtswissenschaften, 2016, S. 9 ff.; *Küpper*, WiRO 2014, 266, 273 f.

Gesetzgeber ein weiteres konzernrechtliches Experiment gestartet haben. Dunkel bleibt die Regelung des § 3:62 Abs. 2 UBGB.[102] Nach dieser Vorschrift sollen die Gerichte „bei einem wenigstens dreijährigen ununterbrochenen Betrieb als tatsächliche Unternehmensgruppe“ und auf Antrag „einer rechtlich beteiligten Person“ im Verhältnis einer herrschenden und einer kontrollierten Gesellschaft „die Bestimmungen zum Verhältnis zwischen der Geschäftsführung des herrschenden Mitglieds und des kontrollierten Mitglieds“ auch ohne Beherrschungsvertrag und Registrierung als Unternehmensgruppe anwenden können. Es scheint so, als wenn es dieser Bestimmung um die nachträgliche Legitimierung eines an sich unzulässigen Handelns geht. Mit dem Thema dieses Beitrages, der zukunftsorientierten Umsetzung des Rozenblum-Konzepts, dürfte die Regelung ebenfalls nichts mehr zu tun haben.

IV. Faktische Konzerne im neuen tschechischen Recht

1. Überblick

Grundsätzlich enthält das neue Gesetz für Handelskorporationen (*zákon o obchodních korporacích = ZOK*), das am 1.1.2014 das bis dahin geltende tschechische Handelsgesetzbuch (*obchodní zákoník = ObchZ*) abgelöst hat, drei Gruppen von Vorschriften für Unternehmensgruppen, die zusammen eine komplexe Gesamtregelung bilden.[103] Dabei handelt es sich allerdings nicht um drei aufeinander aufbauende Regelungsstufen bzw. -ebenen. Stattdessen verfolgen alle drei Teilregelungen jeweils relativ eigenständige Regulierungsansätze, so dass sich ihr Zusammenspiel nicht leicht erschließen lässt. Konkret betreffen die drei Teilregelungen:

– die *Ausübung von Einfluss (Beeinträchtigung)* i.S.v. § 71 Abs. 1 ZOK,

102 Auch die Erläuterungen des ungarischen Schrifttums führen bisher nicht weiter, vgl. etwa *Kisfaludi*, in: Vékás/Gárdos (Hrsg.), Kommentár a Polgári Törvénykönyvhöz (Kommentar zu dem Bürgerlichen Gesetzbuch), Band I, 2014, S. 272; *Papp*, in: Osztovits (Hrsg.), A Polgári Törvénykönyvről szóló 2013. évi V. törvény és a kapcsolódó jogszabályok nagykommentárja (Großkommentar zum neuen BGB und den mit damit verbunden Gesetzen), Band I, 2014, S. 459 f.; *Pázmándi*, in: Sárközy (Hrsg.), Gazdasági társaságok – cégtörvény (Wirtschaftsgesellschaften – Firmengesetz), 2014, S. 223 ff.; *ders.*, in: Sárközy (Hrsg.), A jogi személy (Die juristische Person), 2. Aufl., S. 108 f.

103 Zu den konzeptionellen Grundlagen des neuen tschechischen Rechts siehe auch *Havel*, ECFR 2015, 19, 32 ff.

- die *Beherrschung (bzw. Abhängigkeit)* i.S.v. § 74 Abs. 1 ZOK sowie
- den *Konzern* i.S.v. § 79 Abs. 1 und 2 ZOK.

2. *Ausübung von Einfluss (Beeinträchtigung)*

Eine erste Teilregelung beschäftigt sich mit der (einfachen) Ausübung von Einfluss auf eine Gesellschaft oder Genossenschaft, wobei deren Verhalten zu ihrem Nachteil beeinflusst wird (Beeinträchtigung).[104] Die Definition des § 71 Abs. 1 ZOK macht deutlich, dass diese Teilregelung – anders als die Definition des herrschenden Unternehmens in § 17 Abs. 1 des deutschen Aktiengesetzes (AktG) – nicht an der Möglichkeit einer Einflussnahme ansetzt, sondern an der tatsächlichen Zufügung von Nachteilen.[105] Bei der Bestimmung des erfassten Personenkreises knüpft das Gesetz offenbar ganz bewusst nicht an den Definitionen der §§ 74, 75 ZOK für die herrschende Person an (dazu unter 3.). Stattdessen trifft es eine eigenständige Regelung, wobei der ausgewählte Begriff „Einfluss ausübende Person"[106] wohl sehr weit zu verstehen ist. Dies wird schon daran deutlich, dass man es für nötig gehalten hat, mit der Regelung des § 71 Abs. 5 ZOK Organmitglieder und Prokuristen der beeinflussten

104 In der deutschen Übersetzung des ZOK durch *Bohata*, WiRO 2012, 274, 278, wird die Überschrift des § 71 „Ovlivnění" nicht mit „Beeinträchtigung" übersetzt, sondern mit „Beherrschung", offenbar mit Blick auf die Begrifflichkeit des deutschen Aktiengesetzes. Eine solche Begriffswahl ist jedoch (zumindest) unzweckmäßig, weil sich so nicht erkennen lässt, dass die Regelungen des § 71 unmittelbar nichts mit denen über die Beherrschung gemäß § 74 ZOK (vgl. dazu unter 3.) zu tun haben.

105 An sich ist die Figur der „Beeinträchtigung" eine Neuschöpfung des ZOK. Im tschechischen Schrifttum wird allerdings hervorgehoben, die „Beeinträchtigung" knüpfe indirekt an die §§ 66 Abs. 6 und 66c ObchZ an, vgl. *Doležil*, in: Lasák/Pokorná/Čáp/Doležil uam (Hrsg.), Zákon o obchodních korporacích – Komentář (Gesetz für Handelskorporationen – Kommentar), I. Teil, 2014, S. 592. Andere Autoren verweisen in diesem Zusammenhang auch auf § 66a Abs. 2 ObchZ, wo es trotz der generellen Anlehnung an das deutsche Konzernrecht hieß „Einfluss … ausübt", vgl. *Štenglová/Havel/Cileček, /Kuhn/Šuk*, Zákon o obchodních korporacích – Komentář (Gesetz für Handelskorporationen – Kommentar), 2013, S. 168.

106 Vor dem Hintergrund des Regelungsansatzes – es geht um die Ausübung von Einfluss und nicht um die Einflussmöglichkeit – erscheint es konsequenter, „vlivná osoba" abweichend von *Bohata*, WiRO 2012, 274, 278, nicht mit „einflussreiche Person", sondern als „Einfluss ausübende Person" zu übersetzen.

Person explizit vom Anwendungsbereich der Regelung auszunehmen.[107] Die Einfluss ausübende Person muss also nicht unbedingt (direkt oder indirekt) an der beeinflussten Person beteiligt sein: Erfasst werden soll jeder Einfluss, der die Kriterien erfüllt, und nicht nur ein solcher, der zumindest gesellschaftsrechtlich vermittelt ist. Stattdessen soll die Grundlage der Stellung einer Einfluss ausübenden Person völlig irrelevant sein – es könne sich um einen Gesellschafter, Gläubiger, Bruder usw. handeln; selbst eine rechtswidrige (weil z.B. mit einer Drohung verbundene) Einflussnahme werde erfasst.[108] Demzufolge kann § 71 ZOK auch auf die Hausbank oder einen anderen wichtigen Gläubiger Anwendung finden.[109] Von Bedeutung ist schließlich noch, dass eine einmalige Einflussnahme ausreichen soll.[110]

Wichtigste Rechtsfolge der Ausübung von nachteiligem Einfluss ist gemäß § 71 Abs. 1 ZOK die Verpflichtung, den entstandenen Schaden zu ersetzen. Ausdrücklich betont wird in der Norm allerdings, dass die Einfluss ausübende Person nicht für den Schaden einstehen muss, wenn sie nachweist, dass sie bei der Einflussausübung gut informiert gehandelt hat und annehmen durfte, im Interesse der beeinflussten Person zu handeln. Damit wird für die Einflussnahme in einer Unternehmensgruppe explizit eine Art konzernrechtliche Business Judgment Rule

107 Erläutert wird diese Regelung im Schrifttum dahingehend, die Organmitglieder und der Prokurist sollten von der Anwendung des § 71 Abs. 1 ZOK ausgenommen werden, da sie mit der Sorgfalt eines ordentlichen und gewissenhaften Geschäftsleiters (auf Tschechisch: péče řádného hospodáře) handeln müssten. Der von § 71 ZOK verfolgte Zweck werde bei diesen Personen durch die Erfüllung dieser Anforderung (bzw. den Folgen ihrer Verletzung) erfüllt. Probleme soll die Tatsache aufwerfen, dass auch die Gesellschafter als Mitglieder eines Organs (der Gesellschafter- bzw. Hauptversammlung) angesehen werden könnten. Die Literatur kommt jedoch zum Schluss, dass die Bestimmung nur auf gewählte (bzw. ernannte) Organmitglieder anwendbar sei; vgl. *Doležil*, aaO (Fn. 105), S. 597; *Štenglová/Havel/Cileček,/Kuhn/Šuk*, aaO (Fn. 105), S. 175.

108 So *Černá*, Ovlivnění jako klíčový pojem českého koncernového práva (Die Beeinträchtigung als Grundbegriff des tschechischen Konzernrechts), Rekodifikace & praxe, 1/2014, S. 15. Dagegen war für die alte Regelung in § 66a Abs. 2 ObchZ nur gesellschaftsrechtlich vermittelter Einfluss von Relevanz; vgl. *Mašurova/Pokorná*, in: Winner (Hrsg.), Haftungsrisiken für die Konzernmutter in Mittel- und Osteuropa, 2013, S. 587, 633.

109 *Černá*, Rekodifikace & praxe, 1/2014, S. 15.

110 Dies wird ausdrücklich von der Gesetzesbegründung hervorgehoben, vgl. Parlamentsdrucksache Nr. 363/0 (6. Wahlperiode) – Begründung des Entwurfes des Gesetzes für Handelskorporationen, S. 208.

verankert.[111] Reguliert wird die Schadensersatzpflicht der Einfluss ausübenden Person weiterhin dadurch, dass dieser Person für den Ausgleich der Schäden indirekt eine Frist bis zum Ende des Geschäftsjahres (bzw. bis zum Ablauf einer vereinbarten angemessenen Frist) gewährt wird.[112] Nur wenn der Ausgleich nicht innerhalb dieser Frist erfolgt, besteht auch eine Ersatzverpflichtung gegenüber den Gesellschaftern der beeinflussten Gesellschaft, die allerdings auf den Ersatz des Schadens beschränkt ist, der durch die fehlende bzw. verspätete Ausgleichsleistung gegenüber der Gesellschaft entstanden ist (§ 71 Abs. 2 ZOK).

Schwerwiegende Rechtsfolgen ordnet auch die Vorschrift des § 71 Abs. 3 ZOK an und zwar eine Durchgriffshaftung der Einfluss ausübenden Person gegenüber den Gläubigern der beeinflussten Gesellschaft.[113] Wichtig ist, dass auf diese Haftung nicht erst in der Insolvenz der beeinflussten Gesellschaft zurückgegriffen werden kann, jedoch sollen für ihre Geltendmachung die allgemeinen Bedingungen gelten, insb. § 2021 des tschechischen BGB, wonach der Gläubiger eine Erfüllung vom Bürgen erst dann verlangen darf, wenn der Schuldner seine Schuld nicht innerhalb einer angemessenen Frist nach einer schriftlichen Aufforderung erfüllt hat.[114] Schließlich bestimmt noch § 76 ZOK Rechtsfolgen einer Ausübung von Einfluss: entsprechende Anwendung der Bestimmungen über Interessenkonflikte, über Tätigkeitsverbote und für die sog. „Wrongful trading"-Haftung.

111 Allgemein wird die Geltung der Business Judgment Rule in § 51 Abs. 1 ZOK geregelt.

112 Da auch im tschechischen Recht an sich die Verpflichtung besteht, einem anderen zugefügte Schäden sofort auszugleichen, hat diese Regelung privilegierenden Charakter, der zumindest nicht in allen Konstellationen des weiten persönlichen Anwendungsbereiches ohne Weiteres verständlich ist.

113 Der juristisch-dogmatischen Konstruktion nach bürgt die Einfluss ausübende Person ex lege gegenüber den Gläubigern der beeinflussten Gesellschaft für die Verbindlichkeiten, welche diese Gesellschaft infolge der Beeinflussung nicht begleichen konnte; siehe hierzu *Mašurova/Pokorná*, aaO (Fn. 108), S. 640.

114 Vgl. *Štenglová/Havel/Cileček,/Kuhn/Šuk*, aaO (Fn. 105), S. 174. Der Gläubiger muss die Beeinträchtigung, die Unfähigkeit der Gesellschaft, ihre Verpflichtung zu erfüllen, und den kausalen Zusammenhang nachweisen, hierzu *Černá*, in: Černá/Štenglová/Pelikánová uam, Právo obchodních korporací (Recht der Handelskorporationen), 2015, S. 221.

3. Beherrschung (Abhängigkeit)

Eine zweite Teilregelung beschäftigt sich mit den herrschenden und den abhängigen Personen. Von § 74 Abs. 1 ZOK wird die herrschende Person als eine Person definiert, die in einer Handelskorporation direkt oder indirekt einen entscheidenden Einfluss ausüben kann, wodurch diese Korporation zu einer abhängigen Person wird. Näher ausgefüllt wird die Definition durch relativ weite gesetzliche Vermutungen in § 75 ZOK. Diese Teilregelung knüpft also ebenso wie § 17 Abs. 1 AktG und die Vorschriften über faktische Konzerne in den §§ 311 ff. AktG bereits an der Möglichkeit an, Einfluss ausüben zu können, und nicht erst an eine erfolgte (nachteilige) Einflussnahme. Vergleichbare Vorschriften sind schon im alten Gesetz enthalten gewesen.[115]

Auch die Rechtsfolgen der Beherrschung, bei deren Schaffung man sich an dem System der §§ 311 ff. AktG orientiert hatte, sind weitgehend unverändert geblieben. Wichtigste Rechtsfolge einer Beherrschung ist die Verpflichtung der abhängigen Gesellschaft, einen Abhängigkeitsbericht (*Zpráva o vztazích* = Bericht über Beziehungen) anfertigen zu müssen (§ 82 Abs. 1 ZOK). Die für die Anfertigung und Überprüfung dieses Berichts in den §§ 82 bis 88 ZOK vorgesehenen Regelungen stimmen grundsätzlich mit den Vorschriften des alten Rechts überein[116]. Allerdings sind die inhaltlichen Vorgaben für den Abhängigkeitsbericht ausgebaut worden: Gemäß § 82 Abs. 2 lit. a bis c ZOK hat der Bericht jetzt auch Angaben über die Struktur der Unternehmensgruppe zu enthalten, ferner Auskünfte über die Aufgaben der abhängigen Personen innerhalb dieser Struktur sowie über die Art und Weise und die Mittel der Beherrschung. Begründet wird diese Erweiterung der Berichtspflichten als Reaktion auf die bisherige Praxis, welche den Bericht eher als formales Dokument ohne relevante Angaben betrachtet habe.[117] Neu sind zudem die Bestimmungen der §§ 82 Abs. 3, 83 Abs. 2 und 3 ZOK. Aus deutscher Sicht interessant erscheint insb. die Vorschrift des § 82 Abs. 3 ZOK: [118]

115 Siehe § 66a Abs. 2, 3 und 5 ObchZ.

116 Vgl. insb. § 66a Abs. 9, 10, 12, 13 ObchZ.

117 So *Doležil*, aaO (Fn. 105), S. 589. Die neue Regelung ruft denn auch in der aktuellen Praxis verbreitet die Befürchtung hervor, es würden zu viele und ausführliche Angaben verlangt. Praktische Erfahrungen mit den neuen Anforderungen sind bisher nur wenige gesammelt worden, da die Meinung vorherrschte, dass die neuen Regeln erst den Bericht über Beziehungen im Jahr 2014 betreffen würden, mithin die Berichte, die in 2015 zu erstellen waren.

118 Vgl. hierzu *Hommelhoff*, KSzW 2014, 63, 65.

„Verfügt das Verwaltungsorgan nicht über die für die Ausarbeitung des Berichts über die Beziehungen erforderlichen Informationen, so hat es diese Tatsache in dem Bericht aufzuführen und zu begründen." Erläuternd heißt es im tschechischen Schrifttum, die neue Bestimmung solle die in der Praxis übliche Situation klären, in der das Leitungsorgan der abhängigen Person nicht in der Lage sei, die vom Gesetz verlangten Informationen zu besorgen. Dies sei nur zu akzeptieren, wenn die Erfüllung der Berichtspflicht objektiv unmöglich sei.[119]

An der Beherrschung bzw. am Begriff der herrschenden Person knüpft neben dem Abhängigkeitsberichtssystem noch die Vorschrift des § 76 ZOK Rechtsfolgen an: Auch insoweit wird eine entsprechende Anwendung der Bestimmungen über Interessenkonflikte, über Tätigkeitsverbote und für die sog. „Wrongful trading"-Haftung festgelegt. Die Durchgriffshaftung des § 71 Abs. 3 ZOK setzt dagegen systematisch nicht an der Beherrschung an, sondern an der Ausübung nachteiligen Einflusses (vgl. unter 2.). Herrschende Gesellschaften sind also generell von dieser neuen Vorschrift bedroht, doch können sie eine Haftung vermeiden, wenn sie ihre Einflussmöglichkeiten nicht nutzen, zumindest nicht für die Durchführung nachteiliger Maßnahmen sorgen. Für das konzeptionelle Zusammenspiel der verschiedenen Teilregelungen ist wichtig, dass es – anders als im bisher geltenden Recht (vgl. § 66a Abs. 7 Satz 2 ObchZ) – keine gesetzliche Vermutung mehr gibt, wonach eine Beherrschung zum Konzern führt. Bei diesem Punkt hat sich das tschechische Recht offenbar ganz gezielt vom Vorbild des deutschen Rechts (§ 18 Abs. 1 Satz 3 AktG) gelöst.[120] Einer herrschenden Gesellschaft, die auf eine einheitliche Leitung verzichtet, drohen also nicht mehr die speziellen Rechtsfolgen, die am Konzerntatbestand anknüpfen (dazu unter 4.).

Eine spezielle Problematik stellt das in § 89 ZOK geregelte Andienungsrecht (Ankaufverpflichtung) dar. Diese Regelung, die im alten Recht nur im Vertragskonzernrecht enthalten gewesen ist (vgl. § 190c Abs. 1 ObchZ), knüpft grundsätzlich an der Beherrschung (bzw. an der herrschenden und der abhängigen Person) an, verlangt aber zusätzlich eine (nachteilige) Einflussübung und eine wesentliche Beeinträchtigung der berechtigten Interessen der Gesellschafter in der abhängigen Gesellschaft. In systematischer Hinsicht wäre es daher wohl überzeugender gewesen, das Andienungsrecht des § 89 ZOK nicht an der Beherrschung

119 *Doležil*, aaO (Fn. 105), S. 641.
120 Von der Gesetzesbegründung wird dieser Aspekt allerdings nicht näher erläutert.

anzubinden, sondern auch an der Einflussausübung. Möglicherweise war man aber der Ansicht, dass diese schwerwiegende und teure Regelung nicht zu einer einzelnen nachteiligen Einflussnahme passen würde.[121]

4. *(Faktische) Konzerne*

a) *Konzeptionswechsel*

Bei der Regelung des Konzernrechts ist bisher in Tschechien nach dem Vorbild des deutschen Rechts zwischen „faktischen“ und Vertragskonzernen unterschieden worden.[122] Mit dem Inkrafttreten des ZOK hat man nun einerseits die Bestimmungen des Vertragskonzernrechts vollständig abgeschafft. Andererseits jedoch sind die Regelungen für die faktischen Konzerne – im Vergleich zum alten tschechischen und zum deutschen Recht – wesentlich angereichert worden, was in erster Linie auf das Zusammenspiel der konzernrechtlichen Bestimmungen mit den Teilregelungen über die Ausübung von Einfluss und über die Beherrschung zurückzuführen ist. In der Gesetzbegründung heißt es hierzu nur sehr knapp, dass das neue Gesetz – anders als die bisherige Regelung – der sog. französischen Auffassung (Rozenblum-Konzept) folge.[123] Nach Ansicht des rechtswissenschaftlichen Schrifttums soll das Hauptproblem der alten Regelung darin bestanden haben, dass die vertragskonzernrechtlichen Bestimmungen nicht durch entsprechende Steuervorschriften ergänzt worden seien; abgesehen davon sei die Kombination von Vertragskonzern und faktischem Konzern zu kompliziert gewesen, weshalb es in der Praxis kaum Vertragskonzerne gegeben habe.[124]

121 Auch zu diesem Punkt konnten weder in der Gesetzesbegründung noch im rechtswissenschaftlichen Schrifttum nähere Erläuterungen gefunden werden.

122 Die Regelungen für faktische Konzerne sind in § 66a Abs. 8 bis 16 ObchZ enthalten gewesen, die §§ 190a bis 190j ObchZ enthielten Vorschriften für Beherrschungs- und Gewinnabführungsverträge, deren Kernregelungen denen des deutschen Vertragskonzernrechts entsprachen.

123 Parlamentsdrucksache Nr. 363/0 (6. Wahlperiode) – Begründung des Entwurfes des Gesetzes für Handelskorporationen, S. 208. Siehe hierzu auch *Maśurova/Pokorná*, aaO (Fn. 108), S. 649.

124 Siehe nur *Pelikánová/Černá uam:* Obchodní právo. Společnosti obchodního práva a družstva. II. díl (Handelsrecht. Handelsgesellschaften und Genossenschaften, II. Teil), 2006, S. 138; *Braun/Maurer*, Problémy nového koncernového práva (Die Probleme des neuen Konzernrechts), Právní rozhledy 1/2002, S. 24.

b) Begriffsbestimmung

Für die Definition des Konzerns wird von § 79 Abs. 1 ZOK – in Übereinstimmung mit § 66a Abs. 7 Satz 1 ObchZ und § 18 Abs. 1 Satz 1 AktG – ausschließlich auf das Vorhandensein einheitlicher Leitung abgestellt. Abweichend vom alten tschechischen und vom deutschen Recht ist die Definition des Konzerns jedoch in rechtstechnischer Hinsicht völlig vom Tatbestand der Beherrschung gelöst worden: Die Vermutung, dass eine Beherrschung zum Konzern führt,[125] wurde abgeschafft. Stattdessen trifft jetzt § 74 Abs. 3 ZOK „umgekehrt" die Festlegung, dass eine leitende Person iSv § 79 ZOK grundsätzlich stets auch herrschende Person sei. Auf diese Weise werden Konzerne den Rechtsfolgen einer Beherrschung unterstellt (siehe unter 3.). Dies geschieht wohl vor allem wegen der Verpflichtung zur Vorlage eines Abhängigkeitsberichts (§§ 82 bis 88 ZOK).

Da es bei der Klärung der Frage, ob auf eine Unternehmensverbindung die Rechtsfolgen des Konzerns Anwendung finden, allein auf das Vorhandensein einer einheitlichen Leitung ankommt, trifft das ZOK in § 79 Abs. 2 insoweit noch eine relativ ausführliche Begriffsbestimmung, die an die Definitionsversuche der herrschenden Meinung im deutschen Schrifttum erinnert (sog. „weiter Konzernbegriff").[126] Allerdings scheint in der Formulierung „zum Zwecke einer langfristigen Durchsetzung von Interessen im Rahmen einer einheitlichen Politik des Konzerns" bereits das Rozenblum-Konzept anzuklingen, wird doch z.B. dem zeitlichen Aspekt im deutschen Recht nur eine sehr nachgeordnete Bedeutung beigemessen.[127]

c) Zum „Konzernprivileg"

Zentrale Bedeutung in der neuen Regelung für faktische Konzerne kommt § 81 Abs. 1 ZOK zu, wonach ein Organ der leitenden Person „den Organen der geleiteten Person Weisungen bezüglich der Geschäftsführung erteilen [kann], falls sie im Interesse der leitenden Person oder einer anderen Person sind, mit der die leitende Person einen Konzern bildet". Ausdrücklich bestimmt wird also, dass in einer fakti-

125 So noch § 66a Abs. 7 Satz 2 ObchZ nach dem Vorbild von § 18 Abs. 1 Satz 3 AktG.

126 Vgl. nur *Bayer* in: MünchKomm z. AktG, 3. Aufl. 2008, § 18 Rz. 28–33; *C.Schubel* in: Frodermann/Jannott (Hrsg.), Handbuch des Aktienrechts, 9. Aufl. 2017, 14. Kapitel Rz. 25 f.

127 Vgl. *Bayer*, aaO (Fn. 126), § 18 Rz. 37.

schen Unternehmensgruppe das Gruppeninteresse durch Weisungen durchgesetzt werden kann. Diese Regelung geht weit über das deutsche Recht hinaus, das ein Weisungsrecht nur bei Vertragskonzernen kennt (§ 308 AktG). Denn die Vorschrift stammt auch aus dem alten tschechischen Vertragskonzernrecht (vgl. § 190b Abs. 2 ObchZ). Dabei ist zwar die Formulierung, es könnten auch nachteilige Weisungen erteilt werden, nicht explizit übernommen worden, aus den Vorschriften der §§ 71, 72 ZOK ergibt sich aber, dass auch dies zulässig ist.[128] Die Formulierung des § 81 Abs. 1 ZOK scheint darauf hinzudeuten, dass nicht nur Vorstand bzw. Geschäftsführer der geleiteten Gesellschaft angewiesen werden können, sondern – über die Regelungen des deutschen Vertragskonzernrechts hinausgehend – ebenso deren Aufsichtsrat und sogar die Haupt- bzw. Gesellschafterversammlung. Da die tschechische Gesellschaftsrechtsdogmatik jedoch den Begriff des „Statutarorgans“ gebraucht und zwar zur Kennzeichnung des jeweiligen Leitungs- bzw. Vertretungsorgans (also des Vorstand, bzw. Geschäftsführers), wird vom Schrifttum die Ansicht vertreten, § 81 Abs. 1 ZOK beziehe sich nur auf die Statutarorgane.[129] Es ist aber bereits auch die Auffassung geäußert worden, sämtliche Organe der geleiteten Gesellschaft könnten angewiesen werden.[130]

Kommt es durch die Weisungen bzw. durch die Durchsetzung des Gruppeninteresses zu einer nachteiligen Einflussnahme, dann greifen die Vorschriften über die Ausübung von Einfluss ein (dazu unter 2.). Diese Regelungen setzen zwar nicht das Bestehen eines Konzerns voraus – sie greifen also auch ein, wenn Einfluss ausgeübt wird und es nicht um die Durchsetzung einer einheitlichen Leitung geht, doch kommen sie ebenso in Konzernverhältnissen zur Anwendung[131]. Aus diesem Zusammenspiel

128 *Černá*, O koncernu, koncernovém řízení a vyrovnání újmy (Über Konzern, Konzernleitung und Schadenersatz), Obchodněprávní revue 2/2014, S. 33, hält es für offensichtlich, dass es § 81 Abs. 1 ZOK nur um nachteilige Weisungen geht, da Einflussnahmen zu Gunsten der geleiteten Person nicht geregelt werden müssten.

129 Für diese Ansicht spricht, dass die Geschäftsführung, von der in § 81 Abs. 1 ZOK die Rede ist, in die ausschließliche Zuständigkeit des Vorstands (bzw. des Statutardirektors bei der monistischen AG) oder des Geschäftsführers fällt. Wichtig ist zudem, dass die Geschäftsführung im tschechischen Gesellschaftsrecht deutlich enger als im deutschen Recht verstanden wird; siehe hierzu *Černá*, Obchodněprávní revue 2/2014, S. 33.

130 Vgl. *Doležil*, aaO (Fn. 105), S. 635.

131 Explizit deutlich gemacht wird dies von der Regelung des § 72 Abs. 1 ZOK, dazu sogleich.

der verschiedenen Teilregelungen ergibt sich, dass der Schaden, welcher der beeinflussten Gesellschaft durch die Ausführung einer nachteiligen Weisung entstanden ist, grundsätzlich bis zum Ende des Wirtschaftsjahres bzw. innerhalb einer vereinbarten angemessenen Frist zu ersetzen ist, anderenfalls droht der leitenden Person eine Haftung gemäß § 71 Abs. 1 bis 3 ZOK und zwar auch im Verhältnis zu den (Minderheits-)Gesellschaftern und Gläubigern der geleiteten Person.

Großzügigere Maßstäbe kommen allerdings gemäß § 72 ZOK zur Anwendung, wenn der Konzern unter Beachtung bestimmter Voraussetzungen geleitet wird, die sich offensichtlich an das Rozenblum-Konzept anlehnen. Diese privilegierende Sonderregelung für die Ausübung von Einfluss (bzw. für Beeinträchtigungen) knüpft also am Konzern an und nicht an eine Beherrschung oder an eine einfache gesellschaftsrechtliche Verbindung zu einer Unternehmensgruppe. Die Inanspruchnahme der privilegierenden Regelung setzt mithin zunächst eine einheitliche Leitung voraus[132]. Aus den speziellen Bestimmungen in § 72 ZOK und aus den anderen zu beachtenden Vorschriften ergibt sich, dass darüber hinaus grundsätzlich folgende Voraussetzungen erfüllt sein müssen:

Erstens muss die Maßnahme, die einen Schaden verursacht hat, im Interesse der leitenden Person oder einer anderen konzernangehörigen Gesellschaft gewesen sein (§ 72 Abs. 1 ZOK).

Zweitens muss der Schaden, welcher der geleiteten Gesellschaft entstanden ist, in einer „angemessenen Frist" innerhalb des Konzerns „durch eine angemessene Gegenleistung oder einen anderen, sich nachweislich aus der Mitgliedschaft im Konzern ergebenden Vorteil", ausgeglichen werden (§ 72 Abs. 2 ZOK). Im tschechischen Schrifttum wird bereits diskutiert, wie diese Vorschrift auszulegen ist, wobei eine enge Auslegung – jeder Schaden sei konkret auszugleichen, die Gegenleistung stelle mithin eine Kompensation des Schadens dar – einem weiten Normverständnis – Ausgleich bedeute keine Kompensationspflicht der leitenden Person, sondern eher ein Gesamtgleichgewicht im Konzern – gegenübergestellt wird. Vor allem Praxisvertreter scheinen eher zu einem weiten Verständnis zu neigen. Zu den „anderen Vorteilen" soll ein Zugang zu Know-how, Märkten, Cash-Pooling-Systemen und Marken (bzw. Reputation) gehören.[133] Betont wird aber auch, dass die bloße

132 Allerdings setzt die einheitliche Leitung wiederum keine Beherrschung voraus (vgl. 4. b).

133 Vgl. *Doležil*, aaO (Fn. 105), S. 602.

Zugehörigkeit zu einem Konzern noch keinen „anderen Vorteil" darstellen würde.[134] Unmittelbar aus dem Gesetz ergibt sich, dass die leitende Person in jedem Fall zu verhindern hat, dass es durch ihre Maßnahme zu einer Insolvenz der geleiteten Person kommt (§ 72 Abs. 3 ZOK).

Drittens muss das Bestehen eines Konzerns auf den Internetseiten der beteiligten Gesellschaften offengelegt worden sein (§ 79 Abs. 3).

Viertens hat die geleitete Gesellschaft gemäß § 74 Abs. 3 i.V.m. § 82 ZOK jährlich einen „Bericht über die Beziehungen" vorzulegen, der u. a. Auskunft über die Konzernstruktur und die Aufgaben der geleiteten Gesellschaft innerhalb dieser Struktur gibt, sowie über die „Art und Weise und die Mittel der Beherrschung" (§ 82 Abs. 2 lit. a bis c ZOK).[135] Vom Schrifttum wird betont, dass in Konzernen in diesem Zusammenhang auch über die einheitliche Leitung informiert werden müsse.[136] Fraglich erscheint, inwieweit die Berichterstattung über diese Punkte eine Offenlegung der – vom Rozenblum-Konzept geforderten – einheitlichen Gruppenpolitik (vgl. auch § 79 Abs. 2 ZOK) zu umfassen hat.[137] Zu informieren ist in dem Bericht jedenfalls über die Durchführung und den Ausgleich nachteiliger Maßnahmen (§ 82 Abs. 2 lit. f, Abs. 4 Satz 2 ZOK). Außerdem hat das Verwaltungsorgan der geleiteten Gesellschaft in dem Bericht die sich aus den Gruppenbeziehungen ergebenden Vor- und Nachteile zu bewerten und aufzuführen, ob die Vor- oder Nachteile überwiegen und welche Risiken sich dabei für die geleitete Gesellschaft ergeben (§ 82 Abs. 4 Satz 1 ZOK).[138]

134 *Černá*, Obchodněprávní revue 2/2014, S. 33.

135 Hier stellt sich die Frage, wie die Vorschrift des § 82 Abs. 2 lit. c ZOK auf Konzerne zur Anwendung kommt, weil es bei diesen ja nicht auf eine Beherrschung, sondern auf eine einheitliche Leitung ankommt. Die Gesetzesbegründung betont allerdings explizit, dass dies der Fall sei; vgl. Parlamentsdrucksache Nr. 363/0 (6. Wahlperiode), S. 209.

136 Vgl. *Doležil*, aaO (Fn. 105), S. 640.

137 Soweit ersichtlich wird diese Frage im tschechischen Schrifttum bisher nicht erörtert. Es gibt jedoch Autoren, die – angeregt von der französischen Rechtsprechung – fordern, die einheitliche Konzernpolitik müsse durch die Hauptversammlung genehmigt werden; fehle ein solcher Beschluss, so könne dies ein Grund sein, das Vorhandensein eines Konzerns abzulehnen, vgl. *Černá*, Obchodněprávní revue 2/2014, S. 33. Da die Tagesordnung einer AG-Hauptversammlung (einschließlich der Entwürfe von Beschlüssen mit Begründung) auf den Internetseiten der Gesellschaft veröffentlicht werden muss, wäre dann auch die Gruppenpolitik zumindest teilweise der Öffentlichkeit zugänglich.

138 Zu dieser Berichtspflicht oben unter IV.3.

Zusammenfassend lässt sich festhalten, dass das „Konzernprivileg“ des neuen tschechischen Rechts für faktische Konzerne vor allem in zwei Punkten über die entsprechenden Vorschriften des alten tschechischen Gesetzes und die Bestimmungen des deutschen AktG hinausgeht: Einerseits wird den Leitungsorganen der Muttergesellschaften explizit gestattet, der Geschäftsleitung einer Tochtergesellschaft Weisungen zu erteilen, welche für die letztere Gesellschaft auch nachteilig sein dürfen. Andererseits deutet sich an, dass bei der Beurteilung der Nachteilskompensation (allgemeine) Konzernvorteile Berücksichtigung finden können.[139]

d) Entstehung eines Konzerns und Offenlegung

Das neue Gesetz enthält keinerlei Vorschriften, welche die Entstehung eines Konzerns regeln würden.[140] Schon weil sich mit dem Inkrafttreten des ZOK der Rechtsrahmen für faktische Konzerne – quasi „über Nacht“ – wesentlich geändert hat, insb. jetzt den Muttergesellschaften deutlich weitergehende Einflussmöglichkeiten zur Verfügung stehen, stellt sich die Frage, wer darüber zu entscheiden hat, inwieweit diese Optionen in der einzelnen Unternehmensgruppe auch tatsächlich wahrgenommen werden. Vom Gesetz wird diese Problematik jedenfalls nicht speziell geregelt. Während das alte Gesetzbuch für Vertragskonzerne eine strenge Publizität vorgesehen hatte,[141] verlangt das ZOK nicht, dass die Existenz eines faktischen Konzerns beim Handelsregister angemeldet wird.[142]

139 Für die Ausgleichspflicht des § 311 AktG sind allgemeine Konzernvorteile ohne Belang, vgl. nur *Emmerich/Habersack*, Aktien- und GmbH-Konzernrecht – Kommentar, 7. Aufl. 2013, § 311 Rz 62; *Decher,* FS Hommelhoff, 2012, S. 115, 118 ff.

140 So ausdrücklich Parlamentsdrucksache Nr. 363/0 (6. Wahlperiode) – Begründung des Entwurfes des Gesetzes für Handelskorporationen, S. 209: Das Gesetz sage nicht, wie der Konzern entstehe – er könne faktisch entstehen, aufgrund eines Vertrages oder aufgrund einer Entscheidung der Organe einer geleiteten Person.

141 Beherrschungs- und Gewinnabführungsverträge mussten gemäß § 38i Abs. 1 lit. k ObchZ in der Urkundensammlung hinterlegt werden; erst mit der Veröffentlichung in der Sammlung konnten die Verträge Wirksamkeit erlangen (§ 190d Abs. 2 ObchZ).

142 Allerdings erlaubt § 25 Abs. 1 lit. k des Gesetzes Nr. 304/2013 über die öffentlichen Register von juristischen und natürlichen Personen, dass neben den gesetzlich vorgeschriebenen auch wichtige andere Tatsachen eingetragen werden können, und zwar aufgrund eines Verlangens der eingetragenen Person, soweit diese ein rechtliches Interesse an der Eintragung hat. Auf dieser Grundlage könnte

Dafür muss das Bestehen des Konzerns aber ohne unnötige Verzögerung auf der Internetseite bekannt gegeben werden und zwar auch auf der Seite der leitenden Person (§ 79 Abs. 3 ZOK).[143] Diese Regelung wirft eine Fülle von Folgefragen auf.

e) Schutz der Gläubiger und Minderheitsgesellschafter

Die Zulässigkeit nachteiliger Weisungen in faktischen Konzernen verleiht der Frage nach dem Schutz der Minderheitsgesellschafter und der Gläubiger der geleiteten Person besondere Brisanz. Auch bezüglich dieses Schutzes ergeben sich die wichtigsten Elemente aus dem Zusammenspiel der drei Teilregelungen.

Man geht offenbar von dem Gedanken aus, dass generell die Anwendung des Rozenblum-Konzepts für einen hinreichenden Gläubigerschutz sorgen kann und Sonderregelungen nur für den Insolvenzfall getroffen werden müssen. Den erforderlichen Schutz der Gläubiger soll hier wohl in erster Linie die Regelung des § 72 Abs. 3 ZOK gewährleisten: Führt die „Handlung"[144] der leitenden Person zur Insolvenz der geleiteten Person, dann kommen die Vorschriften über das Konzernprivileg (§ 72 Abs. 1 und 2 ZOK) nicht zur Anwendung. Die Nichtanwendung des § 72 Abs. 1 und 2 ZOK hat wiederum ein Eingreifen der Vorschriften für die Beherrschung zur Folge (insb. § 71 Abs. 1 bis 3 ZOK). Da die geleitete Person insolvent ist, dürften die Gläubiger vor allem an der Geltendmachung der Durchgriffshaftung gemäß § 71 Abs. 3 ZOK interessiert sein. Allerdings verbleibt der leitenden Person wohl auch in einem solchen Fall der Nachweis einer gut informierten und rationalen Entscheidung (vgl. 2). Problematisch könnten hier vor allem Fälle sein, in denen durch nachteilige Einflussnahmen über einen längeren Zeitraum eine Schwächung der geleiteten Person herbeigeführt worden ist, die Insolvenz aber unmittelbar durch eine Maßnahme her-

eine Gesellschaft wohl die Eintragung der Zugehörigkeit zum Konzern beantragten. Soweit ersichtlich wird diese Frage im tschechischen Schrifttum bisher aber nicht erörtert.

143 *Doležil*, aaO (Fn. 105), S. 632. Die Verpflichtung, eine Internetseite einzurichten, ergibt sich für Aktiengesellschaften aus § 7 Abs. 2 ZOK; eine GmbH unterliegt dieser Pflicht nur, falls sie einem Konzern angehört (§ 7 Abs. 3 ZOK). Allerdings sind nach h.M. die Konzerne nur dann zur Veröffentlichung verpflichtet, wenn sie von der Regelung des § 72 Abs. 2 ZOK Gebrauch machen wollen; vgl. *Lasák*, in: Pokorná/Holejšovský/Lasák uam, Právo obchodních korporací a družstev, 2014, S. 164.

144 „Handlung" („jednání") umfasst hier auch eine Unterlassung.

beigeführt wurde, bezüglich der sich die leitende Person auf die in § 71 Abs. 1 ZOK geregelte Befreiungsmöglichkeit berufen kann.

Vergleichbar gestaltet sich der Schutz der Minderheitsgesellschafter in der geleiteten Gesellschaft: Auch hier kommt offenbar der Überlegung, bei der Anwendung von „Rozenblum" sei ein weitergehender Gesellschafterschutz grundsätzlich nicht erforderlich, zentrale Bedeutung zu. Die ausdrücklich geregelten Rechte der Gesellschafter zielen daher überwiegend auf eine ordnungsgemäße Umsetzung des Rozenblum-Konzepts, so z. B. das Recht, sich mit dem Abhängigkeitsbericht bekannt zu machen (§ 84 ZOK), oder die Befugnis, eine Sonderprüfung beantragen zu können (§§ 85, 88 ZOK). Kommt es durch die Einflussnahme der leitenden Person aber zu einer wesentlichen Verschlechterung der Stellung der Gesellschafter oder zu einer anderen wesentlichen Beeinträchtigung deren Interessen, so haben diese ein Andienungsrecht (§ 89 ZOK)[145]. Nicht klar zu erkennen ist, ob bei Insolvenz der geleiteten Person die Gesellschafter einen Schadensersatzanspruch gegen die leitende Person haben, weil in diesem Fall gemäß § 72 Abs. 3 die privilegierenden Vorschriften des § 72 Abs. 1 und 2 nicht mehr eingreifen, was wiederum auch die Anwendung der Haftungsregelung in § 71 Abs. 2 zur Folge haben müsste.[146]

5. Bewertung

Während in den bisherigen Diskussionen das Rozenblum-Konzept eher als eine Alternative zum System der §§ 311 ff. des deutschen AktG angesehen worden ist, möchte das neue tschechische Recht für faktische Konzerne die Realisierung eines an „Rozenblum" orientierten Konzepts durch eine Kombination mit dem deutschen Abhängigkeitsberichtssys-

145 Hier ließe sich die Frage aufwerfen, ob nicht bereits die erstmalige Ausübung des Weisungsrechts nach dem Inkrafttreten des neuen Gesetzes regelmäßig eine wesentliche Beeinträchtigung der Minderheitsgesellschafter-Interessen darstellt, mit der Folge, dass auf der Grundlage von § 89 ZOK beim Eintritt in den (neuen) faktischen Konzern ein Andienungsrecht entsteht. Im tschechischen Schrifttum wird diese Problematik aber – soweit ersichtlich – nicht diskutiert.

146 Gemäß § 90 Abs. 3 ZOK stellt die Insolvenz der geleiteten Person stets eine wesentliche Verschlechterung der Stellung der Gesellschafter dar, so dass die Minderheit zumindest immer ein Andienungsrecht hätte. Im tschechischen Schrifttum wird zudem betont, die Regelungen der §§ 71 Abs. 2 und 89 ZOK schlössen sich nicht notwendig aus, die Gesellschafter könnten aber keine doppelte Kompensation verlangen; vgl. *Doležil*, aaO (Fn. 105), S. 663.

tem absichern. Diese „doppelte“ Absicherung soll es einerseits erlauben, eine recht intensive Einflussnahme auf die geleitete Gesellschaft zu gestatten, die über das nach den §§ 311 ff. AktG zulässige Maß deutlich hinausgeht. Das explizit geregelte Weisungsrecht schafft zumindest auf den ersten Blick Rechtssicherheit, insb. für die Geschäftsleitung der Tochtergesellschaft, auch wenn diesen Personen nicht alle Haftungsrisiken genommen werden (vgl. § 81 Abs. 2 ZOK). Andererseits aber ist der entstehende Aufwand wohl relativ hoch (was bisher als Nachteil des deutschen Systems betrachtet worden ist). Zudem fragt sich, ob diese beiden Regelungskonzepte tatsächlich zueinander passen, weil die Schwäche des Systems der § 311 ff. AktG nach verbreiteter Ansicht darin besteht, schwerwiegende (Struktur-)Änderungen bei der abhängigen Gesellschaft, die sich erst mittel- und langfristig nachteilig auswirken, zu erfassen. Insoweit sollen nach Ansicht des tschechischen Gesetzgebers offenbar die zusätzlichen Angaben im Bericht über die Struktur der Unternehmensgruppe und die Rolle der abhängigen Gesellschaft helfen. Trotzdem bleibt aber immer die Notwendigkeit, derartige Änderungen in ihren Wirkungen zu erfassen und gegen kompensatorische Maßnahmen abzuwägen (§ 72 Abs. 2 ZOK). Hier dürften nicht unerhebliche Risiken liegen. Immerhin macht die Regelung des § 72 Abs. 3 ZOK deutlich, dass es im Interesse der leitenden Person liegt, die geleitete Gesellschaft nicht in die Insolvenz gehen zu lassen.

Probleme könnten weiterhin dadurch entstehen, dass das Gesetz keine Aussagen dazu trifft, wie sich die Entstehung eines Konzerns zu vollziehen hat. Und ebenso ungeregelt geblieben ist die Möglichkeit, eine solche Konzernverbindung wieder aufzulösen bzw. die Rechtsfolgen, welche die Auflösung nach sich zieht.

V. Polnischer Gesellschaftsgruppen-Entwurf von 2009/2010

1. Konzeptioneller Ansatz

Das in Polen seit dem 1.1.2001 geltende Gesetzbuch über die Handelsgesellschaften *(Kodeks spółek handlowych = KSH)* enthält diverse Vorschriften, die sich dem Konzernrecht zuordnen lassen, doch handelt es sich dabei um Einzelregelungen und Vorschriften mit eher rudimentärem Charakter, welche das gesetzgeberische Gesamtkonzept für den Umgang mit den Unternehmensgruppen weitgehend im Dunklen lassen, weshalb viele Fragen im Schrifttum höchst umstritten sind.[147] Obwohl auch in der polnischen Praxis diesen Gruppen erhebliche Bedeutung zukommt,[148] ist weitgehend ungeklärt, inwieweit die Geschäftsleitung der Tochtergesellschaft die Interessen der Muttergesellschaft bzw. der Gruppe mitberücksichtigen darf; eine vollständige Unterordnung unter die Interessen einer anderen Gesellschaft ist jedenfalls in faktischen Konzernen definitiv unzulässig.[149] Auf Drängen der unternehmerischen und rechtsberatenden Praxis[150] hat die Kodifikationskommission für das Zivilrecht am Warschauer Justizministerium daher in den Jahren 2009/2010 eine Novellierung des KSH-Konzernrechts diskutiert. Erarbeitet wurden Vorschriften für die faktische Unternehmensgruppe, welche in verschiedenen Versionen verbreitet worden sind, ehe dann das Justizministerium im März 2010 den Vorschlag offiziell vorgestellt hat.[151] Zwar sind die Arbeiten an dem Entwurf längst eingestellt worden,[152] doch sind dessen Regelungen für diese Untersuchung trotzdem von Interesse, weil sie erkennbar auf eine Kodifizierung des Rozenblum-Konzepts abzielten[153] und hierbei den Kommissionsmitgliedern anscheinend eine we-

147 Einen Überblick über die verschiedenen Vorschriften gibt *J. Schubel*, aaO (Fn. 55), S. 48 ff.; vgl. ferner *Cierpial-Magnor/Horwath Campbell*, in: Winner (Hrsg.), Haftungsrisiken für die Konzernmutter in Mittel- und Osteuropa, 2013, S. 259, 284 ff.

148 Nach den neuesten statistischen Angaben sind Ende 2012 in Polen 2029 Unternehmensgruppen aktiv gewesen und zwar 785 rein national tätige und 1.264 grenzüberschreitende Gruppen, von denen wiederum 803 aus dem Ausland und 461 von Polen aus kontrolliert worden sind, vgl. Główny Urząd Statystyczny (Hrsg.), Grupy Przedsiębiorstw w Polsce w 2012 roku, 2014, S. 28 ff.

149 Eingehend zu den Diskussionen im polnischen Schrifttum *J. Schubel*, aaO (Fn. 55), S. 121 ff., 149 ff.; vgl. zudem *Oplustil/Włudyka*, FS Hommelhoff, 2012, S. 863, 868 f.

150 Hierzu *Oplustil/Włudyka*, FS Hommelhoff, S. 869 f.

151 Projekt ustawy o zmianie ustawy Kodeks spółek handlowych i ustawy o Krajowym Rejestrze Sądowym, wersja z 22.3.2010 (Entwurf einer Novelle des Gesetzbuches für Handelsgesellschaften und des Gesetzes über Landesgerichtsregister, Version vom 22.3.2010). Verbreitet wurden die verschiedenen Fassungen des Entwurfs über die Internetseite des polnischen Justizministeriums (www.ms.gov.pl) und zwar teilweise in der Rubrik für laufende Kodifikationsprojekte und teilweise auf den speziellen Seiten für die Kodifikationskommission.

152 Vgl. *Domański/J. Schubel*, PPH (Przeglad Prawa Handlowego) 2011, Nr. 5, 5.

153 Vgl. etwa *Opalski*, Proawo zgrupowań spółek, 2012, S. 580: Das zentrale Element des Entwurfs bildet die Kodifizierung des Rozenblum-Konzepts. Ferner *Domański/J. Schubel*, PPH 2011, Nr. 5, 5, 7.

niger intensive Gruppenführung vorschwebte, als dies nach den Vorschriften des ungarischen und tschechischen Rechts möglich ist.

2. *Voraussetzungen der Privilegierung*

Zentraler Bestandteil des Entwurfs vom 22. 3. 2010 war der Vorschlag, im Allgemeinen Teil des KSH nach Art. 21 einen neuen Abschnitt 4 „Gesellschaftsgruppen" einzufügen (Artt. 21/1 bis 21/5). Die Voraussetzungen des Gruppen-Privilegs sollten sich überwiegend jedoch nicht aus diesen Normen ergeben, sondern aus einer in den Artikel für Definitionen ebenfalls neu eingefügten Legaldefinition der Gesellschaftsgruppe (Art. 4 § 1 Ziffer 5/1).[154]

a) *Dauerhafte organisatorische Verbindung*

Die in der Definition des Art. 4 § 1 Ziffer 5/1 erwähnte „dauerhafte organisatorische Verbindung" lässt sich gewiss als Umsetzung der ersten Rozenblum-Voraussetzung, d. h. einer „ausgewogenen und verfestigten Gruppenstruktur"[155] verstehen. Allerdings wäre dann dieses Merkmal von den Entwurfsverfassern nicht weiter präzisiert, sondern – im Gegenteil – inhaltlich entleert worden und zwar durch den Verzicht auf das qualitative Moment der „Ausgewogenheit" im Sinne einer sinnvollen arbeitsteiligen Organisation.[156] Zumindest tendenziell wird der Aspekt einer verfestigten Gruppenstruktur noch dadurch unterstützt, dass die Existenz einer Gesellschaftsgruppe durch Eintragung in das Register offenzulegen ist, doch werden dabei – in gewisser Weise konsequent – keine Angaben über die nähere Ausgestaltung der Gruppe verlangt.[157]

b) *Gemeinsames Wirtschaftsinteresse*

Vergleichbare Feststellungen lassen sich zur Umsetzung der zweiten Rozenblum-Voraussetzung, der kohärenten und auf Dauer angelegten

154 Die vorgeschlagene Definition lautete: „Gesellschaftsgruppe – eine herrschende Gesellschaft und die von ihr abhängige bzw. abhängigen Gesellschaften, welche in einer faktischen oder vertraglichen, dauerhaften organisatorischen Verbindung verbleiben und ein gemeinsames Wirtschaftsinteresse haben."

155 Vgl. oben unter II.1.a.

156 So auch *Hommelhoff/J.Schubel*, in: C.Schubel/Kirste uam. (Hrsg.), Jahrbuch für Vergleichende Staats- und Rechtswissenschaften 2013, 2014, S. 47, 59.

157 Dazu unten unter V.4.

Gruppenpolitik treffen: Auch hier erscheint in der Legaldefinition des Art. 4 § 1 Ziffer 5/1 mit dem „gemeinsamen Wirtschaftsinteresse“ ein Aspekt, der sich entsprechend deuten lässt, doch wäre das eigentliche Anliegen dieses Elements des Rozenblum-Konzepts, für eine inhaltliche Legitimierung von Nachteilszufügungen zu sorgen, nicht geschärft, sondern verdunkelt worden.[158] Im polnischen Schrifttum ist zudem kritisiert worden, der Entwurf lasse völlig offen, wie die relevanten Gruppeninteressen oder die Gruppenpolitik bestimmt werden sollten, weshalb nicht einmal klar sei, ob seinen Regelungen eventuell sogar die Vorstellung eines objektiv bestimmbaren Gruppeninteresses zugrunde liege.[159] Es sei jedenfalls ein Fehler der Novelle, dass sie als Voraussetzung für eine Ausrichtung auf die Gruppeninteressen keine Pflicht einführen wolle, eine Gruppenstrategie zu entwickeln.[160]

c) Gleichgewicht zwischen Vorteilen und Lasten

Zur dritten Rozenblum-Voraussetzung, dem gruppeninternen Gleichgewicht von Vorteilen und Lasten, lässt sich dem Entwurf unmittelbar nichts entnehmen.[161] Dass dieser Punkt nicht einfach nur übersehen worden ist, machen Bestimmungen einer früheren Version des Entwurfes deutlich: Nach Art. 21/2 eines Vorentwurfes vom 5. 5. 2009 sollte die herrschende Gesellschaft bei Erfüllung bestimmter Voraussetzungen grundsätzlich berechtigt sein, der abhängigen Gesellschaft in schriftlicher Form Weisungen bezüglich deren Geschäftsführung zu erteilen. Eine Ausführung dieser Weisungen sollte allerdings nur auf der Grundlage eines Beschlusses des Vorstandes der abhängigen Gesellschaft möglich sein, wobei man vorschreiben wollte, dass in diesem Beschluss über eventuell eintretende Nachteile und deren Ausgleich, für den eine Höchstfrist von zwei Jahren vorgeschrieben werden sollte, Auskunft zu geben sei.[162] Die Kodifikationskommission hatte die Zufügung von

158 Vgl. *Hommelhoff/J. Schubel,* aaO (Fußn. 156), S. 59; dagegen sind *Oplustil/Włudyka,* FS Hommelhoff, S. 872, der Ansicht, das Element einer kohärenten Gruppenpolitik lasse sich den Entwurfsbestimmungen überhaupt nicht entnehmen.

159 Vgl. *Domański/J.Schubel,* PPH 2011, Nr. 5, 5, 9; *J. Schubel,* Czasopismo Kwartalne Całego Prawa Handlowego, Upadłościowego oraz Rynku Kapitałowego (HUK) 2010, Nr. 1 (9), 79, 106 f.

160 *Opalski,* aaO (Fn. 153), S. 586.

161 Vgl. *Domański/J.Schubel,* PPH 2011, Nr. 5, 5, 8 ff.; *Oplustil/Włudyka,* FS Hommelhoff, S. 872.

162 Art. 21/3 §§ 1 bis 3 des Vorentwurfs vom 5. 5. 2009.

Nachteilen bzw. Lasten und deren Kompensation also durchaus auf der Agenda, so dass die Frage entsteht, warum der später offiziell vorgestellte Entwurf hierzu keine Aussagen mehr enthält. Im Prinzip scheinen zwei unterschiedliche Erklärungen möglich zu sein: Einerseits könnte die Absicht der Kommission darin bestanden haben, die Zufügung von Nachteilen nicht speziell zu legitimieren, andererseits ist es nicht ausgeschlossen, dass man eine Nachteilszufügung für zulässig hielt und lediglich für deren Kompensation keine genaueren Vorgaben machen wollte. Die Klärung dieser Frage führt hin zu den Rechtsfolgen der Privilegierung.

3. Rechtsfolgen

Die wichtigste Rechtsfolge ist im Entwurf zentral geregelt worden und zwar auf den ersten Blick auch hinreichend klar: Gemäß Art. 21/1 § 1 sollen in einer Gesellschaftsgruppe die Geschäftsführungen befugt sein, das Gruppeninteresse zu verfolgen.[163] An diese Vorschrift knüpft dann Art. 21/1 § 3 an, der es den Organwaltern einer abhängigen Gesellschaft erlaubt, sich für die Rechtfertigung ihres Wirkens auf das Gruppeninteresse zu berufen, womit anscheinend ein „sicherer Hafen" für diesen Personenkreis geschaffen werden soll.[164] Betrachtet man den Wortlaut der Vorschrift jedoch genauer, so zeigt sich schnell, dass eine solche Deutung alles andere als zwingend ist: Art. 21/1 § 1 will zwar die Berücksichtigung von Gruppeninteressen ermöglichen, aber nur soweit, wie deren Befolgung auch im Interesse der jeweiligen Gesellschaft ist, womit eigentlich nur eine Selbstverständlichkeit bestätigt wird. Und da Art. 21/1 § 3 in systematischer Hinsicht hieran anknüpft, kann auch diese

163 Art. 21/1 § 1 des Entwurfs vom 22. 3. 2010 lautet: „Die herrschende Gesellschaft und die abhängige Gesellschaft, die an einer Gesellschaftsgruppe beteiligt sind, können sich auch nach einem Gruppeninteresse richten, wenn es auch im Gesellschaftsinteresse der Gesellschaft liegt und falls dies begründete Interessen der Gläubiger und der Minderheitsgesellschafter der abhängigen Gesellschaft nicht verletzt."

164 Art. 21/1 § 3 des Entwurfs vom 22. 3. 2010 lautet: „Ein Mitglied des Vorstands, des Aufsichtsrates und der Revisionskommission, sowie ein Abwickler einer an der Gruppe beteiligten Gesellschaft kann sich auf Handlung oder Unterlassung im Gruppeninteresse berufen, wenn die Gesellschaft die Beteiligung an der Gruppe auf die in § 2 bestimmte Art und Weise im Register veröffentlicht hat."

Vorschrift nicht mehr gewähren als die Eingangsnorm.[165] Offenbar sollte also mit diesen Bestimmungen keinesfalls eine die Führung von Unternehmensgruppen privilegierende Regelung geschaffen werden. Stattdessen hält der Entwurf am absoluten Vorrang des Interesses der einzelnen (abhängigen) Gesellschaft fest und bestätigt damit nur die geltende Rechtslage im polnischen Recht.[166] In einem anderen Punkt hätte die Umsetzung der vorgeschlagenen Regelungen allerdings zu weitergehenden Befugnissen der herrschenden Gesellschaft geführt. Gemäß Art. 21/2 § 1 sollte diese Gesellschaft berechtigt sein, jederzeit die Bücher und Unterlagen der abhängigen Gesellschaft einzusehen und weitere Informationen verlangen zu können.[167]

Sieht man in den Kernbestimmungen des Entwurfes lediglich eine Bestätigung der geltenden Rechtslage, so scheint eigentlich kein gesteigertes Bedürfnis für eine spezielle Regulierung der Entstehung von Unternehmensgruppen sowie des Gläubiger- und Minderheitenschutzes zu bestehen. Dass der Entwurf insoweit jedoch verschiedene Vorschriften enthält, dürfte darauf zurückzuführen sein, dass man sich zuvor in der Kodifikationskommission durchaus auch mit intensiveren Formen der Gruppenleitung beschäftigt hatte.[168]

4. Entstehung

Gemäß Art. 21/1 § 2 des Entwurfs haben die herrschende und die abhängige Gesellschaft ihre Beteiligung an der Unternehmensgruppe zum Handelsregister anzumelden, wobei sich diese Verpflichtung auf das allgemeine Handelsregister bezieht und nicht etwa auf ein spezielles Konzernregister. Die Gruppenbeteiligung ist dann durch die Eintragung

165 Hierzu insb. *Domański/J.Schubel*, PPH 2011, Nr. 5, 5, 8; *Hommelhoff/J.Schubel*, aaO (Fußn. 156), S. 59.

166 So explizit *Oplustil/Włudyka*, FS Hommelhoff, S. 871; andere Autoren heben dagegen hervor, dass sich diese Vorschrift unterschiedlich auslegen lasse, vgl. *Domański/J.Schubel*, PPH 2011, Nr. 5, 5, 8; *Opalski*, aaO (Fn. 153), S. 587.

167 Praktische Bedeutung hätte eine solche Regelung insb. im Recht der polnischen Aktiengesellschaft (*Spółka akcyjna = SA*) und bei mittelbaren Beteiligungen, hierzu *J.Schubel*, HUK 2010, Nr. 1 (9), 79, 108. Siehe auch *J.Schubel/Zimoch-Tuchołka*, Deutsch-Polnische Juristen-Zeitschrift (DPJZ), 2015, Nr. 3/4, S. 76 ff., zu Problemen bei der Ein- und Durchführung von Compliance-Programmen bei einer polnischen Tochter-GmbH.

168 Vgl. oben unter V.2.c.

einer entsprechenden Anmerkung zu veröffentlichen.[169] Erst danach dürfen sich die Geschäftsleitungen der beteiligten Gesellschaften auf die Verfolgung von Gruppeninteressen berufen (Art. 21/1 § 3) und die herrschende Gesellschaft von ihren speziellen Informationsrechten Gebrauch machen (Art. 21/2 § 1). In inhaltlicher Hinsicht hat die Kodifikationskommission offenbar ganz bewusst darauf verzichtet, irgendwelche Vorgaben zu machen; es geht mithin um eine bloße Anmeldung und Registrierung der Gruppenbeteiligung.[170] Die mit einer Registrierung an sich verbundene Möglichkeit, auf eine Erfüllung der Privilegierungsvoraussetzungen hinzuwirken, indem Angaben zur verfestigten Unternehmensstruktur sowie zur Gruppenstrategie verlangt werden,[171] sollte mithin nicht genutzt werden. Allerdings sind diese Aspekte im Entwurf ohnehin wenig prägnant ausgestaltet worden.[172] Auf dieser Grundlinie liegt es dann auch, dass der Entwurf die Offenlegung der Gruppenzugehörigkeit als reine Geschäftsführungsmaßnahme zu betrachten scheint, deren Vornahme weder eine Einbeziehung anderer Gesellschaftsorgane, noch eine Kontaktaufnahme zu weiteren Gruppengesellschaften erfordert.[173]

5. *Schutzbestimmungen*

Für den Schutz von Minderheitsgesellschaftern und Gläubigern einer abhängigen Gesellschaft wollte der Entwurf zwei spezielle Instrumente bereitstellen. Zum einen sollte gemäß Art. 21/3 der Vorstand[174] einer abhängigen Gesellschaft verpflichtet sein, in einem Bericht über „Verträge und andere Verbindungen" seiner Gesellschaft zur herrschenden Gesellschaft Auskunft zu geben und zwar jeweils für den Zeitraum des letzten

169 Inwieweit sich eine durch die herrschende Gesellschaft betriebene Registrierung als Konzernierungserklärung begreifen ließe, erörtern *Hommelhoff/J.Schubel*, aaO (Fußn. 156), S. 52 ff.

170 So die – ebenfalls auf den Internetseiten des polnischen Justizministeriums (www.ms.gov.pl) veröffentlichte – Entwurfsbegründung, S. 8, Punkt A.9, und S. 11, B.15.

171 Siehe *Hommelhoff/J. Schubel*, aaO (Fußn. 156), S. 61.

172 Vgl. oben unter V.2.a und b.

173 Auf die mit der Registrierung verbundenen offenen Fragen machen aufmerksam *Opalski*, Monitor Prawa Handlowego (MPH) 2012, Nr. 4, 14, 18; *J. Schubel*, HUK 2010, Nr. 1 (9), 79, 107 f.

174 In Polen hat auch die GmbH (*Spółka z ograniczoną odpowiedzialnością = Sp. z o.o.*) einen Vorstand und keine Geschäftsführer; vgl. Art. 201 KSH.

Geschäftsjahres. Als Teil des Lageberichts sollte dieser Bericht dann sogar veröffentlicht werden.[175] Im rechtswissenschaftlichen Schrifttum ist die sehr allgemeine Umschreibung der Berichtsgegenstände kritisiert und eine Konkretisierung angeregt worden,[176] bis hin zur Forderung, der Bericht solle zusätzlich eine Zusammenfassung der mittel- und längerfristigen Zusammenarbeit in der Gruppe enthalten (für 3 bis 5 Jahre), einschließlich einer Analyse, inwieweit das Gleichgewicht zwischen den Gruppeninteressen und den Interessen der abhängigen Gesellschaft, ihrer Minderheitsgesellschafter und Gläubiger in diesem Zeitraum gegeben war.[177]

Zum anderen will Art. 21/4 jedem Minderheitsgesellschafter der abhängigen Gesellschaft das Recht gewähren, beim Registergericht eine Prüfung der Buchführung und der Tätigkeiten der Gesellschaftsgruppe beantragen zu können, ohne dass diese Befugnis an das Vorliegen spezieller Voraussetzungen gebunden wird.[178] Vor allem die vorgeschlagene Ausgestaltung als Individualrecht ist im Schrifttum auf Kritik gestoßen.[179] Auch die Kodifikationskommission kündigte schließlich ein Einlenken in diesem Punkt an, doch hat man sich im weiteren Verlauf der Diskussion noch nicht über das genaue Quorum für ein entsprechendes Minderheitenrecht verständigen können.[180]

Auf eine Aufnahme weitergehender Schutzbestimmungen, insb. auf ein Austrittsrecht der Minderheitsgesellschafter war von den Entwurfsverfassern bewusst verzichtet worden, um die Gruppenbildung nicht durch eine Auferlegung der damit verbundenen finanziellen Lasten zu erschweren.[181] Im polnischen Schrifttum ist diese Entscheidung kritisiert worden: Wenn ein Austrittsrecht ein zu teures Instrument sei, dann hätte man für die Minderheitsgesellschafter zumindest ein Recht auf Ersatz des

175 Siehe *Hommelhoff/J.Schubel*, aaO (Fußn. 156), S. 64 f.

176 Vgl. *Hommelhoff/J.Schubel*, aaO (Fußn. 156), S. 64; *Opalski*, MPH 2012, Nr. 4, 14, 18

177 So *Opalski*, aaO (Fn. 153), S. 590.

178 Art. 21/4 des Entwurfs vom 22.3.2010 lautet: „Der Minderheitsgesellschafter der abhängigen Gesellschaft kann vom Registergericht verlangen, dass eine zur Prüfung der Jahresabschlüsse berechtigte Person bestimmt wird, um die Buchführung und Tätigkeiten der Gesellschaftsgruppe zu prüfen. Die Vorschriften von Art. 224–226 finden entsprechend Anwendung."

179 Siehe *Domański/J.Schubel*, PPH 2011, Nr. 5, 5, 10; *Hommelhoff/J.Schubel*, aaO (Fußn. 156), S. 65; *Oplustil/Włudyka*, FS Hommelhoff, S. 872.

180 Hierzu *Hommelhoff/J.Schubel*, aaO (Fußn. 156), S. 65 Fußn. 68.

181 Entwurfsbegründung, aaO (Fußn. 170), S. 7, Punkt A.6; so auch *Szumański*, PPH 2010 Nr. 5, 9, 15 f.

Wertverlustes ihrer Anteile vorsehen müssen.[182] Kritisch angemerkt worden ist zudem, dass der Entwurf keinerlei Sanktionen für eine Verletzung der gesetzlichen Regelungen über die Gesellschaftsgruppe vorsehe.[183]

6. *Bewertung*

Generell lässt sich einschätzen, dass die Verfasser des polnischen Gesellschaftsgruppenentwurfs von 2009/2010 offenbar einen „Mittelweg" schaffen wollten: Einerseits sollte die Führung von Gesellschaftsgruppen erleichtert werden, andererseits wollte man aber auch das Eigeninteresse der abhängigen Gesellschaft keinesfalls aufgeben, sondern grundsätzlich dessen Bedeutung beibehalten. Diese Gratwanderung, deren Verlauf sich anhand unterschiedlicher Vorentwürfe verfolgen lässt, hat dann zu einer Kernregelung (Art. 21/1 § 1) geführt, die sich unterschiedlich auslegen lässt (und die in den rechtswissenschaftlichen Diskussionen sogleich auch unterschiedlich ausgelegt worden ist), was offenbar auch ausgestrahlt hat auf die Ausgestaltung anderer wichtiger Punkte, wie insb. die Regelung der Privilegierungsvoraussetzungen. So ist vom Schrifttum der Vorwurf fehlender Präzision gewiss zu Recht erhoben worden.[184] Bei genauer Betrachtung stößt man zudem auf viele offene Folgefragen, die von den vorgeschlagenen Regelungen nicht einmal ansatzweise beantwortet werden. Dennoch lenkt der Entwurf zum einen den Blick darauf, dass auf der Grundlage des Rozenblum-Konzepts auch eine weniger intensive Gruppenführung zumindest möglich sein sollte. Zum anderen enthält der Vorschlag einige spezielle Lösungen, wie z. B. für die Informationsrechte der herrschenden Gesellschaft, die durchaus diskussionswürdig erscheinen.

182 *Opalski,* aaO (Fn. 153), S. 585. Zweifel an der Vereinbarkeit einer solchen (Nicht-)Regelung mit der Rechtsprechung des polnischen Verfassungsgerichtshofs äußert *J. Schubel,* in: Winner/Cierpial-Magnor (Hrsg.), Rechtsprobleme im Konzern, 2012, S. 109 ff.

183 So insb. *Opalski,* aaO (Fn. 153), S. 581 ff.; vgl. auch *Hommelhoff/J. Schubel,* aaO (Fußn. 156), S. 66.

184 Vgl. *Domański/J. Schubel,* PPH 2011, Nr. 5, 5, 13; *Hommelhoff/J. Schubel,* aaO (Fußn. 156), S. 47, 59; *Oplustil/Włudyka,* FS Hommelhoff, S. 872.

VI. Detaillierte Analyse

1. Art und Weise der Implementierung

Die untersuchten kodifikatorischen Bemühungen, „Rozenblum" in eine zukunftsgerichtete gesetzliche Regelung zu gießen, verfolgen erheblich voneinander abweichende konzeptionelle Ansätze, was bei einer vergleichenden Analyse unbedingt berücksichtigt werden muss. Auswirkungen zeigen die verschiedenen Konzepte zunächst bei der Art und Weise, mit der die jeweilige Rozenblum-Regelung in die mitgliedsstaatliche Gesellschafts- und Konzernrechtsordnung implementiert wird. Bei genauer Betrachtung lassen sich insoweit zumindest drei Aspekte abschichten.

a) Die Fragen

Erstens bedarf der Klärung, ob bei der Rozenblum-Regelung ganz punktuell angesetzt wird, z.B. durch die Einrichtung eines „Save Harbour" für die Geschäftsführer der Tochtergesellschaft, oder ob eine komplexere bzw. in systematischer Hinsicht weiter greifende Lösung geschaffen werden sollte. Wenn eine umfassendere Normierung geplant ist, dann stellt sich *zweitens* die Frage, welche Stellung diese Vorschriften im Gesamtgefüge der konzern- bzw. gruppenrechtlichen Regelungen einnehmen sollen. *Drittens* ist schließlich zu entscheiden, ob die entsprechenden Bestimmungen als eine Regelung umgesetzt werden, die – quasi automatisch – auf alle Unternehmensgruppen zur Anwendung kommt, oder ob insoweit eine besondere Optionsmöglichkeit geschaffen werden sollte, so dass die beteiligten Gesellschaften frei wählen können, ob sie sich dieser Regelung unterstellen wollen oder nicht.

b) Keine bloß punktuelle Regelung

Mit Blick auf die Situation der Geschäftsführer von Tochtergesellschaften ist im Schrifttum teilweise erwogen worden, schon eine ganz punktuell ansetzende Regelung könnte hier wichtige Erleichterungen schaffen.[185] Wollte man sich bei einer solchen Regelung jedoch am Rozenblum-Konzept orientieren, so müsste diese umfassender ausfallen. Die Vor-

185 Vgl. etwa *Teichmann*, AG 2013, 184, 195 f., der hierfür aber nicht das Rozenblum-Konzept nutzen möchte, sondern die für die Konzerndimensionen geöffnete Business Judgment Rule.

aussetzungen wären möglichst präzise zu regeln, außerdem bedürfte es Bestimmungen zum Schutz der Gläubiger und Minderheitsgesellschafter. Diese Einschätzung wird von den hier analysierten Umsetzungsversuchen bestätigt: Im tschechischen Recht bilden die an Rozenblum orientieren Vorschriften den zentralen Aspekt eines überaus komplexen Regelwerkes. Die ungarische Regelung macht auf den ersten Blick zwar einen recht punktuellen Eindruck, da sie lediglich in einem einzigen Paragrafen enthalten ist, für ihre Anwendung bedarf es dann aber eines Rückgriffs auf diverse weitere Vorschriften und dennoch bleiben viele Probleme ungelöst. Der polnische Entwurf hat einen vergleichsweise eingeschränkten Ansatz, was auch darauf zurückzuführen ist, dass hier der Muttergesellschaft nur wenige zusätzliche Befugnisse eingeräumt werden sollten, dennoch ist im Schrifttum sogleich auf viele offene Fragen aufmerksam gemacht worden.[186]

c) Stellung im Gesamtsystem des Gruppenrechts

Im Abschlussbericht des Forums Europaeum Konzernrecht bildete das Rozenblum-Modell nur einen Teil einer umfassenderen Gesamtkonzeption: Der entsprechende Regelungsvorschlag zielte auf das Recht der faktischen Konzerne ab und sollte ergänzt werden durch das Institut der Konzernerklärung, mit dem man funktional den Bereich abdecken wollte, der im deutschen Recht vom Vertragskonzernrecht „bedient“ wird.[187] Auf dieser Grundlinie liegt es, wenn ein Weisungsrecht der Muttergesellschaft vom Forum lediglich als Rechtsfolge einer Konzernerklärung, nicht aber für die „Rozenblum-Gruppe“ vorgeschlagen wurde. In den aktuellen Diskussionen haben sich die Akzente erkennbar verschoben: Das Rozenblum-Konzept und das Weisungsrecht bzw. die Befolgungspflicht finden nun häufig in einem Atemzug Erwähnung,[188] auch der Vorschlag des FECG liegt auf dieser Linie.[189] Hierzu ist zunächst nur der Gedanke festzuhalten, dass diese „Aufrüstung“ von Rozenblum mit Leitungsmitteln natürlich auch den Ausgestaltungsdruck bezüglich anderer Aspekte erhöht. Deutlich wird dies vor allem bei den Schutzvorschriften.

186 Vgl. nur *Domański/J.Schubel*, PPH 2011, Nr. 5, 5, 9. 12.

187 Hierzu *Forum Europaeum Konzernrecht,* ZGR 1998, 672, 740 ff.

188 Vgl. insb. *Hommelhoff,* KSzW 2014, 63, 64 f.; *ders.*, FS Stilz, S. 292 ff, auch *Drygala*, AG 2013, 198, 203 ff.; *Weller/Bauer*, ZEuP 2015, 7, 26 f.

189 Siehe ZGR 2015, 507, 511 ff..

Dennoch scheint es so, als stützten die hier untersuchten Umsetzungsversuche die neueren Tendenzen in der Diskussion. Verweisen lässt sich insoweit vor allem auf das neue tschechische Recht, das sich von der Unterscheidung zwischen dem Recht der faktischen und dem der Vertragskonzerne gelöst hat. Der eingangs prognostizierte Ausgestaltungsdruck ist vom tschechischen Gesetzgeber offenbar tatsächlich empfunden worden und hat diesen zu einer Regelung von beeindruckender Komplexität veranlasst. Auch im ungarischen Recht hat man versucht, Rozenblum mit intensiven Leitungsinstrumenten zu verbinden, doch ist diese Regelung deshalb schwer einzuordnen, weil sie das Vertragskonzernrecht nicht ablösen, sondern in einer besonderen Weise ergänzen sollte. Der Ausgestaltungsdruck lässt sich hier vor allem an der Vielzahl ungeklärter Fragen erkennen. Lediglich der polnische Gesellschaftsgruppen-Entwurf beschränkt sich darauf, für faktische Konzerne weniger intensive Leitungsmittel zu regeln. Selbst in Polen sind aber in der Kodifikationskommission weitergehende Vorschläge diskutiert worden.

d) Besondere Optionsmöglichkeit

Nach den Vorstellungen des Forums sollten die Geschäftsleitungen der beteiligten Gesellschaften frei entscheiden können, inwieweit sie von der mit Rozenblum verbundenen Freistellungsmöglichkeit Gebrauch machen. Betont wurde, sie könnten ohne Weiteres auch von einer Berücksichtigung von Konzerninteressen zu Lasten der Tochter absehen.[190] In den aktuellen Diskussionen wird dieser Aspekt nicht thematisiert. Zumindest tendenziell scheinen aber manche Überlegungen, z. B. bezüglich der Verankerung einer allgemeinen Folgepflicht der Tochtergesellschaftsgeschäftsleitungen, weiter zu greifen.

Die hier untersuchten Umsetzungen legen es nahe, dieser Frage verstärkte Aufmerksamkeit zu widmen. Die Regelung des § 64 GWIG enthielt nicht *das* ungarische Recht der faktischen Konzerne, sondern eindeutig eine besondere Optionsmöglichkeit, auf die sich die Gesellschaften nicht einzulassen brauchten. Im neuen tschechischen Recht sind die an Rozenblum angelehnten Bestimmungen zwar Bestandteil einer allgemeinen Regelung, der alle Gruppen unterstehen, dennoch kann eine herrschende Gesellschaft der Anwendung vieler Vorschriften dadurch entgehen, dass sie darauf verzichtet, die Gruppe einheitlich zu leiten und die Geschäftsführungen der Tochtergesellschaft anzuweisen bzw. zur

190 So jedenfalls die Erläuterungen von *Hopt*, ZHR 171 (2007), 199, 224.

Hinnahme von Nachteilen zu veranlassen. Dagegen scheint der polnische Entwurf unterschiedslos alle Gruppen erfassen zu wollen, was sich angesichts der begrenzten sachlichen Reichweite der Bestimmungen gut vertreten ließe. Im Schrifttum ist jedoch sogleich darauf aufmerksam gemacht worden, dass viele Unternehmensgruppen wohl nicht erfasst würden.[191]

Generell betrachtet spricht daher vieles dafür, am Rozenblum-Modell orientierte gesetzliche Bestimmungen als eine spezielle Optionsmöglichkeit auszugestalten. Endgültig lässt sich dieser Punkt selbstverständlich erst dann klären, wenn feststeht, welche konkreten Rechtsfolgen die jeweilige Regelung vorsehen soll. Je weiter diese jedoch reichen, insb. je intensiver die vorgesehenen Leitungsinstrumente sind, umso wichtiger ist es, dass den Betroffenen die Option verbleibt, ihre Gruppe auf der Grundlage der allgemeinen gesellschaftsrechtlichen Regeln (dezentraler) zu führen.

2. *Ausgestaltung der Voraussetzungen*

Die erhebliche Bedeutung der drei Rozenblum-Voraussetzungen für die Legitimierung einer Nachteilszufügung ist schon vom Forum betont worden, wie auch die Notwendigkeit, diese weiter zu präzisieren.[192] In den aktuellen Diskussionen wird dies noch immer so gesehen.[193] Der Blick auf die hier untersuchten Regelungen fällt allerdings ernüchternd aus:

Der Voraussetzung einer verfestigten Gruppenstruktur, die auf einen wechselseitigen Ausgleich hin angelegt ist, kommt insb. deshalb enorme Bedeutung zu, weil sie das strukturelle Fundament einer Kompensation von Vor- und Nachteilen bildet.[194] Gleichwohl erscheint dieser Aspekt nirgends in dieser Form oder gar noch präzisiert: Im ungarischen Recht hat man ganz von Vorgaben bezüglich der Struktur abgesehen und stattdessen auf ein zeitliches Element, die wenigstens dreijährige Dauer der Zusammenarbeit, gesetzt.[195] Im polnischen Gesellschaftsgruppen-Entwurf war nur lapidar von einer „dauerhaften organisatorischen Ver-

191 Dies ist insb. von *Opalski,* aaO (Fn. 153), S. 591 f., herausgearbeitet worden.
192 Siehe oben unter II.1 und 3.
193 Etwa *Hommelhoff,* FS Stilz, S. 294 f.
194 *Hommelhoff,* FS Stilz, S. 296; so wohl auch der Vorschlag des *FECG,* ZGR 2015, 507, 513.
195 Vgl. oben unter III.2.a) und III.6.

bindung" die Rede, womit auf das qualitative Element der Ausgewogenheit völlig verzichtet wurde.[196] Und auch im neuen tschechischen Recht erscheint diese Anforderung allenfalls indirekt, weil für den „Bericht über die Beziehungen" Angaben über die Konzernstruktur und die Aufgaben der geleiteten Gesellschaft innerhalb dieser Struktur verlangt werden.[197]

Dass einer kohärenten und auf Dauer angelegten Gruppenpolitik große Bedeutung für die Legitimierung einzelner Nachteilszufügungen zukommt, stand in allen Diskussionen weitgehend außer Streit. Aufmerksam gemacht worden ist jedoch auf die vielen offenen Fragen, die mit der Entwicklung und Festlegung einer solchen Politik verbunden sind, weshalb im Schrifttum die Relevanz entsprechender Verfahrensgarantien herausgestellt wurde.[198] In den untersuchten Rechtsordnungen erscheint diese Voraussetzung dennoch allenfalls rudimentär. Das ungarische Gesetz verlangt immerhin eine „einheitliche Geschäftskonzeption", doch ist dieses Merkmal in den Erläuterungen des Schrifttums nicht ausgefüllt, sondern – im Gegenteil – in inhaltlicher Hinsicht bis zur Unkenntlichkeit entleert worden.[199] In Polen forderte der Gesellschaftsgruppen-Entwurf nur sehr unscharf ein „gemeinsames Wirtschaftsinteresse"[200] und im neuen tschechischen Recht ist noch offen, inwieweit im „Bericht über die Beziehungen" über die einheitliche Leitung des Konzerns und die dabei verfolgte Gruppenpolitik informiert werden muss.[201]

Die erhebliche Unbestimmtheit der dritten Voraussetzung, das gruppeninterne Gleichgewicht der Vorteile und Lasten, ist bereits von den Teilnehmern des Forums eingeräumt worden.[202] Die analysierten Umsetzungsversuche unterscheiden sich in diesem Punkt erheblich voneinander. Auf der einen Seite steht der polnische Entwurf, mit dem offenbar keine Legalisierung einer Nachteilszufügung angestrebt worden ist,[203] auf der anderen Seite die ungarische Regelung, von der sich wohl rechtssicher nur die Fälle einer dauerhaft missbräuchlichen Ge-

196 Vgl. oben unter V.2.a).
197 Vgl. oben unter IV.4.c).
198 Siehe oben unter II.1.b).
199 Vgl. oben unter III.2.b) und III.6.
200 Vgl. oben unter V.2.b).
201 Vgl. oben unter IV.4.c).
202 Vgl *Lutter*, aaO (Fn. 9), S. 23.
203 Vgl. oben unter V.2.c) und V.3.

schäftsführung ausscheiden lassen.[204] Dazwischen ist die Regelung des neuen tschechischen Rechts zu verorten, die einerseits weiterhin von der Notwendigkeit eines Einzelausgleichs auszugehen scheint, anderseits jedoch bei den insoweit anrechenbaren Vorteilen großzügiger sein dürfte.[205]

Nach all dem lässt sich festhalten, dass es bei den hier untersuchten Regelungen nicht zu einer präzisierenden Ausformung der Rozenblum-Voraussetzungen gekommen ist, sondern in vielen Punkten zu deren inhaltlicher Entleerung. In Ungarn hat man zwar den Versuch unternommen, auf ein zusätzliches zeitliches Moment abzustellen, doch hat dies nicht unerhebliche Folgefragen aufgeworfen, die unbeantwortet geblieben sind.[206] Vor allem das tschechische Gesetz setzt dagegen erkennbar auf Berichts- und Offenlegungspflichten. Derartige Regelungen waren in der Diskussion wiederholt gefordert worden,[207] aber eben als begleitende Absicherung von qualitativen Vorgaben und nicht als deren Ersatz. Warum auf derartige Vorgaben bei der Umsetzung praktisch durchgängig verzichtet worden ist, lässt sich nur vermuten. Zunächst dürfte es gewiss nicht einfach sein, die farbigen bzw. griffigen Umschreibungen des rechtswissenschaftlichen Schrifttums in eine handhabbare gesetzliche Regelung umzuformen. Schwerer haben aber möglicherweise noch die Schwierigkeiten gewogen, die mit einer rechtssicheren Einschätzung der Erfüllung von qualitativen Vorgaben durch die Geschäftsleitungen, die Registerrichter und die ordentlichen Gerichte verbunden sein dürften. Und dennoch erscheint bei einer Gesamtbetrachtung sehr fraglich, ob die ihres Inhalts weitgehend entleerten Kriterien tatsächlich noch die (hohen) Erwartungen erfüllen können, die das Konzept mit ihnen verbindet.

204 Vgl. oben unter III.2.c).
205 Vgl. oben unter IV.4.c).
206 Vgl. oben unter V.2.a) und V.3.
207 Siehe aus dem deutschen Schrifttum etwa *Blaurock,* FS Sandrock, S. 85; *Hommelhoff,* KSzW 2014, 63, 65; *Windbichler,* FS Ulmer, S. 693. Zweifelnd *Mülbert*, ZHR 179 (2015), 645, 660: Da nur ein ungefährer Nachteilsausgleich erforderlich sein solle, der sich zudem über mehrere Jahre erstrecken könne, könnten Berichtspflichten, die sich an § 312 AktG orientierten, wenig bewirken.

3. Rechtsfolgen

Nach dem Vorschlag des Forums sollte die Erfüllung der drei Voraussetzungen als wichtigste Rechtsfolge eine Befugnis der Geschäftsleiter von Tochtergesellschaften entstehen lassen, Nachteile akzeptieren zu dürfen, weil man unter diesen Umständen davon ausgehen könne, dass die Nachteile demnächst durch Vorteile ausgeglichen würden.[208] Ein Weisungsrecht der Muttergesellschaft hat das Forum dagegen nicht vorgesehen, sondern ausdrücklich offen gelassen: Dieser Punkt sollte von den mitgliedsstaatlichen Rechtsordnungen entschieden werden.[209]

Betrachtet man nun die hier untersuchten Regelungen, so nimmt der polnische Entwurf eine Sonderrolle ein, weil er den absoluten Vorrang des Interesses der einzelnen Gesellschaft nicht relativieren wollte und deshalb nur sehr spezielle Rechtsfolgen vorsah.[210] Demgegenüber lief die ungarische Vorschrift auf eine völlige Umgestaltung der Organisationsverfassung der abhängigen Gesellschaft hinaus, obwohl hier viele Fragen nicht einmal ansatzweise geklärt gewesen sind.[211] Auch die neue tschechische Regelung sieht explizit ein Weisungsrecht der Muttergesellschaft vor.[212] Eine solche „Aufrüstung" von Rozenblum mit intensiveren Leitungsmitteln scheint auf der Linie der neueren Diskussion zu liegen.[213] Damit wird jedoch *erstens* die – oben bereits angesprochene – Grundfrage nach der Stellung der Rozenblum-Regelung im jeweiligen Gesamtsystem des Gruppenrechts berührt.[214] *Zweitens* erscheint nicht völlig zweifelsfrei, ob das Weisungsrecht und die Folgepflicht in konzeptioneller Hinsicht tatsächlich zum Rozenblum-Modell passen. Soll doch nach diesem Modell das Eigeninteresse der Tochtergesellschaft nicht aufgegeben, sondern lediglich in einen geschmeidigen Ausgleich mit dem Gruppeninteresse gebracht werden,[215] was zumindest tendenziell eine dezentrale Gruppenleitung ermöglichen und fördern würde. *Drittens* schließlich macht schon der polnische Entwurf deutlich, dass bereits mit der rechtssicheren Legalisierung „milderer" Leitungsmittel für die ef-

208 *Forum Europaeum Konzernrecht,* ZGR 1998, 672, 769.
209 *Forum Europaeum Konzernrecht,* ZGR 1998, 672, 714.
210 Vgl. oben unter V.2.c) und V.3.
211 Vgl. oben unter III.3.
212 Vgl. oben unter IV.4.c).
213 Vgl. die Nachweise in den Fn. 188 f.
214 Vgl. oben unter VI.1.c).
215 So *Forum Europaeum Konzernrecht,* ZGR 1998, 672, 705.

fektive Abwicklung grenzüberschreitender Gruppenbeziehungen oft viel gewonnen wäre.[216]

4. *Schutz von Minderheitsgesellschaftern und Gläubigern*

Ein wichtiger Vorteil des Rozenblum-Konzepts soll darin bestehen, dass die Minderheitsgesellschafter und Gläubiger der abhängigen Tochtergesellschaften bereits über die angemessene Teilhabe ihrer Gesellschaft am Gesamterfolg der Gruppe geschützt werden. Das Forum schlug daher nur noch einige flankierende Regelungen vor, welche die Einhaltung der Voraussetzungen einer Nachteilszufügung sicherstellen sollen, außerdem die Einführung einer gruppenweiten Sonderprüfung. Darüber hinaus sollten die Mitgliedstaaten verpflichtet sein, für eine geeignete Sanktionierung von Verstößen gegen die Voraussetzungen einer Nachteilszufügung zu sorgen.[217]

Auch bei diesem Punkt lässt sich feststellen, dass die untersuchten Regelungen erkennbar „aufgerüstet" worden sind und zwar hier durch strengere bzw. weitergehende Schutzbestimmungen. Diese Aussage bedarf allerdings bezüglich des ungarischen Rechts einer gewissen Relativierung, weil dort viele Grundsatzfragen ungeklärt geblieben sind. Klar erkennbar ist aber, dass der herrschenden Gesellschaft eine unbeschränkte Haftung für sämtliche Verbindlichkeiten der abhängigen Gesellschaft droht, falls die (unklaren) Bestimmungen über die tatsächliche Unternehmensgruppe „in gesetzwidriger Weise angewandt wurden."[218] Obwohl der polnische Gesellschaftsgruppen-Entwurf die Zufügung von Nachteilen nicht legitimieren wollte, sollte immerhin die jährliche Anfertigung und Veröffentlichung eines Abhängigkeitsberichts vorgeschrieben und ein Individualrecht zur Beantragung einer Sonderprüfung eingeführt werden; Bestimmungen zur Sanktionierung von Verstößen enthielt der Entwurf allerdings nicht.[219] Auch das neue tschechische Recht kennt den Abhängigkeitsbericht und die Sonderprüfung. Kommt es zu einer wesentlichen Beeinträchtigung der Interessen der Minderheitsgesellschafter in der abhängigen Gesellschaft, erhalten diese ein

216 Hierzu *C.Schubel*, FS Müller-Graff, S. 309; ferner *Ekkenga* AG 2013, 181, 184, mit Blick auf Informationspflichten von Tochtergesellschaften.

217 Vgl. oben unter II.1.e).

218 So § 64 Abs. 2 GWiG, siehe dazu oben unter III.5.

219 Vgl. oben unter V.5.

Andienungsrecht, bei einer Insolvenz der Tochter wird die herrschende Gesellschaft von Schadensersatzansprüchen und einer Durchgriffshaftung bedroht.[220]

Versucht man, all dies einzuordnen, so fällt zunächst die Verbreitung des Abhängigkeitsberichts auf.[221] Dies ist nicht unbedingt zu erwarten gewesen, ist doch vom Forum Europaeum Konzernrecht das deutsche Abhängigkeitsberichtssystem als hoch aufwendig sowie in seiner Effizienz heftig umstritten gekennzeichnet und eben nicht in seinen Vorschlag aufgenommen worden.[222] Nach den hier untersuchen mitgliedsstaatlichen Regelungen soll der Abhängigkeitsbericht offenbar das ursprünglich als Alternative gedachte Rozenblum-Modell absichern helfen. Das Bedürfnis nach einer solchen zusätzlichen Sicherung dürfte sich aus den weitergehenden Leitungsrechten ergeben. Auf dieser Linie liegt es dann, wenn die Möglichkeit geschaffen wird, die herrschende Gesellschaft bei einer Insolvenz der Tochter unmittelbar in Anspruch zu nehmen.

5. Entstehung und Beendigung der Gruppe

Die bisher kaum diskutierten Fragen der genauen Entstehung einer nach dem Rozenblum-Modell geführten Unternehmensgruppe haben möglicherweise geringeres Gewicht als andere Aspekte der Gesamtproblematik, doch muss sich gerade in diesem Punkt die Umformung einer rückblickenden Bewertungsmatrix hin zu einem zukunftsgerichteten Konzept beweisen. Erforderlich erscheinen entsprechende Bestimmungen vor allem dann, wenn die Rechtsfolgen der Privilegierung zu Eingriffen in die Binnenorganisation der Tochtergesellschaft führen bzw. deren Organisationsverfassung überlagert wird.[223]

Trotz der weitreichenden Rechtsfolgen ist im GWiG die Entstehung einer tatsächlichen Unternehmensgruppe ungeregelt geblieben, was

220 Vgl. oben unter IV.4.e).

221 Nicht ausgeschlossen erscheint, dass sich das Erfordernis eines solchen Berichts auch im ungarischen Recht hätte begründen lassen: § 61 Abs. 1 GWiG verlangte für die kontrollierte Gesellschaft einer anerkannten Unternehmensgruppe einen jährlichen Bericht der Geschäftsleitung über die Durchführung des Beherrschungsvertrages. Im ungarischen Schrifttum ist die entsprechende Anwendung dieser Regelung in einer tatsächlichen Unternehmensgruppe aber nicht erörtert worden.

222 So *Forum Europaeum Konzernrecht,* ZGR 1998, 672, 705.

223 Vgl. auch *Mülbert*, ZHR 179 (2015), 645, 660 f.

darauf hindeutet, dass der ungarische Gesetzgeber die entsprechenden Vorgänge offenbar dem Bereich der Geschäftsführungsmaßnahmen zugeordnet hat.[224] Dass damit gewaltige Brüche aufgerissen werden, lässt sich selbst bei einer überblicksartigen Betrachtung kaum übersehen. Doch auch das um eine wesentlich detailliertere Regelung bemühte tschechische Recht lässt völlig offen, wer in welchem Verfahren und unter Beachtung welcher Grundsätze in einer bestehenden Gruppe die Entscheidung darüber trifft, dass zu einer wesentlich intensiveren und mit Nachteilszufügungen verbundenen Konzernleitung übergegangen wird.[225] Für die Offenlegung des gesamten Vorgangs soll eine Veröffentlichung auf Internetseiten ausreichen, was zumindest diverse Folgefragen aufwirft. Lediglich der polnische Gesellschaftsgruppen-Entwurf verlangte eine Anmeldung der Gruppenbeteiligung zum Handelsregister und bestimmte zudem, dass die weitergehenden Rechte erst nach Erfüllung der Publizitätsanforderungen zur Verfügung stehen sollten.[226] Zur Beendigung einer Rozenblum-Gruppe lässt sich kaum etwas sagen, da einschlägige gesetzliche Bestimmungen durchgängig fehlen.

6. Resümee

Die Beschäftigung mit den hier untersuchten gesetzlichen Regelungen hat auf viele Probleme aufmerksam gemacht, die mit einer kodifikatorischen Umsetzung des Rozenblum-Konzepts verbunden sind. Die meisten Fragen bedürfen weiterer Diskussion, wobei zu hoffen bleibt, dass zukünftig verstärkt auch über praktische Erfahrungen mit diesen Vorschriften, insb. mit dem neuen tschechischen Recht, berichtet werden wird. Bereits jetzt lassen sich allerdings zwei Tendenzen ausmachen:

Erstens ist es bisher nicht gelungen, die mit dem Rozenblum-Konzept elementar verbundenen drei Voraussetzungen für die Legitimierung einer Nachteilszufügung zu schärfen, obwohl dies in allen Diskussionen bisher als ein sehr wichtiger Punkt angesehen worden ist. Stattdessen ist bei den Umsetzungsbemühungen stärker auf Maßnahmen gesetzt worden, die eigentlich eher flankierenden Charakter haben bzw. haben sollten. Dies ist eine Entwicklung, die das ursprüngliche Konzept stärker in den Hintergrund treten lässt. *Zweitens* ist deutlich zu erkennen, dass Ro-

224 Vgl. oben unter III.4.
225 Vgl. oben unter IV.4.c).
226 Vgl. oben unter V.5.

zenblum im Hinblick auf die Leitungsmittel aufgerüstet wird, was wiederum eine Kompensation durch weitergehende Schutzinstrumente erfordert. Durch diese Entwicklungen scheint es zu einer „Überfrachtung" des Konzepts zu kommen. Dies hat ebenfalls zur Folge, dass die Rozenblum an sich kennzeichnenden Aspekte an Bedeutung verlieren. Im Ergebnis scheint es mitunter so, als wenn das Konzept nur noch den Charakter eines allgemeinen kodifikatorischen Leitmotivs hätte, auf das auch ganz verzichtet werden könnte.

Sollte dieser Eindruck richtig sein, so wäre dies zunächst ein Punkt, der zu registrieren, aber nicht unbedingt kritisch einzuordnen wäre: Schon dass das Rozenblum-Konzept und seine Verbreitung durch das Forum Europaeum Konzernrecht den Anstoß zu weiterführenden Diskussionen im rechtswissenschaftlichen Schrifttum gegeben und die Gesetzgeber mehrerer Mitgliedstaaten zu einer Beschäftigung mit der Unternehmensgruppenproblematik veranlasst hat, ist gewiss als wichtiger Erfolg zu begreifen. Es besteht aber durchaus Anlass, nicht gar so schnell weiterzuschreiten, sondern noch einmal darüber nachzudenken, ob sich aus Rozenblum nicht (auch) ein Konzept für eine dezentrale Führung grenzüberschreitender Gruppen formen lässt.

III. Der Vorschlag des Forum Europaeum on Company Groups (FECG) und seine Grundlagen

Eckpunkte für einen Rechtsrahmen zur erleichterten Führung von grenzüberschreitenden Unternehmensgruppen in Europa

*Forum Europaeum on Company Groups**

Inhaltsübersicht

* Dem Forum gehören an: *Pierre-Henri Conac* (Luxemburg/Paris), *Jean-Nicolas Druey* (St. Gallen/Basel), *Peter Forstmoser* (Zürich), *Mathias Habersack* (München), *Søren Friis Hansen* (Kopenhagen), *Peter Hommelhoff* (Heidelberg), *Susanne Kalss* (Wien), *Gerd Krieger* (Düsseldorf), *Loes Lennarts* (Groningen), *Marcus Lutter* (Bonn), *Christoph Teichmann* (Würzburg), *Axel von Werder* (Berlin), *Eddy Wymeersch* (Gent); unterstützt wurde die Arbeit des Forums von *Lukas Beck* (Würzburg).Für die finanzielle Fundamentierung seiner Beratungen dankt das Forum der Thyssen Stiftung. Die Erstveröffentlichung dieses Beitrags erfolgte in ZGR 2015, 507. Siehe auch die entsprechenden Veröffentlichungen in Englisch, ECFR 2015, 299; Französisch, Rev. sociétés 2015, 495; Spanisch, RdS 2015, 491; Polnisch, TPP 2015, 67; Portugiesisch, DSR 2015, 15 und Tschechisch, OR 2016, 59.

I. Gesetzgeberischer Hintergrund

1. In den siebziger Jahren des vergangenen Jahrhunderts hat die Kommission zwei große Anläufe unternommen, um die Unternehmensverbindung, den Konzern mithilfe eigenständiger Bestimmungen zu regeln: Angeregt durch das deutsche Recht der verbundenen Unternehmen, aber doch auf der Grundlage eines neuen eigenen Regelungsansatzes, entwickelte die Kommission den Vorentwurf einer Neunten Richtlinie über die Verbindung zwischen Unternehmen, insbesondere über Konzerne (Konzernrechtsrichtlinie);[1] daneben schuf sie in ihrem Verordnungsvorschlag für die Europäische Aktiengesellschaft (SE) einen ganzen Titel VII „Konzernrecht" mit nicht weniger als 7 Abschnitten[2]. Beide Projekte wurden in den achtziger Jahren aufgegeben, weil die weit überwiegende Mehrzahl der Mitgliedstaaten der Überzeugung war (und dies bis heute noch ist), es bedürfe keiner besonderen Regelung für den Konzern, für die Unternehmensgruppe. Soweit in ihr Schutz der Gläubiger und der Minderheitsgesellschafter in der abhängigen Gesellschaft geboten sei, könne dieser mit dem Instrumentarium des „normalen" Gesellschaftsrechts in den Mitgliedstaaten geleistet werden, soweit erforderlich, in gruppenspezifischer Fortschreibung.

2. Bis zum Ende des Jahrhunderts blieb das Recht der Unternehmensgruppe auf der europäischen Ebene rechtspolitisch unbehandelt. In der SE-Verordnung von 2000 überließ es der europäische Gesetzgeber den Mitgliedstaaten, ob sie für die in ihrem Hoheitsbereich domizilierenden SE's gruppenspezifische Sonderregeln zum Zuge kommen lassen wollten[3]. Aber auch Vorschläge aus der Wissenschaft (wie etwa die des Forum Europaeum Konzernrecht)[4] griff die Kommission nicht auf. Allerdings fiel ihr Vorschlag, die „Rozenblum-Formel" der Französischen Cour de Cassation[5] zu übernehmen, in dem einen und anderen der neuen

1 Vorentwurf für eine Neunte Richtlinie ... über die Verbindung zwischen Unternehmen, insbesondere über Konzerne, DOK Nr. III/1639/84, abgedruckt u.a. in ZGR 1985, 446.

2 Geänderter Vorschlag einer Verordnung über die Satzung einer Europäischen Aktiengesellschaft vom 30.4.1975, u.a. abgedruckt in BT-Drucks. VII/3713 sowie *Lutter*, Europäisches Gesellschaftsrecht, 1979, S.278.

3 Dazu *Hommelhoff/Lächler*, AG 2014, 257, 263 f.

4 *Forum Europaeum,* Konzernrecht für Europa, ZGR 1998, 672.

5 Cour de Cassation – Cass. crim 4.2.1985, ICP/E 1985, II, 14614 in Fortführung von Cour de Cassation – Cass. com. 12.11.1973, Bull. Civ. IV Nr. 322.

Mitgliedstaaten auf fruchtbaren Boden oder wurde dort zumindest intensiv beraten.

3. Auslöser für diese Diskussion in manch' neuem Mitgliedstaat sind Unsicherheiten in grenzüberschreitenden Unternehmensgruppen. Die Geschäftsführer von Tochtergesellschaften befürchten, sich schadensersatzpflichtig, wenn nicht gar strafbar zu machen, wenn sie Veranlassungen oder Weisungen der ausländischen Mutterunternehmen nachkommen, die dem eigenen Interesse der Tochtergesellschaft widersprechen. Dies veranlasste die Reflection Group on the Future of EU-Company Law 2011, dem europäischen Gesetzgeber zur Unternehmensgruppe eine Reihe einzelner Regelungsvorschläge zu unterbreiten[6], welche die EU-Kommission in ihrem Aktionsplan Gesellschaftsrecht 2012[7] ganz weithin aufgegriffen hat.

4. Diese Einzelvorhaben waren: die Anerkennung des Gruppeninteresses; eine Regelung für die „related party transactions"; Vorgaben zur Gruppentransparenz; und das Projekt einer „Europäischen Privatgesellschaft (SPE)". Nach Durchführung der Konsultationsverfahren hat die EU-Kommission 2014 im Rahmen der Novelle zur Aktionärsrechterichtlinie Regelungen für die „related party transactions" vorgelegt[8] sowie in Ersatz des SPE-Projekts umfassend einen Richtlinien-Vorschlag über Gesellschaften mit beschränkter Haftung mit einem einzigen Gesellschafter (Societas Unius Personae, SUP)[9].

6 Report of the Reflection Group on the Future of EU Company Law, of 5 April 2011, zugänglich unter http://ec.europa.eu/internal_market/company/docs/modern/reflectiongroup_report_en.pdf.

7 Europäische Kommission, Aktionsplan: Europäisches Gesellschaftsrecht und Corporate Governance – ein moderner Rechtsrahmen für engagiertere Aktionäre und besser überlebensfähige Unternehmen, Brüssel, 12.12.2012, COM (2012) 740/2.

8 Proposal for a Directive of the European Parliament and of the Council amending Directive 2007/36/EC as regards the encouragement of long-term shareholder engagement and Directive 2013/34/EU as regards certain elements of the corporate governance account (COM(2014) 213 final) of 9 April 2014, zugänglich unter http://eur-lex.europa.eu/legal-content/EN/TXT/PDF/?uri=CELEX:52014PC0213&from=EN.

9 EU-Kommission, Vorschlag einer Richtlinie für Gesellschaften mit beschränkter Haftung mit einem einzigen Gesellschafter vom 9. April 2014, COM(2014) 212 final.

II. Verfasser des Vorschlags und dessen Ziele

1. Die Einzelvorschläge, die hier parallel zu denen anderer wie etwa der EMCA-Arbeitsgruppe[10] unterbreitet werden, entstammen den Beratungen in einem privat organisierten Arbeitskreis. Er hat sich zum Ziel gesetzt, die im Aktionsplan der Kommission angesprochenen Einzelkomplexe mit Eckpunkten zu materialisieren, namentlich die Anerkennung des Gruppeninteresses und die Herstellung von Transparenz zur Vermeidung möglicher Missbräuche. Dieser Arbeitskreis setzt sich unter dem Namen Forum Europaeum on Company Groups (FECG) aus Wissenschaftlern und Praktikern mehrerer Staaten in Europa zusammen; sie sind sämtlich von Berufs wegen mit dem Recht der Unternehmensgruppe befasst[11]. Ein erheblicher Teil der Arbeitskreis-Mitglieder war bereits an den Vorschlägen des Forum Europaeum Konzernrecht von 1998[12] beteiligt. Nach Überzeugung des Arbeitskreises bleiben gesetzliche Regelungen für die Unternehmensgruppe, zumindest für die die Binnengrenzen in der Europäischen Union überschreitende, auf der unionsrechtlichen Ebene unverändert eine gewichtige Herausforderung für die Rechtspolitik; konkrete Einzelregelungen sollten auf dieser Ebene jedoch streng auf jene beschränkt bleiben, die für grenzüberschreitende Aktivitäten im Binnenmarkt erforderlich sind.

2. Um einen Rechtsrahmen für Unternehmensgruppen zu konzipieren, sind gegenläufige Wertungen in Einklang zu bringen:

- Die Interessen der Muttergesellschaft sind ebenso zu berücksichtigen wie die der einzelnen Tochtergesellschaften und ihrer stakeholder.
- Deshalb müssen gruppenrechtliche Regelungen mit demselben Nachdruck darauf abzielen, sowohl die Aktivitäten der Gruppe zu fördern, als auch die Belange der beteiligten Gesellschaften zu schützen. Die Zusammenarbeit in der Gruppe als Ganzes sollten die Regelungen ebenso voranbringen, wie sie die Tochtergesellschaften und deren stakeholder gegen Machtmissbrauch der Mutter absichern sollten.
- In der Wirtschaftspraxis unterscheiden sich die individuellen Gruppen und ihre Töchter in ihrer Größe und in ihren Funktionen stark voneinander. Diese Vielfalt sollte das Regelungskonzept durchge-

10 Näher http://law.au.dk/forskning/projekter/europeanmodelcompanyactemca/.
11 S. oben Sternchenfußnote.
12 Oben Fn. 4.

hend berücksichtigen und dennoch auf einheitlichen Grundgedanken aufbauen.

– Für die Gesetzgebung zur Unternehmensgruppe sind in Europa primär die Mitgliedstaaten berufen, wenn auch einige Aspekte die Aufmerksamkeit des europäischen Gesetzgebers finden sollten. Unternehmensgruppen unterliegen dem nationalen Recht der Mitgliedstaaten; sie finden ihre Rechtsgrundlage im allgemeinen Gesellschaftsrecht und benötigen keine spezifisch ausgebaute Regelung. Daher strebt der hier vorgelegte Vorschlag auf keinen Fall danach, eine umfassende Gesamtregelung für die Unternehmensgruppe wiederzubeleben, wie sie die Mitglieder der EG-Kommission in den siebziger und achtziger Jahren des vergangenen Jahrhunderts betrieben haben. Allein mit jenen Unternehmensgruppen sollte sich der europäische Gesetzgeber, wie schon in Ziff. II. 1. dargelegt, befassen, die Binnenmarkt-weit über die Grenze in mehreren Mitgliedstaaten aktiv sind.

III. Zwei Erscheinungsformen von Tochtergesellschaften

1. In Übereinstimmung mit dem Aktionsplan der EU-Kommission steuert das FECG für Gruppenregelungen im Unionsrecht vier wesentliche Ziele an: Zum ersten sollten sie grenzüberschreitende Gruppen umfänglich fördern sowie ihre Bildung, Umstrukturierung und gefestigte Führung erleichtern, ohne jedoch die einzelnen Tochtergesellschaften in ihrem Status als nach ihrem jeweiligen Sitzstaatrecht eigenständige Rechtssubjekte zu beeinträchtigen. Zum zweiten sollte der Unionsgesetzgeber Regelungen schaffen, die für eine Mehrzahl von Tochtergesellschaften in unterschiedlichen Mitgliedstaaten variantenlos einheitlich gelten. Geschärfte Aufmerksamkeit sollte drittens kleineren und mittleren Unternehmensgruppen geschenkt werden; gerade ihre grenzüberschreitenden Gruppenstrukturen sollten ermutigt werden. Und zum vierten sollte der Unionsgesetzgeber gezielt diesen Unternehmensgruppen ein leicht anwendbares Rechtsregime anbieten – vorausgesetzt freilich, bestimmte Bedingungen werden eingehalten. Mit Blick auf diese vier Ziele empfiehlt das FECG zwei Systeme: ein unaufwendig einfaches für kleinere Hilfsgesellschaften sowie ein auf gruppenintern fairen Ausgleich im Verlauf der Zeit angelegtes aufwendigeres System für größere und unabhängigere Tochtergesellschaften.

2. Nach Einschätzung des FECG nimmt im Kreis der kleineren Tochtergesellschaften eine Vielzahl von ihnen bloße Hilfsfunktionen innerhalb der Unternehmensgruppe wie etwa die Vermögensverwaltung oder sonstige Dienstleistungen für andere Gruppengesellschaften wahr (nachfolgend „Servicegesellschaft" genannt, näher Ziff. V.). Im Gegensatz zu diesem Typ Tochtergesellschaft können andere Töchter durchaus über ein gewisses Maß an wirtschaftlicher Selbstständigkeit in dem Sinne verfügen, dass sie auf eigene Rechnung in Geschäftsverbindungen zu Dritten stehen oder stehen könnten. Diese Tochtergesellschaften benötigen ein Regelungsregime, das höheren Ansprüchen gerecht wird (näher Ziff. VI.) Ihm unterliegen alle Töchter, die keine „Servicegesellschaften" sind (im Folgenden: „Reguläre Tochtergesellschaften").

IV. Weisungsrecht der Muttergesellschaft

Beide Formen der Tochtergesellschaft, die Servicegesellschaft ebenso wie die Reguläre Tochter, sollten verpflichtet sein, den Weisungen der Muttergesellschaft zu folgen, damit eine einheitliche Gruppenpolitik in allen Tochtergesellschaften unabhängig von ihrem jeweiligen Sitzstaat gewährleistet werden kann. Folgepflicht besteht auch und sogar gegenüber solchen Weisungen, die dem Tochtereigeninteresse zuwider laufen, solange nur bei Servicegesellschaften die Bedingungen nach Ziff. V. eingehalten werden oder bei Regulären Tochtergesellschaften diejenigen nach Ziff. VI. Zur Absicherung einheitlicher Gruppenpolitik sollte die Europäische Union außerdem den Mitgliedstaaten einheitliche Geschäftsführerpflichten vorgeben, soweit diese die öffentlichen Interessen wie die Pflichten zur Rechnungslegung und zum Schutz der Gesellschaftsgläubiger oder die Insolvenzantragspflicht betreffen. Abgerundet werden sollte dieser Pflichtenkatalog durch eine europäische Generalklausel zu den Loyalitäts- und Sorgfaltspflichten der Tochtergeschäftsführer in grenzüberschreitend tätigen Unternehmensgruppen.

V. Servicegesellschaften

1. Den Status einer (bloß einfachen) Servicegesellschaft erlangt eine Tochtergesellschaft in kumulativer Erfüllung dreier Voraussetzungen:

- In ihren Aktivitäten muss sich die Tochter ausschließlich auf Hilfsleistungen innerhalb der Unternehmensgruppe beschränken; sie dient allein den Interessen anderer Gruppengesellschaften und erbringt ihnen Leistungen beispielsweise bei der Finanzierung oder Vermögensverwaltung, beim Vertrieb und Service oder in Zentralfunktionen wie Personalwirtschaft, Unternehmensplanung oder Rechtsdiensten.
- In ihrer Größe darf die Tochtergesellschaft nicht zwei der drei EU-Grenzwerte für mittelgroße Unternehmen überschreiten: Sie darf nicht mehr als 250 Arbeitnehmer beschäftigen oder nicht mehr als 40 Mio. Euro Umsatz jährlich erlösen oder keine Bilanzsumme von mehr als 20 Mio. Euro aufweisen.
- Ihre Anteile müssen vollständig von einer oder mehreren Gruppengesellschaften gehalten werden.

2. Eine Servicegesellschaft muss alle Mutterweisungen mit Ausnahme jener befolgen, die sie außerstande setzen, ihre Verbindlichkeiten gegenüber gruppenfremden Dritten zu erfüllen, die in den der Weisung nachfolgenden 12 Monaten fällig werden. Diese Ausnahme gilt nicht, wenn die Mutter-, eine andere Gruppengesellschaft oder ein Dritter die dynamische Garantie für alle Tochteraußenverbindlichkeiten übernommen hat, die jeweils innerhalb 12 Monaten nach einer Mutterweisung fällig werden. Der Garantiegeber hat auf Verlangen eines jeden Tochtergläubigers die Werthaltigkeit seiner Garantie nachzuweisen. Sollte eine Gruppengesellschaft die Garantie abgegeben haben, so muss die Tochtergeschäftsleitung zu jeder Zeit über die Wirtschafts- und Finanzlage der gesamten Unternehmensgruppe und die der garantierenden Gesellschaft in vollem Umfang informiert sein. Aber eine Weisung, sei es der Mutter oder einer anderen Gruppengesellschaft, dürfen die Tochtergeschäftsführer unter keinen Umständen folgen, falls dies die Tochter in ihrer Existenz gefährden würde. Davon unberührt bleibt das Recht der Mutter, ihre Tochtergesellschaft im förmlichen Verfahren zu liquidieren.

VI. Reguläre Tochtergesellschaften

1. Reguläre Tochtergesellschaften sind all' die Töchter, die entweder nicht als Servicegesellschaften qualifiziert werden können oder die auf die Nutzung des erleichterten Schutzregimes für Servicegesellschaften (Ziff. V. 2.) verzichtet haben. Als der Gruppenorganisation zugehörige sollten

Reguläre Tochtergesellschaften einem qualifizierten Schutzregime unterstellt werden, das ihnen eine faire Möglichkeit eröffnet, ihre eigenen Geschäftschancen auszuwerten. Ein solches Regime gründet auf dem Gedanken, dass eine ordnungsgemäß geleitete Unternehmensgruppe auf längere Sicht ohnedies dahin tendiert, die unterschiedlichen Interessen der einzelnen Gruppengesellschaften im harmonisierenden Gleichlauf zum Ausgleich zu bringen. Auf dieser Grundlage sollte es jeder Unternehmensgruppe freistehen, wie sie sich selbst individuell strukturieren will.

2. Dies qualifizierte Schutzsystem sollte der Tochtergesellschaft, angeregt von den französischen „Rozenblum"-Grundsätzen, einen Bereich eigenständig zu gestaltender Unternehmenspolitik zuweisen und für einen entsprechenden Verantwortungsbereich zu ihrer Umsetzung sorgen. Ein solches Schutzsystem setzt eine gefestigte und durchsichtige Gruppenstruktur voraus sowie eine ausgewogen abgestimmte Gruppenpolitik. Die Gruppenstruktur sollte der Tochtergesellschaft einen gewissen Freiraum eröffnen, um ihre eigenen Ziele zu verwirklichen und sie gleichzeitig in die Gesamtgruppe so einbinden, dass ihre Möglichkeiten fair abgesichert werden, die eigenen Geschäftschancen auszuwerten. Zur ausgewogen abgestimmten Gruppenpolitik gehört ein umfassender Geschäftsplan für die gesamte Unternehmensgruppe; dieser Plan sollte die unterschiedlichen Einzelinteressen der Gruppengesellschaften einschließlich derjenigen der Mutter längerfristig zum Ausgleich bringen.

3. Das Schutzsystem für Reguläre Tochtergesellschaften muss auch die Rechtsmechanismen für related party transactions (RPT) einbeziehen, wie sie jüngst der Entwurf für die abgeänderte Aktionärsrechterichtlinie vorgeschlagen hat; relevant sollten allerdings nur außergewöhnliche Transaktionen sein, die nicht zum gewöhnlichen Geschäft der Tochtergesellschaft gehören. Für sie muss die Tochtergeschäftsleitung die fairness opinion eines unabhängigen Sachverständigen einholen; diese hat die Vor- und Nachteile der angesonnenen Transaktion vor dem Hintergrund der langfristigen Gruppenpolitik zu bewerten. Mit dieser Zielsetzung ist die fairness opinion geeignet, den Anteilseignern der Tochtergesellschaft, ihrem Überwachungsorgan und ihrer Geschäftsleitung als Grundlage für deren jeweilige Entscheidungen zu dienen. Falls die Tochtergeschäftsführer dabei zu dem Ergebnis gelangen, die angesonnene Transaktion wäre für ihre Gesellschaft unbillig, so dürfen sie diese nicht durchführen.

VII. Systemwahl (opting in)

Eine Servicegesellschaft kann den Status einer Regulären Tochtergesellschaft wählen, muss sich dann aber dem qualifizierten Schutzsystem nach Ziff. VI. unterstellen.

VIII. Offenlegung

1. Servicegesellschaften müssen ihre Einbeziehung in eine bestimmte Unternehmensgruppe und ihre konkrete Unterstützungsfunktion sowohl in ihrer Firma zum Ausdruck bringen als auch in ihrer Geschäftskorrespondenz (Geschäftsbriefe und andere schriftliche Verlautbarungen nach außen).

2. In Ergänzung zur normalen Rechnungslegung sind für Reguläre Tochtergesellschaften zwei jährliche Sonderberichte zu erstatten:

- Die Gruppenmutter informiert in einem Strukturbericht über sämtliche Unternehmensverbindungen innerhalb der Gruppe und erläutert in diesem die Prinzipien der Gruppenleitung und -kontrolle, die sie im Berichtszeitraum angewendet hat.
- Jede Tochtergesellschaft beschreibt in einem Transaktionsbericht die Prinzipien, nach denen sie ihre Geschäfte mit anderen Gruppengesellschaften innerhalb des Berichtszeitraums abgewickelt hat, und benennt die konkreten Abweichungen von diesen Prinzipien im Einzelnen.

Diese Sonderberichte sind von einem unabhängigen Sachverständigen zu prüfen und zu bewerten; zusammen mit dessen Bewertungsergebnis sind die Sonderberichte in geeigneter Weise öffentlich zugänglich zu machen.

IX. Sanktionen

Verstöße gegen die voranstehend vorgeschlagenen EU-Regelungen sollten in effektiver Weise von den Mitgliedstaaten auf der Grundlage ihres jeweiligen Zivil-, Verwaltungs- und/oder Strafrechts geahndet werden. Dabei sollten die Mitgliedstaaten unbedingt den außenstehenden Gesellschaftern einer Regulären Tochtergesellschaft das Recht zum Austritt aus dieser für den Fall eröffnen, dass die Tochtereigeninteressen innerhalb der Gruppe nachdrücklich oder auf längere Zeit unausgeglichen bleiben. Die Barabfindung hat die Gruppenmutter zu leisten.

X. Unternehmenskrise und Insolvenzverfahren

Sollte eine Tochtergesellschaft, egal ob eine Reguläre oder eine Servicegesellschaft, in eine existenzgefährdende Krise geraten, so tragen ihre Geschäftsführer die Primärverantwortung für die Angelegenheiten ihrer Gesellschaft, für ihre Sanierung oder für den Gang in die Insolvenz. Weisungen anderer Gruppengesellschaften werden unverbindlich. Hiervon bleibt die Verpflichtung der Gruppenmutter unberührt, ihre Tochter in dieser Situation zu unterstützen.

XI. Empfehlungen zum legislativen Vorgehen

Das für Servicegesellschaften hier vorgeschlagene vereinfachte Schutzsystem sollte nach der FECG-Empfehlung sogleich vom europäischen Gesetzgeber im Zusammenhang mit den Arbeiten an der (SUP-) Richtlinie für die Gesellschaften mit beschränkter Haftung im Alleinbesitz aufgegriffen werden. Andererseits erfordert das qualifizierte Ausgleichsystem, wie es hier für Reguläre Tochtergesellschaften vorgeschlagen wird, noch vertiefte rechtliche und politische Erörterung; es sollte daher in einem eigenständigen Gesetzgebungsprozess behandelt werden. Allerdings sollten beide Regelungssysteme in Form einer Richtlinie umgesetzt werden; eine bloße Empfehlung der EU-Kommission würde nicht ausreichen, um die Bildung grenzüberschreitender Unternehmensgruppen, insbesondere die kleinerer und mittlerer, zu befördern und die Führung ihrer Tochtergesellschaften in mehreren Mitgliedstaaten Binnenmarkt-weit zu erleichtern.

Gedanken zur konzernweiten Compliance-Verantwortung des Geschäftsleiters eines herrschenden Unternehmens

*Mathias Habersack**

Inhaltsübersicht

* Der Beitrag geht auf einen Vortrag vor dem „Arbeitskreis Corporate Governance im Konzern" im Jahr 2010 zurück und ist zunächst in *Bechtold/Jickeli/Rohe* (Hrsg.), Recht, Ordnung und Wettbewerb, Festschrift zum 70. Geburtstag von Wernhard Möschel, 2011, S. 1175 ff., veröffentlicht worden; dem Nomos-Verlag sei auch an dieser Stelle für das Einverständnis mit der Zweitveröffentlichung gedankt.

I. Einführung

Die Existenz konzernweiter Compliancepflichten des Geschäftsleiters eines herrschenden Unternehmens – im Falle einer als Aktiengesellschaft verfassten Obergesellschaft also des AG-Vorstands – darf im Grundsatz als anerkannt gelten.[1] Der Deutsche Corporate Governance Kodex setzt derlei Pflicht voraus, soweit er in Ziffer 4.1.3 bestimmt, dass der Vorstand für die Einhaltung der gesetzlichen Bestimmungen und der unternehmensinternen Richtlinien zu sorgen hat und auf deren Beachtung durch die Konzernunternehmen hinwirkt. Die großen Konzerne haben sich denn auch seit geraumer Zeit mit diesem Befund arrangiert und scheuen bei der Errichtung konzernweiter Überwachungsmechanismen vielfach keinen Aufwand.[2] Zu groß sind die mit der Aufdeckung von Korruptions- oder Kartellsachverhalten verbundenen Risiken für das Unternehmen, als dass sich ein Geschäftsleiter insoweit Nachlässigkeit erlauben könnte. Eine nähere Sichtung des Schrifttums zeigt freilich, dass bereits hinsichtlich der dogmatischen Herleitung konzernweiter Compliancepflichten alles andere als Einvernehmen besteht. Nun könnte man meinen, dies sei, da das Ergebnis zähle und insoweit Übereinstimmung bestehe, nicht weiter tragisch. Indes liegt es auf der Hand, dass das dogmatische Fundament nicht zuletzt über die Reichweite der Auf-

1 Vgl. aus dem kaum mehr zu überblickenden Schrifttum *Endres*, ZHR 163 (1999), 441 ff.; *Fleischer*, CCZ 2008, 1 ff.; *ders.*, in: Fleischer, Handbuch des Vorstandsrechts, 2006, § 18 Rdn. 21 ff.; *Götz*, ZGR 1998, 524, 526 ff.; *Habersack*, in: Emmerich/Habersack (Hrsg.), Aktien- und GmbH-Konzernrecht, 8. Aufl., 2016, § 311 Rdn. 87; *Hoffmann-Becking*, ZHR 159 (1995), 325 ff.; *Koch*, WM 2009, 1013 ff.; *Löbbe*, Unternehmenskontrolle im Konzern, 2003, S. 74 ff.; *Lutter*, Festschrift für Goette, 2011, S. 289 ff.; *Reichert/Ott*, ZIP 2009, 2173 ff.; *U. H. Schneider/S. H. Schneider*, ZIP 2007, 2061 ff.; *S. H. Schneider*, Informationspflichten und Informationssystemeinrichtungspflichten im Aktienkonzern, 2006, S. 125 ff., 198 ff.; *ders.*, in: Krieger/U. H. Schneider, Handbuch Managerhaftung, 2. Aufl. 2010, § 8 Rdn. 12 ff.; *Semler*, ZGR 2004, 631 ff.; *Spindler*, in: Münchener Kommentar zum AktG, 4. Aufl., 2014, § 76 Rdn. 42, § 91 Rdn. 73 ff.; *Verse*, ZHR 175 (2011), 401 ff.; *Harbarth*, ZHR 179 (2015), 136 ff.; *Bürgers*, ZHR 179 (2015), 173 ff.; s. ferner OLG Jena NZG 2010, 226, 228, dazu *Wilsing/Ogorek*, NZG 2010, 216 f. – Speziell zu den aufsichtsrechtlichen Vorgaben und ihrem Verhältnis zum Gesellschaftsrecht *Bachmann*, in: Gesellschaftsrechtliche Vereinigung (Hrsg.), Gesellschaftsrecht in der Diskussion 2007, 2008, S. 66 ff.; *Dreher*, ZGR 2010, 496 ff.; *Fett/Gebauer*, Festschrift für Schwark, 2009, S. 375 ff.; *Weber-Rey*, ZGR 2010, 543 ff.

2 Vgl. *Kremer/Klahold*, ZGR 2010, 113, 122; *Hauschka*, in: Gesellschaftsrechtliche Vereinigung (Fn. 1), S. 51 ff.

sichtspflichten entscheidet. In diesem Zusammenhang gilt es namentlich, die Vielgestaltigkeit der Unternehmensgruppen zu bedenken. Denn bekanntlich gibt es nicht „den" Konzern. Zu der durch das dritte Buch des AktG vorgegebenen Unterscheidung zwischen Beherrschungsverhältnis und faktischem Konzern[3] einerseits und dem Vertrags- und Eingliederungskonzern andererseits, die eine solche juristischer Natur ist und mit der sich bekanntlich völlig unterschiedlich geartete Leitungs- und Einwirkungsinstrumente verbinden, tritt jedenfalls innerhalb der Gruppe der faktischen Konzerne eine Vielfalt der Erscheinungsformen, die von dem straff geführten Einheitskonzern bis zu der dezentral geführten und den einzelnen Konzerngliedern oder Zwischenholdings durchaus eigenen Handlungsspielraum belassenden und zudem über Minderheitsaktionäre auch auf Tochter- oder Enkelebene verfügenden Unternehmensgruppe reichen. Entsprechendes gilt für das Recht der GmbH; es kennt zwar nicht den Eingliederungskonzern, unterscheidet aber im Übrigen zwischen dem Vertragskonzern und vertraglosen Unternehmensverbindungen.[4] Überlegungen zu Grund und Reichweite konzernweiter Compliance-Pflichten dürften nicht zuletzt deshalb von Interesse sein, weil derlei Pflichten, wie erwähnt, vor allem in Bezug auf Kartellrisiken bestehen und schon wiederholt den EuGH und vor einigen Jahren auch das BKartA beschäftigt haben.[5]

3 Die Bezeichnung ist bekanntlich in doppelter Hinsicht nicht ganz glücklich. Die Betonung des „faktischen" Elements soll allein zum Ausdruck bringen, dass zwischen dem herrschenden und dem abhängigen Unternehmen weder ein Beherrschungsvertrag noch ein Eingliederungsverhältnis besteht (zur Mitgliedschaft als Grundlage des Konzernverhältnisses s. *Zöllner*, ZHR 162 (1998), 235, 241 ff.). Im Übrigen begnügen sich §§ 311 ff. AktG bekanntlich mit einem Beherrschungsverhältnis im Sinne des § 17 Abs. 1 AktG, setzen also den Übergang zu der den Konzern kennzeichnenden einheitlichen Leitung nicht voraus, s. statt aller *Habersack* (Fn. 1), § 311 Rdn. 13.

4 Näher dazu sowie zur Rechtslage bei der Einpersonen-GmbH *Emmerich*, in: Scholz, GmbHG, 11. Aufl., 2012, Anh. § 13 Rdn. 13 ff., 65 ff., 129 ff.; *Casper*, in: Ulmer/Habersack/Winter, GmbHG, 2008, Anh. § 77 Rdn. 16 ff., 49 ff., 94 ff., 172 ff.; *Habersack*, in: Emmerich/Habersack (Fn. 1), Anh. § 318 Rdn. 1 ff., 22 ff.

5 Dazu sogleich unter II. 1. – Der Regierungsentwurf einer 9. GWB-Novelle (BR-Drs. 606/16) konnte nicht mehr berücksichtigt werden.

II. Überwachungspflichten zur Abwehr einer Haftung des herrschenden Unternehmens

1. Sanktionierung des herrschenden Unternehmens für Tochterdelikte

Am Beispiel kartellrechtlicher Sanktionen lässt sich eine für das Thema zentrale Weichenstellung aufzeigen. Auch in Fällen, in denen das schadensstiftende Verhalten von einem abhängigen Konzernunternehmen ausgeht, ist nämlich schon im Ansatz zwischen unmittelbaren und bloß mittelbaren Haftungsrisiken des herrschenden Unternehmens zu unterscheiden. Unmittelbar können Kartellrechtsverstöße auf Tochter- oder Enkelebene vor allem in Form von das herrschende Unternehmen treffenden Geldbußen und Schadensersatzverpflichtungen „durchschlagen". In diesem Zusammenhang ist namentlich auf die bereits angesprochene Rechtsprechung des EuGH zu den europäischen Wettbewerbsregeln hinzuweisen, der zufolge Mutter- und Tochtergesellschaft eine wirtschaftliche Einheit bilden, wenn die Muttergesellschaft entscheidenden Einfluss auf die Geschäftsführung der Tochtergesellschaft ausübt, was wiederum bei 100%-igem Anteilsbesitz (wenn auch widerleglich) vermutet wird.[6] Entsprechende Tendenzen lassen sich für den Bereich des deutschen[7] Kartellrechts feststellen. Angesprochen ist damit vor allem die Etex-Entscheidung des BKartA vom 9. 2. 2009,[8] mit der, gestützt auf § 130 OWiG und die Annahme, die Konzernobergesellschaft sei auch in Bezug auf von Tochtergesellschaften geführte Unternehmen Betriebsinhaber, ein Bußgeld gegen die Etex Holding GmbH verhängt worden ist, obgleich die Kartellverstöße durch Tochtergesellschaften begangen worden waren.[9] Bezieht man darüber hinaus § 81 Abs. 4 S. 3 GWB, dem zufolge die Geldbuße anhand des weltweiten Umsatzes der eine wirtschaftliche Einheit bildenden

6 Jüngst EuGH, Urt. v. 10. 9. 2009 – Rs. C-97/08, ZIP 2010, 392 (Akzo Nobel) mit weit. Nachw.; s. ferner EuGH, Urt. v. 14. 12. 2006 – C 217/05, Slg. 2006, I-11987 Rdn. 40; dazu im vorliegenden Zusammenhang auch *Lutter*, Festschrift für Goette, 2011, S. 289 ff.

7 Zu entsprechenden Entwicklungen im schweizerischen Recht s. Schweizerisches Bundesstrafgericht, Urt. v. 1. 2. 1996, BGE 122, IV, 103; dazu *U. H. Schneider* NZG 2009, 1321, 1324.

8 Az. B1 – 200/06.

9 Dazu *Koch*, AG 2009, 564 ff.; *ders.*, WM 2009, 1013, 1015 f.; *Lutter*, Festschrift für Goette, 2011, S. 289 ff.; *U. H. Schneider*, NZG 2009, 1321, 1323 f.; offengelassen noch von BGH WuW/E 1871, 1876 – Transportbeton-Vertrieb.

Gruppe zu bemessen ist,[10] in die Betrachtung ein, so zeigt sich in aller Deutlichkeit, dass der Gedanke der wirtschaftlichen Einheit sub specie der im vorliegenden Zusammenhang interessierenden Aufsichtspflichten von unmittelbarer Relevanz ist: Hat nämlich das herrschende Unternehmen, soweit es mit Konzernunternehmen eine wirtschaftliche Einheit bildet, aus kartellrechtlichen Gründen unmittelbar für von den Tochterunternehmen begangene Delikte einzustehen, so kann nicht zweifelhaft sein, dass die Geschäftsleiter des herrschenden Unternehmens im Verhältnis zu ihrer Gesellschaft verpflichtet sind, alles daran zu setzen, dass es auf Tochterebene nicht zu das Risiko einer Haftung der Mutter begründenden Gesetzesverletzungen kommt.[11] Man mag dies als Ausprägung einer „Pflicht zur konzerndimensionalen Legalitätskontrolle" bezeichnen,[12] sollte hierbei aber stets im Auge behalten, dass in den genannten Fällen die Verhinderung von Gesetzesverstößen auf Tochterebene der Vermeidung einer unmittelbaren Außenhaftung der Muttergesellschaft dient, so dass es der zwar von der Tochtergesellschaft missachtete, indes die Muttergesellschaft in sein Sanktionssystem einbeziehende Verbotstatbestand ist, der konzerndimensionale Geltung beansprucht.

Das Gesagte gilt selbstredend nicht nur für Kartellrechtsverstöße. In Erinnerung gerufen seien die Korruptionspraktiken, aufgrund derer die Siemens AG sowohl durch die US-amerikanische SEC als auch durch deutsche Strafverfolgungsbehörden mit Bußgeldern belegt worden ist, obgleich die verbotenen Handlungen auf Tochter- und Enkelebene begangenen worden sind.[13] Über den Bereich der Kartell- und Korruptionsdelikte deutlich hinaus ginge die Annahme, die von der Rechtsprechung anerkannte Pflicht, das Unternehmen so einzurichten, dass – deliktisch relevante – Schädigungen Dritter tunlichst unterbleiben,[14] habe konzernweiten Geltungsanspruch; auf Tochter- oder Enkelebene begangene Delikte könnten auf diese Weise die unmittelbare

10 Dazu *Koch*, ZHR 171 (2007), 554 ff.

11 Vgl. die Nachw. in Fn. 1.

12 *Fleischer*, CCZ 2008, 1, 5; *Lutter*, Festschrift für Goette, 2011, S. 289, 292 ff.; allg. zur Legalitätspflicht und ihren Schranken MünchKommAktG/*Spindler* (Fn. 1), § 93 Rdn. 73 ff.; *Habersack*, Festschrift für U. H. Schneider, 2011, S. 429 ff.; *Thole*, ZHR 173 (2009), 504 ff.

13 Vgl. *Lutter*, Festschrift für Goette, 2011, S. 289 ff., dort auch zum MAN-Komplex.

14 RGZ 78, 107, 108 f.; BGHZ 4, 1, 2; dazu *Wagner*, in: Münchener Kommentar zum BGB, 6. Aufl., 2013, § 831 Rdn. 33 ff.

Deliktshaftung der Konzernmutter begründen, was wiederum umfassende Aufsichtspflichten der Organwalter des herrschenden Unternehmens nach sich ziehen würde. Doch hätte eine derartige „Externalisierung“ organschaftlicher Pflichten gegenüber der eigenen Gesellschaft (der Muttergesellschaft) letztlich die Überwindung der rechtlichen Selbständigkeit der Konzernglieder zur Folge – eine Konsequenz, die ersichtlich jenseits des geltenden Rechts liegt und zugleich zeigt, auf welch dünnem Eis sich die erwähnte Praxis zu Kartell- und Korruptionssachverhalten bewegt. *Jens Koch* hat jüngst herausgearbeitet, dass die Vorschrift des § 130 OWiG, soweit nach ihr der Inhaber eines Betriebes oder Unternehmens in die Haftung genommen wird, nicht auf einer beliebigen Aufsichtspflichtverletzung beruht, sondern die Delegation vorgeschalteter betriebsbezogener Pflichten voraussetzt.[15] Dieses Verständnis steht im Einklang mit den konzernrechtlichen Prämissen, darunter insbesondere der rechtlichen Selbständigkeit der Konzernglieder, und zeigt zugleich, dass ein von dem Erfordernis der Delegation vorgeschalteter betriebsbezogener Pflichten befreiter ordnungswidrigkeitenrechtlicher Durchgriff, der wiederum im Interesse der Vermeidung einer unmittelbaren Außenhaftung umfassende Aufsichtspflichten nach sich ziehen müsste, deutlich über das Ziel hinausschösse.

Nur als eine andere Seite der Medaille erscheint die Erwägung, dass konzernweite Aufsichtspflichten aus durch die Konzerntätigkeit betroffenen Interessen und Rechtsgütern Dritter oder der Allgemeinheit herzuleiten sind. Genau dies ist bei Lichte betrachtet der Ansatz des EuGH, der vom Unternehmensbegriff des Kartellrechts ausgeht und hierunter eine wirtschaftliche Einheit versteht, „selbst wenn diese wirtschaftliche Einheit rechtlich aus mehreren natürlichen oder juristischen Personen gebildet wird.“[16] Ausgangspunkt der Betrachtung ist dann die verletzte Vorschrift, etwa das Kartellverbot oder das Korruptionsverbot. Setzt diese Vorschrift – wie regelmäßig – ein den Tatbestand ausfüllendes Verhalten der in Anspruch genommenen Person voraus, so bedarf es in Fällen, in denen eine Tochter- oder Enkelgesellschaft gehandelt hat, einer Zurechnungsregel. Diese mag man mit dem EuGH aus spezifisch kartellrechtlichen Erwägungen darin sehen, dass die „Tochtergesellschaft trotz eigener Rechtspersönlichkeit ihr Marktverhalten nicht autonom bestimmt, sondern im Wesentlichen Weisungen der Muttergesellschaft

15 *Koch,* WM 2009, 1013, 1018 ff.; s. ferner *Spindler,* Unternehmensorganisationspflichten, 2001, S. 956 ff.

16 EuGH ZIP 2010, 392, 394 Tz. 55 mit weit. Nachw.

befolgt (…), und zwar vor allem wegen der wirtschaftlichen, organisatorischen und rechtlichen Bindungen, die die beiden Rechtssubjekte verbinden."[17] Allerdings setzt ein solcher Zugriff auf die Konzernobergesellschaft eine Steuerung des Tochterverhaltens gerade in Bezug auf die verbotene Tätigkeit voraus, so dass die Konzernobergesellschaft als diejenige erscheint, die die Verhaltenspflicht verletzt oder die Gefahrenquelle setzt.[18] Dieser Gedanke dürfte letztlich auch der EuGH-Rechtsprechung zum Kartellrecht zugrunde liegen, soweit darin auf eine 100%-ige Beteiligung die Vermutung gegründet wird, dass die „Muttergesellschaft tatsächlich einen bestimmenden Einfluss auf das Verhalten ihrer Tochtergesellschaft ausübt.[19] Letztlich handelt es sich bei derlei Haftungsfällen also nicht um einen Durchgriff, sondern um die Inanspruchnahme für die (vermutete) Verursachung oder Duldung des Verhaltens der Tochter- oder Enkelgesellschaft und damit um eine Haftung für eigenes Verhalten. Es versteht sich, dass dem Konzernvorstand, soweit seine Legalitätspflicht reicht,[20] auch der mittelbare Gesetzesbruch untersagt ist, vorausgesetzt, dieser ist haftungsgeneigt. Die Frage konzernweiter Aufsichtspflichten stellt sich in derlei Fällen nur (aber immerhin), soweit die Haftungsnorm (wie das Kartellverbot in seiner Handhabung durch den EuGH) auch im Falle bloß vermuteter Einflussnahme zur Anwendung gelangt und es deshalb darum geht, das Eingreifen der Vermutung durch hinreichende Konzernaufsicht zu widerlegen. Den Anknüpfungspunkt für entsprechende Aufsichtspflichten bilden dann aber immer die Pflicht des Konzernvorstands, die Inanspruchnahme der Konzernobergesellschaft abzuwenden, und damit die gesellschaftsrechtlich begründete Pflicht zu ordnungsgemäßer Geschäftsführung.

2. *Verlustausgleichspflicht*

Zu einer Haftung des herrschenden Unternehmens für von Konzerngesellschaften begangenes Unrecht kann es auch im Vertragskonzern kommen, schuldet doch das herrschende Unternehmen in diesen Fällen

17 EuGH ZIP 2010, 392, 394 Tz. 58 mit weit. Nachw.; zu entsprechnden Tendenzen im europäischen Kapitalmarkt- und Datenschutzrecht s. *Habersack*, AG 2016, 691, 695 f.
18 Ähnlich *Koch*, WM 2009, 1013, 1017 ff.
19 EuGH ZIP 2010, 392, 394 Tz. 60.
20 S. dazu noch unter III., ferner Nachw. in Fn. 12.

der abhängigen Gesellschaft nach § 302 AktG Verlustausgleich.[21] Soweit also die Auferlegung eines Bußgeldes oder eine zwar nicht bußgeldbewehrte, gleichwohl schadensstiftende Sorgfaltspflichtverletzung die Entstehung eines Tochterverlusts zur Folge hat, hat das herrschende Unternehmen hierfür mittelbar – nämlich im Wege der Innenhaftung gegenüber der abhängigen Gesellschaft – einzustehen. Im aktienrechtlichen Eingliederungskonzern gilt Entsprechendes. Zu der in § 324 Abs. 3 AktG vorgesehenen Verlustausgleichspflicht der Hauptgesellschaft tritt zudem nach Maßgabe des § 322 AktG die Außenhaftung der Hauptgesellschaft gegenüber den Gläubigern der eingegliederten Gesellschaft, hinsichtlich derer es auf den Rechtsgrund der Verbindlichkeit der eingegliederten Gesellschaft nicht ankommt und die deshalb auch öffentlich-rechtliche Verbindlichkeiten – mithin auch die Pflicht zur Zahlung eines Bußgeldes – umfasst.[22] Bilden somit herrschendes Unternehmen und abhängige Gesellschaft in den Fällen des Vertrags- und Eingliederungskonzerns auch haftungsrechtlich eine wirtschaftliche Einheit, so versteht es sich, dass dem herrschenden Unternehmen in diesen Fällen im Interesse einer Vermeidung persönlicher Haftung (und sei sie auch nur mittelbarer Natur) Aufsichtspflichten in Bezug auf die abhängige Gesellschaft obliegen, die sich in nichts von denjenigen unterscheiden, die dem herrschenden Unternehmen in Bezug auf die eigene Gesellschaft obliegen. Die vertraglich konzernierte oder gar eingegliederte Gesellschaft bildet danach sub specie der allgemeinen Überwachungspflichten eine „rechtlich selbständige Betriebsabteilung“.[23]

III. Vom Risiko einer Haftung des herrschenden Unternehmens unabhängige Überwachungspflichten

1. Erfordernis eines Eigeninteresses des herrschenden Unternehmens an effektiver Konzernüberwachung

Steht im Außenverhältnis allenfalls eine Haftung der Tochtergesellschaft in Frage und unterliegt das herrschende Unternehmen auch keiner Verlustausgleichspflicht, so fragt sich zunächst, ob sich konzernweite

21 Zur Rechtslage bei der GmbH s. die Nachw. in Fn. 4.

22 Vgl. *Habersack*, in: Emmerich/Habersack (Fn. 1), § 322 Rdn. 5.

23 So in Bezug auf die eingegliederte Gesellschaft Begr. RegE, in: *Kropff*, AktG, 1965, S. 429, 431.

Aufsichtspflichten der Organwalter des herrschenden Unternehmens auch unabhängig von einem Eigeninteresse der Konzernobergesellschaft (das dann nicht aus dem Interesse an Vermeidung einer eigenen Haftung für das von der Tochter begangene Unrecht, sondern nur anderweitig hergeleitet werden könnte) begründen lassen. Hierfür plädiert namentlich *U. H. Schneider*,[24] indes zu Unrecht. Dem das Aktien- und GmbH-Konzernrecht prägenden Trennungsprinzip – wie im Übrigen auch der Konzernvielfalt – laufen konzernweite, d. h. die Sphäre der eigenen Gesellschaft sprengende Leitungspflichten des herrschenden Unternehmens und seiner Organwalter gegenüber der abhängigen Gesellschaft[25] klar zuwider,[26] zumal sie in ein kaum auflösbares Spannungsverhältnis zu den entsprechenden Verhaltenspflichten auf Tochterebene gerieten. Auch der Rückgriff auf das Faktum der „Leitung" genügt nicht als Begründung konzernweiter Aufsichtspflichten;[27] denn es gibt weder einen Gleichlauf von Herrschaft und Haftung noch einen solchen von Leitung und Überwachung. „Leitung" ist allein insoweit relevant, als sie die Erfüllung konzernweiter Aufsichtspflichten (soweit sie denn bestehen) ermöglicht und deshalb im Rahmen bestehender Aufsichtspflichten auch ausgeübt werden muss.[28]

Hat es deshalb dabei zu bewenden, dass sich konzernweite Aufsichtspflichten nur aus einem eigenen Interesse des herrschenden Unternehmens an der Vermeidung rechtswidrigen Verhaltens auf Tochterebene begründen lassen, so muss auch die Legalitätspflicht des

24 *U. H. Schneider*, BB 1981, 249 ff., 256 ff.; s. ferner *dens./S. H. Schneider*, AG 2005, 57, 61; *dies.*, ZIP 2007, 2061, 2065; *Altmeppen*, ZHR 164 (1996), 556, 561; *Junkurth*, Konzernleitung bei der GmbH, 2000, S. 51 ff.

25 Zur davon zu unterscheidenden Frage von Leitungspflichten des Geschäftsleiters des herrschenden Unternehmens gegenüber seiner Gesellschaft s. einerseits (befürwortend) *Hommelhoff*, Die Konzernleitungspflicht, 1982, S. 43 ff., 165 ff., 184 ff., andererseits (im Grundsatz ablehnend) *Hüffer/Koch*, AktG, 12. Aufl., 2016, § 76 Rdn. 47 f.; *Habersack*, in: Emmerich/Habersack (Fn. 1), § 311 Rdn. 11; s. dazu noch unter IV.

26 Aus dem älteren Schrifttum bereits *Mestmäcker*, Festgabe für Kronstein, 1967, S. 129, 145 ff.; ferner KG ZIP 2003, 1042, 1049; *Altmeppen*, in: Münchener Kommentar zum AktG, 4. Aufl., 2015, § 311 Rdn. 41; *Koppensteiner*, in: Kölner Kommentar zum AktG, 3. Aufl. 2004, Vor § 311 Rdn. 9 ff.; *Hüffer/Koch* (Fn. 25), § 311 Rdn. 5; *J. Vetter*, in: K. Schmidt/Lutter, AktG, 3. Aufl., 2015, § 311 Rdn. 132; *Habersack*, in: Emmerich/Habersack (Fn. 1), § 311 Rdn. 11.

27 Dafür aber *U. H. Schneider*, BB 1981, 249 ff., 256 ff.; s. ferner *dens.*, ZGR 1996, 225, 243 f.

28 Dazu noch unter IV.

Geschäftsleiters des herrschenden Unternehmens als Grundlage entsprechender Pflichten ausscheiden.[29] Denn sie setzt voraus, was es erst zu begründen gilt, dass nämlich der Konzernvorstand für ein gesetzmäßiges Verhalten der Tochter- und Enkelgesellschaften zu sorgen hat. Eine solchermaßen verstandene Legalitätspflicht setzte sich zudem über das Trennungsprinzip und, damit zusammenhängend, über die zweifelsohne gegebene Zuständigkeit des Tochter- oder Enkelgeschäftsführers für rechtmäßiges Verhalten der Tochter- oder Enkelgesellschaften hinweg. Gedankliche Grundlage einer konzernweiten Legalitätspflicht ist, anders gewendet, die Annahme konzernweiter Organfunktionen und damit zusammenhängender Pflichten – eine Annahme, die dem geltenden deutschen Recht widerspricht.[30] Es kommt hinzu, dass sich konzernweite Aufsichtspflichten, soweit sie denn bestehen, schwerlich auf rechtswidriges Verhalten auf Tochterebene beschränken ließen, vielmehr schlicht sorgfaltswidriges Verhalten gleichermaßen umfassen müssten.

2. Beteiligungsinteresse als Grundlage konzernweiter Aufsichtspflichten

Lassen sich nach den bislang getroffenen Feststellungen konzernweite Aufsichtspflichten nur aus einem Eigeninteresse des herrschenden Unternehmens an der Vermeidung von Rechtsbrüchen oder Vermögensschäden auf Tochterebene herleiten, so ist es – neben dem Interesse des herrschenden Unternehmens an Vermeidung von Reputationsschäden[31] – vor allem die Beteiligung des herrschenden Unternehmens an der Tochtergesellschaft, die ein entsprechendes Eigeninteresse begründet.[32] Denn diese Beteiligung bildet einen Aktivposten, den es vor Wertverlusten infolge gesetzes- oder sorgfaltswidriger Geschäftsführung auf Tochterebene zu schützen gilt. Ist die Tochtergesellschaft ihrerseits an weiteren Konzerngesellschaften beteiligt, so vermittelt sie zugleich der

29 A.A. *Fleischer,* CCZ 2008, 1, 3; *U. H. Schneider,* NZG 2009, 1321, 1324 f.; *ders./S. H. Schneider,* ZIP 2007, 2061, 2063 f.; *Thole,* ZHR 173 (2009), 504, 511. – Allg. zur Legalitätspflicht s. die Nachw. in Fn. 12.

30 Zum schweizerischen Recht s. aber *Forstmoser,* Corporate Governance in verbundenen Unternehmen, in Amstutz (Hrsg.), Die vernetze Wirtschaft, Symposien zum Schweizer Recht, 2004, S. 151, 172.

31 *Kremer/Klahold,* ZGR 2010, 113, 122.

32 Vgl. neben den in Fn. 31 Genannten noch MünchKommAktG/*Spindler* (Fn. 1), § 91 Rdn. 73 ff.

Konzernspitze ein hinreichendes Beteiligungsinteresse an den weiteren Konzerngliedern. Dieses konkurriert freilich mit dem unmittelbaren Beteiligungsinteresse der Zwischengesellschaft, so dass sich die Frage stellt, wie sich konzernweite Leitungspflichten des herrschenden Unternehmens zu „teilkonzernweiten" Leitungspflichten der Zwischengesellschaft verhalten. Auf diese Frage – wie auch auf die Frage nach dem Verhältnis zwischen konzernbezogenen Aufsichtspflichten einerseits und auf der Ebene der Einzelgesellschaft angesiedelten und auf diese Ebene bezogenen Aufsichtspflichten andererseits – ist sogleich zurückzukommen.

IV. Ausgestaltung und Durchsetzung konzernweiter Aufsichtspflichten

1. Konzernstruktur

a) Einheitskonzern

Soweit nach dem vorstehend Gesagten konzernweite Aufsichtspflichten bestehen, ist der Geschäftsleiter der Konzernobergesellschaft verpflichtet, ein auf die Gegebenheiten des Konzerns zugeschnittenes Aufsichts- und Überwachungssystem zu installieren. Dabei hat er zu bedenken, dass namentlich Kartell- und Korruptionspraktiken existenzbedrohende Risiken für die verantwortlichen Konzerngesellschaften und aus den unter II. genannten Gründen vielfach auch für die Konzernobergesellschaft begründen können. Dem Prinzip der wirtschaftlichen Einheit entspricht es dabei durchaus, dass im Einheitskonzern, d.h. im Vertrags- oder Eingliederungskonzern sowie in dem straff geführten und durch das Fehlen von Minderheitsgesellschaftern auf Tochter- und Enkelebene gekennzeichneten Konzern, was die Ausgestaltung im Einzelnen anbelangt, nicht zwischen der Mutterebene auf der einen und der Tochter- oder Enkelebene auf der anderen Seite zu unterscheiden ist, der Vorstand der Konzernobergesellschaft vielmehr schon aus Gründen der Vermeidung einer Haftung der Konzernobergesellschaft für Fehlverhalten auf Tochter- und Enkelebene[33] für ein Aufsichts- und Überwachungssystem zu sorgen hat, das sich, was seine Dichte und Effektivität betrifft, kon-

33 Dazu unter II.

zernweit an den für die Obergesellschaft geltenden Standards zu orientieren hat.

Hiervon zu trennen ist freilich die Frage, auf welche konkrete Art und Weise für eine hinreichende Kontrolle auf Tochter- oder Enkelebene zu sorgen ist. Insoweit ist davon auszugehen, dass dem Vorstand der Obergesellschaft ein gewisser Beurteilungsspielraum zukommt[34] und dass das konkrete Aufsichtssystem durchaus von den sogenannten best practice-Standards abweichen kann. Maßgebend müssen die Gegebenheiten des konkreten Konzerns sein, darunter insbesondere Größe, Branche und regionale Ausrichtung. Dies deckt sich mit den im Rahmen des § 91 Abs. 2 AktG anerkannten Grundsätzen. So heißt es bereits in den Materialien zu § 91 Abs. 2 AktG, dass die konkrete Ausgestaltung des der Erkennung bestandsgefährdender Risiken dienenden Überwachungssystems von Größe, Branche, Struktur und Kapitalmarktorientierung des einzelnen Unternehmens abhängig sei.[35] Anerkannt ist zudem, dass dem Aufsichtsrat im Rahmen des § 111 Abs. 4 S. 2 AktG, d. h. bei der Ausgestaltung des Katalogs zustimmungsbedürftiger Geschäfte des Vorstands, ein Beurteilungsspielraum zukommt.[36] Beide Fälle zeigen, dass die Qualifizierung einer Aufgabe als Pflichtaufgabe der Annahme von Beurteilungsspielräumen nicht entgegensteht. Nichts anderes hat für die Ausgestaltung des allgemeinen Aufsichts- und Überwachungssystems zu gelten. Ist dieses System aus der allein maßgebenden Sicht ex ante und unter Berücksichtigung der Gegebenheiten des konkreten Konzerns hinreichend, so kann der Vorstand der Obergesellschaft nicht allein deshalb auf Schadensersatz in Anspruch genommen oder abberufen werden, weil es auf der Ebene von Konzerngesellschaften gleichwohl – d. h. trotz Errichtung eines angemessenen konzernweiten Aufsichts- und Überwachungssystems – zu Unregelmäßigkeiten gekommen ist.

Es ist hier nicht der Ort, die Anforderungen an ein – aus der Sicht ex ante – funktionsfähiges Überwachungssystem im Einzelnen zu umschreiben.[37] Die bei der Entscheidung über die Ausgestaltung des

34 Näher *Habersack*, in: Lorenz (Hrsg.), Karlsruher Forum 2009: Managerhaftung, 2010, S. 5, 15 ff.

35 Begr. RegE, BT-Drucks. 13/9712, S. 15.

36 *Semler*, Festschrift für Doralt, 2004, S. 609, 614 ff.; *Habersack*, in: Münchener Kommentar zum AktG, 4. Aufl., 2014, § 111 Rdn. 108; *ders.*, Festschrift für Hüffer, 2010, S. 259, 265 ff.

37 Zur Praxis der Finanzdienstleistungsunternehmen s. *Gebauer/Kleinert*, in: Krieger/U. H. Schneider, Handbuch Managerhaftung, 2. Aufl., 2010, § 20; zur

Überwachungssystems anzustellenden Erwägungen des Vorstands lassen sich freilich schön am Beispiel der bevorstehenden Änderung des Korruptionsüberwachungssystems des Siemens-Konzerns aufzeigen. Ausweislich der Presseberichterstattung aus dem Jahr 2010[38] beabsichtigte der Vorstand der Siemens AG, das Ausmaß der internen Regulierung insbesondere an die jeweilige regionale Gefährdungslage anzupassen und in Länder mit geringem Korruptionsrisiko über gewöhnliche Kontrollen, etwa über standardisierte Prüfungen, einen stabilen Prozess sicherzustellen; in Ländern mit hohem Korruptionsrisiko müsse die Compliance-Abteilung hingegen viel stärker den Prozess vor einer tatsächlichen Geschäftsentwicklung begleiten und damit stärker kontrollieren. Hinter diesem flexiblen, an die jeweilige Gefährdungslage angepassten Ansatz steht ein komplexer Abwägungsprozess, der das Gebot der Effizienz und praktischen Wirksamkeit der Kontrolle und das gleichermaßen zu beachtende Gebot wirtschaftlichen Handelns zu einem vernünftigen Ausgleich zu bringen hat und, wie erwähnt, nur in eingeschränktem Umfang der gerichtlichen Kontrolle unterworfen werden kann. Dabei gilt es zugleich zu bedenken, dass die Etablierung konzernweiter Berichts- und Kontrollpflichten nicht für jeden Einheitskonzern die einzig denkbare Praxis bildet. Namentlich in Konzernen mit einer überschaubaren Zahl von Tochtergesellschaften kommt vielmehr – anstelle formalisierter konzernweiter Berichts- und Kontrollsysteme von unten nach oben – die Abordnung von Repräsentanten in die Geschäftsleitungs- oder Überwachungsorgane von Tochtergesellschaften in Betracht. Lässt man die mit derlei Gestaltungen verbundene Problematik der Verschwiegenheitspflichten der Organwalter der Tochter- und Enkelgesellschaften zunächst außer Betracht,[39] so darf sogar davon ausgegangen werden, dass eine derlei „Vorort"-Aufsicht je nach Lage des Falles effektiver sein kann als ein – tendenziell auf größere Konzerne zugeschnittenes – typisches Konzernkontrollsystem. Im mehrgliedrigen Vorstand der Obergesellschaft kommt es auch in Fällen dieser Art zu einem arbeitsteiligen Zusammenwirken des Inhalts, dass das in die Tochtergesellschaft entsandte Vorstandsmitglied über eine Primärzuständigkeit zur Überwachung verfügt und die übrigen Vorstandsmit-

Praxis der Industrieunternehmen *Kremer/Klahold*, ebenda, § 21, ferner die Nachw. in Fn. 2 und *Bachmann* (Fn. 1), S. 80 ff.

38 Frankfurter Allgemeine Zeitung vom 18. Oktober 2010, S. 15: „Siemens prüft Korruptionsregeln".

39 Dazu noch unter IV.2.b).

glieder verpflichtet sind, ihrerseits zu überprüfen, ob das für die Überwachung der Tochtergesellschaft zuständige Vorstandsmitglied seinen Kontrollpflichten nachkommt.[40]

b) Dezentral geführter Konzern

Im dezentral geführten Konzern ist die Rechtslage nur im Ansatz derjenigen im Einheitskonzern vergleichbar. Zunächst einmal wird eine Haftung der Obergesellschaft für Fehlverhalten der Tochtergesellschaft (sei es im Wege der unmittelbaren Außenhaftung oder im Wege der Verlustausgleichspflicht gegenüber der Tochtergesellschaft) typischerweise schon deshalb ausscheiden, weil Mutter- und Tochtergesellschaft keine wirtschaftliche Einheit im Sinne der referierten EuGH-Rechtsprechung bilden und zwischen ihnen zudem weder ein Beherrschungsvertrag noch ein Eingliederungsverhältnis besteht.[41] Auch im dezentral geführten Konzern obliegt es allerdings dem Vorstand der Obergesellschaft, die Beteiligungen an den Tochter- und Enkelgesellschaften gegen Beeinträchtigungen ihres Wertes durch sorgfaltswidriges Verhalten auf Tochter- oder Enkelebene zu schützen; der dezentrale Charakter des Konzerns vermag an der Existenz solcher Sorgfaltspflichten ebenso wenig etwas zu verändern wie der Umstand, dass die Tochter- oder Enkelgesellschaft über Minderheitsgesellschafter verfügt. Freilich darf nicht unberücksichtigt bleiben, dass das arbeitsteilige Zusammenwirken, wie es sowohl den Mitgliedern des geschäftsleitenden als auch denjenigen des überwachenden Organs der Einzelgesellschaft gestattet ist und typischerweise auch praktiziert wird,[42] auch auf der größeren Ebene des Konzerns praktiziert werden kann und tatsächlich die Organisation des dezentral geführten Konzerns auch kennzeichnet. Verfügt der Konzern etwa über mehrere Sparten, an deren Spitze entweder Zwischenholdings oder operativ tätige Tochtergesellschaften stehen, so kann sich der Vorstand der Konzernspitze seiner Leitungs- und Überwachungsaufgabe auch in Bezug auf die Konzernglieder zwar nicht voll-

40 Vgl. BGH NJW 1995, 2850, 2851; BGHZ 133, 370, 377 f.; MünchKommAktG/*Spindler* (Fn. 1), § 93 Rdn. 149 mit weit. Nachw.

41 Zu diesen Fällen einer (mittelbaren) Haftung für von der Tochtergesellschaft begangenes Unrecht s. unter II.

42 Zum Vorstand s. die Nachw. in Fn. 40; zum Aufsichtsrat s. MünchKommAktG/*Habersack* (Fn. 36), § 107 Rdn. 165 ff., § 116 Rdn. 29, 34 mit umf. Nachw.

ständig begeben.[43] Wohl aber darf der Vorstand der Konzernspitze davon ausgehen, dass auf Teilkonzernebene eingerichtete Überwachungssysteme die Etablierung eines konzernweiten Kontrollsystems durch die Konzernspitze ersetzen können. Dem Vorstand der Konzernspitze obliegt es in Fällen dieser Art, sich von Existenz, Eignung und Ingangsetzung der dezentralen Überwachungssysteme zu überzeugen. Da der Vorstand der Obergesellschaft nicht über Geschäftsführungsbefugnisse in Bezug auf die Tochter- und Enkelgesellschaften verfügt, hat er sich bei Erfüllung seiner Prüfungs- und Überwachungspflichten der gesellschaftsrechtlich vermittelten Möglichkeiten der Einflussnahme und Informationsgewinnung zu bedienen;[44] doch unterscheidet dies den dezentral geführten Konzern nicht vom Einheitskonzern.

2. *Durchsetzung*

a) *Konzernrechtliche Ausgangslage*

Die Implementierung und Durchsetzung konzernweiter Aufsichts- und Kontrollsysteme bereitet im Vertrags- und Eingliederungskonzern sowie im GmbH-Konzern keine Schwierigkeiten, verfügt doch das herrschende Unternehmen in diesen Fällen über schlagkräftige Weisungsrechte.[45] Im faktischen Aktienkonzern bereitet die Durchsetzung konzernweiter Überwachungs- und Kontrollpflichten – rechtlich betrachtet – größere Schwierigkeiten, bewendet es doch im Anwendungsbereich bei dem Grundsatz des § 76 Abs. 1 AktG und damit bei der eigenverantwortlichen und weisungsfreien Führung der Geschäfte der Tochter

43 Näher dazu am Beispiel des Vorstands einer Managementholding *Hüffer*, Liber amicorum Happ, 2006, S. 93, 99 ff.; allg. *v. Schenck,* in: Lutter/Bayer, Holding-Handbuch, 5. Aufl., 2015, § 5 Rdn. 55 ff.; *Keller*, ebenda, § 4 Rdn. 42 ff.; *Löbbe* (Fn. 1), S. 79 ff.

44 Vgl. die Nachw. in voriger Fn.

45 Vgl. für den Vertrags- und Eingliederungskonzern §§ 308, 323 Abs. 1 AktG und dazu *Emmerich,* in: Emmerich/Habersack (Fn. 1), § 308 Rdn. 21 ff., 36 ff.; *Hüffer/Koch* (Fn. 25), § 308 Rdn. 10 ff.; zur Rechtslage im GmbH-Recht vgl. die Nachw. in Fn. 4 sowie speziell zum Weisungsrecht der Gesellschafterversammlung *Hüffer/Schürnbrand*, in: Ulmer/Habersack/Löbbe (Hrsg.), GmbHG, 2. Aufl., 2014, § 46 Rdn. 135 mit weit. Nachw.; zur Zulässigkeit der auf Einrichtung und Ingangsetzung von Kontrollsystemen gerichteten Weisung s. noch Fn. 60.

durch deren Vorstand.[46] Freilich verbieten die §§ 311 ff. AktG die Einflussnahme durch das herrschende Unternehmen nicht schlechthin. Von vornherein erlaubt ist die aus Sicht der abhängigen Gesellschaft nicht nachteilige Einflussnahme; ihr darf der Vorstand der abhängigen Gesellschaft grundsätzlich nachgehen, und bei einer vorteilhaften Maßnahme ist der Vorstand der abhängigen Gesellschaft dieser gegenüber sogar verpflichtet, der Veranlassung nachzugehen.[47] Aber auch die der abhängigen Gesellschaft zum Nachteil gereichende Einflussnahme des herrschenden Unternehmens ist nicht schlechthin verboten. Vielmehr erlaubt § 311 AktG die Durchführung von nachteiligen Rechtsgeschäften oder Maßnahmen, sofern nur der Nachteil ausgeglichen oder am Ende des Geschäftsjahres Nachteilsausgleich rechtsverbindlich versprochen wird. Zudem hat der Gesetzgeber bewusst und mit gutem Grund darauf verzichtet, den (einfachen) faktischen Konzern vom Anwendungsbereich der – an das Bestehen eines Abhängigkeitsverhältnisses im Sinne des § 17 AktG anknüpfenden – §§ 311 ff. AktG auszunehmen. Dem in § 311 AktG geregelten System des Abhängigkeitsberichts und des Nachteilsausgleichs lässt sich darüber hinaus sogar die Entscheidung des Gesetzgebers für die Zulässigkeit des einfachen faktischen Konzerns entnehmen: Sofern nur die Vermögensinteressen der abhängigen Gesellschaft gewahrt werden, ist es dem herrschenden Unternehmen gestattet, im Einvernehmen mit dem Vorstand der abhängigen Gesellschaft seine außerhalb der Gesellschaft verfolgten Interessen auch gegenüber einem gegenläufigen Eigenwillen der abhängigen Gesellschaft durchzusetzen. Bei Lichte betrachtet ist den §§ 311 ff. AktG deshalb, soweit sie dem herrschenden Unternehmen auch eine nachteilige Einflussnahme (unter hinausgeschobenem Ausgleich gemäß § 311 Abs. 2 AktG) und damit die Einbindung der abhängigen Gesellschaft in das Konzerninteresse gestatten, ein organisationsrechtlicher Gehalt eigen.[48] Dieser kommt nicht zuletzt in den Rechtsfolgen einer nachteiligen Einflussnahme zum Ausdruck. So-

46 Vgl. statt aller *Hüffer/Koch* (Fn. 25), § 311 Rdn. 48; *Krieger*, in: Münchener Handbuch des Gesellschaftsrechts, Band 4: Aktiengesellschaft, 4. Aufl., 2015, § 70 Rdn. 31; näher zu den Organpflichten *Habersack*, in: Emmerich/Habersack (Fn. 1), § 311 Rdn. 10, 78 ff.; aus der Rechtsprechung KG ZIP 2003, 1042, 1049.

47 Vgl. *Habersack*, in: Emmerich/Habersack (Fn. 1), § 311 Rdn. 78.

48 Vgl. bereits Begr. RegE, in: *Kropff*, AktG, 1965, S. 407; ferner insbes. *K. Schmidt*, Gesellschaftsrecht, 4. Aufl., 2002, § 17 II 1; weiterführend *ders.*, Festschrift für Lutter, 2000, S. 1167, 1179 ff.; *Kropff*, in: Münchener Kommentar zum AktG, 2. Aufl., 2000, § 311 Rdn. 19 f.; s. ferner MünchKommAktG/*Altmeppen* (Fn. 26), § 311 Rdn. 38 ff.

fern nämlich das herrschende Unternehmen den Nachteil ausgleicht, treten nicht nur die Kapitalerhaltungsregeln, sondern auch die allgemeinen Haftungstatbestände zurück.[49] Mit der Geltung der §§ 311 ff. AktG geht deshalb eine – den Aufbau dezentral geführter Konzerne fördernde – Privilegierung des herrschenden Unternehmens einher, die sich aus Sicht der abhängigen Gesellschaft und ihrer Organwalter in der Befugnis manifestiert, nachteilige Einflussnahmen gegen Ausgleich der Vermögensnachteile hinzunehmen.[50]

b) Informationsgewinnung

Dem „konzernoffenen" Charakter der §§ 311 ff. AktG ist auch im Zusammenhang mit der Implementierung konzernweiter Kontrollsysteme Rechnung zu tragen. Auf der Grundlage eines die einzelne Gesellschaft und nicht die Unternehmensgruppe als Adressat von Verhaltenspflichten in den Blick nehmenden Regelungssystems setzt nämlich die rechtliche Problematik im Zusammenhang mit der Einrichtung konzernweiter Kontrollsysteme schon mit der Frage, ob und, wenn ja, unter welchen Voraussetzungen die abhängige Gesellschaft dem herrschenden Unternehmen die für eine effektive konzernweite Aufsicht unerlässlichen Informationen über ihre Angelegenheiten gewähren kann. Insoweit ist nach allgemeinen Grundsätzen des § 311 Abs. 1 AktG zwischen Informationsweitergaben mit – aus Sicht der abhängigen Gesellschaft – nachteiligem Charakter und solchen ohne nachteiligen Charakter zu unterscheiden.[51] Fehlt es bereits am nachteiligen Charakter der Informationsweitergabe, so ist über diese zwar, die Veranlassung durch das herrschende Unternehmen unterstellt, nach Maßgabe des § 312 AktG zu berichten; die Frage des Nachteilsausgleichs oder einer Sorgfaltspflichtverletzung stellt sich dann indes nicht.[52] Was hingegen Informationsweitergaben nachteiligen Charakters anbelangt, so kommt es zu der bereits erwähnten Überlagerung des § 93 Abs. 1 AktG – und damit auch des Satzes 3 dieser Vorschrift – durch § 311 AktG, dem zufolge der Vorstand der abhängigen AG nicht sorgfaltswidrig handelt, wenn der

49 Näher und mit umf. Nachw. *Hüffer/Koch* (Fn. 25), § 311 Rdn. 48 ff.; zu § 57 AktG s. BGHZ 179, 71 Tz. 11.

50 Näher KölnKommAktG/*Koppensteiner* (Fn. 26), vor § 311 Rdn. 5; *Lutter/Timm*, BB 1978, 836, 838 f.; *Mülbert*, ZHR 163 (1999), 1, 22 ff.

51 *Fleischer*, ZGR 2009, 505, 534 ff.; *Habersack*, in: Emmerich/Habersack (Fn. 1), § 311 Rdn. 51 f.

52 Vgl. BGHZ 175, 365 Tz. 9, 11; BGHZ 179, 71 Tz. 9 f.

Nachteil ausgleichsfähig und das herrschende Unternehmen zum Ausgleich bereit ist.[53] Dabei wird man mit einer im Schrifttum vertretenen Ansicht das Eingreifen der §§ 311 ff. AktG davon abhängig zu machen haben, dass die Informationsweitergabe einen funktionalen Bezug zur Beherrschung der abhängigen Gesellschaft oder, im Falle des Übergangs zu einheitlicher Leitung, zur Konzernleitung durch das herrschende Unternehmen hat.[54] Andernfalls fehlt es an dem inneren Grund – und damit an der Legitimation – für die Annahme, § 93 Abs. 1 S. 3 AktG werde durch § 311 AktG verdrängt. Allerdings ist an einem konzernrechtlich begründeten Informationsanliegen auch dann nicht zu zweifeln, wenn die Informationserteilung zwar nicht im unmittelbaren Zusammenhang mit einzelnen Einflussnahmen steht, wohl aber allgemein der Information des herrschenden Unternehmens über die Lage der beherrschten Gesellschaft dient. Denn sowohl einheitliche Leitung als auch die Ausübung von Herrschaftsmacht setzen Informationen des herrschenden Unternehmens über die Lage der abhängigen Gesellschaft voraus; nimmt aber das AktG in seinem § 311 die nachteilige Einflussnahme durch das herrschende Unternehmen (Ausgleichsfähigkeit und Ausgleichsbereitschaft unterstellt) hin, so setzt es damit zugleich voraus, dass es – wiederum im Einklang mit § 311 AktG – zu Informationsweitergaben kommt.

Die Frage nach dem nachteiligen Charakter der Informationserteilung beantwortet sich, allgemeinen Grundsätzen entsprechend, danach, ob sich auch ein ordentlicher und gewissenhafter Geschäftsleiter einer unabhängigen Gesellschaft zur Erteilung der Information bereitgefunden hätte.[55] Im Allgemeinen fehlt es an dieser Voraussetzung, wenn und soweit die Überlassung der Information geeignet ist, der abhängigen Gesellschaft einen Vermögensnachteil zuzufügen (etwa dadurch, dass sie am Markt oder einem Wettbewerber bekannt wird), oder die Information als solche einen Marktwert hat und der Leiter einer

53 Vgl. *Hoffmann-Becking*, Festschrift für Rowedder, 1994, S. 155, 167; *Fabritius*, Festschrift für U. Huber, 2006, S. 706, 711; *Pentz*, Festschrift für Priester, 2007, S. 593, 607; allg. dazu die Nachw. in Fn. 49, ferner *Habersack,* in: Emmerich/Habersack (Fn. 1), § 311 Rdn. 78.

54 *Fabritius*, Festschrift für Huber, 2006, S. 705, 712; *Fleischer*, ZGR 2009, 505, 536; s. ferner *S. H. Schneider* (Fn. 1), S. 183.

55 Zum Nachteilsbegriff s. BGHZ 141, 79, 84; BGHZ 175, 365 Tz. 11; OLG Köln ZIP 2006, 997, 998; LG Bonn NZG 2005, 856, 857; MünchKommAktG/*Altmeppen* (Fn. 26), § 311 Rdn. 156 ff.; KölnKommAktG/*Koppensteiner* (Fn. 26), § 311 Rdn. 36 mit weit. Nachw.

unabhängigen Gesellschaft für die Informationserteilung ein Entgelt gefordert hätte.[56] Bei zum Zwecke der konzerninternen Kontrolle und Planung oder zur Erfüllung konzernbezogener Informationspflichten gewährten Informationen liegen die Dinge indes anders. Dies gilt nicht nur dann, wenn ein Konzernverhältnis besteht und der konzerninterne Informationsfluss auch der abhängigen Gesellschaft zugutekommt, sie insbesondere davon profitiert, dass auch andere Konzernunternehmen konzernintern Informationen erteilen und diese bei der Konzernspitze gepoolt und zum Zwecke der einheitlichen Leitung – und damit zur Optimierung des Konzernerfolges – eingesetzt werden.[57] Auch unabhängig hiervon hat es der II. Zivilsenat des BGH anerkannt, dass ein Nachteil im Sinne des § 311 Abs. 1 AktG nicht schon deshalb anzunehmen ist, weil aufgrund der Art der durch das herrschende Unternehmen veranlassten Maßnahme ein Drittvergleich und damit die Beurteilung anhand des hypothetischen Verhaltens des Geschäftsleiters einer unabhängigen Gesellschaft ausgeschlossen ist.[58] Lässt man deshalb die Erwägung, die Informationsweitergabe habe umlageähnlichen Charakter und sei mit Blick auf Informationsweitergaben durch andere Konzernunternehmen nicht nachteilig, außer Betracht, so muss jedenfalls eine spezifisch konzernrechtliche Betrachtungsweise zu dem Ergebnis führen, dass Informationsweitergaben, die ausschließlich zum Zwecke der konzerninternen Kontrolle und Planung oder zur Erfüllung konzernbezogener Informationspflichten erfolgen und nicht der Förderung eigener (oder fremder) unternehmerischer Interessen des herrschenden Unternehmens dienen und deren vertrauliche Behandlung durch die Obergesellschaft sichergestellt ist (insbesondere durch Abschluss einer entsprechenden Vertraulichkeitsvereinbarung), neutralen – d. h. weder nachteiligen noch vorteilhaften – Charakter haben und deshalb erfolgen können, ohne dass es eines Nachteilsausgleichs bedarf.[59] Dem lässt sich auch nicht entgegenhalten, dass die Erteilung

56 Vgl. etwa *Pentz*, Festschrift für Priester, 2007, S. 593, 610.

57 Die Rechtslage ist in diesem Fall derjenigen bei Konzernumlagen vergleichbar, zu den Anforderungen s. – im Zusammenhang mit Steuerumlagen – BGHZ 141, 79, 85 ff.; *Habersack*, BB 2007, 1397, 1399 ff. mit umf. Nachw.

58 BGHZ 141, 75, 84; vgl. ferner OLG Köln ZIP 2009, 1276, 1283 f.

59 Vgl. bereits *Löbbe* (Fn. 1), S. 113 ff.; *Habersack*, in: Emmerich/Habersack (Fn. 1), § 311 Rdn. 51a; ferner *Fleischer,* ZGR 2009, 505, 531; *Hüffer*, Festschrift für Schwark, 2009, S. 185, 192 ff.; für Steuerumlagen s. BGHZ 141, 75, 84; umfassend zu den Informationspflichten im Konzern und den damit verbundenen Organisationspflichten *S. H. Schneider* (Fn. 1), S. 125 ff., 141 ff., 301 ff. – Im

von Informationen an das herrschende Unternehmen zur Entstehung von Nachinformationsrechten der außenstehenden Aktionäre nach § 131 Abs. 4 AktG führe und deshalb nachteilig sei. Auch jenseits der in § 131 Abs. 4 S. 3 AktG geregelten Ausnahme für zum Zwecke der Konzernrechnungslegung erteilte Informationen ist nämlich für das Recht auf Nachinformation nach zutreffender Ansicht auch bei einfacher Abhängigkeit kein Raum.[60]

Im Allgemeinen ist damit sichergestellt, dass das herrschende Unternehmen die für die Implementierung und den Vollzug konzernweiter Überwachungs- und Kontrollsysteme erforderlichen Informationen erlangen kann, was aus Sicht der Organwalter des herrschenden Unternehmens bedeutet, dass sie von den ihnen zur Verfügung stehenden konzernrechtlichen Einwirkungsbefugnissen im Interesse ihrer Gesellschaft – der Obergesellschaft – auch Gebrauch zu machen haben. Die Frage, ob die abhängige Gesellschaft auch über die sich aus § 294 Abs. 3 S. 2 HGB ergebenden Informationspflichten[61] hinaus im Verhältnis zum herrschenden Unternehmen zur Informationsüberlassung nicht nur nach Maßgabe des § 311 AktG berechtigt, sondern auch verpflichtet ist,[62] dürfte sich in der Praxis nur ganz vereinzelt stellen. Wo sie sich stellt, lässt sich anführen, dass das mitgliedschaftliche Rechtsverhältnis zwischen

vertragslosen GmbH-Konzern sind unter den im Text genannten Voraussetzungen auf Einrichtung und Vollzug konzernweiter Kontrollsysteme gerichtete Weisungen des herrschenden Unternehmens auch bei Existenz von Minderheitsgesellschaftern nicht treuwidrig und damit zulässig; vgl. zu den Grundlagen die Nachw. in Fn. 4, 45.

60 KölnKommAktG/*Koppensteiner* (Fn. 26), § 312 Rdn. 8; *Habersack*, in: Emmerich/Habersack (Fn. 1), § 312 Rdn. 4; *Hüffer/Koch* (Fn. 25), § 131 Rdn. 38; *Löbbe* (Fn. 1), S. 128; *Verse,* Der Gleichbehandlungsgrundsatz im Recht der Kapitalgesellschaften, 2006, S. 342 ff.; *Pentz,* Festschrift für Priester, 2007, S. 593, 602 ff.; a.A. – für Erfordernis einheitlicher Leitung – BayObLGZ 2002, 227, 229; *Siems*, in: Spindler/Stilz, AktG, 3. Aufl., 2015, § 131 Rdn. 78; *Spindler*, in: K. Schmidt/Lutter (Fn. 26), § 131 Rdn. 101; so auch noch *Habersack/Verse*, AG 2003, 300, 307; gegen Anerkennung von Konzernausnahmen LG Frankfurt/M. AG 2007, 48, 50; *Heidel,* in: Heidel, Aktien- und Kapitalmarktrecht, 4. Aufl., 2014, § 131 Rdn. 76 f.; *U. H. Schneider,* Festschrift für Lutter, 2000, S. 1193, 1200 ff.

61 Dazu *Kindler*, in: Staub, HGB, 5. Aufl., 2011, § 294 Rdn. 13 ff.; *Möhrle*, Konzern 2006, 487, 488 ff.; *Hüffer*, Festschrift für Schwark, 2009, S. 185, 187 f.

62 Vgl. einerseits *Löbbe* (Fn. 1), S. 155 ff., *Luchterhand*, ZHR 133 (1970), 1, 46 f., andererseits MünchKommAktG/*Altmeppen* (Fn. 26), § 311 Rdn. 424 ff.; *Fabritius*, Festschrift für Huber, 2006, S. 706, 708 f.; *Fleischer*, ZGR 2009, 505, 531 ff.; *Hüffer*, Festschrift für Schwark, 2009, S. 185, 190 ff.

dem herrschenden Unternehmen und der abhängigen Gesellschaft Quelle von Treupflichten sowohl des Gesellschafters (des herrschenden Unternehmens) als auch der Gesellschaft ist, auf die neben §§ 311 ff. AktG zurückgegriffen werden kann, soweit damit nicht das System des Nachteilsausgleichs relativiert wird.[63] Hieraus lassen sich durchaus Mitwirkungs- und Informationspflichten der abhängigen Gesellschaft herleiten, soweit deren Erfüllung unerlässlich für auf der Ebene des herrschenden Unternehmens angesiedelte Organisations- und Kontrollpflichten ist und das Interesse der abhängigen Gesellschaft an vertraulicher Behandlung der Informationen gewahrt wird.

63 Näher MünchKommAktG/*Altmeppen* (Fn. 26), § 317 Rdn. 119 f.; Köln-KommAktG/*Koppensteiner* (Fn. 26), § 311 Rdn. 167 f.; *Habersack*, in: Emmerich/Habersack (Fn. 1), § 311 Rdn. 89 f.; für weitergehende Überlagerung der §§ 311 ff. AktG durch die Treupflicht *Henze*, BB 1996, 489, 499; *Zöllner*, ZHR 162 (1998), 235 ff.; *Tröger*, Treupflicht im Konzernrecht, 2000, S. 210 ff., 252 ff.

Gruppeninteresse und Stakeholderbelange im Konzern*

*Axel v. Werder***

Inhaltsübersicht

I. Konzernführung im Spannungsfeld der Interessen von Unternehmensgruppe und Gruppenunternehmen

Die aktuelle juristische Diskussion um die Anerkennung des Gruppeninteresses[1] stellt sich aus betriebswirtschaftlicher Sicht auf den ersten Blick als schlichte Frage nach den (rechtlich angelegten Unterstützungen,

* Erstveröffentlichung des Beitrags in der Zeitschrift DER KONZERN 2015, S. 362–368. Der Verfasser dankt der Handesblatt Fachmedien GmbH für die freundliche Genehmigung des Wiederabdrucks.

** Prof. Dr. Axel v. Werder ist Inhaber des Lehrstuhls für Betriebswirtschaftslehre – Organisation und Unternehmensführung an der Technischen Universität Berlin.

1 Siehe an dieser Stelle nur den Bericht der Reflection Group on the Future of EU Company Law, 2011, S. 59 ff. und den Aktionsplan der Europäischen Kommission: Europäisches Gesellschaftsrecht und Corporate Governance – ein moderner Rechtsrahmen für engagierte Aktionäre und besser überlebensfähige

Restriktionen und Konsequenzen[2] der) Gestaltungsmöglichkeiten der Kompetenzverteilung im Konzern[3] dar. Sofern den Belangen der Unternehmensgruppe insgesamt Vorrang vor den Einzelinteressen der Konzernglieder eingeräumt wird, darf die Muttergesellschaft im Zuge der Konzernführung vergleichsweise weitreichende (und für Teileinheiten des Konzerns unter Umständen auch nachteilige) Maßnahmen beschließen bzw. veranlassen. Wird das Gruppeninteresse hingegen nicht als derartige Legitimationsbasis akzeptiert, finden die Leitungskompetenzen der Konzernmutter ihre Grenze an den jeweiligen Belangen der einzelnen Tochtergesellschaften.

Bei näherem Hinsehen erweist sich die Fixierung des Stellenwerts eines Gruppeninteresses allerdings als deutlich vielschichtigere Thematik. Sie wirft über die konzernorganisatorischen Aspekte hinaus letztlich die unternehmenspolitische Frage nach der obersten Handlungsmaxime der Konzernleitung auf. Diese Fragestellung ist schon deshalb von großer Bedeutung, weil in der Managementliteratur mit dem Shareholder- und dem Stakeholderansatz zwei alternative Zielkonzepte der Unternehmungsführung vertreten werden. Hinzu kommt speziell im Konzern der Tatbestand, dass in Form der einzelnen Konzerngesellschaften jeweils eigenständige Bezugsebenen für die Eruierung und Abwägung von (Shareholder- oder Stakeholder-)Belangen existieren. Infolgedessen ist bei der Auseinandersetzung mit dem Konstrukt des Gruppeninteresses aus betriebswirtschaftlicher Perspektive zum einen zu klären, inwieweit neben den Interessen der Aktionäre, die unter dem Stichwort des Minderheitenschutzes im Mittelpunkt der gesellschaftsrechtlichen Debatte stehen[4], auch die Belange anderer Stakeholder einzubeziehen sind. Zum anderen ist den Konsequenzen nachzugehen, die aus der konzerntypi-

Unternehmen, COM (2012) 740 S. 17, sowie *Ekkenga*, AG 2013 S. 181; *Teichmann*, AG 2013 S. 184; *Drygala*, AG 2013 S. 198 und jüngst das zum Gruppeninteresse vorgelegte Thesenpapier des Forum Europaeum on Company Groups, ZGR 2015 S. 507.

2 Zu dieser Dreiteilung der Implikationen des Rechts für betriebswirtschaftliche Handlungsalternativen *v. Werder*, Organisationsstruktur und Rechtsnorm, 1986, S. 48 ff.; ders. Führungsorganisation, 3. Aufl. 2015, S. 57 ff.

3 Die Begriffe Konzern und (Unternehmens-)Gruppe werden im Folgenden, sofern nichts anderes gesagt ist, synonym verwendet.

4 Siehe für viele *Ekkenga*, AG 2013 S. 181: „... der herkömmlichen konzernrechtlichen Schutzzwecklehre, die primär auf die Abwehr verbundinterner Gefahren für das Tochterunternehmen und ihrer (sic) Minderheitsaktionäre abzielt ...“.

schen Vielheit der Interessenzentren für die Berücksichtigung der diversen Einzelinteressen resultieren.

Um einen Beitrag zur Klärung der beiden Fragenkreise zu leisten, werden im Folgenden zunächst das Shareholder- und das Stakeholderkonzept kurz diskutiert (siehe Abschnitt II.1.). Als Ergebnis wird mit der *Steigerung des nachhaltigen Unternehmenswerts* eine betriebswirtschaftliche Leitmaxime der Unternehmungsführung formuliert, die auf der Linie eines wohlverstandenen Stakeholder-Ansatzes liegt und im Kern mit der Rechtsfigur des Unternehmensinteresses korrespondiert (II.2.). Sodann erfolgt eine Analyse der verschiedenen Stakeholderbelange in der Unternehmensgruppe, welche zur Umsetzung dieser Leitmaxime jeweils angemessen zu berücksichtigen sind (II.3.). Dabei werden die einzelnen Gruppenunternehmen als Kristallisationspunkte dieser Interessen identifiziert und die konzerntypischen Interessenpositionen auf Ebene der Tochtergesellschaften und der Konzernmutter herausgearbeitet. Auf dieser Grundlage erfolgt abschließend die Skizzierung ökonomischer Eckpunkte für die Regulierung von Unternehmensgruppen, die sowohl auf die Realisierung wertsteigernder Verbundeffekte der Konzernierung als auch auf die faire Teilhabe der Stakeholder an den Gruppensynergien abzielen (III.). Eine Zusammenfassung und ein Ausblick (IV.) schließen die Ausführungen ab.

II. Handlungsmaxime und Interessengruppen im Konzern

1. Shareholder- und Stakeholder-Ansatz

Die Frage, in wessen Interesse Unternehmungen zu führen sind, wird in der Managementlehre nach wie vor kontrovers diskutiert. Während der angelsächsisch geprägte Shareholder Value-Ansatz vor allem seit den 1990er Jahren große Resonanz in der Praxis börsennotierter Gesellschaften erfahren hat, findet inzwischen das Kontrastprogramm des Stakeholder-Konzepts zunehmende Verbreitung. Diese Entwicklung wird nicht zuletzt dadurch unterstrichen, dass der Deutsche Corporate Governance Kodex (DCGK) im Jahr 2009 den Stakeholder-Gedanken ausdrücklich in seine Formulierungen aufgenommen hat.[5]

5 Siehe Ziff. 4.1.1 DCGK und zu den diesbezüglichen Kodexänderungen von 2009 *v. Werder*, in: Ringleb/Kremer/Lutter/v. Werder, Kodex-Komm.,

Der Shareholder-Ansatz stellt als unternehmenspolitisches Konzept[6] die Interessen der Anteilseigner ganz in den Vordergrund.[7] Das Oberziel der Unternehmensführung besteht danach in der Maximierung des Aktionärsvermögens (Shareholder Value). Die Belange der übrigen Bezugsgruppen werden hingegen nur – gewissermaßen im Sinne einer Nebenbedingung der Maximierung – im Rahmen der gesetzlichen Erfordernisse und vertraglichen Verpflichtungen in Rechnung gestellt. Zur Begründung dieser monistischen Zielkonzeption wird vor allem darauf verwiesen, dass allein die Aktionäre das Risiko unvollständiger Verträge tragen, da sich für ihre Ansprüche (Kurssteigerungen und Gewinnausschüttungen) aufgrund des unternehmerischen Risikos keine bindenden Vereinbarungen treffen lassen. Die anderen Interessengruppen wie Arbeitnehmer, Fremdkapitalgeber und Kunden seien demgegenüber in ihren Belangen vertraglich[8] und gesetzlich[9] abgesichert. Folglich steht in dieser Sichtweise der sich nach Erfüllung dieser feststehenden Verpflichtungen ergebende Residualgewinn den Anteilseignern als zu maximierende Risikoprämie zu.[10] Im Übrigen wird gelegentlich ergänzend argumentiert, dass sich auf lange Sicht ein Gleichlauf der Interessen aller Bezugsgruppen einstellt und nennenswerte Interessenkonflikte zwischen Aktionären und anderen Stakeholdern daher gar nicht existieren.[11]

Im Gegensatz zur engen Shareholder-Perspektive der Unternehmensführung bezieht der Stakeholder-Ansatz neben den Interessen der

5. Aufl. 2014, Rn. 91; *Ringleb*, in: Ringleb/Kremer/Lutter/v. Werder, Kodex-Komm., Rn. 562, 565 ff.

6 Zur Unterscheidung zwischen der buchhalterischen und der unternehmenspolitischen Dimension des Shareholder-Ansatzes *v. Werder*, ZfB-Ergänzungsheft 4/1997 S. 10 ff.; *ders.*, ZGR 1998 S. 71 ff.

7 Siehe zum Folgenden *v. Werder*, ZfB-Ergänzungsheft 4/1997 S. 10 ff.; *ders.*, ZGR 1998 S. 71 ff.; *ders.*, in: Hommelhoff/Hopt/v. Werder, Hdb. Corporate Governance, 2. Aufl. 2009, S. 6 ff.; *ders.*, in: Ringleb/Kremer/Lutter/v. Werder, Kodex-Komm., 5. Aufl. 2014, Rn. 319 ff. zu Tz. 3.1, jeweils m.z.w.N.

8 Zu denken ist bspw. an Arbeits-, Liefer- und Kreditverträge.

9 Beispiele bilden die Vorschriften zum Kündigungs-, Gläubiger- und Verbraucherschutz.

10 Siehe zu diesem Argument *O'Sullivan*, Cambridge Journal of Economics 2000 S. 395; Zingales, Journal of Finance 2000 S. 1631; *Schmidt*, in: Laßmann, Neuere Ansätze der Betriebswirtschaftslehre – in memoriam Karl Hax, zfbf-Sonderheft 47/2001 S. 66.

11 So zum Beispiel *Bühner*, Management-Wert-Konzept, 1990, S. 10 f.; Arbeitskreis „Finanzierung" der Schmalenbach-Gesellschaft – Deutsche Gesellschaft für Betriebswirtschaft e.V., zfbf 1996 S. 545; *Busse v. Colbe*, ZGR 1997 S. 289; *Schilling*, BB 1997 S. 374 (379); *Pape*, BB 2000 S. 712; *Albach*, ZfB 2002 S. 451.

Aktionäre (als Share- und Stakeholder zugleich) auch die Belange weiterer Bezugsgruppen explizit in die Formulierung des Unternehmensziels ein. Das pluralistische Stakeholder-Konzept versteht sich als Gegenentwurf zum Shareholder-Ansatz, der zum einen die These vom Interessengleichlauf der Bezugsgruppen als offensichtlich unhaltbar zurückweist. Ferner und vor allem aber nimmt der Stakeholder-Ansatz Bezug auf die moderne Unternehmenstheorie, die Unternehmen als Netzwerke mit einer Vielzahl von Akteuren bzw. Bezugsgruppen versteht, die jeweils spezifische Beiträge zur Wertschöpfung leisten. Anteilseigner stellen ihr Eigenkapital zur Verfügung und Gläubiger Kredite, Arbeitnehmer bringen ihre Kompetenzen ein, Lieferanten externe Vorprodukte und Dienstleistungen, Staat und Gesellschaft gewährleisten Infrastrukturen und Legitimationen,[12] und Kunden nehmen durch die Produktabnahme zu einem bestimmten Preis auch die (Markt-)Bewertung der Wertschöpfung vor. Die Transaktionen dieser Stakeholder mit dem Unternehmen beruhen jeweils auf Verträgen, die zwangsläufig bis zu einem gewissen Grade unvollständig sind und daher stets bestimmte Transaktionsrisiken für die Akteure mit sich bringen können.[13] Infolgedessen sind keineswegs nur die Aktionäre den Risiken unvollständiger Verträge ausgesetzt. Vielmehr können auch die anderen Stakeholder durchaus Gefahr laufen, Beiträge zur Wertschöpfung im Unternehmen zu leisten, die sich für sie persönlich nicht (im erwarteten Ausmaß) auszahlen. Zu denken ist bspw. an enttäuschte Karriere- oder Qualitätserwartungen von Arbeitnehmern bzw. Kunden unterhalb der Schwelle gesetzlicher oder vertraglicher Ersatzansprüche.

12 Siehe speziell zur gesellschaftlichen *licence to operate* für viele *Post/Preston/Sachs*, California Management Review 2002 S. 9 und passim; *Wieland*, in: Wieland/Conradi, Corporate Citizenship, 2002, S. 11. Ähnlich *Davis/Blomstrom*, Business, Society and Environment: Social Power and Social Response, 1971, S. 95 (zum „Iron Law of Responsibility"); *Davis*, Academy of Management Review 1973 S. 314.

13 Neben den Risiken können die Unvollständigkeiten der Verträge zugleich unter Umständen auch Optionen für opportunistisches Verhalten der Akteure mit sich bringen, sodass sich das Unternehmensgeschehen aus dieser Perspektive als Geflecht wechselseitiger Opportunismusrisiken und Opportunismusoptionen aller Stakeholder darstellt. Siehe hierzu näher *v. Werder*, Organization Science 2011 S. 1345.

2. *Steigerung des nachhaltigen Unternehmenswerts*

Die diversen Bezugsgruppen bzw. Stakeholder einer Unternehmung werden ihre notwendigen Beiträge zum Wertschöpfungsprozess auf Dauer nur dann leisten, wenn sie hierfür hinreichend attraktive Anreize vom Unternehmen (zum Beispiel in Form von Kurssteigerungen und Dividenden, Zins- und Lohnzahlungen etc.) erhalten. Eine nachhaltig wertschöpfende Unternehmensentwicklung setzt daher voraus, den Belangen jeder Stakeholdergruppe in angemessenem Ausmaß Rechnung zu tragen, um so die Teilnahme aller Bezugsgruppen am Wertschöpfungsprozess auch für die Zukunft sicherzustellen.

Vor diesem Hintergrund kann die übergeordnete Leitmaxime einer auf Nachhaltigkeit in diesem betriebswirtschaftlichen Sinne[14] ausgerichteten Unternehmensführung in der *Steigerung des nachhaltigen Unternehmenswerts* gesehen werden. Dabei ist der nachhaltige Wert eines Unternehmens nach dem Ausmaß seiner Fähigkeit zu bemessen, die Ansprüche seiner unterschiedlichen Bezugsgruppen auf Dauer zu erfüllen und so deren existenznotwendige Unterstützung langfristig zu sichern.[15]

Die dargelegte betriebswirtschaftlich fundierte Maxime der Unternehmungsführung entspricht im Kern der herrschenden juristischen Auffassung, wonach Vorstand und Aufsichtsrat zur Wahrung des Unternehmensinteresses verpflichtet sind. Da das Unternehmensinteresse aus der angemessenen Aggregation der Einzelinteressen der verschiedenen Bezugsgruppen resultiert,[16] liegt diese Position ganz auf der soeben skizzierten Linie eines wohlverstandenen Stakeholder-Ansatzes.

14 Um Missverständnisse zu vermeiden, sei ausdrücklich hervorgehoben, dass nicht zuletzt auch Umweltfragen im engeren ökologischen Sinne von diesem Nachhaltigkeitskonzept dezidiert erfasst werden, da solche Aspekte für eine Reihe von Stakeholdern (wie namentlich Staat und Gesellschaft, mitunter aber zum Beispiel auch nachhaltig orientierte Investoren, Lieferanten, Kunden usw.) von Bedeutung sind.

15 Siehe zu dieser Leitlinie der Unternehmensführung auch schon *v. Werder/Wieczorek*, DB 2007 S. 297; *v. Werder*, in: Hommelhoff/Hopt/v. Werder, a.a.O. (Fn. 7), S. 14 ff.; *ders.*, zfbf 2011 S. 51 f.

16 Siehe für viele *Mertens/Cahn*, in: KölnerKomm-AktG, 3. Aufl. 2010, § 76 Rn. 15; *Seibt*, in: Schmidt/Lutter, AktG, 3. Aufl. 2015, Bd. I, § 76 Rn. 23; *Koch*, in: Hüffer, AktG, 11. Aufl. 2014, § 76 Rn. 28 ff.

3. Stakeholderbelange in Einheits- und Konzernunternehmung

a) Gruppenunternehmen als Kristallisationspunkte der Stakeholderbelange

Zu den fundamentalen Grundsätzen der Marktwirtschaft gehört der Leistungs- bzw. Verursachungsgedanke der Ergebniszurechnung wirtschaftlicher Prozesse. Danach sollen sowohl positive (Gewinne) als auch negative (Verluste) Prozessresultate jeweils denjenigen Akteuren zukommen, welche die betreffenden Transaktionen *unternehmen* und damit verantworten. In den Worten von *Walter Eucken* lautet dieses marktwirtschaftliche Kardinalprinzip kurz, aber prägnant: „Wer den Nutzen hat, muss auch den Schaden tragen"[17].

Beschränkungen der ökonomischen Haftung, wie sie konstituierend für juristische Personen und in Sonderheit die hier betrachteten Kapitalgesellschaften als Konzernbausteine sind, stellen offenkundig eine Verwässerung dieses Prinzips dar und erfordern daher eine besondere Legitimation. Sie bewirken, dass die unternehmerischen Risiken namentlich komplexer und neuartiger Vorhaben auf weitere Risikoträger neben den Eigenkapitalgebern verteilt und durch diese Streuung besser beherrschbar werden. Das Privileg der Haftungsbeschränkung dient somit letztlich der Innovationsfähigkeit des Wirtschaftsgeschehens. Es lässt sich allerdings mit Blick auf das genannte Grundprinzip der Gewinn- und Verlustverteilung nur dann rechtfertigen, wenn die Wirtschaftssubjekte (Unternehmer bzw. Unternehmen) zweifelsfrei motiviert sind, den Erfolg ihrer Transaktionen im Rahmen des Möglichen anzustreben. Misserfolge dürfen somit nur Ausdruck des unvermeidlichen unternehmerischen Risikos und nicht etwa auf Störungen dieser Erfolgsmotivation zurückzuführen sein. Vor diesem Hintergrund markiert das rechtlich selbstständige Unternehmen den sachgerechten Bezugspunkt, um im Sinne der oben formulierten Leitmaxime die Einzelinteressen der verschiedenen Mitwirkenden des Wertschöpfungsprozesses zu eruieren und durch angemessene Abwägung zum Unternehmensinteresse zusammenzuführen. Diese Bedingung bietet die besten Chancen dafür, dass ein Unternehmen auch bei beschränkter Haftung möglichst weitgehend und dauerhaft prosperiert. Welche Konsequenzen sich aus diesem Ansatz für die Berücksichtigung der Stakeholderbelange ergeben, wird im Folgenden zunächst allgemein für das unverbundene Unternehmen (Ein-

17 *Eucken*, Grundsätze der Wirtschaftspolitik, 6. Aufl. 1990, S. 279.

heitsunternehmung) und sodann speziell für die Unternehmensgruppe (Konzernunternehmung) untersucht.

b) Stakeholderbelange im unverbundenen Unternehmen

Das unverbundene Unternehmen repräsentiert den Prototyp eines autonomen, nicht von außen gesteuerten Wirtschaftssubjekts mit intaktem Eigeninteresse. Um in einer solchen Einheitsunternehmung die Leitmaxime einer Steigerung des nachhaltigen Unternehmenswertes zu verfolgen, sind die diversen Interessen ihrer Bezugsgruppen so zum Ausgleich zu bringen, dass die Stakeholder bereit sind und auf Dauer bleiben, ihre notwendigen Beiträge zum Wertschöpfungsprozess zu leisten. Nach den zuvor dargelegten unternehmenstheoretischen Zusammenhängen sind zu den relevanten Stakeholdern im Grunde alle (Gruppen von) natürlichen Personen und Institutionen zu zählen, die in wirtschaftlich deutbaren und nicht vollkommen vertraglich oder gesetzlich determinierten Austauschbeziehungen zum Unternehmen stehen und daher ein (in weiterem Sinne) ökonomisches Interesse am Unternehmensgeschehen haben. Dabei zielt das Interesse der Bezugsgruppen generell darauf ab, für ihre geleisteten Beiträge zur Wertschöpfung eine adäquate Gegenleistung zu erhalten.[18]

Bei der Interessenabwägung der verschiedenen Stakeholderbelange sind generell eventuelle Interessenkonflikte zwischen den einzelnen Bezugsgruppen von möglichen gruppeninternen Konflikten zu unterschieden. Die *gruppenübergreifenden Konfliktlagen* resultieren aus den spezifischen Partikularinteressen der verschiedenen Anspruchsgruppen und können prinzipiell zwischen sämtlichen Stakeholdern auftreten.[19] Als klassisch lassen sich insoweit bspw. die geläufigen Interessengegensätze zwischen Anteilseignern (Gewinninteresse) und Arbeitnehmern (Lohninteresse) ansehen. *Gruppeninterne Interessenkonflikte* ergeben sich demgegenüber dann, wenn innerhalb einer bestimmen Kategorie von Stakeholdern unterschiedliche Einzelinteressen existieren. Auch insoweit ist prinzipiell keine Stakeholdergruppe von dem Problem widerstreitender Belange ausgenommen. Über die im gesellschaftsrechtlichen Schrifttum vorherrschenden Mehrheits-Minderheits-Konflikte der An-

18 Vgl. auch *Hill/Jones*, Journal of Management Studies 1992 S. 133; *Clarkson*, Academy of Management Review 1995 S. 105 ff.; *Mitchell/Agle/Wood*, Academy of Management Review 1997 S. 857 ff., sowie konkret zu den wichtigsten Stakeholdergruppen Abschnitt II. 1.

19 Siehe hierzu näher *v. Werder*, in: FS Schwark, 2009, S. 293 ff.

teilseigner hinaus ist etwa an die konfliktären Interessenlagen der Arbeitnehmer verschiedener Unternehmensbereiche bei Betriebsstillegungen zu denken.

In der Einheitsunternehmung gehen nun die Belange der verschiedenen Stakeholdergruppen jeweils mit ihrem *gruppenspezifischen Gesamtgewicht* in den Prozess der gruppenübergreifenden Interessenabwägung ein (siehe Abb. 1). Dabei stimmen zum einen aufgrund der Deckungsgleichheit der rechtlichen Einheit (Unternehmen) und der wirtschaftlichen Einheit (Unternehmung) das unternehmens- und das unternehmungsweite Gewicht der einzelnen Stakeholdergruppen überein. Zum anderen ist bei Interessengegensätzen innerhalb von Stakeholdergruppen zur Ermittlung der jeweiligen stakeholderspezifischen Interessenlage gewissermaßen eine *gruppeninterne Saldierung* der Belange der Mitglieder der betreffenden Bezugsgruppen vorzunehmen. Auf diese Weise fallen bspw. die Partikularinteressen der Arbeitnehmer eines einzelnen (kleineren) Betriebs einer Unternehmung, der aufgrund seiner dauerhaften Verluste stillgelegt werden soll, bei der Bestimmung der Belegschaftsinteressen insgesamt weniger ins Gewicht, sofern die (in den anderen Betrieben des Unternehmens beschäftigte) große Mehrheit der Arbeitnehmer aufgrund der größer werdenden Sicherheit ihrer eigenen Arbeitsplätze von dieser Maßnahme profitiert. Die Interessenkonflikte zwischen den Stakeholdergruppen – konkret etwa zwischen den Anteilseignern und den Arbeitnehmern – fallen dann dementsprechend vergleichsweise moderat aus.

c) Stakeholderbelange in der Unternehmensgruppe

Der Konzern bzw. die Unternehmensgruppe zeichnet sich gegenüber dem unverbundenen Unternehmen dadurch aus, dass die wirtschaftliche Einheit (Konzernunternehmung) in mehrere rechtlich selbstständige Einheiten (Konzerngesellschaften bzw. Konzernunternehmen) untergliedert ist (siehe Abb. 2).[20] Diese komplexere Rechtsstruktur hat zum einen zur Folge, dass (in Form der einzelnen Konzerngesellschaften) jeweils mehrere Kristallisationspunkte für die Ermittlung und Abwägung von Stakeholderbelangen existieren. Zum anderen verschieben sich die Gewichte der Einzelinteressen der verschiedenen Stakeholder im Zuge der bezugsgruppeninternen und -übergreifenden Interessenaggregation.

20 Siehe zum Konzernbegriff hier nur § 18 Abs. 1 Satz 1 AktG sowie *Emmerich*, in: Emmerich/Habersack, Aktienrecht- und GmbH-Konzernrecht, 7. Aufl. 2013, § 18 Rn. 1, 5, 8 ff.; *Theisen*, Der Konzern, 2. Aufl. 2000, S. 15 ff.; *v. Werder*, Führungsorganisation, 3. Aufl. 2015, S. 30 f.

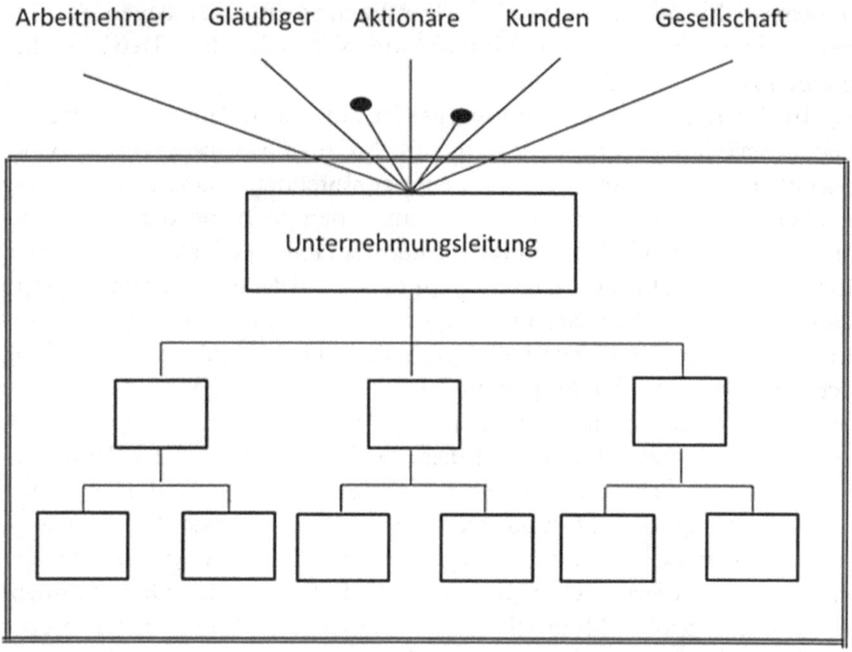

Abb. 1: Stakeholderbelange in der Einheitsunternehmung

Wie unter II.1. bereits ausgeführt wurde, lässt sich das haftungsrechtliche Trennungsprivileg im Konzern aus marktwirtschaftlicher Perspektive im Grunde nur dann rechtfertigen, wenn die konsequente Verfolgung des individuellen Unternehmensinteresses jeder Konzerngesellschaft gewährleistet ist. Infolgedessen dürfen die einzelnen Unternehmen im Konzern unter dem Aspekt der Analyse und Aggregation der diversen Stakeholderbelange nicht als bloße Formalhülle behandelt werden. Sie bilden vielmehr jeweils den zutreffenden Anknüpfungspunkt für eine eigenständige Berücksichtigung der Bezugsgruppen der betreffenden Unternehmen, die in die Formulierung des jeweiligen Unternehmensinteresses der einzelnen Konzerngesellschaften einmündet. Dabei ist zwischen den Unternehmensinteressen der abhängigen Gesellschaften (Konzerntöchter)[21] und dem Unternehmensinteresse der herrschenden

21 Zur Vereinfachung werden im Folgenden nur zweistufige Konzerne explizit betrachtet. Die Überlegungen lassen sich allerdings problemlos auf tiefer gestaffelte Konzernunternehmungen übertragen.

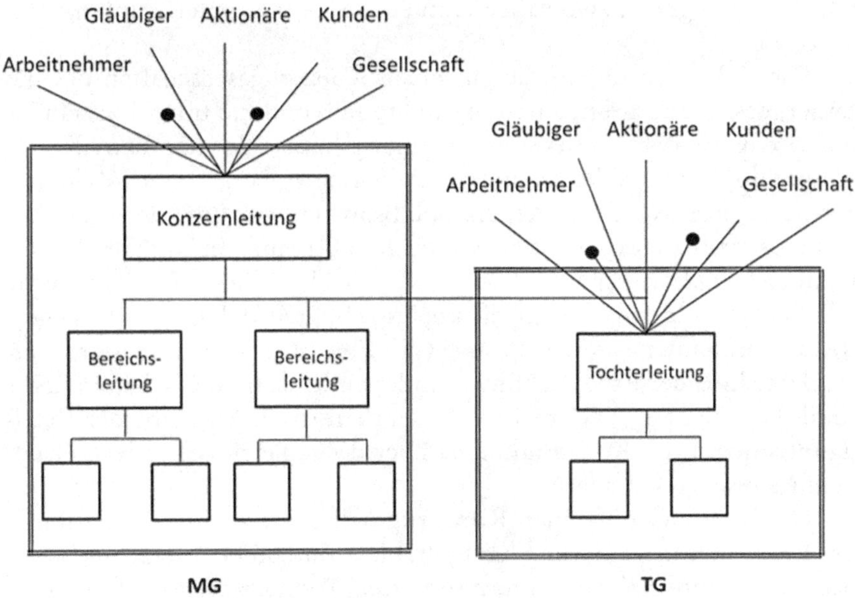

Abb. 2: Stakeholderbelange in der Konzernunternehmung

Gesellschaft (Konzernmutter) zu unterscheiden, das zugleich das Gruppeninteresse prägt.[22]

Bei der Formulierung des *Unternehmensinteresses einer Tochtergesellschaft* sind (nur) die Belange derjenigen Stakeholder einzubeziehen, die mit der betreffenden Gesellschaft in Austauschbeziehung stehen. Hieraus folgt nicht nur, dass sich das so ermittelte Unternehmensinteresse sowohl von den Unternehmensinteressen der anderen Konzerntöchter als auch vom Konzern- bzw. Gruppeninteresse unterscheiden kann. Vielmehr hat die Fokussierung auf die einzelnen Konzernunternehmen auch zur Konsequenz, dass die Belange der verschiedenen Bezugsgruppen jeweils nur mit ihrem *unternehmensspezifischen Teilgewicht* in die Interessenabwägung eingehen. So sind bei der Bestimmung des Unternehmensinteresses der Tochtergesellschaft TG in Abb. 2 bspw. nur diejenigen Anteilseigner und Arbeitnehmer zu berücksichtigen, die an dieser Gesellschaft beteiligt bzw. die in diesem Unternehmen beschäftigt sind. Infolgedessen wird in die an TG anknüpfende Interessenabwägung nur der diesbezügliche Teil

22 Siehe *Koch*, in: Hüffer, AktG, 11. Aufl. 2014, § 308 Rn. 16; *Ekkenga*, AG 2013 S. 182 f. („… das – regelmäßig von der Konzernleitung geprägte – Gesamtinteresse …"), sowie näher S. 299 m.w.N. in Fn. 26, 27.

aller Anteilseigner bzw. Arbeitnehmer der Gesamtunternehmung einbezogen.

Die Fokussierung auf die einzelnen Konzerngesellschaften bewirkt ferner, dass bezugsgruppeninterne Interessenkonflikte unter Umständen nicht wie in der Einheitsunternehmung innerhalb der betreffenden Anspruchsgruppe saldiert, sondern als *Interessengegensätze zwischen Konzernunternehmen* virulent werden. Soll bspw. ein Großteil der Produktionsaktivitäten einer Tochtergesellschaft TG1 auf ein anderes Unternehmen TG2 verlagert werden, so schädigt diese Maßnahme in erheblichem Umfang – über die beeinträchtigten Belegschaftsbelange – das Unternehmensinteresse von TG1. Eine Kompensation durch die Besserstellung der Arbeitnehmer in anderen Konzerngesellschaften findet somit bezogen auf TG1 nicht statt, sondern (nach Maßgabe der Beteiligungsquoten der Konzernmutter) über das sogleich behandelte Gruppeninteresse.

Die Wahl der einzelnen Konzerngesellschaften zum Bezugspunkt der Interessenformulierung hat schließlich und nicht zuletzt zur Folge, dass den Unternehmensinteressen von Tochtergesellschaften auch dann ein eigenständiger Stellenwert zukommt, wenn sie im Alleinbesitz der Konzernmutter stehen. Während in der gesellschaftsrechtlichen Literatur bei 100%-Beteiligungen nicht selten allein der Schutz der Gläubiger im Vordergrund steht,[23] öffnet die Stakeholderperspektive den Blick für die Vielheit der Anspruchsgruppenbelange auch in solchen Konstellationen. Naheliegend ist zum Beispiel der Hinweis auf die möglichen Arbeitnehmer vollständig kontrollierter Konzerntöchter. Zu denken ist aber etwa auch an die steuerlichen Interessen unterschiedlicher Staaten in internationalen Unternehmensgruppen, die gegenwärtig unter Stichworten wie „fair share of the tax“[24] und „Base Erosion and Profit Shifting“ (BEPS)[25] besondere Aufmerksamkeit in Theorie und Praxis erfahren. Es liegt auf der Hand, dass zum Beispiel Verrechnungspreisgestaltungen oder Übertragungen von Intellectual Property (IP) zwischen Tochterunternehmen zur Verlagerung von Lizenzeinnahmen aus fiskalischer

23 Siehe für viele *Lutter/Hommelhoff*, in: Lutter/Hommelhoff, GmbHG, 18. Aufl. 2012, Anh. zu § 13 Rn. 13 ff., 41a.

24 So zum Beispiel *Hammer/Owens*, Promoting Tax Competition, S. 5, siehe unter: http://www.oecd.org/tax/harmful/1915964.pdf (letzter Abruf: 02.09.2015).

25 Siehe nur OECD, Action Plan on Base Erosion and Profit Shifting, 2013.

Sicht auch dann von großer Relevanz sein können, wenn keine Minderheitsgesellschafter auf dieser Stufe existieren.

Auf der *Ebene des Konzerns* fällt das Konzern- bzw. Gruppeninteresse im Kern mit dem Unternehmensinteresse der Muttergesellschaft zusammen.[26] Dabei ist zwischen den Eigeninteressen der Konzernmutter und den ihr zugerechneten Tochterinteressen zu trennen.[27] Für die Eigeninteressen gelten die vorstehenden allgemeinen Überlegungen zur Bestimmung der Unternehmensinteressen von Konzerngesellschaften analog, sodass insoweit die Belange der direkt mit der Mutter in Austauschbeziehungen stehenden Anspruchsgruppen in die Interessenabwägung einzubeziehen sind. Darüber hinaus sind die einzelnen Tochterinteressen nach Maßgabe der jeweiligen Beteiligungsquoten zu berücksichtigen, da die Konzernunternehmen insoweit zum Einflussbereich und damit auch Ressourcenpool der Muttergesellschaft zählen.[28] Ist die Konzernmutter bspw. an zwei Tochtergesellschaften TG1 und TG2 mit 51% bzw. 100% beteiligt, so gehen die Interessen dieser Töchter (oder konkreter: deren Potentiale zur Steigerung des nachhaltigen Konzernwerts) mit entsprechenden Anteilen in die Ermittlung des Gruppeninteresses ein. Hieraus folgt, dass eine bestimmte konzernpolitische Benachteiligung von TG1 (zugunsten von TG2) das Gruppeninteresse weniger belastet als die gleiche Benachteiligung von TG2 (zugunsten von TG1).[29] Dieser Effekt beruht letztlich darauf, dass die Stakeholderbelange auf Tochterebene bei einer solchen Bestimmung des

26 Zum Gleichlauf von Unternehmensinteresse der Muttergesellschaft und Konzerninteresse, das mit der Übereinstimmung von Leitung der Konzernmutter und Konzernleitung korrespondiert, *Emmerich*, a.a.O. (Fn. 20), § 308 Rn. 54; *ders.*, in: Emmerich/Habersack, Konzernrecht, 10. Aufl. 2013, § 23 Rn. 25, 31; *Servatius*, in: Grigoleit, AktG, 2013, § 308 Rn. 9 ff. Siehe im Übrigen auch zur fehlenden näheren Konkretisierung des Begriffs des Gruppeninteresses *Drygala*, AG 2013 S. 204.

27 Vgl. auch die Differenzierung zwischen „den Belangen des herrschenden Unternehmens" und den der „konzernverbundenen Unternehmen" in § 308 Abs. 1 Satz 2 AktG, hierzu *Emmerich*, a.a.O. (Fn. 20), § 308 Rn. 48.

28 Siehe *Hommelhoff*, Konzernleitungspflicht, S. 71 f.

29 Vgl. hierzu auch den im angelsächsischen Schrifttum geläufigen Begriff des tunneling, siehe etwa *Johnson et al.*, The American Economic Review 2000 S. 22 f.; *Bertrand/Mehta/Mullainathan*, The Quarterly Journal of Economics 2002 S. 121 f., sowie auch *Rudolph*, Unternehmensfinanzierung und Kapitalmarkt, 2006, S. 473.

Gruppeninteresses im Umfang der Minderheitsbeteiligungen[30] negiert bzw. Interessenkonflikte zwischen Konzerntöchtern nach Maßgabe der Beteiligungsquoten gelöst werden.

III. Gruppenführung und Stakeholderschutz

1. Wertschöpfung durch Verbundeffekte

Die Konzernunternehmung unterscheidet sich aus betriebswirtschaftlich-organisatorischer Sicht „nur" durch ihre juristische Untergliederung in rechtlich selbstständige Konzerngesellschaften von der Einheitsunternehmung. Infolgedessen bedarf es keiner eingehenderen Begründung, dass koordinative Leitungsmaßnahmen der Hierarchiespitze im Konzern ebenso wie in der rechtseinheitlich verfassten Unternehmung ökonomisch vorteilhaft sein können, selbst wenn sie die wirtschaftlichen Erfolge und Erfolgspotenziale einzelner Organisationsbereiche (hier: Konzerngesellschaften) schmälern. Zu denken ist bspw. an die organisatorische Konzentration bestimmter Teilfunktionen im Rahmen von Restrukturierungen. Sie bedeutet zwar für die abgebenden Konzerngesellschaften unter Umständen merkliche Ertragseinbußen und Reduzierungen des Geschäftsumfangs, kann aber zu erheblichen Poolungseffekten zum Beispiel aus der schlichten Vermeidung von Doppelarbeiten oder aus Vorteilen der Größendegression, der Spezialisierung oder der Kompatibilität führen. Weitere Beispiele bilden etwa die Festlegung von Verrechnungspreisen oder aber Aufgabenverlagerungen zur geografischen Streuung der Unternehmungsaktivitäten, die Arbitrageeffekte durch Ausnutzung des Gefälles wirtschaftlicher Konditionen (etwa bei Lohn- und Rohstoffkosten, Devisenkursen und Steuertarifen) ermöglichen. Solche *Verbundeffekte* beruhen generell auf der sachgerechten Koordination des arbeitsteiligen Wertschöpfungsprozesses und lassen sich daher prinzipiell sowohl in der Einheits- als auch in der Konzernunternehmung verwirklichen. Sie sind daher streng genommen nur insoweit als spezifische *Konzern*vorteile anzusprechen, als sie – wie zum Beispiel etliche Steuerfolgen – an die rechtliche Selbstständigkeit organisatorischer Einheiten der Unternehmung anknüpfen und damit eine mehrgliedrige Rechtsstruktur voraussetzen.

30 Konkret werden im Beispiel also die 49 % der außenstehenden Anteilseigner, aber auch gewissermaßen 49 % der Tochterbelegschaft usw. ausgeklammert.

Eine betriebswirtschaftlich optimale Unternehmungsleitung erfordert keineswegs stets zentralisierte Führungsstrukturen, welche das Eigeninteresse von organisatorischen Teilbereichen bzw. Tochtergesellschaften vernachlässigen. Vielmehr können unter Umständen durchaus auch dezentrale Formen der Konzernführung, die der Autonomie der Teilbereiche weitgehend Raum geben, aufgrund der hiermit verbundenen Flexibilitätsvorteile sowie der anderenfalls anfallenden Koordinationskosten vorteilhaft sein. Gleichwohl kann aus betriebswirtschaftlicher Sicht kein Zweifel bestehen, dass eine juristische Eröffnung bzw. Absicherung der Option, Teilbereichsbelange im Gruppeninteresse zurückzustellen, als Schaffung sachgerechter Rahmenbedingungen einer produktiven Wertschöpfung zu begrüßen ist. Von dieser rechtlichen Förderung von Verbundeffekten ist die Frage der Teilhabe an den Koordinationsvorteilen im Konzern zu trennen, die im folgenden Abschnitt erörtert wird.

2. *Wertverteilung durch faire Teilhabe*

a) *Ausmaß der Teilhabe*

Wie soeben dargelegt wurde, können durch sachgerechte Leitungs- bzw. Koordinationsmaßnahmen im Konzern unter Umständen Verbundeffekte erzielt werden, welche zwar die ökonomische Situation einzelner Konzerngesellschaften verschlechtern, sich letztlich aber in einer höheren Wertschöpfung der Unternehmensgruppe insgesamt niederschlagen. Die angemessene Verteilung dieses Wertzuwachses unter den Stakeholdern auf Tochter- und Mutterebene markiert aus betriebswirtschaftlicher Sicht die zweite Kernproblematik der juristischen Anerkennung des Gruppeninteresses. Sie wirft nicht zuletzt aufgrund der normativen Aspekte jedes Verteilungsproblems grundlegende Fragen auf, die im hier zur Verfügung stehenden Rahmen nur kurz angerissen werden können.

Nach der oben durchgeführten Analyse der Stakeholderbelange im Konzern fungiert jedes Konzernunternehmen als Bezugspunkt für die Formulierung des jeweiligen Unternehmensinteresses.[31] In Anbetracht dieser Vielheit von Interessenzentren lautet die hier zu verhandelnde Frage konkret, inwieweit die einzelnen Konzerngesellschaften auf Mutter- und Tochterebene (und damit indirekt deren jeweilige Anspruchsgruppen) an Verbundeffekten aus Maßnahmen der Konzernlei-

31 Siehe Abschnitt II. 3. a).

tung partizipieren sollen. Im Mittelpunkt steht dabei diejenige[32] Tochtergesellschaft mit ihren Stakeholdern, deren Unternehmensinteresse durch eine Leitungsmaßnahme im Gruppeninteresse beeinträchtigt wird. Um dieses Kernproblem der Wertverteilung konkreter zu fassen, gehen die folgenden Überlegungen exemplarisch davon aus, dass eine Tochtergesellschaft TG1 durch Verlagerung einer ihrer bisherigen (profitablen) Funktionen zu einer Schwestergesellschaft TG2 in Form einer jährlichen Gewinnminderung um 50 belastet wird, der andererseits (neben dem entsprechenden Gewinnzuwachs von 50 bei TG2) Verbundeffekte auf Gruppenebene in Höhe von 100 gegenüberstehen. Die Fragestellung lautet dann konkret, inwieweit der Nachteil von 50 bei TG1 auszugleichen und zusätzlich eine Teilhabe dieser Gesellschaft an den Konzernvorteilen in Höhe von 100 vorzusehen ist.

Nachdem die Konzerntochter TG1 selbst bei Fehlen außenstehender (Minderheits-)Aktionäre angesichts ihrer übrigen Stakeholder Kristallisationspunkt eines eigenständigen Unternehmensinteresses ist, kann aus ökonomischer Sicht kaum zweifelhaft sein, dass der im Gruppeninteresse zugefügte Nachteil in Höhe von 50 auf Dauer zu kompensieren ist. Diese Wertung liegt im Übrigen ganz auf der Linie des deutschen Konzernrechts[33] und dürfte heute in Anbetracht des bislang verbreiteten gesellschaftsrechtlichen Schutzgedankens auch europaweit die allgemeine Auffassung repräsentieren.[34]

Problematischer erscheint auf den ersten Blick dagegen die Frage zu sein, ob und in welchem Ausmaß die benachteiligte Tochtergesellschaft mit ihren Bezugsgruppen auch an den Verbundeffekten zu beteiligen ist. Diese Effekte werden im Regelfall auf die Initiative anderer Gesellschaften des Konzerns (namentlich der Konzernmutter) zurückgehen und nicht selten auch gegen anfängliche Widerstände aus der Sphäre des betroffenen Tochterunternehmens durchzusetzen sein. Bei näherem Hinsehen lässt sich allerdings auch dieses Verteilungsproblem recht zwanglos unter Rückgriff auf das Haftungsprivileg jeder juristisch selbstständigen (Konzern-)Gesellschaft lösen. Wie weiter oben dargelegt worden ist, lassen sich Beschränkungen der Haftung wirtschaftender Subjekte vor dem Hintergrund des marktwirtschaftlichen Leistungs-

32 Der ebenfalls denkbare Fall einer Benachteiligung einiger Konzerntöchter wird zur Vereinfachung im Weiteren nicht näher betrachtet.

33 Siehe für den faktischen Konzern §§ 311 ff. AktG und für den Vertragskonzern §§ 308 ff. AktG.

34 Siehe etwa *Teichmann*, AG 2013 S. 191 ff.

bzw. Verursacherprinzips nur dann rechtfertigen, wenn die Wirtschaftssubjekte (Unternehmer und Unternehmen) zweifelsfrei den Erfolg ihrer ökonomischen Transaktionen anstreben. Wird ein Teil der – gewinnbringenden – Aktivitäten einer Tochtergesellschaft TG1 auf andere Tochterunternehmen übertragen, so schmälert dieser Vorgang nicht nur die Gewinnerwartungen (im Beispiel: 50), sondern auch die Existenzgrundlage der abgebenden Gesellschaft. Die Verlagerung eines Teils des Geschäfts hat somit auch bei einer Kompensation der direkten Nachteile Einbußen an wirtschaftlicher Substanz und Stabilität zur Folge. Sie erhöht damit das Risiko für die Prosperität der betreffenden Tochter und damit auch die Gefahr ihrer Bezugsgruppen, durch Erosion der Erfolgsbasis der Gesellschaft künftige Beeinträchtigungen ihrer Interessen in Kauf nehmen zu müssen. Infolgedessen liegt es nahe, über den Ausgleich der direkten Nachteile hinaus im Sinne einer entsprechenden Risikoprämie auch eine faire Teilhabe der in Rede stehenden Konzerntochter an den Verbundeffekten vorzusehen. Dabei wird die Fairness der Partizipation im Ergebnis nach mehreren Kriterien zu bemessen sein, wobei unter anderem die Wertschöpfungsbeiträge und Risikopositionen der verschiedenen Stakeholder auf Mutter- und Tochterebene, aber bspw. auch Vergütungen der Koordinationsleistung der Konzernmutter (Managementgebühr) in Betracht kommen werden.

b) Durchsetzung der Teilhabe

Um eine faire Teilhabe von Konzernunternehmen zu gewährleisten, die im Gruppeninteresse benachteiligt werden, sind nicht nur Leitlinien für die Bestimmung von Art und Umfang der Partizipation an den Synergien aufzustellen. Relevante Regulierungsfragen werfen vielmehr auch die Probleme der faktischen Anwendung dieser Leitlinien und der effektiven Durchsetzung der hieraus resultierenden Tochter-Ansprüche gegenüber der Konzernmutter auf. Die Wahrung der Tochterinteressen durch die Bezifferung und Geltendmachung der Ansprüche obliegt naturgemäß zuvörderst den Tochter-Geschäftsführungen als Vertretungsorganen der Konzerngesellschaften. Aus betriebswirtschaftlich-organisatorischer Sicht ergeben sich für diese Anspruchsverfolgung allerdings zwei wesentliche Komplikationen.

Zum einen fallen in der Unternehmenspraxis und namentlich in internationalen Konzernen nicht selten die Organisationsstruktur (*management structure*) und die Rechtsstruktur (*legal structure*) einer Gruppe auseinander.[35] Tochterbezogene Leitungsmaßnahmen werden dann faktisch an den Tochterleitungen vorbei vorgenommen, da und soweit sie der *management structure* folgen. Es liegt auf der Hand, dass durch solche Praktiken schon das Erkennen eventueller Benachteiligungen des betreffenden Konzernunternehmens für dessen Geschäftsführung erschwert wird.

Hinzu kommt zum anderen, dass die Mitglieder der Tochter-Geschäftsführungen in ihren persönlichen Einkommens- und Karriereentwicklungen von den diesbezüglichen Personalentscheidungen der ihnen hierarchisch übergeordneten Entscheidungsträger – letztlich also der Konzernleitung – abhängig sind. Derartige personalpolitische Abhängigkeiten können (und werden nach aller Lebenserfahrung nicht selten) Führungskräfte allgemein und damit auch Tochterleiter zu einer gewissen Nachgiebigkeit bei der Vertretung von Bereichsinteressen bzw. Tochterbelangen gegenüber der Hierarchiespitze veranlassen.[36] Konkret besteht somit die Gefahr, dass der Anteil der Tochter an den Verbundeffekten von ihren Geschäftsführern mit Blick auf die Anliegen der Konzernleitung nicht in der (wie auch immer im Ergebnis zu bestimmenden) fairen Höhe, sondern *de facto* eher niedrig angesetzt und im Zweifel auch nicht mit letzter Konsequenz geltend gemacht wird. Solche Verhaltensweisen auf Tochterebene drohen vor allem dann, wenn die Synergiebeteiligung – wie etwa von der *Rozenblum*-Formel zugelassen[37] – in Form schwer bewertbarer allgemeiner Vorteile der Einbindung in den Konzernverbund erfolgen sowie über längere Zeiträume gestreckt werden soll.

Vor diesem empirischen Hintergrund muss eine juristische Anerkennung des Gruppeninteresses von rechtlichen Vorkehrungen flankiert werden, welche die Funktionsfähigkeit des Stakeholderschutzes auf Tochterebene auch unter den Bedingungen der betriebswirtschaftlichen Konzernwirklichkeit sicherstellen. Zu denken ist bspw. an die Statuierung eigenständiger Rechtspflichten der Führungsorgane der Konzern-

35 Siehe hierzu näher *v. Werder*, in: Albach, Konzernmanagement. Corporate Governance und Kapitalmarkt, 2001, S. 160 ff.; *Becker/Grundei*, DB 2009 S. 1138 f. (1141), sowie aus juristischer Sicht auch *Seibt/Wollenschläger*, AG 2013 S. 229.

36 Vgl. *Drygala*, AG 2013 S. 202.

37 Siehe zu dieser Formel hier nur *Teichmann*, AG 2013 S. 193 f. (194), m.w.N. Kritisch zur Offenheit der Formel aus juristischer Sicht auch *Drygala*, AG 2013 S. 204; *Habersack*, in: Kalss/Fleischer/Vogt, Gesellschafts- und Kapitalmarktrecht in Deutschland, Österreich und der Schweiz 2013, 2014, S. 23.

mutter, benachteiligte Tochtergesellschaften (neben der Kompensation direkter Nachtteile) fair an Verbundeffekten zu beteiligen, sowie an obligatorische Prüfungen der Beteiligungsfairness bei gravierenden Benachteiligungen durch unabhängige Wirtschafts- oder Sonderprüfer.

IV. Zusammenfassung und Ausblick

Eine langfristig erfolgreiche Unternehmungsentwicklung setzt in der Unternehmensgruppe (Konzernunternehmung) ebenso wie im unverbundenen Unternehmen (Einheitsunternehmung) Beiträge verschiedener Bezugsgruppen bzw. Stakeholder zum Wertschöpfungsprozess voraus. Diese Beiträge werden die Stakeholder auf Dauer nur dann leisten, wenn sie hierfür hinreichend attraktive Anreize vom Unternehmen erhalten. Infolgedessen ist den Belangen jeder Anspruchsgruppe ausreichend Rechnung zu tragen, um ihre letztlich existenznotwendige Teilnahme am Wertschöpfungsprozess auch für die Zukunft zu gewährleisten. Vor diesem Hintergrund liegt die betriebswirtschaftliche Handlungsmaxime der Unternehmungsleitung in der *Steigerung des nachhaltigen Unternehmenswerts* als Ausdruck der Fähigkeit, die Ansprüche der einzelnen Bezugsgruppen jeweils adäquat zu erfüllen und so deren Unterstützung dauerhaft zu sichern. Diese Leitlinie korrespondiert im Grundsatz mit der juristischen Pflicht von Vorstand und Aufsichtsrat zur Wahrung des Unternehmensinteresses, das aus der angemessenen Abwägung und Aggregation der Einzelinteressen der diversen Bezugsgruppen resultiert.

Im Konzern ergibt sich nun im Zuge der Verfolgung dieser Handlungsmaxime die Besonderheit, dass die Bestimmung des nachhaltigen Unternehmenswerts bzw. des Unternehmensinteresses aufgrund der juristischen Untergliederung der wirtschaftlichen Einheit in rechtlich selbstständige Gesellschaften nicht für die Unternehmung insgesamt erfolgt. Vielmehr fungieren die einzelnen Konzerngesellschaften (letztlich zur Rechtfertigung des Haftungsprivilegs der juristischen Person) jeweils als Kristallisationspunkt der Interessenabwägung. Konkret sind somit zum einen die individuellen Unternehmensinteressen der einzelnen Konzerngesellschaften zu formulieren, indem jeweils die Belange der gesellschaftsspezifischen Stakeholder eruiert und zusammengefasst werden. Zum anderen ist – für den Fall seiner juristischen Anerkennung als Legitimationsbasis der Konzernführung – das Gruppeninteresse zu formulieren, das sich als Unternehmensinteresse der Konzernmutter aus ihrem

Eigeninteresse und den ihr gem. den Beteiligungsquoten zugerechneten Tochterinteressen ergibt.

Die Vielheit der Interessenzentren im Konzern hat zur Folge, dass sich die Gewichte der Einzelinteressen der verschiedenen Stakeholder im Rahmen der bezugsgruppeninternen und -übergreifenden Interessenabwägung in facettenreicher Weise verschieben. So gehen die Belange der verschiedenen Bezugsgruppen generell jeweils nur mit ihrem *unternehmensspezifischen Teilgewicht* in die Abwägung ein. Ferner werden bezugsgruppeninterne Interessenkonflikte unter Umständen nicht wie in der Einheitsunternehmung innerhalb der betreffenden Anspruchsgruppe saldiert, sondern als *Interessengegensätze zwischen Konzernunternehmen* virulent. Schließlich und nicht zuletzt hat die Fokussierung der Interessenformulierung auf die einzelnen Konzerngesellschaften zur Konsequenz, dass den Unternehmensinteressen von Tochtergesellschaften auch dann ein beachtlicher eigenständiger Stellenwert zukommt, wenn sie im Alleinbesitz der Konzernmutter stehen.

Koordinative Leitungsmaßnahmen der Hierarchiespitze können im Konzern ebenso wie in der rechtseinheitlich verfassten Unternehmung zweifelsohne auch dann ökonomisch vorteilhaft sein und damit zu *Verbundeffekten* führen, wenn sie die wirtschaftlichen Erfolge und Erfolgspotenziale einzelner Organisationsbereiche (hier: Konzerngesellschaften) schmälern. Infolgedessen ist die juristische Eröffnung bzw. Absicherung der Option, Teilbereichsbelange im Gruppeninteresse zurückzustellen, als Schaffung sachgerechter Rahmenbedingungen ökonomischer Aktivitäten aus betriebswirtschaftlicher Sicht im Grundsatz zu begrüßen. Voraussetzung ist allerdings, dass diese rechtliche Unterstützung einer produktiven Konzernführung von Vorkehrungen flankiert wird, welche neben dem Ausgleich der direkten Nachteile geschädigter Konzerntöchter auch ihre faire Teilhabe an den Verbundeffekten der Konzernkoordination vorsieht. In dieser zwingenden Partizipation von Unternehmungsbereichen und ihren Bezugsgruppen an den Synergien des Unternehmensverbunds liegt der prinzipielle Unterschied von Einheits- und Konzernunternehmung beim Stakeholdermanagement, der auf die Parzellierung der Haftung im Konzern zurückzuführen ist. Dabei sind nicht nur Regelungen für die Bestimmung von Art und Umfang der Synergiebeteiligung vorzusehen. Vielmehr ist auch die faktische Funktionsfähigkeit des Stakeholderschutzes auf Tochterebene unter den Bedingungen der betriebswirtschaftlichen Konzernwirklichkeit sicherzustellen, in der nicht selten die Organisationsstrukturen (*management structure*) und die Rechtsstrukturen (*legal structure*) auseinanderfallen und zudem die persönlichen Einkommens- und Karrierechancen der Tochtergeschäftsführer von den diesbezüglichen Personalentscheidungen der Konzernleitung abhängen.

Gruppenrecht als Ausgleich – Der Vorschlag des Forum Europaeum

Jean Nicolas Druey

Inhaltsübersicht

Unser Thema heute ist der Konzern oder, nach der international orientierten Terminologie, die Gruppe. Ich verwende die Ausdrücke *synonym*. Wir fragen uns, hier auf der europäischen Ebene, ob und, wenn ja, inwiefern und wie das Recht sich mit der Gruppe befassen soll. Am Anfang steht also das *Phänomen*, das wir zunächst mit blossem Auge, ganz untechnisch, umschreiben wollen als die leitende Einflussnahme einer gesellschaftsrechtlichen Einheit auf eine andere. Aus dem Phänomen dann das *Problem*, die Frage nach dem *Regelungsbedarf*. Und erst dann die Frage nach dem *System*, nach dem Regelungskomplex, dem wir den Konzern unterziehen wollen. Der sorgfältige Aufbau von den Fakten zum Recht ist in diesem auch heute noch ungefestigten Bereich unabdingbar. Erst wenn wir das Zielgebiet deutlich sehen, können wir agieren.

Zuerst also die Anamnese, dann die Diagnose, dann die Therapie. Ich mache in dem Sinn zunächst zum Faktischen fünf *Feststellungen*, und betrachte sodann in diesem Licht fünf Eckpunkte des heute zu diskutierenden *Regelungsvorschlags*.

Fünf Feststellungen

Erste Feststellung: Der Konzern (die Gruppe) ist etwa 150 Jahre alt, das Konzernrecht steht aber international gesehen noch nicht einmal in der Grundlagendiskussion.

Diese Feststellung tönt verwegen, wenn sie just hier auf deutschem Boden getan wird, hier, wo gerade die 50 Jahre eines Aktiengesetzes gefeiert wurden, das sein ganzes drittes Buch dem Konzernrecht widmet, und dies in einer konzeptionell bewundernswert konsequenten Weise. Das Konzept hatte – und hat teilweise immer noch – grosse Beachtung im Ausland erlangt.

Nur wollen diese als Konzernrecht verstandenen Normen keineswegs schlichterhand den Konzern regeln, so wie das Gesetz die AG, und andere Gesetze die GmbH usw. regeln. Dieses dritte Buch ist nicht überschrieben „Der Konzern", sondern es widmet sich den „verbundenen Unternehmen". Es geht um die Auswirkungen der Verbindung, nicht um den Verbund als solchen. Der Konzern wird durch das Aktiengesetz nicht selber organisiert, sondern der Blick geht von den Einzelgliedern aus. *Ihr* Schutz angesichts ihrer Einordnung ist das Thema.

Diese Fokussierung auf die Einzeleinheiten, und dies nur im Sinne des Schutzes, wurde im Ausland als einseitig empfunden. Freilich wurden dort kaum systematische Alternativen dazu geboten. Die Behörden, Gesetzgeber wie Gerichte, können aber auf der ganzen Welt nicht umhin, auf das Thema „Gruppe" einzugehen. Anlass dazu ist aber meist ein besonderer Kontext in einer spezifischen Rechtsdomäne: Steuerrecht, Vertragsrecht, Wettbewerbsrecht, Umweltrecht, Kapitalmarktrecht, Strafrecht. Einzelne Gerichte suchen mit sinnvoller Anwendung des vorhandenen Rechts oder gar mit mutiger Anerkennung und Füllung einer Gesetzeslücke dem Konzernphänomen als solchem beizukommen. So erliessen auch einzelne Gesetzgeber allgemein-konzernrechtliche Bestimmungen, beschränkt allerdings im Wesentlichen auf den Gesellschafter- und Aktionärsschutz im Sinne des deutschen Aktiengesetzes.

In dieser Lage stagniert die Entwicklung einer Ordnung, die sich gleichsam des Konzerns selbst, als einer spezifischen Art der *Organisation*, annimmt – die Gesellschaftsgruppe ist zu einer Art ergrautem Teenager geworden. Im Gegenteil findet eine *Atomisierung*, eine ständige Verkleinerung der Fragestellungen statt, sowohl nach Sachbereichen wie nach nationalen Ordnungen, und die Lösungen leben sich auseinander. Die allgemeine Einstellung zum Konzernrecht teilt sich in die zwei Haltungen auf: „Das haben wir doch alles schon" und „Das brauchen wir doch alles gar nicht".

Zweite Feststellung: Eine systematische Regelung des Konzerns ist nötig.

Die Initiative des Forum Europaeum bringt zum Ausdruck, dass nach seiner Meinung das bestehende, nicht-konzernspezifische Recht nicht ausreicht. Zwar ist das Ziel dieses Vorschlags beschränkt: Er will nicht prinzipiell in die nationalen Ordnungen eingreifen, sondern nur die *transnationalen* Verbindungen erfassen. Dabei will er in diesen Kontexten das Funktionieren des Konzerns *erleichtern*. Das bedeutet einerseits, dass die enorme nationale Vielfalt für diese transnationalen Verbindungen in ein *einheitliches Gewand* gebracht werden sollte, anderseits aber auch, dass der Gruppe die nötige *Beweglichkeit* als Gesamtorganisation verschafft wird.

Der Vorschlag will dabei zwei Kategorien bilden, je nach Intensität der Aussenkontakte. Den vor allem konzernintern wirkenden, als Servicegesellschaften bezeichneten Töchtern soll ein vereinfachter Status angeboten werden (Abschnitt V). Diese Privilegierung hat aber nur ihre innere Berechtigung, wenn mutatis mutandis eine Auffangordnung für die anderen Konzerngesellschaften *denselben Zielsetzungen* folgt: *Einheitlichkeit des Rechts und Beweglichkeit der Konzerne.* Diese Auffangordnung ist unser heutiges Traktandum. Es geht um diejenigen Tochtergesellschaften, die der Vorschlag, etwas farblos, als *„reguläre"* Gesellschaften bezeichnet (Abschnitt VI).

Das ist freilich eine grosse Aufgabe, wenn wir, wie erforderlich, in den Kern der Sache vordringen wollen, an den Punkt, der diese Konzernwelt „im Innersten zusammenhält". Zu gerne folgen wir Tendenzen als vorschnellen Extrapolationen aus Gegebenheiten, und weil Tendenzen immer Gegentendenzen erzeugen, ergab sich rechtsgeschichtlich dieses Flackern, das die Entwicklung gerade eines so „modernen" Themas wie des Konzerns so lange hinzog.

Das Besondere, Einmalige und damit juristisch Schwierige am Konzernphänomen liegt darin, dass es als Ganzes eben *keine Gesellschaft* ist. Im Konzern wird eine Mehrheit von rechtlich voll ausgebildeten Gesellschaften übereinandergeschichtet. *Jede Organisation hat, und zwar von Gesetzes wegen, ihre eigene Leitung*; oben wie unten gibt es ein Gremium, das zur Leitung *verpflichtet* ist. Folgende Abbildung – schlicht bis zur Banalität – veranschaulicht das Problem:

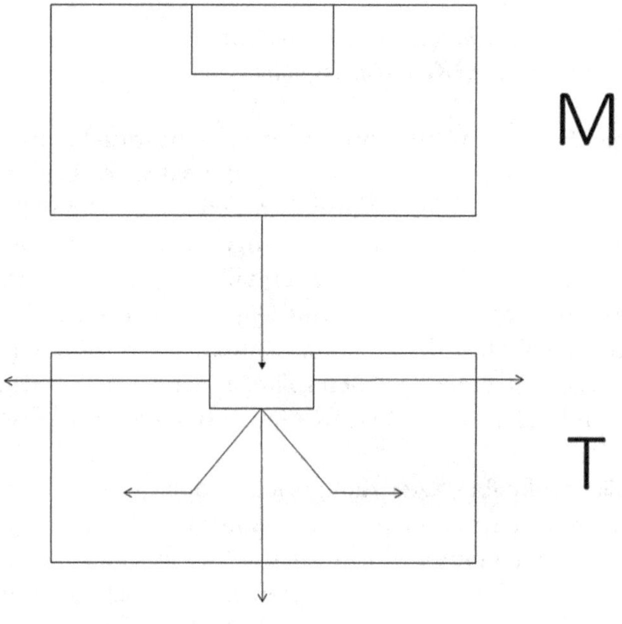

Die Input-Linie geht von der Mutter zur Tochter, nicht zur Tochter-Leitung. In der Tochter-Leitung kann und darf diese Einflussnahme nur ein Entscheidungs-*Faktor* neben andern sein. Wenn es nun aber einheitliche Leitung geben soll, bleibt in dieser Konstellation völlig offen, wer in welcher Hinsicht wen in wessen Interesse leitet. Der Konzern braucht eine eigene rechtliche Kompetenzaufteilung.

Bis es ein Konzern-Organisationsrecht gibt, schwebt mithin jeder Rechtsanwender, jedes Gericht und jeder Spezialgesetzgeber im freien Raum, wo auch immer Konzernsachverhalte zur Entscheidung anstehen. Er kann die Dinge von der Mutter oder der Tochter her ansehen, er kann zentrales cash-pooling als völlig selbstverständliche Sache der Mutter qualifizieren oder als Bedrohung der Tochterinteressen; er kann Wissen, Pflichten oder Vermögen anderen Konzerngesellschaften zurechnen oder nicht zurechnen, und er kann Vermutungen aufstellen, wie seiner Meinung nach die Geschäfte in einem Konzern ablaufen; kurz: er kann ihn als Einheit behandeln oder nicht. Das führt zur Atomisierung der Lösungen und macht die Rechtsfragen ebenso komplex wie unsicher. Je weniger zentral durchdachtes Konzernrecht wir haben, desto mehr Konzernrechtsspezialisten werden aus dem Boden schiessen.

Die Frage, ob das *bestehende*, nicht konzernspezifische *Recht* genügt, hat dabei gerade in den klassischen Domänen des Schutzes von *Minderheiten und Gläubigern in der Tochter* noch am ehesten ihre Berechtigung. Der habgierige Konzern ist dann ein Parallelfall etwa zum habgierigen Bruder, der sich als Diktator in der Familiengesellschaft betätigt. Welche dieser Herrscherpersonen, die Konzernmutter oder der Familienbruder, die grössere Gefahr darstellt, kann man sich sehr fragen. Die Gruppe hat immerhin einen Namen und Kredit zu verlieren.

Aber auch wenn, entsprechend dem deutschen Modell, der *Konzern*gefahr mit *spezifischen* Schutzregeln begegnet werden soll, so stellt sich eine nächste Frage: die der Ausgewogenheit mit dem Schutz der *Mutter* und ihrer Anleger. Denken wir daran: In der Krise ist meist das Problem nicht die Überschuldung, sondern zunächst die Liquidität. Ob da der Patient nicht die Mutter selber ist, hängt völlig vom Einzelfall ab.

Gruppenrecht ist jedenfalls nicht einfach Sicherung der Tochtergläubiger. Auch in der 100%-Tochter lässt sich nicht einfach, abgesehen vom Gläubigerschutz, frei schalten und walten, weil eine Leitung der Tochter da sein muss, welche deren Interessen und nichts als deren Interessen wahrnimmt. Ich betone dies, weil wir heute noch das Gegenteil hören werden. Ich meine, es müsste auch der Einsicht der Konzerne selber entsprechen, dass mit der Einverleibung der 100%-Töchter den *Zurechnungen* an die Mutter Tür und Tor geöffnet werden, Zurechnungen von Verhaltensweisen, Pflichten, Wissen usw. – der Kartellfall Akzo Nobel (EuGH 10.9.2009 C-97/08) als Beispiel.

Dritte Feststellung: Konzernrecht ist Ausgleich.

Der Schluss aus der Mehrheit von Leitungen, die beide auf das Wohl ihrer Einheit verpflichtet sind, ist schlicht: Das Interesse an einer Maßnahme muss auf beiden Seiten bestehen. Wenn wir fragen, was nun gilt: Ist der

Konzern eine Einheit oder eine Mehrzahl von Einheiten?, so ist das wie jene Zeichnung von Würfeln, deren Ecken je nach Fantasie nach vorn oder hinten springen können. Beide Antworten sind ebenso richtig wie unvollständig. Weder die Unterbindung der zentralen Leitung noch umgekehrt die völlige Marionettisierung der Tochterleitungen kennzeichnet den Konzern. *Wer einen Konzern bildet, will eben Beides*: Er will die Chance der getrennten Besteuerung oder der Haftungsabschottung oder der nationalen oder regionalen Integration von Töchtern („Aldi Suisse AG"), *und zugleich* will er sie in sein Gesamtpotenzial einordnen. *Das* macht den Riesenerfolg des Konzerns als Organisationsform aus. Wenn wir einfach das Interesse der Muttergesellschaft zum einzigen Maßstab erheben, aber auch wenn die Vorstandsprotokolle der Tochter Wort für Wort vorgeschrieben werden, kurz: wenn wir das Ganze als den eigentlichen oder einzigen Anknüpfungspunkt von Interesse oder Macht betrachten, dann fördern wir nicht den Konzern, sondern wir erwürgen ihn.

Das Konzernrecht muss immer den *Mittelweg* suchen. *Mutterinteresse und Tochterinteresse müssen sich finden können.* Hier hängt der Vorschlag des Forum Europaeum ein. Er schafft einerseits freie Bahn für die Impulse der Konzernleitung, stellt sich aber gegen Opferleistungen der Töchter, die mit ihrem eigenen Zweck nicht vereinbar sind. Seine Grundlinie heisst entsprechend: Die Macht ist bei der *Zentrale* (Abschnitt IV), doch hat sie eine *Verantwortung*, dass die Einzelgesellschaften ihre Chancen verwirklichen können. Leitungsmacht kann der Mutter nur zuerkannt werden, wenn man erwarten kann, dass sie eine gute Mutter ist. Das Modell ist gleichsam, in Modernisierung der römischen Formel, die diligens mater familias.

Die Untergesellschaften sind keineswegs Sklavinnen. Handelt die Mutter als böse Mutter, so muss und darf die betroffene Tochter einer Weisung keine Folge leisten. Aus diesem organisatorischen set-up ergibt sich auch der *Dialog* zwischen den Konzerngesellschaften. „Konzern" heisst immer auch „Dialograhmen".

Vierte Feststellung: Konzernrecht muss bei der Corporate Governance ansetzen.

Ob die Mutter gut oder böse ist, ob die Tochter lieb oder bockig, das misst sich an den Aufgaben, die sie in der Organisation erfüllen. Es geht um das Zusammenspiel der Leitungen. Da zeigt die wirtschaftliche Wirklichkeit indessen eine unbegrenzte Fülle von Varianten, abhängig bei weitem nicht nur von Organigrammen, sondern auch von Personen, Gepflogenheiten, Situationen. Wo kann vertraut werden, wo nicht? Was ist dringlicher? usw. Das sind die klassischen Themen jeder Organisation, und sind jedoch, auch in der Gruppe, eine Sache der Organisations-*Freiheit.* Das Recht, und so auch der Forums-Vorschlag, kann nur, aber immerhin, die Bedingungen setzen, die den Dialog veranlassen.

Nimmt die Obergesellschaft ihre Leitungsfunktion wahr, so werden die Konzerngesellschaften in einen Gesamtplan eingeordnet, d.h. mit Funktionen und Finanzen versehen, und massgebend dafür ist ihr *Potenzial.* Konzernrecht kann nicht die Integrität der Einzelgesellschaften garantieren, wohl aber, wie schon gesagt, ihre *Chancen.* Wenn eine Tochter saniert wird, gibt das nicht schon allen andern einen Anspruch auf Sanierung, wohl aber dann, wenn das Verhältnis von Sanierungsbeitrag und Gewinnaussichten mindestens ebenso gut ist (immer vorausgesetzt, die Mittel sind vorhanden). Gute Führung ist immer auch eine Sache der Gleichbehandlung.

Damit geht der Töchterschutz einerseits etwas weniger weit als nach Aktiengesetz. Das Konzernrecht kann nach der Optik des Vorschlags keine Schadloshaltung der Töchter versprechen, auch nicht für die von der Mutter veranlassten Handlungen. Die Konzernleitung, wie jede Unternehmensleitung, kann sich in ihren Prognosen auch irren. Sie bestraft sich durch den Schaden der Tochter ohnehin selbst. Anderseits besteht die Leitungsverantwortung der Mutter, ergänzt durch die Verantwortung der Tochterleitung – also quasi der Doppelfilter, der sich aus der Verantwortlichkeit unten und oben ergibt.

Der Konzern, durch seine blosse begriffliche Existenz, manifestiert, dass *Leitung teilbar* ist. Das entspricht nach meinem Eindruck aber bis heute nicht überall den Vorstellungen, gerade im Wirtschaftsrecht überleben noch absolutistische Konzepte, wonach eine letzte Entscheidungsmacht an einem einzigen Ort konzentriert sein müsse. Müsste alle Leitung an einem Ort vereinigt sein, so wäre der liebe Gott einziger Kandidat. Das Alltagsleben jedes Unternehmens zeigt mannigfache Endverantwortlichkeiten auf tieferer Stufe. Beim Konzern ist die Mehrfachleitung, wie gesehen, in der Struktur verankert. Die Pflicht der Konzernleitung, für das Ganze zu denken, verträgt sich sehr wohl mit der Pflicht der Tochterleitung, aus der Sicht der Tochter für diese zu denken. Ein schönes Beispiel, wo sogar ohne Unterordnung, als *parallele* Zuständigkeit, die Harmonie durch die Amtsträger selber gesucht werden muss, liefert uns schon das römische Recht mit der Stellung der beiden Konsuln, die beide mit der vollen Macht ausgestattet sind.

Dieser zentralen Leitungsmacht kann sich eine Gesellschaft als juristische Person, als selbständige Zweckeinheit nur unterwerfen, wenn diese Macht fair ausgeübt wird. Die Einordnung in den Konzern erfolgt nicht ein- für allemal. Überschreitet sie den Rahmen der Fairness, so verliert sie ihre Legitimität. Die Gesellschaften erscheinen dann in der betreffenden Sache als getrennte Einheiten, die Funktion des Rechts wird restitutiv und *jeder einzelne Eingriff* ist auf seine Nachteiligkeit zu prüfen. Dann, aber erst dann, entspricht der Ansatz demjenigen des deutschen faktischen Konzerns.

Fünfte Feststellung: Alles Recht, das den Konzern organisiert, baut auf einer Vermutung des Gleichlaufs der Interessen auf.

Die steuernde Einflussnahme seitens der Obergesellschaft darf sich nicht bloß darauf berufen können, dass sie faktische Macht über die Untergesellschaften besitzt, sondern es muss darin die Erwartung enthalten sein, dass die Interessen auf beiden Seiten parallel laufen. Nur dann ist die Leitung der Untergesellschaft legitimiert, einer Weisung zu folgen. Eine solche Konvergenz anzunehmen, gibt es aber gute Gründe. Aus der Sicht *von oben* sind die Untergesellschaften schon kraft Beteiligung eigenes Vermögen, und aus der Auslagerung downstream von Elementen der Gesamtplanung ergibt sich das Interesse, die dortigen Kapazitäten zu erhalten und zu verbessern; die Mutter tritt dann auch meist mit ihrem Namen ein. Aus der Sicht *von unten* spiegelt sich das Interesse von oben in der Erwartung entsprechender Mittel, wobei nicht nur an die Finanzen zu denken ist, sondern ebenso an den knowhow, an den Konzernnamen, oder an die Kosteneinsparungen durch Koordination bestimmter Funktionen.

Die *rechtliche* Weisungsmacht (Abschnitt IV) *muss* jedenfalls von einer solchen Konvergenzvermutung ausgehen und steht insofern in scheinbar grundsätzlicher Opposition zum deutschen Modell, das die Töchter vor der Mutter schützen will. Wir haben es festgestellt: Das Leitbild der Gluckhenne steht dem der Rabenmutter gegenüber. Welches hat mehr für sich? Klar ist, dass beide Ansätze ihr Stück Wahrheit enthalten: So lieb und vor allem so gerecht ist die Mutter nicht immer, und je schlechter die Zeiten, desto eher wird egoistischen, nationalistischen, emotionalen Beweggründen Raum gegeben. Auch wenn die Gluckhenne den *Nor-*

malfall wohl eher verkörpert, muss sie abgesetzt werden können, soweit und solange die Erwartung sich als falsch erweist.

Fünf Eckpunkte des Vorschlags

Diese Feststellungen bilden sich in den folgenden Eckpunkten des Vorschlags ab. Ich konkretisiere dabei in der oder jener Hinsicht, wofür ich entsprechend die alleinige Verantwortung trage.

1. Jede Muttergesellschaft (Obergesellschaft), die durch ihre Beteiligung oder anderweitig in der Lage ist, die Geschäfte einer anderen Gesellschaft in einem anderen EU-Mitgliedstaat (Tochtergesellschaft) umfassend zu leiten, ist dazu befugt (vgl. Abschnitt IV). Die Einflussnahme kann ebenso durch allgemeine Vorgaben (Strategie, Business-Pläne), durch Vorgaben bei Personalentscheidungen wie auch durch einzelne Weisungen zum Geschäftsverhalten erfolgen. Die Obergesellschaft kann die Untergesellschaft auch umstrukturieren, liquidieren lassen oder veräußern. Bestehen Teilkonzerne, so kann die oberste Muttergesellschaft die Leitung der ganzen Gruppe an sich ziehen.

2. Die Einflussnahme muss sich auf einen konzernweiten Business-Plan der Obergesellschaft stützen, der die Geschäftschancen der Untergesellschaft angemessen sicherstellt (V 2).

3. Der Geschäftsplan und seine Abänderungen sowie die Weisungen der Obergesellschaft sind in Rücksprache mit der Leitung der Tochtergesellschaft oder nach bisheriger Gepflogenheit zu bestimmen (vgl. VI 2 und 3).

4. Die von der Konzernleitung beschlossenen Dispositionen können für bestimmte Tochtergesellschaften nachteilig sein. Dies ist unter zwei Bedingungen hinzunehmen: Ihre Leistung muss mit der längerfristigen Aussicht verbunden sein, dass sich einigermaßen entsprechende Vorteile aus der Konzernzugehörigkeit oder konzerninternen Gegenleistungen ergeben. Die Disposition der Tochter hat dann gleichsam den Sinn eines konzerninternen Investments. Zudem sind von der Konzernleitung in ihren Dispositionen die Marktchancen der jeweiligen Tochter angemessen zu berücksichtigen, sei dies nun der allgemeine oder der konzerninterne Markt. Eine Behinderung der Entfaltung kann dabei nicht nur durch *aktive* Eingriffe (Entzug von Mitteln, Beanspruchung von Sicherheiten, Beschränkung des Absatzterritoriums oder des Produktsortiments) geschehen, sondern auch durch *Unterlassungen* (zu geringe Finanzierung, mangelnde Information) (vgl. VI 2 und 3).

5. Notwendig treten die Gegensätze von Zentralisierung und Dezentralisierung bei den Anforderungen an die *Publizität* in Erscheinung. Der Vorschlag sucht in Abschnitt VIII 2 einen Mittelweg, der teils generelle, teils konkrete Berichtspflichten vorsieht. Von der Mutter soll ein jährlicher Strukturbericht verlangt werden, in welchem sie alle ihre Gruppengesellschaften aufführt und die ihnen gegenüber angewandte Politik darstellt. Dies kann in allgemeinen Worten und allenfalls in Zahlen geschehen. Anderseits aber hat jede Tochter einen so benannten Transaktionsbericht zu verfassen, der nun die Funktion einer konkreten Beanstandung übernehmen kann. Darin stellt die Tochtergesellschaft nicht nur die Prinzipien ihres konzerninternen Vermögensverkehrs dar, sondern je einzeln die davon erfolgten Abweichungen. Diese Sonderberichte von oben wie von unten (der „Legitimierungs-" und der „Klagemauer"-Bericht) sind – nach dem Mehrheitswillen im Forum – sowohl einer unabhängigen Prüfung wie auch, trotz ihrem teilweise konkreten Gehalt, der Publikation unterworfen.

Ausblick

Im jetzigen Zeitpunkt will und kann auch der Vorschlag des Forums nicht mehr sein als eine Umrisszeichnung. Wichtige Punkte bleiben festzulegen. So wird das Thema der *Sanktionen* im Vorschlag bewusst offengelassen, mit einer unabdingbar zum Konzept gehörigen Ausnahme: Mit der Verletzung der Bedingungen fällt das Weisungsrecht der Mutter dahin, bis das System glaubwürdig wiederhergestellt ist (s. VI 3 a.E.). Weitere Rechtsfolgen anzuknüpfen bleibt Sache der nationalen Rechte (IX). Besonders wichtiges Thema bleibt auch die Behandlung im Prozess, allem voran die Verteilung der *Beweislast*. Schliesslich wird es der genauen Umschreibung des *Gruppentatbestands* bedürfen. Wir wissen, nicht nur aber auch von der Entstehung der europäischen Konsolidierungsrichtlinie, dass hier angesichts nicht nur von Sachfragen, sondern auch von Prestige und Usanzen die Vereinheitlichung politische Aspekte aufweist.

Wichtiger als die Einzelheiten ist aber ohnehin, dass das Konzept plastisch hervortritt: *zentrale Dezentralisierung*, das Zusammenspiel von Verantwortlichkeiten. Die Wirklichkeit hat schon lange deren Möglichkeit und Notwendigkeit gezeigt. Folgen wir ihr endlich! Schlagen wir die Gesellschaftsgruppe nicht flach, sondern verhelfen wir ihr, als Gruppe, zum Blühen.

Zumindest eine Prognose lässt sich dabei ohne weiteres geben: Es wird nicht nochmals 150 Jahre gehen. Denn bis dahin wird die Gesellschaftsgruppe längst ihre Ordnung haben, oder sie wird längst tot sein.

Unternehmensleitung im grenzüberschreitenden KMU-Konzern nach dem FECG-Eckpunktepapier

Peter Hommelhoff

Inhaltsübersicht

I. Die Ausgangslage

Der Konzern – nach der unausgesprochenen Vorstellung vieler über lange Jahrzehnte hinweg war er nichts anders als eine Steigerung der Aktiengesellschaft: noch größer, noch komplexer, noch mächtiger. Auch rechtlich wurde der Konzern weithin von der AG her gedacht; vor allem vom deutschen Gesetzgeber: die konzernabhängige AG im Vertrags-, faktischen und Eingliederungskonzern[1]. Prägendes Leitbild war der Großkonzern vom Zuschnitt Alstom, BASF, Nestle, Siemens, Unicredit oder VW – und was war mit den Unternehmensverbindungen in der mittelständischen Wirtschaft? Sie waren nicht richtig in den Blick geraten, obwohl in der deutschen Rechtsprechung die Figur des qualifizierten faktischen Konzerns[2] anhand von Kleinstkonzernen und -gruppen entwickelt worden war: Autokran[3], Video[4], TBB[5]. Allerdings kam der rechtspraktisch heftigste Widerspruch gegen das Video-Konzept vor allem aus Kreisen der mittelständischen Wirtschaft und ihrer Berater[6]. Aber dennoch blieb das Ganze sogar im Konzern-affinen Deutschland ein Rätsel: Obwohl viele seiner mittelständischen Unternehmen (häufig als hidden champions) europa- und weltweit agieren, verblieb ihre rechtliche Qualifizierung weithin im Ungefähren, obwohl ihre Rechtsstruktur eindeutig ist: Sie figurieren als grenzüberschreitende KMU-Konzerne Binnenmarkt-weit in vielen EU-Mitgliedstaaten[7].

1 S. RegE AktG 1965, bei *Kropff,* Aktiengesetz, S. 16.

2 Zum qualifiziert faktischen Konzern vgl. *Emmerich/Habersack,* Konzernrecht, 10. Aufl. 2013, § 28; *Raiser/Veil,* Recht der Kapitalgesellschaften, 6. Aufl. 2015, § 61 Rdn. 53 ff.; *K. Schmidt,* Gesellschaftsrecht, 4. Aufl. 2002, § 17 III 2., § 31 IV 4., § 39 III 3.

3 BGH, Urt. v. 16. 9. 1985 – II ZR 275/84 = BGHZ 95, 330.

4 BGH, Urt. v. 23. 9. 1991 – II ZR 135/90 = BGHZ 115, 187.

5 BGH, Urt. v. 29. 3. 1993 – II ZR 265/91 = BGHZ 122, 123.

6 S. hierzu insbesondere die Beiträge und Diskussionen in *Hommelhoff/Stimpel/Ulmer* (Hrsg.), Heidelberger Konzernrechtstage: Der qualifiziert faktische GmbH-Konzern, 1992.

7 Insbesondere kleine und mittlere Unternehmen sind aufgrund ihrer Spezialisierung darauf angewiesen, grenzüberschreitend tätig zu werden, *Steinberger,* BB 2006, Spezial 7, 27 (27); *Teichmann,* RIW 2010, 120, 120; vgl. hierzu auch *Hommelhoff,* in: FS Doralt, 2004, S. 199, 201 ff.

Für einen Perspektivwechsel sorgten erst in jüngerer Zeit Impulse auf der Ebene des Unionsrechts:

- der small business act der Kommission[8] mit der Europäischen Privatgesellschaft (SPE) in seinem Zentrum,
- der EU-Aktionsplan Gesellschaftsrecht 2012[9] und
- die Diskussion zu diesen rechtspolitischen Impulsen in Rechtspraxis und Rechtswissenschaft[10].

II. Neue Regelungsimpulse zu Gruppenrechtlichem im Unionsrecht

Diese unionalen Impulse sind zugleich darauf angelegt, die konzern- und gruppenrechtliche Lethargie seit Mitte der achtziger Jahre im letzten Jahrhundert[11] zu überwinden. Mit Recht; denn mittlerweile haben sich der Erkenntnisstand zu den Verhältnissen in der EU und die Zielsetzungen vor allem der Kommission stark verändert:

- die Erkenntnis von der herausragenden Bedeutung, die den KMU in sämtlichen Mitgliedstaaten sowohl in wirtschaftlicher, als auch in finanzieller und sozialer Hinsicht zukommt[12];

8 COM(2008) 394 final v. 25.6.2008.

9 COM(2012) 740 final v. 12.12.2012; dazu *Bayer/J. Schmidt,* BB 2013, 3, 12 ff.; *Hopt,* ZGR 2013, 165; *Müller-Graff,* ZHR 177 (2013), 563.

10 Zur SPE als Konzernbaustein s. nur *Drury,* in: Hirte/Teichmann (Hrsg.), The European Private Company – Societas Privata Europaea (SPE), 2013, S. 33, 37 f.; *Hirschfeld,* Der einheitliche SPE-Konzern im europäischen Binnenmarkt, 2015, passim; *Hommelhoff/Teichmann,* in: Hirte/Teichmann (Hrsg.), The European Private Company – Societas Privata Europaea (SPE), 2013, S. 1, 9 ff.; *Kneisel,* Die Europäische Privatgesellschaft (SPE) im Konzern, 2012, passim.

11 Zum Scheitern der Konzernrechts-Richtlinie *Grundmann,* Europäisches Gesellschaftsrecht, 2. Aufl. 2011, § 27 Rdn. 1004; *Habersack/Verse,* Europäisches Gesellschaftsrecht, 4. Aufl. 2011, § 4 Rdn. 15 f.; *Lutter/Bayer/J. Schmidt,* Europäisches Unternehmens- und Kapitalmarktrecht, 5. Aufl. 2012, § 9 Rdn. 5; *Schwarz,* Europäisches Gesellschaftsrecht, 2000, Rdn. 887 ff.; zum Rückzug im Kontext der SE-Gesetzgebung *Lächler,* Das Konzernrecht der Europäischen Gesellschaft (SE). Unter besonderer Berücksichtigung der Mitgliedstaaten Deutschland, Frankreich, England und Polen, 2007, S. 48 ff.; zum SE-Konzernrecht in seiner Entwicklungsgeschichte s. auch *Hommelhoff/Lächler,* AG 2014, 257, 260 ff.

12 S. nur der „Small Business Act" für Europa, COM(2008) 391 final v. 25.6.2008, S. 2 ff.; SUP-Richtlinien-Entwurf, COM(2014) 212 final v. 9.4.2014, S. 2 sowie Erwägungsgrund 4.

- daraus folgend: die betonte Ausrichtung der Rechtspolitik auf die KMU und das Bemühen vornehmlich der Kommission, ihnen die grenzüberschreitende Tätigkeit im Binnenmarkt zu erleichtern[13];
- die Beschreibung aller Schwierigkeiten, die das jeweilige Recht der Mitgliedstaaten in seiner ganzen Vielfalt gerade den KMU sowie der Binnenmarkt-weiten Gründung von KMU-Gruppen, ihrer Leitung und Umstrukturierung bereitet einschließlich der mit alledem verbundenen Kosten[14]. Im rechtspolitischen Fokus stehen dabei die Schwierigkeiten mit der Führung der Tochtergeschäftsführer im Ausland auf rechtlich unsicherem Boden[15]. Unter all diesen Schwierigkeiten leiden gewiss die Unternehmer aus kleineren Mitgliedstaaten wie Portugal, Griechenland oder Rumänien in besonderem Maße;
- die unlängst herausgearbeitete Notwendigkeit, in der Unternehmensgruppe den überkommenen Außenseiterschutz durch das zu-

13 SUP-Richtlinien-Entwurf, COM(2014) 212 final v. 9. 4. 2014, S. 2 sowie Erwägungsgründe 4 ff.

14 Vgl. *Brems/Cannivé*, Der Konzern 2008, 629, 630; *Bücker*, ZHR 173 (2009), 281, 283; *Chiappetta/Tombari*, ECFR 2012, 261, 271; *Drury*, in: Hirte/Teichmann (Hrsg.), The European Private Company – Societas Privata Europaea (SPE), 2013, S. 33, 38; *Ehricke*, in: Hommelhoff /Helms (Hrsg.), Neue Wege in die Europäische Privatgesellschaft, 2001, S. 17, 32; *Hausmann/Bechtold*, ECFR 2015, 341, 349; *Hommelhoff*, in: Lutter (Hrsg.), Konzernrecht im Ausland, 1994, S. 55, 65; *ders.*, WM 1997, 2101, 2103; *Kneisel*, Die Europäische Privatgesellschaft (SPE) im Konzern, 2012, S. 33; *Oplustil*, in: Teichmann (Hrsg.), Europa und der Mittelstand, 2010, S. 109, 119; *Steinberger*, BB 2006, 27, 28; *Teichmann*, in: Teichmann (Hrsg.), Europa und der Mittelstand, 2010, S. 61, 61; *ders.*, ECFR 2015, 202, 222; *ders.*, RIW 2010, 120, 120; *ders.*, ZRP 2013, 169, 170; *van den Braak*, 6 Utrecht L. Rev. 1 2010, 1. 6; *Vossius*, in: Teichmann (Hrsg.), Europa und der Mittelstand, 2010, S. 65, 66; *Weller/Bauer*, ZEuP 2015, 6, 24.

15 Aus der Perspektive der Mutter erschweren die unterschiedlichen nationalen Definitionen der Loyalitätspflichten der Tochtergeschäftsführer eine gruppenindividuelle, binnenmarktweit einheitliche Konzernleitung, vgl. *Chiappetta/Tombari*, ECFR 2012, 261, 269; *Drygala*, AG 2013, 198, 202; *Hommelhoff*, in: FS Roth, 2011, S. 269, 270 f.; *ders.*, in: FS Stilz, 2014, S. 287, 290; *ders.*, GmbHR 2014, 1065, 1071; *Lübking*, Ein einheitliches Konzernrecht für Europa, 2000, S. 312 f.; *Weller/Bauer*, ZEuP 2015, 6, 24; vgl. hierzu auch den Bericht von *Chiappetta*, General Counsel der Pirelli Group, auf der Konferenz zur Zukunft des Europäischen Gesellschaftsrechts am 16. und 17. 5. in Brüssel, http://ec.europa.eu/internal_market/company/docs/modern/conference201105/chiappetta_en.pdf, S. 4 ff.; zum Ganzen zuletzt *Teichmann*, ECL 2016, 150 ff.

sätzliche Ziel anzureichern, die grenzüberschreitende Unternehmensgruppe betont zugleich zu fördern (enabling law)[16];
- das daraus folgende Gebot, den Ausgleich zwischen Fördern und Schützen mit den Mitteln des Rechts vorspurend zu gewährleisten;
- die neue Einschätzung der Unternehmensgruppe, des Konzerns als modernste Organisationsform in Betriebswirtschaft[17] und Recht[18], die zugleich der Binnenmarkt-spezifischen Vielfalt der mitgliedstaatlichen Gesellschaftsrechte kongenial gerecht wird; und daraus ableitend schließlich
- die rechtsdogmatische Konsequenz, von der einzelnen Unternehmensverbindung in ihrer Isolation hinüber zu schwenken zum vielstaatlich fundierten Netzwerk mitsamt seinen 27 grenzüberschreitenden Unternehmensverbindungen im Binnenmarkt[19].

Kurzum: Auf der Ebene des Unionsrechts liegt Gruppenrechtliches in der Luft; die Zeit für einen innovativen Neuanlauf in der europäischen Rechtspolitik ist gekommen. Jetzt vor allem jedoch fokussiert auf die KMU-Unternehmensgruppe im Binnenmarkt. Das Kommissionsprojekt „Anerkennung des Gruppeninteresses" sollte starten; dabei möchte das *Forum Europaeum on Company Groups* (FECG) Unterstützung leisten[20].

16 *Forum Europaeum Konzernrecht,* ZGR 1998, 672, 681; *Hommelhoff,* ZGR 2012, 535, 537 f.; *Teichmann,* ZGR 2014, 45, 64 f.; aus schweizerischer Perspektive *Amstutz,* SZW 2016, 2, 20.

17 Zu den Vorteilen der Konzernorganisation aus ökonomischer und betriebswirtschaftlicher Perspektive vgl. *Kallfass,* in: Mestmäcker/Behrens, Das Gesellschaftsrecht der Konzerne im internationalen Vergleich, 1991, S. 19, 29; *Keller,* in: Lutter/Bayer, Holding-Handbuch, 5. Aufl. 2015, § 4 Rdn. 4.12 sowie *Scheffler,* in: FS Goerdeler, 1987, S. 469, 484.

18 Vgl. *Druey,* SZW 2012, 414, 415; *Grundmann,* Europäisches Gesellschaftsrecht (Fn. 11), § 27 Rdn. 1006; *Hommelhoff,* in: FS Fleck, 1988, S. 125, 149 f.; *ders.,* in: FS Stilz, 2014, S. 287, 297; *ders.,* GmbHR 2014, 1065, 1071; *ders.,* KSzW 2014, 63, 63; *ders./Lächler,* AG 2014, 257, 258; *ders./Teichmann,* GmbHR 2014, 177, 183; *Lübking,* Ein einheitliches Konzernrecht für Europa, 2000, S. 311, 341; *Lutter,* in: FS Volhard, 1996, S. 105, 106; Report of the Reflection Group on the Future of EU Company Law v. 5. 4. 2011, S. 59; *Weller/Bauer,* ZEuP 2015, 6, 7.

19 Hierzu *Hommelhoff,* in: FS Loewenheim, 2009, S. 591, 592.

20 *Forum Europaeum on Company Groups,* ECFR 2015, 299; auch abgedruckt in: ZGR 2015, 507; Revue des Sociétés 2015, 495; Transformacje Prawa Prywatneyo 2015, 67; Rivista de Derecho de Sociedades 2015, 591; Obchodnepravni revue 2016, 59.

III. Servicegesellschaften in der Unternehmensgruppe

1. Das Leitbild und seine Öffnungen

Ausgerichtet auf die grenzüberschreitende Gruppe von KMU sollten sich nach Vorstellung des Forums die rechtspolitischen Aktivitäten des europäischen Gesetzgebers zunächst auf jene Gruppenbausteine konzentrieren, derer sich KMU in aller Regel als Auslandstöchter bedienen, um über sie dort ihren Vertrieb und sonstige Dienstleistungen abzuwickeln. Von solchen Servicegesellschaften im Alleinbesitz ihrer KMU-Mütter hat sich das Forum als Leitbild inspirieren lassen, ohne damit jedoch seine Verwendbarkeit auch in großen Unternehmen und Gruppen als Vermögensverwaltungs- oder zentrale Finanzierungsgesellschaft (shared service centers) ausschließen zu wollen (V 1).

Aus dem Kreis aller konzernabhängigen Tochter- und Enkelgesellschaften sollen mithin die Servicegesellschaften herausgelöst und rechtlich insbesondere mit Blick auf die KMU-Gruppen eigenständig behandelt werden. Diese Abspaltung bedarf zu ihrer Legitimation rechtlicher Begründung.

2. Zur Legitimation gruppenspezifischer Haftungssegmentierung

Funktion der Auslandstöchter ist es auch, die in ihrem Sitzland entstehenden Risiken und Haftungsgefahren abzuschotten und ihren Durchschlag auf die Konzernmutter abzuwehren[21]. Der portugiesische Weinexporteur will allein seine Investition in Deutschland den hiesigen Risiken aussetzen, aber nicht vertikal sein Unternehmen in Portugal und ebenfalls nicht horizontal die Töchter in Spanien und Frankreich. In dieser Risiko- und Haftungssegmentierung im grenzüberschreitenden Konzern unterscheidet sich die Tochtergesellschaft als Organisationsform von der bloßen Niederlassung im Ausland[22]. Allerdings unterliegt diese

21 Zur Haftungssegmentierung im Konzern *Drygala/Staake/Szalai,* Kapitalgesellschaftsrecht mit Grundzügen des Konzern- und Umwandlungsrechts, 2012, § 29 Rdn. 4; *Hommelhoff,* ZIP 1990, 761, 767 ff.; zu den Vorteilen der Haftungssegmentierung aus ökonomischer Perspektive *Kallfass,* in: Mestmäcker/Behrens, Das Gesellschaftsrecht der Konzerne (Fn. 17), S. 19, 33 ff.

22 Zu den funktionalen Unterschieden zwischen Niederlassung und Tochtergesellschaft *Hommelhoff/Teichmann,* in: Hirte/Teichmann (Hrsg.), The European Private Company (Fn. 10), S. 1, 10; *dies.*, DStR 2008, 925, 925; *Münch/Franz,*

Haftungssegmentierung in ihrer Legitimität Zweifeln: Als Servicegesellschaft strebt die Auslandstochter mit ihrer ökonomischen Betätigung keinen eigenen finanziellen Erfolg an; dieser soll der Mutter (oder anderen Gruppengesellschaften) zugutekommen. Dabei soll die Tochter als Servicegesellschaft bloß helfen: Was könnte hier die auf ihr Vermögen beschränkte Haftung rechtfertigen?

Diese Zweifel schlagen nicht durch; es kommt auf die zivilrechtliche Gestaltung der Vertragsbeziehungen an: In der Vertriebstochter wird der Gewinn generiert, sie streicht ihn ein, so dass er ihren Gläubigern zum Zugriff eröffnet ist, und leitet den Gewinn dann weiter an die Mutter. Bei einer solchen Vertragsgestaltung stehen das Gewinnstreben der Tochter und die Haftungsbeschränkung auf ihr Vermögen im Ausgleich. Anders hingegen bei „Aschenputtel"-Konstruktionen[23]: Der Vertriebsgewinn wird an der Tochter vorbei der Mutter direkt zugeleitet; der Tochter verbleiben bloß die Risiken. Hier lässt sich die Haftungssegmentierung nicht legitimieren.

Über diese grundlegende Legitimierung hinaus bedarf die Sonderbehandlung der Servicegesellschaften im Kreis aller Konzerngesellschaften aber noch weiterer Erwägungen zu ihrer Rechtfertigung:

3. *Reduktion des stakeholder-Schutzes*

Einer Sonderbehandlung können die Servicegesellschaften auch deshalb unterzogen werden, weil sich in ihnen der stakeholder-Schutz reduzieren und bloß auf den Schutz der Tochtergläubiger konzentrieren lässt. Namentlich bedarf es in solchen Gesellschaften in alleiniger Inhaberschaft der Konzernmutter (ggf. zusammen mit anderen Gruppengesellschaften) keines gesetzlichen Minderheitenschutzes. Aber auch die übrigen stakeholder wie die Arbeitnehmer oder das Umfeld benötigen wegen ihres relativ geringen Gewichts keinen spezifisch gruppenrechtlichen Schutz; insoweit mag der Schutz durch nationales Arbeits-, Umwelt- und Steuerrecht etc. genügen.

BB 2010, 2707, 2710; *Teichmann*, in: Lutter/Koch (Hrsg.), Societas Unius Personae (SUP), 2015, S. 37, 58 ff.; *ders.*, ECFR 2015, 202, 216 ff.

23 Zu Aschenputtel-Konstellationen: *BGH*, Urt. v. 28.4.2008 – II ZR 264/06 = BGHZ 176, 204 – Gamma; *OLG Düsseldorf*, Urt. v. 26.10.2006 – I-6 U 248/05, 6 U 248/05 = ZIP 2007, 227.

4. *Vereinfachter Gläubigerschutz*

Allerdings reicht die Konzentration auf den Gläubigerschutz allein nicht aus, um die eigenständige Behandlung der Servicegesellschaften zu rechtfertigen. Hinzu kommt das Bestreben, den unverzichtbaren Gläubigerschutz namentlich mit Blick auf die grenzüberschreitenden KMU-Gruppen möglichst einfach auszugestalten. In der Sache läuft somit die Sonderbehandlung der Servicegesellschaften darauf hinaus, bei ihnen auf die „Rozenblum"-Mechanismen[24] zu verzichten. Sie stoßen verbreitet auf einige Reserve mit der Begründung, sie seien zu kompliziert, verwirrend und rechtsunsicher[25]. Hierüber wird noch zu verhandeln sein, aber nach dem Vorschlag des Forums nicht für die Servicegesellschaften.

5. *Fortschreibung des SUP-Projekts*

Denn für sie als Gruppen-verflochtene Gesellschaften sollte möglichst an die laufenden Arbeiten des europäischen Gesetzgebers zur SUP-Richtlinie[26] angeknüpft werden. Zwar ist die societas unius personae in ihrem momentanen Regelungszustand als Gruppenbaustein noch ganz unvollkommen[27]; sie könnte jedoch mit den Regelungselementen der „Anerkennung des Gruppeninteresses" für Servicegesellschaften so vervollkommnet werden, dass sie für die Einsatzzwecke einer solchen Or-

24 Näher zur *Rozenblum*-Formel *Ebenroth/Reiner,* Beilage 13 zu BB 1992, S. 15 ff.; *Falcke*, Konzernrecht in Frankreich, S. 35 ff.; *Lächler,* Das Konzernrecht der Europäischen Gesellschaft (Fn. 11), S. 168 ff.; *Lutter*, in: FS Kellermann, 1991, S. 257 (260 ff.); *Maul*, NZG 1998, 965 (966); *Schön*, RabelsZ 64 (2000), 1, 22 f.; *Böckli*, in diesem Band S. 383 ff.

25 So bspw. *Conac*, ECFR 2013, 194, 218; *Koppensteiner,* in: Kölner Kommentar AktG, Band 6, 3. Aufl. 2004, Vorb. § 291 Rdn. 135; *Müller,* in: Spindler/Stilz, AktG, Band 2, 3. Aufl. 2015, Vor § 311 Rdn. 18; ähnlich *Wackerbarth,* Grenzen der Leitungsmacht in der internationalen Unternehmensgruppe, 2001, S. 341; krit auch *Blaurock,* in: FS Sandrock, 2000, S. 79, 86 f., 93; *Gause,* Europäisches Konzernrecht im Vergleich. Eine Untersuchung auf der Grundlage des portugiesischen Rechts, 2000, S. 311; *Lübking,* Ein einheitliches Konzernrecht für Europa, 2000, S. 146; sowie ein Teil der *Reflection Group*, Report of the Reflection Group on the Future of EU Company Law v. 5.4.2011, S. 64 f.; zum Einwand der Unbestimmtheit vgl. zudem *Forum Europaeum Konzernrecht*, ZGR 1998, 672, 712; *Teichmann,* AG 2013, 184, 195.

26 SUP-Richtlinien-Entwurf der Kommission, COM(2014) 212 final v. 9.4.2014 sowie der Änderungsvorschlag des Ministerrates v. 21.5.2015, 8811/15.

27 Eingehend hierzu *Hommelhoff,* GmbHR 2014, 1065.

ganisationseinheit vollauf geeignet ist. Mit seinem Vorschlag zur Servicegesellschaft zielt das Forum deshalb auch darauf ab, die SUP zum Gruppenbaustein für KMU-Gruppen zu ertüchtigen.

6. *Die Voraussetzungen für eine Servicegesellschaft*

Vor diesem Hintergrund sind die drei Voraussetzungen zu sehen, die das Forum Europaeum in V1 seiner Eckpunkte aufgestellt hat. Gegen das erste Erfordernis „ausschließlich Hilfsleistungen in der Unternehmensgruppe" sind freilich in der anschließenden Diskussion[28] so gewichtige Einwände erhoben worden, dass noch weiter überdacht werden muss, ob das Leitbild „Servicegesellschaft" wirklich in Tatbestandsmerkmale transformiert werden sollte. Alternativ könnte der Zugang zum gruppenspezifischen Sonderregime für Servicegesellschaften dann schon für alle Tochtergesellschaften im Alleinbesitz eröffnet sein, die eine bestimmte Größe nicht erreichen. Aber wie auch immer: bei den Zahlen hat sich das Forum an den EU-Grenzlinien für mittelgroße Unternehmen orientiert[29].

Sollten diese Grenzlinien überschritten werden, so ist sogar eine Servicegesellschaft im Alleinbesitz dermaßen gewichtig und von so wesentlicher Bedeutung, dass der Stakeholder-Schutz nicht allein auf den Gläubigerschutz konzentriert werden darf. Konsequent genügt auch kein vereinfachtes Schutzregime mehr; vielmehr muss dann das Schutzregime für „Reguläre Tochtergesellschaften" zum Zuge kommen (V 1). Ein solches Regelsystem könnte, was hier nicht weiter auszuführen ist, die „residuelle Eigenwirtschaftlichkeit und Gewinnstrebigkeit" dieser Tochter (*P. Böckli*)[30] mit einschließen.

Zugegeben – das Erfordernis alleiniger Rechtsinhaberschaft (wholly owned company) schließt eine Beteiligung der Tochtergeschäftsführer an der Servicegesellschaft ebenso aus wie deren Verwendbarkeit für joint

28 Unten S. 345.

29 Art. 2 Abs. 1 des Anhangs zur Empfehlung der Kommission 2003/361/EG v. 6.5.2003, Abl. EU L 124 v. 20.5.2003, S. 39, definiert KMU als Unternehmen, die weniger als 250 Personen beschäftigen und entweder einen Jahresumsatz von höchstens 50 Mio. EUR erzielen oder deren Jahresbilanzsumme sich auf weniger als 43 Mio. EUR beläuft; zu der hiervon leicht abweichenden Definition des Forums: *Forum Europaeum on Company Groups,* ZGR 2015, 507, 512.

30 Dazu *Böckli* in diesem Band S. 387 f.; zur Rechtslage in der Schweiz vgl. *ders.*, Schweizer Aktienrecht, 4. Aufl. 2009, § 11 Rdn. 298 ff.

ventures – aus rechtspraktischer Sicht gewiss eine gewichtige Einschränkung ihrer Verwendungsmöglichkeiten[31]. Aber für solche Gestaltungen ist ein qualitativer Aufwuchs des Schutzinstrumentariums, vorzüglich zum Schutz der Gesellschafterminderheit geboten; deshalb sind die an solchen Gesellschaften Beteiligten auf die „Regulären Tochtergesellschaften“ mit ihrem qualifizierten Stakeholder-Schutz zu verweisen.

IV. Gläubigerschutz in der Servicegesellschaft

Das Instrumentarium des Gläubigerschutzes in der Unternehmensgruppe wirkt sich auf deren Führbarkeit aus: je umfassender und komplizierter die Regeln zum Gläubigerschutz ausgestaltet sind, desto schwieriger wird die Führbarkeit der Gruppe und der Auslandstöchter in ihr[32]. Deshalb konzentriert der Vorschlag des Forums diesen Schutz in der Servicegesellschaft auf lediglich zwei Instrumente: auf einen effektiven Liquiditätsschutz[33] einerseits und auf den Schutz vor Existenzgefährdung der Servicegesellschaft andererseits. Damit soll nach Vorstellung des Forums sowohl auf den Vermögensschutz im Recht der Kapitalerhaltung[34] verzichtet werden als auch auf einen Schutz in Anlehnung an das Instrumentarium für die „Related Party Transactions“[35].

1. Liquiditätsschutz

Für den Liquiditätsschutz und seine europarechtlichen Gestaltungsvorgaben könnte auf die Ausschüttungskontrolle zurückgegriffen werden, wie sie in den Niederlanden im Rahmen der großen bv-Reform von

31 *Harbarth,* ECFR 2015, 230, 234.

32 Dazu schon *Hommelhoff,* KSzW 2014, 63, 67 f.

33 Allgemein zum Liquiditätsschutz s. die Beiträge in *Lutter* (Hrsg.), Das Kapital der Aktiengesellschaft in Europa, 2006.

34 Zur Kontroverse zum Vermögens- oder Liquiditätsschutz vgl. z. B. *Lutter,* in: Lutter (Hrsg.), Das Kapital der Aktiengesellschaft in Europa, S. 1, 9 ff.; *KPMG* Feasibility study on an alternative to the capital maintenance regime established by the Second Company Law directive (http://ec.europa.eu/internal_market/company/capital/index_en.htm): keine eindeutige Schutzsystem-Präferenz; dazu *Lanfermann/Richard,* Der Aufsichtsrat 2008, 39.

35 Zu related party transactions statt vieler *Fleischer,* BB 2014, 2691; *Tröger,* AG 2015, 53; *Vetter,* ZHR 179 (2015), 273; *Wiersch,* NZG 2014, 1131.

2012 („flex bv") normiert worden ist[36], und auf die zwischenzeitlich dort mit ihr in der Unternehmenspraxis gesammelten Erfahrungen – wenn auch die Haftungsverlagerung zulasten der Geschäftsführer gerade mit Blick auf die in der Tochtergesellschaft rechtspolitisch als besonders problematisch erscheint[37]. – Anregungen für einen unionalen Liquiditätsschutz könnte überdies die Diskussion liefern, die momentan zum Liquiditätsplan in der Schweiz zur Reform von Art. 725 OR geführt wird[38]. Denn in ihr werden nicht bloß die Auswirkungen eines solchen Liquiditätsplans speziell auf die KMU und deren Belange intensiv erörtert, sondern ebenfalls der Zeitraum für Liquiditätsprognosen: 6 statt 12 Monate?[39]

Freilich – Vertriebs- und sonstige Hilfstöchter im Ausland sind regelmäßig andauernd und eng in den gruppeninternen Lieferungs- und Leistungsverkehr eingebunden. Daher könnte die Kontrolle einer jeden Vermögensbewegung zwischen der Servicegesellschaft und anderen Gruppenunternehmen in ihrer jeweiligen Auswirkung auf den künftigen Liquiditätsstatus der Servicegesellschaft einen überaus großen Aufwand erfordern und damit die Führbarkeit der Gruppe und die der Gruppenunternehmen in ihr erheblich erschweren[40]. Deshalb dieser Vorschlag des Forums:

2. *Die Liquiditätsgarantie*

Auf die Kontrolle der gruppeninternen Einzeltransaktionen kann verzichtet werden, wenn zugunsten der Servicegesellschaft deren Liquidität garantiert, also sichergestellt wird, dass sie im kommenden Jahr über die für die in dieser Zeit fällig werdenden Verbindlichkeiten und ihre Begleichung nötige Liquidität verfügen kann (V 2). Sollte ein gruppenfremder Dritter (etwa eine Bank) die Liquiditätsausstattung garantieren,

36 Dazu *Hirschfeld,* RIW 2013, 134, 138 ff.; *Höfer,* „Flex GmbH" statt UG – Eine attraktive Schwester für die alte GmbH!, 2015, S. 170 ff.; *Zaman,* GmbHR 2012, 1062, 1063 f.

37 Überzeugend kritisch *Höfer,* „Flex GmbH" statt UG (Fn. 36), S. 172 ff.

38 Hierzu *Böckli,* SZW 2015, 490.

39 Für Jahresfrist längstens plädiert auch *Höfer,* „Flex GmbH" statt (Fn. 36), S. 282 mit beachtlichen Argumenten.

40 Dazu schon für die Tochter-GmbH im deutschen Recht *Hommelhoff,* ZGR 2012, 535, 540 ff.

so hat dieser auf Verlangen eines jeden Tochtergläubigers die Werthaltigkeit seiner Garantie nachzuweisen.

Zusätzlichen Anforderungen sollte die Liquiditätsgarantie anderer Gruppengesellschaften, namentlich der Mutter, unterliegen. In diesem Falle ist der Tochtergeschäftsführer fortlaufend über die Wirtschafts- und Finanzlage der Gesamtgruppe zu informieren; die Gruppenmutter ist zu diesen Informationen verpflichtet. Falls eine andere Gruppengesellschaft als die Mutter, etwa die zentrale Finanzierungsgesellschaft der Gruppe, die Liquiditätsgarantie abgibt, so muss auch diese die Servicegesellschaft über ihre Wirtschafts- und Finanzlage regelmäßig ins Bild setzen. Mithilfe dieser Informationen soll die Kontrollfunktion der Tochtergeschäftsleitung[41] in der Servicegesellschaft gestärkt werden.

Solche Liquiditätsgarantien würden das Prinzip der Haftungssegmentierung im Konzern nicht aufheben, sehr wohl jedoch (wie jede harte Patronatserklärung)[42] eingegrenzt durchbrechen.

3. Cash Pooling

Ob diese Liquiditätsgarantien mitsamt den Informationspflichten in ihrem Gefolge ausreichen, um die Servicegesellschaft zugleich im gruppenweiten Cash Pooling-System[43] hinreichend zu schützen, bedarf noch weiterer und vertiefter Erörterung.

41 Dazu auch unten V. 3.

42 Zu Funktionen und Auswirkungen harter Patronatserklärungen vgl. z. B. *Limmer,* DStR 1993, 1750; *Maier-Reimer/Etzbach,* NJW 2011, 1110; *Raeschke-Kessler/Christopeit,* NZG 2010, 1361; *v. Rosenberg/Kruse,* BB 2003, 641; *Wälzholz,* in: Fuhrmann/Wälzholz, Formularhandbuch Gesellschaftsrecht, 2. Aufl. 2015, 3. Teil XV 6.

43 Zum Cash-Pooling vgl. z. B. MüKoAktG/*Altmeppen,* Band 5, 4. Aufl. 2015, § 311 Rdn. 225 ff.; *Schmidt,* Kapitalaufbringung und Kapitalerhaltung im Cash-Pool nach Inkrafttreten des MoMiG und des ARUG, 2011, passim; *Wirsch,* Kapitalaufbringung und Cash-Pooling in der GmbH, 2009, passim; *Lutter/Hommelhoff,* GmbHG, 19. Aufl. 2016, § 30 Rdn. 37 ff.

V. Grenzüberschreitende Gruppenführung

Auslöser für den Neuanlauf der EU-Kommission, gruppenrechtliche Regelungen trotz aller Erfahrungen mit konzernrechtlichen Projekten in der Vergangenheit in den Blick zu nehmen, waren in der europäischen Unternehmenspraxis Schwierigkeiten für die Gruppenmutter, die Tochtergeschäftsführer auf die Gruppe und deren Belange auszurichten. Das Tochtereigeninteresse, in den meisten Mitgliedstaaten nach deren Recht vorangestellt und scharf bis hin zum Strafrecht abgesichert[44], ist ein erhebliches Hindernis, das der Möglichkeit entgegensteht, eine Gruppe von der Konzernmutter her zu führen. Grenzüberschreitende Konzernführung im Binnenmarkt erfordert die Rechtsmacht, sich gegenüber den Tochtergeschäftsleitungen durchzusetzen, die Gruppenziele auf der Ebene der Töchter rechtsverträglich umsetzen lassen zu können, und für die Tochtergeschäftsführer, den gruppenweiten Leitlinien und sonstigen Vorgaben der Konzernmutter nachkommen zu dürfen, ohne gegen europäisches oder nationales Recht verstoßen zu müssen[45].

1. Weisungsrecht und Folgepflicht

Als zentrales Leitungselement fungieren das Weisungsrecht der Konzernmutter und die ihm korrespondierende Folgepflicht der Tochtergeschäftsleitungen und ihrer Mitglieder. Weisungsrecht und Folgepflicht schlägt das Forum Europaeum in IV seiner Eckpunkte vor; gleichsinnig der European Model Company Act (EMCA) mit der schlagenden Begründung, die Weisungsbefugnis entspreche der Realität[46].

Dennoch stößt die gesetzliche Gewährung eines Weisungsrechts verbreitet auf Widerstand; dazu eine polnische Stimme: „Weisungen aus Moskau haben wir glücklich abgeschüttelt. Die EU sollte sie nicht erneut einführen". Auch das in der SUP-Richtlinie von der Kommission zu-

44 Ein kursorischer Überblick zur Rechtslage in den Mitgliedstaaten findet sich bei *Teichmann,* AG 2013, 184, 191 ff.

45 Das war das Problem der Geschäftsleiter in der Warschauer Rabobank-Tochter mit deren Einbezug in das gruppenweite Cash-Management dieser Bank; s. aber auch die Feststellungen Luxemburger Tochtergeschäftsführer, berichtet bei *Teichmann,* ECL 2016 150, 154.

46 EMCA Chapter 15 Section 9, Comments (S. 475).

nächst vorgeschlagene Weisungsrecht[47] ist im Verlaufe der Ministerrats-Verhandlungen auf der Strecke geblieben[48]. Bezweifelt wird vornehmlich dessen Notwendigkeit.

2. *Die „Personalschiene" als Alternative?*

Als alternativer Leitungsmechanismus wird von vielen die „Personalschiene" favorisiert[49]. Die rechtlich fundierte Möglichkeit der Konzernmutter, die Positionen in der Tochtergeschäftsleitung zu besetzen, reiche aus. Namentlich die drohende Abberufung, insbesondere eine jederzeitig begründungslose, und auch die versagte Wiederbestellung hielten die Mitglieder der Tochtergeschäftsleitung auf Gruppenkurs und öffneten diese gegenüber den Lenkungs- und Führungsimpulsen der Konzernmutter. Diese Einschätzung ist aus deutscher Perspektive zu bestätigen: Auf den Wirkmechanismen der „Personalschiene" beruht der faktische AG-Konzern[50]; er funktioniert in der Unternehmenspraxis hierzulande vorzüglich[51] – und dies, obwohl der Tochtervorstand zu eigenverantwortlicher Leitung berechtigt und verpflichtet ist (§ 76 Abs. 1 AktG)[52] und allein aus wichtigem Grund vorzeitig abberufen werden kann (§ 84 Abs. 3 AktG), die Wirkmechanismen der „Personalschiene" mithin rechtlich eingehegt sind.

47 Art. 23 SUP-Richtlinien-Entwurf, COM(2014) 212 final v. 9.4.2014; dazu *Hommelhoff,* GmbHR 2014, 1065, 1070 f.

48 Art. 23 wird in der Fassung des Ministerrates v. 21.5.2015, 8811/15, ersatzlos gestrichen.

49 Zur Personalschiene als Instrument der Einflussnahme auf Tochtergeschäftsleiter zuletzt *Ziegler,* Konzernleitung im Binnenmarkt, 2016, S. 12 f.

50 Zum Einflusspotential der „Personalschiene" vgl. *Emmerich,* in: Emmerich/Habersack, Aktien- und GmbH-Konzernrecht, 7. Aufl. 2013, § 17 AktG Rdn. 5 ff.; *ders./Habersack,* Konzernrecht, 10. Aufl. 2013, § 4 Rdn. 17; *Raiser/Veil,* Recht der Kapitalgesellschaften, 6. Aufl. 2015, § 59 Rdn. 16; *Schall,* in: Spindler/Stilz, AktG, Band 1, 3. Aufl. 2015, § 17 Rdn. 11.

51 Auch der Handelsrechtsausschuss geht ganz offenbar davon aus, dass der faktische AG-Konzern in der Praxis über die Personalschiene sehr gut funktioniert; aus diesem Grund lehnt er eine Qualifizierung des Großaktionärs und seiner Vertreter als abhängige Aufsichtsratsmitglieder, verbunden mit der Empfehlung, eine angemessene Anzahl unabhängiger Mitglieder in den Aufsichtsrat aufzunehmen, ab, vgl. *Handelsrechtsausschuss des Deutschen Anwaltvereins,* NZG 2012, 335, 338.

52 Nachdrücklich *Altmeppen,* ZIP 2016, 441, 442 f.; so auch schon *Hommelhoff,* Die Konzernleitungspflicht, 1982, S. 113 ff., zusammenfassend S. 123.

Trotz alledem ist die „Personalschiene“ keine rechtlich empfehlenswerte Alternative[53]. Denn die Einflüsse auf ihr

- sind intransparent,
- höhlen die Kontrollfunktion der Tochtergeschäftsführer aus (dazu gleich näher V 3),
- schwächen den stakeholder-Schutz in der Tochter, in einer Servicegesellschaft also den der Tochtergläubiger, und
- überfordern die Tochtergeschäftsführer regelmäßig in der Wahrnehmung ihrer Aufgaben[54].

Aus diesen Gründen sollte es dabei bleiben: Das gruppenspezifisch angemessene Leitungsinstrumentarium sind „Weisungsrecht und Folgepflicht“.

3. Der Geschäftsführer in der Servicegesellschaft: ein „public watchdog“

Allerdings – das Weisungsrecht kann der Mutter nicht unbeschränkt eröffnet werden. Es stößt auf Grenzen, die den Tochtergeschäftsführern zur Einhaltung rechtsverbindlich vorgegeben sind; ihr gesetzeskonformes Verhalten steht nicht zur Disposition der Gruppenmutter. Soweit es die spezifisch gruppenrechtlichen Eingrenzungen angeht, mithin den Liquiditätsschutz in der Tochter und den Schutz ihrer Existenz, sollte der europäische Gesetzgeber das Weisungsrecht im Interesse einheitlicher Steuerbarkeit der Servicegesellschaften im ganzen Binnenmarkt explizit entsprechend einschränken und ebenso ausdrücklich andere Einschränkungen nach dem je nationalen Recht der Mitgliedstaaten ausschließen. Damit wäre die Rolle der Tochtergeschäftsführer als Wahrer öffentlicher

53 Ebenso *Ziegler,* Konzernleitung im Binnenmarkt (Fn. 49), S. 21 ff.

54 Für eine Einschränkung des voraussetzungslosen Abberufungsrechts aus Gläubigerschutzgesichtspunkten *Lorenzen,* Der Kapital- und Vermögensschutz in der zweiten Kapitalgesellschaftsform. Ein dänisch-deutscher Rechtsvergleich, 2016, S. 294 ff.; *Höfer,* „Flex GmbH“ statt UG (Fn. 36), S. 173 f., weist daraufhin, dass der Tochtergeschäftsführer insbesondere aufgrund der Personalhoheit der Muttergesellschaft oftmals nicht mehr als deren Marionette ist und fordert daher, dass sich die Konzernmutter nicht hinter der Haftung des Tochtergeschäftsleiters verstecken können soll. Ein vor diesem Hintergrund konzipiertes alternatives Haftungsmodell bei Folgen gesetzwidriger Ausschüttungen für die GmbH findet sich ebd., S. 285 ff.

Interessen[55], als „public watchdog", neben seiner anderen eines gruppeninternen Funktionsträgers hinreichend deutlich markiert.

Daraus ergeben sich Folgefragen für den europäischen Gesetzgeber:

- welche Kontrollpflichten sollte er den Tochtergeschäftsführern in der Servicegesellschaft konkret ausformuliert vorgeben?
- sollte der europäische Gesetzgeber neben den Informationspflichten der Tochtergeschäftsführer auch spezifische Dokumentationspflichten normieren? EMCA hält sie für bloßen Formalismus[56], verkennt damit jedoch die Verhaltens-steuernden Wirkungen, die von schriftlich Fixiertem ausgehen[57].
- empfiehlt es sich, die Pflicht der Tochtergeschäftsführer zum Widerspruch bei drohendem Verstoß gegen Bestimmungen im öffentlichen Interesse ausdrücklich zu normieren?

Ein besonderes Problem für die Tochtergeschäftsführer (und somit zugleich für den europäischen Gesetzgeber) ist deren jederzeitige und freie Abberufbarkeit. Kann ein so an die Kette gelegter „public watchdog" die Funktion eines „Schutzschildes" (EMCA) wahrnehmen? Über diese Rolle der Tochtergeschäftsführer, ihre Absicherung gegenüber freier Abberufbarkeit und die sonstigen Stärkungen der Geschäftsführer in dieser ihrer Funktion[58] wird man sich im europäischen Gesetzgebungsverfahren noch Gedanken machen müssen.

4. Gläubigerschutz in Verantwortung der Gruppenmutter

In der Wahrnehmung ihrer „Schutzschild"-Funktion (oben V 3) sollten die Tochtergeschäftsführer in der Servicegesellschaft zusätzlich durch die Gruppenmutter unterstützt werden. Diese sollte, auch und gerade bei einer Liquiditätsgarantie, selbst die Liquiditätslage der Tochter und deren Entwicklung, letztlich also die Überlebensfähigkeit der nachgeordneten Ser-

55 Zum Leitungsorgan als Hüter der Gläubigerinteressen rechtsvergleichend zum dänischem Recht eingehend *Lorenzen,* Der Kapital- und Vermögensschutz (Fn. 54), S. 247 ff.

56 EMCA Chapter 15 Section 16, Comments (S. 486).

57 Vor diesem Hintergrund ist auch der SUP-Richtlinien-Vorschlag COM(2014) 212 final v. 9.4.2014 zu bewerten, gemäß dessen Art. 18 Abs. 3 der Geschäftsführer bei Gewinnausschüttungen zum Verfassen einer schriftlichen Solvenzbescheinigung verpflichtet werden soll.

58 Dazu *Lorenzen,* Der Kapital- und Vermögensschutz (Fn. 54), S.288 ff.

vicegesellschaft fortlaufend beobachten, einschätzen und darüber die Tochtergeschäftsführer informieren. Für diese Beobachtung und Einschätzung haben diese ihrerseits die Gruppenleitung fortlaufend ins Bild zu setzen. Diese beidseitigen Informationen dienen der gruppeninternen Corporate Governance; ihre Verlautbarung gegenüber der allgemeinen Öffentlichkeit scheint daher nicht erforderlich. Für den europäischen Gesetzgeber wird es sich empfehlen, diesen Informationskreislauf zwischen den beiden Gruppenunternehmen samt den damit verbundenen Organpflichten zu normieren.

VI. Umstrukturierungen in der Unternehmensgruppe

Zur Förderung der KMU-Unternehmensgruppen zählt ebenfalls ihre Möglichkeit, sich leicht, unaufwendig und flexibel umzustrukturieren[59]. Freilich wird der Unionsgesetzgeber insoweit keine Vorkehrungen im Zusammenhang mit dem Projekt „Anerkennung des Gruppeninteresses" zu treffen brauchen. Denn

1. Umstrukturierungen innerhalb der Servicegesellschaft

sind kein Rechtsproblem. Sollen sich etwa deren Vertriebsaktivitäten im ausländischen Sitzstaat nicht allein auf Mutterprodukte erstrecken, sondern zusätzlich auf die Produkte anderer Gruppenunternehmen, so handelt es sich bei dieser Aktivitätsausweitung um keine rechtlich relevante Form der Umwandlung, sondern lediglich um einen unternehmens- und gruppeninternen Organisationsakt, mag dieser auch ins Gewand einer Weisung gehüllt sein.

Anders dagegen bei

2. Umstrukturierungen mit der Servicegesellschaft innerhalb der Gruppe

– etwa, wenn diese ihre Form wechseln soll; dieser Formwechsel ist nach dem nationalen Recht des Sitzstaates zu vollziehen, soweit dies dort möglich ist. Sollte hingegen die Servicegesellschaft ihren Sitz über die Grenze ver-

59 S. diese Zielsetzung schon für die SE *Blanquet,* ZGR 2002, 20, 34 ff., 52.

legen wollen (z. B. Bündelung der ostmitteleuropäischen Vertriebsaktivitäten nicht länger in Prag, sondern künftig in Krakau), so kommen ihr und der Gruppenmutter, ihrer Alleingesellschafterin, die Judikate „Cartesio“[60] und „Vale“[61] des Europäischen Gerichtshofs zugute. Zugegeben – ein hilfreicher Sekundärrechtsakt, um vornehmlich die beteiligten Registerstellen zu sinnvoller Kooperation zu bringen, steht im Unionsrecht bislang noch aus[62]. Aber das ist ein eigenständiges Projekt europäischer Gesetzgebung. Deshalb besteht keine rechtspolitische Notwendigkeit, den grenzüberschreitenden Formwechsel im Zusammenhang mit der „Anerkennung des Gruppeninteresses“ unional zu regeln.

VII. Zur gesetzgeberischen Formatierung der Servicegesellschaft

Für Regelungen zu Einzelfragen der grenzüberschreitenden Unternehmensgruppe hatte die „Reflection Group on the Future of EU Company Law“ zurückhaltend das Format einer bloßen Empfehlung vorgeschlagen[63]. Dem hat sich das „Forum Europaeum on Company Groups“ nicht anzuschließen vermocht (XI).

1. Rechtsakt statt Empfehlung

Stattdessen hat sie einen unionalen Rechtsakt favorisiert und sich dafür von dieser Überlegung leiten lassen: Erleichterung und Förderung von KMU-Unternehmensgruppen, die grenzüberschreitend in mehreren Mitgliedstaaten aktiv werden wollen, liegen auch und vor allem in der Vereinheitlichung der rechtlichen Rahmenbedingungen begründet, um die grenzüberschreitende Gruppenführung von den unterschiedlichen Barrieren aus dem jeweiligen Recht mehrerer Mitgliedstaaten zu befreien[64]. Das können bloße Empfehlungen nach Art. 288 AEUV nicht

60 *EuGH,* Rs. C-210/06, Slg. 2008, I-9641 ff. – Cartesio; dazu *Sethe/Winzer,* BB 2009, 536; *Teichmann,* ZIP 2009, 393; *Zimmer/Naendrup,* NJW 2009, 545.

61 *EuGH,* Rs. C-378/10, NJW 2012, 2715– Vale; dazu *Bayer/J. Schmidt,* ZIP 2012, 1481; *Kindler,* EuZW 2012, 888; *Wicke,* DStR 2012, 1756.

62 Zum grenzüberschreitenden Formwechsel ausführlich *Behme,* NZG 2012, 936; *Bunggert/de Raet,* DB 2014, 761; *Heckschen,* ZIP 2015, 2019; *Krebs,* GWR 2014, 144; *J. Schmidt,* GPR 2012, 144.

63 Reflection Group on the Future of EU Company Law, ECFR 2013, 304, 325 f.

64 Dieses Anliegen verfolgt auch die Kommission, vgl. oben Fn. 12.

leisten; sie würden es den einzelnen Staaten freistellen, ob, inwieweit und in welcher Weise sie die Empfehlung übernehmen[65]. Damit würde die uneinheitliche und mithin Gruppenführungs-avers zersplitterte Rechtslage der Gegenwart in die Zukunft hinein fortgeschrieben. Das Ziel erleichterter Gruppenführung lässt sich allein auf dem Weg eines Rechtsaktes erreichen.

2. *Verordnung oder Richtlinie?*

Da ein solcher Rechtsakt nicht darauf angelegt ist, das Unternehmensrecht der Mitgliedstaaten für innerstaatliche Unternehmensgruppen zu vereinheitlichen, sondern betont und ausschließlich für grenzüberschreitende Gruppen, liegt das Plädoyer für eine EU-Verordnung nahe. Andererseits schrecken die Erfahrungen, die mit dem Projekt einer SPE-Verordnung unlängst im Ministerrat gesammelt werden mussten: Entweder will eine solche Verordnung wegen der Veto-Position eines jeden Mitgliedstaates überhaupt nicht gelingen[66] oder allenfalls um den Preis einer solchen Vielzahl von Staatenwahlrechten, dass von einer unionsweiten Vereinheitlichung nicht mehr viel übrig bliebe[67]. Daher favorisiert Forum Europaeum eine mit Mehrheit der Mitgliedstaaten im Ministerrat zu beschließende Richtlinie – allerdings mit dem inhaltlichen Konzept einer weitgehenden Vollharmonisierung[68].

65 Zum Regelungsinstrument der Empfehlung allgemein *Nettesheim,* in: Grabitz/Hilf/Nettesheim, Das Recht der Europäischen Union, 57. EL 2015, Art. 288 Rdn. 200 ff.; *Ruffert,* in: Calliess/Ruffert, EUV/AEUV, 4. Aufl. 2011, Art. 288 Rdn. 95 ff.; *Schroeder,* in: Streinz, EUV/AEUV, 2. Aufl. 2012, Art. 288 Rdn. 143 ff.

66 Die EU-Kommission [COM(2013) 685 final v. 2.10.2013, S. 10] hat ihren Verordnungs-Vorschlag ungeachtet der Zweifel, ob sie das anstelle des mit dem Vorschlag befassten EU-Ministerrats überhaupt konnte, zurückgezogen; s. aber auch schon *Hommelhoff/Teichmann,* FAZ v. 29.6.2011; *Ulrich,* GmbHR 2011, R241.

67 Diese Gefahr ist auch während der Verhandlungen zur SPE-Verordnung deutlich geworden; zur schleichenden Renationalisierung dieser Rechtsform *Schumacher/Stadtmüller,* GmbHR 2012, 682.

68 Zur Vollharmonisierung *Nettesheim,* in: Oppermann/Classen/Nettesheim, Europarecht, 6. Aufl. 2014, § 9 Rdn. 83, 85; *Schroeder,* in: Streinz, EUV/AEUV (Fn. 65) Art. 288 AEUV Rdn. 69; zur Vollharmonisierung speziell im Gesellschaftsrecht *Schürnbrand,* in: Gsell/Herresthal (Hrsg.), Vollharmonisierung im Privatrecht, 2009, S. 273 ff.

3. *Fortschreibung der SUP-Richtlinie*

Das Projekt dieser Richtlinie betrifft die zweite Kapitalgesellschaftsform im Alleinbesitz. In dieser Form stimmt diese mit der Servicegesellschaft im grenzüberschreitenden KMU-Konzern überein; diese ist allzu meist als GmbH, sarl, limited, bv etc. organisiert[69]. Sollte man deshalb mit dem Projekt „Anerkennung des Gruppeninteresses“ an das laufende Projekt „SUP-Richtlinie“ andocken? Dafür spricht, dass die SUP, obwohl von der EU-Kommission auch als „Gruppenbaustein“ vorgeschlagen[70], schon in der rechtlichen Ausgestaltung nach dem ursprünglichen Kommissionsvorschlag als Gruppenbaustein ungeeignet war[71] und diese Eignung im Ministerrat mit dem Verzicht auf das Weisungsrecht[72] noch weitergehend verloren hat. Über die additive „Anerkennung des Gruppeninteresses“ könnte das ursprüngliche Ziel der SUP-Richtlinie (auch Gruppenbaustein) tatsächlich erreicht werden.

Indes – die SUP-Richtlinie befindet sich momentan zum gesetzgeberischen Abschluss im schwierigen Trilog-Verfahren. Diese Verhandlungen sollte man nicht über ein zusätzliches Projekt „Anerkennung des Gruppeninteresses“ in eine mehrjährige Länge ziehen. Stattdessen sollte man nach Verabschiedung der SUP-Richtlinie sogleich die Arbeiten an einer novellierenden Ergänzung aufnehmen, um diese SUP als Gruppenbaustein zu ertüchtigen. Vielleicht lassen sich dann insgesamt so viel konstruktive Einzelelemente zusammentragen, dass die SUP im allseitigen Konsens aller am europäischen Gesetzgebungsverfahren Beteiligten in eine gruppenoffene SPE überführt werden kann.

69 Die Expansion von Muttergesellschaften erfolgt typischerweise durch die Gründung von Tochtergesellschaften in der jeweils zweiten Kapitalgesellschaftsform der ausländischen Rechtsordnung, vgl. *Teichmann,* AG 2013, 184, 190 f.; *ders.*, NJW 2014, 3561, 3562; *ders.*, RIW 2010, 120, 122; *Weller/Bauer,* ZEuP 2015, 6, 7 f.; zur deutschen GmbH als Konzernbaustein *Hommelhoff,* ZGR 2012, 535, 536.

70 Vgl. SUP-Richtlinien-Entwurf, COM(2014) 212 final v. 9.4.2014, S. 9 sowie Erwägungsgründe 7 f., 13, 23.

71 Oben Fn. 27.

72 Oben Fn. 48.

Bericht zur Bonner Tagung am 4. 12. 2015

*Lukas Beck/Julia Nicolussi/Velina Ziegler**

Inhaltsübersicht

I. Tagungsprogramm

Gruppenrechtliches in der europäischen Rechtspolitik
Dr. Susanne Knöfel (Brüssel)
Unternehmensleitung im KMU-Konzern nach dem FECG-Papier
Prof. Dr. Dr. h.c. mult. Peter Hommelhoff (Heidelberg)
Grenzüberschreitende Gruppenführung und ihr rechtliches Instrumentarium – eine kritische Gegenlese –
Dr. Nicolas Ott (Mannheim)
Gläubigerschutz im Recht für kleine und mittlere Unternehmensgruppen – eine kritische Gegenlese –
Prof. Dr. Jessica Schmidt (Bayreuth)
Unternehmensmitbestimmung und KMU-Gruppen
Prof. Dr. Rüdiger Krause (Göttingen)

* Lukas Beck ist wissenschaftlicher Mitarbeiter an der Julius-Maximilians-Universität Würzburg; Julia Nicolussi ist wissenschaftliche Mitarbeiterin an der Wirtschaftsuniversität Wien; Velina Ziegler war wissenschaftliche Mitarbeiterin an der Ruprecht-Karls-Universität Heidelberg.

Gruppenrechtliches in der Gesetzgebung ost- und mitteleuropäischer Staaten
Prof. Dr. Christian Schubel (Budapest)
Resultate und Perspektiven
Prof. Dr. Christoph Teichmann (Würzburg)

II. Zusammenfassung des ersten Tagungsabschnitts

Nach der Begrüßung durch *Wulf-Henning Roth* im Namen *Marcus Lutters* bildete das Referat von *Susanne Knöfel* den thematischen Einstieg. Nach einem Überblick über vergangene und gegenwärtige gruppenrechtliche Vorhaben auf europäischer Ebene gab die Referentin eine persönliche Einschätzung zur weiteren Entwicklung ab. Hier sah sie eine Perspektive für weitere Offenlegungspflichten, soweit für solche ein Bedarf bestünde und hielt eine Anerkennung des Gruppeninteresses für möglich, sofern sich feststellen ließe, dass dadurch die grenzüberschreitende Mobilität gestärkt würde.

In seinem anschließenden Referat stellte *Peter Hommelhoff* den Entwurf des *FECG* vor. Er wies besonders auf den Perspektivenwechsel hin und betonte dessen Bedeutung für die weitere Entwicklung eines europäischen Konzernrechts: Durch die SPE und den Aktionsplan 2012 seien die KMU in das Bewusstsein der weiteren Entwicklung des Binnenmarktes gerückt; deshalb habe auch das Konzernrecht diese in den Fokus zu nehmen. Der Referent stellte klar, dass hierbei die wichtige Rolle des Konzernrechts als *enabling law* gewürdigt werden müsse.

Mit seinem Bericht aus der Praxis bestätigte *Nicolas Ott* diesen Ansatz.[1] Er hob hervor, dass es im Mittelstand eine große Zahl von Konzernen gebe, die Tochtergesellschaften im Ausland unterhielten. Hierbei sei die Gesellschaft im Alleinbesitz der Normalfall, von dem für künftige Regelungen auszugehen sei. Der Referent wies darauf hin, dass besondere Aufmerksamkeit auf die Rechte und Pflichten der Geschäftsleiter der Tochtergesellschaften gelegt werden sollte – es sei hier eine sichere Regelung für die Frage empfehlenswert, wann und inwieweit Vorgaben des herrschenden Unternehmens zu befolgen seien.

Jessica Schmidt betonte in ihrer Analyse des Vorschlags des *FECG,*[2] dass in den Servicegesellschaften als Konzerntochtergesellschaften der

1 Vgl. hierzu die Schriftfassung des Referats in diesem Band, S. 431 ff.
2 Vgl. hierzu die Schriftfassung des Referats in diesem Band, S. 465 ff.

Gläubigerschutz im Vordergrund stehe. Dieser werde durch die Publizität und die zu übernehmende Garantie besorgt. Hier erwog die Referentin einerseits, ob auch die Garantie eines konzernfremden Dritten taugliche Sicherheit sei und andererseits, ob die Garantie auch publik gemacht werden müsse.

III. Diskussion über die Referate von Knöfel, Hommelhoff, Ott und Schmidt

Die Diskussion griff die Überlegungen der Referate vor dem Hintergrund des Entwurfs des *FECG* auf. Grundlegend positiv wurde das Vorhaben bewertet, einen europäischen Rahmen für ein Konzernrecht als Organisationsrecht der Unternehmen zu schaffen. Zu erwarten seien dadurch Kostenersparnisse für die grenzüberschreitend tätigen Unternehmensgruppen. Auch könne so verhindert werden, dass sich Entwicklungen wie die Haftung des herrschenden Konzernunternehmens für den gesamten Konzern aus dem Kartellrecht unbesehen auf das Konzernorganisationsrecht ausweiteten. Dabei fand der grundlegende Ansatz des *FECG* überwiegend Zustimmung, Konzernrecht gezielt für KMU-Gruppen voranzubringen. Vorgebracht wurde auch, den Blick zu erweitern und ebenso sogenannte „große mittelständische Unternehmen“ einzubeziehen. Tiefgehend diskutiert wurde hier die bewusste Abgrenzung des *FECG* nach „Servicegesellschaften“ und „Regulären Tochtergesellschaften“ anhand bestimmter Merkmale. Gerade in den Randbereichen könne die Abgrenzung schwierig werden – etwa wenn eine Servicegesellschaft auch Leistungen für konzernfremde Dritte erbringe. Mehrfach angeregt wurde hierzu, die Unterscheidung nach dem Vorliegen von alleinigem Anteilsbesitz *(wholly owned company)* vorzunehmen.

Positiv aufgenommen wurde der Vorschlag, ein Weisungsrecht der Muttergesellschaft zu verankern. Während das *FECG* davon ausging, dass das Weisungsrecht in der Krise nicht fortbestehen solle, wurde teilweise dafür plädiert, das Weisungsrecht auch in der Krise aufrecht zu erhalten. In diesem Kontext wurde herausgestellt, dass der Schutz der Gläubiger gerade in der Krise des beherrschten Unternehmens besonderer Aufmerksamkeit bedürfe. Man könne hier darüber nachdenken, eine gesonderte Verpflichtung des Mutterunternehmens vorzusehen, die Tochtergesellschaft bereits vor der Krise mit ausreichender Liquidität zu versorgen, um den Eintritt einer Krise abzuwenden. In diesem Zusammenhang wurde betont, dass es in der Servicegesellschaft letztlich nur um den Existenzschutz der Gesellschaft selbst gehe. Denn wenn diese kein vom Konzern unterschiedliches Eigeninteresse habe, müsse sie hierin auch nicht geschützt werden.

Unter dem Gesichtspunkt des Gläubigerschutzes wurde darüber diskutiert, ob die Garantie, die als Preis für die Einbindung des Tochterunternehmens in den Konzern zu übernehmen ist, als Außenhaftung oder als Innenhaftung ausgestaltet sein sollte. Hier fand sich eine weit überwiegende Mehrheit für eine Ausgestaltung als Innenhaftung, da durch diese die Gläubigerbelange hinreichend geschützt seien.

Breite Zustimmung fand der Vorschlag, den Geschäftsleitern der Tochtergesellschaften eine Handreichung zu bieten. Eine mit dem Weisungsrecht korrespondierende Folgepflicht gebe dem Geschäftsleiter der Tochtergesellschaft die Möglichkeit, einer Haftungsgefahr zu entgehen. Für beide Seiten – sowohl für das herrschende als auch für das beherrschte Unternehmen – wurde angeregt, den Maßstab einer konzerndimensionalen Business Judgement Rule heranzuziehen, um die Zulässigkeit von Weisungen festzustellen. Dagegen wurde aber auch kritisch angemerkt, dass die Einführung einer Business Judgement Rule für die Geschäftsleiter des Tochterunternehmens letztlich die Durchsetzbarkeit einer Weisung des herrschenden Unternehmens gefährde.

Hingewiesen wurde sodann darauf, dass eine Förderung der grenzüberschreitenden Konzerntätigkeit gerade durch steuerliche Erleichterungen verstärkt werden könnte. Für die Möglichkeit steuerlich günstige Sachverhalte legal zu gestalten, spiele schon heute die Frage, ob das Konzerninteresse berücksichtigt werden darf, eine wichtige Rolle.

Überlegt wurde schließlich, ob eine neue Regelung des Konzernrechts der gelebten Praxis gerecht würde. Denn vielfach sei es in der Konzernpraxis bereits Alltag, dass Gruppeninteressen dem Eigeninteresse der Tochterunternehmen vorgezogen würden. Die Gründe ließen sich häufig darin finden, dass die Anteile des beherrschten Unternehmens im Alleinbesitz des herrschenden Unternehmens stünden, was die Gefährdung von Mitgesellschaftern ausschließe. Zudem seien Tochterunternehmen regelmäßig ausreichend kapitalisiert, sodass eine Gläubigergefährdung in der Regel nicht gegeben sei. In diesem Zusammenhang wurde diskutiert, inwieweit das vereinfachte Schutzsystem für Servicegesellschaften auch dem Schutz der übrigen Stakeholder gerecht werden könne. Hier stellte *Hommelhoff* für das *FECG* klar, dass der Stakeholderschutz auch in der Servicegesellschaft zu berücksichtigen sei. Jede

Tochtergesellschaft sei stets der Kristallisationspunkt all ihrer Stakeholderinteressen. Der Schutz der Arbeitnehmer könne aber weitgehend durch das Arbeitsrecht besorgt werden.

IV. Zusammenfassung des zweiten Tagungsabschnitts

In seinem Referat widmete sich *Rüdiger Krause* dem Sonderthema der Mitbestimmung in Konzernen.[3] Er wies hier darauf hin, dass diese nur für die größeren KMU-Gruppen Bedeutung habe, da nur diese in den Anwendungsbereich der Mitbestimmungsgesetze fielen. Aus mitbestimmungsrechtlicher Perspektive zum Schutz der Arbeitnehmer schlug der Referent hier vor, die Zurechnung der Arbeitnehmer an die Konzernspitze daran zu knüpfen, dass das Weisungsrecht nach dem Vorschlag des *FECG* beansprucht würde.

V. Diskussion über das Referat von Krause

In der anschließenden Diskussion wurde der Vorschlag unterstützt, die Mitbestimmung mit dem Weisungsrecht zu verknüpfen. Ein europäisches Konzernrecht solle nicht einer Umgehung der Mitbestimmung dienen. Auch sei die Verknüpfung von Mitbestimmung und Konzernleitung die, die das Mitbestimmungsrecht für das Vorliegen eines Beherrschungsvertrages vorsehe. Auf der anderen Seite wurde dafür votiert, eine Neuregelung des Konzernrechts auf europäischer Ebene mitbestimmungsneutral zu halten, um dadurch nicht das Anliegen zu behindern, ein Organisationsrecht zu schaffen, um die Mobilität zu erleichtern. Das solle gerade vor den Erfahrungen gelten, dass die Mitbestimmung stets geeignet sei, europäische Vorhaben zum Erstarren zu bringen, wie es bei der SPE der Fall sei. Eine andere Stimme knüpfte hieran die Notwendigkeit an, grundlegend ein einheitliches System für die Mitbestimmung oder die Kollision der unterschiedlichen Mitbestimmungssysteme in Europa zu schaffen.

3 Vgl. hierzu die Schriftfassung des Referats in diesem Band, S. 411 ff.

VI. Zusammenfassung des dritten Tagungsabschnitts

Christian Schubel referierte über die Entwicklung des Konzernrechts in den mittel- und osteuropäischen Staaten.[4] Hier wies er darauf hin, dass in vielen Staaten Regelungen ergangen seien. Probleme bestünden aber nach wie vor vor allem für KMU-Gruppen, die die Grenzen ihres Staates überschreiten wollen.

VII. Diskussion über das Referat von Schubel

Breite Übereinstimmung bestand in dem Punkt, dass die Lage in den dargestellten Staaten von großer Rechtsunsicherheit einerseits im rein nationalen Kontext und andererseits erst recht beim Grenzübertritt geprägt sei. Herausgestellt wurde, dass trotz des Fehlens von Regelungen Konzerne ihre Tätigkeiten erfolgreich ausführten. Hierzu wurde aber angemerkt, dass sich das Bewusstsein der Beteiligten wandele: Gerade die Geschäftsleiter der Tochterunternehmen seien immer weniger bereit, das Risiko der Konzernunternehmung dadurch zu tragen, dass sie sich mit Weisungen und anderen Vorgaben konfrontiert sehen und keine klare Handhabung dafür hätten, zu entscheiden, ob sie Folge leisten müssten und dürften bzw. unter welchen Voraussetzungen sie die Befolgung verweigern dürften oder gar müssten. Gefolgert wurde in diesem Zusammenhang, dass man den Regelungen zur Einsetzung und zur Abberufung der Geschäftsleiter besondere Aufmerksamkeit widmen müsse.

4 Vgl. hierzu die Schriftfassung des Referats in diesem Band, S. 197 ff..

Bericht zur Würzburger Tagung am 11.3.2016

*Lukas Beck/Thomas Schüßler/Velina Ziegler**

Inhaltsübersicht

I. Tagungsprogramm

Einführung und Begrüßung
Prof. Dr. Christoph Teichmann (Würzburg)
Ausgleichsmechanismen im Europäischen Gruppenrecht – der Vorschlag des FECG
Prof. Dr. Jean-Nicolas Druey (St. Gallen)
Kritische Würdigung des FECG-Vorschlags aus unternehmenspraktischer Sicht
Dr. Georg Franzmann (BASF SE)
Die französische Rechtsentwicklung nach „Rozenblum"
Prof. Dr. Pierre-Henri Conac (Luxemburg)
Gruppenrechtliche Erfahrungen und Regelungen in Ungarn
Prof. Dr. Christian Schubel (Budapest)
Gruppenrechtliche Erfahrungen und Regelungen in Tschechien
Dr. Petr Čech (Prag)
Gruppenrechtliche Erfahrungen und Regelungen in Polen
Prof. Dr. Krzysztof Oplustil (Krakau)
Gruppenrechtliche Erfahrungen und Regelungen in Italien
Prof. Avv. Giuliana Scognamiglio (Rom)

* *Lukas Beck* und *Thomas Schüßler* sind wissenschaftliche Mitarbeiter an der Julius-Maximilians-Universität Würzburg; *Velina Ziegler* war wissenschaftliche Mitarbeiterin an der Ruprecht-Karls-Universität Heidelberg.

Kritische Würdigung des FECG-Vorschlags aus schweizerischer Perspektive
Prof. Dr. Peter Böckli (Basel)
Resumee
Prof. Dr. Dr. h.c. mult. Peter Hommelhoff (Heidelberg)

II. Diskussion über die Referate von Druey und Franzmann[1]

Ausgangspunkt der Diskussion war die Prämisse des FECG, dass es für Unternehmen regelmäßig vorzugswürdig sei, ihre Auslandsaktivitäten durch rechtlich eigenständige Tochtergesellschaften zu verfolgen. Hier wurde vorgebracht, dass zuweilen ein Trend zur Zweigniederlassung ausgemacht werden könne. Für die Behandlung von Zweigniederlassungen sieht der Vorschlag des FECG keine Regelung vor; diese unterfallen dem Recht des jeweiligen Staates, dem auch die Gesellschaft mit ihrer Hauptniederlassung unterliegt. Dieser Anmerkung wurde entgegengesetzt, dass ein Unternehmen die Wahl haben solle, ob es sich einer Tochtergesellschaft bedienen wolle oder nicht, sodass es ein wichtiges Anliegen sei, die Führung von Tochtergesellschaften im EU-Ausland zu erleichtern. Hingewiesen wurde darauf, dass oft die Tochtergesellschaft aus steuerlichen Gründen den Vorzug erhalte. Bemerkt wurde außerdem, dass die Stakeholder-Interessen keine anderen seien – gleich, ob ein Unternehmen eine Tochtergesellschaft oder eine Zweigniederlassung unterhielte. Aus der Unternehmenspraxis kam zudem der Hinweis, dass ausländische Niederlassungen nicht selten durch den Zukauf von rechtlich selbständigen Gesellschaften entstünden, die man anschließend nur unter hohem Zeit- und Kostenaufwand in eine unselbständige Niederlassung umwandeln könne und schon deshalb lieber als Tochtergesellschaft weiterführe.

Grundlegend diskutiert wurde, welches Bild den heute grenzüberschreitend tätigen Konzern überhaupt prägt. Hier wurde betont, dass viele Konzerne in der Praxis wohl keine Probleme mit der Konzernführung haben. Die Begründung wurde teilweise darin gesehen, dass die Konzerne als Einheitsunternehmen geführt würden; aus der Praxis wurde beklagt, dass das Konzernrecht aber zuweilen ungenügend sei, um tat-

1 Vgl. hierzu in diesem Band die Schriftfassung der Referate von *Druey* (S. 313 ff.) und *Franzmann* (S. 393 ff.).

sächlich im Konzern durchzuregieren. Gegen diese Annahme des Einheitskonzerns als Archetyp der Unternehmensgruppe wurde aber auch auf die Verbreitung stark dezentral geführter Konzerne hingewiesen. In der Sache eng verknüpft mit der Suche nach dem praktisch maßgeblichen Leitbild des Konzerns stand die Beobachtung, dass andere Rechtsgebiete – wie das Kartellrecht oder die neue CSR-Richtlinie 2014/95/EU – den Konzern auf eine ganz eigene Weise begriffen und sich hierfür nicht von der gesellschaftsrechtlichen Behandlung abhängig gemacht hätten, insbesondere also die vom Gesellschaftsrecht vorgegebene Haftungstrennung nicht respektierten oder für diese überhaupt kein Bewusstsein zeigten.

Ein weiterer Themenblock wurde durch die Frage bestimmt, wen es in der grenzüberschreitenden Unternehmensgruppe zu schützen gelte. Ausschlaggebend dafür war die in die Diskussion eingebrachte These, dass es im Konzern kein eigenständiges Tochterinteresse gebe. Stattdessen müsse man die Stakeholder der Tochtergesellschaft identifizieren, um deren Schutz es tatsächlich gehe. Diesen Appell griff das Plenum auf und diskutierte, den Interessen welcher Stakeholder ein Europäisches Gruppenrecht Rechnung tragen müsse. Dabei kristallisierten sich zwei Lager heraus: Ein Teil der Diskutanten vertrat im Anschluss an den FECG-Vorschlag einen umfassenden Ansatz, dem zufolge nicht lediglich die Interessen der Tochtergläubiger und Minderheitsgesellschafter zu berücksichtigen seien, sondern auch die der Arbeitnehmer, des Staates und der Allgemeinheit. Der Vorschlag des FECG setzt dabei aber stets gedanklich voraus, dass eine ordnungsgemäß geführte Unternehmensgruppe auf längere Sicht zu einem Gleichlauf zwischen den Interessen des herrschenden Unternehmens und aller Stakeholder tendiert. Ein anderer Teil der Diskutanten erblickte in eben diesem Ansatz das Ende einheitlicher Gruppenleitung.

Zentrale Aufmerksamkeit fand schließlich die spezifische Ausgestaltung des für die „Reguläre Tochtergesellschaft“ vom FECG vorgeschlagenen qualifizierten Schutzsystems. Breite Zustimmung fand der „opt-in“-Ansatz, der es ermöglicht, sich eindeutig für die erleichterte Konzernführung zu entscheiden. Diskutiert wurde auch über eine weitere Vertiefung der Informationspflichten. Ein etablierter, kontinuierlicher Informationsfluss könne gegenüber einem starren Berichtssystem für erhöhte Transparenz sorgen. Unterschiedlich beurteilt wurde in diesem Zuge, ob Geheimhaltungsinteressen und Datenschutzbestimmungen dem entgegenstehen könnten.

III. Diskussion über die Referate von Conac und Schubel[2]

Im Fokus der Diskussion stand zunächst der Anwendungsbereich des Nachteilsausgleichs nach der Rozenblum-Formel. Betont wurde zunächst, dass es sich hier im Grunde um einen strafrechtlichen Rechtfertigungsgrund für den Straftatbestand des *abus des biens sociaux* handelt, der den Geschäftsleiter der Tochtergesellschaft bedroht. Ein solches System fand in der Diskussion grundsätzlich breite Zustimmung auch für die zivilrechtliche Frage der legitimen Konzernleitung mit Nachteilszufügung gegenüber den Tochtergesellschaften; kritisiert wurde zum Teil aber, dass es als schwierig empfunden werde, den Anwendungsbereich genau zu bestimmen. In der französischen Gerichtspraxis werde aber das Erfordernis des Nachteilsausgleichs jedenfalls sehr großzügig gehandhabt. Der Tochtergeschäftsführer müsse lediglich darlegen, dass beispielsweise die Gewährung eines Darlehens an die Mutter ex ante vertretbar gewesen sei. Der Eintritt der Kompensation werde nicht überprüft. Nur in zwei Konstellationen scheitere die Rechtfertigung regelmäßig. Die erste betreffe Fälle, in denen sich die Tochtergesellschaft schon im Zeitpunkt der Darlehensvalutierung in finanziellen Schwierigkeiten befunden habe und später in die Insolvenz gefallen sei. In der zweiten Konstellation gehe es um Fälle, in denen die Tochter in Wahrheit nicht die Genesung der finanziell angeschlagenen Mutter finanziere, sondern dieser Mittel für einen Beteiligungserwerb zur Verfügung stelle. Jenseits dieser beiden Konstellationen werde der Tochtergeschäftsführer üblicherweise freigesprochen.

Am Rande wurde ergänzt, dass für den Geschäftsleiter der Tochtergesellschaft neben den Straftatbestand des *abus des biens sociaux* der insolvenzrechtliche Haftungstatbestand der *responsabilité pour insuffisance d'actif* trete. Das Mutterunternehmen könne nur als *dirigeant de fait* belangt werden; die Gerichte seien hier aber sehr zurückhaltend.

Angerissen wurde, wie das französische Recht zum Thema Cash Pooling steht. Hier seien von Rechts wegen keine Überwachungspflichten des herrschenden Unternehmens vorgesehen. Das Cash Pooling habe in der französischen Rechtsprechung und Rechtswissenschaft allerdings bislang kaum Behandlung erfahren; es werde als unproblematisch betrachtet und praktiziert.

2 Vgl. hierzu in diesem Band die Schriftfassung der Referate von *Conac* (S. 89 ff.) und *Schubel* (S. 197 ff.).

Zum ungarischen Recht wurde erörtert, woran die Einführung der Rozenblum-Formel scheiterte. Hier wurde berichtet, dass die Kodifikation von vornherein wenig durchdacht gewesen sei – es habe sich um einen „Schnellschuss“ gehandelt – eine genauere Verzahnung mit dem übrigen ungarischen Recht habe nicht stattgefunden. Möglicherweise sei der Fehler schon darin zu suchen, dass Ungarn nicht versucht habe, lediglich einen strafrechtlichen Rechtfertigungsgrund zu formulieren, sondern Rozenblum zu einem Organisationsrecht für die Unternehmensgruppe fortzuentwickeln. Es bestünde durchaus die Möglichkeit, dass sich die Rozenblum-Formel überhaupt nicht in diese Richtung fortentwickeln ließe. Als weiterer Grund für die geringe praktische Bedeutung der Regelung wurde angeführt, dass sie nicht zur Anwendung gelangte, wenn die Muttergesellschaft eine Gesellschaft ausländischen Rechts war. Das sei aber im Hinblick auf die ungarischen Konzernstrukturen und die entschiedenen Fälle die deutliche Mehrzahl.

IV. Diskussion über das Referat von Čech[3]

Die Diskussion drehte sich um zahlreiche Einzelfragen zu den neuen gruppenrechtlichen Regelungen in Tschechien. Vom Referenten bestätigt fand sich der Eindruck, dass das tschechische Recht bislang lediglich unvollkommene Regelungen enthalte. Im Gespräch mit den Diskussionsteilnehmern wurde offenbar, dass viele der bekannten Problempunkte der Konzernrechtsdiskussion und –praxis in den gesetzgeberischen Regelungen keine oder keine ausreichende Berücksichtigung fänden. So könne sich die Stellung als herrschendes Unternehmen auch ohne eine Beteiligung am Unternehmen daraus ergeben, dass eine wirtschaftlich einflussreiche Person Geschäftsführungsmaßnahmen erzwingt. Auch bestehe die Möglichkeit bzw. Gefahr, dass (aufgrund gesetzlicher Vermutung) etwa der Privataktionär als herrschendes Unternehmen eines Konzerns qualifiziert werden könne. Als bemerkenswerter Umstand wurde verzeichnet, dass der Abhängigkeitsbericht offengelegt werden müsse. Vom Referenten wurde in der Folge darauf hingewiesen, dass diese Berichte in der Praxis deshalb oftmals vage gehalten seien. Als problematischer Punkt wurden schließlich die Schwierigkeiten in der

3 Vgl. hierzu in diesem Band die Schriftfassung des Referats von *Čech* (S. 67 ff.) sowie der nachfolgenden Referate von *Oplustil* (S. 149 ff.), *Scognamiglio* (S. 175 ff.) und *Böckli* (S. 363 ff.).

Beweisbarkeit identifiziert, wenn ein Gesellschafter im Rahmen der *actio pro socio* gegen das herrschende Unternehmen vorgehen wolle.

Schlussbemerkungen

Peter Hommelhoff

I.

Nach jahrzehntelangem Schweigen hatte die EU-Kommission, die Inhaberin des Initiativrechts für unionale Gesetzgebungsprojekte, mit dem rechtspolitischen Stichwort „Anerkennung des Gruppeninteresses" ihre Bereitschaft erkennen lassen zu prüfen, ob der Konzern unter bestimmten Einzelaspekten nicht doch geregelt werden sollte, um ihn im europäischen Binnenmarkt, aber auch die in ihm zusammengefassten Konzerngesellschaften auf rechtlich gefestigtem Boden leiten und lenken zu können. Für diese Prüfung der Kommission, vor allem aber für die anschließende Ausgestaltung einer „Anerkennung des Gruppeninteresses" hat das international, aber keineswegs repräsentativ zusammengesetzte Forum Europaeum on Company Groups (FECG) eine Reihe von „Eckpunkten für einen Rechtsrahmen zur erleichterten Führung von grenzüberschreitenden Unternehmensgruppen in Europa" vorgeschlagen. Nach Vorstellung des Forum Europaeum sollte dabei trotz der großen Vielfalt der Gruppen in der Konzernpraxis zwischen zwei Grundformen unterschieden werden – zwischen den KMU-Gruppen mit Auslandstöchtern für den Vertrieb und für andere Hilfsfunktionen auf der einen Seite und den großen Binnenmarkt-weit aufgestellten Unternehmensgruppen mit Tochtergesellschaften auf der anderen, die innerhalb der Gruppe Vollunternehmen tragen. Leitbild hierfür waren etwa die Gesellschaften im VW-Konzern mit den Töchtern Audi, SEAT, Skoda und Scania/MAN.

Nach dem Bonner Symposion zu den KMU-Gruppen mit teilfunktional integrierten Auslandstöchtern sollten hier in Würzburg unter dem Titel „Die Führung einer grenzüberschreitenden Unternehmensgruppe mit eigenständigen Tochtergesellschaften" eben diese zweiten Konzernmodelle mit gruppenverflochtenen Vollunternehmen in den Blick genommen und die FECG-Vorschläge zu diesen Unternehmensgruppen kritisch reflektiert werden. Aber nicht allein dies; zugleich sollten in ausgewählten EU-Mitgliedstaaten die Entwicklungen erfasst werden, die Gruppenrechtliches in Gesetzgebung, Rechtsprechung und Wissenschaft dort jeweils genommen hat, und vornehmlich unter dem Aspekt gewürdigt werden, ob und inwieweit Regelungselemente aus der „Rozenblum"-Formel je ihren Niederschlag gefunden haben. Zu den Würzburger Referaten und Diskussionen lässt sich vor diesem Hintergrund folgendes bemerken:

II.

Erste Bemerkung: Mit der „Anerkennung des Gruppeninteresses" verfolgt die EU-Kommission betont nicht das Konzept, die Unternehmensgruppe umfassend und systematisch geschlossen zu regeln, sondern lediglich unter isolierten Einzelaspekten. Darin hat das Forum Europaeum der Kommission beigepflichtet und ist insoweit in Würzburg ohne Widerspruch geblieben. Diese rechtspolitisch angezeigte Zurückhaltung entbindet allerdings die Rechtswissenschaft in den EU-Mitgliedstaaten nicht von der Notwendigkeit, zur Unternehmensgruppe, insbesondere zur grenzüberschreitenden, Grundlagenforschung zu betreiben. Ihr Ziel muss es sein, die gruppenspezifischen Einzelregelungen, auf die sich die Akteure im europäischen Gesetzgebungsverfahren dereinst verständigen können, einzubetten in ein rechtsdogmatisch geschlossenes Gesamtsystem, um vor diesem Hintergrund dem Konzern, der Binnenmarkt-adäquat modernsten Organisationsform auch rechtssystematisch entsprechen zu können.

Zweite Bemerkung: Zur noch zu leistenden Grundlagenforschung zählt aber auch die Erfassung der Gruppenwirklichkeit in Europa und darüber hinaus. Denn neben den Konzernen mit mehr oder minder weit autonom agierenden Vollunternehmens-Töchtern findet sich auch das Modell des integrierten Konzerns, der sich als rechtlich gegliedertes Einheitsunternehmen versteht und entlang von „reporting lines" geführt wird, die mit den Gesellschaften innerhalb der Gruppe und den mitgliedschaftlich unterlegten Unternehmensverbindungen überhaupt nichts zu tun haben. Das führt auf der Grundlage von Referaten und Diskussionen in Würzburg zu Folgefragen und -bemerkungen:

Dritte Frage: Sind die in die Unternehmensgruppe eingeflochtenen Gesellschaften für deren Strukturierung ohne jeden Belang oder allenfalls insoweit, als es um die Haftungssegmentierung innerhalb der Gruppe geht oder um steuerrelevante Gestaltungen? Oder muss umgekehrt das Recht, das für die Nutzung der Organisationsfreiheit mit der Niederlassung und mit der Tochtergesellschaft zwei rechtlich ganz unterschiedliche Organisationselemente zur Verfügung stellt, darauf bestehen, dass alle Konsequenzen getragen werden, wenn die Wahl auf die Form einer Tochtergesellschaft fällt? Denn immerhin hat die Gesellschaft einen oder mehrere Geschäftsführer, die nicht allein die Pflichtaufgaben von der Rechnungslegung bis ggf. zum Insolvenzantrag zu schultern haben, sondern darüber hinaus die Gesellschaft im Rechts- und Geschäftsverkehr vertreten und konsequent für die ordnungsgemäße Erfüllung der eingegangenen Verpflichtungen gegenüber den Vertragspartnern der Gesellschaft zu sorgen haben, ggf. aber auch für die Gewährleistung und für den Ersatz eines eingetretenen Schadens. Sie, die Geschäftsführer, sind es, die die Tochtergesellschaft als Vertragspartner repräsentieren und für das Vertrauen der Arbeitnehmer, Kunden und Lieferanten zunächst in diese Gesellschaft und dann in den Konzern, in die Gruppe primär verantwortlich sind. Hinzukommen mag ein obligatorischer Aufsichtsrat mit gesetzlich vorgegebenem Aufgabenprogramm, das schwerlich in einem integrierten Konzern mit vollständig abweichender Leitungsstruktur abgearbeitet werden kann.

Vierte Bemerkung: Im Anschluss an die vom Forum Europaeum vorgeschlagene Zweiteilung zwischen KMU-Gruppen und Vollunternehmensgruppen könnte sich jedoch eine Dreiteilung in der Weise empfehlen, dass auch in Großkonzernen die Töchter im Alleinbesitz der Mutter einem eigenständigen Schutzregime unterstellt werden. Hierfür ist die „residuale Eigenwirtschaftlichkeit“ der Tochter zur Diskussion gestellt worden – ihre Fähigkeit, zumindest soviel aus eigener Kraft erwirtschaften zu können, dass sie ihre sämtlichen Verbindlichkeiten (nicht allein die Zahlungspflichten) ordnungsgemäß zu erfüllen vermag. Für die Gruppenmutter bedeutet das: sie muss der Tochter die dafür notwendigen Ressourcen, aber auch Chancen belassen. Bei einer solchen Dreiteilung käme der Interessenausgleich in der Zeit, wie ihn das Forum Europaeum (angeregt von der „Rozenblum“-Formel) vorgeschlagen hat, bloß noch für Tochtergesellschaften mit Minderheitsgesellschaftern in Betracht. Die Empfehlung, die großen Töchter im Alleinbesitz über ihre „residuale Eigenwirtschaftlichkeit“ rechtlich abgesichert innerhalb der Unternehmensgruppe zu schützen, verdient gewiss weitere und vertiefte Erörterung.

Fünfte Bemerkung: Weiterer Erörterung bedarf schließlich die „Rozenblum“-Formel in ihrer Kraft, die Interessen der außenstehenden stakeholder in der Tochtergesellschaft effektiv zu schützen. Wenn auch diese Formel in der Spruchpraxis der französischen Strafgerichte mittlerweile ganz offenbar als Rechtfertigungsgrund vielfach konsolidiert ist, so bleibt dennoch im Moment ihre organisationsrechtliche Eignung offen, den Geschäftsleitungen in der transparent zu strukturierenden und entsprechend zu führenden Unternehmensgruppe einen „safe harbour" zu verschaffen. Zweifel rühren insoweit aus der Gesetzgebungsgeschichte in Ungarn her, während die vielversprechende Neuregelung in Tschechien ihre Leistungsfähigkeit bislang noch nicht unter Beweis stellen konnte. Aber immerhin – als zumindest reaktives Element auch der zivilrechtlichen Rechtsprechung könnten die Grundgedanken der „Rozenblum"-Formel durchaus taugen; dafür spricht das interessante Rechtsprechungsmaterial, das polnische Obergerichte beigesteuert haben.

III.

Nach allem wird man festhalten können: Die EU-Kommission sollte trotz aller Schwierigkeiten, denen gerade unternehmensrechtliche Projekte im europäischen Gesetzgebungsverfahren begegnen, unverdrossen den rechtspolitischen Mut aufbringen, die „Anerkennung des Gruppeninteresses" mitsamt angemessen differenzierten Schutzinstrumentarien als Regelungsprojekt in Angriff zu nehmen. Allerdings sollte sich die Kommission hierfür all' das erschließen lassen, was an Regelungen und Erfahrungen auf der Ebene der Mitgliedstaaten bereits vorhanden ist. Zur Unterstützung stehen Rechtspraktiker und Rechtswissenschaftler aus vielen Staaten bereit. Im Dialog mit ihnen könnten dann für die „Anerkennung des Gruppeninteresses", aber auch für die Struktur- und Transaktionstransparenz der Gruppe rechtspolitische Eckpunkte entwickelt werden, die alsdann den Unternehmen und ihren Verbänden, aber auch anderen Interessenträgern zur Stellungnahme zugeleitet werden könnten. Das alles braucht seine Zeit, sollte jedoch die EU-Kommission nicht davon abhalten, ihr schon im Aktionsplan Gesellschaftsrecht 2012 erwähntes Projekt nun beherzt aufzugreifen und voran zu bringen.

IV. Würdigung des FECG-Vorschlags aus der Sicht von Wissenschaft und Praxis

Kritische Würdigung des Vorschlags des Forum Europaeum on Company Groups aus schweizerischer Perspektive

Peter Böckli

Inhaltsübersicht

*I. Einleitung zur Abgrenzung des Themas**

Wenn es darum geht, aus Schweizer Perspektive den Vorschlag des *Forum Europaeum on Company Groups*[1] über Ausgleichsmechanismen im Europäischen Gruppenrecht kritisch zu würdigen, sind wenige Vorbemerkungen unerlässlich.

* Überarbeitete Fassung des an der Tagung vom 11. März 2016 zum europäischen Recht der Unternehmensgruppen in Würzburg gehaltenen Referats. Grosser Dank gebührt Frau *Anne-Sophie Buchs*, MLaw, Rechtsanwältin, für ihre Mitwirkung bei der Erarbeitung der Unterlagen und den Schlusskorrekturen sowie ihre wertvollen Anregungen und Hinweise bei der Ausarbeitung des Textes.

1. **Es gibt, abgesehen von Sondervorschriften[2], kein geschriebenes Konzernrecht in der Schweiz.** Vor allem sind der Vertragskonzern nach §§ 291/92[3] und der Nachteilsausgleich mit Abhängigkeitsbericht nach §§ 311 bis 313 des deutschen Aktiengesetzes dem Rechtsbewusstsein in der Schweiz weitgehend fremd. Dennoch ist die Schweiz ein Land der Konzerne, der sehr grossen, der mittleren und der kleinen. In der Schweiz gibt es mehrere grosse internationale Konzerne wie Nestlé, Roche, Novartis, UBS, SwissRe. Auch praktisch alle anderen börsenkotierten Gesellschaften und fast alle mittelgrossen privat gehaltenen Unternehmen in der Schweiz sind Konzerne[4], und selbst bei recht kleinen Unternehmen trifft man heute auf tausende, die mit einer Mutter- und mehreren Tochtergesellschaften aufgestellt sind[5].
   Die Lösungen werden in allgemeinen Rechtsprinzipien und im Gesellschaftsrecht gesucht. Deshalb spielt die Gerichtspraxis zunehmend eine bedeutende Rolle.
2. **Die an sich wichtigen Themen Transparenz, Service-Gesellschaften und Sanierungspflicht sind auszuklammern:** Ausserhalb des Blickwinkels müssen hier drei Elemente des Forum-Europaeum-Vorschlags bleiben:
   (i) **Die Konzerntransparenz:** Die Offenlegung ist heute, trotz den Vorgaben der Internationalen Rechnungslegungs-Standards[6], im grenzüberschreitenden Verhältnis ungenügend. Das

1 *Forum Europaeum, FECG* (*Conac, Druey, Forstmoser, Habersack, Hansen, Hommelhoff, Kalss, Krieger, Lennarts, Lutter, Teichmann, von Werder, Wymeersch*), ZGR 2015, S. 507 ff.; in englischer Sprache ECFR 2015, 299 ff.

2 Vor allem im *Bankenrecht*, Art. 3b ff., Art. 4, Art. 7 BankG; im *Finanzmarktinfrastrukturgesetz* (FinfraG), Art. 121 und 136; im *Rechnungslegungsrecht*, Art. 963, 963a und 963b OR 2011; aber auch vereinzelt im *Aktienrecht*, Art. 659b und 671 Abs. 4, Art. 698 Abs. 2 Ziff. 3, Art. 728 Abs. 6, Art. 728a Abs. 1 Ziff. 1 OR.

3 Vgl. neuestens zum Vertragskonzern *Vetter,* ZGR Sonderheft 19, 2016, 241 ff.

4 *Meier-Hayoz/Forstmoser,* Schweizerisches Gesellschaftsrecht, 11. Aufl. 2012 § 24 N. 35; *Druey,* in: Druey/Druey Just/Glanzmann, Gesellschafts- und Handelsrecht, 11. Aufl. 2015, § 1 N. 82, § 1 N. 94.

5 Vgl. insbesondere auch für *Frankreich:* Grosse Verbreitung von *„minigroupes"*; zwei Drittel aller Unternehmensgruppen sind kleine und mittlere Unternehmen, *Merle,* Sociétés commerciales, 19. Aufl. 2016, N° 751.

6 *International Financial Reporting Standards (IFRS), IAS* 24 (Fassung von 2009) und *IFRS* 12, insb. auch 12.14 ff.

Forum Europaeum rückt sie zu Recht in den Vordergrund[7], und die Vorschläge scheinen in den Grundzügen überzeugend.

(ii) **Die „Servicegesellschaften"[8]:** Auf dieses besondere kleine Konzerngebilde, das als Spezialfall von den „regulären Tochtergesellschaften" unterschieden wird, ist gleichfalls nicht näher einzugehen; die Grundidee leuchtet ein[9], doch ist die enge Grössenbeschränkung nicht sinnvoll, und es stellen sich eine Reihe von Fragen, die über den hier gesetzten Rahmen hinausgehen.

(iii) **Die Sanierungspflicht:** Äusserst heikel ist die vom Forum Europaeum vorgeschlagene Primärverpflichtung der Mutter- für eine in Finanznot geratene Tochtergesellschaft[10].

Den Rahmen vollends sprengen würde eine Erörterung der Frage, ob es in der Unternehmensgruppe wirklich eine natürliche Tendenz zum harmonisierenden Gleichlauf der Einzelinteressen gibt. Das Forum Europaeum sagt es[11], wir lassen es hier einmal offen[12].

II. Weitgehende Übereinstimmung mit Schweizer Konzernauffassungen

Zuerst ist auf Fragen einzugehen, in denen die Konzeptionen des *Forum Europaeum* sich mit den Vorstellungen in der Schweiz grosso modo decken. Dann sind Unterschiede herauszuarbeiten und Bereiche, wo das *Forum Europaeum* Lösungen vorschlägt, die in der Schweiz noch weit-

7 *FECG,* ECFR 2015, 299; ZGR 2015, S. 514, Abschnitt VIII.

8 Konzept der *„Hilfsgesellschaften"* als *„konzernmässig eingeordnete Untergesellschaften ohne werbende Teilnahme am Gütermarkt"*, bei *Böckli,* in: Baer (Hrsg.), Vom Gesellschaft- zum Konzernrecht, Band 59, 2000, S. 35, 68 ff. und *ders.*, Schweizer Aktienrecht, 4. Aufl. 2009, § 11 N. 331; *Forstmoser,* in: Baer (Hrsg.), Vom Gesellschafts- zum Konzernrecht, Band 59, 2000, S. 89, 111.

9 *FECG,* ECFR 2015, 299, ZGR 2015, S. 512, Abschnitt V.

10 A.a.O. 514, Abschnitt X.

11 A.a.O. 513, Abschnitt VI/1; ähnlich äussern sich auch *Druey/Vogel,* Das schweizerische Konzernrecht in der Praxis der Gerichte, 1999, S. 24 f.; *Druey,* in: Baer (Hrsg.), Vom Gesellschafts- zum Konzernrecht, Band 59, 2000, S. 1, 16 ff.; *ders.*, AJP 2005, 1083, 1085; *ders.*, SZW 2012, 414, 422 f.; *ders.*, in: FS Hommelhoff 2012, S. 135, 147 und *ders.*, SZW 2015, 64, 68; *Abegglen,* in: FS von Büren, 2009, S. 657, 669.

12 Vgl. *Böckli,* in: Sethe/Isler (Hrsg.), Verantwortlichkeit im Unternehmensrecht VII, 2014, S. 203, 226 ff.

gehend unbekannt sind. Immer mit Blick auf das, was das *Forum Europaeum „reguläre Tochtergesellschaften“*[13] nennt, handelt es sich namentlich

(i) um die methodische Anknüpfung an die französische *„Rozenblum“*-Rechtsprechung[14];

(ii) um das Konzept des *„qualifizierten Schutzregimes“* eines längerfristigen Ausgleichs im Fall der 100 %igen Tochtergesellschaften, d. h. ohne Minderheitsaktionäre;

(iii) schliesslich um die Frage der konzerninternen Anwendung der vor dem Europäischen Parlament liegenden *„Related Party Transactions“*-Regeln.

1. *Einklang mit der Sicht des Forum Europaeum* in den Grundzügen

Da es in der Schweiz – wie vor allem in Frankreich, Grossbritannien und den USA – kein in sich geschlossenes Konzernrecht gibt[15], fehlt es schon an einer einheitlichen Nomenklatur, und die Auffassungen im Schrifttum sind recht mannigfaltig. Dennoch stehen die Grundprinzipien zur rechtlichen Erfassung der Unternehmensgruppen mit jenen, die im *Forum-Europaeum*-Vorschlag niedergelegt oder vorausgesetzt sind, über weite Strecken im Einklang.

a) ***Die Unternehmensgruppe wird verstanden als ein wirtschaftliches Gesamtunternehmen mit juristisch selbständigen Tochtergesellschaften.*** Die Unternehmensgruppe wird im typischen Fall *wirtschaftlich* als ein *Gesamtunternehmen* aufgefasst, das werbend im Markt tätig ist. Doch dieses Unternehmen ist gegliedert in eine leitende Muttergesellschaft und in beherrschte, aber rechtlich selbständige Rechtssubjekte mit je eigenem Geschäftszweck und Sondervermögen sowie je eigenen, rechtlich verantwortlichen Organen. Es gilt das Trennungsprinzip; *abgesehen von pathologischen Fällen gibt es keine Haftung der*

13 *FECG,* ECFR 2015, 299, ZGR 2015, S. 511, Abschnitt III/2.

14 Urteil *„Rozenblum“* der Cour de Cassation, Chambre criminelle, vom 4. Februar 1985, Bull. crim. n° 54.

15 Zu dieser Gruppe der *„konzernrechtsscheuen“* Länder, *Hopt,* Groups of Companies. A Comparative Study on the Economics, Laws and Regulation of Corporate Groups, Working paper Series in law No 286/2015, abrufbar unter: http://ssrn.com/abstract=2560935, S. 9 und 11; *Teichmann,* ECFR 2015, 202, 210 f.

Mutter für die Schulden ihrer Töchter[16]. Konzernhaftung ist in erster Linie ein Ergebnis der einzelfallbezogenen Anwendung gesellschaftsrechtlicher Haftungsregeln im Falle von Schadenverursachung durch Pflichtverletzung[17], vor allem bei faktischer Organschaft der Muttergesellschaft[18] oder – in seltenen Fällen – nach dem Modell des „*Durchgriffs*"[19]. Ein *Paradoxon* ist damit – wie fast alle Schweizer Autoren hervorheben – schon im Aufbau der Unternehmensgruppe selbst enthalten[20].

b) ***Im Vordergrund steht der faktische Unterordnungskonzern.*** Obschon der Vertragskonzern des deutschen Konzernrechts[21] im Schweizer

16 Praktisch einmütige, ununterbrochene Lehre in der Schweiz seit Jahrzehnten, *Handschin,* Der Konzern im schweizerischen Privatrecht, 1994, S. 293; *Forstmoser/Meier-Hayoz/Nobel,* Schweizerisches Aktienrecht, 1996, § 62 N. 39 ff.; *Forstmoser,* in: Baer (Hrsg.), Vom Gesellschafts- zum Konzernrecht, Band 59, 2000, S. 89, 124; *von Büren,* Konzernrecht, 2. Aufl. 2005, S. 177; *Böckli,* Schweizer Aktienrecht, 4. Aufl. 2009, § 1 N. 14; neuestens *von der Crone,* Aktienrecht, 2014, § 15 N. 96; *Druey,* in: Druey/Druey Just/Glanzmann, Gesellschafts- und Handelsrecht, 11. Aufl. 2015, § 1 N. 82, § 1 N. 109. Ebenso konsequent ist die Rechtsprechung (unter Vorbehalt seltener Fälle vor allem eines Durchgriffs).

17 Vgl. statt vieler *Forstmoser,* in: Baer (Hrsg.), Vom Gesellschafts- zum Konzernrecht, Band 59, 2000, S. 89 ff.; *Böckli,* Schweizer Aktienrecht, 4. Aufl. 2009, § 11 N. 464 ff.; *von der Crone,* Aktienrecht, 2014, § 15 N. 59 und 96 ff.; *Druey,* in: Druey/Druey Just/Glanzmann, Gesellschafts- und Handelsrecht, 11. Aufl. 2015, § 1 N. 82, § 1 N. 133 ff.

18 Vgl. *Handschin,* Der Konzern im schweizerischen Privatrecht, 1994, S. 293 ff.; *Forstmoser/Meier-Hayoz/Nobel,* Schweizerisches Aktienrecht, 1996, § 37 N. 4 ff.; *Böckli,* in: Baer (Hrsg.), Vom Gesellschafts- zum Konzernrecht, Band 59, 2000, S. 35, 40 f. und *ders.*, Schweizer Aktienrecht, 4. Aufl. 2009, § 11 N. 464 ff.; *von der Crone,* Aktienrecht, 2014, § 15 N. 59 und 103 ff.; *Hofstetter/Lang,* in: Kunz et al. (Hrsg.), Entwicklungen im Gesellschaftsrecht VIII, 2013, S. 231 ff.

19 *Dennler,* Durchgriff im Konzern, 1984, S. 24 ff.; *Amstutz,* Konzernorganisationsrecht, 1993, N. 367 ff.; *Handschin,* Der Konzern im schweizerischen Privatrecht, 1994, S. 312 ff.; *Forstmoser/Meier-Hayoz/Nobel,* Schweizerisches Aktienrecht, 1996, § 62 N. 47 ff.; *Böckli,* Schweizer Aktienrecht, 4. Aufl. 2009, § 11 N. 456 ff.; *von der Crone,* Aktienrecht, 2014, § 15 N. 145 ff.; *Druey,* in: Druey/Druey Just/Glanzmann, Gesellschafts- und Handelsrecht, 11. Aufl. 2015, § 1 N. 82, § 1 N. 111.

20 Vgl. statt vieler *Druey,* in: FS Bär, 1998, 36 ff.; *Böckli,* in: Baer (Hrsg.), Vom Gesellschafts- zum Konzernrecht, Band 59, 2000, S. 35, 47 f.; *Forstmoser et al.*, Organisation und Organisationsreglement der Aktiengesellschaft, 2011, § 7 N. 22.

21 §§ 291 ff. AktG.

Recht unbekannt ist[22], ist die Vielfalt möglicher Organisationsformen gross. Der Grossteil der Diskussion dreht sich indessen um den klassischen *Unterordnungskonzern*. Die Erscheinungsformen von Unternehmensgruppen werden aus Schweizer Sicht vor allem durch den *unterschiedlichen Integrationsgrad* geprägt. Wir wissen es: Ein typisch US-amerikanisch geführter Konzern kann so weit gehen, dass die Konzernleitung praktisch alle geschäftlichen Entscheide für die ausländischen Tochtergesellschaften – sogar jene in einem lokalen Markt, in dem die Organe der Tochter sich besser auskennen – im Hauptquartier in den USA trifft[23]. Gerade ein Konzern mit Gesellschaftssitz in der Schweiz kann umgekehrt die Geschäftspolitik mit der Produktepalette, die Struktur und die Finanzströme zentral bestimmen; er wird dabei die Investitionen gruppenweit steuern, aber seine Anweisungen so konzipieren, dass er den Tochterorganen Vorgaben mit konkreten Konzernzielen macht, die vom lokalen Leitungspersonal nach seinem eigenen *„business judgement"* an Ort und Stelle umzusetzen sind. Daraus kann sich eine insgesamt zwar recht *straff*, aber – nach dem *Subsidiaritätsprinzip* – doch ziemlich *dezentral* geführte Gruppe mit Freiräumen für die Tochterorgane ergeben.

c) ***Die Muttergesellschaft hat die Pflicht zur Aufstellung einer zweckmässigen Gruppenpolitik und Gruppenstruktur.*** Die Muttergesellschaft hat die Gruppe, deren Leitung sie für sich beansprucht, ordnungsgemäss zu organisieren und zu leiten[24]. Dies beinhaltet – in Einklang wiederum mit dem *Forum Europaeum*[25] – die Aufstellung

22 Vgl. *Böckli,* Schweizer Aktienrecht, 4. Aufl. 2009, § 11 N. 145.

23 Der Gestaltungsgedanke des allmächtigen *„Chief Executive Officer"* oder *CEO* schlägt so unmittelbar in die Unternehmensgruppe durch und lässt einen *straff zentral* (und oft an den gesellschaftsrechtlichen Strukturen vorbei) geführten Konzern entstehen.

24 Vgl. zum wegleitenden Gedanken der *„ordnungsgemäss geleiteten Unternehmensgruppe"* *FECG,* ECFR 2015, 299, 513, Abschnitt VI/1. In der Schweiz durchaus ähnlich: *Amstutz,* Konzernorganisationsrecht, 1993, N. 550 ff.; *Handschin,* Der Konzern im schweizerischen Privatrecht, 1994, S. 109 ff.; *Druey,* in: Baer (Hrsg.), Vom Gesellschafts- zum Konzernrecht, Band 59, 2000, S. 1, 24 ff. und *ders.,* in: Druey/Druey Just/Glanzmann, Gesellschafts- und Handelsrecht, 11. Aufl. 2015, § 1 N. 82, § 1 N. 132; *Böckli,* Schweizer Aktienrecht, 4. Aufl. 2009, § 11 N. 243 ff. und *ders.,* in: Sethe/Isler (Hrsg.), Verantwortlichkeit im Unternehmensrecht VII, 2014, S. 203, 224; zurückhaltend *von der Crone,* Aktienrecht, 2014, § 15 N. 59/60.

25 *FECG,* ECFR 2015, 299, ZGR 2015, S. 512 f., Abschnitt VI, und S. 514, Abschnitt VIII/2.

einer zweckmässigen Struktur zur Umsetzung einer kohärenten *Unternehmenspolitik* mit entsprechenden mittel- und langfristigen Unternehmenszielen. Gruppenstruktur und Gruppenpolitik müssen dabei auf die *Einhaltung des Rechts* – des zwingenden privaten und des öffentlichen Rechts – durch alle Gruppeneinheiten ausgerichtet sein[26].

d) Die zentrale Steuerung der Finanzen ist ein Kernelement einer ordnungsgemäss geleiteten Unternehmensgruppe: Solange eine Unternehmensgruppe finanziell nicht angeschlagen ist, also ein „*going concern*" ist und nicht, wie der neue englische Ausdruck lautet, ein „*gone concern*"[27], liegt ein Kernelement im System der *zentralen finanziellen Steuerung*[28]. Eine ordnungsgemäss geleitete Unternehmensgruppe unterscheidet sich dadurch vor allem von einem losen Konglomerat mehrerer Gesellschaften, die von einem Einzelinvestor oder einer Holdinggesellschaft abhängig sind. Die Finanzhoheit der Muttergesellschaft kann sich dabei in einer grossen Bandbreite verwirklichen; diese kann von der einfachen Finanzplanung mit Vorgaben zum koordinierten Finanzmanagement bis zur rechtlich hoch problematischen Extremausprägung gehen, dem totalen *Cash Pooling*[29].

Die *zentrale Finanzsteuerung* in der Gruppe ist ein Aspekt, der im Text des *Forum Europaeum* eher nur angedeutet ist, obwohl das „*Rozenb-*

26 Vgl. *Böckli,* in: Sethe/Isler (Hrsg.), Verantwortlichkeit im Unternehmensrecht VII, 2014, S. 203, 223 („*Einhaltung des Rechts*" als eine der Minimalanforderungen an die Gesamtstruktur).

27 Begriff „*gone concern*", heute z. B. im internationalen Bankenaufsichtsrecht umfassend gebraucht im Zusammenhang mit der Bewältigung der „*Too-big-to-fail*"-Problematik.

28 Ausdrücklich das Urteil „*Rozenblum*", Cass. crim., 4. Februar 1985, Bull. crim. n° 54: „*... le groupe de sociétés suppose la mise en œuvre d'un certain nombre de moyens,* ***sous une direction financière unique.*** " (Hervorhebung beigefügt) („*Die* [sc. Annahme einer] *Unternehmensgruppe setzt voraus, dass eine gewisse Anzahl von Mitteln eingesetzt wird,* ***unter einer einheitlichen finanziellen Leitung.*** " [Hervorhebung beigefügt]). Vgl. auch *Merle,* Sociétés commerciales, 19. Aufl. 2016, N. 757. Für die Schweiz u. a. *Böckli,* in: Baer (Hrsg.), Vom Gesellschafts- zum Konzernrecht, Band 59, 2000, S. 35, 49 und *ders.*, Schweizer Aktienrecht, 4. Aufl. 2009, § 11 N. 282.

29 Im *totalen Cash Pooling* entzieht die Zentrale den Tochtergesellschaften zugunsten der Gruppe jeden Abend bei „*close of business*" alle Zahlungsmittel gegen eine Schuldanerkennung der zentralen Finanzgesellschaft, vgl. u. a. *Böckli,* Schweizer Aktienrecht, 4. Aufl. 2009, § 11 N. 449e ff.; *Druey,* SZW 2015, 64, 69 f.

lum"-Urteil der französischen Cour de Cassation von 1985[30], auf das sich die Arbeitsgruppe im entscheidenden Abschnitt ihrer Vorschläge beruft[31], essentiell auf konzerninterne Finanzvorgänge – nämlich finanzielle Beistandsleistungen einer Tochtergesellschaft an eine andere – abzielt. Die *zentrale finanzielle Führung*, die *„direction financière unique*"[32], ist nach *„Rozenblum"* ein Hauptmerkmal einer Unternehmensgruppe.

e) ***Die Unternehmensgruppe kennzeichnet sich durch die Asymmetrie von zentraler Leitung und separaten Gläubigerkreisen:*** Während die *Aktionärsinteressen* – die Aussicht auf Ausschüttungen und nachhaltigen Wertzuwachs – sich in einer 100%ig beherrschten Unternehmensgruppe ausschliesslich in der Muttergesellschaft und deren Aktien niederschlagen (*Prinzip des einzigen Aktionärskreises*), hat jede Gruppengesellschaft ihren separaten Kreis von Stakeholdern und vor allem ihre eigenen Gläubiger (*Prinzip der separaten Gläubigerkreise*)[33]. Solange der Konzern nun wirtschaftlich erfolgreich arbeitet – in der Phase des *„going concern"* – spielt die Asymmetrie kaum eine Rolle. Die Interessen der Kapitalinvestoren konzentrieren sich auf die Muttergesellschaft. Die Stakeholderinteressen, darunter vor allem die Interessen der Arbeitnehmer und Gläubiger sowie des Fiskus, sind zwar schon jetzt auf die einzelne Gruppengesellschaft ausgerichtet, aber in einer erfolgreichen, ordnungsgemäss geführten Unternehmensgruppe, die sich an den Grundsatz der Eigenwirtschaftlichkeit der Gruppentöchter und an die Regeln des zwingenden Rechts hält, sind die Gläubiger- und anderen Stakeholderinteressen dabei kaum mehr gefährdet als in einer eigenständigen Aktiengesellschaft.

In dem Maße jedoch, in dem die Muttergesellschaft oder eine der wirtschaftlich wichtigen Tochtergesellschaften auf eine *Finanznotlage* und eine Insolvenz zusteuert, kommt es zu einem *„Kippen"* der dominanten Interessen: Beim Übergang vom *„going concern"* zum *„gone concern"* treten schlagartig die Interessen der separaten Stakeholderkreise – in erster Linie die Interessen der Gläubiger jeder einzelnen Gruppengesellschaft – in den Vordergrund. Das Paradox

30 *„Rozenblum"*, Cass. crim., 4. Februar 1985, Bull. crim. n° 54.

31 *FECG*, ECFR 2015, 299, ZGR 2015, S. 513, Abschnitt VI/2, auch 508, Abschnitt I/2.

32 *„Rozenblum"*, Cass. crim., 4. Februar 1985, Bull. crim. n° 54.

33 Vgl. *Böckli*, in: Sethe/Isler (Hrsg.), Verantwortlichkeit im Unternehmensrecht VII, 2014, S. 203, 211.

des Konzerns bricht brutal durch und führt zu prozessualen Auseinandersetzungen. Was kaum überrascht: Die Grosszahl der neueren Schweizer Gerichtsentscheide zu Unternehmensgruppen sind nicht *„going concern"*-, sondern *„gone concern"*-Fälle.

f) ***Ein aussenstehendes Aktionariat verändert die rechtlichen Verhältnisse entscheidend.*** Besteht ein aussenstehendes Minderheitsaktionariat in einer Tochtergesellschaft, tritt ein eigenständiger Aktionärskreis auf, der Anrecht auf Gleichbehandlung mit der Hauptaktionärin, der Muttergesellschaft, hat[34]. Es ist ein Kreis von Dritten, die rechtlich – im Gegensatz zu den Gläubigern, die erst im Übergang zum *„gone concern"* in den Vordergrund treten – schon im *„going-concern"*-Zustand selbständig klagebefugt sind[35] und mit *„voice"* und manchmal *„exit"* oder *„walk-away"* ihre Meinung kundzutun vermögen. Dies hat auf die Voraussetzungen der Rechtmässigkeit von *„intragroup transactions"* einen massgeblichen Einfluss.

2. Meinungsvielfalt hinsichtlich der rechtlichen Stellung der Tochtergesellschaften

Die Meinungsverschiedenheiten in der Schweiz kreisen hauptsächlich um die rechtliche Stellung der 100%igen Tochtergesellschaften in der Unternehmensgruppe. Drei Lösungsansätze lassen sich grosso modo ausmachen:

a) Die Anhänger eines *ersten Lösungsansatzes*[36], der von Kollege *Amstutz* angeführt wird, richten sich auf das Erfordernis eines gruppeninternen

34 Vgl. u. a. *Handschin,* Der Konzern im schweizerischen Privatrecht, 1994, S. 134 ff.; *von Büren,* Konzernrecht, 2. Aufl. 2005, S. 111 ff.; *Jörg,* in: Arter/Jörg (Hrsg.), Entwicklungen im Gesellschaftsrecht II, 2007, S. 19, 72 ff.; *Böckli,* Schweizer Aktienrecht, 4. Aufl. 2009, § 11 N. 387 ff. und *ders.,* in: Sethe/Isler (Hrsg.), Verantwortlichkeit im Unternehmensrecht VII, 2014, S. 203, 225 f.;; *von der Crone,* Aktienrecht, 2014, § 15 N. 67; vgl. auch e contrario *Druey,* in: Baer (Hrsg.), Vom Gesellschafts- zum Konzernrecht, Band 59, 2000, S. 1, 14.

35 Art. 678 Abs. 3 OR (u. a. verdeckte Gewinnausschüttungen) und Art. 754 und 756 OR (Klage gegen Gesellschaftsorgane wegen pflichtwidriger Schädigung der Gesellschaft auf Zahlung an diese).

36 Vor allem *Amstutz,* Konzernorganisationsrecht, 1993, N. 611 ff. und 777 (*„konzernspezifisches Ausgleichssystem"*) und *ders.,* SZW 2016, 2, 15 ff.; *Schluep,* Rechte des Aktionärs und ihr Schutz nach schweizerischem Recht, 1955, S. 250 (*„durch Ausgleichsleistungen wettgemacht"*); *Blanc,* Corporate Governance dans les groupes de sociétés, S. 256, 261 und 365 (*„mécanisme de la compensation directe"*).

Nachteilsausgleichs für die beherrschten Gesellschaften aus, sei es nach dem Modell des deutschen Aktiengesetzes (§§ 311 bis 313 AktG) – so *Amstutz* in seiner Dissertation von 1993[37] –, sei es nach dem Nachteilsausgleich, den das *Forum Europaeum* aus der *„Rozenblum"*-Rechtsprechung ableitet[38] – so *Amstutz* in seiner neuesten Publikation[39];

b) Die *zweite Gruppe*, zu der die Kollegen *Druey* und *Forstmoser* gehören, sieht die Lösung in einer mittelfristigen Interessenkonvergenz[40] und einem entsprechenden, sich allmählich ergebenden Ausgleich. Sie betont die uneingeschränkte Stellung auch der 100%igen Tochtergesellschaft sowie – wenn auch nur rein *formell* – die ungeschmälerte Eigenkompetenz ihres Leitungsorgans[41]. Das drückt sich konkret so aus, dass gesagt wird: *„Die Mutter beherrscht die Tochter, und deren Organe haben keine rechtliche Handhabe, um auf die Muttergesellschaft einzuwirken"*[42]. In dieser Sichtweise haben die Praxis und die Lehre – man spricht von einem Paradebeispiel für die normative Kraft des Faktischen – sich *„mit diesem Widerspruch arrangiert"*[43], und *von Büren* spricht denn auch, bewundernswert konsequent, von einem Ansatz des *„Sich-Hindurchschlängelns"*[44];

c) Die *dritte Gruppe*, zu der der Verfasser gehört, versucht, die Normen, die dem „Faktischen" entsprechen, rechtlich genauer zu erfassen und

37 *Amstutz,* Konzernorganisationsrecht, 1993, N. 611 ff. und 777.

38 *„Rozenblum"*, Cass. crim., 4. Februar 1985, Bull. crim. n° 54, in der Umsetzung des *Forum Europaeum,* hiernach III/2, S. 377 ff., und IV/1.

39 *Amstutz, SZW* 2016, 2, 15 ff.

40 *Druey/Vogel,* Das schweizerische Konzernrecht in der Praxis der Gerichte, 1999, S. 24 f.; *Druey,* in: Baer (Hrsg.), Vom Gesellschafts- zum Konzernrecht, Band 59, 2000, S. 1, 16 ff.; *ders.*, AJP 2005, 1083, 1085; *ders.*, SZW 2012, 414, 422 f.; *ders.*, in: FS Hommelhoff, 2012, S. 135, 147 und *ders.*, SZW 2015, 64, 68.

41 *Druey,* in: Baer (Hrsg.), Vom Gesellschafts- zum Konzernrecht, Band 59, 2000, S. 1, 12 ff. und (2012 A) 420 ff.; *Forstmoser,* in: Baer (Hrsg.), Vom Gesellschafts- zum Konzernrecht, Band 59, 2000, S. 89, 94 ff. und *ders.* in: Weber/Isler (Hrsg.), Verantwortlichkeit im Unternehmensrecht V, S. 5, 21 ff.; *Forstmoser et al.*, Organisation und Organisationsreglement der Aktiengesellschaft, 2011, § 7 N. 27; *von Büren,* Konzernrecht, 2. Aufl. 2005, S. 58 ff. und *ders.*, in: Kramer et al. (Hrsg.), Festschrift für Peter Böckli zum 70. Geburtstag, 2006, S. 436 ff.; *Jörg,* in: Arter/Jörg (Hrsg.), Entwicklungen im Gesellschaftsrecht II, 2007, S. 19, 37 und 65.

42 *Forstmoser et al.*, Organisation und Organisationsreglement der Aktiengesellschaft, 2011, § 7 N. 8.

43 A.a.O. § 7 N. 27 und N. 31.

44 *von Büren,* Konzernrecht, 2. Aufl. 2005, S. 66.

zu beschreiben. Diese Gruppe steht bei Tochtergesellschaften mit einem *aussenstehenden Aktionariat* auf dem Boden einer eigenständigen Interessenwahrung, unter Berücksichtigung natürlich der Einbindung in eine Gruppe. Bei 100 %igen Tochtergesellschaften dagegen gilt zwar das Prinzip der Einhaltung der Rechtsnormen und der Eigenwirtschaftlichkeit, doch ist diese *dauernd reduziert* durch die öffentlich bekanntgemachte *Einordnung* in eine Unternehmensgruppe[45]. Darauf ist zurückzukommen.

III. Drei Hauptelemente zur Würdigung des vom Forum Europaeum angeregten *„qualifizierten Schutzsystems"*

Eine kritische Würdigung der *Forum-Europaeum*-Vorschläge kann sich nun auf einzelne, klar umrissene Elemente von besonderer Bedeutung beschränken.

Den Fokus richte ich zuerst – aber nur kurz – auf die *Muttergesellschaft*; in dieser Hinsicht herrscht weitgehende Übereinstimmung. Kritischer wird es, wenn der Blick auf die Rolle einer wichtigen Art von *Tochtergesellschaften* fällt – die 100 %ig beherrschte Tochtergesellschaft der klassischen Unternehmensgruppe. In diesem Bereich erheben sich Fragen hinsichtlich des Kernelements – des Vorschlags eines *„qualifizierten Schutzregimes"* mit einem geschäftsplanmässigen, längerfristigen Ausgleich unter den Tochtergesellschaften und ihrer Muttergesellschaft.

Daran schliesst sich ein Blick auf das *„Rozenblum"*-Urteil der französischen Cour de Cassation von 1985[46], das eine wesentliche geistige Quelle für das vorgeschlagene Schutzregime in Unternehmensgruppen darstellt.

Den Abschluss bilden Bemerkungen zur Auswirkung der neuen *„Related Party Transactions Rules"* aus der kommenden, im EU-Parlament

45 *Böckli,* in: Baer (Hrsg.), Vom Gesellschafts- zum Konzernrecht, Band 59, 2000, S. 35, 54 ff.; *ders.*, Schweizer Aktienrecht, 4. Aufl. 2009, § 11 N. 237 ff. und *Böckli,* in: Sethe/Isler (Hrsg.), Verantwortlichkeit im Unternehmensrecht VII, 2014, S. 203, 212 ff. und 225; mit verschiedenen Nuancen *Handschin,* Der Konzern im schweizerischen Privatrecht, 1994, S. 52 f.; *Kammerer,* Die übertragbaren und unentziehbaren Kompetenzen des Verwaltungsrates, 1997, S. 257 f.; *Vogel,* in: FS Druey, 2002, S. 607, 618; *Hofstetter,* in: FS Forstmoser, 2003, S. 301, 310 ff.; *Müller/Lipp/Plüss,* Der Verwaltungsrat, 4. Aufl. 2014, S. 668; *von der Crone,* Aktienrecht, 2014, § 15 N. 62 ff.

46 *„Rozenblum"*, Cass. crim., 4. Februar 1985, Bull. crim. n° 54.

hängigen Revision der Richtlinie über die Aktionärsrechte auf das Recht der Unternehmensgruppen[47]. Es geht um die künftige Pflicht, bei grösseren Transaktionen, die von den Marktbedingungen abweichen, ein *„Vierschritte"*-Verfahren durchzuführen: *Bericht; Begutachtung; Offenlegung; Genehmigung*[48].

1. *Die verschiedenen Ausprägungen der Tochtergesellschaften in der Unternehmensgruppe*

a) *Muttergesellschaft*

Das Konzept für die *Muttergesellschaft* ist im *Forum-Europaeum*-Vorschlag überzeugend entwickelt[49]. Soll die Unternehmensgruppe rechtmässig konstituiert sein, so braucht es, unter der Verantwortung der Muttergesellschaft, eine *„gefestigte und durchsichtige Gruppenstruktur"*[50] ebenso wie eine ausgewogene Gruppenpolitik; die beiden Elemente sind untrennbar verknüpft und schon rein wirtschaftlich ein *„sine qua non"*. Dazu gehört ferner – was im *Forum-Europaeum*-Konzept nur implizit enthalten, aber in der Tat fundamental ist – die *zentrale finanzielle Führung* der Gruppe[51]. Die Finanzen sind einerseits das Lebenselixier und andererseits der Schierlingsbecher einer Unternehmensgruppe.

b) *Tochtergesellschaften mit und Tochtergesellschaften ohne Drittaktionariat*

Richtet sich der Blick auf die *Tochtergesellschaften* in der Unternehmensgruppe, so stellt sich die Ausgangsfrage: Welche Interessen soll das qualifizierte Schutzsystem nun schützen? Da scheint es unumgänglich, den tief greifenden Unterschied zwischen der Stellung 100%ig beherrschter

47 *„Proposal for a Directive of the European Parliament and of the Council amending Directive 2007/36/EC as regards the encouragement of long-term shareholder engagement and Directive 2013/34/EU as regards certain elements of the corporate governance statement* (COM(2014)0213 – C7 0147/2014–2014/0121(COD)"; Vorlage vor dem Europäischen Parlament vom 8. Juli 2015.

48 A.a.O. Art. 9c Ziff. 1 bis 3; hiernach III/3, S. 381 ff.

49 *FECG*, ECFR 2015, 299, ZGR 2015, S. 511, Abschnitt IV, und 513/14, Abschnitte VI und VIII.

50 A.a.O. 513, Abschnitt VI/2.

51 Deutlich in der Sicht gerade des französischen Rechts, vgl. *„Rozenblum"*, Cass. crim., 4. Februar 1985, Bull. crim. n° 54, vorn Anm. 28.

Tochtergesellschaften und solchen hervorzuheben, an denen Minderheitsaktionäre beteiligt sind.

Sowohl eigene Erfahrungen in konzernleitenden Gesellschaften wie die Analyse der zu schützenden Interessen scheinen aufzuzeigen, dass die beiden Arten von Töchtern rechtlich verschieden zu behandeln sind.

aa) Die 100 %igen Tochtergesellschaften

(i) Residuale Eigenwirtschaftlichkeit

In *jeder Tochtergesellschaft* – einer vollständig beherrschten wie einer mehrheitlich beherrschten – gibt es einen eigenen, von den übrigen Gruppengesellschaften getrennten Gläubigerkreis. Die Interessen der Gläubiger sind daher in Bezug auf die 100 %ige Tochtergesellschaft sowohl gesellschaftsrechtlich wie insolvenzrechtlich schutzbedürftig; sie sind mit entsprechenden Massnahmen zu sichern[52].

In einer *100 %ig beherrschten Tochtergesellschaft* gibt es definitionsgemäss keinen aussenstehenden Aktionärskreis. Das Interesse an einer nachhaltigen und erfolgreichen Führung mit entsprechendem Wertzuwachs kristallisiert sich in der Muttergesellschaft und deren Aktionariat[53]. Ob in einer Unternehmensgruppe mit vollständig beherrschten Tochtergesellschaften der weitere Wertzuwachs sich in der 100 %igen Tochtergesellschaft A oder in der 100 %igen Tochtergesellschaft B vollzieht, spielt in erster Linie unter dem Gesichtspunkt der von der Gruppenleitung zu leistenden wirtschaftlichen und steuerlichen Optimierung der Unternehmensgruppe eine Rolle.

In der 100 %igen Tochtergesellschaft gibt es *Schutzbedarf* nicht für Drittaktionäre, sondern für ihre Gläubiger und andere rechtlich anzuerkennende lokale Stakeholder. Daher muss die ordnungsgemässe Gruppenpolitik der Muttergesellschaft darauf gerichtet sein, die Zahlungsfähigkeit der Tochter und ihre Verlässlichkeit als Vertragspartner auf Dauer zu gewährleisten. Dies geschieht nicht durch Garantien der Muttergesell-

52 Unbestritten, vgl. u. a. *Druey/Vogel,* Das schweizerische Konzernrecht in der Praxis der Gerichte, 1999, S. 26 ff.; *Böckli,* in: Baer (Hrsg.), Vom Gesellschafts- zum Konzernrecht, Band 59, 2000, S. 35, 57; *von Büren,* Konzernrecht, 2. Aufl. 2005, S. 151 ff.; *Teichmann,* AG 2013, 184, 188; *ders.* in: Gebauer/ Teichmann, Enzyklopädie Europarecht, Band 6, 2016, S. 487, 561 f.; *Club des Juristes,* Vers une reconnaissance de l'intérêt du groupe dans l'Union Européenne?, Rapport, Paris 2015, abrufbar unter: www.leclubdesjuristes.com, 13 f., 19, 22 und 25.

53 Vgl. auch *Jörg,* in: Kunz et al. (Hrsg.), Entwicklungen im Gesellschaftsrecht VIII, 2013, S. 19, 37.

schaft; die Quelle dafür muss in der Tochtergesellschaft, welche von Gläubigern Kredit in Anspruch nimmt, selber liegen. Deshalb ist eine hinreichende *Eigenwirtschaftlichkeit* mit einer angemessenen *Eigenkapitalausstattung* erforderlich, auf der Grundlage eines zweckmässigen Geschäftsmodells, für das die Mutter zu sorgen hat, sodass der Aufwand durch den Ertrag aus eigener Tätigkeit gedeckt und eine minimale Eigenkapitalrendite erzielt werden kann[54]. Die geschäftsnotwendige Liquidität muss – entsprechend dem separaten Gläubigerkreis – in der Hauptsache unabhängig von der Bonität der anderen Gruppengesellschaften bereitgehalten werden[55].

Rechtlich ist zu verlangen, dass das *zwingende private und öffentliche Recht* von der 100%igen Tochtergesellschaft eingehalten wird. Dazu gehören der Kapitalschutz, das Arbeitsrecht sowie das Prinzip des „*dealing at arm's length*" im Steuerrecht[56].

Dies ist eine satzungsmässig offengelegte, residuale Eigenwirtschaftlichkeit der 100%igen Tochtergesellschaft. Es ist die in der Praxis schwierige Aufgabe der Organe der Tochtergesellschaft, sowohl die Eigenwirtschaftlichkeit mit den Anforderungen an Eigenkapital und Liquidität wie auch die Einhaltung des geltenden Rechts zu überwachen[57]. Andererseits kann die 100%ige Tochter ebenso wenig wie eine alleinstehende Gesellschaft Arbeitsplätze garantieren; und sie kann durch Aktionärsbeschluss im Rahmen der bestehenden Gesetze liquidiert, fusioniert oder aufgespalten werden, und schliesslich kann sie in die Insolvenz geraten.

(ii) Folgerungen

Aus der Sicht der in Frage stehenden Interessen drängt es sich nicht auf, dass die Tochtergesellschaften über die umschriebenen Bereiche hinaus systematisch geschützt werden. So ist schwer einzusehen, weshalb es ein durchsetzbares Recht der 100%ig beherrschten Tochtergesellschaft

54 *Böckli,* in: Baer (Hrsg.), Vom Gesellschafts- zum Konzernrecht, Band 59, 2000, S. 35, 60 und *ders.*, in: Sethe/Isler (Hrsg.), Verantwortlichkeit im Unternehmensrecht VII, 2014, S. 203, 214 f.

55 D.h.: im geschäftsmässig erforderlichen Umfang nicht durch *ungesicherte Forderungen* gegen eine Gruppengesellschaft, schon gar nicht gegen eine Gruppengesellschaft „*upstream*" (wegen des Phänomens der *strukturellen Subordination*).

56 *Böckli,* in: Baer (Hrsg.), Vom Gesellschafts- zum Konzernrecht, Band 59, 2000, S. 35, 56 (ii).

57 *Böckli,* in: Sethe/Isler (Hrsg.), Verantwortlichkeit im Unternehmensrecht VII, 2014, S. 203, 215 f.; vgl. auch *Abegglen,* in: FS von Büren, 2009, S. 657, 670 f.

auf *zusätzliche Geschäftsmöglichkeiten* („*corporate opportunities*")[58] geben sollte. Die Gruppenleitung kann und muss – stets im Rahmen ihrer ordnungsgemässen Leitung, unter Einhaltung des anwendbaren Rechts, in Verfolgung der Gruppenpolitik und aus sachlichen Gründen – eine *Arbeitsteilung* in der 100%ig beherrschten Gruppe nach betriebswirtschaftlichen Kriterien konzipieren und wieder ändern. Sie kann unter diesen Voraussetzungen ein neues Werk in einer anderen Tochtergesellschaft aufstellen, eine bisher der Tochtergesellschaft zugeordnete Forschungsstätte oder Produktionslinie anderswo in der Unternehmensgruppe ansiedeln oder die entsprechende Tätigkeit einstellen.

Insofern kann ein Einzelinteresse der 100%ig beherrschten Gruppentochtergesellschaft nur im Sinne ihrer residualen Eigenwirtschaftlichkeit, ihrer Einordnung in die Gruppe verstanden werden.

bb) Die Tochtergesellschaft mit aussenstehendem Aktionariat

Anders ist die rechtliche Lage, wenn an einer Tochtergesellschaft[59] ein *aussenstehendes Aktionariat* besteht. Mit einer Minderheitsbeteiligung tritt zu ihrem Kreis der Gläubiger und übrigen Stakeholder ein zweiter Aktionärskreis, nun aber mit praktisch ausschliesslich auf *diese* Gesellschaft ausgerichteten Interessen hinzu. Diese Minderheitsaktionäre auf der unteren Ebene der Unternehmensgruppe sind, wie wir wissen, in einer schwierigen Situation und offensichtlich gefährdet. Sie haben ein Recht auf Schutz, und zwar

(i) auf Schutz ihres *eigenen Interesses am Wertzuwachs ganz spezifisch der Tochteraktien*, weitgehend, wenn auch nie vollständig unabhängig von der Frage des Wertzuwachses der Aktien der Muttergesellschaft;
(ii) auf Schutz ihres *eigenen Interesses* an einer auf nachhaltige Wertzunahme gerade dieser Gesellschaft ausgerichteten *Geschäftsführung*; und
(iii) auf Schutz vor wesentlichen *nachteiligen Geschäften unter Nahestehenden*, welche im Interesse der gesamten Unternehmensgruppe der Gesellschaft, in die die aussenstehenden Aktionäre investiert haben, Werte ohne Gegenwert entziehen. Sie verdienen damit auch Schutz

58 *FECG*, ECFR 2015, 299, ZGR 2015, S. 512 f., Abschnitt VI/1 und 2: „*faire Möglichkeit ..., ihre eigenen Geschäftschancen auszuwerten*" und fair abgesicherte Möglichkeit, „*die eigenen Geschäftschancen auszuwerten*".

59 Hier immer an einer im Sinne der *Forum-Europaeum*-Terminologie „*regulären*" Tochtergesellschaft.

vor einem wesentlichen *„grasping of corporate opportunities“*[60] durch den Mehrheitsaktionär.

In der Konstellation von Tochtergesellschaften mit Drittaktionären müssen die Vorschläge des *Forum Europaeum* im Grundsatz Zustimmung finden. Es bleibt der wichtige Vorbehalt, dass die *Weisungen* der die Gruppenleitung ausübenden Muttergesellschaft in diesem Falle niemals *„befehlsähnlich“* verstanden werden dürfen. Die Anteile an der Tochtergesellschaft dieser Konstellation gehören auch anderen Investoren; im Verhältnis zu einer mehrheitlich beherrschten Gesellschaft sollte der missverständliche Weisungsbegriff besser vermieden werden. In einer sog. „Weisung“ liegt vielmehr – wegen der mit unzähligen Wechselwirkungen verknüpften Einbindung der Tochtergesellschaft in eine Gruppenpolitik – eine blosse Aufforderung an die Tochtergesellschaft zur Aushandlung eines einvernehmlichen Vorgehensplans[61]; im Verhältnis zur Mutter- und den übrigen Tochtergesellschaften gilt das *„dealing at arm's length“*[62]. Die Gruppenpolitik ihrerseits muss von der Mutter so angelegt werden, dass im Leitungsorgan einer Tochtergesellschaft mit aussenstehendem Aktionariat auch Mitglieder Einsitz nehmen, die von der Gruppenleitung unabhängig sind. Der Tochtergesellschaft, an der die Gruppe bloss eine Mehrheit hält, muss Freiraum[63] für eigenverantwortliche Geschäftsentscheidungen verbleiben.

Für die Tochtergesellschaft mit *Minderheitsaktionariat* werden demgemäss die neuen, ziemlich einschneidenden EU-Regeln über *„Rechtsgeschäfte mit Nahestehenden“* Gültigkeit haben[64].

60 *„Ansichreissen von Geschäftschancen“*, besonders hervorgehoben in *FECG*, ECFR 2015, 299, ZGR 2015, S. 512 f., Abschnitt VI/1 und 2.

61 Es ginge umgekehrt aber entschieden zu weit, zu sagen, die Konzernweisung habe *„freiwilligen Charakter“*, so jedoch *Jörg,* in: Kunz et al. (Hrsg.), Entwicklungen im Gesellschaftsrecht VIII, 2013, S. 19, 64.

62 Im zivilrechtlichen Sinne; vgl. *Böckli,* in: Sethe/Isler (Hrsg.), Verantwortlichkeit im Unternehmensrecht VII, 2014, S. 203, 226.

63 Begriff des *„Freiraums“* ausdrücklich in *FECG,* ECFR 2015, 299, ZGR 2015, S. 513, Abschnitt VI/2, hier aber für die Tochtergesellschaft mit *aussenstehendem Aktionariat.*

64 „Related Party Transactions“ oder *„RPT“*. – Die Ausnahme (Option) des Absatzes 4 zu Art. 9c des Entwurfs für die revidierte *EU-Aktionärsrechte-Richtlinie* (zit. vorn Fn. 47) gilt für 100%ig beherrschte Tochtergesellschaften.

2. Bemerkungen zur Tragfähigkeit von „Rozenblum"

Aus dieser Sicht besteht grundsätzliches Einverständnis mit dem *Forum Europaeum.* Bedenken bestehen hinsichtlich des qualifizierten Schutzsystems mit dem Ziel des geschäftsplanmässigen *„längerfristigen Ausgleichs"* unter 100 *%igen Tochtergesellschaften* einerseits und zwischen ihnen und ihrer Mutter andererseits. Die Bedenken beziehen sich – zusätzlich zur dargelegten Analyse der schutzwürdigen Interessenkreise – auf die Tragfähigkeit des *„Rozenblum"*-Urteils als Inspiration für ein System eines geschäftsplanmässigen längerfristigen Wertausgleichs. Fragen ergeben sich auch hinsichtlich des Erfordernisses von *„Fairness Opinions"*, welches in der revidierten EU-Aktionärsrechte-Richtlinie für Transaktionen unter Nahestehenden eingeführt wird. Der Entwurf zu dieser Richtlinie diente als eine Quelle der Inspiration des *Forum Europaeum.*

a) „Rozenblum", näher betrachtet

„Rozenblum"[65] spielt eine so grosse Rolle für das Schutzsystem des *Forum Europaeum,* dass ein Blick auf das Original Not tut.

Obwohl nicht französischer Muttersprache, ist der Verfasser doch seit Jahrzehnten in die französische Sprache eingebunden und hat den Versuch unternommen, die entscheidende Aussage des *„Rozenblum"*-Urteils von 1985 möglichst getreu auf Deutsch zu übersetzen. Keine leichte Sache, da der Urteilstext der französischen Tradition einer aufs Höchste verdichteten Urteilsbegründung folgt. Diese schöpft die syntaktischen Möglichkeiten, welche die gehobene französische Sprache bietet, aus und ist ein *einziger* Schlangensatz mit über 100 Wörtern. Zur besseren Verständlichkeit der inhaltlichen Elemente sind Zwischenzahlen eingefügt:

> *„Um den Bestimmungen der Art. 425* (4°) *und 437* (3°) *des Gesetzes* [sc. über die Handelsgesellschaften] *vom 24. Juli 1966 zu entgehen* [i. e. Untreue], *muss* ***der finanzielle Beistand,*** (1) *der auf Veranlassung der rechtlichen oder faktischen Organe einer Gesellschaft einem anderen Unternehmen derselben Gruppe, an dem diese Organe direkt oder indirekt interessiert sind, geleistet wird,* (2) *durch ein gemeinsames wirtschaftliches, soziales oder finanzielles Interesse bestimmt sein,* (3) *welches mit Blick auf eine für die Gesamtheit dieser Gruppe ausgearbeitete Politik*

65 *„Rozenblum"*, Cass. crim., 4. Februar 1985, Bull. crim. n° 54; dieses Urteil bildete den vorläufigen Abschluss einer Reihe von früheren Gerichtsentscheidungen im Gefolge der Affäre *Agache-Willot*, vgl. vor allem das Urteil zu diesem Fall, Tribunal correctionnel de Paris, 16. Mai 1974, Gazette du Palais 1974, II, 886 ff. und Dalloz 1975, 37 ff.

zu würdigen ist, und (4) *darf dabei weder eines Gegenwerts*[66] *entbehren noch das Gleichgewicht unter den Verpflichtungen der verschiedenen betroffenen Gesellschaften aufheben*[67], (5) *noch über die finanziellen Möglichkeiten der Gesellschaft, die die Last der Beistandsleistung zu tragen hat, hinausgehen.*"[68] (Eine Hervorhebung zur Kennzeichnung des Gegenstands [finanzielle Beistandsleistung] und fünf Ziffern zur inhaltlichen Gliederung beigefügt.)

Wer aus „*Rozenblum*" rechtliche Schlüsse ziehen will, muss über diesen Satz hinaus die Entscheidungsgründe näher ansehen:

(i) Das Kassationsgericht hatte schon vor der zitierten Passage den Schluss der Vorinstanz billigend erwähnt, dass im zu beurteilenden Fall *gar keine Unternehmensgruppe* vorlag, die rechtlich anerkannt werden könnte[69].

(ii) Es ging im Fall „*Rozenblum*" nicht um Geschäfte des *gruppeninternen Leistungsverkehrs.* Vielmehr hatten die Angeklagten mehrere beherrschte Gesellschaften als Steinbruch für Geldverschiebungen[70] in andere verwendet, sie ausgebeutet und mit Schulden überladen, ja ihnen sogar, um noch letzte Gelder herauszupressen, die Bezahlung fälliger Steuerschulden untersagt.

(iii) So konnten die Angeklagten von „*Rozenblum*" die Gelder „*für persönliche Zwecke*"[71] in jene Gruppengesellschaften hinüberschieben, an deren Überleben sie ein persönliches Interesse hatten. Diese Verschiebungen waren „*dépourvus de toute justification*" (sie „*entbehrten jeder Rechtfertigung*")[72].

66 Im Original: „*contrepartie*". Dieser Begriff ist eine Nuance weniger nahe bei einem synallagmatischen Vorgang als „*Gegenleistung*". Näher bei „*contrepartie*" ist „*Gegenwert*".

67 „*Rompre l'équilibre*" ist eine feststehende französische Redewendung. „*Rompre*" heisst eigentlich „*brechen*"; das passt auf Deutsch nicht recht zum „*Gleichgewicht*". Auf Deutsch sagt man eher „*stören*" oder „*aufheben*", aber das ist etwas weniger bildhaft als „*rompre*".

68 „*Rozenblum*", Cass. crim., 4. Februar 1985, Bull. crim. n° 54.

69 Wörtlich: „*... il n'existait aucune structure juridique de nature à caractériser l'existence d'un groupe ...*" (*„... es gab keine rechtliche Struktur, welche die Existenz einer Gruppe kennzeichnen würde ...")*, a.a.O. im dritten Absatz *vor* dem stets aus dem Urteil zitierten, mehr als 100 Wörter umfassenden Kernsatz. Es geht also um ein „*obiter dictum*"!

70 Dazu auch *Bürgschaften* („*engagements de caution*") der belasteten Gesellschaften gegenüber den Begünstigten zu deren Absicherung gegen Schaden, a.a.O. zweiter Absatz *vor* der stets zitierten, langen Passage.

71 „*A des fins personnelles*", a.a.O. zweiter Absatz *vor* der stets zitierten, langen Passage.

72 A.a.O. zweiter Absatz *vor* der stets zitierten, langen Passage.

Der Sachverhalt und die streng strafrechtliche Methodik von *„Rozenblum"* sind für das Verständnis und die rechtlichen Schlüsse, welche aus dem Urteil gezogen werden können, entscheidend[73]. So sehen es übrigens auch, wie berichtet wird und wie man es selbst verifizieren kann, die Franzosen. *„Rozenblum"* wird zwar in Frankreich recht häufig angerufen zum strafrechtlich wichtigen Thema der Untreue, des *„abus de biens sociaux"*[74]. In den meisten bekannten Fällen, auch solchen aus den Jahren 2010[75] und 2014[76], wurde aber die Berufung auf *„Rozenblum"* abgewiesen. *„Rozenblum"* spielt, im Gegensatz zum Gedanken eines gesellschaftsrechtlichen Konzepts eines gruppeninternen Ausgleichssystems für Transaktionen im *„going concern"*[77], in Frankreich eine Rolle vor allem in Fällen der *Insolvenz*, d.h. des *„gone concern"*[78]. Da geht es dann um das recht banale fünfte Element der *„Rozenblum"*-Formel, die Existenzvernichtung. Das wirklich frappierende vierte Element von *„Rozenblum"* – das Erfordernis eines Gegenwerts – wurde, wenn nicht alles täuscht, keineswegs zum Ansatzpunkt für ein gesellschaftsrechtliches Schutzsystem des längerfristigen gruppeninternen Ausgleichs[79].

b) Folgerungen

Eine einfache Folgerung aus der Analyse der *„Rozenblum"*-Formel lautet: *Lösen wir uns von dieser Blume*. Sie bringt nicht, was man sich von ihr verspricht. Was Not tut, ist genau das, was das *Forum Europaeum* in Tat und Wahrheit geleistet hat: die Entwicklung einer eigenständigen Lösung. Zwei Beobachtungen stützen diesen Schritt einer inneren Loslösung:

73 *Conac*, ECFR 2013, S. 194, 220 sieht darin, in einem gewissen Gegensatz zur hier vertretenen Auffassung, kein Hindernis für eine Übertragung ins Privatrecht.

74 *„Abus de biens sociaux"*, früher im Gesellschaftsrecht verankert, Art. 425 Ziff. 4 und 437 Abs. 3 Loi sur les sociétés commerciales vom 24. Juli 1966; heute im *Code de commerce* Art. L. 241–3 Ziff. 4 und L. 242–6 Ziff. 3. – Im Schweizer Strafrecht heisst der entsprechende Straftatbestand *„ungetreue Geschäftsbesorgung"*, Art. 158 Ziff. 1 StGB.

75 Urteil *„Euraf"*, Cass. crim., vom 10. Februar 2010, nicht im Bull. crim. publiziert; dazu *Salomon,* Droit des sociétés 2010, 40 ff.

76 Urteil *„Cinéma Napoléon"*, Cass. crim., vom 19. März 2014, nicht im Bull. crim. publiziert (unzureichender Nachweis des *„intérêt de groupe"*).

77 Darauf hat schon *Lutter,* in: FS Kellermann, 1991, S. 257, 266 aufmerksam gemacht.

78 *Conac,* ECFR 2013, S. 194, 218, unter Berufung auf *Boursier,* Revue de Sociétés 2005, 273.

79 Seit dieser Beobachtung von *Amstutz,* Konzernorganisationsrecht, 1993, N. 420/21 hat sich daran wenig geändert.

(i) Zwar ist das meiste an den herausgearbeiteten Elementen der *„Rozenblum"*-Formel – bis auf eines eben, das entscheidende – überzeugend. Ausgerechnet aber dieses Element *„ohne Gegenwert und ohne Aufhebung des Gleichgewichts"* bezieht sich in der Gerichtspraxis nicht auf *„intragroup business transactions"*[80], wenn das englische Wort erlaubt ist. Die Formel ist vielmehr auf geschäftlich nicht begründete finanzielle Beistandsleistungen, missbräuchliche Geldverschiebungen, Transaktionen *„ohne jede Rechtfertigung"*[81] ausgerichtet. Wer nicht einen strafrechtlichen und relativ groben, sondern einen gesellschaftsrechtlichen und relativ feinen Ansatz sucht, kann *„Rozenblum"* nur als erste Anregung sehen. So sollte man auch das *Forum Europaeum* verstehen.

(ii) Die „*Rozenblum*"-Doktrin unterscheidet nicht zwischen 100%igen Tochtergesellschaften und solchen, *in die Drittaktionäre investiert haben.* Dass das einen rechtlich erheblichen Unterschied mit sich bringt, hat gerade auch die jüngste Publikation der Denkfabrik in Paris, des *„Club des Juristes"*[82], hervorgehoben:

> „Im Fall von 100%igen Tochtergesellschaften könnte man sogar die Anwendbarkeit eines vereinfachten Rozenblum-Tests ins Auge fassen, der sich auf die Prüfung beschränkt, ob die Gruppengesellschaft in ihrer Existenz gefährdet wird oder nicht."[83]

Dies stimmt mit der hier vertretenen Sicht der Dinge überein, mit einem Vorbehalt: Ein „*vereinfachter Rozenblum*" darf nicht bis auf das unterste Niveau, dasjenige einer Vermeidung der Existenzvernichtung, hinuntergehen. Der 100%ig beherrschten Gruppengesellschaft muss eine *re-*

80 Hiernach III/3, S. 381 ff.

81 *„Dépourvues de toute justification"*; so nicht nur in *„Rozenblum"*, Cass. crim., 4. Februar 1985, Bull. crim. n° 54, sondern ähnlich z.B. auch im neueren *„Euraf"*-Urteil, Cass. crim., vom 10. Februar 2010, dazu *Salomon,* Droit des sociétés 2010, 40, 41 f.

82 *Club des Juristes,* Vers une reconnaissance de l'intérêt du groupe dans l'Union Européenne?, Rapport, Paris 2015, abrufbar unter: www.leclubdesjuristes.com, 22 und vor allem 24.

83 Im Original: *„En présence de filiales à 100%, on pourrait même envisager l'applicabilité d'un test Rozenblum simplifié, se limitant à la vérification de l'absence de mise en péril de la société."*, *Club des Juristes,* Vers une reconnaissance de l'intérêt du groupe dans l'Union Européenne?, Rapport, Paris 2015, abrufbar unter: www.leclubdes juristes.com, 24.

siduale Eigenwirtschaftlichkeit im vorne erwähnten Sinne[84] zugestanden werden.

3. *Erfordernis von „Fairness Opinions"* für Transaktionen mit 100%ig beherrschten Gruppengesellschaften

Das *Forum Europaeum* definiert nicht nur das „qualifizierte Schutzsystem" für Tochtergesellschaften, sondern bringt auch einen Vorschlag zu dessen *Durchsetzung*. Da das System auf einen mittelfristigen Ausgleich zwischen benachteiligten und begünstigten Gruppengesellschaften ausgerichtet ist, braucht es für grössere Transaktionen ausserhalb des gewöhnlichen Geschäfts eine *Vorprüfung* ihrer Angemessenheit durch einen unabhängigen Sachverständigen[85]. Der positive Vorbescheid dieser *einzelfallbezogenen „Fairness Opinion"* ist eine Voraussetzung der Rechtmässigkeit des Geschäfts für die Organe der Tochtergesellschaft.

Das Erfordernis der *„Fairness Opinion"* ist inspiriert durch Art. 9c der vor dem Europäischen Parlament liegenden Revision der *Aktionärsrechte-Richtlinie*[86], die für *„Geschäfte börsennotierter Gesellschaften mit Nahestehenden"*, die *„Related Party Transactions"*, oder *RPT*[87], einen obligatorischen *„Vierschritte-Prozess"* vorsieht:

(i) *Bericht* der Unternehmensleitung (mit Eckwerten, Gegenstandswert und Begründung für die Angemessenheit, die *„economic fairness"*, des Geschäfts);
(ii) *Fairness Opinion*[88]*;*
(iii) *Offenlegung* von Bericht und Opinion;

84 Vorn III/1/b/aa/(i), S. 373 ff.
85 *FECG,* ECFR 2015, 299, ZGR 2015, S. 513, Abschnitt VI/3.
86 EU-Richtlinienentwurf 2015, zit. vorn Fn. 47.
87 Dazu *Hopt,* Groups of Companies. A Comparative Study on the Economics, Laws and Regulation of Corporate Groups, Working paper Series in law No 286/2015, abrufbar unter: http://ssrn.com/abstract=2560935, S. 14 ff. insb. 16; *Roth,* Related party transactions: board members and shareholders, Marburg 2016, abrufbar unter: http://ssrn.com/abstract=2710128, S. 9 ff.; mit Übersicht *Vetter,* ZHR 2015, 213, 277 ff., insb. 312 ff. und *ders.*, ZGR 2016, 231, 267 ff.
88 Entweder eines neutralen Sachverständigen, eines Aufsichtsgremiums der Gesellschaft oder eines Ausschusses gebildet aus unabhängigen Mitgliedern des obersten Leitungsorgans.

(iv) *Genehmigung durch die Hauptversammlung* (oder, in Deutschland, durch den Aufsichtsrat[89]) unter *Stimmrechtsausschluss* der betroffenen nahestehenden Person und ihrer Vertreter[90].

Es geht dabei um *„material transactions"*[91], und die Mitgliedstaaten können Geschäfte im Rahmen der gewöhnlichen Geschäftstätigkeit ausklammern, die sich an normale Marktbedingungen halten[92].

Der Vorschlag des *Forum Europaeum* ist aber strenger als die neue Richtlinie, denn

(i) er verlangt einen *Sachverständigen*[93], während Art. 9c des EU-Richtlinienentwurfs auch eine *„Fairness Opinion"* des *Aufsichtsrats* im dualistischen System oder sogar eines *Ausschusses* unabhängiger Mitglieder eines *„Board"* im monistischen Sinn genügen lässt[94];

(ii) nach der letzten Entwurfsfassung im Europäischen Parlament erlaubt die Richtlinie den Mitgliedstaaten, Transaktionen *innerhalb der Unternehmensgruppen* vom *„Vierschritte-Verfahren"* freizustellen, wenn das Geschäft mit einer *100%igen Tochtergesellschaft* abgeschlossen wird[95].

Diese Option liegt in der Logik der letzten Entwurfsänderungen, welche betonen, dass das *„Vierschritte-Verfahren"* für Geschäfte mit Nahestehenden (*RPT)* in erster Linie dem Schutz der *Minderheitsaktionäre* dienen soll[96]. Für die Würdigung des *Forum Europaeum*-Vorschlags ist dieser Aspekt von Bedeutung.

89 Vgl. dazu *Hopt,* Corporate Governance in Europe. A Critical Review of the European Commission's Initiatives on Corporate Law and Corporate Governance, Working Paper Series in Law No 296/2015, abrufbar unter: http://ssrn.com/abstract=2644156 S. 31.

90 Art. 9c Ziff. 1 bis 3 des EU-Richtlinienentwurfs 2015, zit. vorn Fn. 47. Ziff. 2a Satz 3 erlaubt allerdings den Mitgliedstaaten, einem von einem RPT-Geschäft betroffenen *Aktionär dennoch* sein Stimmrecht zu belassen, wenn bestimmte Kautelen (*„adequate safeguards"*) eingehalten werden.

91 *„Materiality"* ist von den Mitgliedstaaten zu definieren nach den Kriterien der Ziff. 4a des EU-Richtlinienentwurfs 2015, zit. vorn Fn. 47. Vgl. dazu *Vetter,* ZHR 2015, S. 213, 318.

92 Art. 9c Ziff. 4 Lemma 2 des EU-Richtlinienentwurfs 2015, zit. vorn Fn. 47. Dazu *Vetter,* ZHR 2015, S. 213, 321.

93 *FECG,* ECFR 2015, 299, ZGR 2015, S. 513, Abschnitt VI/3.

94 Art. 9c Ziff. 1 Abs. 2 des EU-Richtlinienentwurfs 2015, zit. vorn Fn. 47.

95 A.a.O. Art. 9c Ziff. 4 Lemma 1: *„members of its group …* [who] *are wholly owned by the company or* [provided] *that no other related party of the company has an interest in those members …"*.

96 A.a.O. Art. 9c Ziff. 1 Abs. 1, Sätze 1 und 2.

IV. Qualifiziertes Schutzsystem eines geschäftsplanmässigen längerfristigen Ausgleichs auch im Bereich 100%ig beherrschter Gruppengesellschaften?

Das *Forum Europaeum* schlägt mit der Gruppenpolitik und dem Geschäftsplan der Gruppe, welche die unterschiedlichen Einzelinteressen der Tochtergesellschaften und ihrer Muttergesellschaften längerfristig zum Ausgleich bringen sollen[97], nicht etwa die Übernahme des deutschen Systems des Nachteilsausgleichs vor[98]; auch einen Abhängigkeitsbericht[99] soll es nicht geben. Dennoch betont das *Forum Europaeum* die weitgehende Eigenständigkeit und die *Einzelinteressen* der zu 100% beherrschten Tochtergesellschaften; der diesen zu gewährende Freiraum dient zur Verwirklichung ihrer *eigenen Ziele*, und sie müssen die faire Möglichkeit haben, ihre *eigenen Geschäftschancen* auszuwerten[100]. Der qualifizierte Schutz, der den 100%igen Töchtern zugutekommen soll, verwirklicht sich in einem mittelfristigen System mit einer dem Vollzug vorausgehenden Prüfung der Gegenleistung durch *„Fairness Opinions“*[101].

Es stellt sich *erstens* die Frage, ob *„Rozenblum“* einen Ansatz für ein solches gruppenrechtliches Ausgleichssystem enthält, *zweitens*, ob der interne längerfristige Ausgleich mit seinem Abstellen auf den *„Business Plan“* der Gruppe praktisch durchführbar wäre, und *drittens*, ob ein qualifiziertes Schutzsystem in einer Unternehmensgruppe mit 100%igen Tochtergesellschaften überhaupt nötig wäre.

1. Erste Frage: Kann das „qualifizierte Schutzsystem des längerfristigen Ausgleichs“ aus „Rozenblum“ abgeleitet werden?

Es erheben sich die erwähnten Zweifel[102]. *„Rozenblum“* scheint zwar auf den ersten Blick so etwas wie einen *„Nachteilsausgleich“* des § 311 des deutschen Aktiengesetzes zu beschreiben – natürlich nicht auf ein einziges Geschäftsjahr bezogen, und unter der französischen Doktrin kann die Einbindung in eine Gruppe durchaus in der Abwägung als Element

97 *FECG,* ECFR 2015, 299, ZGR 2015, S. 513, Abschnitt VI/2.
98 § 311/312 AktG. – Positiv gewürdigt u. a. bei *Teichmann,* AG 2013, S. 184, 191.
99 § 312 AktG.
100 *FECG,* ECFR 2015, 299, ZGR 2015, S. 513, Abschnitt VI/1 und 2.
101 A.a.O.
102 Vorn III/2, S. 377 ff.

des erforderlichen „Gegenwerts" gewürdigt werden[103]. *„Rozenblum"* ist und bleibt aber ein strafrechtliches Konzept, ein in einem *„obiter dictum"* definierter Rechtfertigungsgrund. Er zielte auf einen Fall handfester, ja krasser Untreue mit persönlicher Bereicherungsabsicht ab, weit entfernt von den subtilen gesellschaftsrechtlichen Fragen einer ordnungsgemässen und die Gesetze respektierenden Führung einer Unternehmensgruppe.

Vieles spricht für die Beobachtung, dass heute *„Rozenblum"* eine Art Doppelleben führt:

(i) ***Frankreich:*** Als strafrechtliches Konzept hat *„Rozenblum"* in *Frankreich* nur relativ selten zu einem Freispruch eines der Untreue angeklagten Unternehmensleiters geführt. Ausgerechnet das so häufig zitierte vierte Element, jenes der *„contrepartie"* (des Gegenwerts) und der *„rupture de l'équilibre des engagements"* (Aufhebung des Gleichgewichts der Verpflichtungen), spielt in der französischen Rechtsprechung, soweit ersichtlich, nicht die Rolle, die man, mit dem § 311 AktG im Hinterkopf, vermuten könnte. Es geht vielmehr regelmässig um stossendes strafwürdiges Fehlverhalten[104]. Als Fall eines fehlenden Gegenwerts werden etwa rein fiktive Leistungen oder Barvorschüsse an eine Gruppengesellschaft *„ohne jede Hoffnung auf Rückzahlung"*[105] genannt. Meist ist Entscheidungsgrund das

103 *Boursier*, Revue de Sociétés 2005, 273, 305. – Siehe nachfolgende Anmerkung.

104 *„... seuls les concours les plus lésionnaires sont sanctionnés ..."* (*„... nur die schädlichsten Beistandsleistungen werden sanktioniert ..."*), *Boursier*, Revue de Sociétés 2005, 273, 313, und *„... l'appartenance au groupe de sociétés constitue une contrepartie valable pour la société intégrée ...* [mais elle] *ne justifie pas tous les sacrifices imposés par le groupe."* (*„... Die Zugehörigkeit zur Unternehmensgruppe stellt einen anzuerkennenden Gegenwert für die eingegliederte Gesellschaft dar, ... aber sie rechtfertigt nicht alle von der Gruppe auferlegten Opfer."*), a.a.O. 305; anders jedoch das deutsche Konzernrecht, *Hopt,* Groups of Companies. A Comparative Study on the Economics, Laws and Regulation of Corporate Groups, Working paper Series in law No 286/2015, abrufbar unter: http://ssrn.com/abstract=2560935, S. 18 f.; und *Boursier* weiter: *„Seule une contrepartie extrêmement faible ou a fortiori fictive ... emporte avec certitude absence de contrepartie."* (*„Nur ein äusserst geringer Gegenwert oder, noch deutlicher, ein fiktiver Gegenwert lässt mit Sicherheit auf das Fehlen eines Gegenwertes schliessen."*), *Boursier*, Revue de Sociétés 2005, 273, 306.

105 *„... illusoire tout espoir de remboursement ..."*, Urteil der Cour de Cassation, Chambre criminelle, n° 01–86809, vom 19. Februar 2003, zit. bei *Boursier*, Revue de Sociétés 2005, 273, 307. Ähnlich erwähnt *Salomon,* Droit des sociétés 2010, 40, 42 als typischen Fall: *„... un dirigeant fait régler par une de ses sociétés, sans contrepartie, des factures de deux sociétés dans lesquelles il est intéressé ou des factures correspondant à des prestations fictives de ces sociétés."* (*„... Ein Geschäftsführer lässt, ohne Gegenleistung, durch eine seiner Gesellschaften Rechnungen von zwei Gesellschaften*

selbstverständlichste aller Elemente, das fünfte: Eine Gruppengesellschaft wurde unter der falschen Flagge einer Wahrung von Gruppeninteressen in die Insolvenz getrieben. Im wohl bekannten neuesten Urteil zur „*Rozenblum*"-Praxis, am 10. Februar 2010 ergangen, im Fall „*Euraf*", ging es wieder um den Sachverhalt, dass der Angeklagte die Gruppengesellschaft durch finanzielle Belastungen ohne Gegenwert in die *Insolvenz* getrieben hatte[106].

(ii) ***EU und deutsche Diskussion:*** Parallel dazu jedoch dient „*Rozenblum*" auf der *EU-Ebene* und in den deutschen Konzeptdiskussionen als ein dogmatisch weitreichendes Prinzip und als Ansatz zu einem zivilrechtlichen *Ausgleichssystem* im Recht der Unternehmensgruppen[107].

Lassen wir nicht aus den Augen, worum es im Fall „*Rozenblum*" ging: um *finanzielle Beistandsleistungen* einer Tochter an die andere ohne Gegenwert. „*Rozenblum*" handelt in erster Linie von Fällen krasser Missbräuche im Finanzgebaren und stellt kein Ausgleichssystem auf. Man kann zwar die meisten der fünf Elemente von „*Rozenblum*" als durchaus überzeugend bezeichnen, doch bietet ausgerechnet das vierte Element[108], welches mit der „*contrepartie*" (Gegenwert) auf den ersten Blick ein gruppeninternes Ausgleichssystem aufzustellen scheint, dafür kaum eine tragfähige Grundlage.

2. *Zweite Frage: Ist ein „qualifiziertes Schutzsystem" des geschäftsplanmässigen längerfristigen Ausgleichs durchführbar?*

Grenzüberschreitend tätige Unternehmensgruppen mit vollständig beherrschten Tochtergesellschaften setzen sich aus Dutzenden, ja Hunderten von Gesellschaften[109] auf der Ebene unterhalb der Muttergesellschaft zusammen[110]. Wie wir wissen, kann die oberste Gesamtleitung das so gebildete „Netz" mit untergeordneten „Netzknoten" besser führbar

bezahlen, an denen er interessiert ist, oder Rechnungen für fiktive Leistungen dieser Gesellschaften.").

106 „*Euraf*", Cass. crim., vom 10. Februar 2010, siehe Fn. 75.

107 Der entscheidende Unterschied zwischen „*Rozenblum à la française*" und den §§ 311/312 AktG wurde allerdings schon von *Lutter,* in: FS Kellermann, 1991, S. 257, 264 ff. hervorgehoben.

108 Vorn III/2/a), S. 378.

109 Dies gilt jedenfalls oberhalb der Grenze *kleiner und mittlerer Unternehmen.*

110 Vgl. etwa *Merle,* Sociétés commerciales, 19. Aufl. 2016, No. 757: Im französischen Erdölkonzern *TOTAL* über 900 Tochter- und Untergesellschaften.

machen – mit wichtigen, direkt gehaltenen Unterholdings, den Landesholdings nach *geographischen* Kriterien oder, unter einem anderen Strukturgedanken, den *Segmentholdings nach Produktelinien.* Die im Markt auftretenden Gruppengesellschaften sind dann auf der Enkel- und Urenkelebene angesiedelt. Überaus gross ist im Bereich der 100%ig beherrschten Gruppengesellschaften die Anzahl der internen wertrelevanten Beziehungen, Transaktionen und kurz- oder mittelfristigen Schuld- und Forderungsverhältnisse, der immateriellen Wertströme und schliesslich der unsichtbaren Vor- und Nachteile der Zugehörigkeit zu einem im Markt aktiv und eben meist auch erfolgreich tätigen Gesamtunternehmen. In diesem Geflecht und in den rasch wechselnden internationalen wirtschaftlichen Verhältnissen ist ein Ausgleich auch auf mittlere Frist nur schwer planbar und realisierbar. Denn das Problem wird verstärkt dadurch, dass es ja nicht um den auf ein Geschäftsjahr bezogenen Ausgleich geht, wie vor allem im deutschen Aktiengesetz[111]. Im Konzept des *Forum Europaeum* ist der Nachteilsausgleich mittelfristig konzipiert. Daraus ist zu schliessen: Verspricht die Muttergesellschaft ihrer Enkelin – ein *commitment*, wie es in der Sprache der internationalen Unternehmen heisst –, bei dieser in zwei bis drei Jahren in eine neue Produktelinie zu investieren, kann das auf mittlere Frist geschäftsplanmässig den Nachteil ausgleichen, der darin besteht, dass derselben Enkelin mit sofortiger Wirkung die Belieferung ihrer bisherigen Kunden ausserhalb Europas entzogen wird.

Ein Hauptproblem liegt auch im Abstellen des Ausgleichs auf den *„Business Plan"* der im Wettbewerb stehenden Unternehmensgruppe[112]. Es gibt kaum ein Dokument, das klarer als Geschäftsgeheimnis einzustufen wäre als dieser Plan, der von den Stärken, aber vor allem auch den Schwächen des Unternehmens handelt und entscheidende Weichenstellungen, geplante Produkte, Investitionsschwerpunkte, aber auch Überraschungen, Geschäftseinstellungen und Abbaupläne enthält. Mit dem Willen, das europäische Gesellschaftsrecht für grenzüberschreitende Unternehmensgruppen möglichst flexibel und eben auch *„business friendly"* zu gestalten[113], stünde ein rechtlich erzwungener Zugang zu den Geschäftsplänen von EU-Unternehmensgruppen im Widerspruch.

111 §§ 311 bis 313 AktG.

112 *FECG,* ECFR 2015, 299, ZGR 2015, S. 513, Abschnitt VI/2.

113 So der *Club des Juristes,* Vers une reconnaissance de l'intérêt du groupe dans l'Union Européenne?, Rapport, Paris 2015, abrufbar unter: www.leclubdesjuristes.com, 19 ff.

Und schliesslich: Keine Macht scheint bisher auszureichen, um internationale Gruppenleitungen davon abzuhalten, dass sie ihren Konzern nach „*business lines*“ organisieren, oft an den rechtlichen Strukturen vorbei[114]. Wer das qualifizierte gesellschaftsbezogene Schutzsystem im Bereich der 100%igen Tochtergesellschaften durchsetzen wollte, würde auf grösste praktische Widerstände stossen.

Sollte der geschäftsplanmässige mittelfristige Ausgleich durchgesetzt und sanktioniert werden[115], so bräuchte es eine so oder anders ausgestaltete konsequente *Überprüfung*. Gegenstand wäre der mittelfristig effektiv vollzogene Ausgleich. Es geht dabei um eine Mischung von kurz-, mittel- und langfristigen Vor- und Nachteilen im internen Beziehungslabyrinth mit direkten und indirekten Auswirkungen jedes Leitungsentscheids der Konzernspitze. Ein Sachverständiger, der kurzfristig ein Gutachten über einen längerfristigen Ausgleich abzugeben hätte[116], wäre überfordert. Eine Kontrolle des mittelfristig erfolgten Ausgleichs ist auch später sowohl analytisch wie auch rein bürokratisch eine nur schwer zu bewältigende Aufgabe.

3. Dritte Frage: Ist das „qualifizierte Schutzsystem“ im Bereich 100%iger Tochtergesellschaften rechtlich notwendig?

Aber, so ist weiter zu fragen: Ist das Konzept einer Tochtergesellschaft mit vollen Eigeninteressen, eigenen Zielen, einem geschützten Bereich eigenständig zu gestaltender Unternehmenspolitik und abgesicherten eigenen Geschäftschancen („*corporate opportunities*“) in einer Unternehmensgruppe mit 100%iger Beherrschung überhaupt notwendig?

Die Wahrung der Stellung der in Frage stehenden *Interessenkreise* muss das wesentliche Kriterium abgeben. Was wir vor uns haben, ist eine 100%ig beherrschte Tochtergesellschaft, die in die von der Muttergesellschaft geleitete Unternehmensgruppe eingeordnet ist. Diese Gruppe hat eine gefestigte Struktur, eine wirtschaftlich wohlüberlegte Gruppenpolitik

114 Vgl. *von Werder*, Der Konzern 2015, S. 362, 367; für die Schweiz *Forstmoser et al.*, Organisation und Organisationsreglement der Aktiengesellschaft, 2011, § 7 N. 38.

115 Sanktionen gemäss *FECG*, ECFR 2015, 299, ZGR 2015, S. 514, Abschnitt IX: *„Verstösse gegen die vorstehend vorgeschlagenen EU-Regelungen sollten in effektiver Weise von den Mitgliedstaaten auf der Grundlage ihres jeweiligen Zivil-, Verwaltungs- und/oder Strafrechts geahndet werden“*.

116 *FECG*, ECFR 2015, 299, ZGR 2015, S. 513, Abschnitt VI/3.

und eine Gruppenstruktur, die eine zweckmässige gruppeninterne Arbeitsteilung verwirklicht. Der Gesellschaftszweck, das Gesellschaftsinteresse und die Aufgaben der Organe dieser Tochtergesellschaft sind im Vergleich mit einer selbständig am Wirtschaftsverkehr teilnehmenden Kapitalgesellschaft reduziert.

Eingebettet in diese Struktur bietet die 100%ige Tochtergesellschaft den schutzwürdigen Interessenträgern – unter ihnen vor allem den Gläubigern – den ihnen gebührenden Schutz durch die residuale Eigenwirtschaftlichkeit und die Einhaltung der zwingenden Rechtsordnung. Ein darüber hinausgehendes System des längerfristigen Ausgleichs unter den einzelnen 100%igen Tochtergesellschaften ist weder praktikabel noch notwendig zum Schutz der Gläubiger und der anderen lokalen Stakeholder. Die Schutzwürdigkeit der lokalen Stakeholderinteressen – z.B. der örtlichen Arbeitnehmer und Lieferanten, des Fiskus – kann dabei nicht weiter gehen als bis zu dem, was in den Satzungen, im Handelsregister und in der Öffentlichkeit kundgetan ist – bis zur eingeschränkten Eigenwirtschaftlichkeit der in die Gruppe eingeordneten, 100%igen Tochtergesellschaft[117].

Für alle Tochtergesellschaften dagegen, an denen ein *aussenstehendes Aktionariat* besteht, sollte ein *„Schutzsystem"* Geltung haben, im Interesse der Minderheitsaktionäre, die Anspruch, *negativ gesehen*, auf Schutz vor Ungleichbehandlung und Benachteiligung und, *positiv gesehen*, auf Schutz des Wertzuwachspotentials der ihnen gehörenden Aktien haben. Immerhin sollte von einer rechtlichen Ausrichtung auf den aus Konkurrenzgründen geheimen *„Business Plan"* der Gruppenleitung abgesehen werden.

V. Fazit

Ich komme zu folgenden einstweiligen Schlüssen, stets aus der Sicht eines Landes, in dem sowohl der Nachteilsausgleich wie der Abhängigkeitsbericht, mit denen Deutschland seit fünfzig Jahren vertraut ist, *weitgehend unbekannt* sind:

1. Das ***Konzept der Unternehmensgruppe gemäss dem Vorschlag des Forum Europaeum*** baut zunächst auf einem Verständnis der Rechtsverhältnisse in einer Unternehmensgruppe auf, das dem

117 Dies im Gegensatz zu den Ausführungen über die Stakeholderinteressen in 100%igen Tochtergesellschaften bei *von Werder,* Der Konzern 2015, S. 362, 365 f.

jetzigen eines Landes *ohne* kodifiziertes Konzernrecht – wie der Schweiz – durchaus nahe kommt.

2. Erfreulich ist, dass das *Forum Europaeum* die ***Transparenz*** der Gruppenstruktur, der Gruppenpolitik und weiterer rechtlich relevanter Sachverhalte auf der Mutter- und der Tochterstufe mit ausgewogenen Vorschlägen verbessern will[118]. Zu begrüssen ist auch die Ausklammerung der Service-Gesellschaften.
3. Kein grundsätzliches Problem besteht bei einer Anwendung des qualifizierten Schutzsystems auf ***Tochtergesellschaften mit Minderheitsaktionären.*** Diese sind in der Praxis, obgleich die mehrheitliche Einbindung in die Gruppe auch Vorteile mit sich bringen kann[119], besonderen Gefahren ausgesetzt. Das allgemeine Gesellschaftsrecht enthält ein Arsenal von Rechtsbehelfen, das auszubauen ist. Gibt es aussenstehende Aktionäre, so sind die Gesellschaftsorgane verpflichtet, die Einzelinteressen ihrer Gesellschaft – wenn auch unter Berücksichtigung der Gruppenaspekte – zu wahren, ohne dass es zu einer Reduktion der Eigenwirtschaftlichkeit kommen darf. Das *„Vierschritte"-Verfahren* der EU für *RPT* wird gegenüber Tochtergesellschaften mit Minderheitsaktionären anwendbar sein, und die Regeln des *Forum Europaeum* für reguläre Tochtergesellschaften bieten den Ansatz für eine Weiterentwicklung des Rechts.
4. Mehrfache Probleme kämen nun aber auf, sobald man das ***qualifizierte Schutzsystem für reguläre Tochtergesellschaften im Bereich der 100%igen Tochtergesellschaften anwendet*** – im Bereich, in dem es keine Minderheitsaktionäre gibt. Das Verfahren ist problematisch: Die Gewährleistung und konkrete Nachprüfung eines längerfristigen geschäftsplanmässigen Ausgleichs verlangt die Offenlegung des *„Business Plan"* der Unternehmensgruppe – dieser muss aber zwingend aus Konkurrenzgründen unter Verschluss gehaltenen werden. Das Verfahren, mit dem ein Ausgleich bewerkstelligt werden soll, ist in der Praxis schwierig durchzuführen; die Tochter-Geschäftsleitung müsste eine von der Mutter erteilte Weisung ablehnen, wenn sie dem längerfristigen Ausgleichsziel widerspricht – aber wie soll sie kurzfristige Effekte gegen längerfristige *„commitments"* abwägen? Noch schwieriger ist es nach-

118 *FECG*, ECFR 2015, 299, ZGR 2015, S. 514, Abschnitt VIII.

119 Das wird gerade auch in der Diskussion in Frankreich betont, so *Boursier*, Revue de Sociétés 2005, 273, 305.

träglich zu kontrollieren, ob oberhalb des Niveaus einer Aufrechterhaltung der Eigenwirtschaftlichkeit längerfristig ein mangelnder Ausgleich vorliegt. Die Rechtsfolgen eines am Schluss festgestellten mangelnden Ausgleichs wären konkreter zu definieren und durchzusetzen. Insoweit könnte das qualifizierte Schutzsystem die europäische Leitidee – nämlich durch eine „*Anerkennung des Gruppeninteresses*“[120] die Führung von 100 %igen Tochtergesellschaften im grenzüberschreitenden Verhältnis zu verbessern – nicht fördern, sondern eher behindern.

Und dabei ist das Verfahren eigentlich gar nicht nötig: Wird *erstens* die in der gruppeninternen Arbeitsteilung begründete Einordnung der zu 100 % beherrschten Tochtergesellschaften in die Gruppe offengelegt, und ist *zweitens* die Gruppenpolitik darauf ausgerichtet, deren residuale Eigenwirtschaftlichkeit im erwähnten Sinn aufrecht zu erhalten, und wird *drittens* das anwendbare zwingende Recht samt Kapitalschutz und öffentlichem Recht eingehalten, gibt es keinen hinreichenden Grund zum Aufbau eines darüber hinausgehenden qualifizierten Schutzsystems.

Diese Einschätzung wird bestätigt durch die Option zur Freistellung gruppeninterner Transaktionen vom „*Vierschritte*“-Verfahren für „*Related Party Transactions*“, eine Wahlmöglichkeit, welche die neue EU-Aktionärsrechte-Richtlinie für 100 %ige Tochtergesellschaften von Unternehmensgruppen vorsieht.

Aus schweizerischer Perspektive enthält der Vorschlag des *Forum Europaeum* zur Führung der Unternehmensgruppe eine klarsichtige und weiterführende Analyse. Auf dem Wunschzettel bleiben zwei Punkte: man möge sich innerlich von „*Rozenblum*“ – nachdem jenes Urteil seinen Dienst getan und den zündenden Funken geliefert hat – für die weitere Debatte lösen. Und das *Forum Europaeum* möge die Sondersituation der 100 %ig beherrschten Tochtergesellschaften, die in eine ordnungsgemäss geführte Gruppe eingeordnet sind, nochmals unter die Lupe nehmen.

120 *Reflection Group on the Future of EU Company Law,* 2011, 60, und *Aktionsplan Gesellschaftsrecht* der Europäischen Kommission, 2012, Ziff. 4.6.

Europäisches Konzernrecht: Vom Gesellschaftsschutzrecht zum Enabling Law für Unternehmen*

*Gesellschaftsrecht im Konzern vs. Unternehmensrecht der Gesellschaftsgruppe – Kritische Würdigung des FECG**-Vorschlags aus unternehmenspraktischer Sicht*

Georg Franzmann

Inhaltsübersicht

* Leicht überarbeitete Fassung des bei der Tagung „Die Führung einer grenzüberschreitenden Unternehmensgruppe mit eigenständigen Tochtergesellschaften" am 11. März 2016 in Würzburg gehaltenen Vortrags.

** Forum Europaeum on Company Groups.

I. Einleitung

Betrachtet man das heutige Gesellschaftsrecht in Europa, den zentralen Bestandteil des Organisationsrechts unternehmerischer Betätigung, mit seiner fast durchgehenden Ausrichtung auf das Modell einer ihr eigenes Interesse verfolgenden Einzelgesellschaft, stellt man schnell mit einer gewissen Beunruhigung fest: Die Unternehmenswirklichkeit ist weitgehend anders. Im Wirtschaftsleben dominiert nicht die unverbundene Einzelgesellschaft sondern die in einer Gesellschaftsgruppe einbezogene Gesellschaft, die in sehr unterschiedlicher Intensität in ein gesellschaftsüberspannendes Unternehmen einbezogen ist. Das gesellschaftsrechtliche Grundkonzept einer eigenständigen Rechtsperson und die tatsächliche Organisation der Mehrzahl der Unternehmen stimmen nicht überein. Ist man dann kein Gesellschaftsrechtler, gesellt sich zu der Beunruhigung Verwunderung, denn der Befund ist lange bekannt. Nirgendwo sonst ist die Kluft zwischen Gesetz und Rechtswirklichkeit stärker spürbar als in der Unternehmensgruppe, so bereits der deutsche Gesetzgeber bei der Aktienrechtsreform 1965[1].

Die Tatsache, dass das Wirtschaftsleben heute zu einem großen Teil, wenn nicht überwiegend, in verbundenen Unternehmen stattfindet, ist mittlerweile im deutschen gesellschaftsrechtlichen Schrifttum, aber auch in Europa ein Gemeinplatz[2]. Der Befund gilt dabei nicht nur für die mit Blick auf die Gesamtzahl von Gesellschaften relativ kleine Zahl von Großkonzernen wie Siemens, Bayer, Shell oder Daimler, sondern auch für eine ungleich höhere Zahl von mittelständischen Unternehmen mit wenigen und vielleicht nur einer Tochtergesellschaft. Dazu kommt, dass Gesellschaftsgruppen zu einem hohen Anteil mehrstaatlich angelegt sind, da bei der Ausweitung der Geschäftstätigkeit ins Ausland zumeist nur die Gründung einer Tochtergesellschaft in dem betroffenen Land als gangbare Alternative erscheint. Mit dieser stark internationalen Ausrichtung von Gesellschaftsgruppen verschärft sich das Problem der Konzernführung, da sehr unterschiedliche nationale Gesellschaftsrechte beachtet sein wollen und diese insbesondere bei den Themen Geschäftsführerpflichten und Einflussnahme von Gesellschaftern sehr unterschiedlich ausgestaltet sind.

1 Siehe Regierungsbegründung zum Aktiengesetz 1965, zitiert bei *Kropff*, Aktiengesetz, Textausgabe 1965, Seite 373 f.

2 Siehe hierzu *Forum Europaeum Konzernrecht*, Konzernrecht in Europa, ZGR 1998, 672, 674 f. m.w.N.

Leitbild praktisch aller – jedenfalls der europäischen – Gesellschaftsrechte ist aber trotz dieser Erkenntnis weiterhin die unabhängige Gesellschaft, in der die Geschäftsführer, aber auch die Gesellschafter ihre Entscheidungen allein auf das Wohl der Gesellschaft ausrichten und bei diesen Entscheidungen keine außerhalb der Gesellschaft liegenden fremden oder auch eigenen Interessen verfolgen. Diese Grundausrichtung ist sehr vernünftig, solange die gesamte Tätigkeit eines Unternehmens in einer Gesellschaft stattfindet. Gerade diese Grundannahme trifft im Konzern jedoch nicht zu. Die unternehmerische Tätigkeit verteilt sich in sehr unterschiedlicher organisatorischer Ausprägung auf eine Mehrzahl von Gesellschaften, die ihr unternehmerisches Verhalten an typischerweise von der gemeinsamen Muttergesellschaft definierten Vorgaben ausrichten. Gleichwohl, lässt man einmal Deutschland mit seinem konzernrechtlichen Sonderweg des Unternehmensvertrages und seiner weisungsaffinen und damit sehr konzerngeeigneten Hauptgesellschaftsform der GmbH und seit jüngerer Zeit auch Italien mit seiner neuen konzernrechtlichen Regelung beiseite, müssen nach gesellschaftsrechtlichen Grundsätzen in jeder konzernangehörigen Gesellschaft eigene unternehmerische Entscheidungen mit Ausrichtung primär auf das Wohl dieser Gesellschaft und nicht des Konzerns getroffen werden. Das Wohl des Konzerns darf allenfalls mitberücksichtigt werden, solange das auch im Interesse der konzernangehörigen Gesellschaft liegt. Letztendlich kommt es somit auf die Vorteilhaftigkeit für die einzelne konzernangehörige Gesellschaft und damit auf das Interesse der Einzelgesellschaft an.

II. Konzernpraxis im Großunternehmen

Verändern wir den Blick und schauen auf die Unternehmen: Zugegebenermaßen und in Gegenübersetzung zum beschriebenen gesellschaftsrechtlichen Leitbild nur auf einen beschränkten Ausschnitt der sehr vielgestaltigen Unternehmenswirklichkeit, den hochintegrierten Großkonzern.

1. Unternehmensbeispiel BASF

„We act as one company“ oder „Wir schaffen Wert als ein Unternehmen“ so lautet eines der vier strategischen Prinzipien der BASF. Erreicht werden soll dies durch die weitest mögliche Integration aller im Unternehmensverbund vorhandenen Ressourcen, das sog. Verbundkonzept mit Produktions-, Technologie- und Wissensverbund, in dem das bestmögliche Ergebnis erzielt und Wert als ein Unternehmen geschaffen werden soll.

Wesentliches Organisationsprinzip dieses Unternehmens sind an wirtschaftlichen Kriterien und an Produktsegmenten orientierte strukturierte Einheiten, die im Vorstand der BASF SE durch verschiedene Vorstandsmitglieder vertretene Geschäftssegmente (Chemicals, Performance Products, Functional Materials & Solutions, Agricultural Solutions und Oil & Gas). Diese wiederum sind jeweils in mehrere (insgesamt dreizehn) Unternehmensbereiche unterteilt, die für ihren Bereich weltweit die operative Verantwortung tragen. Hierzu gehören beispielsweise Petrochemicals, Catalysts, Coatings oder Crop Protection.[3] Jeder dieser Unternehmensbereiche steht im Durchschnitt für einen jährlichen weltweiten Umsatz von mehr als 5 Milliarden Euro. Leitung und geschäftliche Entscheidungen erfolgen in dieser Struktur ausgehend vom Vorstand der BASF SE als Muttergesellschaft über die Leiter der Unternehmensbereiche in dieser unternehmerischen Organisation. Die Leiter der Unternehmensbereiche können, müssen aber nicht bei der Muttergesellschaft der BASF SE angesiedelt sein. Diese Geschäftsorganisation wird unterstützt von ebenfalls gesellschaftsübergreifend organisierten Funktionen wie HR, EHS oder Legal.

Gesellschaften als eigenständige Entscheidungsträger oder für geschäftliche Entscheidungen maßgebliche Kategorien sind in dieser Struktur kein leitendes unternehmerisches Organisationsprinzip. Sie bilden lediglich eine „rechtliche Unternehmensstruktur". Man könnte fast sagen: aus unternehmerischer Sicht nur die rechtliche Unternehmensstruktur. Das gesamte Unternehmen BASF ist vielmehr mit einheitlichem Markenauftritt, einheitlicher Corporate Identity nach außen aber auch nach innen, einheitlichen Entscheidungsprozessen und gesellschaftsübergreifenden Funktionen auf eine möglichst effektive und effiziente Gesamtsteuerung des Unternehmens ganz im Sinne einer einheitlichen Leitung angelegt. Letztendlich findet genau das statt, was den deutschen Gesetzgeber 1965 bewogen hat, eine besondere Kodifizierung des Konzernrechts des Rechts der verbundenen Unternehmen vorzunehmen[4].

3 Siehe hierzu: BASF, Bericht 2015, Seite 21 ff.

4 Alle wesentlichen deutschen Tochtergesellschaften sind zudem unmittelbar oder mittelbar über Unternehmensverträge mit der BASF SE verbunden.

Auch wenn ich hier exemplarisch und aus eigener Anschauung nur den Beispielsfall BASF vorstelle, meine ich aber sagen zu können, dass es so oder ähnlich in vielen großen Unternehmensgruppen aussieht. Man schaue sich nur die Ausführungen zu den Grundlagen oder der Organisation des Konzerns in den Konzernabschlüssen der verschiedensten Unternehmen wie Bayer, Siemens, ThyssenKrupp, Deutsche Bank oder Daimler an (zugegebenermaßen alles deutsche Muttergesellschaften). Ich will hier wiederum exemplarisch nur aus dem Konzernlagebericht von Siemens zitieren: „Als Weltunternehmer tragen unsere Divisionen und Healthcare die globale Geschäftsverantwortung. Dies schließt die Ergebnisverantwortung ein".[5]

2. Rechtliche Organisationsstruktur

Als rechtliche Organisationsstruktur gibt es natürlich, und hier fängt das Dilemma der Konzernführung an, auch noch die Gesellschaften. Sie sind als Anknüpfungspunkt für Rechte und Pflichten, aber auch für eine sinnvolle Strukturierung des Unternehmens selbstverständlich unverzichtbar.

Und die Zahlen sind beeindruckend, wie die veröffentlichten Beteiligungslisten zeigen. Zur Illustration seien nur wenige Beispiele genannt:

- Deutsche Bank mehr als 1600 Gesellschaften
- Siemens ungefähr 750 Gesellschaften.

Bei BASF sind es nur rund 500 Gesellschaften, verteilt auf mehr als 80 Länder weltweit mit rund 350 Produktionsstandorten. Verengt man den Blick auf die Länder der Europäischen Union bleiben noch immer knapp 200 fast ausschließlich 100%ige Tochtergesellschaften verteilt auf 25 der 28 EU Mitgliedstaaten.

Wie soll in einem derartigen global agierenden und hoch integrierten Unternehmen effektive Konzernleitung funktionieren, wenn überall auch nur in der abgeschwächten Form der Rozenblum-Doktrin das Gesellschaftsinteresse der einzelnen Gesellschaft ein, wenn nicht das maßgebliche, Entscheidungskriterium bei unternehmerischen Entscheidungen sein soll und das zudem noch in formalen Entscheidungsprozessen in und zum Schutz der einzelnen Gesellschaft verankert sein soll?

5 Siemens, Geschäftsbericht 2015, Seite 2.

Schaut man sich die Beteiligungslisten der deutschen Großkonzerne noch einmal an, stellt man fest, dass dort fast ausschließlich 100 %ige Tochtergesellschaften und in weit geringerem Maße joint-venture-artige geschlossene Gesellschaften enthalten sind. Gesellschaften mit echten Minderheitsgesellschaftern sind demgegenüber die große Ausnahme. Wesentlicher Typus scheint mir in diesen Fällen die börsennotierte Tochtergesellschaft zu sein wie jüngst die Covestro AG als Spin-off von Bayer.

3. Haftung der Muttergesellschaft: ein Ausschlusskriterium?

Bemerkenswert für konzernrechtliche Überlegungen ist daneben jedenfalls bei deutschen Großkonzernen aber ein anderer Umstand: Es ist der hohe Grad mit dem von den bilanzrechtlichen Befreiungsmöglichkeiten des § 264 Abs. 3 HGB gebraucht gemacht wird, also insbesondere der Möglichkeit von der Veröffentlichung von Tochtergesellschaftsbilanzen abzusehen. Bei der BASF gilt dies beispielsweise für fast alle in den Konzernabschluss einbezogenen deutschen Tochtergesellschaften. Ein ähnliches Bild ergibt sich auch bei anderen Konzernen wie ThyssenKrupp, Siemens und Bayer. Voraussetzung für die Wahrnehmung dieser auf der EU-Bilanzrichtlinie basierenden Option ist die Übernahme der Haftung für die Verbindlichkeiten der Tochtergesellschaft durch die Konzernmuttergesellschaft, wofür – und hier sind wir beim Konzernrecht – in Deutschland die Haftung nach § 302 AktG, also aufgrund des Abschlusses eines Beherrschungs- oder Gewinnabführungsvertrages als ausreichend angesehen wird. Jedenfalls für Deutschland kann man danach zu einem gewissen Grad sagen, dass das konzernrechtliche Modell der Haftung der Muttergesellschaft zumindest als Option akzeptiert ist und eine derartige Haftung nicht a priori als Teil eines Konzernorganisationsrecht ausgeschlossen oder vermieden wird. Sicherlich wird in Deutschland kaum ein Unternehmensvertrag aus konzernrechtlichen Erwägungen abgeschlossen, maßgeblich sind steuerliche Gründe. Das ist jedoch für unsere Überlegungen irrelevant. Wie sehr die Wahrnehmung der Befreiungsmöglichkeit auf dem steuerlich modifizierten Unternehmensvertrag basiert, wird deutlich, wenn man auf die Nutzung dieser Möglichkeit bei ausländischen Tochtergesellschaften schaut: So gut wie Fehlanzeige. BASF nutzt das aus sehr spezifischen Gründen für eine irische Gesellschaft, ThyssenKrupp immerhin für sechs niederländische Gesellschaften[6], d.h. aber: Auch in diesen Fällen übernimmt die Muttergesellschaft die Haftung für die Verbindlichkeiten der Tochtergesellschaft. Ob und in welchem Umfang diese Option des Bilanzrechts außerhalb Deutschlands genutzt wird, ist mir allerdings nicht bekannt.

Als Zwischenergebnis kann jedoch festgehalten werden: Die Haftung der Muttergesellschaft scheint bei den deutschen Großunternehmen kein zwingendes Ausschlusskriterium für die Wahrnehmung von Gestaltungsoptionen zu sein.

4. *Vielfalt der Unternehmensgruppen*

Soweit die Beschreibung eines Teils von Konzernwirklichkeit. Anerkanntermaßen sind Unternehmensverbindungen vielfältig. Selbstverständlich können Gesellschaften auch als weitgehend selbstständige Beteiligungsgesellschaften geführt werden, bei denen nicht viel mehr als eine rein gesellschaftsrechtliche Verbindung besteht. Oder es können unter dem Dach einer Gesellschaftsgruppe bewusst weitgehend separierte Unternehmen betrieben werden (Covestro in der Bayer-Gruppe). Ein anderes Bild mag sich auch ergeben, sofern in einer Tochtergesellschaft Minderheitsgesellschafter vorhanden sind, die nicht an der Leitung der Gesellschaft beteiligt sind, was insbesondere im Fall der börsennotierten Tochtergesellschaft der Fall ist.

Festzuhalten ist jedenfalls: Unternehmensgruppen können je nach unternehmerischem Ansatz, strategischer Ausrichtung und Gesellschaftsstruktur sehr unterschiedlich ausgestaltet sein und sind es auch. Darauf muss ein Recht der Unternehmensgruppe reagieren. Die Lösung kann nicht in einem „one size fits all“ Ansatz liegen. Insofern geht der Vorschlag des Forum Europaeum on Company Groups[7] mit der Differenzierung in zwei sehr unterschiedliche Gestaltungsmodelle in die richtige Richtung.

6 Thyssen-Krupp, Geschäftsbericht 2014/2015, Seite 220.

7 Forum Europaeum on Company Groups, Eckpunkte für einen Rechtsrahmen, ZGR 2015, 507 ff.

III. Leitungsinteresse der Muttergesellschaft im integrierten Konzern

Schon fast gebetsmühlenartig wird in den Beiträgen zur Konzernführung in internationalen Unternehmensgruppen ein Tagungsbeitrag des Pirelli-Justitiars Francesco Chiappetta aus dem Jahr 2011 zitiert[8]: Für eine effektive und sichere Konzernführung müsse überall der Grundsatz gelten, dass eine Muttergesellschaft das Recht habe, ihre Tochtergesellschaften im Sinne einer einheitlichen Konzernpolitik zu leiten. Genau das gibt es aber nach wie vor in den meisten Rechtsordnungen Europas weitgehend nicht und scheint mir außerhalb Deutschlands als eine echte Konzernleitung bisher auch nicht wirklich akzeptiert zu sein. Wie Teichmann richtig bemerkt[9] hat, wird Konzernleitung zwar häufig praktiziert, vollzieht sich aber in einer rechtlichen Grauzone.

Folgende Anforderungen müssen aus unternehmenspraktischer Sicht für eine Konzernleitung, d.h. die Leitung des verbundenen Unternehmens, in einem Konzernrecht erfüllt sein:

1. Es muss eine einheitliche Konzernleitung im Sinne eines von der Muttergesellschaft definierten Gruppeninteresses ermöglichen;
2. es muss eine effiziente und durch möglichst wenige formale Anforderungen beeinträchtigte Konzernleitung ermöglichen;
3. es muss eine grenzüberschreitende Konzernleitung nach weitgehend einheitlichen Regeln ermöglichen und
4. es muss die schützenswerten Interessen Dritter angemessen berücksichtigen.

Das Gruppeninteresse ist dabei nicht auf einen fairen Ausgleich von Einzelgesellschaftsinteressen ausgerichtet, sondern auf die Erzielung des bestmöglichen Ergebnisses des Gesamtunternehmens, ohne Rücksicht darauf, in welcher Gesellschaft es erzielt wird.

Effiziente Konzernleitung verlangt nach möglichst einfachen Mitteln der Unternehmensführung über die Gesellschaftsgrenzen hinweg. Formale Absicherungen durch Gesellschafterbeschlüsse, Verwaltungsratsbeschlüsse, externe Fairness Gutachten oder auch nur formale Weisungen durch die Beteiligungskette sollten soweit möglich vermieden werden.

8 Wörtlicher Diskussionsbeitrag zitiert bei *Teichmann*, AG 2013, 184, 185; schriftliche Ausfertigung *Chiappetta/Tombari*, ECFR 2012, 261 ff.

9 *Teichmann*, AG 2013, 184, 185.

Als schützenswerte Interessen, die vor den Folgen einer Konzernleitung im Gruppeninteresse geschützt werden müssen, sind vor allem der Gläubigerschutz und der Schutz von Minderheitsgesellschaftern anzuerkennen und selbstverständlich auch öffentliche Interessen an der Einhaltung gesetzlicher Pflichten wie Umweltrecht, Arbeitsrecht, Steuerrecht und Bilanzrecht. Ein Weisungsrecht zur Durchsetzung des Gruppeninteresses und die korrespondierende Folgepflicht der Tochtergesellschaften finden ihre Grenze in der Pflicht zur Einhaltung der Rechtsordnung. Das schlichte Eigeninteresse der Tochtergesellschaft gehört aus meiner Sicht aber nicht dazu.

IV. Bedürfnis für ein europaweites Konzernrecht?

So richtig es ist, das Fehlen von einheitlichen rechtlichen Regeln für die Konzernleitung und das weite Auseinanderklaffen von Gesellschaftsrecht und Realität von Unternehmen und Unternehmensorganisation zu beklagen, bleibt aber die Frage, ob für ein einheitliches Konzernrecht überhaupt ein Bedürfnis besteht. In der Unternehmenspraxis scheint das Fehlen einheitlicher rechtlicher Rahmenbedingungen für die Leitung einer Unternehmensgruppe bisher nicht als ein wesentlicher zu beklagender Mangel empfunden zu werden. Hauptgrund dafür scheint aber nicht ein fehlender Bedarf zu sein, sondern die Tatsache, dass Konzernleitung schlicht gelebt wird, ungeachtet – und m. E. auch oftmals in Unkenntnis – der Rechtslage gerade in anderen Rechtsordnungen als der der konzernleitenden Muttergesellschaft und der rechtlichen Risiken insbesondere für die Geschäftsführer der Tochtergesellschaften. Für die laufende Beteiligungsverwaltung spielt das Konzernrecht typischerweise keine Rolle. Zum Schwur kommt es daher zumeist nur nachträglich insbesondere in Insolvenz- und anderen Haftungsfällen oder in Fällen strafrechtlich relevanter Sachverhalte wie Verstöße gegen Umwelt- oder Sicherheitsvorschriften. Letztendlich ein unhaltbarer, für ein Rechtssystem nur schwer erträglicher Zustand. Darin unterscheidet sich das Gesellschaftsrecht grundlegend von anderen Rechtsgebieten, in denen die Unternehmensgruppe rechtlich anerkannt und problemspezifisch geregelt wird. Zu nennen sind hier das Wettbewerbsrecht, das Bilanzrecht und das Steuerrecht, aber auch das Arbeits- und Mitbestimmungsrecht.

Aber auch im Gesellschaftsrecht besteht Bedarf für die Anerkennung des Unternehmensverbundes und spezifische konzernrechtliche Regelungen. Richtiger Ausgangspunkt dafür ist die Anerkennung des Gruppeninteresses. Der Aktionsplan Europäisches Gesellschaftsrecht der EU-Kommission setzt in seiner sehr pauschalen Initiative zum Konzernrecht genau an diesem zentralen Punkt an. Diesen Ansatz nimmt das FECG mit seinen Eckpunkten auf und ergänzt ihn durch das entscheidende Instrument, mit dem die Anerkennung eines Gruppeninteresses erst eine effektive Umsetzung erfährt: die Anerkennung eines bindenden Weisungsrechts der Muttergesellschaft mit korrespondierender Folgepflicht der Tochtergesellschaft. Das gilt, wenn ich es richtig verstanden habe, für beide vom FECG vorgeschlagenen Gestaltungsvarianten, also sowohl bezüglich der Servicegesellschaften als auch bezüglich der Regulären Tochtergesellschaften. Erst durch das Weisungsrecht wird die Verfolgung und Durchsetzung einer einheitlichen Gruppenpolitik möglich. Die Anerkennung des Gruppeninteresses als Maßstab für das unternehmerische Handeln der Gruppenmitglieder ohne korrespondierendes Weisungsrecht der Muttergesellschaft wäre schon im Ansatz verfehlt. Wesentliche Folgefrage ist dann aber, ob und welchen Begrenzungen dieses Weisungsrecht unterliegt und welche weiteren Absicherungsmechanismen für andere schützenswerte Interessen bestehen.

V. Bewertung der FECG Eckpunkte

1. Ausgangspunkt: Anerkennung des Gruppeninteresses

Ausgangspunkt für den Vorschlag des FECG ist die schlichte Ankündigung der EU-Kommission im Aktionsplan Europäisches Gesellschaftsrecht und Corporate Governance eine Initiative für eine bessere Anerkennung des Begriffs „Gruppeninteresse vorlegen" zu wollen[10]. Sie folgt damit dem Regelungsvorschlag der Reflection Group on the Future of EU Company Law aus dem Jahr 2011, die empfiehlt, dem Pflichtenrahmen der Organe gruppenangehöriger Gesellschaften durch die Berücksichtigung eines Konzerninteresses (interest of the group) zu modifizieren[11]. So anerkennenswert dieser Ausgangspunkt ist, man muss sich dennoch entscheiden: Will man den Weg eines übergreifenden Unter-

10 *Europäische Kommission*, Aktionsplan: Europäisches Gesellschaftsrecht und Corporate Governance – ein moderner Rechtsrahmen für engagierte Aktionäre und besser überlebensfähige Unternehmen vom 12. 12. 2012, Seite 17.

11 Report of the Reflection Group on the Future of EU Company Law vom 5. April 2011, Seite 59 ff.

nehmensorganisationsrechts für konzerneingebundene Gesellschaften oder den eines im Fall der Konzerneinbindung angepassten klassischen Gesellschaftsrechts gehen. Das deutsche Recht ist mit dem Modell des Unternehmensvertrages und mit Abstrichen auch der gesetzlichen Regelung des faktischen Aktienrechtskonzerns in die erste Richtung gegangen. Konzernleitung wird rechtlich anerkannt. Die Geschäftsführer der Tochtergesellschaft erhalten einen konzernrechtlich modifizierten Pflichtenrahmen.

2. *Weisungsrecht der Muttergesellschaft*

Diese Entscheidung trifft der Vorschlag des FECG mit der generellen Anerkennung eines Weisungsrechts der Muttergesellschaft gegenüber ihren Tochter- und Enkelgesellschaften auf den ersten Blick zugunsten eines übergreifenden Unternehmensorganisationsrechts[12]. Eine Muttergesellschaft soll eine einheitliche Leitung und Entscheidungen zur Durchsetzung der einheitlichen Gruppenpolitik auch gegen das Interesse der betroffenen Tochtergesellschaft verfolgen dürfen und durchsetzen können. Allerdings mündet diese generelle Anerkennung des Weisungsrechts in zwei grundsätzlich unterschiedliche Regelungsmodelle, die das Weisungsrecht an ganz verschiedene Voraussetzungen knüpfen. Während das Modell für sog. Servicegesellschaften praktisch jede Weisung der Muttergesellschaft erlaubt, sofern nur das Interesse der Gläubiger der Tochtergesellschaft an der Erfüllung ihrer Forderungen gewahrt bleibt, was auch durch eine dynamische Garantie der Muttergesellschaft für alle Tochteraußenverbindlichkeiten gewährleistet werden kann[13]. Ansonsten sind nur die Existenzgefährdung und zwingende Gebote der maßgeblichen Rechtsordnung Grenzen des Weisungsrechts. Dem gegenüber sollen nach dem FECG Vorschlag sog. Reguläre Tochtergesellschaften einem qualifizierten Schutzregime unterstellt werden, das ihnen eine faire Möglichkeit eröffnet, ihre Geschäftschancen auszuweiten[14]. Das grundsätzlich anerkannte Weisungsrecht der Muttergesellschaft wird in diesem Modell inhaltlich und durch formale Verfahrensabsicherungen auch an das Eigeninteresse der Einzelgesellschaft gebunden.

12 *FECG*, Eckpunkte, ZGR 2015, 507, 511.
13 *FECG*, Eckpunkte, ZGR 2015, 507, 512.
14 *FECG*, Eckpunkte, ZGR 2015, 507, 512 f.

3. *Option 1: Konzerngesellschaft*

Will man ein echtes Unternehmensrecht der Gesellschaftsgruppe schaffen, gehen die Eckpunkte des Forum Europaeum on Company Groups mit dem Regelungsmodell der Servicegesellschaft im Ansatz in die richtige Richtung: Das Weisungsrecht der Muttergesellschaft und korrespondierend die Folgepflicht der Tochtergesellschaft wird anerkannt, auch wenn die Weisungen bzw. die verfolgten Maßnahmen dem Eigeninteresse der Tochtergesellschaft widersprechen. Ein Eigeninteresse der Tochtergesellschaft auch in der abgeschwächten Ausgestaltung der Rozenblum Doktrin ist hier kein begrenzendes Kriterium. Damit ist eine einheitliche Unternehmensleitung rechtlich abgesichert möglich. Die Unternehmensgruppe kann als ein Unternehmen geführt werden: „We act as one company". Das hat seinen Preis in Form von Haftung der Muttergesellschaft, für die es anders als im FECG Vorschlag aus meiner Sicht keine einheitliche europäische Lösung geben muss. Hier reichen Mindestanforderungen auf europäischer Ebene aus, die durch den nationalen Gesetzgeber weiter ausgestaltet werden können. Weiter bestehen selbstverständlich die allgemeinen Begrenzungen zum Schutz öffentlicher Interessen wie z.B. umweltrechtliche und arbeitsschutzrechtliche Pflichten, Rechnungslegung, steuerliche und insolvenzrechtliche Pflichten. Hier bleibt es bei den eigenständigen Pflichten der Geschäftsführer von Tochtergesellschaften.

Kritisch zu bewerten, und hier liegt der entscheidende Schwachpunkt des FECG Vorschlags, ist allerdings die Einschränkung des Anwendungsbereichs dieses Konzernrechts auf sog. Servicegesellschaften. Sowohl die Art der Geschäftstätigkeit der Tochtergesellschaft als auch deren Größe sind keine relevanten Abgrenzungskriterien für die Ausgestaltung des Rechts der Gesellschaftsgruppe. Maßgebliches Kriterium sollte allein die 100%ige Gruppenzugehörigkeit („directly or indirectly wholly-owned") sein oder bei engen geschlossenen Gesellschaften die Vereinbarung der Gesellschafter (Joint Venture Fälle, Mehrmütterbeherrschung). Die Unterscheidung danach, ob die Gesellschaft nur Hilfsfunktionen in einer Unternehmensgruppe ausübt oder die Größenkriterien einer mittelgroßen Kapitalgesellschaft i.S.d. EU-Bilanzrechts nicht überschreitet, entbehren der sachlichen Rechtsfertigung. Sie bekommen nur dann einen Sinn, wenn man letztendlich doch das wirtschaftliche Eigeninteresse der Tochtergesellschaft in der Unternehmensgruppe schützen und mit dem Modell für die Servicegesellschaften nur eine konzernrechtliche De-Minimis-Ausnahme schaffen will. Das wäre wenig mutig und für integrierte Unternehmensgruppen keine Lösung. Der Schutz aller anderen zu berücksichtigenden Interessen wie Gläubigerschutz, Minderheitsschutz und öffentliche Interessen ist gewährleistet. Das vom FECG für Servicegesellschaften vorgeschlagene Modell muss unterschiedslos zumindest für alle 100 %igen Tochtergesellschaften offenstehen, bei denen sich die besonders schwierig zu lösenden Fragen des Schutzes von Minderheitsgesellschaftern nicht stellen. Dies gilt auch für joint-venture-artig geschlossene Gesellschaften, bei denen der Minderheitsschutz individualvertraglich gestaltet wird. Damit kann in der integrierten Unternehmensgruppe eine effektive Konzernleitung rechtssicher ausgeübt werden.

Zuzustimmen ist dem FECG darin, dass dieses Modell kein Pflichtregime sein sollte. Vielmehr muss für jede Tochtergesellschaft eine individuelle Entscheidung der Muttergesellschaft über ein Opt-in/Opt-out möglich sein. Wie ein solches Opt-in-System gestaltet werden kann, hat das Forum Europaeum Konzernrecht bereits im Jahr 1998 in seiner Studie Konzernrecht für Europa[15] mit dem Vorschlag einer Konzern-Erklärung durch die Muttergesellschaft ausgeführt[16]. Anders als im deutschen Vertragskonzernrecht, das sich bekanntermaßen in Europa nicht durchgesetzt hat, reicht eine einseitige Konzern-Erklärung der Mutter aus. Mit der Wirksamkeit der Erklärung würde einerseits die volle Leitungsmacht der Muttergesellschaft begründet und andererseits das wirtschaftliche Risiko der Tochtergesellschaft über das Haftungsregime auf die Muttergesellschaft übergeben.

Bedeutend für dieses Modell ist weiterhin, die vom FECG nicht angesprochene Frage, wie Weisungen der Mutter formell gestaltet sein müssen. Müssen es präzise Einzelweisungen der Muttergesellschaft sein oder reichen Entscheidungen der im Rahmen des vom Vorstand der Muttergesellschaft eingerichteten Unternehmensorganisation zuständigen Entscheidungsträger aus, denen in dieser Organisation schlicht gefolgt wird und die im Unternehmen ganz allgemein umgesetzt werden. Diese zweite Variante muss im Sinne einer einfachen und effizienten Entscheidungsfindung und –Umsetzung in der Unternehmensgruppe ausreichend sein. Schützenswerte Interessen werden dadurch nicht beeinträchtigt.

15 *Forum Europaeum Konzernrecht*, Konzernrecht für Europa, ZGR 1998, 672 ff.
16 *Forum Europaeum Konzernrecht*, Konzernrecht für Europa, ZGR 1998, 672, 740 ff.

4. Option 2: Reguläre Tochtergesellschaft

Soweit zur – wie ich es bezeichnen würde – echten Konzerngesellschaft. Nun zum zweiten Typus der wirtschaftlich eigenständigen Tochtergesellschaft oder wie die Eckpunkte des FECG sie benennt, die Reguläre Tochtergesellschaft, die mit einem sog. qualifizierten Schutzsystem ausgestattet ist. Schon die verwendete Begrifflichkeit legt nahe, dass man sich hier wieder eher auf den Pfaden des traditionellen Gesellschaftsrechts bewegt. Es geht anders als beim FECG Modell der Servicegesellschaft ganz wesentlich um den Schutz der Tochtergesellschaft vor einer sie benachteiligenden Konzernleitung, um Schutz von außenstehenden Gesellschaftern und – untergeordnet – den Schutz der Gesellschaftsgläubiger.

Wodurch unterscheidet sich das Modell der eigenständigen Tochtergesellschaft vom ersten Modell der echten Konzerngesellschaft? Im Grundsatz soll es auch in diesem Modell zwar ein Weisungsrecht der Muttergesellschaft geben, aber dieses Weisungsrecht unterliegt nach dem FECG Vorschlag durch das sog. qualifizierte Schutzregime erheblichen Einschränkungen. Dieses Schutzregime soll den Regulären Tochtergesellschaften „eine faire Möglichkeit eröffnen, ihre eigenen Geschäftschancen auszuwerten". In Anlehnung an die Rozenblum Grundsätze sei der Tochtergesellschaft ein Bereich eigenständig zu gestaltender Unternehmenspolitik zuzuweisen mit entsprechendem Verantwortungsbereich zur Umsetzung. Das hört sich nicht sehr nach echter Konzernleitung und vor allem nicht nach echter Führung eines Unternehmens durch die Muttergesellschaft an. Auch scheint mir der vom FECG genannte Grundgedanke, „dass eine ordnungsgemäß geleitete Unternehmensgruppe auf längere Sicht ohnehin dazu tendiert, die unterschiedlichen Interessen der einzelnen Gruppengesellschaften im harmonisierenden Gleichlauf zum Ausgleich zu bringen" nicht wirklich zwingend zu sein.

Wendet man das Regelungsmodell für Reguläre Tochtergesellschaften jedoch primär auf Gesellschaften mit Minderheitsgesellschaften an, kann man dem Modell durchaus etwas abgewinnen. Das gilt darüber hinaus auch für bewusst dezentral organisierte Unternehmensgruppen, in denen die Muttergesellschaft möglicherweise über strategische und finanzielle Zielvorgaben die Unternehmensgruppe steuert. Allerdings hat das Modell den schwerwiegenden Nachteil administrativer und formaler Hürden. Schon der formale und inhaltliche Begründungsaufwand und Nachweis einer ausgewogen, abgestimmten Gruppenpolitik wird hoch sein. Im Ergebnis können die aufgebauten Verfahrenshürden tatsächlich so hoch sein, dass die Tochtergesellschaft betreffende Entscheidungen immer das Einzelinteresse der Gruppengesellschaft angemessen berücksichtigen und damit sowohl die Interessen der Minderheitsgesellschafter als auch der Gläubiger hinreichend geschützt sind. Auf weitere Einzelheiten des qualifizierten Schutzsystems soll hier nicht eingegangen werden. Hierzu sei auf den Beitrag von Böckli[17] verwiesen.

Hier bleibt allerdings die Frage, ob das vorgeschlagene Modell das alleinige Regelungsmodell bleiben muss oder ob andere Modelle zur Verfügung stehen, die den übermäßigen und hinderlichen administrativen Aufwand reduzieren und eine Leitung auch der Regulären Tochtergesellschaft mehr im Sinne eines Gruppeninteresses erlaubt. Zu denken wäre hier an das Nachteilsausgleichsmodell des deutschen faktischen Aktienkonzerns.

Im Ergebnis erscheint mir sehr zweifelhaft, ob das vom FECG vorgeschlagene Modell wirklich eine hinreichende und zielführende Anerkennung des Gruppeninteresses bedeutet. Jedenfalls sollte auch dieses Modell gerade wegen seiner hohen Verfahrenshürden bei der tatsächlichen Unternehmensführung nicht ein Pflichtmodell für alle Unternehmen sein, die die Voraussetzungen des Modells der Konzerngesellschaft nicht erfüllen oder es als für die eigene Unternehmensstruktur nicht angemessen erachten und daher nicht anwenden wollen.

5. Nationale Konzernrechtsmodelle

Ganz im Sinne eines Enabling Law-Ansatzes sollten die genannten Gestaltungsmodelle europaweit als optionale Rechtsrahmen angeboten werden. Damit bestünden für die Unternehmen wenigstens zwei sehr unterschiedlich ausgestaltete Rechtsrahmen, die zumindest europaweit eine relativ sichere Leitung der Unternehmensgruppe ermöglichen würden; sicher sowohl für die gruppenleitende Muttergesellschaft als auch für die Organe der einbezogenen Tochtergesellschaften. Zugleich bleiben die schützenswerten Interessen von Gläubigern, Minderheitsgesellschaften und der Allgemeinheit an der Einhaltung der Rechtsordnung gesichert. Neben diesen europarechtlichen Modellen können und sollten die schon bestehenden nationalen Regelungen über Gesellschaftsgruppen und verbundene Unternehmen erhalten bleiben. Un-

17 Siehe den Beitrag von *Böckli*, S. 363 ff.

ternehmen, die keines der europaweiten Modelle anwenden wollen, können dann im Rahmen des gewohnten nationalen Rechtsrahmens mit seinen jeweiligen Vor- und Nachteilen weiter arbeiten. Dies gilt sowohl für das deutsche Modell des Vertragskonzerns als auch für traditionelle Gesellschaftsrechtsmodelle, die die Existenz der Unternehmensgruppe weitgehend ignorieren oder sogar sanktionieren.

VI. Thesen

1. Die Gesellschaftsrechte in Europa basieren in ihren Regelungskonzepten auf dem Leitbild der unverbundenen, eigenständigen Einzelgesellschaft mit einer weitgehenden Identität von betriebenem Wirtschaftsunternehmen und Gesellschaft als Betreiber des Unternehmens.
2. Das tatsächliche Wirtschaftsleben wird seit geraumer Zeit demgegenüber durch sog. verbundene Unternehmen bestimmt, die durch Anteilsbesitz miteinander verbunden sind (Muttergesellschaft – Tochtergesellschaften – Enkelgesellschaften) und die insgesamt in sehr unterschiedlicher Ausgestaltung und Intensität ein oder mehrere Unternehmen betreiben.
3. Anders als andere Bereiche der Rechtsordnung (Kartellrecht, Bilanzrecht, Steuerrecht, Mitbestimmungsrecht) hat sich das Gesellschaftsrecht – wenn überhaupt – nur sehr vereinzelt (z.B. Deutschland) oder mit selektiven und punktuellen Modifikationen im traditionellen Gesellschaftsrecht auf die tatsächliche Organisation von Unternehmen im Wirtschaftsleben ausgerichtet.
4. Eine punktuelle Anpassung des traditionellen Gesellschaftsrechts ist für die angemessene gesellschaftsrechtliche Reglung jedenfalls des enger verbundenen Unternehmens, in dem mehrere Gesellschaften ein Unternehmen betreiben, nicht ausreichend. Ausgangspunkt der Rechtsordnung für verbundene Unternehmen muss die Anerkennung des Konzern- oder Gruppeninteresses als maßgebliches Leitprinzip sein.
5. Als eine von möglicherweise mehreren Gestaltungsoptionen für die Rechtsverhältnisse im Konzern muss grenzüberschreitend die Ausübung verbindlicher Konzernleitung durch die Muttergesellschaft mit einer die Pflichten der Geschäftsführer modifizierenden Folgepflicht rechtlich zulässig sein, die eine effektive Konzernleitung i.S. der Führung eines Unternehmens ermöglicht.

6. Die Konzernleitungsbefugnis und die Folgepflicht der Geschäftsführer findet ihre Grenzen in den anderen in der Tochtergesellschaft bestehenden schützenswerten Interessen: die Interessen der Gläubiger, von Minderheitsgesellschaftern und dem öffentlichen Interesse an der Einhaltung der Rechtsordnung. Das Interesse der Tochtergesellschaft als solches ist hingegen kein maßgebliches Schutzinteresse in der Unternehmensgruppe.
7. Hauptabgrenzungskriterium für die Ausgestaltung konzernrechtlicher Regelungen ist allein das Vorhandensein von Minderheitsgesellschaftern in der Tochtergesellschaft (wholly-owned vs. non-wholly owned). Die Art der Geschäftstätigkeit und die Funktion der Tochtergesellschaft im Konzern sowie die Größe der Tochtergesellschaft sind keine geeigneten Abgrenzungskriterien.
8. Bei Tochtergesellschaften im Alleineigentum (und Joint Venture Konstellationen) sollte die Muttergesellschaft das Recht zur Wahl eines echten Konzernregimes mit vollständigem Weisungs- und Konzernleitungsrecht gegenüber der Tochtergesellschaft ohne Begrenzung durch ein Eigeninteresse der Tochtergesellschaft haben (Opt-in). Die Gläubiger der Tochtergesellschaft sind durch nationalstaatliche Regelungen zur Haftung der Muttergesellschaft zu schützen. Im Fall gesetzwidriger Weisung besteht keine Folgepflicht der Geschäftsführer der Tochtergesellschaft und es verbleibt bei der herkömmlichen gesellschaftsrechtlichen Pflichtenstellung.
9. Bei Tochtergesellschaften mit Minderheitsgesellschaftern sollte ebenfalls ein begrenztes Weisungsrecht der Muttergesellschaft zugelassen werden (Opt-in). Die nationalstaatlichen Rechte müssen für diesen Fall angemessene Instrumentarien zum Schutz der Minderheitsgesellschafter enthalten (z.B. Abfindungs- und Ausgleichsansprüche der Minderheitsgesellschafter; Nachteilsausgleich für die Tochtergesellschaft; Verfahrensregeln für Related Party Transactions).
10. Für die Muttergesellschaft sollte die Möglichkeit bestehen, von der Option für die Anwendung des Konzernrechts (Ziffern 8 und 9) keinen Gebrauch zu machen und im System des traditionellen Gesellschaftsrechts ohne konzernrechtliche Modifikation zu verbleiben.

Unternehmensmitbestimmung in transnationalen KMU-Gruppen

*Rüdiger Krause**

Inhaltsübersicht

I. Einführung

Kleine und mittlere Unternehmen (KMU) tragen bekanntlich in erheblichem Maße zur Innovationskraft und Dynamik des europäischen Wirtschaftsraums bei. Sie spielen vor allem als Start-ups eine zentrale Rolle bei der Entwicklung neuer Technologien und sichern auf diese Weise Arbeitsplätze und Wohlstand. Es gehört deshalb schon seit vielen Jahren zu den politischen Zielen der Europäischen Union, geeignete Rahmenbedingungen für die Tätigkeit von KMU auf dem Binnenmarkt zu schaffen („Vorfahrt für KMU"), um ihr Potenzial möglichst umfassend zur Geltung zu bringen.[1] Zu diesen Rahmenbedingungen zählen nicht zuletzt gesellschaftsrechtliche Regelungen, die als „enabling law" die

* Erweiterte und um Nachweise ergänzte Fassung des am 4. Dezember 2015 auf dem Symposium „Gruppenführung von Servicegesellschaften im Europäischen Binnenmarkt" an der Rheinischen Friedrich-Wilhelms-Universität Bonn gehaltenen Vortrags.

1 Siehe etwa die Mitteilung der Kommission „Der „Small Business Act" für Europa", KOM(2008) 394 endg.; Mitteilung der Kommission „Überprüfung des „Small Business Act" für Europa", KOM(2011) 78 endg. In diese Richtung auch das Arbeitsprogramm der Kommission für 2016, COM(2015) 610 final, S. 9.

institutionellen Voraussetzungen für eine erfolgreiche Geschäftstätigkeit schaffen.[2] Geht es um die Nutzung des Binnenmarktes durch grenzüberschreitende Aktivitäten, sehen sich KMU nämlich mit besonderen Schwierigkeiten konfrontiert. Da es sich aus mehreren Gründen empfiehlt, in allen Mitgliedstaaten, in denen eine Geschäftstätigkeit entfaltet werden soll, eine eigene Kapitalgesellschaft zu gründen,[3] müssen sich KMU grundsätzlich auf das jeweilige nationale Gesellschaftsrecht einstellen. Hierbei lösen sowohl die Gründung als auch die weitere Verwaltung einer ausländischen Gesellschaft im Vergleich zu einer Gesellschaft nach Maßgabe des Heimatrechts zusätzliche Transaktionskosten etwa in Gestalt von Beratungskosten aus, die den ökonomischen Erfolg schmälern. Während Großunternehmen über hinreichende eigene Expertise verfügen oder zumindest den finanziellen Aufwand durch externen Rat leichter schultern können, empfinden es KMU regelmäßig als besonders belastend oder sogar prohibitiv, dass der rechtliche Rahmen hinter dem wirtschaftlichen Rahmen zurückbleibt.

Zur Verringerung der Probleme, die durch unterschiedliche Gesellschaftsrechtsordnungen für ökonomische Aktivitäten auf dem Binnenmarkt entstehen, dienen auf der europäischen Ebene traditionell die Angleichung der nationalen Gesellschaftsrechte für Kapitalgesellschaften sowie die Schaffung supranationaler Gesellschaftsformen.[4] Für KMU hält sich der Ertrag dieser legislativen Bemühungen bislang allerdings in engen Grenzen. Die Harmonisierung der Gesellschaftsrechte hat vorwiegend bei der Aktiengesellschaft stattgefunden[5] und die Europäische Gesellschaft (*Societas Europaea*) ist für KMU aufgrund ihrer hohen Kapitalanforderungen ebenfalls zumeist keine sinnvolle Option. Mehr noch: Die mitgliedstaatlichen GmbH-Rechte sind nicht zuletzt als Folge des durch die Judikatur des EuGH zur Niederlassungsfreiheit angefachten Gesetz-

2 Dazu *Fleischer*, ZHR 168 (2004), 673, 675 ff. („juristische Infrastrukturverantwortung"); aus einem spezifisch konzernrechtlichen Blickwinkel *Hommelhoff*, ZGR 2012, 535, 537 f.; *Teichmann*, AG 2013, 184, 190; siehe auch *Mülbert*, ZHR 179 (2015), 645, 646 („Privilegierungsperspektive"); allgemein bereits *Luhmann*, Das Recht der Gesellschaft, 1995, S. 136 (Befähigung zu einem Verhalten).

3 Genannt seien hier nur die Wirkung einer grundsätzlich bekannten Rechtsform auf potenzielle Geschäftspartner und Kunden sowie die Haftungssegmentierung.

4 Siehe hierzu statt vieler *Teichmann*, in: Gebauer/Teichmann (Hrsg.), Europäisches Privat- und Unternehmensrecht, EnzEuR Bd. 6, 2016, § 6 Rn. 85 ff., 281 ff.

5 Siehe dazu *Grundmann*, Europäisches Gesellschaftsrecht, 2. Aufl., 2011, Rn. 14, 75, nach dessen Ansicht nur bei der Aktiengesellschaft die Notwendigkeit einer Senkung von Informationskosten durch Rechtsharmonisierung besteht.

gebungswettbewerbs in den letzten Jahren vielfältiger und unübersichtlicher geworden,[6] wodurch sich die Situation für KMU tendenziell noch verschärft hat. Der ab 2008 von der Europäischen Kommission und diversen Ratspräsidentschaften unternommene Anlauf zur Schaffung einer Europäischen Privatgesellschaft (*Societas Europaea Privata*)[7] ist nach jahrelangen ergebnislosen Verhandlungen im Mai 2014 zumindest vorläufig[8] offiziell abgebrochen worden[9] und das im April 2014 von der Kommission gestartete Projekt einer Richtlinie über Gesellschaften mit beschränkter Haftung mit einem einzigen Gesellschafter (*Societas Unius Personae*)[10] hat sich offenbar festgelaufen.

Von allen diesen Maßnahmen noch nicht einmal adressiert wird der Umstand, dass es durch die Gründung von Gesellschaften im Ausland zur Bildung einer grenzüberschreitenden Unternehmensgruppe kommt und sich dadurch zahlreiche schwierige Folgefragen ergeben, die gerade KMU vielfach überfordern können. Um in dieser Situation Abhilfe zu schaffen, ist der nicht zum ersten Mal unternommene Vorstoß des Forum Europaeum on Company Groups (FECG),[11] auf einen europäischen Rechtsrahmen zur erleichterten Führung von grenzüberschreitenden Unternehmensgruppen in Europa hinzuwirken, in dessen Zentrum die Anerkennung eines Gruppeninteresses steht,[12] grundsätzlich zu begrüßen. Das FECG will damit entsprechende Überlegungen der „Reflection Group on the Future of EU Company Law" von 2011[13] und der EU-Kommission von 2012[14] weiterführen und konkretisieren.

Nicht anders als bei vielen anderen Regelungsvorhaben auf dem Gebiet des europäischen Gesellschaftsrechts empfiehlt es sich freilich, dabei von vornherein auch die unternehmerische Mitbestimmung in die Betrachtungen einzubeziehen. Die jahrzehntelangen Auseinanderset-

6 Vgl. *Fleischer*, NZG 2014, 1081 ff.; *ders.*, ZHR 179 (2015), 404 ff.; *ders.*, ZGR 2016, 36 ff.

7 KOM(2008) 396 endg.

8 Zum aktuellen Vorstoß für ein Wiederaufleben der SPE siehe unten sub V.

9 Vgl. Abl. EU 2014 Nr. C 153/3, S. 6.

10 COM(2014) 212 final; siehe auch die allgemeine Ausrichtung des Rates vom Juni 2015, Ratsdokumente 9050/15 und 9352/15, S. 5.

11 Zu einem früheren Anlauf vgl. ZGR 1998, 672, 704 ff., 712 ff.

12 ZGR 2015, 507 ff.

13 Report of the Reflection Group on the Future of EU Company Law, 2011, S. 59 ff.

14 Mitteilung der Kommission „Aktionsplan: Europäisches Gesellschaftsrecht und Corporate Governance – ein moderner Rechtsrahmen für engagiertere Aktionäre und besser überlebensfähige Unternehmen", KOM(2012) 740/2, S. 17.

zungen über die Schaffung der SE wie auch das Scheitern der SPE sollten Lehre genug dafür sein, dass es mindestens ein Gebot politischer Klugheit ist, eine Regelungsinitiative zum europäischen Gesellschaftsrecht daraufhin abzuklopfen, ob sie auf mitbestimmungsrechtliche Empfindlichkeiten stößt und deshalb mit Widerständen rechnen muss. Im Folgenden sollen deshalb nach Klarstellung einiger allgemeiner Eckpunkte (II) die beiden Grundkonstellationen einer transnationalen Unternehmensgruppe, nämlich der Satzungssitz der Unternehmensspitze in Deutschland (III) oder im Ausland (IV), durchgespielt werden. Darüber hinaus legt es das Thema nahe, den Blick zu weiten und auch auf aktuelle Reformvorstellungen zur Mitbestimmung auf der europäischen Ebene einzugehen (V).

II. Allgemeine Eckpunkte

Grenzüberschreitende KMU-Gruppen setzen sich mindestens aus zwei, häufig aber noch aus einer sehr viel größeren Anzahl von Landesgesellschaften zusammen. Soweit es um die betrieblichen Beteiligungsrechte der Arbeitnehmerseite geht, knüpfen die nicht kodifizierten Grundsätze über das internationale Betriebsverfassungsrecht[15] an den Sitz des Betriebs als tatsächlichen Organisationszusammenhang an.[16] Dementsprechend ist in den Betrieben von Auslandsgesellschaften das jeweilige nationale Betriebsverfassungsrecht anwendbar, so dass in Deutschland ein Betriebsrat, in Frankreich ein Comité d'entreprise und in Spanien ein Comité de empresa gewählt werden kann bzw. zu bilden ist, sofern im ausländischen Betrieb oder Unternehmen die jeweils einschlägigen Schwellenwerte erreicht werden. Da nicht nur die unternehmerische Mitbestimmung, sondern auch die betriebliche Arbeitnehmerbeteiligung in Europa einen Flickenteppich darstellt,[17] können diese Unterschiede auf KMU ebenfalls eine gewisse abschreckende Wirkung haben. Allerdings sollte man diese Wirkung nicht überschätzen. Wenn in der im Ausland

15 Die Verordnung (EG) Nr. 593/2008 (Rom I) und die Verordnung (EG) Nr. 864/2007 (Rom II) haben zumindest diesen Teil des kollektiven Arbeitsrechts ausgeklammert.

16 Statt aller *Deinert*, Internationales Arbeitsrecht, 2013, § 17 Rn. 10 m. w. N.

17 Dazu *Junker*, ZfA 2001, 225 ff.; *ders.*, NZA 2002, 131 ff.; *Rebhahn*, NZA 2001, 763, 770 ff.; siehe auch den Überblick bei *Fulton*, Arbeitnehmervertretung in Europa, 2013, abrufbar unter: http://de.worker-participation.eu/Nationale-Arbeitsbeziehungen/Quer-durch-Europa/Vertretung-auf-betrieblicher-Ebene.

etablierten organisatorischen Einheit nur wenige Arbeitnehmer tätig sind, damit überhaupt einheimische Ansprechpartner zur Betreuung des jeweiligen nationalen Teilmarktes zur Verfügung stehen, kommt es vielfach mangels Erreichen der jeweiligen Schwellenwerte aus rechtlichen Gründen, zumindest aber aus tatsächlichen Gründen regelmäßig nicht zur Bildung einer betrieblichen Interessenvertretung. Nicht umsonst beschränkt die allgemeine Rahmenrichtlinie 2002/14/EG für die Unterrichtung und Anhörung der Arbeitnehmer ihren Anwendungsbereich je nach Wahl der Mitgliedstaaten auf Unternehmen mit mindestens 50 Beschäftigten oder auf Betriebe mit mindestens 20 Beschäftigten.[18] Darüber hinaus dürfte eine betriebliche Arbeitnehmervertretung aus der Sicht von KMU im Allgemeinen wenig spektakulär sein, weil sie nicht auf die Ebene unternehmerischer Entscheidungen vordringt. Im Übrigen wird die Transnationalität von Unternehmen bzw. Unternehmensgruppen hinsichtlich der Unterrichtung und Anhörung aus der Perspektive des europäischen Rechts erst dann zu einer regulierungsbedürftigen Materie, wenn die Schwellenwerte für die Errichtung eines Europäischen Betriebsrats nach Maßgabe der Richtlinie 2009/38/EG erreicht sind. Hierfür muss das Unternehmen oder die Unternehmensgruppe mindestens 1.000 Arbeitnehmer beschäftigen, von denen jeweils mindestens 150 Arbeitnehmer in mindestens zwei Mitgliedstaaten tätig sind.[19] KMU-Gruppen müssen sich mangels hinreichender Größe somit zumindest grundsätzlich nicht[20] mit dem komplizierten Verhandlungsverfahren der EBR-Richtlinie[21] auseinandersetzen.

Im Gegensatz zur betrieblichen Arbeitnehmerbeteiligung knüpft die unternehmerische Mitbestimmung nach überwiegender Ansicht an das Personalstatut der jeweiligen Landesgesellschaft an.[22] Da es anders als bei der Unterrichtung und Anhörung der Arbeitnehmer bislang noch nicht

18 Vgl. Art. 3 Abs. 1 S. 1 RL 2002/14/EG.

19 Vgl. Art. 2 Abs. 1 Buchst. a RL 2009/38/EG.

20 Zur konkreten Abgrenzung zwischen KMU und Großunternehmen anhand der Arbeitnehmerzahl siehe sogleich im Text.

21 Dazu Art. 4 ff. RL 2009/38/EG.

22 Siehe nur BGH 16.11.1981 – II ZR 150/80, ZIP 1982, 172, 174 (nicht abgedruckt in BGHZ 82, 188); *Birk*, RIW 1975, 589, 594; *Eidenmüller*, ZIP 2002, 2233, 2237; *Junker*, ZfA 2005, 1, 5 f.; *Mankowski*, ZIP 1995, 1006; *Teichmann*, ZIP 2016, 899; *Weller*, FS Hommelhoff, 2012, S. 1275, 1285; für eine gestufte Anknüpfung an die Verwaltungssitze vor und nach einem Zuzug bzw. Wegzug sowie an die Mehrheit der Arbeitnehmer im Zuzugs- und Wegzugsstaat *Borsutzky*, EuZA 2014, 437, 443 ff.

zu einer allgemeinen Rahmenrichtlinie über die Mitbestimmung gekommen ist, sind die rechtlichen Unterschiede in den Mitgliedstaaten der Europäischen Union insoweit allerdings noch deutlich stärker ausgeprägt. So stehen manche Länder wie etwa das Vereinigte Königreich, Italien oder die baltischen Staaten dem Gedanken der Unternehmensmitbestimmung zumindest bislang ablehnend gegenüber.[23] Die Anknüpfung der Mitbestimmung an das Personalstatut führt in Kombination mit der Konzeption des EuGH, nach der die Niederlassungsfreiheit gemäß Art. 49, 54 AEUV das Auseinanderfallen von Satzungssitz und Hauptverwaltungssitz deckt,[24] zu dem bekannten Phänomen, dass sich die Kapitalseite durch den Import einer mitbestimmungsfreien Rechtsform aus dem Ausland dem inländischen Mitbestimmungsrecht nach herrschender Meinung entziehen kann.[25] Dieser viel diskutierten Frage[26] soll hier indes nicht nachgegangen werden, zumal entsprechende Gestaltungen in transnationalen KMU-Gruppen nur vereinzelt vorkommen dürften.

Im Übrigen hängt die Frage, ob grenzüberschreitende KMU-Gruppen überhaupt mitbestimmungsrechtliche Probleme aufwerfen, davon ab, ob Mitbestimmungsdefizite auftreten können. Sofern sich solche Defizite bereits aus der gegenwärtigen Rechtslage ergeben, geht es darum, ob sie durch aktive sozialpolitische Maßnahmen behoben oder abgemildert werden sollen. Eine andere und hier im Vordergrund stehende Frage ist es hingegen, ob durch neue europarechtliche Rahmenvorschriften für transnationale KMU-Gruppen mitbestimmungsrechtliche Defizite überhaupt erst hervorgerufen oder zumindest verstärkt

23 Dazu *Rebhahn*, NZA 2001, 763, 770 ff.; siehe auch den Überblick bei *Fulton*, Arbeitnehmervertretung in Europa, 2013, abrufbar unter: http://de.worker-participation.eu/Nationale-Arbeitsbeziehungen/Quer-durch-Europa/Unternehmensmitbestimmung.

24 Zur Analyse der Rechtsprechung siehe etwa *Teichmann*, ZGR 2011, 639 ff.; *ders.*, in: Gebauer/Teichmann (Fn. 4), § 6 Rn. 47 ff.

25 Siehe etwa ErfK/*Oetker*, 16. Aufl., 2016, § 1 MitbestG Rn. 5; *Raiser*, in: Raiser/Veil/Jacobs, Mitbestimmungsgesetz und Drittelbeteiligungsgesetz, 6. Aufl., 2015, § 1 MitbestG Rn. 16; HWK/*Seibt*, 6. Aufl., 2016, § 1 MitbestG Rn. 8; a.A. *Deinert*, Internationales Arbeitsrecht, 2013, § 17 Rn. 82 ff.; *Kindler*, ZHR 179 (2015), 330, 374 ff.; einschränkend auch *Franzen*, RdA 2004, 257, 262 f.; zur aktuellen praktischen Bedeutung siehe *Sick*, HBS Mitbestimmungsförderung Report Nr. 8 (2015), abrufbar unter: http://www.boeckler.de/pdf/p_mbf_report_2015_8.pdf.

26 Umfassende Nachweise bei *Ulmer/Habersack*, in: Ulmer/Habersack/Henssler, Mitbestimmungsrecht, 3. Aufl., 2013, § 1 MitbestG Rn. 8 f.

werden, indem rechtliche Instrumente gleichsam reflexartig den Arbeitnehmereinfluss verringern. Sollte dies der Fall sein, bedarf es gegebenenfalls flankierender Vorschriften, sofern sich eine Regelungsinitiative die erleichterte Führung von transnationalen Unternehmensgruppen auf die Fahnen schreibt. Dabei sollen die vorgeschlagenen institutionellen Neuerungen im Folgenden vorwiegend aus der Perspektive des deutschen Mitbestimmungsrechts betrachtet werden. Eine Erörterung aus dem Blickwinkel aller derzeit noch 28 oder auch nur einer größeren Anzahl von Mitgliedstaaten würde den vorgegebenen Rahmen bei weitem sprengen. Auch dürfte es im Hinblick auf die Frage der Rücksichtnahme auf mitbestimmungsrechtliche Standards vor allem auf die politische Haltung Deutschlands ankommen.

Im Hinblick auf die Größenordnung der in die Betrachtungen einzubeziehenden Unternehmen soll für die Zwecke der weiteren Überlegungen im Ausgangspunkt an die Definitionen in Art. 2 des Anhangs zur Empfehlung 2003/361/EG sowie daran anschließend in Art. 3 der Bilanzrichtlinie 2013/34/EU angeknüpft werden. Als KMU sind somit solche Unternehmen anzusehen, die während des Geschäftsjahres durchschnittlich nicht mehr als 250 Arbeitnehmer beschäftigen.[27] Entsprechendes gilt grundsätzlich auch für KMU-Gruppen. Angesichts des in Deutschland geltenden Schwellenwertes für das Eingreifen der Unternehmensmitbestimmung von prinzipiell mehr als 500 Arbeitnehmern sollen gleichsam vorsorglich aber die Fälle einbezogen werden, in denen eine bei einer rein nationalen Zählweise kleine bzw. mittlere Gruppe unter Einrechnung sämtlicher in den Mitgliedstaaten beschäftigter Arbeitnehmer von Gruppengesellschaften diesen Schwellenwert erreicht. Wenn das FECG für so genannte Servicegesellschaften zwar ebenfalls einen Schwellenwert von 250 Arbeitnehmern vorsieht, diese Grenze aber offenbar auf die einzelne Tochtergesellschaft und nicht auf die ganze Gruppe bezieht, kann eine KMU-Gruppe bei einer solchen Größenabgrenzung nämlich insgesamt problemlos auf mehr als 500 Beschäftigte kommen. Im Übrigen ist daran zu erinnern, dass andere Mitgliedstaaten das Eingreifen von Formen der unternehmerischen Mitbestimmung

27 Die sonstigen Parameter der Jahresbilanzsumme und des Jahresnettoumsatzes spielen für die Frage der unternehmerischen Mitbestimmung keine Rolle.

teilweise an deutlich niedrigere Schwellenwerte als Deutschland knüpfen.[28]

III. Gruppenspitze in Deutschland

Falls sich die Gruppenspitze in Deutschland befindet, führt die Gründung von Auslandsgesellschaften für die im Inland beschäftigten Arbeitnehmer keine mitbestimmungsrechtlichen Defizite herbei. Aus der Perspektive des geltenden europäischen Rechts stellen sich im Grundsatz lediglich zwei Fragen: Sind die im Ausland beschäftigten Arbeitnehmer der Gruppenspitze in Deutschland für den Schwellenwert hinzuzurechnen und/oder muss diesen Arbeitnehmern das aktive und passive Wahlrecht zuerkannt werden? Diese Probleme sind schon seit längerer Zeit Gegenstand einer heftigen Kontroverse,[29] die durch aktuelle Entscheidungen des LG Frankfurt/M.[30] und des KG[31] noch einmal kräftig befeuert wurde[32] und die nunmehr auch partiell in ein Vorlageverfahren an den EuGH[33] eingemündet ist. Für transnationale KMU-Gruppen können beide Themen nur dann relevant werden, wenn durch Zurechnung ausländischer Belegschaften die maßgebliche Schwelle von mehr als 500 Arbeitnehmern überhaupt erreicht würde, woran es vielfach scheitern wird. Außerdem besteht im Ausgangspunkt das Hindernis, dass § 2 Abs. 2 DrittelbG schon bei deutschen Tochtergesellschaften nach ganz herrschender Meinung eine qualifizierte Konzernierung in Gestalt eines Beherrschungsvertrages (§§ 291 ff. AktG) oder einer Eingliederung (§§ 319 ff. AktG) verlangt, das Vorliegen eines einfachen („faktischen")

28 Vgl. Schweden (ab 25 Arbeitnehmer), Dänemark (ab 35 Arbeitnehmer), Finnland (ab 150 Arbeitnehmer), in Österreich gilt bei Aktiengesellschaften sogar keine Mindestarbeitnehmerzahl.

29 Siehe dazu *Krause*, AG 2012, 485 ff.

30 LG Frankfurt/M. 16.2.2015 – 3 – 16 O 1/14, ZIP 2015, 634 m. Anm. *Krause* – Deutsche Börse AG. Hierzu jetzt OLG Frankfurt/M. 17.6.2016 – 21 W 91/15, NZG 2016, 1186.

31 KG 16.10.2015 – 14 W 89/15, ZIP 2015, 2172 – TUI.

32 Vgl. *Hellgardt*, ZHR Beiheft 78 (2016), S. 24 ff.; *Hellwig/Behme*, AG 2015, 333 ff.; *Heuschmid/Ulber*, NZG 2016, 102 ff.; *Krause*, ZHR Beiheft 78 (2016), S. 46 ff.; *Mense/Klie*, DStR 2015, 1508 ff.; *Prinz*, SAE 2015, 66 ff.; *Rehberg*, EuZA 2015, 369 ff.; *Seibt*, DB 2015, 912 ff.; *Winter/Marx/de Decker*, NZA 2015, 1111 ff.

33 Das Verfahren vor dem EuGH wird unter dem Az. C-566/15 (Erzberger) geführt. Dazu *Behme*, EuZA 2016, 411 ff.; *Klein/Leist*, ZESAR 2016, 421 ff.

Konzerns durch bloßen Mehrheits- oder Alleinbesitz an der abhängigen Gesellschaft also anders als im Anwendungsbereich von § 5 Abs. 1 MitbestG nicht genügt.[34] Für ausländische Tochtergesellschaften können indes prinzipiell keine geringeren Anforderungen gelten.[35] Ein grenzüberschreitender Beherrschungsvertrag einer deutschen Muttergesellschaft mit einer ausländischen Tochtergesellschaft kann zwar im Einzelfall wirksam sein, sofern das Personalstatut der abhängigen Gesellschaft, nach dem sich diese Frage richtet,[36] einen solchen Vertrag zulässt.[37] Auch wird man für den Fall, dass eine Berücksichtigung der im Ausland beschäftigten Arbeitnehmer überhaupt in Betracht kommt,[38] einen grenzüberschreitenden Beherrschungsvertrag einem rein innerdeutschen Beherrschungsvertrag im Sinne von § 2 Abs. 2 DrittelbG gleichzusetzen haben, zumal es sich beim beherrschten Unternehmen nach praktisch einhelliger Ansicht nicht um eine AG handeln muss[39]. Tatsächlich scheinen internationale Beherrschungsverträge, sofern diese nach dem auf die abhängige Gesellschaft anwendbaren Recht überhaupt statthaft sind, jedenfalls bei KMU aber nicht oder zumindest nur selten vorzukommen.

Allerdings könnte sich aus dem vom FECG vorgeschlagenen Rechtsrahmen für die erleichterte Führung grenzüberschreitender Gruppen eine Modifikation dieses Grundsatzes ergeben. Ausgangspunkt ist insoweit die Überlegung, Konzernrecht nicht lediglich als Schutzrecht zu Gunsten von Minderheitsgesellschaftern und von Gesellschaftsgläu-

34 OLG Zweibrücken 18. 10. 2005 – 3 W 136/05, ZIP 2005, 1966, 1967 f.; KG 7. 6. 2007 – 2 W 8/07, ZIP 2007, 1566, 1567 ff.; OLG Hamburg 29. 10. 2007 – 11 W 27/07, DB 2007, 2762, 2764; *Habersack*, in: Ulmer/Habersack/Henssler (Fn. 26), § 2 DrittelbG Rn. 14; HWK/*Seibt* (Fn. 25), § 2 DrittelbG Rn. 12; a.A. *Trittin/Gilles*, RdA 2011, 46, 48 ff.; siehe auch *Boewer/Gaul/Otto*, GmbHR 2004, 1065, 1067: „redaktionelles Versehen".

35 Gleichsinnig *Habersack*, AG 2007, 641, 649.

36 MüKoAktG/*Altmeppen*, 4. Aufl., 2015, Einl. §§ 291 ff. Rn 40; *Bärwaldt/Schabacker*, AG 1998, 182, 186; *Bayer*, ZGR 1993, 599, 612; *ders.*, Der grenzüberschreitende Beherrschungsvertrag, 1988, S. 66 ff.; MüKoBGB/*Kindler*, 6. Aufl., 2015, IntGesR Rn. 712; GroßkommAktG/*Mülbert*, 4. Aufl. (Stand: 2012), Vor §§ 291 ff. Rn. 24; *Wiedemann*, FS Kegel, 1977, S. 187, 203 ff.; einschränkend *Einsele*, ZGR 1996, 40, 49 f.

37 Überblick bei *Heckschen*, in: Süß/Wachter (Hrsg.), Handbuch des internationalen GmbH-Rechts, 2. Aufl., 2011, § 6 Rn. 4 ff.; siehe auch *Lutter* (Hrsg.), Konzernrecht im Ausland, 1994.

38 Dazu sogleich im Text.

39 Vgl. BayObLG 10. 12. 1992 – 3 Z BR 130/92, ZIP 1993, 263; OLG Düsseldorf 27. 12. 1996 – 19 W 4/96 AktE, ZIP 1997, 546, 548; ErfK/*Oetker* (Fn. 25), § 2 DrittelbG Rn. 16; a.A. nur *Strassburg*, BB 1979, 1070, 1071 f.

bigern zu verstehen, sondern auch als Förderrecht mit dem Ziel, die Entstehung von Konzernverbindungen zu ermöglichen und zu legitimieren.[40] Zu diesem Ansatz gehört als Kernelement des Regulierungsvorschlags die Anerkennung eines Gruppeninteresses[41] sowie die Schaffung eines Weisungsrechts der Muttergesellschaft zur Verfolgung einer einheitlichen Gruppenpolitik mit einer korrespondierenden Folgepflicht der Tochtergesellschaft auch und gerade für den Fall, dass die Weisung den genuinen Interessen der Tochtergesellschaft zuwiderläuft.[42] Nun besteht der eigentliche Grund für die Beschränkung von § 2 Abs. 2 DrittelbG auf Beherrschungsverträge und Eingliederungen ausweislich der Gesetzesmaterialien für die Vorgängernorm des § 77a BetrVG 1956 neben dem eher formalen Argument einer „vermittelnden Lösung" vor allem in der Überlegung, hierdurch Rechtssicherheit herzustellen, weil über die Frage, ob ein faktisches Konzernverhältnis vorliege, Meinungsverschiedenheiten bestehen könnten.[43] Vor diesem Hintergrund spricht vieles dafür, dass in dem Augenblick, in dem durch eine neue konzernrechtliche Vorschrift Eindeutigkeit über die Weisungsbindung hergestellt wird, damit zugleich auch der Zweck der Einschränkung, nämlich in der wichtigen Frage der Zurechnung für Eindeutigkeit zu sorgen, erfüllt wird. Ob ein solcher Wandel des normativen Umfeldes ein so starkes Gewicht haben würde, dass er den entgegenstehenden Wortlaut von § 2 Abs. 2 DrittelbG zu überspielen vermag, sei hier dahingestellt. Jedenfalls aber bestünde hinreichender rechtspolitischer Anlass, die rechtliche Absicherung der wirtschaftlichen Einheit der transnationalen Gruppe nicht beim Weisungsrecht enden zu lassen, sondern in die Zurechnung der hiervon betroffenen Arbeitnehmer zu verlängern. Dieser Aspekt gilt uneingeschränkt allerdings nur im Hinblick auf die Beschäftigten in etwaigen deutschen Tochtergesellschaften, die unter das allgemeine Weisungsrecht einer KMU-Spitze gestellt würde. Soweit es um ausländische Belegschaften geht, greifen diese Überlegungen, wie vorsorglich klargestellt sei, lediglich dann, wenn künftig prinzipiell eine solche Berücksichtigung erfolgen sollte, was derzeit (noch) nicht der Fall ist.[44] Der

40 Vgl. *Hommelhoff*, ZGR 2012, 535, 537 f.; *Teichmann*, AG 2013, 184, 190.

41 Dazu bereits *Drygala*, AG 2013, 190, 202 ff.

42 Die Effektivität relativierend aber *Mülbert*, ZHR 179 (2015), 645, 665 f.

43 So BT-Drucks. zu IV/2396, S. 68. Zur Bedeutung der Gesetzesmaterialien für die Norminterpretation *Wischmeyer*, JZ 2015, 957 ff.; vertiefend *Fleischer*, Mysterium „Gesetzesmaterialien", 2013.

44 Für die ganz h. M. LG Düsseldorf 5.6.1979–25 AktE 1/78, DB 1979, 1451; WWKK/*Koberski*, Mitbestimmungsrecht, 4. Aufl., 2011, § 3 MitbestG

vorstehend entwickelte Gedanke besteht also ausschließlich darin, dass die Beschränkung der Zurechnung auf Beherrschungsverträge und Eingliederungen nach § 2 Abs. 2 DrittelbG ihre innere Berechtigung verloren hat, wenn autonom geschaffene Konzerntatbestände weitgehend überflüssig werden, weil neues heteronomes Konzernrecht dieselben wirtschaftlichen Funktionen übernimmt.[45]

Im Übrigen kann die rechtliche Absicherung von Weisungsrechten der Muttergesellschaft gegenüber ausländischen Tochtergesellschaften als ein Kernbestandteil der Eckpunkte des FECG für einen Rechtsrahmen zur erleichterten Gruppenführung die Durchschlagskraft einer gegebenenfalls mitbestimmten Unternehmenspolitik erhöhen. Dies mag man rechtspolitisch als ein Argument dafür verwenden, eine solche Unternehmenspolitik dann auch mitbestimmungsrechtlich durch ein Wahlrecht von Auslandsbelegschaften auf eine breitere Legitimationsbasis zu stellen. Ein zwingender Zusammenhang besteht insoweit aber nicht. Hiervon abgesehen kann die Gründung von Tochtergesellschaften im Ausland im Einzelfall auch sonstige Arbeitnehmerinteressen berühren, wenn etwa eine bislang im Inland ausgeübte Unternehmensfunktion (z.B. die Abrechnung von Dienstreisen) auf eine ausländische Servicegesellschaft verlagert wird. Diese Aspekte betreffen indes (nur) den Gegenstand und die konkrete Reichweite des Arbeitnehmereinflusses, wobei vor allem eine effektive Vertretung von Arbeitnehmerinteressen auf der internationalen betrieblichen Ebene gefragt ist, nicht aber die institutionelle Ausgestaltung der Unternehmensmitbestimmung als solche.

IV. Gruppenspitze im Ausland

Komplizierter ist die Rechtslage bei einer im Ausland angesiedelten Gruppenspitze. Dass das deutsche Mitbestimmungsrecht nicht unmittelbar an die ausländische Spitze heranreicht und Arbeitnehmervertreter im Aufsichtsrat oder Verwaltungsrat auch dort vorschreibt, wo das

Rn. 28 ff.; ErfK/*Oetker* (Fn. 25), Einf. DrittelbG Rn. 3, § 1 MitbestG Rn. 8, § 5 MitbestG Rn. 14; *Ulmer/Habersack*, in: Ulmer/Habersack/Henssler (Fn. 26), § 5 MitbestG Rn. 55; im Grundsatz auch LG Frankfurt/M. 1.4.1982 – 2/6 AktE 1/81, DB 1982, 1312; a.A. LG Frankfurt/M. 16.2.2015 – 3 – 16 O 1/14, ZIP 2015, 634 m. abl. Anm. *Krause*; ferner *Steindorff*, ZHR 141 (1977), 457, 460 f.

45 Aus steuerrechtlichen Erwägungen im Ergebnis ebenso *Bayer*, NJW 2016, 1930, 1935.

ausländische Recht dies nicht kennt, versteht sich von selbst.[46] Der Grundgedanke, dass Mitbestimmung möglichst dort ansetzen sollte, wo die für die Arbeitnehmerseite maßgeblichen Entscheidungen getroffen werden,[47] stößt in einer solchen Konstellation an die Grenzen der Regelungsmacht des deutschen Gesetzgebers. Werden die in Deutschland entfalteten Geschäftsaktivitäten nicht in einer einzigen Gesellschaft gebündelt, sondern auf verschiedene Tochtergesellschaften verteilt, kommt es für die Reichweite der paritätischen Mitbestimmung gemäß § 5 Abs. 3 MitbestG darauf an, ob eine Teilkonzernspitze identifiziert werden kann.[48] Darüber hinaus ist gegebenenfalls an eine Mitbestimmung in der Tochtergesellschaft 2. Stufe schon nach § 5 Abs. 1 MitbestG gemäß den Grundsätzen über den „Konzern im Konzern"[49] zu denken. Allerdings werden KMU-Gruppen aufgrund ihrer mangelnden Größe zumeist erst gar nicht in den Anwendungsbereich des MitbestG hineinwachsen. Für die Drittelbeteiligung, die bei KMU-Gruppen eher einschlägig ist, gibt es keine gesetzliche Regelung entsprechend § 5 Abs. 3 MitbestG. Für eine Analogie fehlt es an den Voraussetzungen. Insoweit gilt nichts anderes als im Hinblick auf die Bildung eines Konzernbetriebsrats in den deutschen Unternehmen einer ausländischen Konzernspitze.[50] Eine Zurechnung von Arbeitnehmern an eine deutsche Tochtergesellschaft 2. Stufe kann deshalb gemäß § 2 Abs. 2 DrittelbG nur dann erfolgen, wenn mit anderen Tochtergesellschaften in Deutschland ein Beherrschungsvertrag geschlossen worden ist oder diese eingegliedert sind.[51] Bei alledem kommt es für den Schwellenwert selbstverständlich lediglich auf die in deutschen Unternehmen beschäftigten Arbeitnehmer an. Keinesfalls kann man sämtliche in der transnationalen KMU-Gruppe tätigen Arbeitnehmer der deutschen Tochtergesellschaft 2. Stufe zurechnen.

46 Statt aller *Ulmer/Habersack*, in: Ulmer/Habersack/Henssler (Fn. 26), § 1 MitbestG Rn. 6.

47 Vgl. *Seibt*, ZIP 2008, 1301, 1302: „*die* Leitidee".

48 Zu den im Einzelnen umstrittenen Voraussetzungen des § 5 Abs. 3 MitbestG siehe nur WWKK/*Koberski* (Fn. 44), § 5 MitbestG Rn. 52 ff.; *Ulmer/Habersack*, in: Ulmer/Habersack/Henssler (Fn. 26), § 5 MitbestG Rn. 66 ff.

49 Hierzu etwa WWKK/*Koberski* (Fn. 44), § 5 MitbestG Rn. 30 ff.; ErfK/*Oetker* (Fn. 25), § 5 MitbestG Rn. 8 f.; *Ulmer/Habersack*, in: Ulmer/Habersack/Henssler (Fn. 26), § 5 MitbestG Rn. 35 ff.

50 Vgl. BAG 14.2.2007 – 7 ABR 26/06, BAGE 121, 212.

51 Da nur die Konzernspitze nach dem Vorschlag des FECG über ein konzernspezifisches Weisungsrecht verfügen soll, können die obigen Überlegungen nicht auf die hier in Rede stehende Konstellation übertragen werden.

Was folgt daraus im Hinblick auf einen Rechtsrahmen für die erleichterte Führung grenzüberschreitender KMU-Gruppen? Als Anknüpfungspunkt für eine etwaige institutionelle Verschlechterung der deutschen Mitbestimmung kommt soweit ersichtlich nur das vom FECG ins Auge gefasste Weisungsrecht der Muttergesellschaft in Betracht. So soll Tochtergesellschaften auch dann eine Folgepflicht treffen, wenn die Weisung dem Eigeninteresse des Tochterunternehmens zuwiderläuft und lediglich dem Gruppeninteresse dient. Ohne eine solche Regelung könnte eine dahingehende Befolgungspflicht bei deutschen Aktiengesellschaften lediglich durch Beherrschungsvertrag (§ 308 AktG) oder durch Eingliederung (§ 323 AktG) etabliert werden. Nun ist die grundsätzliche Statthaftigkeit eines grenzüberschreitenden Beherrschungsvertrages mit einer ausländischen Obergesellschaft zwar aktienrechtlich geklärt,[52] mitbestimmungsrechtlich aber nach wie vor umstritten. Das Problem entsteht durch das Spannungsverhältnis zwischen dem Weisungsrecht der herrschenden Gesellschaft auf der einen Seite und den Kompetenzen des mitbestimmten Aufsichtsrats auf der anderen Seite. Bezieht sich die Weisung der herrschenden Gesellschaft nämlich auf ein Geschäft der Tochtergesellschaft, das einem Zustimmungsvorbehalt von deren Aufsichtsrat im Sinne des § 111 Abs. 4 S. 2 AktG unterliegt, so kann eine nicht erteilte Zustimmung zwar durch eine Wiederholung der Weisung nach § 308 Abs. 3 S. 2 Halbs. 1 AktG grundsätzlich überspielt werden. Da eine neuerliche Weisung des herrschenden Unternehmens für den Fall, dass diese Gesellschaft über einen Aufsichtsrat verfügt, gemäß § 308 Abs. 3 S. 2 Halbs. 2 AktG nur mit dessen Zustimmung erfolgen darf, wird der Arbeitnehmereinfluss bei einem rein innerdeutschen Sachverhalt im Ergebnis aber regelmäßig gewahrt.[53] Dieser Mechanismus versagt indes bei einer ausländischen Muttergesellschaft, wenn und soweit diese nicht ebenso intensiv mitbestimmt ist wie die deutsche Tochtergesellschaft. Gleichwohl spricht sich die überwiegende Meinung für die Zulässigkeit von grenzüberschreitenden Beherrschungsverträgen sowie für

52 Vgl. OLG Düsseldorf 30.10.2006–26 W 14/06 AktE, ZIP 2006, 2375; MüKoAktG/*Altmeppen* (Fn. 36), Einl. §§ 291 ff. Rn. 49 ff.; *Bayer*, ZGR 1993, 599, 612; *ders.*, Der grenzüberschreitende Beherrschungsvertrag, 1988, S. 96 ff.; Hüffer/*Koch*, AktG, 11. Aufl., 2014, § 291 Rn. 8; im Erg. auch BGH 15.6.1992 – II ZR 18/91, BGHZ 119, 1; BGH 4.3.1998 – II ZB 5/97, BGHZ 138, 136.

53 Zum Schutz der Mitbestimmung als Zweck von § 308 Abs. 3 S. 2 Halbs. 2 AktG vgl. MüKoAktG/*Altmeppen* (Fn. 36), Einl. § 308 Rn. 164; GroßkommAktG/*Hirte*, 4. Aufl. (Stand: 2005), § 308 Rn. 64; Spindler/Stilz/*Veil*, AktG, 3. Aufl., 2015, § 308 Rn. 39.

eine einschränkungslose Anwendung von § 308 AktG auch dann aus, wenn es sich beim herrschenden Unternehmen um eine nicht mitbestimmte ausländische Muttergesellschaft handelt.[54] Die Gegenansicht, nach der grenzüberschreitende Beherrschungsverträge mit einer ausländischen Obergesellschaft unwirksam sind, soweit sie Mitbestimmung vereiteln,[55] bzw. die Wiederholung einer Weisung in diesem Fall nicht statthaft ist,[56] hat sich bislang nicht durchsetzen können. Legt man die Mehrheitsauffassung zugrunde, würde eine allgemeine gruppenrechtliche Folgepflicht von – inländischen – Tochtergesellschaften die Intensität der Abhängigkeit und eine damit verbundene Abschwächung des Arbeitnehmereinflusses insoweit also nicht qualitativ verstärken, sondern ihr lediglich ein breiteres Anwendungsfeld verschaffen. Anders wäre dies nur, wenn das Weisungsrecht so ausgestaltet würde, dass etwaige Zustimmungsvorbehalte des Aufsichtsrats einer abhängigen Gesellschaft als Schutzschild auch der Mitbestimmung von vornherein ausgehebelt würden. In einem solchen Fall hätte der vorgeschlagene Rechtsrahmen in der Tat das Potenzial, Mitbestimmungsdefizite herbeizuführen.

Allerdings wird es sich bei vom Ausland aus beherrschten inländischen Töchtern regelmäßig nicht um Aktiengesellschaften, sondern um GmbH handeln, deren Organisationsverfassung schon von Gesetzes wegen ein umfassendes Weisungsrecht der Gesellschafterversammlung gegenüber den Geschäftsführern vorsieht (§ 37 Abs. 1 GmbHG), das sich auch auf die Geschäftsführung bezieht. Die Testfrage lautet also wiederum, ob eine allgemeine gruppenbezogene Weisungsbindung von deutschen mitbestimmten Tochtergesellschaften über diejenigen Befugnisse hinausreicht, die sich aus dem Gesellschaftsrecht ohnehin ergeben. Ausgangspunkt ist insoweit, dass das Weisungsrecht der Gesellschafterversammlung im Grundsatz der Gesellschaft wirtschaftlich

54 MüKoAktG/*Altmeppen* (Fn. 36), Einl. § 308 Rn. 164 f.; *Habersack*, AG 2007, 641, 646; *Henssler*, ZfA 2005, 289, 303 ff.; MüKoBGB/*Kindler*, 6. Aufl., 2015, IntGesR Rn. 702; Hüffer/*Koch*, AktG, 11. Aufl., 2014, § 308 Rn. 24; KölnerKommAktG/*Koppensteiner*, 3. Aufl., 2004, § 308 Rn. 77; *Raiser*, in: Raiser/Veil/Jacobs (Fn. 25), § 5 MitbestG Rn. 32; für die Beteiligung eines ausländischen mitbestimmten Aufsichtsorgans bzw. des Europäischen Beriebsrats GroßkommAktG/*Hirte* (Fn. 53), § 308 Rn. 64.

55 So *Bernstein/Koch*, ZHR 143 (1979), 522, 531 ff.; *Däubler*, RabelsZ 39 (1975), 444, 466 ff.; *Duden*, ZHR 141 (1977), 145, 188 f.; anders aber *Mayer*, AuR 2006, 303, 305.

56 ErfK/*Oetker* (Fn. 25), § 5 MitbestG Rn. 14; de lege ferenda auch *Martens*, ZHR 138 (1974), 179, 194 f.

nachteilige Weisungen deckt und auch die Beeinträchtigung von Arbeitnehmerbelangen umfasst[57]. Dies alles gilt prinzipiell auch in der mitbestimmten GmbH.[58] Eine Grenze bildet selbstverständlich das zwingende Arbeitsrecht.[59] Im Hinblick auf die konkrete Auflösung des Spannungsverhältnisses zwischen diesem Weisungsrecht und Zustimmungsvorbehalten des mitbestimmten Aufsichtsrats bestehen freilich erhebliche Differenzen, ohne dass der BGH bislang höchstrichterlich eine klare Linie vorgegeben hat.[60] Am meisten überzeugt die Konzeption, den Zustimmungsvorbehalt auf einer ersten Stufe als Grenze des Weisungsrechts anzusehen, es der Gesellschafterversammlung aber nach dem Vorbild von § 111 Abs. 4 S. 3 und 4 AktG zu ermöglichen, die verweigerte Zustimmung mit einer Dreiviertelmehrheit zu überwinden.[61] Legt man diese Sichtweise zugrunde, würde eine generelle Bindung an Weisungen einer (ausländischen) Muttergesellschaft ohne Rücksicht auf Eigeninteressen der Tochtergesellschaft den Arbeitnehmereinfluss in mitbestimmten Gesellschaften zwar wiederum tangieren, nicht aber auf eine qualitativ neue Ebene hieven. Auch insoweit wäre die Sachlage allerdings wieder anders zu beurteilen, wenn man eine Neuregelung so konzipieren würde, dass sie etwaige innergesellschaftliche Zustimmungsvorbehalte von vornherein überspielt und damit eine möglicherweise eingreifende Mitbestimmung paralysiert. In diesem Fall wäre in der Tat darüber nachzudenken, ob und wie die Mitbestimmung jedenfalls gegenüber einer institutionellen Verstärkung grenzüberschreitenden Einflussnahmen abgesichert werden kann. Zu betonen ist freilich, dass alle diese Überlegungen nur dann gelten, wenn eine in Deutschland ansässige Tochtergesellschaft überhaupt der Mitbestimmung unterfällt. Dies dürfte bei einer transnationalen KMU-Gruppe infolge mangelnder

57 OLG Frankfurt/M. 7.2.1997 – 24 U 88/95, ZIP 1997, 450, 451 f.; *Oetker*, ZIP 2015, 1461, 1463; GroßkommGmbHG/*Paefgen*, 2. Aufl., 2014, § 37 Rn. 48.

58 Vgl. BGH 14.11.1983 – II ZR 33/83, BGHZ 89, 48, 57; BGH 6.3.1997 – II ZB 4/96, BGHZ 135, 48, 55; *Altmeppen*, in: Roth/Altmeppen, GmbHG, 8. Aufl., 2015, § 37 Rn. 32; MüKoGmbHG/*Stephan/Tieves*, 2. Aufl., 2016, § 37 Rn. 52; *Zöllner/Noack*, in: Baumbach/Hueck, GmbHG, 20. Aufl., 2013, § 37 Rn. 20; einschränkend *Hommelhoff*, ZGR 1978, 119, 138 f.; Scholz/*Schneider/Schneider*, GmbHG, 11. Aufl., 2014, § 37 Rn. 50.

59 *Zöllner/Noack*, in: Baumbach/Hueck, GmbHG, 20. Aufl., 2013, § 37 Rn. 20.

60 Vgl. BGH 6.3.1997 – II ZB 4/96, BGHZ 135, 48, 55.

61 Ebenso WWKK/*Koberski* (Fn. 44), § 25 MitbestG Rn. 69; *Martens*, ZHR 138 (1974), 179, 221; *Oetker*, ZIP 2015, 1461, 1465 ff.; *Raiser*, in: Raiser/Veil/Jacobs (Fn. 25), § 25 MitbestG Rn. 92; *Ulmer/Habersack*, in: Ulmer/Habersack/Henssler (Fn. 26), § 25 MitbestG Rn. 66.

Größe indes regelmäßig nicht der Fall sein. Eine nicht vorhandene unternehmerische Mitbestimmung kann indes nicht geschwächt werden.

V. Aktuelle mitbestimmungsrechtliche Reformvorstellungen

Das Zwischenergebnis wirkt somit vergleichsweise bescheiden. Sofern man sich auf grenzüberschreitende KMU-Gruppen konzentriert und darunter nur solche Unternehmensgruppen versteht, die selbst bei einer Zusammenrechnung aller im Rahmen der Gruppe Beschäftigten die Schwelle von 500 Arbeitnehmern nicht überschreiten, bleiben Erleichterungen der Gruppenführung aus der Perspektive des deutschen Mitbestimmungsrechts von vornherein folgenlos. Sofern man transnationale Unternehmensgruppen mit einer Größe von insgesamt zwischen 500 und 2.000 Arbeitnehmern noch dazu zählt, läge es in der Fließrichtung des vorgeschlagenen Rechtsrahmens, die Beschränkung bei der Zurechnung der Arbeitnehmer von Tochtergesellschaften durch § 2 Abs. 2 DrittelbG auf Fälle einer qualifizierten Konzernierung aufzugeben. Allerdings wäre die prinzipielle Frage der Einbeziehung ausländischer Belegschaften hierdurch noch nicht präjudiziert.

Die rechtspolitische Initiative des FECG zur Schaffung eines Rechtsrahmens für grenzüberschreitende Unternehmensgruppen gibt freilich Anlass, auch in mitbestimmungsrechtlicher Hinsicht weiter zu denken, selbst wenn in transnationalen KMU-Gruppen eine Schwächung oder gar eine Umgehung der deutschen Mitbestimmung regelmäßig nicht zu erwarten ist. So greift es zum einen zu kurz, alle Regelungsinitiativen stets nur aus der deutschen Perspektive zu betrachten. Da mehrere andere Mitgliedstaaten der Europäischen Union die unternehmerische Mitbestimmung schon bei deutlich niedrigeren Schwellenwerten beginnen lassen,[62] auch wenn diese in ihrer Intensität jedenfalls hinter der paritätischen Mitbestimmung in Deutschland zurückbleibt, kann ein Rechtsrahmen für grenzüberschreitende KMU-Gruppen diese Vorschriften durchaus berühren. Zum anderen ist es auf lange Sicht unbefriedigend, wenn sich die Akteure bei der Schaffung neuer gesellschaftsrechtlicher Regelungen auf der europäischen Ebene immer wieder bei der Frage festbeißen, ob und in welchem Umfang die geplanten Vorschriften dazu gebraucht oder auch missbraucht werden können, die nationalen Mitbestimmungsregime auszuhebeln. Insoweit könnte ein

62 Siehe oben Fn. 28.

allgemeiner unionsrechtlicher Rahmen für die Unternehmensmitbestimmung dazu beitragen, Fortschritte im europäischen Gesellschaftsrecht zu ermöglichen, ohne dass jedes Mal im Einzelnen analysiert werden müsste, ob eine geplante Regelung ein Mitbestimmungsvermeidungspotenzial in sich birgt. Hierbei muss allerdings vor allzu viel Optimismus gewarnt werden. Da die tiefgreifenden Unterschiede in den Mitbestimmungskulturen der einzelnen Mitgliedstaaten Ausdruck unterschiedlicher sozialgeschichtlicher Kämpfe und Erfahrungen sind, wäre es naiv zu glauben, mit wenigen Federstrichen einheitliche europäische Standards etablieren zu können. Wohl aber erscheint es möglich, durch flankierende Regelungen das europäische Gesellschaftsrecht von dem Odium zu befreien, dass es zu seinen Zwecken oder doch zumindest zu seinen zwangsläufigen Nebenwirkungen gehört, die in den Mitgliedstaaten der Union erreichten mitbestimmungsrechtlichen Standards auszuhöhlen. Tatsächlich scheint in die seit Jahren festgefahrene Diskussion eine gewisse Bewegung geraten zu sein, indem sich sowohl der Deutsche Bundestag als auch der Europäische Gewerkschaftsbund (EGB) mit konstruktiven Vorschlägen zu Wort gemeldet haben.

So hat der Deutsche Bundestag in seiner Stellungnahme vom Mai 2015 gemäß Art. 23 Abs. 3 GG zum Richtlinienvorschlag für die SUP die Bundesregierung zwar aufgefordert, den vorliegenden Entwurf abzulehnen. Gleichzeitig solle die Bundesregierung aber darauf hinwirken, dass das Vorhaben einer SPE als Rechtsform insbesondere für KMU wieder aufgegriffen wird.[63] Dabei sind im vorliegenden Zusammenhang vor allem die zur Unternehmensmitbestimmung geäußerten Vorstellungen von Interesse. Der dazu gefundene Kompromiss zur Mitbestimmung in der SPE erfreut sich augenscheinlich einer breiten Unterstützung. Denn zum einen wird er im Bundestag sowohl von den Stimmen der Koalitionsfraktionen als auch der Fraktion BÜNDNIS 90/DIE GRÜNEN getragen, während sich die Fraktion DIE LINKE (nur) der Stimme enthalten hat. Zum anderen ist die Stellungnahme des Bundestages offenbar eng mit dem DGB abgestimmt worden.[64] Inhaltlich sind vier Eckpunkte zu nennen:[65] Erstens soll ein grundsätzlicher Gleichlauf von Satzungssitz und Hauptverwaltungssitz nach dem Vorbild von Art. 7 S. 1 der SE-Verordnung (EG) Nr. 2157/2001 europarechtlich

63 BT-Drucks. 18/4843 sowie Plenarprotokoll 18/103, S. 9892.

64 Vgl. BT-Drucks. 18/4843, S. 7.

65 Dazu auch *Hommelhoff*, Beilage zu ZIP 22/2016, S. 31 (mit etwas anderer Zählung).

zwingend vorgeschrieben werden, um einem Missbrauch der SPE als Vehikel zur Umgehung oder Vermeidung von Mitbestimmung von vornherein einen Riegel vorzuschieben. Zweitens wird für alle Gesellschaften mit in der Regel mehr als 250 beschäftigten Arbeitnehmern das europäische Modell der unternehmerischen Mitbestimmung, bestehend aus den Komponenten eines Verhandlungsverfahrens, einer vorrangigen Vereinbarung und einer subsidiären Auffanglösung, gefordert. Dies unterschreitet den in Deutschland geltenden Schwellenwert erheblich und ist nach dem Bekunden von Vertretern der Regierungskoalition ausdrücklich als Entgegenkommen gegenüber den Gewerkschaften gemeint.[66] Drittens soll die Auffanglösung in Gestalt des Mitbestimmungsrechts des Mitgliedstaats mit dem relativ höchsten Mitbestimmungsniveaus dann eingreifen, wenn eine Gesellschaft in mehreren Mitgliedstaaten Betriebsstätten unterhält und in diesem Staat mindestens ein Drittel der Gesamtbelegschaft beschäftigt ist. Viertens schließlich soll es im Gegensatz zur SE nicht zu einem „Einfrieren" der Mitbestimmung auf dem Stand bei der Gründung der Gesellschaft kommen, sondern stattdessen zu dynamischen Regelungen.

Bemerkenswert ist weiter, dass sich der EGB-Exekutivausschuss bereits im Oktober 2014 erstmals auf rechtsformübergreifende europäische Mindeststandards für Unterrichtung, Anhörung und Unternehmensmitbestimmung verständigt hat.[67] Dies versteht sich keineswegs von selbst, weil die Gewerkschaftsbewegungen in den einzelnen Mitgliedstaaten traditionell sehr unterschiedliche Haltungen zur Frage der unternehmerischen Mitbestimmung einnehmen. Denn eine solche Form der Mitbestimmung führt nicht nur zu einer Verstärkung des Arbeitnehmereinflusses, sondern ist als Kehrseite auch mit einer Mitverantwortung gegenüber den Belegschaften für die im Rahmen der Mitbestimmung getroffenen unternehmerischen Entscheidungen verbunden. Die Hauptstoßrichtung der Initiative des EGB besteht darin, den europäischen Gesetzgeber im Hinblick auf supranationale Gesellschaftsrechtsformen aus seiner Rolle als bloßer Koordinator der verschiedenen nationalen Rechte herauszuholen und ihn stattdessen für die Schaffung eigenständiger Standards zu motivieren. Konkret denkt der EGB an eine Richtlinie über Unterrichtung, Anhörung und Unternehmensmitbestimmung in grenzüberschreitenden Situationen. Hierbei soll auf den

66 Vgl. Plenarprotokoll 18/103, S. 9889.

67 Abrufbar unter: https://www.etuc.org/sites/www.etuc.org/files/document/files/resolution_democracy_in_the_workplace_de.pdf.

Erfahrungen mit der EBR-Richtlinie und der SE-Richtlinie aufgebaut werden, was vor allem bedeutet, dass auch die Gewerkschaften für diese Konstellationen von einem Primat für Verhandlungslösungen ausgehen, sie also nicht von vornherein ein starres Recht für alle europäischen Rechtsformen fordern, wie es jedenfalls dem Charakter des deutschen Mitbestimmungsrechts bislang entspricht. Allerdings wird im Hinblick auf die Unternehmensmitbestimmung eine klare Abkehr vom Vorher-Nachher-Prinzip verlangt, weil dieses Prinzip die mitgliedstaatlichen Unterschiede beim Niveau der unternehmerischen Mitbestimmung zementiere und zu Missbräuchen und Umgehungen einlade. Stattdessen sollten verbindliche Mindeststandards geschaffen werden, mit denen nicht zuletzt zum Ausdruck gebracht werden soll, dass sich das europäische Sozialmodell von anderen Gesellschaftsmodellen abhebt. Diese Mindeststandards werden im Hinblick auf Aspekte wie die Gleichberechtigung und die Ausstattung der Arbeitnehmervertreter, Weiterbildung und Kündigungsschutz sowie Regelungen über die Vertraulichkeit konkretisiert. Dagegen finden sich keine näheren Ausführungen zu Schwellenwerten sowie zur Anzahl der Arbeitnehmervertreter in den Gesellschaftsorganen, obwohl diese Fragen zumindest aus deutscher Sicht traditionell zu den Hauptstreitfeldern bei der Unternehmensmitbestimmung gehören.[68]

Beide Aufschläge bedürfen sicherlich weiterer Diskussion und Konkretisierung. Insoweit seien an dieser Stelle lediglich einige Punkte herausgegriffen bzw. ergänzt, an die bei weiteren unionsrechtlichen Initiativen im Spannungsfeld von Gesellschaftsrecht und Mitbestimmungsrecht vornehmlich zu denken ist.[69] Geht man zunächst davon aus, dass das spezifisch europäische Modell der Arbeitnehmerbeteiligung in grenzüberschreitenden Konstellationen aus einer Kombination von Verhandlungen, Vereinbarung und Auffanglösung besteht, leuchtet es ein, dieses vergleichsweise aufwändige Procedere erst ab einer bestimmten Größenordnung eingreifen zu lassen. Als Untergrenze hierfür

68 Hiermit soll nicht in Abrede gestellt werden, dass sich ein funktional vergleichbarer Arbeitnehmereinfluss auch auf anderen Kanälen herstellen lässt, vgl. *Hassel*, Workers' Voice and Good Corporate Governance in Transnational Firms in Europe, 2015, S. 19, abrufbar unter: http://www.boeckler.de/pdf/mbf_workers_voice_open_questions_hassel.pdf.

69 Zusammenstellung zahlreicher Anforderungen aus gewerkschaftlicher Sicht bei *Sick*, HBS Mitbestimmungsförderung Report Nr. 2 (2014), abrufbar unter: http://www.boeckler.de/pdf/p_mbf_report_2014_02.pdf.

erscheint nach wie vor[70] die Anzahl von mehr als 250 Arbeitnehmern angemessen, wodurch KMU in den meisten Mitgliedstaaten auch bei grenzüberschreitenden Aktivitäten nicht mit zeitraubenden und kostspieligen Verhandlungen konfrontiert würden. Dabei bedürfte es allerdings einer allgemeinen Konzernzurechnung, um der Größe und Wirtschaftskraft von transnationalen KMU-Gruppen Rechnung zu tragen. Für Mini-Repräsentanzen in anderen Mitgliedstaaten mit wenigen Arbeitnehmern, in denen nach dem anwendbaren nationalen Betriebsverfassungsrecht noch nicht einmal eine betriebliche Interessenvertretung gebildet werden kann, könnte man eine Ausnahme vorsehen. Als Auffanglösung ist zumindest das höchste Mitbestimmungsniveau der involvierten Mitgliedstaaten zu wählen, wenn eine bestimmte Quote der Gesamtbelegschaft dort beschäftigt ist. Flankiert werden muss ein solcher Mechanismus sicher durch das Verbot der Sitzaufspaltung, weil ansonsten einer Mitbestimmungsvermeidung Tür und Tor geöffnet würde, indem zunächst in einem mitbestimmungsaversen Mitgliedstaat eine SPE gegründet wird und später nur der Verwaltungssitz in einen mitbestimmungsfreundlicheren Staat verlegt wird. Dem prinzipiellen Ziel einer einheitlichen Gruppenführung würde das Verbot einer Sitzaufspaltung nicht zuwiderlaufen.[71] Um dem Erfindungsreichtum der Rechtsberatungspraxis definitiv einen Riegel vorzuschieben, ließe sich als ein mutiger Schritt vorwärts aber auch zusätzlich an eine zwingende Untergrenze für Arbeitnehmervertreter auf der Leitungsebene in allen europäischen Rechtsformen mit mehr als 250 Beschäftigten denken.

Unterhalb dieser Größenordnung sollte eine automatische Anknüpfung an die jeweiligen mitgliedstaatlichen Mitbestimmungsregime vorgesehen werden. Der europäische Gesetzgeber könnte sich zwar dafür entscheiden, eine supranationale Rechtsform wie die SPE bei einer Beschäftigtenzahl von nicht mehr als 250 Arbeitnehmern mitbestimmungsfrei zu lassen.[72] Eine solche Lösung dürfte aber die Sogwirkung unterschätzen, zu der es durch die SPE in denjenigen Mitgliedstaaten kommen würde, in denen die Schwellenwerte für das Eingreifen der unternehmerischen Mitbestimmung niedriger sind. Die SPE wäre dann mit dem Geburtsfehler behaftet, dass sie jedenfalls bis zu einer bestimmten Größenordnung dafür verwendet werden kann, nationale Mitbestimmungssysteme auszuhebeln, was wiederum unnötige Widerstände gegen

70 So bereits *Hommelhoff/Krause/Teichmann*, GmbHR 2008, 1193, 1198 ff.

71 *Hommelhoff*, Beilage zu ZIP 22/2016, S. 31, 33.

72 Vgl. *Hommelhoff*, Beilage zu ZIP 22/2016, S. 31, 33.

das Vorhaben als solches hervorrufen könnte. Insoweit empfiehlt es sich, nicht nur an die deutschen Regelungen zu denken, die durch den genannten Schwellenwert nicht berührt werden.

Zudem sollte die Frage der Anwendbarkeit des jeweiligen Modells dynamisch ausgestaltet sein, ein Größenwachstum ebenso wie ein Schrumpfungsprozess also in das jeweils andere Modell hineinführen. Dabei ist es eine nachgeordnete Frage, ob es bei einer Veränderung der maßgeblichen Arbeitnehmerzahlen zeitnah zu einem Wechsel der anwendbaren Mitbestimmungsregeln kommt oder ob lediglich eine periodische Überprüfung des Mitbestimmungsstatus (etwa in einem Rhythmus von zwei oder drei Jahren) zu erfolgen hat. In jedem Fall sollte dafür gesorgt werden, dass der aus der SE bekannte und von der Praxis offenbar auch genutzte Effekt des „Einfrierens“ der Mitbestimmungsfreiheit bzw. eines niedrigen Mitbestimmungsniveaus[73] von vornherein rechtssicher vermieden wird. Insgesamt dürfte es dem Projekt einer SPE sehr förderlich sein, wenn durch die konkrete Ausgestaltung der mitbestimmungsrechtlichen Vorschriften ein starkes Signal gesetzt würde, dass europäisches Gesellschaftsrecht nicht die Funktion hat, nationale Mitbestimmungsstandards zu unterlaufen.

VI. Schlussbemerkungen

Die vom FECG vorgeschlagene Schaffung eines Rechtsrahmens zur erleichterten Führung von grenzüberschreitenden KMU-Unternehmensgruppen berührt die deutsche Unternehmensmitbestimmung nach geltendem Recht grundsätzlich nur dann, wenn die Gruppe in Deutschland insgesamt mehr als 500 Arbeitnehmer beschäftigt und man sie gleichwohl noch als KMU-Gruppe qualifiziert. Da andere Mitgliedstaaten für das Eingreifen der Unternehmensmitbestimmung allerdings deutlich niedrigere Schwellenwerte vorsehen, sollten Reformüberlegungen die Frage nach einem etwaigen Potenzial von neuen Regelungen zur Schwächung des Arbeitnehmereinflusses von vornherein umfassend mitberücksichtigen. Vor allem aber spricht vieles dafür, den

73 Siehe etwa *Ege/Grzimek/Schwarzfischer*, DB 2011, 1205 ff.; *Götze/Winzer/Arnold*, ZIP 2009, 245, 251 f.; *Habersack*, ZHR 171 (2007), 613, 640 f.; *Müller-Bonanni/Müntefering*, BB 2009, 1699, 1702; *Rieble*, BB 2006, 2018, 2020 ff.; *Sick*, FS Kempen, 2013, S. 361, 369; zur Empirie *Keller/Werner*, WSI Mitteilungen 2009, 416, 421 f., siehe auch *Bormann/Böttcher*, NZG 2011, 411, 413 („Standardrepertoire der Rechtsberatungspraxis“).

aktuellen Vorstoß der Europäischen Kommission für eine Kodifizierung des europäischen Gesellschaftsrechts[74] zugleich für die Schaffung mitbestimmungsrechtlicher Vorschriften zu nutzen, um sinnvolle gesellschaftsrechtliche Weiterentwicklungen künftig vom Vorwurf zu befreien, sie würden die Vermeidung oder Umgehung von Mitbestimmung begünstigen.[75] Dies könnte dazu beitragen, das schon lange überfällige Vorhaben einer SPE auf die Zielgerade zu schieben. Europa sollte sich in diesen bewegten Zeiten auf seine Stärken besinnen, zu denen nicht zuletzt eine besondere Qualität der Kooperation von Kapital und Arbeit gehört.

74 Vgl. COM(2015) 616 final.

75 Insoweit stimmt hoffnungsfroh, dass sich die Bunderegierung nach ihrem eigenen Bekunden im Rahmen der Diskussion über europäische Rechtsformen für eine angemessene Wahrung der Mitbestimmungsrechte der Arbeitnehmerinnen und Arbeitnehmer einsetzt; vgl. BT-Drucks. 18/8354, S. 3 (in einer Antwort auf eine Kleine Anfrage der Fraktion BÜNDNIS 90/DIE GRÜNEN).

Grenzüberschreitende Gruppenführung und ihr rechtliches Instrumentarium

Kritische Gegenlese der Vorschläge des Forum Europaeum zur europaweiten Anerkennung eines einheitlichen Gruppeninteresses

*Nicolas Ott**

Inhaltsübersicht

* Dr. iur., RA und Partner bei Schilling, Zutt & Anschütz in Mannheim.

*I. Einführung***

Das Konzernrecht, das zwei Jahrzehnte weitgehend von der Bildfläche verschwunden war, hat es auf europäischer Ebene wieder auf die Tagesordnung geschafft.[1] Die voranschreitende Internationalisierung der Unternehmenstätigkeit in Deutschland und Europa, die längst auch den Bereich der kleinen und mittelständigen Unternehmen erfasst hat, lenkt den Blick auf Fragen der grenzüberschreitenden Konzernführung. Im Mittelpunkt steht hierbei das Spanungsfeld zwischen dem Konzerninteresse und den Unternehmensinteressen der ausländischen Tochtergesellschaften. Während die Konzern-Mutter die übergeordnete Konzernpolitik auch international ohne Abstriche durchsetzen will, befürchtet die Geschäftsführung von manch ausländischer Tochtergesellschaft, insbesondere in den neuen EU-Mitgliedstaaten, sich schadenersatzpflichtig oder gar strafbar zu machen, wenn sie Veranlassungen oder Weisungen der Mutterunternehmen nachkommen, die dem eigenen Interesse des Tochterunternehmens widersprechen.[2] Diese zunehmende Verunsicherung hat die *Reflection Group on the Future of EU-Company Law* im Jahr 2011 zum Anlass genommen, dem europäischen Gesetzgeber eine Reihe von Regelungsvorschlägen zu unterbreiten, um die internationale Konzernführung zu erleichtern.[3] Auch die EU-Kommission sieht Handlungsbedarf im Bereich der grenzüberschreitenden Gruppenführung und hat die Überlegungen der *Reflection Group* in ihrem Aktionsplan Gesellschaftsrecht 2012 aufgegriffen.[4] Vor diesem Hintergrund hat schließlich das *Forum Europaeum on Company Groups* im

** Der Beitrag beruht auf einem Vortrag, den der Autor im Rahmen einer Veranstaltung zur „Gruppenführung von Servicegesellschaften im europäischen Binnenmarkt“ am 4. Dezember 2015 in Bonn gehalten hat.

1 Vgl. zur konzernrechtlichen Historie auf europäischer Ebene: *FECG*, ZGR 2015, 507 f.; *Drygala*, AG 2013, 198.

2 *FECG*, ZGR 2015, 507, 508.

3 Report of the Reflection Group on the Future of EU-Company Law vom 5. April 2011, S. 59 ff., abrufbar unter: *http://ec.europa.eu/internal_market/company/docs/modern/reflectiongroup_report_en.pdf.*; dazu etwa *Ekkenga*, AG 2013, S. 181; *Teichmann*, AG 2013, 184, 186, 185; ders. ZGR 2014, 45, 70; *Drygala*, AG 2013, 198, 201 ff.; *Hommelhoff*, AG 2013, 211 ff.

4 Europäische Kommission, Aktionsplan: Europäisches Gesellschaftsrecht und Corporate Governance – ein moderner Rechtsrahmen für engagiertere Aktionäre und besser überlebensfähige Unternehmen, COM(2012) 740/2, Drucks. 776/12; dazu etwa *Hommelhoff*, AG 2013, 211 ff.; *ders.* KSzW 2014, 63 ff., *Weller/Bauer*, ZEuP 2015. 6, 24.

Frühjahr 2015 konkrete Eckpunkte für einen einheitlichen Rechtsrahmen zur erleichterten Führung von grenzüberschreitenden Unternehmensgruppen in Europa erarbeitet und europaweit zur Diskussion gestellt.[5]

Der nachfolgende Beitrag setzt sich mit den Vorschlägen des *Forum Europaeum* auseinander. Hierbei werden zunächst im Rahmen einer kurzen Bestandsaufnahme die Realstrukturen in internationalen Konzernen im Bereich des EU-Binnenmarkts skizziert (dazu II.), bevor erörtert wird, ob und wenn ja in welchem Umfang, es aus Sicht der (deutschen) Praxis einer europäischen Reglung zur grenzüberschreitenden Gruppenführung bedarf (dazu III.). Anschließend geht der Beitrag auf die konkreten Vorschläge des *Forum Europaeum* zur Führung von grenzüberschreitenden Unternehmensgruppen ein. Im Mittepunkt stehen hierbei die Regelungsvorschläge zur sog. Servicegesellschaft (dazu IV.1), bevor abschließend im Rahmen eines kursorischen Überblicks auf die sog. Regulären Tochtergesellschaften eingegangen wird (dazu IV.1).

II. Praktische Bestandsaufnahme: Realstrukturen im Internationalen Konzern

1. Umfang Internationale Konzernverflechtung

Nicht nur die sog. *Big Player*, sondern auch viele kleine und mittelständische Unternehmen (KMU) sind heute international tätig und verfügen über Vertretungen im europäischen und außereuropäischen Ausland.[6] Die Dimension der internationalen Konzernverflechtung lässt sich dabei anhand von drei Beispielen veranschaulichen, die jeweils unterschiedliche Segmente der deutschen Wirtschaftslandschaft repräsentieren:

- Aus dem Bereich der börsennotierten Großunternehmen mit weltweiter Geschäftsaktivität sei die Siemens Gruppe angeführt. Die Siemens AG als Konzern-Mutter verfügt nach dem Konzernabschluss 2014 über mehr als 600 Tochtergesellschaften weltweit.[7] Mehr als

5 *FECG*, ZGR 2015, 507 ff.

6 Vgl. dazu auch *Teichmann*, AG 2013, 184.

7 Vgl. Konzernabschluss Siemens 2014, Ziffer 41, S. 338 ff., abrufbar unter: https://www.siemens.com/annual/14/de/download/pdf/Siemens_JB2014_Konzernabschluss.pdf.

80 % dieser Tochtergesellschaften haben ihren Sitz im Ausland. Im Bereich der EU ist Siemens mit mehr als 200 Tochtergesellschaften in 24 der aktuell 28 EU-Mitgliedsstaaten aktiv.

– Stellvertretend für das Segment der großen, nicht börsennotierten Familienunternehmen sei auf die Freudenberg-Gruppe verwiesen. Nach dem Geschäftsbericht für das Jahr 2014 verfügt die deutsche Muttergesellschaft Freudenberg SE über ca. 400 vollkonsolidierte Tochtergesellschaften.[8] Hiervon haben lediglich ca. 70 Gesellschaften einen Sitz im Inland. Demgegenüber sind ca. 330 und damit wiederum mehr als 80 % der Gruppengesellschaften im Ausland ansässig. Im Bereich der EU ist die Freudenberg-Gruppe in 25 der aktuell 28 Mitgliedsstaaten aktiv.[9]
– Als drittes Beispiel sei schließlich die Renolit-Gruppe angeführt, die dem Bereich des gehoben deutschen Mittelstands zuzuordnen ist. Obwohl deutlich kleiner als Siemens oder Freudenberg, verfügt auch die Renolit SE als Muttergesellschaft über ca. 35 vollkonsolidierte Tochtergesellschaften.[10] 31 und damit beinahe 90 % dieser Tochtergesellschaften sind im Ausland ansässig. Im Bereich der EU ist Renolit mit ca. 20 Tochtergesellschaften in 13 Mitgliedsstaaten vertreten. Letzteres stellt erfahrungsgemäß für einen gehobenen, international tätigen Mittelständler mit Sitz in Deutschland einen typischen Wert dar.

Die vorstehend aufgeführten Beispiele verdeutlichen, dass Fragen der grenzüberschreitenden Konzernführung keineswegs bloß akademischer Natur sind, sondern in der Praxis bei einer Vielzahl von Unternehmen aller Größenklassen und Segmente, vom DAX-Konzern bis hin zum klassischen Mittelständler, tagtäglich auf der Agenda stehen.[11]

8 Geschäftsbericht Freudenberg-Gruppe 2014, S. 104, abrufbar unter: http://www.freudenberg.com/FCODownloads/2014_Geschaeftsbericht_Freudenberg_de.pdf
9 Vgl. Geschäftsbericht Freudenberg-Gruppe 2014, S. 150 ff.
10 http://www.renolit.com/corporate/de/renolit/standorte.
11 Vgl. hierzu auch Report of the Reflection Group on the Future of EU-Company Law, 2011, S. 59.

2. *Selbständige Tochtergesellschaft statt Zweigniederlassung*

Festzustellen ist ferner, dass es sich bei der ganz überwiegenden Anzahl der Auslandsvertretungen nicht um unselbständige Zweigniederlassungen der deutschen Muttergesellschaft, sondern um selbständige, nach dem Recht der Sitzjurisdiktion gegründete und diesem unterliegende Tochtergesellschaften handelt.[12] Gegen die Etablierung von unselbständigen Zweigniederlassungen spricht hierbei zunächst häufig der Wunsch, die Auslandsaktivitäten bis zu einem gewissen Grad organisatorisch zu verselbständigen.[13] Angestrebt wird darüber hinaus regelmäßig eine zumindest partielle Segmentierung der Haftungsrisiken aus dem Auslandsgeschäft.[14] Hinzu kommt vielfach das Bestreben, auf dem ausländischen Markt mit einer dort vertrauten, einheimischen Rechtsform aktiv zu sein.[15] Angesicht dessen stellt die Gründung einer selbständigen Tochtergesellschaft sehr häufig die vorzugswürdige Alternative dar.[16]

In diesem Zusammenhang sei angemerkt, dass die bei Umsetzung der SE-Verordnung ins deutsche Recht verbreitete Einschätzung, die Rechtsform der SE erleichtere die internationale Gruppenführung, da im SE-Konzern unter dem Dach der SE-Muttergesellschaft auf unselbständige Zweigniederlassungen im EU-Ausland zurückgegriffen werden könne, in der Praxis bis dato keinen allzu großen Widerhall gefunden hat. Soweit ersichtlich, gingen die bislang in Deutschland vollzogenen SE-Gründungen nur selten mit grundlegenden Änderungen der europäischen Gruppenstrukturen einher. Vielmehr wird auch unter dem Dach der deutschen SE-Muttergesellschaften nach wie vor ganz überwiegend auf ein Netzwerk von selbständigen Tochtergesellschaften im EU-Ausland zurückgegriffen.

12 Mit ähnlichem Befund: *Teichmann*, AG 2013, 184, 185; *ders.*, RIW 2010, 120, 122; ferner *Hommelhoff*, ZGR 2012, 535, 536 f.

13 Vgl. Europäische Kommission, Aktionsplan: Europäisches Gesellschaftsrecht und Corporate Governance – ein moderner Rechtsrahmen für engagiertere Aktionäre und besser überlebensfähige Unternehmen, COM(2012) 740/2, Drucks. 776/12, S. 2.

14 *Wiedemann*, GmbHR 2011, 1009, 1010; *Hommelhoff*, ZGR 2012, 535, 536; MüKoGmbHG/*Liebscher*, Band 1, 2. Aufl. 2015, Anhang § 13 – Die GmbH als Konzernbaustein, Rdn. 361.

15 Vgl. *Weller/Bauer*, ZEuP 2015, 6.

16 Ebenso *Reichert*, in: Röthel/K.Schmidt, Schriften des Notarrechlichen Zentrums Familienunternehmen, Bd. 4, S. 23

3. „Kleine Kapitalgesellschaft" als dominierende Konzern-Rechtsform

Die dritte einleitende Feststellung betrifft die Rechtsform der als Konzernbaustein eingesetzten Tochtergesellschaften. Hier dominieren in Deutschland aufgrund ihrer strukturellen Konzerneignung klar die GmbH bzw. die GmbH & Co. KG.[17] So sind, soweit ersichtlich, sowohl bei Siemens als auch bei Freudenberg und Renolit nahezu sämtliche deutschen Tochtergesellschaften in einer der beiden vorgenannten Rechtsformen organisiert.[18]

Auch in den anderen EU-Mitgliedstaaten wird ganz überwiegend auf die der deutschen GmbH entsprechenden kleinen Kapitalgesellschaften zurückgegriffen, so etwa in den Niederlanden auf die B.V., in Polen die Sp.z.o.o. oder in Großbritannien auf die Limited.[19] Gleichwohl wäre es vorschnell, die GmbH im internationalen Kontext zur allein maßgeblichen Konzern-Rechtsform zu küren. So haben etwa in Frankreich Konzerngesellschaften vielfach nicht die Rechtsform einer der GmbH entsprechenden S.a.r.L[20], sondern sind als S.a.S[21] verfasst, was einer vereinfachten Form der Aktiengesellschaft entspricht. Dasselbe gilt für Italien, wo Konzerngesellschaften vielfach ebenfalls als kleine Aktiengesellschaft organisiert sind. Die GmbH stellt demnach die überwiegende, keineswegs aber die ausschließliche Organisationsform in internationalen Konzernen dar.

4. „Ein Personen Gesellschaften" in der Überzahl

Festzuhalten ist schließlich, dass in internationalen Konzernverbünden die ganz überwiegende Mehrzahl der Konzerngesellschaften unmittelbar oder mittelbar im Alleineigentum der Muttergesellschaft steht.[22] Exem-

17 So auch *Hommelhoff*, ZGR 2012, 535, 536; *Wiedemann*, GmbHR 2011, 1009, 1010; *Wicke*, GmbHG, 3. Auflage 2016, Anhang § 13 Rdn. 1; vgl. eingehend zur Bedeutung der GmbH als Konzernbaustein: MüKoGmbHG/*Liebscher*, Band 1, 2. Aufl. 2015, Anhang § 13 – Die GmbH als Konzernbaustein, Rdn. 8 ff. sowie Rdn. 361 f.

18 Vgl. Fn. 7 bis 10.

19 Vgl. *Weller/Bauer*, ZEuP 2015, 6; *Teichmann*, AG 2013, 184, 195.

20 Société à responsabilité limitée.

21 Société par actions simplifiée.

22 *Hommelhoff*, ZGR 2012, 535, 537; *Reichert*, in: Röthel/K.Schmidt, Schriften des Notarrechlichen Zentrums Familienunternehmen, Bd. 4, S. 23; MüKo-

plarisch sei erneut auf Siemens, Freudenberg und Renolit verwiesen. So stehen bei Freudenberg mehr als 80 %, bei Renolit mehr als 90 % und bei Siemens gar mehr als 95 % der in der EU ansässigen Tochtergesellschaften in alleinigem Anteilsbesitz der Konzern-Mutter. Insgesamt drängt sich Eindruck auf, dass der Bestand an Konzerngesellschaften mit außenstehenden Gesellschaftern in den vergangenen Jahren deutlich rückläufig ist. Letzteres dürfte nicht zuletzt auf die Einführung von *Squeeze-Out*-Regelungen in Deutschland und anderen EU-Mitgliedsstaaten zurückzuführen sein, welche es dem Großaktionär ermöglichen, verbliebene Kleingesellschafter gegen Abfindung aus der Gesellschaft auszuschließen; nicht wenige Konzerne haben augenscheinlich in den vergangenen Jahren von dieser Option Gebrauch gemacht.[23]

5. Zwischenfazit: Realstrukturen als Ausgangspunkt der weiteren Analyse

Wenngleich die soeben getroffenen Feststellungen nur kursorisch und aufgrund der begrenzten Stichprobe statistisch kaum belastbar sind, lassen sie sich in der zugrundeliegenden Tendenz wohl doch verallgemeinern. Zusammenfassend gilt danach folgendes:

- Nicht nur Großunternehmen, sondern auch zahlreiche kleine und mittelständische Unternehmen verfügen über eine nicht unerhebliche Anzahl von Tochtergesellschaften im Ausland.
- Als Konzernbaustein dominieren dabei selbständige Tochtergesellschaften in der Rechtsform der GmbH bzw. der vergleichbaren kleinen Kapitalgesellschaft der anderen EU-Mitgliedstaaten.
- Bei der ganz überwiegenden Mehrzahl der Konzerngesellschaften handelt es sich – unmittelbar oder mittelbar – um 100 %ige Tochtergesellschaften ohne konzernfremde Gesellschafter.

GmbHG/*Liebscher*, Band 1, 2. Aufl. 2015, Anhang § 13 – Die GmbH als Konzernbaustein, Rdn. 361.

23 Vgl. auch *Drygala*, AG 2013, 199.

III. Reformbedarf im Recht der internationalen Gruppenführung

Die soeben aufgezeigten Realstrukturen der europäischen Konzernlandschaft bilden die Grundlage, auf der Anwendungsbereich und Umfang einer europaweiten Regelung zur grenzüberschreitenden Gruppenführung zu analysieren und beurteilen sind. Bevor nunmehr im Einzelnen auf die Vorschläge des *Forum Europaeum* eingegangen wird, ist zunächst indes der Frage nachzugehen, ob, und wenn ja in welchem Umfang, es aus Sicht der Praxis einer europäischen Reglung zur grenzüberschreitenden Gruppenführung überhaupt bedarf. Hierbei sind im Wesentlichen zwei Problemkreise zu unterscheiden: Einerseits die Frage der *praktischen Durchsetzbarkeit* von konzernleitenden Maßnahmen einer deutschen Muttergesellschaft in ausländischen Tochtergesellschaften (dazu 1.)). Andererseits die Frage der *Haftungsrisiken* für Mutter- und Tochtergesellschaft sowie deren Organe bei der Erteilung und Befolgung von Weisungen im Konzerninteresse, welche den Interessen der Tochtergesellschaft zuwiderlaufen und für diese mithin nachteilig sind (dazu 2.)).

1. Praktische Durchsetzbarkeit von Weisungen

Die grenzüberschreitende Durchsetzung von konzernleitenden Maßnahmen erfolgt einerseits über die sog. „Personalschiene", d.h. insbesondere über Doppelmandate oder sonstige personelle Verflechtungen zwischen der Muttergesellschaft und deren in- oder ausländischen Tochtergesellschaften.[24] Daneben stellen auch im internationalen Kontext Weisungsrechte ein gebräuchliches Instrument dar, um die Verwirklichung von übergeordneten Vorgaben der Konzernführung auf Ebene der Tochtergesellschaften sicherzustellen.[25]

An dieser Stelle stellt sich die Frage, ob es – insbesondere aus Sicht der Praxis – einer europäischen Regelung zum Weisungsrecht der Muttergesellschaft gegenüber konzernabhängigen Tochtergesellschaften bedarf. Diese Frage ist zunächst anhand eines Blicks auf den rechtlichen Ist-Zustand in den verschiedenen EU-Mitgliedsstaaten zu beantworten:

24 Vgl. etwa *Hommelhoff*, GmbHR 2014, 1065. 1070; *ders.*, ZIP 2013, 1645, 1649.
25 Vgl. die rechtsvergleichende Übersicht bei *Rodewald/Paulat*, GmbHR 2013, 519 ff.

Den Ausgangspunkt der Betrachtung bildet das deutsche GmbH-Recht. Den Gesellschaftern der GmbH stehen bekanntlich weitreichende Einflussnahmemöglichkeiten auf die Geschäftsführung zu. Ihnen obliegen gemäß § 46 Nr. 5 GmbHG die Bestellung und Abberufung der Geschäftsführer. Vor allem aber haben sie das Recht, der Geschäftsführung gem. § 37 Abs. 1 GmbHG jederzeit Weisungen zu erteilen und damit unmittelbaren Einfluss auf die Geschäftsführung zu nehmen.[26] Dabei besteht die Weisungsbefugnis unmittelbar kraft Gesetz, ohne dass es einer ausdrücklichen Regelung im Gesellschaftsvertrag bedarf.[27] Die erteilten Weisungen können ihrem Inhalt nach in Geboten oder Verboten bestehen und allgemeiner oder spezieller Art sein.[28] In jedem Fall ist die Erteilung der Weisung bindend und löst für die Tochter-Geschäftsführer eine entsprechende Folgepflicht aus.[29]

Das Weisungsrecht der GmbH-Gesellschafter ist indes nicht unbeschränkt. Vielmehr stößt es an seine Grenzen, wo die Befolgung der Weisung einen Verstoß gegen gesetzliche Regelungen im Interesse der Allgemeinheit oder der Gläubiger zur Folge hätte.[30] Unbeachtlich sind daher insbesondere Weisungen, die zu einem Verstoß gegen die Kapi-

26 *Paefgen*, in: Großkomm. z. GmbHG, 2. Aufl. 2014, § 37 Rdn. 41; *Buck/Heeb*, in: Gehrlein/Ekkenga/Simon, GmbHG, 2. Aufl. 2015, § 37 Rdn. 11 ff.; *Altmeppen*, in: Roth/Altmeppen, 8. Aufl. 2015, GmbHG, § 37 Rdn. 14 f.; *Oetker*, in: Henssler/Strohn, Gesellschaftsrecht, 2. Aufl. 2014, § 37 GmbHG Rdn. 11; *Theusinger/Jung*, in: Römermann, Münchener Anwalts-Hdb. GmbH-Recht, 3. Aufl. 2014, § 24 Rdn. 82.

27 *Hommelhoff*, ZGR 2012, 535, 536; *Wiedemann*, GmbHR 2011, 1009, 1010.

28 MüKoGmbHG/*Stephan/Tieves*, Band 2, 2. Aufl. 2016, § 37 Rdn. 115; *Zöllner/Noack*, in: Baumbach/Hueck, GmbHG, 20. Aufl. 2013, § 37 Rdn. 20; *Theusinger/Jung*, in: Römermann, Münchener Anwalts-Hdb. GmbH-Recht, 3. Aufl. 2014, § 24 Rdn. 82.

29 BGH, Urt. v. 14. 12. 1959 – II ZR 187/57 = BGHZ 31, 258, 278; BGH, Urt. v. 10. 12. 1984 – ZR 308/83 = BGHZ 93, 146, 148; BGH, Urt. v. 16. 09. 1985 – II ZR 275/84 = BGHZ 95, 330, 340; *OLG Frankfurt*, Urt. v. 07. 02. 1997 – 24 U 88/95 = ZIP 1997, 450, 451; *OLG Düsseldorf*, Urt. v. 15. 11. 1984 – 8 U 22/84 = ZIP 1984, 1476, 1478; MüKoGmbHG/*Stephan/Tieves*, Band 2, 2. Aufl. 2016, § 37 Rdn. 120; *Buck/Heeb*, in: Gehrlein/Ekkenga/Simon, GmbHG, 2. Aufl. 2015, § 37 Rdn. 11; *Haas/Ziemons*, in: Michalski, GmbHG, 2. Aufl. 2010, § 43 Rdn. 57.

30 BGH, Urt. v. 14. 12. 1959 – II ZR 187/57 = BGHZ 31, 258, 278; *Zöllner/Noack*, in: Baumbach/Hueck, GmbHG, 20. Aufl. 2013, § 37 Rdn. 22; MüKoGmbHG/*Stephan/Tieves*, Band 2, 2. Aufl. 2016, § 37 Rdn. 118; *Haas/Ziemons*, in: Michalski, GmbHG, 2. Aufl. 2010, § 43 Rdn. 57a; *Altmeppen*, in: Roth/Altmeppen, 8. Aufl. 2015, GmbHG, § 37 Rdn. 6.

talerhaltungsvorschrift des § 30 GmbHG führen würden.[31] Dasselbe gilt für Weisungen zur Leistung von Zahlungen nach Eintritt der Zahlungsunfähigkeit oder Überschuldung oder Weisungen zur Erbringung von Leistungen an Gesellschafter, die nach Maßgabe von § 64 GmbHG zur Haftung der Geschäftsführer führen würden.[32] Entsprechendes gilt auch für Weisungen, die auf einen existenzvernichtenden Eingriff in das Gesellschaftsvermögen gerichtet sind.[33]

Ebenso wie in Deutschland gilt auch in den meisten anderen EU-Mitgliedsstaaten, dass die Geschäftsführer von Tochtergesellschaften in der Rechtsform der „kleinen Kapitalgesellschaft" an Weisungen der Gesellschafter gebunden sind.[34] In einem unlängst erschienen, rechtsvergleichenden Beitrag zur Führung von Gruppengesellschaften durch Gesellschafterweisungen im faktischen Konzern wurde festgestellt, dass die Strukturen der Einflussnahme der Konzernmutter auf selbständige Tochtergesellschaften in den meisten europäischen Staaten dabei ähnlich ausgestaltet ist.[35] Aus der Analyse lässt sich zusammenfassend festhalten, dass Weisungen der Muttergesellschaft gegenüber dem Geschäftsführer der Tochtergesellschaft in der ganz überwiegenden Mehrzahl der untersuchten EU-Mitgliedsstaaten möglich und zulässig sind.[36] Die Weisungsbefugnis folgt dabei teilweise unmittelbar aus dem Gesetz, teilweise muss sie, wie etwa in Großbritannien oder den Niederlanden, in der Satzung verankert werden, was dort indes der üblichen Praxis entspricht.[37] Das Weisungsrecht unterliegt hierbei regelmäßig den Grenzen, die durch das Gesetz sowie die Satzung der Tochtergesellschaft gezogen werden.[38] Danach sind Weisungen, ähnlich wie in Deutschland, insbesondere dann unwirksam, wenn sie gegen Kapitalerhaltungsvorschriften verstoßen, auf kompensationslosen Vermögensentzug gerichtet

31 Vgl. *Altmeppen*, in: Roth/Altmeppen, 8. Aufl. 2015, GmbHG, § 37 Rdn. 6 f.; *Haas/Ziemons*, in: Michalski, GmbHG, 2. Aufl. 2010, § 43 Rdn. 57a; MüKoGmbHG/*Stephan/Tieves*, Band 2, 2. Aufl. 2016, § 37 Rdn. 120.

32 BGH, Urt. v. 9.10.2012 – II ZR 298/11 = GmbHR 2013, 31, 33; BGH, Urt. v. 26.10.2009 – II ZR 222/08 = GmbHR 2010, 85; MüKoGmbHG/*Stephan/Tieves*, Band 2, 2. Aufl. 2016, § 37 Rdn. 118; *Haas*, NZG 2013, 41, 42; vgl. auch BR-Drucks. 354/07, S. 95.

33 *Altmeppen*, in: Roth/Altmeppen, 8. Aufl. 2015, GmbHG, § 37 Rdn. 7.

34 Vgl. *Weller/Bauer*, ZEuP 2015. 6, 23

35 *Rodewald/Paulat*, GmbHR 2013, 519 ff.

36 Vgl. *Rodewald/Paulat*, GmbHR 2013, 519, 529.

37 Vgl. *Rodewald/Paulat*, GmbHR 2013, 519, 525.

38 Vgl. *Rodewald/Paulat*, GmbHR 2013, 519, 522 f., 525.

sind oder zu einer Insolvenz oder Insolvenzvertiefung der Tochtergesellschaft führen.[39]

Unabhängig von dem rechtlichen Rahmen, der in den EU-Mitgliedsstaaten ganz überwiegend eine Weisungsbindung des Tochter-Geschäftsführers vorsieht, wirft auch die praktische Durchsetzbarkeit von grenzüberschreitenden Weisungen einer deutschen Konzern-Mutter gegenüber ausländischen Tochtergesellschaften in der Praxis erfahrungsgemäß nur selten Probleme auf.[40] Dieser Befund ist wenig überraschend. Verweigert der Geschäftsführer einer Tochtergesellschaft aus anderen, denn zwingenden rechtlichen Gründen die Befolgung einer Weisung, wird dies das Vertrauensverhältnis zwischen Gesellschafter und Geschäftsführer für gewöhnlich nicht unerheblich belasten und, zumindest im Wiederholungsfall, zumeist zur Abberufung des weisungswidrig handelnden Geschäftsführers führen.[41]

Geht man mithin davon aus, dass (i.) die Rechtsordnungen der EU-Mitgliedstaaten für den Bereich der jeweiligen kleinen Kapitalgesellschaften ganz überwiegend Weisungsrechte der Muttergesellschaft vorsehen, (ii.) von diesen Weisungsrechten in der Praxis – auch grenzüberschreitend – in ganz erheblichem Umfang Gebrauch gemacht wird, und (iii.) die Durchsetzbarkeit der entsprechenden Weisungen zumindest *de facto* keine Schwierigkeiten bereitet, erscheint es aus praktischer Perspektive zumindest fraglich, ob es einer weitergehenden Rechtsvereinheitlichung auf europäischer Ebene im Bereich der Ausübung und Durchsetzbarkeit von Weisungsrechten bedarf.

2. Rechtsfolgen bei der Erteilung und Befolgung von Weisungen

Von der – in der Regel zumindest *de facto* gewährleisteten – Durchsetzbarkeit von konzernleitenden Weisungen ist indes die Frage zu unterscheiden, ob die Erteilung und Befolgung von Weisungen, die dem Unternehmensinteresse der abhängigen Gesellschaft potentiell zuwi-

39 Vgl. *Rodewald/Paulat*, GmbHR 2013, 519, 522 f., 525.
40 Ähnlich auch *Teichmann*, AG 2013, 184.
41 *Drygala*, AG 2013, 198, 202; ferner MüKoGmbHG/*Liebscher*, Band 1, 2. Aufl. 2015, Anhang § 13 – Die GmbH als Konzernbaustein, Rdn. 362.

derlaufen, für die Tochter- und Muttergesellschaft sowie deren geschäftsführende Organe mit (Haftungs-)Risiken verbunden sein kann.[42]

Im Umgang mit dieser Frage ist eine erstaunliche Diskrepanz zwischen der mitunter sorglosen Praxis vieler international agierender Konzerne einerseits, denen in Bezug auf die Rechtsfolgen von (potentiell) nachteiligen Weisungen gegenüber Auslandgesellschaften häufig das Problembewusstsein fehlt, und der unklaren und zum Teil gar widersprüchlichen Rechtslage in vielen EU-Mitgliedstaaten auf der anderen Seite festzustellen.[43]

Zwar haben sich zumindest die etablierten (Groß-)Konzerne – oft auch unter Hinzuziehung von anwaltlichem Rat – mit den bestehenden Verhältnissen arrangiert.[44] Auch werden heute gerade in größeren Konzernstrukturen häufig *Cash-Pooling*-Systeme unter Einbeziehung von Tochtergesellschaften aus verschiedenen EU-Mitgliedstaaten betrieben, ohne dass Berichte über die zivil- oder gar strafrechtliche Inanspruchnahme von Geschäftsführern an der Tagesordnung sind.[45] Gleichwohl ist zu konstatieren, dass Voraussetzungen und Grenzen der Befolgung von nachteiligen Weisungen europaweit nicht einheitlich gestaltet sind und in vielen EU-Mitgliedsstaaten – teilweise erheblich – voneinander abweichen.[46] So gilt in den meisten EU-Mitgliedsstaaten der Grundsatz, dass der Geschäftsführer zuvörderst dem Interesse seiner Gesellschaft verpflichtet ist.[47] Ob und inwieweit er daneben oder gar vorrangig Rücksicht auf das übergeordnete Konzerninteresse nehmen darf, ist in den einzelnen Rechtsordnungen unterschiedlich ausgestaltet; vielfach fehlen Regelungen oder klare Grundsätze hierzu gänzlich.[48] Doch nicht nur für die Tochter-Geschäftsführer, sondern auch für die Muttergesellschaft sowie deren Organe bestehen Risiken. So gelten für Tochtergesellschaften von Land zu Land unterschiedliche Standards in Bezug auf das Maß der zulässigen Einflussnahme, was eine einheitliche

42 Ebenso *Hommelhoff*, GmbHR 2014, 1065, 1071 vgl. auch *Drygala*, AG 2013, 198, 202.

43 Vgl. *Teichmann*, AG 2013, 184, 185.

44 *Teichmann*, AG 2013, 184, 185.

45 Report of the Reflection Group on the Future of EU-Company Law, 2011, S. 61.

46 *Drygala*, AG 2013, 198, 202; *Teichmann*, AG 2013, 184, 190.

47 *Teichmann*, AG 2013, 184, 191; *Drygala*, AG 2013, 198, 202; Report of the Reflection Group on the Future of EU-Company Law, 2011, S. 61; vgl. ferner *FECG*, ZGR 2015, 507, 508.

48 Vgl. *Weller/Bauer*, ZEuP 2015, 6, 23 f.

Konzernleitung erschwert. Zudem bestehen Haftungsrisiken; so ist es nicht nur in England nach den Grundsätzen des sog. „*shadow directors*", sondern auch in Italien, Frankreich oder Polen denkbar, dass die konzernleitende Obergesellschaft für Eingriffe in Vermögensubstanz der Tochtergesellschaft in Anspruch genommen werden kann.[49]

Vor diesem Hintergrund bewegen sich die Organmitglieder von Mutter- und Tochtergesellschaften, die in grenzüberschreitenden Sachverhalten ohne Hinzuziehung eines mit den lokalen Gepflogenheiten vertrauten Anwalts potentiell nachteilhafte Weisungen erteilen oder befolgen, zumindest in einer „rechtlichen Grauzone".[50] Angesichts der erheblichen Bedeutung, welche der grenzüberschreitenden Konzernleitung heute zukommt, kann dies kein wünschenswerter Zustand sein. Um Haftungsrisiken auszuschließen und eine möglichst effiziente Konzernleitung im Bereich des EU-Binnenmarktes sicherzustellen, erscheint es mithin geboten, einen einheitlichen Rechtsrahmen zu schaffen, durch welchen der Begriff des Gruppeninteresses europaweit anerkannt und die grenzüberschreitende Durchsetzung von Konzernbelangen rechtssicher ermöglicht wird.

IV. Verlauf der Reform-Diskussion in der jüngeren Vergangenheit

Vor dem dargelegten Hintergrund wurden in der Vergangenheit von verschiedener Seite Reformvorschläge unterbreitet. Der bisherige Verlauf der Diskussion sei an dieser Stelle nur kurz skizziert:

- Bereits im Jahr 1998 hatte das *Forum Europaeum* erste Vorschläge zur einheitlichen Anerkennung des Gruppeninteresses unterbreitet.[51]
- Die Debatte wurde im Jahr 2011 durch die *Reflection Group on the Future of EU-Company Law* wieder aufgenommen.[52] Diskutiert wurde dabei insbesondere, ob ein Leitungsrecht der Muttergesellschaft anzuerkennen sei und ob diese ggf. sogar verpflichtet werden solle, die einheitliche Leitung über die ihr untergeordneten Tochtergesell-

49 Vgl. hierzu etwa *Teichmann*, AG 2013, 184, 193; *Weller/Bauer*, ZEuP 2015, 6, 11 f.; *Reichert*, in: Röthel/K.Schmidt, Schriften des Notarrechlichen Zentrums Familienunternehmen, Bd. 4, S. 23 ff.

50 *Teichmann*, AG 2013, 184, 186, 185; ähnlich *Weller/Bauer,* ZEuP 2015, 6, 23.

51 *Forum Europaeum Konzernrecht*, ZGR 1998, 672 ff.

52 Report of the Reflection Group on the Future of EU-Company Law, 2011, S. 60

schaften auszuüben.[53] Unter dem Vorbehalt, dass es sichere Anhaltspunkte dafür geben müsse, dass eine europaweite Regelung „*tatsächlich erforderlich*" sei, legte der im April 2011 erstattete Ergebnisbericht der *Reflection Group* der EU-Kommission nahe, eine Empfehlung im Hinblick auf die europaweite Anerkennung des Gruppeninteresses zu verabschieden.[54]

- Den Überlegungen der *Reflection Group* hat sich die EU-Kommission in ihrem Aktionsplan vom Dezember 2012 weitgehend angeschlossen und angekündigt, eine Initiative zur europaweiten Vereinheitlichung und Anerkennung des Begriffs des Gruppeninteresses zu unterbreiten.[55] Im Zentrum der Betrachtung standen dabei weniger die klassischen konzernrechtlichen Gedanken des Minderheiten- oder Gläubigerschutzes, sondern vielmehr die Rechtsposition der Gesellschaftsorgane. Ausgangspunkt der Überlegungen war, dass das Vorhandensein harmonisierter Regelungen zur Leitung und Organisation von Tochtergesellschaften im Ausland die grenzüberschreitende Geschäftstätigkeit vereinfachen könnte.[56] Auf eine weitere Konkretisierung ihrer Absichten hat die EU-Kommission bislang indes verzichtet.
- Schließlich hat das *Forum Europaeum* zu Beginn des Jahres 2015 „Eckpunkte für einen Rechtsrahmen zur erleichterten Führung von grenzüberschreitenden Unternehmensgruppen in Europa" erarbeitet, die Gegenstand des hiesigen Beitrags sind. [57]

Die insoweit angestellten Erwägungen stimmen darin überein, dass sie keine umfassende europäische Gesamtregelung für Unternehmensgruppen schaffen wollen.[58] Eine solche hätte nach dem Scheitern der Neunten

53 Vgl. Report of the Reflection Group on the Future of EU-Company Law, 2011, S. 60; *Drygala*, AG 2013, 198, 201; *Ekkenga*, AG 2013, 181 ff.; *Teichmann*, AG 2013, 184, 186, 185;

54 Report of the Reflection Group on the Future of EU-Company Law, 2011, S. 65.

55 Europäische Kommission, Aktionsplan: Europäisches Gesellschaftsrecht und Corporate Governance – ein moderner Rechtsrahmen für engagiertere Aktionäre und besser überlebensfähige Unternehmen, COM(2012) 740/2, Drucks. 776/12, S. 14.

56 Vgl. hierzu *Drygala*, AG 2013, 198, 201.

57 *FECG*, ZGR 2015, 507 ff.

58 Vgl. *FECG*, ZGR 2015, 507, 510.

Gesellschafsrechtlichen Richtlinie[59] keine realistischen Aussichten auf Verwirklichung.[60] Auch das klassische Anliegen des Konzernrechts, den Schutz von Minderheitsgesellschaftern und Gläubigern zu gewährleisten, steht gerade nicht im Vordergrund.[61] Angestrebt wird vielmehr eine „kleine Lösung", die darauf abzielt, durch möglichst punktuelle Regelungen einen rechtssicheren Rahmen für die grenzüberschreitende Konzernführung im Bereich des Binnenmarkts zu schaffen.[62] Diesem Grundansatz, der das Konzernrecht weniger als Schutzrecht denn als „*enabling law*" zugunsten internationaler Gruppentätigkeit begreift, ist zuzustimmen. Gerade im Interesse der Praxis erscheint es unumgänglich, einen europaweit einheitliche Rahmen zu schaffen, der einerseits dem legitimen Leitungsinteresse der Muttergesellschaft Rechnung trägt, anderseits indes einen „*safe harbour*" schafft, der es dem Tochter-Geschäftsführer ermöglicht, Verbundinteressen unter europaweit einheitlich definierten Voraussetzungen zu berücksichtigen, ohne dem Risiko von Haftungs- oder Regressansprüchen zu unterliegen.[63]

V. Reformvorschlag des Forum Europaeum

Die jüngsten Reformvorschläge des *Forum Europaeum*, welche das eben genannte Ziel verfolgen, unterscheiden konkret zwei Erscheinungsformen von Tochtergesellschaften: die sogenannten „Servicegesellschaften" einerseits und die „Regulären Tochtergesellschaften" anderseits. Bei Servicegesellschaften handelt es sich nach der Vorstellung des *Forum Europaeum* um kleinere Tochtergesellschaften, deren Tätigkeit im Wesentlichen auf Hilfsfunktionen innerhalb der Unternehmensgruppe beschränkt ist.[64] Den Servicegesellschaften stehen Reguläre Tochtergesellschaften gegenüber. Dies sind abhängige Gesellschaften, die entweder nicht als Servicegesellschaft zu qualifizieren sind oder sich im Rahmen

59 Vorentwurf für eine Neunte Richtlinie „Über die Verbindungen zwischen Unternehmen, insbesondere über Konzerne" (Konzernrechtsrichtlinie), DOK Nr. III/1639/84, abgedruckt in ZGR 1985, 446.

60 Vgl. dazu *Teichmann*, AG 2013, 184, 186, 189.

61 *Teichmann*, AG 2013, 184, 189.

62 *Drygala*, AG 2013, 198, 201; *Teichmann*, AG 2013, 184, 188; *FECG*, ZGR 2015, 507, 510 f.

63 *Teichmann*, AG 2013, 184, 190.

64 *FECG*, ZGR 2015, 507, 511 f.

eines *Opt-out* freiwillig gegen diesen Status entschieden haben.[65] Während Servicegesellschaften im Hinblick auf die grenzüberschreitende Konzernleitung einem stark vereinfachten Schutzregime unterliegen, soll für Reguläre Tochtergesellschaften wiederum ein qualifiziertes Schutzregime gelten, das insbesondere der wirtschaftlichen Selbständigkeit der betreffenden Tochtergesellschaft in erhöhtem Maße Rechnung trägt.[66]

1. *Regelungsvorschlag zur sog. Servicegesellschaft*

Im Hinblick auf die Servicegesellschaft geht der Vorschlag des *Forum Europaeum* von einem umfassenden Weisungsrecht der Muttergesellschaft aus. Die Geschäftsleitung der abhängigen Servicegesellschaft ist danach grundsätzlich verpflichtet, sämtliche Mutter-Weisungen zu befolgen. Eine Ausnahme soll nur für solche Weisungen gelten, die die Servicegesellschaft außer Stande setzen, ihre Verbindlichkeiten gegenüber gruppenfremden Dritten, welche in den der Weisung nachfolgenden zwölf Monaten fällig werden, zu erfüllen.[67] Seine äußerste Begrenzung soll das Weisungsrecht dabei in der Existenzgefährdung der Servicegesellschaft finden.[68]

Das vorgeschlagene Rechtsregime bedeutet mithin eine weitreichende Konzernprivilegierung im Verhältnis zwischen Muttergesellschaft und abhängiger Servicegesellschaft: Das Unternehmensinteresse der Servicegesellschaft tritt hinter dem Konzerninteresse zurück, ohne dass die Legitimität des Konzerninteresses durch den Geschäftsführer der Servicegesellschaft bei Befolgung der Weisung überprüft oder hinterfragt werden muss. Ferner werden Interessen der Gläubiger nur insoweit geschützt, als die Zahlungs- oder Existenzfähigkeit der Servicegesellschaft durch Befolgung der Weisung nicht beeinträchtigt wird. Vermögensminderungen der Servicegesellschaft zugunsten der Konzernmutter, die die vorgenannten Schwellen nicht überschreiten, sind von den Gläubigern demgegenüber in aller Regel kompensationslos hinzunehmen.

Die vorgeschlagenen Regelungen zur Servicegesellschaft ähneln mithin im Grundansatz dem Regelungsrahmen, der bereits *de lege lata* für

65 *FECG*, ZGR 2015, 507, 512 f.
66 *FECG*, ZGR 2015, 507, 512 f.
67 *FECG*, ZGR 2015, 507, 512.
68 *FECG*, ZGR 2015, 507, 512.

die konzernabhängige Ein-Personen-GmbH in Deutschland gilt.[69] Ebenso wie die Ein-Personen-GmbH soll mithin auch die Servicegesellschaft bis an die Grenze des zwingenden gesetzlichen Kapitalschutzes bzw. der Existenzfähigkeit am Konzerninteresse ausgerichtet werden können, ohne dass Belange des Minderheiten- oder Gläubigerschutzes dem entgegenstehen.[70] Der zugrunde liegende Ansatz des *Forum Europaeum*, jedenfalls für einen Ausschnitt der europaweit aktiven, abhängigen Gruppengesellschaften ein einfach gestaltetes, flexibles und unkompliziert zu handhabendes Rechtsregime zu schaffen, das sich im Grundsatz an dem –im Konzernkontext überaus bewährten – Modell der Ein-Personen-GmbH orientiert, erscheint auch unter Berücksichtigung praktischer Belange sinnvoll und begrüßenswert.

a) Kritische Würdigung – Schwierigkeiten im Rahmen der Abgrenzung

Als problematisch erweist sich indes, dass der Vorschlag das vereinfachte Konzernregime an die Qualifikation als Servicegesellschaft knüpft, die wiederum von der kumulativen Verwirklichung von drei Voraussetzungen abhängen soll:

- Die Aktivitäten der Tochtergesellschaften müssen sich *ausschließlich* auf Hilfeleistungen innerhalb der Unternehmensgruppe beschränken und alleine den Interessen anderer Gruppengesellschaften dienen.
- Die Tochtergesellschaft darf nicht mehr als einen der drei EU-Grenzwerte für mittelgroße Unternehmen überschreiten (mehr als 200 Arbeitnehmer, mehr als 40 Mio. Euro Umsatz, Bilanzsumme von mehr als 20 Mio. Euro).
- Schließlich müssen die Anteile an der Servicegesellschaft vollständig von einer oder von mehreren Gruppengesellschaften gehalten werden.[71]

Die besondere Privilegierung für Servicegesellschaften findet ihre Rechtfertigung vornehmlich darin, dass die Gesellschaft über keine außenstehenden und damit gruppenfremden Gesellschafter verfügt, so dass Aspekte des Minderheitenschutzes zurücktreten können. Wesentlich ist

69 Zur Ein-Personen-GmbH vgl. etwa *Reichert*, in: Röthel/K.Schmidt, Schriften des Notarrechlichen Zentrum Familienunternehmen, Bd. 4, S. 29; *Liebscher*, GmbH-Konzernrecht, S. 151, Rdn. 428 ff.; *Baumbach/Hueck*, GmbHG, 20. Aufl., SchlAnhKonzernR, Rdn. 78, 80 mwN.

70 *Liebscher*, GmbH-Konzernrecht, S. 151, Rdn. 431.

71 *FECG*, ZGR 2015, 507, 512.

zudem die Beschränkung des Tätigkeitsbereichs auf gruppeninterne Hilfsleistungen. Das *Forum Europaeum* leitet hieraus ab, dass die entsprechenden Gesellschaften gar nicht oder allenfalls in eingeschränktem Umfang in Geschäftsverbindungen zu konzernfremden Dritten stehen, was wiederum als Rechtfertigung für das im Verhältnis zur Regulären Tochtergesellschaft nur verminderte Maß an Gläubigerschutz zu dienen vermag.[72]

Im Hinblick auf die Anwendbarkeit der Qualifikationsvoraussetzungen für Servicegesellschaften scheinen sowohl die größenbezogenen EU-Grenzwerte als auch die Vorgaben im Hinblick auf die Eigentümerstruktur als unproblematisch, wenngleich die Kategorie der „*in ausschließlichem Gruppenbesitz stehenden Gesellschaft*", anders als der herkömmliche Terminus der Ein-Personen-Gesellschaft, bislang – soweit ersichtlich – kaum gebräuchlich ist.

Schwieriger dürfte sich indes die Handhabung des tätigkeitsbezogenen Abgrenzungsmerkmals der internen Serviceerbringung gestalten. Die Qualifikation als Servicegesellschaft soll hiernach auf solche Tochtergesellschaften beschränkt sein, die *ausschließlich* Hilfsleistungen *innerhalb der Unternehmensgruppe* erbringen. Als Beispiel für solche gruppeninterne Serviceleistungen werden Finanzierung und Vermögensverwaltung, Vertriebs- und Serviceleistungen sowie die Erbringung von Zentralfunktionen im Bereich der Personalwirtschaft, der Unternehmensplanung oder des Rechtswesens genannt.[73]

Tatsächlich existieren in der Konzernpraxis vielfach sogenannte *Shared Services*-Gesellschaften, die gruppenweit Serviceleistungen zu Verrechnungspreisen erbringen. Ein klassisches Beispiel sind die bereits genannten Bereiche Personal, Recht, Buchführung oder Steuern. Hinzu kommen häufig Gesellschaften, in denen Grundbesitz oder IP-Rechte gebündelt sind und zentral verwaltet werden.

Während die Hilfsgesellschaften im Bereich der klassischen Konzernfunktionen Legal, Tax oder Personal von der Definition der Servicegesellschaft regelmäßig erfasst sein dürften, erscheint dies bei anderen Gesellschaften zweifelhaft. So ist es etwa im Bereich der IT- oder Facility Management-Gesellschaften nicht unüblich, dass diese ihre Dienstleistungen nicht nur gruppenintern, sondern auch extern am Markt anbieten

72 Demgegenüber sollen Reguläre Tochtergesellschaften „*auf eigene Rechnung in Geschäftsverbindung zu Dritten stehen oder stehen können*"; *FECG*, ZGR 2015, 507, 511.

73 *FECG*, ZGR 2015, 507, 512.

und damit auch mit Dritten in Rechtsbeziehungen stehen. In diesem Fall wäre die Vorgabe der ausschließlichen Beschränkung auf Hilfsleistungen innerhalb der Unternehmensgruppe wohl nicht verwirklicht.

Dieselben Bedenken bestehen auch im Hinblick auf die angeführten Finanzierungsgesellschaften. Diese können einerseits als interne Zentralfunktion das Cash-Management für die Gesamtgruppe übernehmen. Andererseits dienen entsprechende Gesellschaften häufig auch als Vehikel zur Begebung von Anleihen oder anleiheähnlichen Fremdfinanzierungen, die im Anschluss an die Mutter- oder andere Gruppengesellschaften weitergeleitet werden. Auch in diesem Fall steht die Gesellschaft in erheblichem Umfang in unmittelbarer Rechtsbeziehung zu Dritten, nicht zuletzt zu Banken oder Anleihegläubigern, so dass auch hier der ausschließliche Gruppenbezug fraglich erscheint. Dasselbe gilt schließlich auch für die weiterhin genannten Vertriebsgesellschaften. Diese sind in der Praxis in aller Regel nicht auf interne Unterstützungsmaßnahmen im Vertriebsbereich beschränkt. Vielmehr obliegt den Gesellschaften häufig die operative Vertriebsverantwortung für eine bestimmte Region, so dass Kundenverträge nicht mit der Muttergesellschaft, sondern unmittelbar zwischen Vertriebsgesellschaft und dem lokalen Kunden zustande kommen. Gerade Vertriebsgesellschaften verfügen demnach regelmäßig über einen umfassenden Bestand an Rechtsbeziehungen zu Dritten, so dass auch hier die Qualifikation als unselbständige Servicegesellschaft häufig problematisch sein dürfte.

b) Beschränkung auf ausschließliche Erbringung von internen Serviceleistungen zu eng

Angesichts der dargelegten Beispiele steht zu befürchten, dass das Kriterium der ausschließlichen Beschränkung auf gruppeninterne Hilfsleistungen in der Praxis vielfach zu Abgrenzungsschwierigkeiten führen würde.

Hinzu kommt, insbesondere mit Blick auf die tatsächlichen Gegebenheiten vieler Unternehmensgruppen, die Frage, ob die hieraus resultierende Einschränkung des Anwendungsbereichs des vereinfachten Konzernregimes nicht zu weitreichend gerät. So verfügt etwa die bereits eingangs erwähnte Freudenberg-Gruppe – ebenso wie viele andere Unternehmensgruppen – über klassische *Shared Service*-Gesellschaften, in welchen zentrale Konzernfunktionen gebündelt sind und gruppenweit zur Verfügung gestellt werden. Bezogen auf den Gesamtbestand von insgesamt mehr als 400 konsolidierten Tochtergesellschaften ist die Anzahl der Gesellschaften, die sich eindeutig dem Bereich der Servicegesellschaften zuordnen lassen, allerdings überaus gering. Es handelt sich konzernweit – bei überschlägiger Betrachtung auf Basis des Jahresabschlusses 2014 – um kaum 20 Gesellschaften, die ausschließlich interne Serviceleistungen erbringen.[74] Dem stehen mehr als 95% der Tochtergesellschaften gegenüber, die in operative Vertriebs- oder Produktionsstrukturen eingebunden sind. Selbst wenn man hiervon die Gesellschaften in Abzug bringt, die im Rahmen von Teilkonzernstrukturen auf Holding- bzw. Zwischenholding-Funktionen beschränkt sind, verbleibt immer noch eine ganz überwiegende Mehrzahl von mehr als 75% der Konzerngesellschaften, die gerade nicht ausschließlich auf die Erbringung interner Hilfsleistungen beschränkt sind und damit nicht als Servicegesellschaft qualifiziert werden können.

Die hier zutage tretende prozentuale Aufteilung zwischen Servicegesellschaften auf der einen und operativ tätigen, in Drittrechtsverhältnissen stehenden Gesellschaften auf der anderen Seite, lässt sich auf viele andere Konzerne übertragen. Beließe man es mithin bei einer Definition, welche die Qualifikation als Servicegesellschaft auf die ausschließliche Erbringung von Hilfsleistungen innerhalb der Gruppe beschränkt, verbliebe der Anwendungsbereich des vereinfachten Konzernregimes verhältnismäßig gering. Insbesondere wäre eine Vielzahl der gegenwärtig in Deutschland in Konzernstrukturen eingebundenen Ein-Mann-GmbHs wohl nicht als Servicegesellschaft zu qualifizieren, sondern unterläge den deutlich strengeren Regeln für die Regulären Tochtergesellschaften.

c) Qualifikation als Ein-Personen-Gesellschaft als Anknüpfungspunkt für ein vereinfachtes Konzernregime

Vor dem dargelegten Hintergrund wäre es im Interesse der Rechtsvereinfachung konsequent, auf eine tätigkeitsbezogene Eingrenzung der Konzernprivilegierung im Sinne einer ausschließlichen Beschränkung auf interne Hilfsleitungen zu verzichten. Anknüpfungspunkt für die Anwendbarkeit des vereinfachten Konzernregimes sollte stattdessen alleine die Qualifikation als Ein-Personen-Gesellschaft sein.[75] Dem Vorschlag des *Forum Europaeum* entsprechend könnte der Anwendungsbereich

74 Siehe Geschäftsbericht 2014, Fn. 8.

75 Vgl. hierzu in Bezug auf die Vorschläge der *Reflection Group: Drygala*, AG 2013, 198, 205.

darüber hinaus auf Mehrpersonen-Gesellschaften erweitert werden, deren Anteile in ausschließlichen Gruppenbesitz stehen.

Zudem, und unabhängig von dem vorstehenden Aspekt, stellt sich die Frage, für welche Rechtsformen das vereinfachte Konzernregime gelten soll. Das *Forum Europaeum* schlägt insoweit vor, dass die Regelung zur Servicegesellschaft vom europäischen Gesetzgeber im Zusammenhang mit den Arbeiten an der SUP-Richtlinie aufgegriffen werden sollte.[76] Eine Konkretisierung, ob sich die Regelungen in diesem Fall auf die SUP beschränken oder eine Öffnung auch für andere Rechtsformen erfolgen soll, enthält der Vorschlag allerdings nicht.

Sollte der europäische Gesetzgeber ein vereinfachtes Schutzsystem tatsächlich ausschließlich für die SUP implementieren, wäre anzunehmen, dass dies weitreichende Folgen für die in Unternehmensgruppen eingesetzten Gesellschaftsformen haben könnte. Ungeachtet der an der SUP geäußerten Kritik[77] würde eine exklusive Regelung zur Vereinfachung der grenzüberschreitenden Konzernführung im Recht der SUP viele grenzüberschreitend tätige Unternehmensgruppen wohl dazu veranlassen, eine Umstellung der Konzernstrukturen auf die SUP zu erwägen. Eine Kombination aus SUP und Regelungen zur Vereinfachung der grenzüberschreitenden Konzernführung hätte mithin das Potential, im Spektrum der der Konzern-Rechtsformen ein wahrer *„Game Changer"* zu werden.

Die tatsächliche Evolution der SUP-Richtlinie deutet indes in die entgegengesetzte Richtung. So sah der ursprüngliche Regelungsvorschlag der EU-Kommission in Artikel 23 Abs. 1 SUP-RL-E noch ein Weisungsrecht der Muttergesellschaft gegenüber der nachgeordneten SUP-Tochtergesellschaft vor. Allerdings stand die Weisungsbindung gem. Artikel 23 Abs. 2 SUP-RL-E unter dem Vorbehalt entgegenstehender Regelungen des nationalen Rechts, wodurch das Anliegen, die Rechtsicherheit im Bereich der grenzüberschreitenden Unternehmensführung zu erhöhen, letztlich *ad absurdum* geführt wurde.[78] Vor diesem Hintergrund erscheint es geradezu konsequent, dass das Weisungsrecht in

76 *FECG*, ZGR 2015, 507, 515. Zum Gruppenbezug der SUP-Richtlinie *Hommelhoff*, GmbHR 2014, 1065 f.

77 Vgl. etwa *F. Dreher*, NZG 2014, 967 ff.; *Drygala*, EuZW 2014, 491 ff.; *Hommelhoff*, GmbHR 2014, 1065 ff.; *Jung*, GmbHR 2014, 579 ff.; *Omlor*, NZG 2014, 1137 ff.; *Seibert*, GmbHR 2014, R 209 ff.; *Teichmann*, NJW 2014, 3561 ff.; *Wicke*, ZIP 2014, 1414 ff.

78 *Drygala*, EuZW 2014, 491, 495; *Hommelhoff*, GmbHR 2014, 1065, 1071 f.; *Teichmann*, NJW 2014, 3561, 3564.

der nunmehr vorliegenden überarbeiteten Richtlinienvorlage vollständig entfallen ist.[79] Hoffnung darauf, dass in der SUP-Richtlinie zusätzlich eine Regelung zur europaweiten Anerkennung des Gruppeninteresses aufgenommen wird, macht dies indes nicht.

d) Geltung für alle „kleinen Kapitalgesellschaften" im ausschließlichen Gruppenbesitz

Indes wäre die exklusive Verortung des vereinfachten Konzernregimes im Recht der SUP nach hier vertretener Ansicht auch zu eng. Soll die entsprechende Regelung ihren Zweck, die binnenmarktweite, grenzüberschreitende Konzernführung nachhaltig zu vereinfachen, tatsächlich erfüllen, wäre vielmehr ein weiterer Anwendungsbereich angezeigt. Unter Berücksichtigung der einleitend aufgezeigten Realstruktur vieler Konzerne sollte die entsprechende Regelung für alle kleinen Kapitalgesellschaften der EU-Mitgliedsstaaten gelten, die als Ein-Personen-Gesellschaft bzw. als reine Gruppengesellschaft ausgestaltet sind.[80] Im Hinblick auf die eingangs ebenfalls angeführten Jurisdiktionen, in denen die Konzernlandschaft zumindest auch durch vereinfachte Formen der Aktiengesellschaft geprägt ist, könnte zudem erwogen werden, auch diese in den Anwendungsbereich der vereinfachten Konzernregelung einzubeziehen.

Die Anwendbarkeit des vereinfachten Konzernregimes auf Ein-Personen-Gesellschaften sowie Gesellschaften im ausschließlichen Gruppenbesitz in der Rechtsform der kleinen Kapitalgesellschaft hätte mehrere Vorteile. So würden im Gegensatz zu einem tätigkeitsbezogenen Qualifikationsansatz potentielle Abgrenzungsschwierigkeiten vermieden. Daneben wäre mit Blick auf die eingangs erwähnten Realstrukturen im Konzernbereich, die durch Ein-Personen-Gesellschaften sowie die Verwendung der kleinen haftungsbeschränkten Rechtsformen geprägt sind, sichergestellt, dass das vereinfachte Konzernregime *in praxi* auch einer hinreichenden Anzahl von Konzerngesellschaften zugutekäme. Schließlich stünden auch die klassischen Schutzanliegen des Konzernrechts einem solchen Ansatz nicht entgegen. In Ermangelung von konzernfremden Aktionären könnten Aspekte des Minderheitenschutzes ausgeblendet bleiben. Auch der Umfang des Gläubigerschutzes entspräche weitgehend dem Standard der Ein-Personen-GmbH. Diese stellt die dominierende

79 Vgl. dazu *Bayer/Schmidt*, BB 2015, 1731, 1734.
80 Vgl. auch *Teichmann*, AG 2013, 184, 186, 191.

Rechtsform in deutschen Gruppenstrukturen dar; das dahinterstehende Konzept des Gläubigerschutzes ist mithin vielfach erprobt und langjährig bewährt.

e) Ergänzend: Grundlagen-Harmonisierung im Recht der Kapitalerhaltung

Im Zusammenhang mit der Ausgestaltung des vereinfachten Schutzregimes ist schließlich auf einen weiteren Punkt hinzuweisen:

Das Weisungsrecht des Mehrheitsgesellschafters wird nicht nur in der deutschen GmbH, sondern auch in vielen Auslandsrechtsformen durch die lokalen Regelungen der Kapitalerhaltung begrenzt. Die entsprechenden Regelungen sind mithin aus Sicht der befassten Organmitglieder als Grenze des Weisungsrechtes ebenso beachtlich, wie die im Vorschlag des *Forum Europaeum* ausdrücklich erwähnten Aspekte des Erhalts der Zahlungs- oder Existenzfähigkeit der abhängigen Gesellschaft. Im Gegensatz zum Aktienrecht sind die Kapitalerhaltungssysteme in Bezug auf die kleinen Kapitalgesellschaften bislang jedoch nicht harmonisiert. Letzteres lässt sich durch den Vergleich der deutschen mit der österreichischen GmbH veranschaulichen. Wenngleich die Rechtsformen *prima facie* ähnlich erscheinen, bestehen im Bereich der Kapitalerhaltung erhebliche Abweichungen. Während in der deutschen GmbH Auszahlungsvorgänge nur dann gegen § 30 GmbHG verstoßen, wenn diese die Stammkapitalziffer berühren,[81] verbietet das österreichische Recht sämtliche einem Drittvergleich nicht standhaltende Zahlungsvorgänge im Verhältnis zwischen Gesellschaft und Gesellschafter.[82] Wollte man den betroffenen Organen mithin einen vollständig rechtssicheren Rahmen im grenzüberschreitenden Konzernverkehr liefern, welcher insbesondere auch Implementierung und Betrieb der *in praxi* bedeutsamen *Cash Management* Systeme umfasst, bedürfte es zugleich zumindest einer Harmonisierung der Regelungen im Bereich der Kapitalerhaltung.

81 Vgl. *Fastrich*, in: Baumbach/Hueck, GmbHG, 20. Aufl. 2013, § 30 Rdn. 13; MüKoGmbHG/*Ekkenga*, 2. Aufl. 2015, § 30 Rdn. 1 f.; *Altmeppen*, in: Roth/Altmeppen, 8. Aufl. 2015, GmbHG, § 30 Rdn. 6.

82 Vgl. § 82 österreichisches GmbHG, abrufbar unter: http://www.ris.bka.gv.at/Bund/; *Rodewald/Paulat*, GmbHR 2013, 519, 523 f.; siehe auch *Teichmann*, AG 2013, 184, 186, 192.

2. Regelungen zur „Regulären Tochtergesellschaft“

Abschließend soll – wenngleich nur kursorisch – auch auf die „Reguläre Tochtergesellschaft“ eingegangen werden. Unter dieser Kategorie werden unabhängig von Größe oder Rechtsform sämtliche Gesellschaften erfasst, die nicht auf die Erbringung konzerninterner Hilfsleistungen beschränkt sind, sondern über einen eigenständigen Marktauftritt verfügen, sowie alle Tochtergesellschaften mit außenstehenden Gesellschaftern.[83]

Der Vorschlag des *Forum Europaeum,* hier vergleichsweise abstrakt gehalten, sieht für Reguläre Tochtergesellschaften ein qualifiziertes Schutzregime vor, welches am Konzept der sog. „*Rozenblum*“-Doktrin[84] des französischen *Cour de Cassation* orientiert ist.[85] Nach der *Rozenblum*-Formel, die in Frankreich als Rechtfertigungsgrund für den untreueähnlichen Straftatbestand des „*abus de biens sociaux*“ herangezogen wird,[86] bleibt der Geschäftsleiter einer abhängigen Gesellschaft haftungsfrei, sofern (i.) eine bestimmte Maßnahme im Konzerninteresse erfolgt ist, (ii.) die betroffene Gruppe hinreichend strukturell verfestigt ist und im Rahmen einer kohärenten Konzernpolitik geleitet wird, (iii.) auf längere Sicht ein ausgewogenes Verhältnis von Vor- und Nachteilen zwischen den Gesellschaften zu erwarten ist, und (iv.) die Maßnahme die Leistungsfähigkeit der Gesellschaft nicht übersteigt.[87]

a) Kritische Würdigung – Unbestimmtheit der Privilegierungsmerkmale

Das der *Rozenblum*-Formel zugrundeliegende Konzept, welches in ähnlicher Form auch in Italien, Polen und weiteren Mitgliedstaaten zur

83 *FECG*, ZGR 2015, 507, 512 f.

84 Vgl. Cour de Cassation – Cass. crim. 04. Februar 1985, ICP/E 1985, II, 14614 in Fortführung von Cour de Cassation – Cass. Com. 12. November 1973, Bull. Civ. IV Nr. 322. Dazu etwa *Hommelhoff*, KsZW 2014, 63, 65.

85 *FECG*, ZGR 2015, 507, 513.

86 Vgl. dazu *Teichmann*, AG 2013, 184, 193; *Weller/Bauer*, ZEuP 2015. 6, 24; *Reichert*, in: Röthel/K.Schmidt, Schriften des Notarrechlichen Zentrum Familienunternehmen, Bd. 4, S. 26.

87 Vgl. zu den Voraussetzungen der Rozenblum-Formel *Forum Europaeum Konzernrecht*, ZGR 1998, 672, 705 ff.; *Teichmann*, AG 2013, 184, 193; *Maul*, NZG 1998, 965, 966.

Anwendung gelangt,[88] erscheint im Ansatz durchaus tauglich, einen angemessenen Ausgleich zwischen Gruppeninteressen sowie den Interessen der abhängigen Gesellschaft und deren Stakeholdern herbeizuführen.

Mögliche Probleme liegen indes im Detail, namentlich in der Unbestimmtheit der einzelnen Privilegierungsmerkmale auf Tatbestandsseite. So verbleibt etwa bezüglich der Voraussetzungen der „*strukturellen Verfestigung*" oder der „*kohärenten Konzernpolitik*" ein breiter Interpretationsspielraum.[89] Hier ist zu befürchten, wenn nicht gar auf Grundlage der Erfahrungen in anderen harmonisierten Rechtsbereichen zu erwarten, dass die Gerichte in den einzelnen Mitgliedsstaaten zu völlig unterschiedlichen Auslegungen dieser unbestimmten Rechtsbegriffe gelangen könnten. Um zu vermeiden, dass das Konzept eines grenzüberschreitenden „*safe harbour*" durch interpretationsbedingte Rechtsunsicherheiten verwässert wird, bedürfte die *Rozenblum*-Formel mithin auf Tatbestandsebene zwingend weiterer Konturierung und Konkretisierung.

Aus Sicht der betroffenen Organe könnte eine Subjektivierung der Anforderungen in Form einer konzerndimensionalen *Business Judgement Rule*, wie sie etwa von *Teichmann* bereits vorgeschlagen wurde, zusätzliche Abhilfe bieten.[90] Für die Haftungsfreiheit maßgeblich wäre danach nicht das objektive Vorliegen der *Rozenblum*-Kriterien. Vielmehr wäre die Umsetzung von konzernleitenden Weisungen aus Sicht des Tochter-Geschäftsführers bereits dann pflichtgemäß, wenn dieser auf Grundlage angemessener Information *vernünftigerweise annehmen* darf, dass die angeordnete Maßnahme im wohlverstandenen Konzerninteresse liegt und im Zeitverlauf durch entsprechende Verbundvorteile aufgewogen wird.[91]

b) Friktionspotential bei Staaten mit auskodifiziertem Konzernrecht

Schwierigkeiten können sich zudem im Hinblick auf das Verhältnis zu den bereits existierenden konzernrechtlichen Regelungen auf nationa-

88 Vgl. Report of the Reflection Group on the Future of EU-Company Law, 2011, S. 62; *Drygala*, AG 2013, 198, 203.

89 *Teichmann*, AG 2013, 184, 195; ferner *Forum Europaeum Konzernrecht*, ZGR 1998, 672, 707 f.

90 *Teichmann*, AG 2013, 184, 195 ff; ähnlich *Drygala*, AG 2013, 198, 203

91 *Teichmann*, AG 2013, 184, 195, 196; kritisch in Bezug auf die Erkennbarkeit des Konzerninteresses: *Ekkenga*, AG 2013, 181, 183 f.

ler Ebene ergeben.[92] Während sich die Implementierung bei Mitgliedsstaaten, die bereits ein der *Rozenblum*-Doktrin entsprechendes Schutzkonzept verfolgen noch verhältnismäßig einfach gestaltet, besteht bei Staaten mit auskodifiziertem Konzernrecht, wie sogleich aufzuzeigen ist, ein deutlich größeres Friktionspotential.

aa) Die Rozenblum-Formel im Vertragskonzern

Blickt man auf Deutschland, bestehen die geringeren Probleme noch beim Vertragskonzern. Hier wäre es naheliegend, den Bereich der vertraglichen Konzernierung von vorneherein von der Anwendbarkeit des *Rozenblum*-Konzepts auszunehmen, da letzteres auf den faktischen Konzern zugeschnitten ist. Dies entspricht nach hiesigem Verständnis auch der Vorstellung der *Reflection Group*.[93]

Wollte man das Konzept gleichwohl anwenden, um – unabhängig von der Art der Konzernierung – einen europaweit einheitlichen Haftungsfreiraum im Konzern zu schaffen, ließe sich dies nach hier vertretener Auffassung wohl ohne größere Eingriffe in das Recht des deutschen Vertragskonzerns verwirklichen. Als Grundlage könnte wiederum die Regelung einer einheitlichen konzerndimensionalen *Business Judgement Rule* dienen: Besteht ein Beherrschungsvertrag nach § 291 AktG, und wird auf dieser Grundlage dauerhaft und nicht nur punktuell Einfluss auf die abhängige Gesellschaft genommen, erscheint die Erfüllung der *Rozenblum*-Kriterien als zumindest indiziert. Denn die von *Rozenblum* verlangte Verfestigung und Leitungskohärenz wäre durch Existenz und Durchführung des Beherrschungsvertrags hinreichend belegt. Auch die Anforderungen an den Nachteilsausgleich wären durch das insoweit strengere Konzept des vollen Verlustausgleichs regelmäßig erfüllt, so dass aus Sicht des Tochter-Geschäftsführers die Anforderungen der konzerndimensionalen *Business Judgement Rule* als verwirklicht anzusehen wären. Letzteres könne sodann im Interesse der Rechtssicherheit im Rahmen einer gesetzlichen Vermutung auch ausdrücklich klargestellt werden.

92 Vgl. *Habersack*, NZG 2004, 1, 7 f.

93 Vgl. Report of the Reflection Group on the Future of EU-Company Law, 2011, S. 62 ff.

bb) Die Rozenblum-Formel im faktischen Konzern

Demgegenüber bestünde im Recht des faktischen Konzerns größerer Anpassungsbedarf. Zwar ist der Grundgedanke der *Rozenblum*-Doktrin dem Schutzkonzept des § 311 AktG nicht unähnlich, da in beiden Fällen die Berücksichtigungsfähigkeit des Konzerninteresses von einer Kompensation etwaiger Nachteile abhängig gemacht wird. Erhebliche Unterschiede bestehen jedoch im Detail.[94] So setzt § 311 AktG voraus, dass die erlittenen Nachteile ausgleichfähig sind und auch tatsächlich *in concreto* ausgeglichen werden.[95] Die *Rozenblum*-Formel ist hier deutlich großzügiger, indem sie auf einen konkreten Ausgleich der erlittenen Nachteile verzichtet, und es stattdessen genügen lässt, dass die Nachteile im Zeitverlauf durch allgemeine Verbundvorteile aufgewogen werden.[96]

Mit einer nur punktuellen Regelung im Bereich des § 93 AktG lassen sich die aufgezeigten Widersprüche nicht zufriedenstellend auflösen. Vielmehr setzt die Implementierung der *Rozenblum*-Doktrin in Deutschland einen tiefergehenden Eingriff in das materielle Recht des faktischen Konzerns voraus. Insbesondere bedürfte es einer Anpassung und Liberalisierung des § 311 AktG in Form eines Verzichts auf das Erfordernis des Einzelausgleichs von Nachteilen. Zur Gewährleistung eines angemessenen Schutzes von Minderheitsaktionen wären als Ausgleich zudem wohl ergänzende Schutzinstrumente, etwa in Form von Austritts- oder Andienungsrechten der Minderheit, erforderlich.

VI. Zusammenfassende Thesen

1. Der Vorschlag des *Forum Europaeum*, für einen Teilbereich der europaweit aktiven abhängigen Gruppengesellschaft ein vereinfachtes Rechtsregime zur grenzüberschreitenden Gruppenleitung einzuführen, ist zu begrüßen.
2. Die Beschränkung des Anwendungsbereichs des vereinfachten Konzernregimes auf sog. Servicegesellschaften, die ausschließlich Hilfsleistungen innerhalb der Gruppe erbringen, führt zur Abgrenzungsschwierigkeit und erscheint darüber hinaus zu eng.

94 Vgl. bereits *Habersack*, NZG 2004, 1, 8.

95 *Drygala*, AG 2013, 198, 203; *Müller*, in: Spindler/Stilz, AktG, 3. Aufl. 2015, § 311 Rdn. 54 ff.; MüKoAktG/*Altmeppen*, 4. Aufl. 2015, § 311 Rdn. 306.

96 Vgl. *Drygala*, AG 2013, 198, 204.

3. Stattdessen sollte das vereinfachte Schutzregime für sämtliche kleinen Kapitalgesellschaften gelten, die als Ein-Personen-Gesellschaft ausgestaltet sind oder deren Anteil im ausschließlichen Gruppenbesitz liegen. Zudem könnte erwogen werden, auch die Ein-Personen-Aktiengesellschaft in den Anwendungsbereich des vereinfachten Schutzregimes einzubeziehen.
4. Die Einführung der Regelungen zum vereinfachten Schutzregime für kleine Kapitalgesellschaften sollte vom europäischen Gesetzgeber prioritär behandelt werden.
5. Im Hinblick auf den verbleibenden Bereich der sog. Regulären Tochtergesellschaften bedarf es noch vertiefter Erörterung. Zu klären ist insbesondere das Verhältnis einer europäischen Regelung zu den nationalen Konzernrechten der Mitgliedsstaaten. Zudem ist die Erforderlichkeit einer europäischen Regelung zu hinterfragen, sofern daneben bereits ein vereinfachtes Schutzregime für den ganz überwiegenden Bereich der abgängigen Gruppengesellschaften in Europa existieren sollte.

Bemerkungen zu den Empfehlungen des Forum Europaeum on Company Groups (FECG) „Eckpunkte für einen Rechtsrahmen zur erleichterten Führung von grenzüberschreitenden Unternehmensgruppen in Europa“[1]

Thomas Raiser

Die Teilnahme an der Tagung in Würzburg am 11. März 2016 und die dort vorgetragenen, hier veröffentlichten Referate haben mich zu den folgenden, für den Druck durchgesehenen und etwas erweiterten, Diskussionsbemerkungen angeregt. In der Gesamttendenz überzeugen mich die Empfehlungen des FECG. Insbesondere teile ich die Absicht, sich nicht nach dem Vorbild der die Grenzen der Gerichtspraxis widerspiegelnden *Rozenblum*-Doktrin auf die Anerkennung einer Ausnahme von dem grundsätzlich erfüllten Straftatbestand der Untreue zu beschränken, sondern eine im Zivilrecht verankerte strukturelle Lösung vorzusehen, nach welcher das Gruppeninteresse als Leitmaxime für das unternehmerische Handeln der Organe sowohl des herrschenden wie auch der abhängigen Unternehmen anerkannt, darauf gestützte Weisungen des herrschenden Unternehmens legalisiert und damit die zentrale Steuerung einer Unternehmensgruppe mit Tochtergesellschaften im (europäischen) Ausland formalrechtlich ermöglicht wird.

Einigkeit besteht auch darin, dass dies nicht grenzenlos gelten kann, sondern Schutzvorschriften namentlich zugunsten von Arbeitnehmern, Geschäftspartnern und Gläubigern der abhängigen Gesellschaften, deren außenstehenden Gesellschaftern und auch im Interesse des Gemeinwohls nach sich ziehen muss. Ich meine sogar, man sollte nicht zu großzügig von einem „harmonisierenden Gleichlauf“ der Interessen der Gruppenmitglieder ausgehen, der von selbst zu einer ausgewogenen und planmäßigen Koordination der zur Gruppe gehörenden Unternehmen führt.[2] In der

1 ZGR 2015, 507 ff.
2 So aber FECG, ZGR 2015, 507, 513.

Realität dürfte ein solcher Gleichklang oft nicht bestehen, die Obergesellschaft vielmehr darauf vertrauen, auf der Basis einer hierarchisch aufgebauten Gruppenstruktur und ihrer Vormacht eine zentrale Steuerung auch gegen die Interessen von Tochtergesellschaften bzw. deren außenstehenden Gesellschaftern und Stakeholdern durchzusetzen.[3] Jedenfalls ist es nach meiner Auffassung die Aufgabe des Rechts, nicht nur sinnvolle Strukturen zu ermöglichen, sondern vor allem Regeln für den Fall auszubilden, dass sich die Betroffenen nicht von selbst wie gewünscht verhalten. Es geht bei den angestrebten Vorschriften mit anderen Worten auch darum, schwarzen Schafen nach Möglichkeit wirksam das Handwerk zu legen.

Weiter rechtfertigt das Ziel, kleinen und mittleren Unternehmen ein leicht anwendbares Rechtsregime anzubieten, meines Erachtens die vom FECG vorgesehene Differenzierung zwischen regulären Tochtergesellschaften und Servicegesellschaften, für die vereinfachte Regeln gelten. Auch wenn die wirtschaftliche Realität eine große Vielzahl unterschiedlicher Erscheinungsformen der einer Gruppen angehörenden Unternehmen aufweist, genügt für die hier relevanten Zwecke die Zweiteilung. Allerdings dürfte der Vorschlag des FECG, als Unterscheidungskriterium nicht nur auf die Größe und die Eigentumsverhältnisse abzustellen, sondern zusätzlich darauf, ob sich die Tochter innerhalb der Unternehmensgruppe ausschließlich auf Hilfsleistungen beschränkt[4], schwierige Zuordnungs- und Abgrenzungsprobleme nach sich ziehen. Schon der Katalog der von der Arbeitsgruppe selbst für angebracht gehaltenen Beispiele – Finanzierung, Vermögensverwaltung, Vertrieb, Service, Personalwirtschaft, Unternehmensplanung, Rechtsdienste – zeigt, wie verschieden Serviceleistungen und wie unsicher die Qualifikation einzelner unternehmerischer Handlungen sein können, und welche Möglichkeiten daher in einem solchen Tatbestandsmerkmal verborgen sind, die Normanwendung zu erschweren. Demgegenüber denke ich, die Anknüpfung an die formalen und daher sicherer zu handhabenden Merkmale der Größe einer Servicegesellschaft und des Fehlens außenstehender Gesellschafter genügt. Allerdings ist bei Wegfall des sachlichen Merkmals der ausschließlichen Hilfeleistung für die Gruppe als Begrenzungskriterium zu prüfen, ob die Größendifferenzierung nach den drei üblichen EU-Grenzwerten für mittelgroße Unter-

3 Vgl. das in dem Referat von *Franzmann* (S. 393 ff.) dargelegte Beispiel der BASF.
4 FECG, ZGR 2015, 507, 512.

nehmen (250 Arbeitnehmer, 40 Mio. Umsatz, 20 Mio. Bilanzsumme) nicht zu hoch angesetzt ist.

Für beide Erscheinungsformen liegt die rechtliche Hauptaufgabe in der möglichst präzisen und leicht nachvollziehbaren Abgrenzung der Fälle, in denen die Obergesellschaft keine Weisungen erteilen darf, das von dieser formulierte Gruppeninteresse als Handlungsmaxime und Rechtfertigungsgrund für die Organe der Untergesellschaften also ausfällt. Dabei dürfte Einigkeit herrschen, dass alle Beteiligten an das geltende Recht gebunden sind. In der Praxis kann sich der Punkt allerdings als schwer handhabbar erweisen, zumal wenn für die Gruppenmitglieder unterschiedliche nationale Rechtsordnungen gelten. Besonders die Mitbestimmungsrechte eines Betriebsrats oder die Einrichtung eines mitbestimmten Aufsichtsrats in einer Tochtergesellschaft sowie dessen Befugnisse können einer einheitlichen Gruppenpolitik Schranken setzen. Hier wären ergänzende mitbestimmungsrechtliche Flexibilisierungsvorschriften hilfreich. Nicht disponibel ist ferner die Bindung der Tochterorgane an die von ihnen nach dem jeweils geltenden Recht eigenverantwortlich wahrzunehmenden handels- und gesellschaftsrechtlichen Aufgaben, also Buchführungs- und Bilanzierungspflichten, Einrichtung eines Überwachungssystems, Insolvenzantragspflicht usw. Soll es in bestimmten Fällen ermöglicht werden, derartige Pflichten im herrschenden Unternehmen einheitlich für die ganze Gruppe zu erfüllen, müssten diese meines Erachtens in EU-Richtlinien verbindlich, abschließend und vor allem unmissverständlich ausformuliert werden.

Bezüglich des Gläubigerschutzes will das FECG abstufen. Servicegesellschaften sollen ihre Einbeziehung in eine bestimmte Unternehmensgruppe und ihre konkrete Unterstützungsfunktion sowohl in ihrer Firma als auch in ihrer Geschäftskorrespondenz kenntlich machen müssen. Weisungen der Muttergesellschaft sollen sie nur dann zurückweisen können, wenn sie diese außerstande setzen würden, ihre Verbindlichkeiten gegenüber gruppenfremden Dritten zu erfüllen, die in den der Weisung nachfolgenden zwölf Monaten fällig werden. Selbst diese Ausnahme soll entfallen, wenn die Mutter oder eine andere Gruppengesellschaft eine valide Verlustübernahme- oder Liquiditätsgarantie abgibt. In einem solchen Fall soll die Tochtergesellschaft nur noch einwenden können, sie werde in ihrer Existenz gefährdet.[5] Die eigene Verantwortung der Tochterorgane soll aber wieder aufleben, wenn die Tochter in eine existenzgefährdende Krise gerät. Denn dann sollen diese

5 FECG, ZGR 2015, 507, 512.

die „Primärverantwortung für die Angelegenheiten ihrer Gesellschaft" tragen, das heißt zunächst für die Entscheidung zwischen Sanierung und Insolvenz, und sodann für die Durchführung.[6]

Fragt man nach der voraussichtlichen Umsetzung der Konzeption in der Gruppenpraxis, wird man annehmen dürfen, dass das herrschende Unternehmen eine formelle Verlustübernahme- oder Liquiditätsgarantie selten abgeben wird. Gewöhnlich wird es daher bei der erstgenannten Konstellation bleiben, wonach die Organe einer Servicegesellschaft gegenüber Weisungen der Mutter nur einwenden können, die Servicegesellschaft werde außerstande gesetzt, ihre Verbindlichkeiten gegenüber gruppenfremden Dritten zu erfüllen. Mit einem solchen Einwand ist gleichfalls kaum zu rechnen, nicht nur, weil seine Tatbestandsmerkmale schwer zu belegen und zu beweisen sind, sondern vor allem, weil der Vorstand der Obergesellschaft maßgeblich bestimmt, wer Organmitglied einer Servicegesellschaft wird sowie deren Abberufung herbeiführen kann, diese also persönlich von ihm abhängig sind. Auf der anderen Seite hat die Obergesellschaft ein eigenes Interesse, dass es nicht so weit kommt. Sie wird deshalb in ihrer Finanzpolitik, namentlich beim cash pooling, aus eigenem Antrieb dafür sorgen, dass die Servicegesellschaft ihre Verbindlichkeiten erfüllen kann. Kommt es bei einer Servicegesellschaft gleichwohl zur Krise, erscheinen das Wiederaufleben der eigenen Verantwortlichkeit der Tochterorgane und der Schutzmechanismus der Existenzvernichtungshaftung als sachgerecht. Beides entspricht jedenfalls in Deutschland dem geltenden Recht. Ich denke daher, die vom FECG für Servicegesellschaften vorgeschlagenen Bestimmungen sind funktionsfähig und angemessen.

Das für reguläre Gruppenmitglieder vorgesehene Rechtsregime ist komplizierter, weil es von dem Grundgedanken ausgeht, dass jeder Tochtergesellschaft eine „faire Möglichkeit eröffnet" werden soll, „ihre eigenen Geschäftschancen auszuwerten" bzw., wie der Text kurz danach formuliert, „ein Bereich eigenständig zu gestaltender Unternehmenspolitik und ein entsprechender Verantwortungsbereich zu ihrer Umsetzung" zugewiesen wird.[7] Mittel zur Verwirklichung der Konzeption sind nach dem Vorschlag des FECG eine schriftlich fixierte, gefestigte und durchsichtige Gruppenstruktur, die den unternehmerischen Freiraum aller Gruppenmitglieder mit ihrer Einbindung in die Gesamtgruppe verbindet, und eine in Geschäftsplänen festgehaltene ausgewogen ab-

6 FECG, ZGR 2015, 507, 514.
7 FECG, ZGR 2015, 507, 521, 513.

gestimmte Gruppenpolitik, welche die unterschiedlichen Einzelinteressen der Gruppengesellschaften längerfristig zum Ausgleich bringen.[8] Dabei soll jeder Unternehmensgruppe freistehen, wie sie sich selbst strukturieren will. Abgesichert werden soll die Einhaltung der Pläne durch jährliche prüfungspflichtige Sonderberichte sowohl der Gruppenmutter als auch jeder Tochtergesellschaft.[9] Als Regulativ sollen ferner Sorgfalts- und Treuepflichten wirken, die in einer europäischen Generalklausel festgehalten werden.[10]

Mir erscheint fraglich, ob die Konzeption nicht den Gepflogenheiten der Unternehmenspraxis so entschieden zuwiderläuft, dass ihre Verwirklichung unrealistisch erscheint. Zwar gibt es, zumal in Konglomeraten, Unternehmensgruppen, in denen die Gruppenmitglieder als eigene Geschäfts- und Profitzentren geführt werden und die Geschäftspolitik zwischen den Mitgliedern gleichberechtigt abgestimmt wird. Jedoch sieht es so aus, dass das Gesamtbild eher von Unternehmensgruppen gekennzeichnet ist, die eine hierarchische Ordnung aufweisen, in welcher das herrschende Unternehmen die Unternehmenspolitik vorgibt und durchsetzt, ohne auf eigene unternehmerische Freiräume sowie Gewinn- und Geschäftschancen der abhängigen Gesellschaften Rücksicht zu nehmen. Vor allem dürften Mischformen häufig sein, in denen sich die Gruppenmitglieder zwar abstimmen, die letzte Entscheidungsbefugnis aber eindeutig bei einer übergeordneten Zentrale liegt.

Dass sich eine Obergesellschaft in solchen Fällen darauf einlässt, eine Gruppenstruktur festzulegen, in der den Tochtergesellschaften ein Bereich eigenständig zu gestaltender Unternehmenspolitik und die Möglichkeit vorbehalten wird, ihre Geschäftschancen selbst wahrzunehmen, erscheint unwahrscheinlich, und ebenso, dass sie bereit ist, einen jährlichen Strukturbericht aufzustellen, der inhaltlich aussagekräftig ist. Jedenfalls muss das Recht mit Fällen rechnen, in denen solches nicht freiwillig geschieht, und dafür durchsetzungsfähige Regeln aufstellen. In diesem Punkt scheinen mir die Empfehlungen zu optimistisch und daher zu weich zu sein. Was die Sorgfalts- und Treuepflicht angeht, neige ich hingegen dazu, auf den Versuch einer gruppenspezifischen Formulierung zu verzichten. Sie gelten, wenn die Verfolgung des Gruppeninteresses an anderer Stelle legitimiert wird, als Generalklauseln mit darauf bezogenem Inhalt auch ohne ausdrückliche Regelung kraft Gesetzes (es sei denn, dies

8 FECG, ZGR 2015, 507, 513.
9 FECG, ZGR 2015, 507, 514.
10 FECG, ZGR 2015, 507, 511.

ist im Rahmen transnationaler Unternehmensgruppen und im EU-Recht zweifelhaft).

Die Überlegungen führen zu den in Aussicht genommenen Sanktionen. Das FECG geht mit Recht davon aus, dass diese so weit wie möglich den Mitgliedstaaten der EU auf der Grundlage ihres jeweiligen Zivil-, Verwaltungs- und/oder Strafrechts überlassen bleiben sollten. Konsequent fordert sie deshalb nur, den außenstehenden Gesellschaftern der Tochtergesellschaften ein zwingendes Recht zum Austritt zuzugestehen, abgemildert auf den Fall, dass die Eigeninteressen der Tochter „nachdrücklich oder auf längere Zeit unausgeglichen bleiben".[11] Die dann fällige Barabfindung soll die Gruppenmutter zu leisten haben. Ich zweifle, ob dies reicht. Geht man davon aus, dass sich die Rechtsfolgen daran orientieren müssen, eine ungerechtfertigte Benachteiligung der außenstehenden Gesellschafter auszuschließen, erscheint eine härtere Gangart angezeigt. Eine solche kann schwerlich den EU-Mitgliedstaaten anheim gegeben werden. Das deutsche Recht sieht in den vergleichbaren Fällen des Beherrschungs- oder Gewinnabführungsvertrags neben dem Austritt und der damit verknüpften Abfindung eine Dividendengarantie sowie Schadensersatzansprüche vor (§§ 304, 309 f. AktG). Meines Erachtens bleibt eine Sanktion, die dahinter zurückbleibt, zu schwach.

Ähnliches gilt für den Schutz des abhängigen Unternehmens selbst und seiner Gläubiger. Das FECG will insoweit auf eine im Europarecht verankerte Sanktion ganz verzichten. Das wirft die Frage auf, ob die zu erwartenden mitgliedstaatlichen Sanktionen streng und effektiv genug sein werden, die Neigung der herrschenden Unternehmen in hierarchisch aufgebauten Gruppen zu unterdrücken, sich über die in den Empfehlungen vorgestellte offene Gruppenstruktur hinwegzusetzen. Das deutsche Konzernrecht böte dazu wohl eine ausreichende Handhabe, wenn man annimmt, dass eine förmliche Regelung des Zusammenwirkens in der Gruppe dem Abschluss eines Beherrschungsvertrags gleichkommt, welcher die Anwendung der §§ 300 bis 307 AktG nach sich zieht, und wenn als Vorbild der Sanktionen bei einer ungeregelten und die Belange der abhängigen Unternehmen missachtenden Gruppenleitung die Bestimmungen über den qualifizierten faktischen Konzern zugrunde gelegt werden. Aber ist die Parallele zwingend? Und kann sie europaweit verallgemeinert werden?

11 FECG, ZGR 2015, 507, 514.

Gläubigerschutz im Recht für kleine und mittlere Unternehmensgruppen – eine kritische Gegenlese -

*Jessica Schmidt**

Inhaltsübersicht

I. Einleitung

Gegenstand des folgenden Beitrags ist es, die Ausgestaltung des Gläubigerschutzes für sog. Servicegesellschaften im Vorschlag des *Forum Europaeum on Company Groups (FECG)*[1] einer kritischen Gegenlese zu unterziehen.

Aufgabe und Funktion des Konzernrechts ist traditionell der Schutz der Minderheitsgesellschafter und der Gläubiger der abhängigen Gesellschaft[2] sowie – in gewissen Grenzen – auch der abhängigen Gesell-

* Inhaberin des Lehrstuhls für Bürgerliches Recht, deutsches, europäisches und internationales Unternehmens- und Kapitalmarktrecht an der Universität Bayreuth.

1 *FECG*, ZGR 2015, 507 ff. (deutsch); FECG, ECFR 2015, 299 ff. (englisch).

2 Vgl. *Emmerich/Habersack*, Aktien- und GmbH-Konzernrecht, 8. Aufl. 2016. Einl. Rdn. 1; *Forum Europaeum Konzernrecht*, ZGR 1998, 672, 678 ff.; *Hommelhoff*, ZGR 2012, 535, 537; *Teichmann*, AG 2013, 184, 186.

schaft selbst.[3] Da Servicegesellschaften i.S.d. Vorschlags indes *per definitionem* keine außenstehenden Minderheitsgesellschafter haben[4], rücken hier naturgemäß die Gläubiger ins Zentrum des Interesses.[5] Durch die Abhängigkeit der Tochtergesellschaft im Konzern ergibt sich für die Gläubiger ein gesteigertes Gefährdungspotential:[6] Die allgemeinen Risiken für Gläubiger – *ex ante:* Fehldarstellung der Vermögensverhältnisse, *ex post:* konzerninterne Transaktionen, Vermögensverwässerung, Vermögensverschiebungen und Verwässerung von Verbindlichkeiten[7] – werden im Konzern potenziert[8], weil die Mutter primär die Interessen des Gesamtkonzerns im Auge hat. So droht etwa die Gefahr, dass die Mutter wichtige Aufträge, essentielles Know-how oder qualifiziertes Personal auf eine andere Konzerngesellschaft „verschiebt".[9]

Vor diesen Gefahren gilt es die Gläubiger angemessen zu schützen. Andererseits aber darf der Gläubigerschutz auch nicht überspannt werden. Konzernrecht ist ja gerade auch „enabling law"[10] und muss den dafür notwendigen unternehmerischen Freiraum lassen. Im Folgenden ist daher zu analysieren, ob der Vorschlag des *Forum Europaeum on Company Groups* in diesem Spannungsfeld aus angemessenen Gläubigerschutz einerseits und Wahrung der Funktion als „enabling law" andererseits die richtige Balance gefunden hat.

3 Vgl. *Emmerich/Habersack*, Aktien- und GmbH-Konzernrecht, 8. Aufl. 2016, Einl. Rdn. 1; *Hommelhoff*, ZGR 2012, 535, 537; *Weller/Bauer*, ZEuP 2015, 6, 20.

4 Vgl. *FECG*, ZGR 2015, 507, 512. Dazu noch unten II.1.

5 Vgl. zur 100%igen GmbH als Tochtergesellschaft *Hommelhoff*, ZGR 2012, 535, 537.

6 Vgl. *Forum Europaeum Konzernrecht*, ZGR 1998, 672, 678 ff.; *Hopt*, ECGI Working Paper 286/2015, S. 6; *Kraakman/Armour/Davies/Enriques/Hansmann/Hertig/Hopt/Kanda/Rock*, The anatomy of corporate law, 2nd ed. 2009, S. 127 f.; *Weller/Bauer*, ZEuP 2015, 6, 20.

7 Vgl. *Hopt*, ECGI Working Paper 286/2015, S. 7; *Kraakman/Armour/Davies/Enriques/Hansmann/Hertig/Hopt/Kanda/Rock* (Fn. 5), S. 116 f.

8 Vgl. nur *Hopt*, ECGI Working Paper 286/2015, S. 6.

9 Vgl. *Hommelhoff*, ZGR 2012, 535, 539.

10 Vgl. *Drygala*, AG 2013, 198, 202; *Forum Europaeum Konzernrecht*, ZGR 1998, 672, 681; *Hommelhoff*, ZGR 2012, 535, 538; *Teichmann*, AG 2013, 184, 189 ff.

II. Gläubigerschutzinstrumente im Vorschlag des FECG

1. Definition der „Servicegesellschaft“

Einen ersten Schutzwall bildet in gewissem Sinne schon die Definition der Kategorie der Servicegesellschaften. Denn da die Muttergesellschaft nach dem Konzept des *FECG* nur bei solchen Servicegesellschaften ein Weisungsrecht[11] hat, ist das Risiko für die Gläubiger, infolge nachteiliger Weisungen der Mutter an die Tochter einen Schaden zu erleiden, umso geringer, je enger man den Kreis solcher Servicegesellschaften zieht.

Nach dem Vorschlag des FECG erlangt eine Tochtergesellschaft den Status einer Servicegesellschaft nur dann, wenn drei Voraussetzungen kumulativ erfüllt sind:[12]

- **Servicefunktion:** Erstens muss sich die Tochter in ihren Aktivitäten ausschließlich auf Hilfsleistungen innerhalb der Unternehmensgruppe beschränken.[13] Als Beispiele werden Leistungen bei Finanzierung, Vermögensverwaltung, Vertrieb, Service, Personalwirtschaft, Unternehmensplanung oder Rechtsdienstleistungen genannt.[14]
- **KMU i.S.d. EU-Bilanzrechts:** Zweitens können Servicegesellschaften nur Tochtergesellschaften sein, die von der Größe her Kleinstunternehmen, Kleinunternehmen oder Mittlere Unternehmen i.S.d. EU-Bilanzrechts sind. Sie dürfen die Grenzen von mindestens zwei der drei folgenden Größenmerkmale nicht überschreiten: (i) Bilanzsumme von 20 Mio. Euro, (ii) Nettoumsatzerlöse von 40 Mio. Euro, (iii) 250 Arbeitnehmer. Der Vorschlag knüpft damit systemkohärent an die Definition in Art. 3 Abs. 3 EU-Bilanz-RL[15] an. Die Formulierung ist insoweit allerdings sowohl in der englischen als auch in der – leicht abweichenden - deutschen

11 Zu dessen Grenzen näher unter II.3.
12 Vgl. *FECG*, ZGR 2015, 507, 512.
13 Vgl. *FECG*, ZGR 2015, 507, 512.
14 Vgl. *FECG*, ZGR 2015, 507, 512.
15 RL 2013/34/EU des Europäischen Parlament und des Rates v. 26. 6. 2013 über den Jahresabschluss, den konsolidierten Abschluss und damit verbundene Berichte von Unternehmen bestimmter Rechtsformen und zur Änderung der Richtlinie 2006/43/EG des Europäischen Parlaments und des Rates und zur Aufhebung der Richtlinien 78/660/EWG und 83/349/EWG des Rates, ABlEU v. 29. 6. 2013, L 182/19.

Sprachfassung etwas missverständlich; hier wäre es vorzugswürdig gewesen, schlicht die Formulierung in der EU-Bilanz-RL zu übernehmen, um jegliche Missverständnisse von vornherein zu vermeiden.
- 100%-Tochter: Drittens müssen die Anteile an der Tochter vollständig von einer oder mehreren Gruppengesellschaften gehalten werden.[16] Es muss sich also nicht zwingend um eine Einpersonengesellschaft handeln.[17] Aber es darf jedenfalls keine gruppenexternen (Minderheits-)Gesellschafter geben, womit zugleich – wie bereits eingangs erläutert – das Problem des Minderheitenschutzes entfällt.

Bei Gesellschaften, die diese Kriterien erfüllen, spricht in der Tat bereits das objektive Gesamtbild dafür, dass sie kein „eigenständiges Leben“ führen, sondern allein und ausschließlich in und aufgrund ihrer Funktion als „Konzernteil“ existieren und schon deshalb damit zu rechnen ist, dass sie letztlich im Interesse des Gesamtkonzerns gesteuert werden.

Konkrete Beispiele solcher „Servicegesellschaften“ aus der Praxis, die dies anschaulich belegen, wären etwa[18]:

- MAN HR Services GmbH
- Daimler Real Estate GmbH
- Talanx Service AG
- Verwaltung TUI Products & Services GmbH
- HUGO BOSS Beteiligungsgesellschaft mbH
- Evonik Real Estate Verwaltungs-GmbH
- B. Braun Facility Services GmbH & Co. KG
- Siemens Beteiligungen Management GmbH
- Züblin Services GmbH

16 Auch hier weicht die deutsche Sprachfassung wiederum leicht von der englischen ab („It must be wholly owned by companies belonging to the group.“).

17 Insofern geht der Vorschlag des *FECG* auch über das hinaus, was mit dem Weisungsrecht nach Art. 23 des Kommissionsentwurfs für eine SUP-RL (COM (2014) 212) hätte erreicht werden können, denn eine SUP ist stets Einpersonengesellschaft.

18 Beruhend auf öffentlich zugänglichen Daten zu den genannten Gesellschaften. Für die detaillierte Recherche gebührt mein Dank Herrn stud. iur. Till Trouvain.

2. *Publizität*

Als zweites Schutzinstrument setzt das FECG auf Schutz durch Publizität[19]: Servicegesellschaften müssen ihre Einbeziehung in eine bestimmte Unternehmensgruppe und ihre konkrete Unterstützungsfunktion sowohl in ihrer Firma zum Ausdruck bringen als auch auf ihrer Geschäftskorrespondenz. Näheres dazu, wie dies genau geschehen soll, bleibt der Vorschlag allerdings leider schuldig.

Hinsichtlich der Publizität in der Firma könnte man z.B. verlangen, dass die Tochter sich als „XY GmbH, ein Unternehmen der Z-Gruppe" bezeichnet. Damit würde die Firma jedoch relativ lang und schwerfällig.[20] Daher könnte man stattdessen auch überlegen, einen EU-weit einheitlichen speziellen Rechtsformzusatz für solche Servicegesellschaften einzuführen. In guter europäischer Tradition würde es sich anbieten, wieder eine „neutrale" lateinische Bezeichnung zu wählen, z.B. „*Societas Circuli Serviens*" bzw. die Abkürzung *SCS*. Dies hätte den Vorteil, dass man zumindest in der Firma einen kurzen, eindeutigen und EU-weit einheitlichen Hinweis auf den Charakter als Servicegesellschaft hätte. Dadurch wäre der Rechtsverkehr und speziell die (potentiellen) Gläubiger hinreichend gewarnt; die konkrete Gruppenzugehörigkeit könnten sie dann der Geschäftskorrespondenz entnehmen.

Bzgl. der Angabepflicht auf der Geschäftskorrespondenz weichen die englische und die deutsche Sprachfassung des Vorschlags etwas voneinander ab. Die englische verlangt die Angabe im „letterhead"[21], in der deutschen heißt es „Geschäftskorrespondenz (Geschäftsbriefe und andere schriftliche Verlautbarungen nach außen)"[22]. Konsequenterweise sollte insoweit aber - und so war es von den Verfassern wohl auch gedacht - der bewährte Standard des Art. 5 Publizitäts-RL[23, 24] gelten. Dann müssten

19 Vgl. allgemein zum „Informationsmodell" im Europäischen Gesellschaftsrecht: *Lutter/Bayer/J. Schmidt*, EuropUR, 5. Auf. 2012, § 18 Rdn. 9, § 19 Rdn. 4, § 21 Rdn. 24, 112; § 22 Rdn. 23, 81; § 23 Rdn. 26, 129 f.; § 30 Rdn. 16; § 41 Rdn. 47 (jeweils m.w.N.).

20 Vgl. *Hopt*, Liber Amicorum Volhard, 1996, S. 74, 79.

21 Vgl. *FECG*, ECFR 2015, 299, 305.

22 Vgl. *FECG*, ZGR 2015, 507, 514.

23 RL 2009/101/EG des Europäischen Parlaments und des Rates v. 16.9.2009 zur Koordinierung der Schutzbestimmungen, die in den Mitgliedstaaten den Gesellschaften im Sinne des Artikels 48 Absatz 2 des Vertrags im Interesse der Gesellschafter sowie Dritter vorgeschrieben sind, um diese Bestimmungen gleichwertig zu gestalten (kodifizierte Fassung), ABlEU v. 1.10.2009, L 258/1.

24 Vgl. dazu *Lutter/Bayer/J. Schmidt*, EuropUR, 5. Aufl. 2012, § 19 Rdn. 24.

die Angaben auf allen Briefen und Bestellscheinen (egal in welcher Form) sowie darüber hinaus auch (soweit vorhanden) auf der Webseite der Gesellschaft erfolgen.

Nicht ganz identisch sind die deutsche und englische Sprachfassung aber auch bzgl. des genauen Inhalts der Angabepflicht. In der englischen heißt es, Servicegesellschaften müssten „their integration within *a* group and *their service function*“[25] angeben; die deutsche verlangt hingegen die Angabe der „Einbeziehung in eine *bestimmte* Unternehmensgruppe und ihre *konkrete* Unterstützungsfunktion“[26]. M. E. sollte es ausreichen, wenn der Umstand der Zugehörigkeit zu einer bestimmten Gruppe und die Servicefunktion an sich angegeben wird. Damit sind einerseits Gläubiger und Rechtsverkehr hinreichend gewarnt, andererseits aber wird die Geschäftskorrespondenz auf diese Weise auch nicht überfrachtet. Weitere Details kann der (potentielle) Gläubiger dann ggf. dem Handelsregister entnehmen. Für die Gesellschaften wäre eine derartige knappe Angabe der Gruppenzugehörigkeit auch keine unzumutbare Belastung, zumal viele Konzerntöchter schon heute entsprechende Angaben auf ihrer Geschäftskorrespondenz bzw. ihrer Webseite machen und dies teils sogar ganz bewusst als Marketing-Instrument einsetzen.[27] So heißt es etwa auf der Webseite der Radeberger-Gruppe: „Die Radeberger Gruppe ist

25 Vgl. *FECG*, ECFR 2015, 299, 305 (Hervorhebung hinzugefügt).

26 Vgl. *FECG*, ZGR 2015, 507, 514.

27 Beispiele: „Zapf ist ein Teil der LNC Gruppe“: https://www.zapf-gmbh.de/lnc.html. „Stollwerk since 1839. Member of the BARONIE GROUP“: http://www.stollwerck.de/de/unternehmen/unternehmen-baronie-group.

„Die AachenMünchener ist ein Unternehmen der Generali Deutschland Gruppe, der zweitgrößten Erstversicherungsgruppe im deutschen Markt.“ https://www.amv.de/unternehmen;

„Die Radeberger Gruppe ist derzeit Marktführer im deutschen Biermarkt. Sie gehört zu dem Familienunternehmen Dr. August Oetker KG in Bielefeld und ist ein strategisches Geschäftsfeld der Oetker-Gruppe.“ http://www.radeberger-gruppe.de/de/unternehmen; „METRO PROPERTIES is the real estate company of METRO GROUP.“ http://properties.metrogroup.de/en/company;

„The LSG Group is the collection of companies under LSG Lufthansa Service Holding AG, a 100% subsidiary of Deutsche Lufthansa AG.“ http://www.lsgskychefs.com/us/facts-figures.

„Wintershall ist der größte international tätige deutsche Erdöl- und Erdgasproduzent. … Als 100-prozentige Tochter des Chemiekonzerns BASF, Ludwigshafen, gründen wir unseren Erfolg auf unser technisches Know-how und starke internationale Partnerschaften.“ http://www.wintershall.com/unternehmen.html.

derzeit Marktführer im deutschen Biermarkt. Sie gehört zu dem Familienunternehmen Dr. August Oetker KG in Bielefeld und ist ein strategisches Geschäftsfeld der Oetker-Gruppe."[28] Die englische TUI-Tochter *Thomson* nutzt sogar den *TUI*-Smiley als Logo.[29]

Im Übrigen sieht das italienische Recht (das dem *FECG* offenbar als Vorbild diente) bereits seit 2004[30] eine entsprechende Angabepflicht auf der Geschäftskorrespondenz vor (vgl. Art. 2497bis(1) Codice Civile).[31] Dort scheint dies in der Praxis auch ohne größere Probleme zu funktionieren.[32]

Allerdings sollte sicherheitshalber ausdrücklich klargestellt werden, dass die Angabe der Gruppenzugehörigkeit allein keine irgendwie geartete „Vertrauenshaftung" der Mutter für die Verbindlichkeiten der Tochter begründet. Ansonsten könnten sich hier erhebliche Rechtsunsicherheiten ergeben. In Deutschland wird eine solche Konzernvertrauenshaftung zwar seit jeher von der ganz h.M. abgelehnt.[33] Anders aber z.B. in der Schweiz: Dort bejahte das Bundesgericht 1994 in der Aufsehen erregenden *Swiss Air*-Entscheidung eine Haftung der Konzernmutter *Swiss Air* aus erwecktem Konzernvertrauen.[34] In der *Motor Columbus*-Entscheidung aus dem Jahr 1998 wurde dann zwar dezidiert betont, dass allgemeine Hinweise auf eine bestehende Konzernverbindung für eine Haftung allein nicht ausreichen.[35] Dieses unglückselige

28 http://www.radeberger-gruppe.de/de/unternehmen.

29 http://www.thomson.co.uk.

30 Decreto Legislativo 17 gennaio 2003, n. 6. Riforma organica della disciplina delle societa di capitali e societa cooperative, in attuazione della legge 3 ottobre 2001, n. 366 (Supplemento ordinario alla Gazetta Ufficiale, Serie generale, n. 17, 22–1–2003).

31 Art. 2497bis(1) Codice Civile. Dazu *Mohn*, Die Gesellschaftsgruppe im italienischen Recht, 2006, S. 107 ff.; *Peter*, FS Nobel, 2005, S. 251, 266 f.; *Ruf*, Leitung und Koordinierung im italienischen Konzernrecht, 2014, S. 136 ff.

32 Beispiel: Automobilkomponentenhersteller *Sogefi SpA*, eine 57,7 %ige Tochter der *CIR SpA:* http://www.sogefigroup.com/static/upload/res/resoconto-intermedio-di-gestione-ita1.pdf.

33 Vgl. MüKoAktG/*Altmeppen*, 4. Aufl. 2015, § 317 Rdn. 121; Emmerich/Habersack/*Habersack*, Aktien- und GmbH-Konzernrecht, 8. Aufl. 2016, § 311 AktG Rdn. 92; *Lutter*, FS Knobbe-Keuk, 1997, S. 229, 241; *Rieckers*, NZG 2007, 125 ff.

34 BGE 120 II 331. Vgl. dazu aus dem schweizerischen Schrifttum etwa *Amstutz/Watter*, AJP 1995, 502 ff.; *Bär*, ZBJV 132 (1996) 454 ff.; *Druey*, SZW 1995, 93 ff.; *Walter*, ZBJV 132 (1996) 273 ff.; *Wick*, AJP 1995, 1270. Aus deutscher Perspektive ausführlich *Lutter*, FS Knobbe-Keuk, 1997, S. 229 ff.

35 BGE 124 III 279. Dazu *Fleischer*, NZG 1999, 685 ff. m.w.N.

Intermezzo demonstriert indes höchst anschaulich, was droht, wenn man nicht explizit klarstellt, dass allein der Hinweis auf die Integration in den Konzern noch keine Haftung begründet.

Über die Publizität in der Firma und auf der Geschäftskorrespondenz hinaus könnte man auch an eine Registereintragung der Konzernzugehörigkeit denken, entweder in Form einer entsprechenden Angabepflicht im „regulären" Handelsregister (wie dies in Italien seit 2004 vorgesehen ist, Art. 2497bis(2) Codice Civile[36]) oder gar in Form eines eigenständigen Konzernregisters[37]. Beides ist im Vorschlag des *FECG* nicht vorgesehen. Zumindest ein eigenständiges Konzernregister wäre wohl in der Tat mit unverhältnismäßigem Aufwand und unnützen Doppelungen verbunden.[38] Die Konzernzugehörigkeit als weitere eintragungspflichtige Tatsache in dem bereits existierenden Register zu ergänzen, wie dies in Italien geschehen ist, hätte jedoch durchaus Charme. Andererseits könnte man aber auch argumentieren, dass dies gegenüber der Publizität in der Firma keinen wesentlichen Mehrwert bringt, weil der Rechtsverkehr bereits durch die Firma auf die Konzernzugehörigkeit hingewiesen wird und die Gesellschafter ohnehin im Handelsregister anzugeben sind.

3. *Grenzen des Weisungsrechts*

Als dritten und ganz wesentlichen Schutzwall räumt das *FECG* der Muttergesellschaft kein vollkommen freies Weisungsrecht ein, sondern zieht diesem vielmehr klare Schranken.

a) Existenzgefährdung als absolute Grenze

Die absolute Grenze des Weisungsrechts bildet nach dem Vorschlag des *FECG* die Existenzgefährdung der Tochter: Die Tochtergeschäftsführer dürfen einer Weisung der Mutter oder einer anderen Gruppengesellschaft

36 Vgl. dazu *Peter*, FS Nobel, 2005, S. 251, 266 f.

37 Dafür *Hopt*, Liber Amicorum Volhard, 1996, S. 74, 79; vgl. zur Fortentwicklung des deutschen Handelsregisters zu einem Konzernregister auch *U.H. Schneider*, WM 1986, 181 ff.; dezidiert für die europaweite Schaffung von Konzernregistern *U.H. Schneider*, EuZW 2011, 649, 650.

38 Das *Forum Europaeum Konzernrecht* hatte die Einführung eines Konzernregisters ebenfalls ausdrücklich abgelehnt, vgl. *Forum Europaeaum Konzernrecht*, ZGR 1998, 672, 768.

unter keinen Umständen folgen, falls dies die Tochter in ihrer Existenz gefährden würde.[39]

Dies erscheint auf den ersten Blick unmittelbar einleuchtend. Bei näherer Betrachtung könnten indes gleichwohl gewisse Zweifel aufkommen. Zunächst ergibt sich nämlich schlicht das Problem einer hinreichend klaren abstrakten Definition des Begriffs der „Existenzgefährdung“.[40] Unabhängig davon könnte man aber auch argumentieren, dass die juristische Person der Tochtergesellschaft als solche keinen Eigenwert besitze und dass es der Mutter als 100%iger Eigentümerin auch freistehen müsse, der Tochter Weisungen zu erteilen, die deren „Tod“ zur Folge haben.[41] Diese Sichtweise vermag indes letztlich nicht zu überzeugen. Denn sie lässt völlig außer Acht, dass die Tochtergesellschaft eben nicht nur eine abstrakte juristische Hülse ist, welche die Mutter bei Bedarf einfach wieder „zusammenfalten“ kann, sondern Gläubiger (und ggf. auch Arbeitnehmer) hat, deren legitime Interessen es gebieten, dass die Tochter nur in einem geordneten Liquidations- oder Insolvenzverfahren liquidiert werden kann. Genau dies betont zu Recht auch das *FECG*. Die genaue Konturierung des Begriffs der „existenzgefährdenden Weisung“ mag zwar in der Tat schwierig sein.[42] Allerdings gelingt es der Praxis auch in anderen Bereichen mit derart unbestimmten Rechtsbegriffen zu leben.

Die Fixierung der Existenzgefährdung als absolute Grenze des Weisungsrechts ist nach alledem überzeugend.[43]

b) Grenzen des Weisungsrechts oberhalb der Existenzgefährdungsschwelle

Aber auch oberhalb der Existenzgefährdungsschwelle wird der Mutter kein vollkommen freies Weisungsrecht eingeräumt. Das *FECG* eröffnet jedem Konzern hier vielmehr zwei Alternativen: (1) Begrenzung des

39 Vgl. *FECG*, ZGR 2015, 507, 512.

40 Vgl. zur Problematik im deutschen Recht *Veil* in: Spindler/Stilz, AktG, 3. Aufl. 2015, § 308 AktG Rdn. 31.

41 Vgl. zur Problematik im deutschen Recht in Bezug auf § 308 AktG: KK/*Koppensteiner*, 3. Aufl. 2004, § 308 AktG Rdn. 51, 53.

42 Vgl. dies eingestehend auch *Langenbucher* in: Schmidt, K./Lutter, AktG, 3. Aufl. 2015, § 308 AktG Rdn. 31.

43 So auch die ganz h.M. in Deutschland zu § 308 AktG, vgl. etwa *OLG Düsseldorf*, Beschl. v. 07.06.1990–19 W 13/86 = ZIP 1990, 1333, 1337; *LG München I*, Urt. v. 05.04.2012–5 HK O 20488/11 = BeckRS 2012, 11175; Emmerich/Habersack/*Emmerich*, Aktien- und GmbH-Konzernrecht, 8. Auflage 2016, § 308 AktG Rdn. 60 ff.; Hüffer/*Koch*, AktG, 12. Aufl. 2016, § 308 Rdn. 19; *Langenbucher* in: Schmidt, K./Lutter, AktG, 3. Aufl. 2015, § 308 AktG Rdn. 31 ff.

Weisungsrechts durch einen Solvenztest (dazu II.3.b) aa)) oder (2) freies Weisungsrecht im Gegenzug für die Stellung einer Garantie (dazu II.3.b) bb)).

aa) Begrenzung des Weisungsrechts durch Solvenztest

Grundstandard ist, dass die Tochter Mutterweisungen nicht befolgen muss, die sie außerstande setzen, ihre Verbindlichkeiten gegenüber gruppenfremden Dritten zu erfüllen, die in den der Weisung nachfolgenden 12 Monaten fällig werden.[44] Die Folgepflicht wird also im Grunde genommen an einen Solvenztest gebunden.

Das Instrument des Solvenztests, das in Bezug auf Ausschüttungen bereits in Art. 21 Abs. 4 des letzten Entwurfs für eine SPE-VO[45] vorgesehen war[46] und sich dann auch im SUP-RLE[47] wiederfand, wird damit nun auch im Bereich des Konzernrechts fruchtbar gemacht.

Aus der Perspektive der Verfechter eines Solvenztests ist dies letztlich auch nur konsequent: Verlangt man für die Zulässigkeit einer Ausschüttung an die Muttergesellschaft die Erfüllung eines Solvenztests, so ist es nur folgerichtig, die Zulässigkeit einer Weisung, die den Interessen der Mutter dient und potentiell vergleichbar nachteilige Auswirkungen auf die Tochter hat, denselben Standards zu unterwerfen.

Damit sind wir dann aber wieder bei der ganz generellen Frage nach der Sinnhaftigkeit eines Solvenztests speziell im Vergleich zum tradierten Bilanztest. Hauptargument der Befürworter eines Solvenztests ist bekanntermaßen, dass ein solcher die Gläubiger besser schütze als ein Bilanztest, da er Ausschüttungen bzw. nachteilige Weisungen der Mutter nur dann zulässt, wenn die Gesellschaft auch danach noch solvent ist; unter Geltung eines Bilanztests sei es hingegen möglich, dass eine solvente Gesellschaft nicht ausschütten bzw. einer Weisung nicht folgen dürfe, während eine an sich insolvente Gesellschaft dies dürfte.[48] Entscheidender

44 Vgl. *FECG*, ZGR 2015, 507, 512.

45 Dok. 10611/11.

46 Vgl. dazu *Lutter/Bayer/J. Schmidt*, EuropUR, 5. Aufl. 2012, § 43 Rdn. 92.

47 Art. 18 Abs. 2 des Kommissions-Entwurfs (COM(2014) 212) sah den Solvenztest zwingend vor (dazu *J. Schmidt* in: Lutter/Koch (Hrsg.), Societas Unius Personae (SUP), 2015, S. 1, 14 f. m.w.N.); Art. 18 Abs. 3 i. d. F.d. allgemeinen Ausrichtung des Rates (Dok. 9050/15) sieht ihn hingegen nur noch als Mitgliedstaatenoption vor.

48 Vgl. bereits Bericht der Hochrangigen Gruppe von Experten auf dem Gebiet des Gesellschaftsrechts über moderne gesellschaftsrechtliche Rahmenbedingungen

Einwand gegen einen Solvenztest – jedenfalls als alleiniges Kriterium - ist jedoch, dass die ihm inhärente Prognose enorme Unsicherheiten mit sich bringt[49]; zudem kann er im Einzelfall auch mit ganz erheblichem Aufwand und Kosten verbunden sein[50].

Insgesamt erscheint der Solvenztest im vorliegenden Kontext jedoch gleichwohl als akzeptable Lösung. Denn zum einen unterliegt die jeweilige Tochtergesellschaft ja in jedem Fall zugleich auch dem Kapitalschutz nach nationalem Recht. Zum anderen ist das Solvenztest-Regime für keinen Konzern zwingend; es steht jedem Konzern frei, stattdessen für das Alternativsystem zu optieren.

bb) Freies Weisungsrechts im Gegenzug für Garantie

Dieses Alternativsystem besteht darin, dass die Muttergesellschaft, eine andere Gruppengesellschaft oder ein Dritter eine „dynamische" - oder besser (entsprechend der englischen Sprachfassung) „revolvierende" Garantie für alle Tochteraußenverbindlichkeiten übernimmt, die jeweils innerhalb von 12 Monaten nach einer Mutterweisung fällig werden.[51] Dann hat die Mutter – vorbehaltlich der absoluten Grenze der Existenzgefährdung (dazu II.3.a) – ein völlig freies Weisungsrecht unabhängig von einem Solvenztest. Allerdings muss der Garantiegeber die Werthaltigkeit seiner Garantie auf Verlangen jedes Tochtergläubigers nachweisen.[52] Sofern eine Gruppengesellschaft die Garantie abgegeben hat, muss die Tochter zudem zu jeder Zeit über die Wirtschafts- und Finanzlage der gesamten Unternehmensgruppe und die der garantierenden Gesellschaft in vollem Umfang informiert sein.[53]

(1) Garantiegeber

Hervorzuheben ist zunächst, dass die Garantie nicht zwingend von einem konzernfremden Dritten stammen muss, sondern dass auch eine Garantie durch die Mutter oder eine andere Konzerngesellschaft genügen soll.

in Europa, 4. 11. 2002 (http://ec.europa.eu/internal_market/company/docs/modern/report_de.pdf), S. 87; *Rickford*, EBLR 2004, 919, 938.

49 Vgl. *Kleindiek*, BB-Special 5/2007, 1, 5; *Kuhner*, ZGR 2005, 753, 779; *Teichmann*, NJW 2006, 2444, 2447; *Veil* in: Lutter (Hrsg.), Das Kapital der Aktiengesellschaft in Europa, 2006, S. 91, 106; Dies einräumend auch *Rickford*, EBLR 2004, 919, 981.

50 Vgl. *Teichmann*, NJW 2006, 2444, 2447; *Veil* (Fn. 48), S. 91, 111.

51 Vgl. *FECG*, ZGR 2015, 507, 512; *FECG*, ECFR 2015, 299, 303.

52 Vgl. *FECG*, ZGR 2015, 507, 512.

53 Vgl. *FECG*, ZGR 2015, 507, 512.

Dagegen ließe sich einwenden, dass damit das Insolvenzrisiko nur innerhalb des Konzerns verlagert wird. Aus Gläubigerperspektive wäre eine Garantie eines konzernfremden Dritten – am besten eines Kreditinstituts – regelmäßig vorzugswürdig. Anderseits gilt es jedoch zu bedenken, dass ein konzernfremder Dritter eine solche Garantie regelmäßig nur gegen eine angemessene Vergütung übernehmen wird, d. h. für den Konzern entstehen dadurch ggf. erhebliche Kosten, die dann letztlich wieder auf Kunden und Gläubiger abgewälzt werden. Hinzu kommt, dass einem Gläubiger, der auf die Solvenz des Konzerns vertraut, letztlich kein Unrecht geschieht, wenn die Garantie von einer Konzerngesellschaft gegeben wird, sofern sichergestellt ist, dass der Garantiegeber offengelegt wird und die Garantie nachweislich werthaltig[54] ist. Nach alledem erscheint es prinzipiell akzeptabel, auch eine Garantie durch eine Konzerngesellschaft ausreichen zu lassen.

(2) „Garantie"

Von ganz entscheidender Bedeutung ist die Frage, was mit dem Begriff der „dynamischen Garantie" bzw. „guarantee on a revolving basis" genau gemeint ist. Das englische Wort „guarantee" kann ja bekanntermaßen im Deutschen sowohl Bürgschaft als auch Garantie oder Patronatserklärung bedeuten. Der Europäische Gesetzgeber versteht den Begriff der „guarantee" bzw. „Garantie" ebenfalls tendenziell eher weit. So wird der Begriff „Garantie" etwa im Kontext des EU-Prospekt-Rechts als Oberbegriff verstanden für „jede Vereinbarung, mit der sichergestellt werden soll, dass jede … wesentliche Verpflichtung angemessen erfüllt wird, ob in Form einer Garantie, einer Sicherheit, einer Patronatserklärung (keep well agreement), einer „Monoline"-Versicherungspolice oder einer gleichwertigen anderen Verpflichtung".[55]

Eine bloße **Bürgschaft** dürfte jedenfalls im vorliegenden Kontext kaum gewollt sein. Dagegen spricht neben der Verwendung des Begriffs „Garantie" in der deutschen Sprachfassung vor allem auch, dass eine Bürgschaft aufgrund ihrer Akzessorietät den legitimen Sicherungsinteressen der Gläubiger nicht hinreichend gerecht würde.

54 Vgl. zum Nachweis der Werthaltigkeit noch unten II.3.b) bb) (5).

55 Anhang VI Nr. 1 Delegierte Verordnung (EU) Nr. 486/2012 der Kommission v. 30. 3. 2012 zur Änderung der Verordnung (EG) Nr. 809/2004 in Bezug auf Aufmachung und Inhalt des Prospekts, des Basisprospekts, der Zusammenfassung und der endgültigen Bedingungen und in Bezug auf die Angabepflichten, ABlEU v. 9. 6. 2012, L 150/1.

Schon eher in Betracht kommt eine **Patronatserklärung**, denn dieses Rechtsinstrument ist schließlich geradezu typisch für Konzernverhältnisse[56]. Dabei kann man grundsätzlich zwischen zwei Arten differenzieren: „harte“ und „weiche“ Patronatserklärungen.[57] „Weiche“ Patronatserklärungen, die in der Praxis ganz unterschiedliche Erscheinungsformen haben können[58], sind letztlich reine „Goodwill“-Bekundungen ohne rechtliche Verbindlichkeit.[59] Dies kann hier ersichtlich nicht intendiert sein. Bei einer „harten“ Patronatserklärung übernimmt der Patron hingegen entweder im Innenverhältnis zu seiner Tochter (interne harte Patronatserklärung)[60] oder im Außenverhältnis zu deren Gläubiger(n) (externe harte Patronatserklärung)[61] die rechtlich verbindliche Verpflichtung, die Tochtergesellschaft in der Weise auszustatten, dass sie stets in der Lage ist, ihren finanziellen Verbindlichkeiten zu genügen.[62] Eine interne harte Patronatserklärung würde indes den Interessen der Gläubiger nicht hinreichend gerecht, denn nur im Falle einer externen harten Patronatserklärung steht ihnen (und nicht nur der Tochtergesellschaft) ein eigener Anspruch gegen den Patron auf die entsprechende Kapitalausstattung der Tochter zu. Nach dem Vorschlag des *FECG* soll den Gläubigern indes ersichtlich auch ein eigener Anspruch zustehen, andernfalls würde ihr Anspruch auf den Nachweis der Werthaltigkeit[63] wenig Sinn machen.

Gleichwohl ist fraglich, ob eine solche harte externe Patronatserklärung den legitimen Interessen der Gläubiger letztlich wirklich gerecht würde. Denn sie gibt den Gläubigern eben nur einen Anspruch auf angemessene Kapitalausstattung der Tochter durch den Patron, aber keinen direkten Zahlungsanspruch gegen diesen. Einen solchen direkten Zah-

56 Vgl. nur BeckOGK/*Harnos* § 765 BGB Rdn. 616 m.w.N.

57 Vgl. MüKoBGB/*Habersack* Vorbem. § 765 BGB Rdn. 49; BeckOGK/*Harnos* § 765 BGB Rdn. 615; Erman/*Herrmann,* BGB, 14. Aufl. 2014, § 765 Rdn. 25.

58 Vgl. MüKoBGB/*Habersack* Vorbem. § 765 BGB Rdn. 54 m.w.N.

59 Vgl. BGH, Urt. v. 11.10.2011 – II ZR 242/09 = NZG 2011, 913 Rdn. 17; MüKoBGB/*Habersack* Vorbem. § 765 BGB Rdn. 54; Staudinger/*Horn* (2012) Vorbem. zu §§ 765–778 BGB Rdn. 453; BeckOK-BGB/*Rohe* Ed. 36/2015, § 765 Rdn. 59.

60 Vgl. dazu näher BeckOGK/*Harnos* § 765 BGB Rdn. 658 ff.

61 Vgl. dazu näher BeckOGK/*Harnos* § 765 BGB Rdn. 618 ff.

62 Vgl. BGH, Urt. v. 11.10.2011 – II ZR 242/09 = NZG 2011, 913 Rdn. 17 f.; MüKoBGB/*Habersack* Vorbem. § 765 BGB Rdn. 50; Uhlenbruck/*Hirte*, InsO, 14. Aufl. 2015, § 35 Rdn. 167.

63 Dazu noch unten II.3.b) bb) (5).

lungsanspruch haben die Gläubiger nur im Falle einer echten **Garantie**[64]. Bei ihr könnten die Gläubiger den Garanten im Falle des Eintritts des Garantiefalls - dies wäre hier konkret, dass die Tochter nicht in der Lage ist, eine innerhalb von 12 Monaten nach einer Mutterweisung fällig werdende Verbindlichkeit zu begleichen[65] – direkt in Anspruch nehmen. Genau dies ist wohl vom *FECG* auch gewollt. Dafür spricht neben der ausdrücklichen Verwendung des Begriffs „Garantie" in der deutschen Sprachfassung insbesondere auch die ausdrückliche Zubilligung des Anspruchs auf Nachweis der Werthaltigkeit. Hätte man nur eine harte externe Patronatserklärung gewollt, so wäre dies wohl nicht nur in der deutschen Sprachfassung ausdrücklich so formuliert worden, sondern auch in der englischen hätte man hier wohl anders formuliert.

Jedenfalls im wirtschaftlichen Ergebnis käme eine harte externe Patronatserklärung im Übrigen ziemlich nahe an die im deutschen Vertragskonzernrecht vorgesehene Verlustausgleichspflicht (§ 302 AktG) – in beiden Fällen besteht keine direkte Außenhaftung, sondern es wird nur das Vermögen der Tochter wieder „aufgefüllt". Das deutsche Verlustausgleichsmodell wird im *FECG*-Papier zwar nicht einmal erwähnt, schon dieses Schweigen wird man aber wohl als „beredtes" Schweigen i.S.e. klaren Ablehnung verstehen müssen.

Eine echte Garantie hat freilich aus der Perspektive des Konzerns den Nachteil, dass der Garantiegeber ggf. direkt gegenüber den Gläubigern haftet, bei einer harten externen Patronatserklärung würde hingegen nur eine Pflicht zur Kapitalausstattung der Tochter bestehen. Aus Gläubigersicht ist eine echte Garantie gerade deswegen jedoch evident vorzugswürdig; sie bietet den Gläubigern den besten Schutz. Idealerweise sollte sie zudem als Garantie auf erstes Anfordern[66] ausgestaltet sein.

(3) Umfang der Garantie

Umfangmäßig muss die revolvierende Garantie alle Tochteraußenverbindlichkeiten erfassen, die jeweils innerhalb von 12 Monaten nach einer

64 Vgl. ausführlich zur Garantie MüKoBGB/*Habersack* Vorbem. § 765 BGB Rdn. 16 ff.; BeckOGK/*Harnos* § 765 BGB Rdn. 488 ff.

65 Dazu noch unten II.3.b) bb) (3).

66 Bei der Garantie auf erstes Anfordern muss der Garant auf Verlangen des Garantienehmers die Garantiesumme sofort zahlen; Einwendungen gegen die materielle Berechtigung der Ansprüche des Garantienehmers kann er grundsätzlich erst nach Zahlung durch eine Rückforderungsklage geltend machen, vgl. BGH NJW-RR 2012, 1278 Rdn. 16. Ausf. zur Garantie auf erstes Anfordern: BeckOGK/*Madaus* § 765 Rdn. 557 ff. m.w.N.

Mutterweisung fällig werden. Maßgeblich sein soll also ausschließlich der Zeitpunkt der Fälligkeit; wann die Verbindlichkeit begründet wurde, ist irrelevant.

Hier wäre zu erwägen, ob im Interesse der Gläubiger nicht ein längerer Garantiezeitraum geboten ist. Andererseits ist es freilich systemkohärent, für die Länge der Garantie dieselbe Frist festzulegen wie für den Solvenztest. Denn in gewissem Sinne sind beide die Kehrseite derselben Medaille: Beim Solvenztest wird *ex ante* geprüft, ob die Tochter während des Prognosezeitraums ihre fälligen Verbindlichkeiten erfüllen kann, bei der Garantie wird *ex post* gezahlt, wenn sie dies nicht kann. Je länger der Prognosezeitraum ist, desto unsicherer ist indes die Prognose.[67] Die meisten Experten halten Prognosezeiträume von mehr als einem Jahr oder max. zwei Jahren nicht für realistisch.[68]

(4) Form der Garantiestellung

Ein weiterer wichtiger Punkt, der im Vorschlag jedoch leider nicht näher konkretisiert wird, ist die Form der Garantiestellung. Man könnte z. B. verlangen, dass eine solche Garantiezusage in den Konzernabschluss aufgenommen wird. Dann wäre zugleich auch für die notwendige Publizität gesorgt. Dies hätte jedoch den entscheidenden Nachteil, dass die Garantie nur einmal jährlich abgegeben bzw. widerrufen werden könnte. Vorzugswürdig erscheint es daher - in Anlehnung an das „statement of guarantee“ im Falle der Gründung einer englischen *company limited by guarantee* (s. 11 CA 2006[69]) - zu verlangen, dass die Garantieerklärung bzw. ihr Widerruf zur Eintragung ins Handelsregister der Tochtergesellschaft angemeldet und bekannt gemacht werden muss. Dies würde einerseits die notwendige Flexibilität, andererseits aber auch die erfor-

67 Vgl. KPMG, Feasibility study on an alternative to the capital maintenance regime established by the Second Company Law Directive 77/91/EEC of 13 December 1976 and an examination of the impact on profit distribution of the new EU accounting regime, 2008 (http://ec.europa.eu/internal_market/company/docs/capital/feasbility/study_en.pdf), S. 409.

68 Vgl. KPMG (Fn. 60), S. 409. Eine 12-Monats- bzw. Jahresfrist ist z. B. vorgesehen in s. 643(1) CA 2006 (Kapitalherabsetzung auf der Basis einer Solvenzerklärung), in Art. 21 Abs. 4 SPE-VOE-HU3 (Fn. 45), Art. 18 Abs. 2 des Kommissionsentwurf der SUP-RLE (Fn. 47) und im Vorschlag der *Rickford*-Gruppe (*Rickford*, EBLR 2004, 919, 980, 995). Die allgemeine Ausrichtung des Rates zum SUP-RLE (Fn. 47) sieht hingegen sogar nur noch eine 6-Monats-Frist vor. Die *Lutter*-Gruppe sah eine Frist von 1–2 Jahren vor (vgl. *Lutter* in: Lutter (Hrsg.), Das Kapital der Aktiengesellschaft in Europa, 2006, S. 1, 11).

69 Companies Act 2006 (2006 c. 46).

derliche Publizität gewährleisten. Hierfür könnte man dann ggf. auch ein Standardformular mit allen erforderlichen Angaben vorsehen.

(5) Nachweis der Werthaltigkeit

Zur Effektivierung der Garantie soll jeder Gläubiger der Tochter das Recht haben, vom Garantiegeber den Nachweis der Werthaltigkeit der Garantie zu verlangen.[70] Die englische Formulierung weicht allerdings auch hier etwas ab; sie verlangt „a guarantor must demonstrate its clear capability to honour the guarantee".[71] Dies betont zu Recht noch stärker, dass der Garantiegeber eindeutig in der Lage sein muss, seinen Garantieverpflichtungen nachzukommen. In jedem Fall sollte die Erbringung eines entsprechenden Nachweises für die Praxis keine großen Probleme bereiten. Sofern man den hier vorgeschlagenen Weg einer Registerpublizität der Garantie wählt, sollte man aber konsequenterweise zusätzlich verlangen, dass in jedem Fall auch im Zeitpunkt der Registereintragung ein Werthaltigkeitsnachweis gegenüber dem Register erbracht wird.

(6) Information über Finanzlage

Sofern eine Gruppengesellschaft die Garantie abgegeben hat, muss die Tochtergeschäftsleitung zu jeder Zeit über die Vermögenslage der gesamten Unternehmensgruppe und die der garantierenden Gesellschaft in vollem Umfang informiert sein.[72] Sinn und Zweck dieser Informationspflicht ist offenbar, dass die Tochtergeschäftsleitung stets einschätzen kann, ob die Garantie tatsächlich (noch) werthaltig ist. Obwohl der Vorschlag des *FECG* dies nicht ausdrücklich vorsieht, wird man wohl konsequenterweise annehmen müssen, dass die Tochter den Weisungen der Mutter nicht mehr Folge leisten darf, wenn ihr entweder die entsprechenden Informationen nicht zur Verfügung gestellt werden oder aufgrund der zur Verfügung gestellten Informationen nicht mehr eindeutig klar ist, dass der Garantiegeber seinen Verpflichtungen aus der Garantie nachkommen kann (vgl. die englische Sprachfassung „clear capability"). Dies sollte in einem Legislativvorschlag noch ausdrücklich klargestellt werden.

70 Vgl. *FECG*, ZGR 2015, 507, 512.
71 Vgl. *FECG*, ZGR 2015, 299, 303.
72 Vgl. *FECG*, ZGR 2015, 507, 512.

4. *Sanktionierung*

Um zu gewährleisten, dass diese Schutzinstrumente zugunsten der Gläubiger auch tatsächlich greifen, ist es natürlich von größter Wichtigkeit, dass etwaige Verstöße effektiv sanktioniert werden. Der Vorschlag des *FECG* beschränkt sich insoweit indes bedauerlicherweise auf die relativ pauschale Aussage, dass „Verstöße ... in effektiver Weise von den Mitgliedstaaten auf der Grundlage ihres jeweiligen Zivil-, Verwaltungs- und/oder Strafrechts geahndet werden“.[73] Derartige allgemeine Sanktionsklauseln, wie sie in vielen EU-Rechtsakten enthalten sind, führen jedoch häufig zu höchst unterschiedlichen mitgliedstaatlichen Standards. Im Europäischen Kapitalmarktrecht wurden daher nach der Finanzkrise neue, sehr viel umfassendere und detaillierte Standards eingeführt[74], die bereits in einer ganzen Reihe neuer Rechtsakte (u.a. MiFID II[75]/MiFIR[76], MAR[77]/MAD II[78], Transparenz-RL n.F.[79]) fruchtbar gemacht wurden.

73 Vgl. *FECG*, ZGR 2015, 507, 514.

74 Vgl. grundlegend: Mitteilung der Kommission an das Europäische Parlament, den Rat, den Europäischen Wirtschafts- und Sozialausschuss und den Ausschuss der Regionen. Stärkung der Sanktionsregelungen im Finanzdienstleistungssektor, 8.12.2010, KOM(2010) 716.

75 RL 2014/65/EU D des Europäischen Parlaments und des Rates v. 15.5.2014 über Märkte für Finanzinstrumente sowie zur Änderung der Richtlinien 2002/92/EG und 2011/61/EU (Neufassung), ABlEU v. 12.6.2014, L 173/349 [MiFID II].

76 VO (EU) Nr. 600/2014 des Europäischen Parlaments und des Rates v. 15.5.2014 über Märkte für Finanzinstrumente und zur Änderung der Verordnung (EU) Nr. 648/2012, ABlEU v. 12.6.2014, L 173/84 [MiFIR].

77 VO (EU) Nr. 596/2014 des Europäischen Parlaments und des Rates v. 16.4.2014 über Marktmissbrauch (Marktmissbrauchsverordnung) und zur Aufhebung der Richtlinie 2003/6/EG des Europäischen Parlaments und des Rates und der Richtlinien 2003/124/EG, 2003/125/EG und 2004/72/EG der Kommission, ABlEU v. 12.6.2014, L 173/1 [MAR].

78 RL 2014/57/EU des Europäischen Parlaments und des Rates v. 16.4.2014 über strafrechtliche Sanktionen bei Marktmanipulation (Marktmissbrauchsrichtlinie), ABlEU v. 12.6.2014, L 173/179 [MAD II].

79 RL 2004/109/EG des Europäischen Parlaments und des Rates v. 15.12.2004 zur Harmonisierung der Transparenzanforderungen in Bezug auf Informationen über Emittenten, deren Wertpapiere zum Handel auf einem geregelten Markt zugelassen sind, und zur Änderung der Richtlinie 2001/34/EG, ABlEU v. 31.12.2004, L 390/38; geändert durch: RL 2013/50/EU des Europäischen Parlaments und des Rates v. 22.10.2013 zur Änderung der Richtlinie 2004/109/EG des Europäischen Parlaments und des Rates zur Harmonisierung der Transpa-

In Anlehnung daran sollten man auch hier zumindest gewisse Mindeststandards für die Sanktionen vorgeben. Insbesondere sollte eine Haftung sowohl der Tochtergeschäftsführer als auch der Konzernmutter sowie etwaiger anderer begünstigter Konzerngesellschaften und deren handelnder Organe vorgesehen werden, wenn eine Weisung befolgt oder gegeben wird, obwohl eigentlich kein Weisungsrecht (mehr) besteht.

5. *Schutz der Gläubiger in der Insolvenz*

Eine allerletzte Verteidigungslinie für die Gläubiger bilden im Konzept des *FECG* spezielle Regeln für den Fall der Insolvenz der Tochter.[80]

a) *Wegfall des Weisungsrechts*

Wenn die Tochter in eine existenzgefährdende Krise gerät, sollen ihre Geschäftsführer die Primärverantwortung für die Angelegenheiten ihrer Gesellschaft, für ihre Sanierung oder für den Gang in die Insolvenz tragen; Weisungen anderer Gruppengesellschaften werden unverbindlich.[81] Das Weisungsrecht soll also nicht erst mit Eröffnung des Insolvenzverfahrens oder Insolvenzantragstellung enden, sondern bereits in dem Zeitpunkt, in dem die Tochtergesellschaft in eine „existenzgefährdende Krise" gerät. Aus Gläubigersicht ist diese relativ frühzeitige Anknüpfung natürlich zu begrüßen.

Problematisch ist allerdings, dass mit dem Begriff der „existenzgefährdenden Krise" wiederum an einen unbestimmten Rechtsbegriff angeknüpft wird. In einem Legislativvorschlag sollte dieser daher ggf. noch näher definiert werden. Eine denkbare Option wäre es dabei, eine „existenzgefährdende Krise" dann anzunehmen, wenn objektiv ein Insolvenztatbestand erfüllt ist. Problem ist dabei freilich, dass die Insol-

renzanforderungen in Bezug auf Informationen über Emittenten, deren Wertpapiere zum Handel auf einem geregelten Markt zugelassen sind, der Richtlinie 2003/71/EG des Europäischen Parlaments und des Rates betreffend den Prospekt, der beim öffentlichen Angebot von Wertpapieren oder bei deren Zulassung zum Handel zu veröffentlichen ist, sowie der Richtlinie 2007/14/EG der Kommission mit Durchführungsbestimmungen zu bestimmten Vorschriften der Richtlinie 2004/109/EG, ABlEU v. 6. 11. 2013, L 294/14.

80 Diese gelten übrigens gleichermaßen für Servicegesellschaften und für reguläre Tochtergesellschaften, vgl. *FECG,* ZGR 2015, 507, 514.

81 Vgl. *FECG,* ZGR 2015, 507, 514.

venzgründe in den einzelnen Mitgliedstaaten sehr unterschiedlich sind.[82] Die Kommission hat zwar dieses Jahr eine Studie zu einer möglichen Harmonisierung des materiellen Insolvenzrechts in Auftrag gegeben, die u. a. auch genau diesen Punkt mit umfasst.[83] Im Aktionsplan zur Schaffung einer Kapitalmarktunion wurde für Ende 2016 auch bereits ein Legislativentwurf zu Unternehmensinsolvenzen angekündigt[84]; ob dieser auch diesen Punkt mit umfassen wird, ist jedoch aktuell noch nicht abzusehen.

Alternativ könnte man sich aber auch – ähnlich wie schon 1998 vom *Forum Europaeum Konzernrecht* vorgeschlagen[85] - am englischen Konzept des *wrongful trading*[86] orientieren, zumal schon seit Jahren erwogen wird, dieses Instrument ins Unionsrecht zu übernehmen[87]. Maßgeblicher Zeitpunkt für die Haftung aufgrund von *wrongful trading* gem. s. 214 IA 1986[88] ist der Zeitpunkt in dem der *director* „knew or ought to have concluded that there was no reasonable prospect that the company would avoid going into insolvent liquidation". Die „Stunde der Wahrheit"[89] schlägt also, wenn der Geschäftsführer „wusste oder hätte wissen müssen, dass keine realistische Aussicht besteht, dass die Gesellschaft die Insolvenz vermeiden kann". Nach s. 214(4) IA 1986 gilt dabei ein zweigliedriger objektiv-subjektiver Standard[90]: Maßgeblich die Perspektive einer „reasonably diligent person having both (a) the general knowledge, skill and experience that may reasonably be expected of a person carrying out the same functions as are carried out by that director in relation to the company, and (b) the general knowledge, skill and experience that that

82 Vgl. auch *Mülbert*, ZHR 179 (2015) 645, 658.

83 ABlEU 2015/S 064–111780; ABlEU 2015/S 064–111780.

84 COM(2015) 468, S. 35.

85 Vgl. *Forum Europaeum Konzernrecht*, ZGR 1998, 672, 760.

86 Näher dazu *Palmer's Company Law* 15.599.26 ff.; vgl. weiter etwa *Davies* (2006) 7 EBOR 301 ff.; *Hirt*, ECFR 2004, 71 ff.

87 Der Aktionsplan 2003 sah – entsprechend dem Vorschlag der High Level Group – die Regelung einer *wrongful trading*-Haftung vor; nachdem sich jedoch i.R.d. Konsultation zu den Prioritäten sehr viele Marktteilnehmer dagegen ausgesprochen hatten, wurde das Vorhaben nicht mehr weiterverfolgt, vgl. *Lutter/Bayer/J. Schmidt*, EuropUR, 5. Aufl. 2012, § 18 Rdn. 63. In der derzeit laufenden Studie zur Harmonisierung des materiellen Insolvenzrechts (Fn. 83) stehen die Pflichten der Geschäftsleiter in Insolvenznähe nun jedoch erneut auf der Agenda.

88 Insolvency Act 1986, 1986 c. 45.

89 Vgl. *Palmer's Company Law* 15.599.30.

90 Vgl. *Palmer's Company Law* 15.599.32; *J. Schmidt*, „Deutsche" vs. „britische" Societas Europaea (SE), 2006, S. 535.

director has“ (also: einer angemessen sorgfältigen Person, die sowohl (a) die allgemeinen Kenntnisse, Fähigkeit und Erfahrungen besitzt, die von einer Person, die dieselben Funktionen wie der betreffende Geschäftsführer im Verhältnis zur Gesellschaft ausübt, vernünftigerweise erwartet werden können als auch (b) die generellen Kenntnisse, Fähigkeiten und Erfahrungen des betreffenden Geschäftsführers).

Damit wäre die Schwelle der „existenzgefährdenden Krise“ zumindest etwas deutlicher konturiert. Allerdings lässt das Konzept des *wrongful trading* dem Gericht immer noch sehr viel Spielraum bei der Würdigung der Umstände des konkreten Sachverhalts.[91] Die englische Praxis scheint damit indes aber bereits seit fast zwei Jahrzehnten zumindest ganz passabel leben zu können.[92]

b) Fortbestehende Unterstützungspflicht der Mutter

Im Anschluss an die Ausführungen zum Wegfall des Weisungsrechts ab Eintritt einer existenzgefährdenden Krise heißt es im Vorschlag des *FECG* dann noch etwas kryptisch, dass die Verpflichtung der Gruppenmutter, ihre Tochter in dieser Situation zu unterstützen, unberührt bleibe. Was damit konkret gemeint ist, bleibt leider im Dunkeln. Zumindest bei flüchtigem Lesen könnte man hier indes auf den Gedanken einer irgendwie gearteten Durchgriffshaftung oder gar einer substantiellen Konsolidierung der Insolvenzmassen (falls auch die Mutter insolvent ist) kommen. Dies kann indes wohl kaum gemeint sein. Denn schließlich hat der Europäische Gesetzgeber eine substantielle Konsolidierung im Kontext der Neufassung der EuInsVO[93] gerade zu Recht dezidiert abgelehnt[94] – gerade in der Konzerninsolvenz muss die rechtliche Trennung der Vermögensmassen respektiert werden[95]. Man wird diesen Hinweis wohl vielmehr als einen bloßen Hinweis auf die allgemeinen Pflichten der Mutter als Gesellschafterin der Tochter in deren Insolvenz verstehen

91 Vgl. *Palmer's Company Law* 15.599.30; *Bachner* (2004) 5 EBOR 293, 313 ff.; *Hirt*, ECFR 2004, 71, 91.

92 Vgl. aus der jüngeren Rechtsprechung etwa: *Brooks v Armstrong* [2015] EWHC 2289 (CH); *Singla v Hedman* [2010] EWHC 902 (Ch); *Roberts v Frohlich* [2011] EWHC 257 (Ch); *Re Kudos Business Solutions Ltd (In Liquidation)* [2011] EWHC 1436 (Ch); *Re Idessa (UK) Ltd. (In Liquidation)* [2011] EWHC 1436 (Ch).

93 VO (EU) 2015/848 des Europäischen Parlaments und des Rates v. 20. 5. 2015 über Insolvenzverfahren (Neufassung), ABlEU v. 5. 6. 2015, L 141/19.

94 Vgl. dazu *J. Schmidt*, KTS 2015, 19, 35; *J. Schmidt*, in: Mankowski/Müller/J. Schmidt, EuInsVO 2015, 2016, Art. 56 EuInsVO Rn. 5 m. w. N.

95 Vgl. *J. Schmidt*, KTS 2015, 19, 21, 35 m.w.N.

müssen – womit er dann aber letztlich nicht vielmehr als ein bloßer Programmsatz ist.

III. Resümee

Zusammenfassend bleibt daher abschließend festzuhalten:

1. Aus Gläubigerperspektive bietet das Konzept des *FECG* einen grundsätzlich akzeptablen Ansatz. Dieser muss jedoch in dem angestrebten Legislativakt unbedingt noch weiter ausgebaut und konkretisiert werden.
2. Die Definition der Servicegesellschaft erscheint gut gelungen; sie sollte lediglich – wie dargelegt – noch mit an die Terminologie der EU-Bilanz-RL angepasst werden.
3. Die Pflicht zur Publizität der Konzernzugehörigkeit in der Firma und auf der Geschäftskorrespondenz ist im Interesse der Gläubiger zu begrüßen. Zu erwägen wäre hier die Schaffung eines speziellen EU-weit einheitlichen Rechtsformzusatzes, wie etwa *Societas Circuli Serviens (SCS)*. Bzgl. der Publizität auf der Geschäftskorrespondenz sollte an Art. 5 der Publizitäts-RL angeknüpft werden. Zudem sollte klargestellt werden, dass allein aus dieser Publizität keine „Konzernvertrauenshaftung“ resultiert.
4. Hinsichtlich der Grenzen des Weisungsrechts dürfte das *FECG* eine insgesamt gut ausbalancierte Lösung gefunden haben: Existenzgefährdung als absolute Grenze, oberhalb davon entweder (a) Begrenzung des Weisungsrechts durch einen Solvenztest oder (b) freies Weisungsrecht im Gegenzug für eine Garantie. Hier gilt es aber – wie aufgezeigt - noch eine ganze Reihe von Detailpunkten zu klären.
5. Im Hinblick auf die Sanktionierung von Verstößen sollten in einem Legislativakt über eine allgemeine Sanktionsklausel hinaus auch Mindestvorgaben für Sanktionen gemacht werden, insbesondere bezüglich der Haftung der Geschäftsführer der Tochter sowie der Mutter, anderer beteiligter Konzerngesellschaften und deren Organe.
6. Das Entfallen des Weisungsrechts bereits mit Eintritt einer existenzgefährdenden Krise ist im Interesse der Gläubiger ebenfalls zu begrüßen. Auch dies sollte aber möglichst noch präzisiert werden; dabei könnte an das englische Konzept des *wrongful trading* angeknüpft werden.

Systeme der Binnenorganisation in der zweiten Kapitalgesellschaftsform und grenzüberschreitende Gruppenführung in Europa*

Christian Schubel

Inhaltsübersicht

I. Einführung und Fragen

Mit diesem Beitrag wird der Versuch unternommen, eines der Kernelemente des FECG-Vorschlages, die Einführung eines gruppenweiten Weisungsrechts der Muttergesellschaft und einer damit korrespondierenden Folgepflicht der Geschäftsleitungen in den Tochtergesellschaften,[1] vor dem Hintergrund der Gesetzgebung ostmitteleuropäischer EU-Mitgliedstaaten auszumessen. Hierbei soll der Blick vor allem auf die Verhältnisse kleiner und mittlerer Unternehmen gerichtet werden,

* Der Verfasser bedankt sich bei Frau Dr. *Lucie Josková* (Prag), Frau Dr. *Angelika Mašurová* (Wien/Bratislava) und Herrn *Leszek Dziuba*, LL.M., (Budapest) für die Unterstützung bei der Erstellung der Anmerkungen und weiterführende Hinweise zum tschechischen, slowakischen und ungarischen Recht.

1 *Forum Europaeum on Company Groups,* ZGR 2015, 507, insb. 511.

weshalb der Rechtsvergleich auf die zweite Kapitalgesellschaftsform zu begrenzen ist. Da im ostmitteleuropäischen Raum vergleichsweise viele Staaten spezielle gruppenrechtliche Regelungen erlassen haben, scheint es nahe zu liegen, sich lediglich mit diesen Vorschriften zu beschäftigen. Bei genauer Betrachtung entstehen aber bald Zweifel, ob sich mit einer derartigen Fokussierung tatsächlich die rechtliche Situation angemessen erfassen lassen würde, in der kleine und mittlere Unternehmen agieren müssen, wenn sie sich an den Aufbau einer grenzüberschreitenden Gruppe machen.

So ist bei Ungarn darauf zu verweisen, dass die Anwendung der speziellen konzernrechtlichen Regelungen (zumindest) bis Mitte 2014 auf sog. Wirtschaftsgesellschaften beschränkt gewesen ist, also auf nach ungarischem Recht gegründete Gesellschaften. Der damit verbundene Ausschluss ausländischer Muttergesellschaften dürfte wohl gegen die Niederlassungsfreiheit verstoßen haben,[2] doch ist diese Problematik im vergangenen Jahrzehnt nicht vor den EuGH gebracht worden. Ohnehin ist das ungarische Konzernrecht vor allem im Bereich des Vertragskonzernrechts, um das es in diesem Beitrag nicht gehen soll, systematisch durchgeregelt worden; für faktische Konzerne existieren dagegen nur wenige Bestimmungen, so dass es hier eher auf die Vorgaben des allgemeinen Gesellschaftsrechts ankommt. In Polen gibt es relativ viele Einzelregelungen, die sich dem Konzernrecht zuordnen lassen, doch haben diese zumeist bruchstückhaften Charakter, weshalb sie dringend sinnvoller Ergänzung bedürfen.[3] Ein für die zu diskutierende Problematik interessantes gruppenrechtliches Reformprojekt ist vor fünf Jahren vergleichsweise intensiv diskutiert, schließlich aber nicht weiter betrieben worden. Auch hier lässt sich ein realistisches Bild daher nur gewinnen, wenn man die Vorschriften des allgemeinen Gesellschaftsrechts im Blick behält. In Tschechien gilt seit Anfang 2014 eine neue systematisch ausgestaltete Gesamtregelung für die Unternehmensgruppen, die allerdings in ihrer Komplexität für kleine und mittlere Unternehmen häufig zu kompliziert sein wird. Nicht ausgeschlossen erscheint dagegen auch bei

2 Vgl. *Baumann*, Das Konzernrecht Ungarns nach dem Inkrafttreten des Gesetzes Nr. IV aus dem Jahr 2006 über die Wirtschaftsgesellschaften, 2011, S. 282 f.; auch *Teichmann*, ZGR 2014, 45, 60, 74 f.

3 Einen Überblick über die verschiedenen Vorschriften gibt *J. Schubel*, Gestaltungsfreiheit und Gestaltungsgrenzen im polnischen Vertragskonzernrecht, 2010, S. 48 ff.; vgl. ferner *Cierpial-Magnor/Horwath Campbell*, in: Winner (Hrsg.), Haftungsrisiken für die Konzernmutter in Mittel- und Osteuropa, 2013, S. 259, 284 ff.

diesen Unternehmen ein Rückgriff auf verschiedene Einzelregelungen, die aber ebenfalls vor dem Hintergrund des allgemeinen Gesellschaftsrechts betrachtet werden müssen.

In den kleinen Länderberichten dieses Beitrages soll deshalb jeweils ein Bogen geschlagen werden von den Vorschriften, die das mitgliedsstaatliche Gesellschaftsrecht für die zweite Kapitalgesellschaftsform bereitstellt, hin zu ausgesuchten Regelungen des Konzernrechts. Im Mittelpunkt sollen dabei die folgenden Punkte stehen: Zunächst ist die jeweilige gesetzliche Normalordnung der zweiten Kapitalgesellschaftsform zu skizzieren, wobei vor allem das Verhältnis zwischen der Gesellschafterversammlung und der Geschäftsführung zu beleuchten ist. Zweitens bedarf der Klärung, ob Sondervorschriften existieren, die bei Einpersonengesellschaften dem Alleingesellschafter weitergehende Einflussmöglichkeiten eröffnen. Gerade in den Fällen, in denen das gesetzliche Modell der zweiten Kapitalgesellschaftsform eine Gruppenführung eher erschwert, interessiert drittens, ob die Binnenordnung der Gesellschaft so von den gesetzlichen Bestimmungen abweichend ausgestaltet werden kann, dass die Gruppenführung erleichtert wird. Viertens ist schließlich zu untersuchen, inwieweit spezielle konzernrechtliche Vorschriften eine effektive Führung der grenzüberschreitenden Unternehmensgruppe ermöglichen.

II. Rechtsvergleich: Möglichkeiten zur Einflussnahme auf die Geschäftsleitung

1. Vorbemerkung

Macht man sich an einen Vergleich der Binnenorganisation der zweiten Kapitalgesellschaftsform, ist zu beachten, dass für die Thematik wichtige Begrifflichkeiten in den ostmitteleuropäischen Gesellschaftsrechtsordnungen teilweise völlig anders ausgefüllt werden, als im deutschen Recht. Dies betrifft zunächst das Weisungsrecht der Gesellschafterversammlung, das mitunter an Vorschriften festgemacht wird, deren wesentlicher Inhalt nicht dem von § 37 Abs. 1 des deutschen GmbHG entspricht, sondern dem von § 83 Abs. 2 AktG gleicht: Soweit die Gesellschafterversammlung im Rahmen ihrer Zuständigkeit Beschlüsse fasst, sind die Geschäftsführer verpflichtet, diese auszuführen. Allein aus einer solchen Regel lässt sich noch nichts für die Beantwortung der Frage herleiten, inwieweit die

Geschäftsleitung bei der Führung der Gesellschaftsgeschäfte Weisungen der Gesellschafter untersteht. Ebenso missverständlich ist der Gebrauch des Begriffes „oberstes Organ", mit dem u. a. in Ungarn und in Tschechien die Gesellschafterversammlung vom Gesetz selbst gekennzeichnet wird.[4] Damit will man jedoch – anders als im deutschen GmbH-Recht – keine Überordnung dieser Versammlung über die Geschäftsführung im Sinne einer hierarchischen Binnenordnung zum Ausdruck bringen.[5] Stattdessen soll mit dieser Kennzeichnung zumeist wohl herausgestellt werden, dass die Gesellschafterversammlung die für die Gesellschaft wichtigsten Angelegenheiten zu entscheiden hat. In diesem Sinne heißt es in § 3:109 Abs. 2 Satz 1 des neuen ungarischen Bürgerlichen Gesetzbuches (UBGB),[6] der für sämtliche Arten von Wirtschaftsgesellschaften gilt: „Die Aufgabe des obersten Organs der Wirtschaftsgesellschaft ist die Entscheidung in grundlegenden geschäftlichen und personellen Fragen der Gesellschaft."

2. Polen

a) Beginnen soll der Rechtsvergleich in Polen, weil die Binnenorganisation der polnischen *Spółka z ograniczoną odpowiedzialnością (Sp. z o.o.)* der der deutschen GmbH am ähnlichsten ist. Diese Feststellung mag etwas überraschen, weil das polnische Gesetz über Handelsgesellschaften *(Kodeks spółek handlowych = KSH)* das Innenverhältnis der Sp. z o.o. mit vielen Einzelvorschriften regelt, die aus deutscher Sicht eher an das Aktienrecht erinnern und die Gesellschaft sogar einen Vorstand und keine Geschäftsführer hat. Dennoch üben die Vorstandsmitglieder einer Sp. z o.o. ihre Geschäftsführung grundsätzlich weisungsgebunden aus, jedenfalls nach Ansicht der herrschenden Meinung, die dies aus Art. 207 KSH herleitet.[7] Allerdings ist diese Auslegung keinesfalls unumstritten:

4 Hierzu unter II.3 und II.4.

5 Zum heutigen Begriffsverständnis im deutschen GmbH-Recht etwa *Kleindiek*, in: Lutter/Hommelhoff (Hrsg.), Komm. z. GmbH-Gesetz, 19. Aufl. 2016, § 45 Rn. 4 f.; *Liebscher*, in: Fleischer/Goette (Hrsg.) MünchKomm GmbHG, 2. Aufl. 2016, § 45 Rn. 81; zum ursprünglichen Begriffsverständnis *C. Schubel*, Verbandssouveränität und Binnenorganisation der Handelsgesellschaften, 2003, S. 360 ff.

6 Gesetz Nr. V/2013 v. 11. 2. 2013, in Kraft seit dem 15. 3. 2014.

7 Vgl. etwa *Opalski/Wiśniewski*, Przegląd Prawa Handlowego (PPH) 2005 Nr. 1 S. 52 ff.; *Szumanski* in: Sołtysiński, Szajkowski, Szumański, Tarska, Kodeks

Im rechtswissenschaftlichen Schrifttum wird durchaus auch die Ansicht vertreten, eine Einwirkung der Gesellschafterversammlung auf die Geschäftsführung sei nur dort zulässig, wo das Gesetz dies selbst vorsehe oder man ausdrücklich eine derartige Regelung im Gesellschaftsvertrag getroffen habe, ad hoc Weisungen seien dagegen generell unzulässig.[8] Zudem äußern mitunter auch Autoren, die Art. 207 KSH im Sinne der herrschenden Meinung deuten, Kritik an der Weisungsgebundenheit der Geschäftsführung: Es seien keine Sachgründe erkennbar, diesen Punkt bei der Sp. z o.o. anders als bei der Aktiengesellschaft zu regeln.[9]

Nach herrschender Meinung ist die Sp. z o.o. mithin durch eine hierarchische Binnenordnung gekennzeichnet, bei der sich die Kompetenzbereiche von Vorstand und Gesellschafterversammlung überschneiden: Einerseits wird die gewöhnliche Geschäftsführung nicht vom Weisungsrecht der Gesellschafterversammlung ausgenommen, andererseits verlangt Art. 208 § 4 KSH für Angelegenheiten, die den Rahmen der gewöhnlichen Geschäftsführung überschreiten, einen Beschluss des Gesamtvorstandes, auch derartige Angelegenheiten liegen demnach zumindest nicht vollständig außerhalb der Kompetenz dieses Organs.[10] Allerdings wird vom polnischen Gesetz die Durchführung einer ganzen Reihe von Maßnahmen ausdrücklich an die Zustimmung der Gesellschafterversammlung gebunden, z. B. die Durchführung von Immobiliengeschäften (Art. 228 Ziffer 4 KSH) oder der Abschluss von Rechtsgeschäften, deren Wert den des Stammkapitals der Gesellschaft zweifach

spółek handlowych. Komentarz do art. 151–300, Band 2, 2. Aufl. 2005, Art. 207 Rn. 7.

8 So z. B. *Pabis* in: Bieniak (Hrsg.), Kodeks spółek handlowych. Komentarz, 2. Aufl. 2012, Art. 207 Rn. 2 und 4; zu dieser Ansicht siehe auch *Rodewald/ Paulat*, GmbHR 2013, 519, 526 (Länderbericht Polen: *J. Schubel*).

9 Vgl. *Naworski* in: Siemiątkowski/Potrzeszcz, Kodeks spółek handlowych, tom 2, 2011, Art. 207 Rn. 9.

10 Im rechtswissenschaftlichen Schrifttum wird der Anwendungsbereich von Art. 208 § 4 KSH dahingehend umschrieben, es gehe um Angelegenheiten, die nicht typisch für die konkrete Gesellschaft seien und daher nicht zu deren laufenden Angelegenheiten gehörten, sowie um wichtige Maßnahmen, die eine große finanzielle Belastung für die Gesellschaft bedeuteten oder mit einem großen Risiko verbunden seien; vgl. *Szajkowski/Tarska/Szumański* in: Sołtysiński, Szajkowski, Szumański, Tarska, Kodeks spółek handlowych. Komentarz do art. 151–300, Band 2, 2. Aufl. 2005, Art. 208 Rn. 26. *Pabis*, aaO (Fn. 8), Art. 208 Rn. 7, erläutert, es gehe um Angelegenheiten, die gemäß dem Gesetz oder dem Gesellschaftsvertrag (später auch) die Zustimmung der Gesellschafterversammlung benötigten.

übersteigt (Art. 230 KSH).[11] Auch diese Maßnahmen liegen aber nicht außerhalb der Zuständigkeit des Vorstandes, der insoweit durchaus aktiv werden kann, doch ist er von Gesetzes wegen verpflichtet, die Angelegenheit den Gesellschaftern vorzulegen.

b) Hat die Sp. z o.o. nur einen Gesellschafter, so ändert dies grundsätzlich nichts am gesetzlichen Modell für die Binnenordnung der Gesellschaft. Gemäß Art. 156 KSH übt der einzige Gesellschafter alle Befugnisse aus, die der Gesellschafterversammlung zustehen, wobei die Vorschriften für diese Versammlung entsprechend zur Anwendung kommen sollen.[12] Allerdings wird der Einsatz von Einpersonengesellschaften in grenzüberschreitenden Gruppen nicht unerheblich dadurch eingeschränkt, dass gemäß Art. 151 § 2 KSH eine Sp. z o.o. nicht ausschließlich durch eine andere Einpersonengesellschaft mit beschränkter Haftung gegründet werden kann. Auch ausländische Gesellschaften mit nur einem Gesellschafter werden von diesem Verbot erfasst.[13]

c) Zwar gibt es im polnischen Schrifttum eine Mindermeinung, die den Grundsatz der aktienrechtlichen Satzungsstrenge auf die Sp. z o.o. entsprechend zur Anwendung bringen möchte, mehrheitlich wird jedoch davon ausgegangen, dass bei der Sp. z o.o. wie bei der deutschen GmbH bei der Ausgestaltung der Binnenordnung weitgehend Gestaltungsfreiheit herrscht.[14] Das Gesetz selbst macht bei einer ganzen Reihe

11 Nach herrschender Meinung soll der doppelte Wert des Stammkapitals gemeint sein, vgl. *Pabis*, aaO (Fn. 8), Art. 208 Rn. 7; *Szumanski*, aaO (Fn. 7), Art. 230 Rn. 3.

12 Die Regelung einer (bloß) entsprechenden Anwendung bezweckt nach herrschender Meinung eine Entformalisierung des Entscheidungsprozesses in Einpersonengesellschaften, weil bestimmte Vorschriften hier nicht angewendet werden müssten, wie z.B. die über geheime Abstimmungen (Art. 247 KSH), über spezielle Mehrheitsanforderungen (Art. 245–247) oder über die Minderheitsrechte (Art. 236–237 KSH), auch müsse kein Sitzungsleiter gewählt, über die Tagesordnung nicht abgestimmt und das Fehlen von Einsprüchen nicht protokolliert werden; hierzu *Potrzeszcz* in: Siemiątkowski/Potrzeszcz, Kodeks spółek handlowych, tom 2, 2011, Art. 156 Rn. 1 und 4; *Szajkowski/Tarska* in: Sołtysiński, Szajkowski, Szumański, Tarska, Kodeks spółek handlowych. Komentarz do art. 151–300, Band 2, 2. Aufl. 2005, Art. 156 Rn. 43.

13 Vgl. auch *Oplustil* in: Liebscher/Zoll (Hrsg.) Einführung in das polnische Recht, 2005, S. 413. Zur europarechtlichen Zulässigkeit derartiger Regelungen *Grundmann*, Europäisches Gesellschaftsrecht, 2. Aufl. 2011, S. 150 ff. (Rn. 303 ff.); *Habersack/Verse*, Europäisches Gesellschaftsrecht, 4. Aufl. 2011, S. 355 f. (§ 10 Rn. 11 ff.); *Lutter*, in: FS Brandner, 1996, S. 81 ff.

14 Siehe nur *Szajkowski/Tarska/Szumanski*, aaO (Fn. 10), Art. 201 Rn. 11 ff., *Rachwal* in: Włodyka, Prawo spolek handlowych, tom 2, 2012, S. 719.

von Punkten ausdrücklich darauf aufmerksam, dass in der Satzung eine abweichende Regelung getroffen werden darf. So kann zum Beispiel die Stellung des Vorstands gestärkt werden, indem auf den Zustimmungsvorbehalt bei Immobiliengeschäften verzichtet wird (Art. 228 Ziff. 4 KSH). Sogar in der für das Weisungsrecht der Gesellschafterversammlung wesentlichen Norm des Art. 207 KSH heißt es explizit: „sofern der Gesellschaftsvertrag nichts anderes bestimmt". Demnach ist es offenbar bei der Sp. z o.o. möglich, auf das Weisungsrecht der Gesellschafterversammlung zu verzichten und dem Vorstand wie bei der Aktiengesellschaft einen Bereich von Zuständigkeiten zur eigenverantwortlichen Ausübung zuzuweisen.[15] Dies liefe auf eine Art „Modellwechsel" hinaus. Umgekehrt ist es auch möglich, in der Satzung die Zuständigkeit des Vorstandes einer Sp. z o.o. zur Führung der Gesellschaftsgeschäfte zu begrenzen, allerdings ist man insoweit im polnischen Schrifttum erkennbar zurückhaltender als im deutschen GmbH-Recht: Eine zu weitgehende Begrenzung dieser Kompetenz durch Übertragung von wichtigen Geschäftsführungsaufgaben auf die Gesellschafterversammlung soll unzulässig sein.[16]

d) Schon nach den allgemeinen Regeln für die Sp. z o.o. hat also eine Muttergesellschaft die Möglichkeit, auf die Geschäftsführung der Tochter Einfluss zu nehmen. Allerdings sind der Ausübung dieses Einflusses inhaltliche Grenzen gesetzt. Zwar ist im polnischen Schrifttum umstritten, inwieweit die Geschäftsleitung der Tochtergesellschaft die Interessen der Muttergesellschaft bzw. der Gruppe mitberücksichtigen darf, Einigkeit besteht aber darin, dass eine vollständige Unterordnung unter die Interessen einer anderen Gesellschaft jedenfalls in faktischen Konzernen unzulässig ist.[17] Auf Drängen der unternehmerischen und rechtsberatenden Praxis[18] stellte daher das Justizministerium im März 2010 einen Entwurf von Vorschriften für die faktische Unternehmensgruppe vor,

15 Hierzu *Naworski*, aaO (Fn. 9), Art. 207 Rn. 10.

16 Begründet wird dies vor allem mit einer aus Art. 201 § 1 KSH herzuleitenden gesetzlichen Vermutung der Zuständigkeit des Vorstandes; hierzu *Szajkowski/Tarska/Szumanski*, aaO (Fn. 10), Art. 201 Rn. 44 ff.; *Pabis*, aaO (Fn. 8), Art. 201 Rn. 5 f. und Art. 208 Rn. 3.

17 Eingehend zu den Diskussionen im polnischen Schrifttum *J. Schubel*, aaO (Fn. 3), S. 121 ff., 149 ff.; vgl. zudem *Oplustil/Włudyka*, FS Hommelhoff, 2012, S. 863, 868 f.

18 Hierzu *Oplustil/Włudyka*, FS Hommelhoff, S. 869 f.

den die Kodifikationskommission für das Zivilrecht ausgearbeitet hatte.[19] Generell lässt sich einschätzen, dass die Verfasser des Entwurfs offenbar einen „Mittelweg" schaffen wollten: Einerseits sollte die Führung von Gesellschaftsgruppen erleichtert werden, andererseits wollte man aber auch das Eigeninteresse der abhängigen Gesellschaft keinesfalls aufgeben, sondern grundsätzlich dessen Bedeutung beibehalten. Diese Gratwanderung hatte Vorschriften zum Ergebnis, die sich unterschiedlich auslegen lassen und die in den rechtswissenschaftlichen Diskussionen sogleich auch unterschiedlich ausgelegt worden sind. Insgesamt ist dem Entwurf, der durchaus interessante Einzelvorschläge enthalten hat, vor allem der Vorwurf fehlender Präzision gemacht worden,[20] weshalb ihn das Ministerium schließlich zurückgezogen hat. Intensiveren Einfluss auf die Geschäftsführung einer Tochtergesellschaft kann zurzeit daher nur ausgeübt werden, wenn diese mit der Mutter einen Konzernvertrag abgeschlossen hat. Derartige Verträge erwähnt das KSH mehrfach, ohne sie tatsächlich näher zu regeln.[21] So ist denn auch bezüglich der Konzernverträge vieles umstritten, was die Praxis aber nicht hindert, von diesem Institut allmählich Gebrauch zu machen.

3. Ungarn

a) Bereits erwähnt worden ist, dass die Gesellschafterversammlung der *korlátolt felelősségű társaság (Kft.)* gemäß § 3:188 Abs. 1 UBGB das oberste Organ der Gesellschaft bildet. Dass das gesetzliche Binnenorganisationsmodell der Kft. gleichwohl erheblich von dem der deutschen GmbH abweicht, macht allerdings schon § 3:22 Abs. 1 UBGB deutlich. Nach dieser Norm liegt die Regelkompetenz bei dem Geschäftsführer; in die

19 Projekt ustawy o zmianie ustawy Kodeks spółek handlowych i ustawy o Krajowym Rejestrze Sądowym, wersja z 22.3.2010 (Entwurf einer Novelle des Gesetzbuches für Handelsgesellschaften und des Gesetzes über Landesgerichtsregister, Version vom 22.3.2010). Verbreitet wurden die verschiedenen Fassungen des Entwurfs über die Internetseite des polnischen Justizministeriums (www.ms.gov.pl) und zwar teilweise in der Rubrik für laufende Kodifikationsprojekte und teilweise auf den speziellen Seiten für die Kodifikationskommission.

20 Siehe zu der Diskussion nur *Hommelhoff/J.Schubel*, in: C.Schubel/Kirste uam. (Hrsg.), Jahrbuch für Vergleichende Staats- und Rechtswissenschaften 2013, 2014, S. 47 ff.; *Oplustil/Włudyka,* FS Hommelhoff, S. 870 ff. jeweils m.w.N.

21 Vgl. den Überblick bei *J.Schubel*, aaO (Fn. 3), S. 80 ff.

Zuständigkeit der Gesellschafterversammlung fallen dagegen nur diejenigen Angelegenheiten, die ihr ausdrücklich zugeordnet werden.[22] Die Binnenorganisation der Kft. ist mithin durch genau abgegrenzte und abgestimmte Kompetenzbereiche gekennzeichnet, die jeweils ausschließlich einem Organ zustehen, ähnlich wie das bei der deutschen Aktiengesellschaft der Fall ist.[23] Entsprechend ist denn auch die Vorschrift des § 3:112 Abs. 2 UBGB[24] zu deuten: Die Geschäftsführer der Kft. können im eigenen Kompetenzbereich weisungsfrei agieren; dagegen sind sie verpflichtet, Beschlüsse auszuführen, welche die Gesellschafterversammlung dort gefasst hat, wo diese gemäß den gesetzlichen oder satzungsmäßigen Regelungen zuständig ist.[25] Die gewöhnliche Geschäftsführung fällt in die Kompetenz der Geschäftsführer; nach neuem UBGB gibt es da jetzt eine Ausnahme und zwar soll gemäß § 3:196 Abs. 2 die Gesellschafterversammlung entscheiden, wenn ein Geschäftsführer der Maßnahme eines anderen Geschäftsführers widerspricht. Unter dem bis Mitte 2006 geltenden (zweiten) Gesetz über die Wirtschaftsgesellschaften von 1997 ist die Berechtigung der Geschäftsführer, die Geschäftsführung weisungsfrei ausüben zu können, übrigens noch dadurch flankierend abgesichert worden, dass für die Beschlussfassung über die

22 Im GWiG-2006 sind die Kompetenzen der Gesellschafterversammlung in einem langen Katalog geregelt worden (§ 141 Abs. 2 lit. a bis w). Im neuen UBGB sind diese Bestimmungen nun in diversen Normen auf drei Abstraktionsebenen (Vorschriften für alle juristischen Personen, alle Wirtschaftsgesellschaften und für die Kft.) enthalten, ohne dass es dabei zu größeren inhaltlichen Änderungen gekommen ist.

23 Ausführlich hierzu *C. Schubel*, StudZR 2005, 165, 173; siehe zudem *Baumann*, Das Konzernrecht Ungarns nach dem Inkrafttreten des Gesetzes Nr. IV aus dem Jahr 2006 über die Wirtschaftsgesellschaften, 2010, S. 57 ff. Aus dem ungarischen Schrifttum etwa *Bodor*, Gazdasági jog (Gesellschaftsrecht), 2007, S. 44 f.; *Kisfaludi*, Társasági jog (Gesellschaftsrecht), 2007, S. 126 ff., 137 ff., 210, 408, 426 ff.; *Sárközy*, Gazdasági társaságok vezetési rendszere (Leitungssystem der Wirtschaftsgesellschaften), 2010, S. 20, 25, 26.

24 „Die Person mit Führungsaufgaben versieht die Geschäftsführung der Gesellschaft eigenständig auf der Basis der Priorität der Interessen der Wirtschaftsgesellschaft. In dieser Eigenschaft ist sie den Rechtsnormen, dem Gründungsdokument und den Beschlüssen des obersten Organs der Gesellschaft unterworfen. Ein Mitglied der Gesellschaft darf der Person mit Führungsaufgaben keine Anweisungen erteilen, und das oberste Organ darf die Zuständigkeit der Person mit Führungsaufgaben nicht entziehen."

25 Zur Vorläuferregelung in § 22 GWiG-2006 siehe *Dobrin*, Die Binnenordnung der GmbH und die Freiräume für ihre privat-autonome Ausgestaltung im deutschen, ungarischen und rumänischen Recht, 2013, S. 107 f., 172 f.

Abberufung der Geschäftsführer durch die Gesellschafterversammlung zwingend eine Dreiviertelmehrheit vorgeschrieben gewesen ist.[26]

b) Die grundsätzliche Akzeptanz der gesetzlichen Vorschriften über die Binnenordnung der Kft. dürfte auch darauf zurückzuführen sein, dass für Einpersonengesellschaften ein Sonderrechtsregime gilt: Gemäß § 3:112 Abs. 3 UBGB kann ein Alleingesellschafter der Geschäftsführung Anweisungen erteilen, die von dieser auszuführen sind. Bei den Einpersonengesellschaften gibt es also ein Weisungsrecht und die Folgepflicht. Wie sich dieses Instrumentarium in das an sich abweichende Organisationsmodell der Kft. integrieren lässt, wird im ungarischen Schrifttum allerdings nur punktuell erörtert. Im (dritten) GWiG aus dem Jahr 2006[27] wurde der angewiesene Geschäftsführer zumindest noch durch § 22 Abs. 4 ausdrücklich von der Haftung freigestellt. Das neue UBGB trifft zu dieser Problematik keine Regelung mehr. Abzuwarten bleibt, ob die Gerichte der im Schrifttum geäußerten Ansicht folgen werden, hieraus ergäben sich keine inhaltlichen Änderungen.[28]

c) Für die Beschäftigung mit den Ausgestaltungsmöglichkeiten ist von Relevanz, dass die ungarischen Gesetze über die Wirtschaftsgesellschaften aus den Jahren 1997 und 2006 die aktienrechtliche Satzungsstrenge (bzw. das, was in Deutschland als aktienrechtliche Satzungsstrenge bezeichnet wird) im allgemeinen Teil des Gesetzes regelten, also mit Wirkung für alle Rechtsformen.[29] Auch bei der Binnenordnung der Kft.

26 Zu dieser Regelung des § 158 Abs. 1 GWiG-1997 siehe *C. Schubel*, StudZR 2005, 165, 171.

27 Eine deutsche Übersetzung des Gesetzes Nr. IV/2006 über die Wirtschaftsgesellschaften (GWiG) von *Küpper* findet sich in JOR 2006, 230 ff.

28 Vgl. etwa *Török*, Felelősség a társasági jogban (Haftung im Gesellschaftsrecht), 2. Aufl. 2015, S. 340, der betont, dass die neue Regelung als unvollständig anzusehen sei. Geschäftsführer könnten weiterhin mit Erfolg geltend machen, dass sie eine Weisung des Alleineigentümers befolgt hätten. Allerdings seien sie verpflichtet, rechtswidrige Weisungen zu verweigern. Auch *Sárközy*, Gazdaság és Jog 2015, Nr. 2, S. 3, 6 f. hält eine Streichung der Haftungsfreistellung für unangebracht. Bisher hätten Geschäftsführer nur die Ausführung von Weisungen verweigern müssen, die eine Straftat dargestellt hätten. Im Lichte der neuen Regelung müsse der Geschäftsführer dagegen eventuell auch die allgemeine Gesetzes- und Satzungskonformität der Anweisung überprüfen, um nicht in eine Haftung zu geraten.

29 § 9 Abs. 1 GWiG-2006 lautete: „Die Gesellschafter (Aktionäre) können im Rahmen dieses Gesetzes bzw. anderer Rechtsvorschriften den Inhalt des Gesellschaftsvertrages (der Satzung bzw. der Gründungsurkunde) frei bestimmen, aber sie können von den Bestimmungen dieses Gesetzes nur abweichen, wenn das Gesetz dies erlaubt. Als Abweichung vom Gesetz gilt nicht die Aufnahme

gab es daher nur wenige Gestaltungsmöglichkeiten. Ausdrücklich erlaubt waren z. B. Satzungsbestimmungen über eine Erweiterung des Kompetenzbereichs der Gesellschafterversammlung zu Lasten der Geschäftsführerzuständigkeiten[30] oder über die Bildung eines Aufsichtsrates und die Übertragung der Personalkompetenz gegenüber den Geschäftsführern auf denselben.[31] Generell lässt sich sagen, dass der weitgehende Ausschluss von Gestaltungsmöglichkeiten die gesamte Gesellschaftsrechtskultur in Ungarn geprägt hat: In der Praxis hat man verbreitet von gesetzlich geregelten Musterverträgen Gebrauch gemacht und im rechtswissenschaftlichen Schrifttum ist eher über weitere Beschränkungen der verbliebenen Ausgestaltungsmöglichkeiten, denn über deren Erweiterung nachgedacht worden.[32]

Seit dem 15. März 2014 gilt nun ein neues ungarisches BGB, dessen drittes Buch das erneut reformierte Gesellschaftsrecht enthält.[33] Kennzeichen dieser vierten Neukodifikation des gesamten Gesellschaftsrechts seit 1988 ist vor allem eine wesentlich erweiterte Gestaltungsfreiheit.[34] So sehr dieser elementare Umschwung zu begrüßen ist, so vielfältig sind die mit ihm verbundenen Probleme und offenen Fragestellungen. Diese sind auch darauf zurückzuführen, dass die entscheidende Weichenstellung hin zu mehr Gestaltungsfreiheit erst zu einem relativ späten Zeitpunkt des Gesetzgebungsverfahrens erfolgt ist (durch Einfügung von § 3:4 UBGB) und man sich nicht mehr die Zeit genommen hat, den gesamten Wortlaut

einer solchen weiteren Bestimmung in den Gesellschaftsvertrag (in die Satzung, in die Gründungsurkunde), über die in diesem Gesetz nicht die Rede ist, wenn die Bestimmung nicht der allgemeinen Zweckbestimmung des Gesellschaftsrechts oder den Zwecken der Regelungen über die gegebene Gesellschaftsform widerspricht und nicht das Erfordernis der gutgläubigen Rechtsausübung verletzt."

30 Zu § 22 Abs. 5 (seit 2007 Abs. 6) GWiG-2006 siehe *Dobrin*, aaO (Fn. 25), S. 160 f.

31 Vgl. §§ 33 Abs. 1, 37 Abs. 1 GWiG-2006, dazu nur *Dobrin*, aaO (Fn. 25), S. 187, 230 f.

32 Zum verbreiteten Gebrauch von Musterverträgen bei Gesellschaftsgründungen und den damit verbundenen weiteren Beschränkungen für die Ausgestaltung der Satzung siehe *Csehi*, in: Hommelhoff/C.Schubel/Teichmann (Hrsg.), Societas Privata Europaea (SPE) – die europäische Kapitalgesellschaft für mittelständische Unternehmen, 2014, S. 119 ff., insb. S. 128 f.

33 Für einen ersten Überblick siehe *Dziuba*, in: C.Schubel/Kirste uam. (Hrsg.), Jahrbuch für Vergleichende Staats- und Rechtswissenschaften 2013, 2014, S. 209 ff.; *Küpper*, WiRO 2014, 266 ff., 327 ff.

34 Hierzu *Csehi*, Wiedergeburt der Gestaltungsfreiheit im ungarischen Gesellschaftsrecht, in: Eckardt/C.Schubel (Hrsg.), Wettbewerb der Gesellschaftsrechtsordnungen in Ost-Mitteleuropa?, 2016, S. 43 ff.

des Entwurfs konsequent entsprechend anzupassen.[35] So lässt sich die aktuelle Situation als eine Art Spannungsverhältnis beschreiben: Auf der einen Seite gibt es viele Stellungnahmen insb. aus der beratenden Praxis, in denen häufig nahezu euphorisch die vermeintlich unbegrenzten Gestaltungsmöglichkeiten erörtert werden, auf der anderen Seite stehen Registerrichter, denen oft schwer zu vermitteln ist, dass das Wörtchen „muss" im Gesetz eigentlich „kann" meint, im Sinne von „kann auch anders". Ein Beispiel stellt die Vorschrift des § 3:112 Abs. 2 UBGB dar, in deren letzten Teilsatz explizit herausgestellt wird, dass das oberste Organ die Zuständigkeit der Person mit Führungsaufgaben, also der Geschäftsführer, nicht entziehen dürfe.[36] Die Vorschrift liest sich so, als sei eine Verlagerung einzelner Kompetenzen von den Geschäftsführern auf die Gesellschafterversammlung nicht möglich, was schon deshalb erstaunt, weil eine solche Option selbst unter dem alten Gesetz bestanden hat.[37] Im rechtswissenschaftlichen Schrifttum Ungarns wird denn auch trotz des Wortlauts von § 3:112 Abs. 2 UBGB von der Zulässigkeit derartiger Satzungsregelungen ausgegangen.[38]

Hier interessiert nun vor allem die Frage, ob es möglich ist, durch Satzungsregelung bei der Binnenordnung der Kft. einen „Modellwechsel" vorzunehmen, also das ungarische Modell abgegrenzter Zuständigkeitsbereiche, die jeweils ausschließlich einem Organ zustehen, auch bei einer Gesellschaft mit mehreren Gesellschaftern zu ersetzen durch ein hierarchisch aufgebautes Organgefüge, wie man es von der deutschen GmbH kennt. Vor dem Hintergrund der gerade beschriebenen Situation kann diese Frage aktuell nicht seriös beantwortet werden. Zwar ließen sich etliche Argumente für das Bestehen einer derartigen Gestaltungsoption vorbringen, doch mahnt u. a. die Tatsache zur Vorsicht, dass die Gründer einer Kft., die für die Geschäftsführer ihrer Gesellschaft abweichend vom Gesetz nicht Einzel-, sondern Gesamtgeschäftsführung vorsehen wollten, kürzlich noch bis zum Hauptstädtischen Obergericht klagen mussten, um die Zulässigkeit dieser Gestaltungsvariante bestätigt

35 So jedenfalls *Sárközy*, Gazdaság és Jog (Wirtschaft und Recht), 2015 Nr. 11, S. 8.
36 Vgl. Fn. 24.
37 Vgl. Fn. 30.
38 So insb. *Kisfaludi*, in: Vékás/Gárdos (Hrsg.), A Polgári Törvénykönyv magyarázatokkal (Kommentar zum ungarischen Bürgerlichen Gesetzbuch), 2013, S. 138; auch *Gadó*, in: Sárközy (Hrsg.), Gazdasági társaságok – cégtörvény (Wirtschaftsgesellschaften – Firmengesetz), S. 67 ff.

zu bekommen[39] – der Registerrichter und das erstinstanzliche Gericht waren anderer Ansicht gewesen.

d) Mit dem (dritten) Gesetz über die Wirtschaftsgesellschaften (GWiG) erhielt Ungarn im Jahr 2006 erstmals eine umfassende Regelung des Konzernrechts, nachdem bereits die Vorläuferregelungen aus den Jahren 1988 und 1997 einzelne konzernrechtliche Vorschriften enthalten hatten.[40] Diese Regelungen sind mit einigen – mehr oder minder gewichtigen – Änderungen in das neue UBGB übernommen worden.[41] Bereits hervorgehoben worden ist, dass der Schwerpunkt der Regelung beim Vertragskonzernrecht liegt, für dessen Regulierung schon unter dem alten Gesetz ein Konzept verfolgt worden ist, das den Beteiligten relativ weite Gestaltungsfreiräume eröffnet.[42] Unter der Geltung dieser Vorschriften kann die Einflussnahme der Muttergesellschaft auf die Tochter sehr flexibel ausgestaltet werden, allerdings steht dieser Weg – auch dies wurde bereits betont – nicht einer ausländischen Muttergesellschaft zur Verfügung.[43] Nach § 64 GWiG-2006 bestand daneben noch die Möglichkeit, eine sog. tatsächlichen Unternehmensgruppe zu bilden. Hierbei handelte es sich aber nicht um das ungarische Äquivalent zum Recht der faktischen Konzerne, sondern um eine sehr spezielle Vorschrift, mit der auch das französische Rozenblum-Konzept umgesetzt werden sollte.[44] Die praktische Anwendung dieser Bestimmungen warf viele Fragen und Probleme auf, die offenbar zur Folge hatten, dass die Regelung keine tatsächliche Bedeutung erlangen konnte. Sie ist denn auch vom ungarischen Gesetzgeber im Jahr 2014 wieder aufgehoben

39 Hauptstädtisches Tafelgericht Budapest, BDT 2015.3272.

40 Ausführlich wird das ungarische Konzernrecht von 2006 dargestellt von *Baumann*, aaO (Fn. 2), passim; siehe dort (S. 77 ff.) auch zu den Regelungen von 1988 und 1997. Ein Überblick über das ungarische Konzernrecht geben zudem *J. Schubel*, aaO (Fn. 3), S. 412 ff.; *Vecsey*, in: Winner (Hrsg.), Haftungsrisiken für die Konzernmutter in Mittel- und Osteuropa, 2013, S. 699, 732 ff.

41 Vgl. §§ 3:49 bis 3:62 UBGB.

42 Zum Regelungsauftragskonzept des ungarischen Vertragskonzernrechts insb. *J. Schubel*, aaO (Fn. 3), S. 420 ff.; ferner *Darázs*, Jogtudományi Közlöny 2009, Nr. 3, S. 117, 122 f.; *Kisfaludi*, in: A gazdasági társaságok nagy kézikönyve (Großes Handbuch der Wirtschaftsgesellschaften), 2008, Rn. 9155.

43 Zu den vertragskonzernrechtlichen Regelungen im GWiG-2006 und im UBGB demnächst *C. Schubel/Dziuba/Prinz-Keller*, Das Vertragskonzernrecht Ungarns – gesetzliche Regelung und praktische Anwendung.

44 Zur Regelung des § 64 GWiG ausführlich *C. Schubel*, Die gesetzgeberische Umsetzung des Rozenblum-Konzepts – dargestellt am Beispiel ostmitteleuropäischer Rechtsordnungen, in diesem Band, unter III.

worden. Stattdessen regelt § 3:62 Abs. 1 UBGB nun eine Art Zwangskonzernvertrag. Falls „die Bedingungen des Abschlusses eines Beherrschungsvertrages wenigstens drei Jahre lang ununterbrochen bestanden haben“ sollen die Gerichte auf Antrag „einer rechtlich beteiligten Person“ die herrschende Gesellschaft und die kontrollierte(n) Gesellschaft(en) zum Abschluss eines Konzernvertrages und zur registergerichtlichen Registrierung zu verpflichten dürfen. Da im ungarischen Schrifttum diese Vorschrift – soweit ersichtlich – bisher nicht näher erläutert wird, kann nicht ausgeschlossen werden, dass einer Muttergesellschaft, die intensiveren Einfluss auf die Geschäftsführung der Tochter ausübt, zukünftig eine Unterstellung unter die Vorschriften des Vertragskonzernrechts droht.

4. Tschechien

a) Das Grundmodell der Binnenordnung ist bei der tschechischen *společnost s ručením omezeným (s.r.o.)* schwieriger zu bestimmen als bei den polnischen und ungarischen Gesellschaftsformen. Dies ist zum einen auf die nicht unerheblich abweichende Begriffsbildung im tschechischen Gesellschaftsrecht zurückzuführen; zum anderen ist nicht ganz sicher, inwieweit die Ablösung des alten tschechischen BGB und des Handelsgesetzbuches (*obchodní zákoník = ObchZ*) Anfang 2014 durch das neue BGB (*občanský zákoník = OZ*) und das Gesetz für Handelskorporationen (*zákon o obchodních korporacích = ZOK*)[45] insoweit Änderungen herbeigeführt hat.

Obwohl nach § 44 Abs. 1 ZOK bei beiden Kapitalgesellschaftsformen die Hauptversammlung das höchste Organ darstellt, lässt sich die Binnenorganisation der s.r.o. grundsätzlich dem Modell ausschließlicher Zuständigkeiten zuordnen. Ein erstes Indiz hierfür bildet die Tatsache, dass nach § 163 OZ die Regelkompetenz[46] bei den Geschäftsführern liegt – dies ist im alten Recht nur für die Aktiengesellschaft so bestimmt worden.[47] Dagegen werden für die Hauptversammlung der s.r.o. von

45 Gesetz über Handelsgesellschaften und Genossenschaften (Gesetz über Handelskorporationen) vom 25. 1. 2012. Eine deutsche Übersetzung nebst Einführung von *Bohata* findet sich in WiRO 2012, insb. S. 242 ff., 274 ff., 334 ff. und 370 ff.

46 Im tschechischen gesellschaftsrechtlichen Schrifttum spricht man insoweit von der „Restkompetenz“ (*„zbytková působnost“*).

47 Vgl. § 191 Abs. 1 ObchZ.

§ 190 Abs. 2 ZOK die Kompetenzen nur enumerativ aufgezählt. Zum anderen heißt es in § 195 Abs. 2 ZOK ausdrücklich, niemand sei berechtigt, dem Geschäftsführer Weisungen bezüglich der Geschäftsführung zu erteilen.[48] Schließlich bestimmt § 51 Abs. 2 ZOK noch explizit, das Mitglied eines Organs von Kapitalgesellschaften sei berechtigt, das höchste Organ der Gesellschaft um die Erteilung einer Weisung bezüglich der Geschäftsführung zu ersuchen; seine Verantwortung, mit der Sorgfalt eines ordentlichen Kaufmannes zu handeln, bleibe davon unberührt. Generell fällt demnach bei der s.r.o. die Geschäftsführung in den ausschließlichen Kompetenzbereich der Geschäftsführer, wobei allerdings beachtet werden muss, dass man in Tschechien von einem vergleichsweise engen Begriff der Geschäftsführung ausgeht, der auf die Erledigung der laufenden bzw. gewöhnlichen Angelegenheiten beschränkt ist.[49]

b) Für Einpersonengesellschaften enthält das ZOK lediglich in den §§ 11 bis 14 einige Sonderregeln, welche die hier zu diskutierende Thematik nicht unmittelbar berühren.

c) Ausdrückliche Erwähnung im Gesetz finden dagegen Gestaltungsmöglichkeiten: So können der Hauptversammlung gemäß § 190 Abs. 2 lit. o ZOK vom Gesellschaftsvertrag weitere Kompetenzen zugeordnet werden. Es ist also prinzipiell zulässig, die Zuständigkeit der Hauptversammlung zu Lasten der Geschäftsführerkompetenzen zu erweitern. Allerdings wird diese Option durch die ausschließlichen bzw. zwingenden Zuständigkeiten anderer Gesellschaftsorgane begrenzt, zu denen wohl die (eng verstandene) Geschäftsführungskompetenz der Geschäftsführer gehört. Dass dieser Fragenkreis bislang wenig diskutiert worden ist,[50] dürfte auch auf die Regelung des § 190 Abs. 3 ZOK[51]

48 Im alten Recht war dieser Punkt missverständlich geregelt, zumindest aus Sicht der deutschen Begrifflichkeit. § 135 Abs. 2 ObchZ verwies auf die entsprechende Regelung für den Vorstand der Aktiengesellschaft in § 194 Abs. 4 ObchZ, welche lautete: „Der Vorstand hat sich an die durch die Hauptversammlung aufgestellten Grundsätze und Weisungen zu halten, sofern diese in Übereinstimmung mit Rechtsbestimmungen und der Satzung sind. Deren Verletzung hat keine Wirkung auf Rechtshandlungen der Vorstandsmitglieder gegenüber Dritten. Falls dieses Gesetz nichts Abweichendes regelt, so ist niemand berechtigt, dem Vorstand bezüglich der Geschäftsführung der Gesellschaft Weisung zu erteilen." Hierzu *Langner*, WiRO 2008, 103, 106 f.

49 Vgl. etwa die Entscheidung des Obersten Gerichtshofes der Tschechischen Republik vom 25. 8. 2004, AZ 29 Odo 479/2003, sowie *Černá*, Obchodněprávní revue 2/2014, S. 33.

50 Hierzu *Hain*, Gesellschafterversammlung der GmbH im deutschen und tschechischen Recht, Magisterarbeit Andrássy Universität Budapest, 2013, S. 21 ff.

zurückzuführen sein, nach der sich die Hauptversammlung weitere Angelegenheiten, die an sich in der Zuständigkeit anderer Organe der Gesellschaft stehen, zur Entscheidung vorbehalten kann. Nach allgemeiner Ansicht bedarf es hierfür keiner näheren Satzungsbestimmung, sondern die Hauptversammlung soll solche Entscheidungen ad hoc treffen können. Allerdings lässt sich nach der Rechtsprechung eine derartige Maßnahme nur in zwei Schritten realisieren: Zunächst müsse die Hauptversammlung allgemein beschließen, dass sie sich die entsprechende Kompetenz zur Entscheidung vorbehalte und erst danach könne sie über die konkrete Angelegenheit einen Beschluss fassen.[52]

d) Mit dem neuen Gesetz für Handelskorporationen (ZOK) wurde in Tschechien das Konzernrecht vollständig umgestaltet. Das ZOK enthält ein sehr komplexes Regelwerk für Unternehmensgruppen, das sich aus drei Teilregelungen zusammensetzt, die jeweils relativ eigenständige Regulierungsansätze verfolgen.[53] Geregelt wird erstens die Ausübung von Einfluss (Beeinträchtigung) i.S.v. § 71 Abs. 1 ZOK, zweitens die Beherrschung (bzw. Abhängigkeit) i.S.v. § 74 Abs. 1 ZOK und drittens der Konzern i.S.v. § 79 Abs. 1 und 2 ZOK. Bei der Regelung des Konzernrechts war bis Ende 2013 in Tschechien nach dem Vorbild des deutschen Rechts zwischen „faktischen" und Vertragskonzernen unterschieden worden.[54] Mit dem Inkrafttreten des ZOK hat man nun einerseits die Vorschriften für Vertragskonzerne vollständig abgeschafft. Andererseits jedoch sind die Regelungen für die faktischen Konzerne – im Vergleich zum alten tschechischen und zum deutschen Recht – wesentlich angereichert worden, was in erster Linie auf das Zusammenspiel der Bestimmungen über den Konzern mit den Teilregelungen über die Ausübung von Einfluss und über die Beherrschung zurückzuführen ist. All dies ist so komplex, dass es hier nicht einmal in den Grundzügen dargestellt werden kann. Hervorzuheben ist lediglich, dass nach dem neuen tschechischen Recht bereits in faktischen Konzernen ein Organ der leitenden Person gemäß § 81 Abs. 1 ZOK „den Organen der

51 Bisher § 125 Abs. 3 ObchZ.

52 Vgl. Oberster Gerichtshof der Tschechischen Republik vom 20. 3. 2014, AZ 29 Cdo 3656/2012 – f+.

53 Ausführlich hierzu *C. Schubel*, aaO (Fn. 44), unter IV. Zu den konzeptionellen Grundlagen dieser Regelungen siehe auch *Havel*, ECFR 2015, 19, 32 ff.

54 Die Regelungen für faktische Konzerne sind in § 66a Abs. 8 bis 16 ObchZ enthalten gewesen, die §§ 190a bis 190j ObchZ enthielten Vorschriften für Beherrschungs- und Gewinnabführungsverträge, deren Kernregelungen denen des deutschen Vertragskonzernrechts entsprachen.

geleiteten Person Weisungen bezüglich der Geschäftsführung erteilen [kann], falls diese im Interesse der leitenden Person oder einer anderen Person liegen, mit der die leitende Person einen Konzern bildet".[55] Ausdrücklich bestimmt wird also, dass in einer faktischen Unternehmensgruppe das Gruppeninteresse durch Weisungen durchgesetzt werden kann. Das konzernrechtliche Weisungsrecht besteht aber selbstverständlich nicht voraussetzungslos, insoweit hat sich der tschechische Gesetzgeber sowohl am französischen Rozenblum-Konzept, wie auch am deutschen Konzernrecht orientiert.

III. Zwei Binnenorganisationsmodelle

Schon der Blick auf die drei hier näher untersuchten Rechtsordnungen macht deutlich, dass sich bei der Ausgestaltung der Binnenordnung der zweiten Kapitalgesellschaftsform zwei erheblich voneinander abweichende Grundmodelle ausmachen lassen: So steht die polnische Sp. z o.o. wie die deutsche GmbH für ein Modell, bei dem sich die Kompetenzbereiche der Gesellschaftsorgane überschneiden, weshalb es einer Über- und Unterordnung der Organe bedarf, die insb. im Weisungsrecht der Gesellschafterversammlung ihren Ausdruck findet. Von diesem Weisungsrecht werden nicht nur für die weitere Entwicklung der Gesellschaft besonders wichtige Angelegenheiten erfasst, sondern ebenso der Bereich der gewöhnlichen Geschäftsführung. Die Binnenordnung der ungarischen Kft. und der tschechischen s.r.o. wird dagegen durch das Modell abgegrenzter und abgestimmter Organzuständigkeiten gekennzeichnet, dem eine solche Hierarchisierung und das damit verbundene Instrumentarium fremd sind. Auch unter der Geltung eines solchen Modells sind die Geschäftsführer selbstverständlich verpflichtet, Beschlüsse der Gesellschafterversammlung auszuführen, doch ist hier von vornherein der Bereich eingeschränkt, in dem die Gesellschafterversammlung derartige Beschlüsse fassen kann. Da insb. die gewöhnliche Geschäftsführung nicht in die Kompetenz der Gesellschafterversammlung fällt, verbleibt den Geschäftsführern eine eigene (ausschließliche) Zuständigkeit, in deren Rahmen sie weisungsfrei agieren können.

55 Im tschechischen Schrifttum wird vertreten, dass nur Statutarorgane i.S.v. zur Vertretung der Gesellschaft im Rechtsverkehr berechtigte Organe (also Vorstand und Geschäftsführer) derartigen Weisungen unterworfen seien; hierzu *Černá*, Obchodněprávní revue 2/2014, S. 33.

In anderen ostmittel- und südosteuropäischen EU-Mitgliedstaaten lässt sich die Binnenorganisation der zweiten Kapitalgesellschaftsform nicht mit gleicher Sicherheit einem der beiden Modelle zuordnen. Zurückzuführen ist dies u. a. darauf, dass bei der Neukodifizierung des jeweiligen nationalen GmbH-Rechts nach dem Systemwechsel häufig Einzelregelungen aus dem Aktienrecht oder aus anderen Rechtsordnungen übernommen worden sind, ohne dass diese Vorschriften systematisch in allen ihren Auswirkungen für das gesamte Organgefüge ausgemessen worden sind. Insoweit befinden sich diese Rechtsordnungen in gewisser Weise noch in einem Prozess der Selbstvergewisserung, dessen Ergebnis sich – wenn überhaupt – erst vorsichtig andeutet. So wird für die rumänische *Societate cu răspundere limitată (Srl)* durch gesetzliche Vorschriften explizit weder ein Weisungsrecht der Gesellschafterversammlung vorgegeben, noch Anweisungen dieser Versammlung an die Geschäftsführer untersagt, weshalb solche Weisungen grundsätzlich möglich sein sollen.[56] Allerdings hat sich das rumänische Schrifttum mit dieser Frage offenbar noch nicht tiefergehend beschäftigt[57] und auch deutschsprachige Einführungs- und Überblicksbeiträge, die auf eine Fülle von Details aufmerksam machen, erwähnen ein Weisungsrecht mit keinem Wort.[58] Unter diesen Umständen könnte ein einziges höchstrichterliches Judikat für eine Weichenstellung in die eine oder andere Richtung sorgen. Immerhin ist das Recht der Srl. insgesamt als vergleichsweise gestaltungsfreundlich anzusehen,[59] so dass aus heutiger Sicht in der Satzung sowohl Regelungen über ein Weisungsrecht der Gesellschafterversammlung, wie auch über explizit weisungsfreie Geschäftsführungsbereiche getroffen werden können.[60] Höchst unsicher bleiben aber auch dann die zu beachtenden Grenzen eines Weisungsrechts.[61] Zudem unterliegt die Gründung von Einpersonen-Srl. diversen Einschränkungen.[62]

56 So *Dobrin*, aaO (Fn. 25), S. 111, 173, die dies aus dem Mandatsrecht herleitet, nach dem sich die Rechtsstellung der Geschäftsführer richten soll; vgl. auch *Weident/Macovei*, GmbHR 2013, 527.

57 Von *Weident/Macovei*, GmbHR 2013, 527, wird auf einen einzigen Beitrag verwiesen, der zudem älter als 15 Jahre ist.

58 Vgl. etwa *Menzer/Poenaru*, GmbHR 2003, 285 ff.

59 Hierzu *Dobrin*, Zur Bedeutung der Gestaltungsfreiheit im rumänischen Recht, in: Eckardt/C.Schubel (Hrsg.), Wettbewerb der Gesellschaftsrechtsordnungen in Ost-Mitteleuropa?, 2016, S. 61 ff.

60 So *Dobrin*, aaO (Fn. 25), S. 131.

61 Siehe *Weident/Macovei*, GmbHR 2013, 527 f.

62 Hierzu *Botoş*, Konzernbildung in Rumänien, in: Winner/Cierpial-Magnor (Hrsg.), Rechtsprobleme im Konzern, 2012, S. 9, 14.

Vergleichbar ist die Situation bei der bulgarischen *družestvo s ograničena otgovornost (OOD):* Auch hier wird die Frage nach einer generellen – sich auf die gesamte Geschäftsführung erstreckenden – Weisungsbefugnis der Gesellschafterversammlung im rechtswissenschaftlichen Schrifttum kaum thematisiert.[63] Das bulgarische Handelsgesetzbuch enthält weder ausdrückliche Bestimmungen über die (Un-)Zulässigkeit von Weisungen, noch deuten die gesetzlichen Regelungen für die Binnenorganisation der OOD eindeutig in die Richtung eines der beiden skizzierten Modelle. Stärkstes Argument für das Bestehen einer Weisungsbefugnis der Gesellschafterversammlung sollen die ungeschriebenen Kontrollinstrumente dieses Organs sein, wonach die Versammlung zum einen ad hoc beschließen können soll, bestimmte Geschäftsführungsmaßnahmen unter einen Zustimmungsvorbehalt zu stellen; zum anderen sollen auch bereits getroffene Entscheidungen des Geschäftsführers wieder aufgehoben werden können.[64]

Bei der slowakischen *spoločnosť s ručením obmedzeným (s.r.o.)* entspricht das Rechtsregime in einem sehr hohen Maße den Regeln, die bis zum 31.12.2013 für die tschechische s.r.o. galten. Von § 125 Abs. 1 des Handelsgesetzbuches (ObchZ) wird die Gesellschafterversammlung als „oberstes Organ" gekennzeichnet. Dass dies allein noch nicht viel besagt, macht bereits der nächste Satz der Norm deutlich, in dem die Zuständigkeiten der Gesellschafterversammlung enumerativ aufgezählt werden. Allerdings gibt es – anders als bei der slowakischen Aktiengesellschaft (§ 191 Abs. 1 ObchZ) und der tschechischen s.r.o. – keine Vorschrift, die den Geschäftsführern explizit eine Regelkompetenz zuordnen würde. Dagegen gilt auch im slowakischen Recht, dass die Satzung die Zuständigkeit der Gesellschafterversammlung erweitern (§ 125 Abs. 1 S. 2 lit. k ObchZ) und sich die Versammlung Angelegenheiten, die eigentlich in der Zuständigkeit anderer Organe der Gesellschaft stehen, zur Entscheidung vorbehalten kann (§ 125 Abs. 3 ObchZ). Relativ neu ist die Vorschrift des § 135a Abs. 1 ObchZ, die es den Geschäftsführern untersagt, die Interessen „eines Teiles der Gesellschafter oder von Dritten" vor die Interessen der Gesellschaft zu stellen. Ein explizites Verbot von Weisungen findet sich zwar nicht,[65] gleichwohl wird im rechtswissen-

63 Hierzu und zum Folgenden *Ziegler*, Konzernleitung im Binnenmarkt, 2016, S. 15 ff.

64 So *Ziegler*, aaO (Fn. 63), S. 17 f.

65 § 135a Abs. 3 S. 2 ObchZ bestimmt lediglich, dass Geschäftsführer nicht für Schäden haften, die in Ausführung von Gesellschafterbeschlüssen entstanden

schaftlichen Schrifttum hervorgehoben, dass es nicht Aufgabe der Gesellschafterversammlung sei, die gewöhnliche Geschäftsführung zu übernehmen.[66]

Nicht nur der Vergleich mit dem tschechischen und ungarischen Recht, sondern auch der Blick auf die Rechtsordnungen Rumäniens, Bulgariens und der Slowakei belegt mithin, dass sich – anders als dies im deutschen Schrifttum mitunter angenommen wird – bei der zweiten Kapitalgesellschaftsform ein Weisungsrecht der Gesellschafterversammlung nicht aus allgemeinen gesellschaftsrechtlichen Grundsätzen ergibt, denen quasi ein „naturrechtlicher" Geltungsanspruch zukäme.[67] Ebenso erscheint es zumindest voreilig, wenn dem Binnenorganisationsmodell der deutschen GmbH überragende Sachlogik zugeschrieben wird.[68] Zur Begründung der – aus deutscher Sicht für die zweite Kapitalgesellschaftsform ungewöhnlichen – Binnenorganisation lassen sich (soweit ersichtlich) im ungarischen und tschechischen Schrifttum nur wenige grundsätzlicher ansetzende Überlegungen auffinden.[69] Zum einen wird betont, die erforderliche haftungsrechtliche Verantwortlichkeit der Geschäftsführer setze voraus, dass diese auch selbstverantwortlich agieren könnten, zum anderen heißt es, die Geschäftsführung sei verpflichtet, die längerfristigen Gesellschaftsinteressen zu verfolgen und nicht nur kurzfristige Gesellschafterinteressen, schließlich scheint sich der ungarische Gesetzgeber stark am deutschen Aktienrecht orientiert zu haben.[70]

sind. Dies gilt allerdings nicht, soweit der Beschluss gegen Rechtsnormen oder die Satzung verstoßen hat.

66 *Hanes*, Spoločnosť s ručením obmedzeným v novej právnej úprave, 2002, S. 217, betont, dass man dem tschechischen Schrifttum in der Einschätzung zustimmen müsse, dass die Gesellschafterversammlung trotz vorliegender gesetzlicher Kompetenzen nicht befugt sei, in die laufende Leitung der Gesellschaft einzugreifen, indem sie über gängige operative Angelegenheiten entscheide. Fasse sie jedoch eine solche Entscheidung oder richte sie an den Geschäftsführer eine konkrete Weisung, so sei dies trotzdem gültig. In den Kommentaren *Patakyova u. a.*, Obchodný zákonník, 4. Aufl. 2013, und *Ovečková u. a.*, Obchodný zákonník, 2012, wird diese Problematik bei der s.r.o. nicht angesprochen, sondern lediglich bei den wortgleichen Regelungen im Aktienrecht.

67 In diese Richtung ist insb. in der Diskussion über die Binnenorganisation der SPE argumentiert worden, vgl. nur *Bücker*, ZHR 173(2009), 281, 292; *Hadding/Kießling*, WM 2009, 145, 149.

68 Etwa *Bachmann/Eidenmüller/Engert/Fleischer/Schön*, Rechtsregeln für die geschlossene Kapitalgesellschaft, 2012, S. 81 ff., 110.

69 Siehe hierzu *C. Schubel*, StudZR 2005, 165, 173; *Dobrin*, Binnenordnung, S. 107.

70 *Sárközy*, in: Sárközy (Hrsg.), A társasági és a cégtörvény kommentárja (Kommentar zum GWiG und dem FirmG), 2. Aufl., 2004, Band I, S. 184 f., erläutert

Sonderlich vertieft wird all dies nicht, wohl auch deshalb, weil das Modell nicht als besonders begründungsbedürftig angesehen wird.[71] Fest steht jedenfalls, dass von den mitgliedsstaatlichen Vorschriften für die Binnenorganisation der zweiten Kapitalgesellschaftsform verbreitet ein Modell verankert wird, dass in einem wesentlichen Punkt von dem der deutschen GmbH abweicht.

IV. Thesen

Ein zentrales Element der vom FECG vorgelegten Eckpunkte besteht in einem Weisungsrecht der Muttergesellschaft und einer damit korrespondierenden Folgepflicht der Tochtergesellschaft. Ob es sich dabei um ein Weisungsrecht der Gesellschafterversammlung nach dem Vorbild des § 37 GmbHG handeln soll oder um ein spezielles konzernrechtliches Weisungsrecht, wie es in § 308 AktG geregelt ist, wird zwar nicht explizit klargestellt, die gewählte Formulierung scheint aber auf das Letztere hinzudeuten. Allerdings wird vom Forum selbst eingeräumt, dass man in der weit überwiegenden Mehrheit der Mitgliedstaaten weiterhin der Überzeugung ist, es bedürfe keiner besonderen Regelungen für den Konzern, da sich die mit Unternehmensgruppen verbundenen Probleme weitgehend mit dem normalen Gesellschaftsrecht lösen ließen.[72] Der Blick auf die ostmitteleuropäischen Staaten macht zudem deutlich, dass auch in den Mitgliedstaaten, in denen man sich in den letzten Jahren

zu § 29 GWiG-1997 (entspricht § 3:112 Abs. 2 UBGB), dass „entsprechend den vom deutschen Gesellschaftsrecht geprägten Grundsätzen" von dieser Norm die Verpflichtung der Geschäftsführer niederlegt werde, wonach jene die Gesellschaft zwar unter gebührender Beachtung der Gesellschafterinteressen, aber doch ausschlaggebend nach dem Vorrang der eigenen Interessen der Gesellschaft zu leiten hätten. Insoweit werde vom Gesetz die vornehmlich bei Großunternehmen vorkommende Interessenpluralität anerkannt. Im Falle eines Interessenkonfliktes zwischen den kurzfristigen Gesellschafterinteressen (insb. an der Gewinnauszahlung) und den langfristigen Gesellschaftsinteressen (insb. dauerhafte Entwicklungsstrategien des Unternehmens), müsse der Geschäftsführer bzw. der Vorstand einer AG bei der Kompromissfindung von einem Vorrang der Interessen der Gesellschaft ausgehen. Deren eigene Interessen ergäben sich letztlich aus der von den Gesellschaftern abgesonderten Rechtssubjektivität.

71 So wird z. B. von *Kisfaludi*, aaO (Fn. 23), S. 138 f., hervorgehoben, die Ausübung der Geschäftsführung setze eine kontinuierliche Tätigkeit voraus. Da die Gesellschafterversammlung nur gelegentlich tage, sei schon deshalb dieses Organ nicht zur Geschäftsführung geeignet.

72 *Forum Europaeum on Company Groups*, ZGR 2015, 507, 508.

bewusst der Gruppenproblematik angenommen und dabei zumindest teilweise eigenständige Lösungen erarbeitet hat, nicht unerhebliche Friktionen drohen. Ein Weisungsrecht für faktische Konzerne würde dem ungarischen Vertragskonzernrecht wohl endgültig „das Wasser abgraben", in Tschechien hätte man zwei parallele Rechtsregime und in Polen liefe es in gewisser Weise auf die Korrektur eines innerstaatlichen Diskussionsprozesses hinaus, der gerade erst abgeschlossen worden ist. Vor diesem Hintergrund sollte auch die Option, das Weisungsrecht in das allgemeine Gesellschaftsrecht zu integrieren, nicht von vornherein ausgeschlossen werden. Für einen solchen Ansatz sollen abschließend einige Überlegungen vorgetragen werden:

1. In den mitgliedsstaatlichen Rechtsordnungen wird die Binnenorganisation der zweiten Kapitalgesellschaftsform grundsätzlich nach zwei unterschiedlichen Modellen ausgestaltet. Wenn beklagt wird, Binnenmarkt-weit tätige Unternehmensgruppen ließen sich nicht nach einheitlichen Grundsätzen leiten, so dürfte dies zu einem nicht unwesentlichen Teil auf die elementaren Unterschiede zwischen den beiden Modellen zurückzuführen sein.

2. Während beim hierarchischen Binnenorganisationsmodell das Weisungsrecht der Gesellschafterversammlung in gewisser Weise systemimmanent ist, lässt sich ein solches Recht im Rahmen einer Binnenordnung mit genau abgegrenzten und abgestimmten Organzuständigkeiten nicht sinnvoll verankern: Entweder ein Organ ist zuständig oder es ist es nicht, Weisungen über die eigenen Kompetenzgrenzen hinaus stören diese Aufteilung und kommen deshalb nur im Ausnahmefall in Frage. Die Einführung einer Weisungsbefugnis der Gesellschafterversammlung würde bei diesen mitgliedsstaatlichen Gesellschaftsformen weitreichende Änderungen der Binnenorganisation voraussetzen. Deshalb sollte nach einer Lösung gesucht werden, die nicht nur an der Weisungsbefugnis, sondern thematisch breiter ansetzt.

3. Der sich auf das Weisungsrecht und die Folgepflicht konzentrierende Vorschlag scheint auch vor dem Hintergrund des vom FECG formulierten Postulats, der Unionsgesetzgeber solle „Regelungen schaffen, die für eine Mehrzahl von Tochtergesellschaften in unterschiedlichen Mitgliedstaaten variantenlos einheitlich gelten",[73] zu kurz zu greifen. Würde der Vorschlag so umgesetzt, könnten möglicherweise deutsche Muttergesellschaften ihre Gruppe nach einheitlichen Regeln führen, nicht aber notwendigerweise auch Muttergesellschaften, die in

73 Vgl. *Forum Europaeum on Company Groups*, ZGR 2015, 507, 510.

einer Rechtsordnung beheimatet sind, welche für die Binnenordnung der zweiten Kapitalgesellschaftsform das Modell abgegrenzter und abgestimmter Organzuständigkeiten vorsieht. Von einer gemeinschaftsrechtlichen Regelung sollten jedoch beide Modelle in vergleichbarer Weise beachtet werden.

4. Da beide Binnenorganisationsmodelle jeweils ihre Vor- und Nachteile haben und im Recht der zweiten Kapitalgesellschaftsformen der EU-Mitgliedstaaten seit etlichen Jahrzehnten praktiziert werden, sollte es den Gründern einer Gesellschaft auf dem ganzen Binnenmarkt möglich sein, sich frei für eines der beiden Modelle zu entscheiden. Statt einer unionsrechtlichen Regelung des Weisungsrechts und der Folgepflicht de facto „quer" bzw. entgegen der tradierten Regelung vieler mitgliedsstaatlichen Rechtsordnungen, ist mithin eine generelle Öffnung der zweiten Kapitalgesellschaftsform für eine Auswahl zwischen zwei Organisationsmodellen anzustreben.

5. Ein Wahlrecht zwischen Organisationsmodellen statt einer (mehr oder minder) isolierten Einführung des Weisungsrechts ist auch deshalb geboten, weil die Binnenordnung der deutschen GmbH mehr bietet als nur ein Weisungsrecht und eine Folgepflicht. Sie ermöglicht es den Gesellschaftern ebenso, den Geschäftsführern einen relativ weiten Bereich eigenverantwortlicher Unternehmensführung einzuräumen: Der Zuständigkeitsbereich der Geschäftsführer ist zumindest tendenziell größer als beim Modell mit fixen ausschließlichen Kompetenzbereichen und die Gesellschafterversammlung ist grundsätzlich nicht zur Anweisung bzw. zur Einflussnahme auf die Geschäftsführung verpflichtet. Das deutsche Modell lässt sich also flexibel durchführen, was es ermöglicht, die gesamte Gruppe europaweit nach einem einheitlichen Modell zu strukturieren und dennoch je nach den konkreten Bedingungen die Leitung unterschiedlich intensiv auszuüben.[74]

74 Zudem scheint das Modell mit genau abgegrenzten Zuständigkeitsbereichen, die jeweils ausschließlich einem Organ zustehen, das erforderliche Zusammenwirken der verschiedenen Gesellschaftsorgane nicht ausreichend zu berücksichtigen. Indiz dafür ist z. B. die Tatsache, dass in der ungarischen Praxis die gesetzliche Vorschrift, die es schon unter dem alten Recht erlaubt hat, durch Satzungsregel den Zuständigkeitsbereich der Kft.-Gesellschafterversammlung zu Lasten der Geschäftsführer-Kompetenzen zu erweitern, ganz überwiegend genutzt worden ist, um für bestimmte gewichtigere Geschäftsführungsmaßnahmen Zustimmungsvorbehalte einzuführen, was streng genommen dem Grundmodell widerspricht.

6. Die Rücksichtnahme auf die Verbreitung unterschiedlicher Leitungsformen durch Schaffung einer Berechtigung der Gesellschaftsgründer, zwischen den verschiedenen Modellen frei auswählen zu können, ist dem Europäischen Gesellschaftsrecht durchaus geläufig. Im Bereich der ersten Kapitalgesellschaftsform wird dies über die supranationale Rechtsform der SE und das dort existierende Wahlrecht zwischen monistischem und dualistischem Leitungssystem gewährleistet. Eine vergleichbare Lösung sollte bei der zweiten Kapitalgesellschaftsform geschaffen werden, wenn nicht im Rahmen der Societas Privata Europaea,[75] dann eben durch eine entsprechende Öffnung der mitgliedsstaatlichen Rechtsformen.

7. Ein solches Wahlrecht zwischen den beiden Modellen der Binnenorganisation bei der zweiten Kapitalgesellschaftsform ließe sich unter weitgehender Schonung der mitgliedsstaatlichen Rechtsordnungen einführen. Die Mitgliedstaaten sollten nur verpflichtet sein, insoweit gesellschaftsvertragliche Gestaltungsfreiheit zu gewähren, damit die Gesellschafter der einzelnen Gesellschaft das jeweils andere Modell privatautonom durch eine Satzungsregelung einführen können. Natürlich würde es sich empfehlen, wichtige Eckpunkte der beiden Modelle – wie bei den Leitungssystemen der SE – in einer europäischen Rahmenregelung vorzuformen.

75 Dazu *C. Schubel* in: Hommelhoff/Schubel/Teichmann (Hrsg.), Societas Privata Europaea (SPE) – die europäische Kapitalgesellschaft für mittelständische Unternehmen, 2014, S. 83 ff.

Nachlese und Ausblick

Thomas Schüßler/Lothar Wolff

Eine Nachlese der Würzburger Tagung und zugleich eine Fortführung der aktuellen Diskussion fanden im Rahmen eines Kolloquiums am 14. 10. 2016 in Mannheim statt, an welchem *Peter Böckli* (Basel), *Jean-Nicolas Druey* (St. Gallen/Basel), *Georg Franzmann* (BASF SE, Ludwigshafen), *Peter Hommelhoff* (Heidelberg), *Marcus Lutter* (Bonn), *Nicolas Ott* (SCHILLING, ZUTT & ANSCHÜTZ, Mannheim) und *Christoph Teichmann* (Würzburg) teilnahmen. Als Protokollführer waren *Thomas Schüßler* und *Lothar Wolff* (beide Universität Würzburg) anwesend. Die wesentlichen Positionen des Gesprächs fasst der folgende Bericht zusammen. Er gibt zugleich einen Ausblick auf die denkbare Entwicklung der weiteren Diskussion zum Europäischen Konzernrecht.

I. Referat von Dr. Georg Franzmann (BASF SE, Ludwigshafen)

Zu Beginn wurde *Franzmann* gebeten, noch einmal seine Position aus dem Würzburger Referat[1] darzulegen. Er konstatierte, dass man zwar inzwischen von Schutzzwecküberlegungen zum *Enabling Law* für Unternehmen gelangt sei, zugleich aber die Einzelgesellschaft immer noch die Maxime sei. In der Wirklichkeit sei aber die hochintegrierte Unternehmensgruppe als Gegenentwurf mindestens ebenso häufig anzutreffen. Diese zeichnet sich für *Franzmann* aus durch hochintegrierte und IT-gestützte Entscheidungsstrukturen und Abstimmungsprozesse, eine internationale Ausrichtung sowie auf oberster Ebene eine börsennotierte Muttergesellschaft ohne maßgebliche Gesellschafter. Für derartige Strukturen werden die grundlegenden Notwendigkeiten (Weisungsrecht, Haftungsregime, Eingangs- und Minderheitenschutz) in Deutschland durch das Vertragskonzernrecht geregelt, das sich aber international nicht durchsetzen konnte.

Ziel müsse vor diesem Hintergrund sein, ein Organisationsregime zur Sicherung einer effektiven und einheitlichen Konzernführung zu

1 Siehe hierzu den Beitrag in diesem Band, S. 393 ff.

schaffen. Hierfür sieht *Franzmann* das Gruppeninteresse als einzig maßgeblichen Faktor an, ein genuines Eigeninteresse der Tochtergesellschaft negiert er. Vielmehr sei das Gesellschaftsinteresse letztlich als Konzentration anderer maßgeblicher Interessen zu begreifen; dazu zählen insbesondere die Interessen von Minderheitsgesellschaftern und Gläubigern sowie öffentliche Interessen.

Eine wesentliche Unterscheidung liegt für *Franzmann* in der Existenz von Minderheitsgesellschaftern. Sind diese – wie es im hochintegrierten Konzern die Regel ist – nicht vorhanden, so erledigten sich die für die Einzelgesellschaft gültigen Erwägungen weitgehend und es verbleibe nur der Gläubigerschutz als maßgeblicher Faktor, den es durch Offenlegungs- und Haftungspflichten zu schützen gelte. Es sei daher ein besonderes Regime für 100%-Tochtergesellschaften notwendig. Dieses sollte für die Unternehmen optional zu wählen sein und ein Weisungsrecht mit Folgepflicht der Tochtergeschäftsführer beinhalten. Dieser sollte folglich weitgehend von Haftungsrisiken befreit werden und nur noch für die Einhaltung sonstiger öffentlicher Auflagen einstehen müssen. *Franzmann* fordert daher mit Blick auf den FECG-Vorschlag, dass für 100%ige Tochtergesellschaften generell und über die Servicegesellschaft hinaus ein reduzierter Schutzmaßstab gelten solle.

II. Referat von Prof. Dr. Peter Böckli (Basel)

Auch *Böckli* fasste noch einmal die wesentlichen Punkte seines Würzburger Referates[2] zusammen. Aus langjähriger Praxis in den Verwaltungsräten größerer Schweizer Konzerne weiß er zu berichten, dass 100%ige Konzerntöchter typischerweise in die Geschäftspläne der Muttergesellschaft arbeitsteilig eingeordnet werden und dort keinen Freiraum zur Verwirklichung eigener Ziele oder zur Nutzung von *business opportunities* besitzen. Als schützenswerte Interessen macht *Böckli* vor allem den separaten Gläubigerkreis der Tochtergesellschaft sowie – soweit vorhanden – die Minderheitsaktionäre aus.

Im Hinblick auf die erste Hauptfrage seines Würzburger Vortrags bewertet *Böckli* zunächst einmal die Übertragbarkeit der *Rozenblum*-Formel auf das Zivilrecht als kritisch. Als außergesetzlicher strafrechtlicher Rechtfertigungsgrund wurde sie in den publizierten Urteilen gerade

2 Siehe hierzu den Beitrag in diesem Band, S. 363 ff.

nicht anhand von regulären Konzerngeschäftstätigkeiten, sondern anhand von „wüsten Untreuefällen“ entwickelt.

Weiter betont *Böckli*, dass die bedrohten Interessen in der 100%igen Tochtergesellschaft seiner Ansicht nach am besten durch das Beharren auf deren *residualer Eigenwirtschaftlichkeit* geschützt werden können. Dies bedeute, dass die Gesellschaft zwar in das Gruppenkonzept der Konzernführung arbeitsteilig eingeordnet werden könne; gleichzeitig aber durch eine ausreichende finanzielle Ausstattung die eigenständige Bonität und minimale Eigenkapitalrendite der Tochtergesellschaft gewährleistet bleiben müsse. Insoweit werde – im Sinne der EU-Initiative – ein relativer Vorrang des Gruppeninteresses erreicht. In Bezug auf ein vorhandenes Drittaktionariat hält *Böckli* ein qualifiziertes Schutzregime für geboten: Minderheitsgesellschafter hätten in die Tochtergesellschaft als *profit center* investiert und daher ein schutzwürdiges Interesse an deren Ertrag und Wertzuwachs.

Böckli kommt zu dem Fazit, dass die *Rozenblum*-Formel (jedenfalls in ihrer französischen Ausprägung) für ein langfristiges Konzernausgleichssystem nicht tauglich ist. Nach Schutzzweckerwägungen sei es sinnvoll, zwischen 100%igen Tochtergesellschaften und solchen mit Minderheitsgesellschaftern zu differenzieren.

III. Diskussion

Zum Diskussionseinstieg schlägt *Hommelhoff* vor, das Gespräch auf die „großen“ (i.e. regulären) Tochtergesellschaften zu beschränken. Bei diesen unterscheidet er vier Erscheinungsformen: (1) Die Tochtergesellschaft im Alleinbesitz, (2) die Tochtergesellschaft mit einzelnen (verhandlungsstarken) Minderheitsgesellschaftern, (3) das Mehrmütter-*Joint-Venture* sowie (4) die börsennotierte Tochtergesellschaft mit Minderheitsanteilen im Streubesitz. Hinsichtlich eines Schutzinstrumentariums für Tochtergesellschaften im Alleinbesitz stünden dabei verschiedene Ansätze zur Diskussion: Zum einen die Fortentwicklung der *Rozenblum*-Formel im Sinne des FECG-Vorschlags, zum anderen *Böcklis* Ansatz der residualen Eigenwirtschaftlichkeit sowie der von *Franzmann* favorisierte Muttereinstand im integrierten Konzern.

Offene Fragen bestünden einerseits dahingehend, inwieweit der Muttereinstand die Konzernleitungsfreiheit legitimieren könne, andererseits mit Blick auf die Interessen sonstiger *stakeholder* sowie Pflichten im öffentlichen Interesse (z.B. Umweltauflagen). Schließlich sei zu bedenken, ob in Bezug auf Compliancepflichten oder das Kartell- und Ordnungswidrigkeitenrecht eine Überforderung des Muttervorstandes drohen könne.

Zu dem von *Böckli* vertretenen Modell der residualen Eigenwirtschaftlichkeit merkt *Hommelhoff* an, dass die Gläubigerinteressen nicht nur als Zahlungs- sondern allgemein als Leistungsversprechen geschützt würden. Das Leistungspotential der Tochtergesellschaft werde nicht durch Muttergarantien, sondern durch ein zweckmäßiges Geschäftsmodell und eine hinreichende Eigenkapitalausstattung abgesichert. Durch deren Ertragserwirtschaftung werde ein *Schutz von innen heraus* erreicht. Die Gewährleistung dieses Schutzes *von innen heraus* qualifiziert *Lutter* als Pflicht der Tochtergeschäftsleitung. *Teichmann* ergänzt, dass die danach zu erhaltende Leistungsfähigkeit sich immer nach der konkreten Funktion im arbeitsteiligen Konzern richte. *Böckli* untermauert die Notwendigkeit eines „abgesicherten Leistungspotentials" mit der Beobachtung, dass sich die *assets* des Konzerns immer auf unterer Ebene befänden, wodurch Versprechen der Mutter „in sich hohl" blieben, solange sie nicht durch andere Tochtergesellschaften abgesichert würden (*upstream guarantee*).

Lutter gibt zu bedenken, ob dieser Ansatz den Geschäftsführern der Tochtergesellschaft nicht wiederum Pflichten aufbürde, die diese faktisch nicht erfüllen könnten. *Druey* regt eine differenzierte Betrachtung an und betont, in der Regel sei im Konzern *geteilte Leitungsmacht* vorherrschend. Die Tochtergeschäftsführung werde konsultiert und ergänze sich mit Leitungsimpulsen von oben. Er verweist hierzu auf die „Holdingbewegung" in der Schweiz, bei der diverse Konzerne von der alles beherrschenden Muttergesellschaft Abstand genommen und sich stattdessen mit demokratischen Gliedern strukturiert hätten. Insoweit sei Dezentralisierung nicht allein im Interesse der Gläubiger, sondern diene auch dem Unternehmen selbst. *Hommelhoff* verneint eine Überforderung des Tochtervorstands beim Ansatz der residualen Eigenwirtschaftlichkeit. Dieser erlaube Sicherheit für Mutter und Tochter, indem sich das unternehmerische Risiko auf der jeweiligen Ebene verwirkliche.

Ott fragt daraufhin, worin bei der residualen Eigenwirtschaftlichkeit die Privilegierung des Tochtergeschäftsführers gegenüber dem *status quo* liege. Ziel sei schließlich, diese von Haftungsrisiken zu entlasten und die Notwendigkeit von Weisungsmöglichkeiten im Großkonzern anzuerkennen. *Franzmann* teilt diese Bedenken und hinterfragt, ob das Modell der residualen Eigenwirtschaftlichkeit nicht lediglich eine Umformung des Tochtereigeninteresses sei. Er betont, es müsse ein breites Angebot von Optionalitäten geschaffen werden. Für den Großkonzern sei die weitest mögliche Freiheit zur Integration erforderlich. *Hommelhoff* stimmt zu, dass Optionsmodelle zu bevorzugen seien. Auch bei der residualen Eigenwirtschaftlichkeit müsse eine Leitungskomponente vorhanden sein, die allerdings ihre Grenze in der Leistungsfähigkeit finde. *Teichmann* sieht auch in *Böcklis* Ansatz einen Schutzaspekt für die Tochtergeschäftsführer, da damit letztlich ein Maßstab für sorgfältige Konzernführung gesetzt werde, wodurch Haftungsrisiken für die Mutter entstünden. Ein Mehrwert des Modells liege auch bereits darin, dass dieses nicht vom Einzelinteresse, sondern von der Arbeitsteilung her gedacht sei. *Druey* hält den Begriff „Privilegierung" in diesem Kontext nicht für sachgerecht. Letztendlich ginge es um Sorgfaltspflichten. Eine genauere rechtliche Eingrenzung könne an dieser Stelle nicht geleistet werden. Am Ende müsse sich der Richter im Einzelfall in das „Cockpit" der Gesellschaft setzen.

Böckli merkt an, dass im vollintegrierten Konzern eine deutliche Nähe zu Zweigniederlassungen bestünde. Auch dort würden die örtlichen Geschäftsführer angehört; dies sei ein Gebot wirtschaftlicher Vernunft. Der Unterschied liege allerdings im modernen Konzern mit Tochtergesellschaften in den separaten Gläubigerkreisen. Zu deren Schutz müsste ein *viable business model*, also ein minimal lebensfähiges Geschäftsmodell vorhanden sein.

Franzmann ist unsicher, was nach *Böcklis* Modell unter Eigenständigkeit bzw. „abgesichertem Leistungspotential" zu verstehen sei. In der Praxis werde z.B. die Entscheidung über den Verkauf von Geschäftsfeldern nicht auf Ebene der Tochtergesellschaft getroffen. Rechtssicherheit sei aber für die Praxis entscheidend. *Ott* ergänzt, realiter hätten Tochtergesellschaften oft keine Ertragsmöglichkeiten, sondern erfüllten separierte Eigenaufgaben, die bisweilen nur einen minimalen Bestandteil des Konzerngeschäftsmodells abdeckten. Auf *Hommelhoffs* Einwand, hier sei oftmals gar kein Marktauftritt gegeben, entgegnet *Franzmann*, diese Abgrenzung sei häufig nicht eindeutig zu treffen. *Böckli* stellt klar, dass bloß konzernintern tätige „Hilfsgesellschaften" (ähnlich den vom FECG-Vorschlag erdachten Servicegesellschaften) nicht vom Gebot residualer Eigenwirtschaftlichkeit erfasst sein sollen. *Teichmann* sieht hier kein Problem; es komme auf die jeweilige Funktionszuweisung im Konzern an. Am Ende stelle sich immer im Einzelfall die Frage nach der Sorgfalt; das gelte aber auch im Einheitsunternehmen. Das Ziel müsse insoweit ein sinnvolles Raster für die *übliche* Konzernführung sein. Der Richter dürfe nur nicht im „Cockpit" der eigenständigen Gesellschaft sitzen, sondern müsse die arbeitsteilige Funktion berücksichtigen. *Hommelhoff* hält den „Richter im Cockpit" für problematisch, stimmt aber dahingehend zu, dass Rechtssicherheit zunächst nur in Grundmodellen entworfen werden könne.

Im Folgenden wurde der Fokus der Diskussion sodann auf die *Rozenblum*-Formel in der Kritik gelegt. Hierzu führt *Druey* aus, eine Anbindung an die französische Strafrechtsprechung sei nicht sinnvoll, weshalb ein *legal transplant* nicht versucht werden sollte. Die deutsche Rezeption, namentlich durch *Lutter* und *Wiedemann*, sei hingegen höchst wertvoll gewesen. In ihrem Ansatz stelle die Formel auf die Funktionenteilung und Qualität der Konzernleitung ab und statuiere letztlich einen Sorgfaltsmaßstab. Ihrer Natur nach bleibe die Formel sehr vage, sie schaffe aber einen Mittelweg zwischen Einheit und Atomisierung und betrachte den Konzern als „lebendigen Kompromiss". Noch allgemeiner sei sie ein Ansatz, die „Gesundheit des Wirtschaftskörpers" zu beschreiben und dabei dessen internes Gleichgewicht zu betonen. Offene Fragen sieht *Druey* zum einen bei der Pflichtenaufteilung zwischen „oben" und „unten", zum anderen beim Konzern in der Krise. Gerade in letzterer sei eine Zentralstelle vonnöten, die eine rasche Reaktion ermöglicht. Bisher sei Konzernrecht im Wesentlichen eine „Schönwetterlage" gewesen. *Hommelhoff* bittet darum, dies auch in der vorliegenden Diskussion beizubehalten, da der Konzern in der Krise bereits Gegenstand der EU-Legislation sei. Es sei besser, zunächst eine klare Linie für die „Schönwetterlage" zu finden.

Von verschiedenen Seiten wird darauf hingewiesen, dass die *Rozenblum*-Formel in andere Staaten übertragen wurde, namentlich in Mittel-/Osteuropa und Italien, aber auch in Australien. Nach dem Eindruck von *Hommelhoff* sind die wesentlichen Kritikpunkte an der *Rozenblum*-Formel (1) ihre Komplexität, (2) die Aufdeckung von Geschäftsplänen sowie (3) die praktische Undurchführbarkeit, vor allem mit Blick auf die Überprüfung des Nachteilsausgleichs. Der letzte Punkt sei allerdings bereits 1963 gegen § 311 AktG eingewandt worden, habe sich indes 1992 in einer Studie nicht belegen lassen.

Teichmann weist darauf hin, dass der Ansatz weniger formalisiert ist als in Deutschland und der Nachteilsausgleich nur auf Plausibilität überprüft werde. *Druey* und *Böckli* stimmen zu, dass bereits die Zugehörigkeit zur Gruppe als *contrepartie* genügen könne und keine konkrete Gegenleistung vonnöten sei. Es ginge in den judizierten Fällen um extreme und offensichtliche Untreue (*abus*), bei denen die Rechtfertigung nach *Rozenblum* als letzter Rettungsanker geltend gemacht werde. *Druey* weist für eine zivilrechtliche Übertragung angesichts der geringen Kontrolldichte auf die Wichtigkeit der Beweislastverteilung hin.

Auf *Otts* Hinweis, dann sei das Schutzniveau als sehr niedrig einzustufen, entgegnet *Hommelhoff*, dies sei nicht notwendigerweise der Fall. Das Schutzniveau hinge eng mit dem Konzernplan zusammen, der für die Minderheitsaktionäre eine marktbezogene Rendite vorsehen müsse und gegebenenfalls auch eine Nachsteuerung erforderlich mache. Wenn der Geschäftsplan stabilisierend wirke, seien Gerichtsurteile weitgehend verzichtbar. *Hommelhoff* spricht sich dafür aus, den Konzernplan vom Aufsichtsrat prüfen und ausdrücklich bestätigen zu lassen. Aufgedeckt werden müsste der Konzernplan dann erst in der Insolvenz. Diese Überlegungen finden allgemein Anklang, *Franzmann* fragt jedoch, ob sie bei den heutigen weitgehenden Transparenzanforderungen durchsetzbar seien. *Hommelhoff* betont, dass Transparenz kein Selbstzweck sei, und verweist auf die deutsche Diskussion zur Veröffentlichung des Abhängigkeitsberichtes. *Teichmann* meint, dass der Abhängigkeitsbericht etwas anderes sei als die Gruppenpolitik, die ja gerade eine Planung *ex ante* darstelle. Hommelhoff schlägt zur effektiven Durchsetzung eine jährliche Erklärung des Tochtervorstandes vor. Die Gruppenpolitik sei als zentraler Schutzmechanismus anzusehen, der Nachteilsausgleich gewinne für sich keine Bedeutung. Voraussetzung für einen effektiven Prüfmechanismus sei jedoch personelle Unabhängigkeit.

In der weiteren Diskussion geht es um die (grenzüberschreitende) Leitung von Unternehmensgruppen. Diese sollte nach *Hommelhoff* zentrales Anliegen des europäischen Gesetzgebers sein. Entscheidend sei dabei vor allem die Rolle des Tochteraufsichtsrates und inwieweit dessen Pflichtenprogramm aufrechterhalten bliebe. Dabei sei zum einen zu bedenken, dass „oben" bestehende Compliancepflichten „unten" nicht durchsetzbar seien, solange im faktischen Konzern keine Folgepflicht bestehe. Zum anderen müsse Beachtung finden, dass auf der unteren Ebene bereits ein austariertes Compliancesystem existiere, das daher „oben" entlastend wirken müsse. *Böckli* stimmt zu und ergänzt, dass die obere Ebene nur für die Einrichtung von Compliancesystemen verantwortlich sei und ihr keinesfalls Pflichten überbürdet werden dürften, die nur unten erfüllt werden könnten. Sachliche Nähe sei die Voraussetzung für effektive Überwachung.

Hommelhoff kritisiert, dass in anderen Rechtsbereichen das Konzept vom Konzern als Einheitsunternehmen vorherrsche. Das Gesellschaftsrecht habe hier seinen Vorrang bisher nicht hinreichend deutlich machen können. So genüge im Kartellrecht die 100%-Beteiligung für eine Zurechnung, der Einwand fehlenden Organisationsverschuldens werde allenfalls strafmildernd berücksichtigt. Ein ähnliches Bild biete sich etwa im Strafrecht, aber auch im Kapitalmarktrecht. Eine Kongruenz zwischen Gesellschaftsrecht und besonderem Wirtschaftsrecht sei nicht gegeben. Hier seien von Seiten des Gesellschaftskonzernrechts aber auch Entwicklungen verpasst worden. *Druey* ergänzt, die Außenwirkung des Gesellschaftsrechts dürfe beansprucht werden.

Zusammenfassend wird festgehalten, dass heutzutage ein unverzichtbarer Bedarf für Konzernrecht als Instrument globalen Wirtschaftens bestehe. Zwar sei der immer noch fortbestehende Schutzzweckgedanke schwer zu überwinden, deshalb sei es aber umso wichtiger, dass der Gesetzgeber Organisationselemente bereitstelle. Konzernorganisationsfreiheit bedeute (1) die präzise Benennung möglicher und rechtsgewiss zulässiger Konzernierungsformen; (2) eine klare Beschreibung der Aufgaben der Leitungs- und Überwachungsorgane innerhalb des Konzerns und zugleich deren Begrenzung; sowie (3) den Vorrang des Konzerninteresses, dessen Voraussetzungen und Grenzen anzuerkennen und zu präzisieren. Soweit Unternehmen in den Bahnen der der Konzernorganisationsfreiheit tätig sind, müssen sie im Kartell-, Ordnungswidrigkeiten- und sonstigen Spezialrecht vor Zurechnung im Konzern gefeit sein.

Angaben zu Verfassern

Lukas Beck, Diplom-Jurist Univ., Europajurist (Univ. Würzburg) ist Wissenschaftlicher Mitarbeiter am Lehrstuhl für Bürgerliches Recht, Deutsches und Europäisches Handels- und Gesellschaftsrecht an der Julius-Maximilians-Universität Würzburg.

Prof. em. Dr. iur. Peter Böckli ist em. außerordentlicher Professor für Steuerrecht und Wirtschaftsrecht an der Universität Basel und Partnert bei böckli bühler partner in Basel.

JUDr. Petr Čech, Ph.D., LL.M. arbeitet am Intitut für Wirtschaftsrecht an der Karls Universität in Prag.

Prof. Pierre-Henri Conac ist Inhaber des Lehrstuhls für Handels- und Unternehmensrecht an der Universität Luxemburg.

Prof. Dr. Jean Nicolas Druey, LL.M. ist em. Inhaber des Lehrstuhls für Zivil- und Wirtschaftsrecht an der Universität St. Gallen.

Dr. Georg Franzmann ist seit 1991 Unternehmensjurist in der Konzernrechtsabteilung der BASF SE in Ludwigshafen (bis 2008 BASF AG) und seit 2009 stellvertretender Leiter der dortigen Konzernrechtsabteilung.

Prof. Dr. Mathias Habersack ist Inhaber des Lehrstuhls für Bürgerliches Recht und Unternehmensrecht an der Ludwigs-Maximilians-Universität München.

Professor lic. jur. Søren Friis Hansen ist Professor an der Copenhagen Business School.

Prof. Dr. Dr. h.c. mult. Peter Hommelhoff ist em. Ordinarius für Bürgerliches Recht, Handels- und Wirtschaftsrecht sowie Rechtsvergleichung an der Ruprecht-Karls-Universität Heidelberg.

Prof. Dr. Rüdiger Krause ist Inhaber des Lehrstuhls für Bürgerliches Recht und Arbeitsrecht an der Georg-August-Universität Göttingen sowie Direktor des dortigen Instituts für Arbeitsrecht.

Prof. Dr. Loes Lennarts ist Inhaberin des Lehrstuhls für Gesellschaftsrecht an der Universität Utrecht (Molengraaff Institut für Privatrecht), sowie Inhaberin des Lehrstuhls für vergleichendes Gesellschaftsrecht an der Universität Groningen (Institut für Gesellschaftsrecht).

Prof. Dr. Dr. h.c. mult. Marcus Lutter ist em. Ordinarius für Deutsches und Europäisches Handels- und Gesellschaftsrecht an der Rheinischen Friedrich-Wilhelms-Universität Bonn und war dort Sprecher des Zentrums für Europäisches Wirtschaftsrecht.

Prof. Dr. hab. Krzysztof Oplustil ist außerordentlicher Professor am Lehrstuhl der Wirtschaftspolitik an der Jagiellonen-Universität in Krakau.

Dr. iur. Nicolas Ott ist Partner bei Schilling, Zutt & Anschütz in Mannheim sowie Lehrbeauftragter der Universität Heidelberg.

Prof. em. Dr. Thomas Raiser ist em. Inhaber des Lehrstuhls für Deutsches und Europäisches Unternehmens- und Wirtschaftsrecht, Rechtssoziologie und Bürgerliches Recht an der Humboldt-Universität zu Berlin.

Prof. Dr. Jessica Schmidt, LL.M ist Inhaberin des Lehrstuhls für Bürgerliches Recht, deutsches, europäisches und internationales Unternehmens- und Kapitalmarktrecht an der Universität Bayreuth.

Prof. Dr. Christian Schubel ist Inhaber des Lehrstuhls für Zivil- und Wirtschaftsrecht an der Andrássy Universität Budapest.

Prof.ssa Giuliana Scognamiglio ist Inhaberin des Lehrstuhls für Wirtschaftsrecht an der Universität La Sapienza in Rom.

Prof. Dr. Christoph Teichmann ist Inhaber des Lehrstuhls für Bürgerliches Recht, Deutsches und Europäisches Handels- und Gesellschaftsrecht an der Julius-Maximilians-Universität Würzburg.

Prof. Dr. Axel von Werder ist Inhaber des Lehrstuhls für Organisation und Unternehmensführung an der Technischen Universität Berlin und Leiter des Berlin Center of Coroprate Governance (BCCG).

FSC
www.fsc.org
MIX
Papier | Fördert
gute Waldnutzung
FSC® C083411

Kolibri 360 GmbH
Ferdinand-Jühlke-Straße 7
99095 Erfurt, Deutschland
produktsicherheit@kolibri360.de